Marcus Aurelius Antonius

Thomae Gatakeri Opera critica

Marcus Aurelius Antonius

Thomae Gatakeri Opera critica

ISBN/EAN: 9783741141751

Manufactured in Europe, USA, Canada, Australia, Japa

Cover: Foto ©Andreas Hilbeck / pixelio.de

Manufactured and distributed by brebook publishing software
(www.brebook.com)

Marcus Aurelius Antonius

Thomae Gatakeri Opera critica

ΜΆΡΚΟΥ
ἈΝΤΩΝΊΝΟΥ
ΤΟΥ͂ ἈΥΤΟΚΡΆΤΟΡΟΣ
ΤΩ͂Ν ἘΙΣ ἙΑΥΤῸΝ
ΒΙΒΛΊΑ ιβʹ.

MARCI
ANTONINI
IMPERATORIS

de rebus suis, *sive de eis quæ ad se pertinere censebat*,
Libri XII.

Locis haud paucis repurgati, suppleti, restituti:

Versione insuper *Latinâ* novâ; *Lectionibus* item *variis*, *Locisque parallelis* ad marginem adjectis;

Ac *Commentario perpetuo*, explicati atque illustrati;

Studio operâque

THOMÆ GATAKERI.

Adduntur etiam

MERICI CASAUBONI

In

MARCUM ANTONINUM
NOTÆ,

cum Indicibus tum Autorum citatorum, explicatorum, emendatorum, illustratorum, tum rerum & verborum copiosissimis, locupletissimis, certissimis.

TRAJECTI ad RHENUM,
Apud { FRANCISCUM HALMAM, GUILIELMUM vande WATER, ANTONIUM SCHOUTEN. } Bibliopolas.
Anno Domini M DC XCVII.

Viris eruditione pariter ac pietate præstantissimis amicísqe sibi conjunctissimis,

In Academia

CANTABRIGIENSI

ad Sacrosanctæ Theologiæ Doctoratûs gradum evectis;

D. ANTONIO TUCKNEY,

Coll. Emmanuelis,

D. JOHANNI ARROWSMITH,

Coll. S. Joannis,

D. THOMÆ HILL,

Coll. S. Trinitatis

Præfectis;

Operis hujus edendi Avtoribus & Promotoribus præcipuis;

In animi benevoli gratiqe testimonium, ac monumentum,

Id ipsum, qicqid est, jure merito inscribit dedicátqe

THOMAS GATAKERUS,

In Academia eadem Collegii qondam *Joannensis* alumnus, *Sidnejensis* Socius.

PRÆLOQIUM,

In qo de Disciplina Stoica, cum Sectis aliis, Peripatetica & Academica Vetere, Epicurea verò præcipuè collata; déqe eorum, qi hanc secuti sunt, qæ supersunt, Senecæ, Epicteti, Marci nostri cumprimis, scriptis differitur: Operisqe hujus totius ratio atqe institutum exponitur.

STOICAM *Disciplinam*, præ cæteris Philosophorum priscorum Sectis ad dogma Christianum proximè accessisse, è nostris qi censuerint, non desunt. Et Josephus qidem Judæus ubi *vitæ suæ* rationem denarrat, de *Pharisæorum*, qam apud suos αἵρεσιν ἀκριβεστάτην, *hæresin exqisitissimam*, fuisse, Paulus pronunciat, qamqe horum uterqe, & Josephus & Paulus, aliqando sectatus fuerat; [b] ἡ Φαρισαίων, inqit, αἵρεσις παραπλήσιός ἐστι τῇ παρ' Ἕλλησι Στωϊκῇ λεγομένῃ. *Pharisæorum Secta ei est affinis, qæ Græcis Stoica nuncupatur.* Hieronymus verò noster verbis planè disertis; [c] *Stoici*, inqit, *nostro dogmati in plerisqe concordant.* Et in multis qidem convenire, ambigi non potest, si qis instituti utriusqe περὶ τῶν πρακτέων, *de iis qæ facienda sunt*, regulas legésqe secum invicem contulerit: in pluribus etiam, opinor, qàm Secta alia ulla; qum nulla, credo, comperta sit, qæ pietatis ac virtutis studium exercitiúmqe aut pluris faciat, aut altiùs evehat, aut fortiùs spiret, aut acriùs urgeat, aut penitiùs inculcet, aut enixiùs provehat.

Hoc qo clariùs elucescat, de Sectis eminentioribus qibusdam cum ista collatis videbitur. Atqe hîc mitto Pythagoræ, [d] mysticam an magicam dixerim, disciplinam, cujus rudera duntaxat & λείψανα disjecta jam supersunt. *Aureum enim carmen*, qod hujus nomine prostat, ejusdem esse notæ censent eruditi cum Phocylidæ *Monitoriis*; supposititium utrumqe. Sed nec in ullo numero habendam existimem, aut Cynicorum affectatam illuviem, sordéqe in propatulo etiam perpetrata [e] χειρουργήματα; (qos [f] *à Stoicis tunicâ tantùm distare*, haud ritè pronunciasse videtur Satyricus, qum illi [g] obscœnitates istiusmodi, sordésqe etiam, [h] tanqam à naturâ humanâ alienas, sint aversati:) aut Academiæ etiam Novæ ἀκαταληψίαν, qæ cùm sensibus tam externis qàm & internis fidem omnem detrahat, [i] mentisqe pariter atqe corporis oculos penitus revellat, hominem nec rationis particeps esse animal patitur.

Ad illos accedo, qi Philosophiam nobis excultiorem dederunt, Scholisqe freqentiores, ampliores, illustriores habuerunt. Ex his sunt, qi è Platonis Gymnasio prodiêre, *Academici Veteres*, & Peripatetici: qos, qia [k] *nominibus solis inclusi* (cùm *Academiam* alteri, *Lycæum* alteri tenerent) à se invicem *divisi*, *rebus interim conveniebant*, unà junxisse, compendio dabitur. Inter istos cumprimis eminuit Aristoteles. Is in scientiis disciplinisqe omne genus tradendis, *Logicâ*, *Rhetoricâ*, *Poëticâ*, *Politicâ*,

 Orato-

[a] Paulus apud Lucam, *Act.* 26. 5.
[b] Josephus in *Vita sua*, *de Bello Judaic.* libris subjecta.
[c] In Esajam Comment. cap. 11.
[d] Videatur Pythagoræ Vita, apud Laert. l. 8. & ab Jamblico conscripta, cap. 13. 14. 23. 24. nec non Jamblichi vita, apud Eunap. in *Vit. Sophist.*
[e] De qo videri possunt, si pudor prohibeat, Dio Prusæus Orat. 6. in Diogen. sive, *de Tyran.* & Laert. l. 6. in *Diogen.* qo loco viro vere docto non [illegible] Ambrosium Camaldulensem interpretem, non est mirum, quem H. Stephanus prætereat.
[f] Juvenal. *Sat.* 13.
[g] Proinde *Zeno* [illegible] verecundior, quam ut *se ad impudentiam Cynicam conferri posset*, à Cratete defecit. Laert. l. 7. c. 4.
[h] Τὸ [illegible] *Monstrorum* [illegible] *naturâ humanâ* [illegible] Epictetus Dissert. l. 4. & per totum cap. 11. qod his verbis clarius. [illegible] *Omnem* [illegible] *humanitatem*; [illegible] *qia humana non sit. Naturâ homo mundum & elegans animal est.* Senec. Epist. 92.
[i] Epictet. *Dissert.* l. 1. c. 5. & l. 2. c. 10. & Senec. *ad Lucil.* Ep. 88.
[k] Cicer. *Academ.* l. 1.

Oeconomicâ, *Ethicâ*, *Physiologiâ*[l], ad [m] miraculum usqe tantum præstitit, ut plus illi hac in parte totus eruditionis humanioris circulus debeat, [n] qàm priscorum, non dico uni alteri alicui, sed eis, qorum saltem ad ætatem hanc scripta perennârunt, etiam universis. Nam qòd [*] *Platonem* hujus Magistrum, familiareqe illius utriusqe parentem, *excipere* solent, qi huic alioqi primas deferunt; havd advertisse satis videntur, Platonem non tam in disciplinis tradendis, qàm in sui temporis [o] Sophistis, sub personâ Socratis, describendis, ludendis, traducendis, refellendis, horum phaleris detrahendis, fucis detergendis, tricis exolvendis, operam maxima ex parte collocâsse. Unde natum, ut in *Dialogis* plerisqe, per anfractuosas disceptationum ambages, artificio singulari sibi invicem implicatas & innexas, in immensum ferme protractâ dissertationis serie, veri certiqe sitiens lector, nisi qòd dictionis amœnitate, inventionis varietate, structuræqe elegantiâ, qæ fessum interim reficiant, dum delinitus detinetur, logis longis ac laciniosis penè delassatus, cùm p qod pro certo statuatur nihil occurrat, in qo pedem figat, nec jam animi pendens, opinatione dubitationéqe omni depositâ, firmus consistat, ac securus acqiescat, vix avt nè vix qidem tandem deprehendere qeat.

Aristotelem itaqe seligemus, qi in eis, qæ ad mores formandos, vitæqe rationem ritè instituendam pertinent, (de his enim jam agimus) reliqorum nomine sententiam ferat. Is post Platonem, cum agmine utroqe dicto, in tres classes *Bona* dispescit universa, *animi*, *corporis*, & qæ *extra horum utrumqe* consistunt, vitæ hujus adminicula. Qamvis avtem *animi bona præstantissima* esse censeat, & *per se* maximè esse *expetenda* concedat; tanti tamen posteriora duo ista facit, tantùmqe q ad sortem beatam constituendam momenti viriúmqe eis tribuit, ut [r] virum virtute licèt universâ instructum, sed alteris illis orbatum ac destitutum, *beatorum* numero eximat, præsertim [s] si in adversa graviora, calamitatésqe insigniores inciderit; ista siqidem, ubi incursaverint, *beatitudinem*, qanqam [t] *mutatu havd facilem*, [v] *intercidere* tamen, *abrumpere* & *corrumpere* prorsus.

At Stoici, adeò nihil hanc in partem efficaciæ corporeis externisqe istis permittebant, ut præ animi illis nec in *bonorum nobiliorum* censu collocanda censerent; sed pro rebus *mediis* prorsus haberent, qæ in nevtram partem momenti multum conferrent: cùm [x] *nihil bonum* statuerent, *nisi qod pium*, *justum*, *humanum*, *honestum foret*; *nihil malum*, *nisi qod* *[illegible]*

[l] *Mathesin*, *Mathematicam*, *Medicinam non adjicio*, *qi* [illegible]

[m] [illegible] *humanam*. Averrois in Proœm. Physic.

[n] *Aristoteles* [illegible] *in Philosophia* [illegible]. Cicer. Academ. l. 4.

[*] *Aristoteles*, *excepto Platone*, *Philosophorum princeps*. Cicer. de finib. lib. 5. *Aristoteles longè omnibus* (*Platonem semper excipio*) *præstans ingenio & diligentiâ*. Idem. Tusculan. lib. 1.

[o] *Sophistas à Platone intelligimus lusos à Socrate*. Cicer. de finib. lib. 2.

[p] *Platonis in libris nihil affirmatur*; *& dum in utramqe partem multa disseruntur*, *de omnibus qæritur*, *nihil certi dicitur*. Cicer. Academ. lib. 1.

[q] [illegible] *Ex* [illegible] *bonis felicitatem constare comprobatum*. Arist. Ethic. Magn. l. 1. c. 2. [illegible] *Virtus desiderat & corporis externa bona & fortunam*. Idem Ethic. Eudem. l. 8. c. 13. [illegible] *ut Aristoteles*, *qi virtutis usum cum vitæ perfectæ prosperitate conjunxit*. Cic. de fin. l. 2.

[r] [illegible] *bonis felicem esse non contingit*. Arist. Eth. Magn. l. 2. c. 8.

[s] [illegible] *in Priami calamitates inciderit*. Arist. Eth. Nicom. l. 1. c. 11. [illegible] Idem Eth. Eudem. 6. 13.

[t] [illegible] *Mutatu havd facilis*. Arist. Eth. Eudem. 6. 14.

[v] [illegible] *Prumunt ac ladunt beatitudinem*. Idem Eth. Nicom. l. 1. c. 11.

[x] [illegible] *Reliqua qæ sunt alia sunt bona*, *alia mala*, *alia neutra*. [illegible] *Mala his opposita vitia*. *Neutra vero*, *qæ neqe prosunt*, *neqe obsunt*: *ut est vita*, *sanitas*, *voluptas*, *pulchritudo*, *vires*, *opes*, *gloria*, *nobilitas*. Laert. l. 7. [illegible] *Solum esse bonum id*, *qod est honestum*, [illegible] *philosophia*. Clemens Alex. Strom. l. 5. pag. 595. A. [illegible] *Unum bonum est*, *qod honestum est*: *cætera falsa & adulterina bona sunt*. Sen. Epist. 71. *Nihil est bonum nisi qod honestum est*. Idem Epist. [illegible] Sed & Ambros. [illegible] Offic. l. 2. c. 3. *Media*, *sive indifferentia* [illegible], *qæ nec bona*, *nec mala*, [illegible] *paupertatem*, *exilium*, *mortem*. Sen. Ep. [illegible]

insipientem, injustum, inhumanum, inhonestum existeret. Proinde *miserum* esse *insipientem, iniquum, improbum, impium* quemque, quantumcunque, quæ aliis habentur, *bonis, corporis externisque instructus suffultusque vitam exegerit;* [b] *beatum* contrà *bonum piumque* quemlibet, quantumcunque *malis*, quæ cæteris reputantur, *obstrictus distractusque ævum transegerit.* Hunc denique solùm *sapere*, verè *liberum* esse, *sui compotem, numini charum, cujus sub tutelâ curâque vitam propriam agat,* solùm posse [c] *securum malique omnis metu immunem* degere, utpote [d] *cui mali nihil aut viventi aut morienti obtingere permissurus is sit,* [e] *cui ipse regendum se totum permiserit: nec posse itaque fieri, ut vel forte beatâ unquam excidat, vel in calamitates alias ejusmodi incidat, quæ beatitudinem incidendo* [illegible] *faciant.* Et hæc quidem fuêre Stoicorum dogmata, in quibus quatenus tam Peripateticos, quàm & Academicos veteres transcendebant, eò ad regulam populo Christiano præscriptam illis utrisque propiùs utique accesserunt.

Etiamsi autem concedere nequeam, quod post [f] Antiochum [g] Cicero, post Ciceronem [h] Augustinus, ab istis illos *vocabulis* tantùm *discrepantes rebus* interim *convenisse*, cùm hoc apud [i] Ciceronem Cato nervosè ac luculenter satis refellere videatur; nollem tamen diffiteri, quod Orator celeberrimus ille, [k] *honestum* saltem *inter hos certamen* fuisse, cùm *omnis esset de Virtutis dignitate contentio;* hoc tantùm interesset, quòd partes *primas* alteri, alteri *totas* integrásque *Virtuti* concederent. Cæterùm Epicuri hortulos cum Zenonis porticu, *Voluptatis* Magistros cum *Virtutis* patronis, molles cum rigidis, discinctos & dissolutos cum altè cinctis, arctè strictis committi & in certamen descendere, [l] indignissimum planè videtur, & à ratione omni alienum non immeritò habeatur. Nec defuere tamen istud qui tentarent: idque, quod mirum magis minúsque ferendum, ex eis etiam, qui Stoicis nomen dederant, horum saltem in classe locum ambiebant. Sed quid in hunc sensum proferatur, audiamus, ab eo qui Stoicus ipse haberi volebat.

[m] *Non est*, inquit, *quod putes magnum, in quo dissidemus.* Exiguum scilicet spatiolum interjectum fuerat, quod utrosque à se invicem dispesceret, cùm *Virtuti* illi *totum* deferrent, *Voluptatem* isti pro *bono* vel *summo*, vel *solo* etiam haberent.

Sed, [n] *Quam*, inquit, *Virtuti legem dicimus, ille dicit voluptati.* At Stoici *Virtuti legem non dicunt, à Virtutis normâ legem accipiunt* ipsi. Nec si eadem suis quæ & illi in nonnullis præcipiunt, ideo non longè à se invicem divisi existunt. Ecquis *Medicum* à *Philosopho* non distare multùm dixerit? Eadem tamen suis in victu vitâque communi præcipiunt isti, præscribunt illi. Medicorum principem & parentem audiamus. [o] Πόνοι, inquit, σιτία, ποτά, ὕπνοι, ἀφροδίσια, πάντα μέτρια. *Labores, cibi, potiones, somni, venerea; moderata sunto omnia.* Ecquid aliud Philosophus, sive Stoicus, sive Epicureus etiam, sive

[b] *Virtus ad vitam beatam per se ipsa satis est.* [Hoc prædico] *adjice castitatem, debilitatem, dolores* [illegible] *graves,* [illegible]. *Quæ tam multa mala in miseram vitam non transferunt, nec ex beata* [illegible]. Sen. Epist. 92.

[c] [illegible Greek] *Cur quisquam timeat rerum humanarum? Nam cum Cæsaris cognatio satis tutum habeat,* [illegible] *Deum habere conditorem, & patrem, & curatorem, id vero* [illegible]? Epictet. Dissert. l. 1. c. 9.

[d] [illegible Greek] Socrates apud Plat. in Apol. *Pro certissimo habeatur, quod dicturus sum. Nec cuiquam bono quicquam mali evenire potest, nec vivo nec mortuo, nec unquam res ejus a Diis negligentur.* Cic. ex Plat. Tuscul. l. 1. & Epictet. Dissert. lib. 3. c. 26. ex quo hæc, quæ Salomon Parœm. 1. 33. & Paulus Rom. 8. 28.

[e] Ἄγου δέ μ᾽, ὦ Ζεῦ, καὶ σύ γ᾽ ἡ πεπρωμένη, Ὅποι ποθ᾽ ὑμῖν εἰμὶ διατεταγμένος. Ὡς ἕψομαί γ᾽ ἄοκνος. *Duc me o Jupiter, & tu fatum eo, quo sum a vobis destinatus, sequar enim alacriter,* Cleanthes. [illegible Greek]. *In quem locum hæc* [illegible] *sunt.* Epictet. Enchir. c. 52. Diss. l. 3. c. 22. *Duc me parens, celsique dominator poli, Quocunque placuit: nulla parendi mora est; Assum impiger.* Sen. Epist. 107.

[f] Cicer. de Deor. Nat. lib. 1.

[g] Cicer. de fin. lib. 4.

[h] August. de Civit. Dei lib. 9. c. 4.

[i] Cic. de fin. lib. 3

[k] Cicer. ibid. lib. 2.

[l] [illegible Greek]. [illegible] Menander apud Cyril. adversus Julian. lib. 7.

[m] Senec. de Vit. beat. c. 13.

[n] Senec. ibid.

[o] Hippocrates Epidem. l. 6. sect. 6. S. 3. & ex Hipp. Galen. [illegible] c. 6.

five alius qilibet? fed aliis planè rationibus, & diverfis prorfus, finguli. [p] *Finem a-junt, dare appellationum, & in re ethica formæ rationem habere.* Iftic ergò verè ufurpatur, qod diverbio vulgari dicitur,

[q] *Χωρὶς τὰ Μυσῶν καὶ Φρυγῶν ὁρίσματα.*
Fines Myforum funt Phrygiumqe diffiti.

nec fecus [r] *Medici & Philofophi*, *Epicurei & Stoici* fines funt divifi. Medicus fiqidem valetudini profpicit, nè in morbum mutet; Epicureus voluptati, nè in dolorem vertat; Stoicus virtuti, nè à tramite iftius vel tantillum declinando, in vitium protinus proruatur. Toto deniqe, qod ajunt, cœlo à fe invicem funt diffiti, qorum alteri *Virtutem*, tanqam Reginam legitimam, Principem juftam, cui cætera concedant omnia, in faftigio fummo collocant; *Voluptatem* huic vix in famulitium etiam admittunt, qæ vel ad pedes fubferviat, vel à tergo fubfeqatur; alteri *Virtuti* de Principatu dejectæ *Voluptatem* fubftituunt, [ſ] cui in folio regali fedenti, ancillulæ inftar, after illa, hoc duntaxat officium fuum ducens, Dominam in aurem admonere, caveat, ne qid perficiat, à qo dolor aliqis oriatur.

Sed, [t] *fancta*, inqit, & *recta præcipit Epicurus*; imò *rigida & triftia*, *fortia* etiam, *fi propiùs accefferis.*

Et propiùs igitur accedamus, qò penitius & accuratiùs introfpiciamus. idqe eò lubentiùs, qia [v] multos monet Orator hac offuciâ allectos Epicureas partes feqi, qia *recta & honefta* ipfum plurimùm facere putant.

Sancta ergò fcilicet præcipit is, cui [x] *nearem rerum humanarum curam nullam planè gerit.* cui [y] πρᾶγμα ὁ Θεὸς, οὔτε αὐτὸς ἔχει, οὔτε ἄλλοις παρέχει. [z] *negotii qicqam Deus nec ipfe habet, nec alteri exhibet.* qod impii illi olim fæcibus fuis immerfi infixiqe Judæi, [a] *Deus nec beneficio nec maleficio qoqam eft affecturus*; [b] *nec propitius effe, nec irafci cuiqam poteft.* qi deniqe, uti gloriantur affeclæ ipfius, [c] *primus adverfus numen cælefte oculos attollere eft aufus*, [d] *omnemqe funditus* (qantùm in ipfo fuerat) *religionem fuftulit.*

Recta verò ab eis qænam, aut qorfum qis expectet? *qi [e] amicitiam, fidem, juftitiam, virtutem ullam, nifi [f] proprii vel emolumenti, vel oblectamenti intuitu, nec colant, nec colendam cenfeant; (cùm [g] nihil bonum per fe bonum, fuiqe causâ expetendum exiftiment;) qi [h] honeftum ipfum inanem fine re fubjecta fonum, nec tam folidam, qàm fplendidum nomen pronunciant, qin [i] nec flagitio, facinore, fcelere ullo, qod voluptatem conciliet, luculentave pariat, propter fe abftinendum ftatuunt, (cùm à hujusmodi nihil ex fe malum reputent) nifi fupplicii, [k] damni, mali alicujus inferendi metu coërceantur; nec à numine hoc (à qo iram vindictamve ab iftiusmodi qicqam, vel expectare, vel formidare vanitatis & fuperftitionis nomine, non damnant tantùm, verùm etiam derident) fed à ab hominum confcientia, qi ab iniqe & fcelefte perpe-*

[p] Ὅρι(ς) [illegible] Adfcendas Ethic. l. 3. c. 7.

[q] Strabo Geogr. l. 12.

[r] [illegible] *Definitio effe philofophiam à medicina; perinde ac fi de limitibus Myforum ac Phrygum ftatuendus ageretur.* Plutarchus de tuend. praecep. pag. 122. C. quod idem de Vatibus & Philofophis ufurpavit Damafcius in *Vit. Ifidori*, à Suida adductus, quem ex Photio alibi reftitutum dampna.

[ſ] Videatur Cleanthis pictura apud Cicer. de fin. lib. 2.

[t] Seneca ubi fuprà Epift. 33. & alibi.

[v] Cicero de fin. l. 1.

[x] *Semota à rebus noftris, fejunctàqe longè;*
Nec bene pro meritis capitur, nec tangitur irâ.

Lucret. l. 1.

[y] Senec. [illegible] *Quod beatum atque immortale eft, neque ipfum negotia habet, neque alii præbet: quo fit, ut neque ira, neque gratia tangatur.* Epicur. apud Laërt. lib. 10. f. 139.

[z] Cicer. de Nat. Deor. lib. 1.

[a] Zeph. c. 12.

[b] Cicer. in Pifon.

[c] Lucret. de Rer. Nat. lib. 1.

[d] Cicer. de Nat. Deor. l. 1.

[e] *Qia hæc benevolentiam conciliant, & qod aptiffimum eft ad quod utendum, caventur.* Torqu. apud Cic. de fin. l. 1.

[f] *Qia jucundam vitam & voluptatem efficiunt plenioren.* Idem ibid.

[g] Nè juftitiam qidem rectè qis dixerit per feipfam optabilem; fed qia jucunditatem affertat. Idem ib. [illegible] *Virtutem voluptatis causâ eligere, non propter fe.* Epicur. apud Laërt. lib. 10. c. 138. *Nihil juftum effe naturâ, & crimina vitanda effe, qia vitari non poffit.* Sen. Ep. 97.

[h] Torq. ubi fup.

[i] *Nihil tam turpe, qod hominum confcientiâ remotâ non faciendum videatur.* Cic. de fin. lib. 1. Vide Sen. fup.

[k] [illegible] *Injuria per fe malum non eft, verum ob fufpicionem metumque, qod latere nequeat eos, qi hujusmodi funt infectatis conftitutos vindices.* Epicur. apud Laërt. l. 10. c. 150.

[l] *Plus hinc in ipfa injuria detrimenti eft, qàm in iis rebus emolumenti, qæ injuriâ pariuntur.* Torqu. ubi fup.

[m] [illegible] *Non credat is, qi clam aliquid facit latere poffe,*

erfi

petrantibus pœnas exigere, ac vindictam sumere, sive pro autoritate publica, sive pro viribus privatis valeat, hoc autem n latendi fiducia nulla possit unqam haberi.

Sed pergamus, & *rigida* ac *tristia* ista Epicurea videamus, ut [o] *imperitorum scilicet errore sublato*, ex horum patrono intelligamus, *ea qæ voluptuaria, delicata, mollis habetur disciplina, qàm gravis, qàm continens, qàm severa sit.* [p] Epicurus ergò ipse τὰς ἀκολάστους [illegible] castigat & damnat, qi *voluptatis specie objectâ allecti, præsentium deliciarum blanditiis deliniti, cupiditatéqe enormi corrupti & occæcati, luxuriis ac libidinibus constringendos se temerè tradunt, nec qid porrò eventurum sit, qos morbos, qos dolores excepturi sint, provident.*

Verùm qo fundamento istos reprehendat, extrema hæc satis liqidò produnt. [q] *Luxuriam* utiqe *severus* iste, *per se, ave propter se reprehendendam non putat*: siqidem [r] *Voluptas omnis*, inqit, *bonum est*: (ita nec ex turpissima re ulla perceptam excludit) Et, [s] *si ea*, inqit, *qæ sunt luxuriosis efficientia voluptatum, liberarent eos Deorum & mortis & doloris metu, docerêntqe, qi essent fines cupiditatum, nihil esset earum qod reprehenderem; cùm undiqe complerentur voluptatibus, nec haberent ulla ex parte aut dolorem, aut ægrum, aut malum.* Ità nec luxuriosos ob eam cavssam reprehendit, qia luxuriosè vivant; probat potiùs ac collavdat, qia voluptatibus omni ex parte complentur; modò cætera caveant, qorum primum qidem & præcipuum est, ut omnem numinis è mentibus metum excutiant. Qâ ergò ratione castigat asotos istos damnátqe Epicurus? qia utiqe [t] *Voluptates*, qas immodicè sectantur isti, *Voluptatem* ipsam *multis modis conturbant & corrumpunt*, dum istis procurandis & proseqendis, [v] *in morbos graves, in damna, in dedecora incurrunt, sæpe etiam legum judiciorúmqe pœnis obligantur.* Hæc scilicet *rigida*, hæc *severa*, hæc *tristia* sunt, qæ suis præcipit Epicurus. Volupetatibus vel fœdissimis, vel obscœnissimis indulgeant, totósqe se dedant, concedit; caveant duntaxat, nè usu an abusu immodico, vel morbum contrahant, vel facultates profundant, vel infamiam attrahant, vel legibus indicta in se arcessant supplicia.

Sed temperantes, sobrii, bonæqe frugis fuisse referuntur, ex eis, qi *Voluptatis* tamen *patroni* ac *magistri* exstitêre, eámqe pro *bono summo* habuerunt. Gloriatur utiqe Epicurus ipse, *asse non toto se pasci; Metrodorum, qi nondum tantùm profecerit, toto.* [y] *difluere se corpusculi voluptate profitetur, aqâ & pane vescentem, epulásqe sumptu magno comparatas despicere ac despuere:* [z] *aqam & polentam si habuerit, Jovi ipsi de felicitate controversiam facturum:* [a] *summam enim ista voluptatem exhibere, ubi indigentiâ affectus ea qis sumpserit,* [b] *nec minorem voluptatem ex victu tenuissimo, & contemptissimis cibis & potionibus percipi, qàm ex rebus ad epulandum exqisitissimis, ubi qicqid dolorem creat, eis sublatum fuerit.*

Et Evdoxo qidem, qi Epicuro prior, de *Volupetate* huic gemina tenuisse & tradidisse videtur, [c] *temperantiæ & sobrietatis in victu insignioris testimonium perhibet Aristoteles lucidentem.*

qi

ipsi nullus etiam profecto unqam latet, ad finem vitæ latum, incertum est an latere possit. Epicur. apud Laërt. ibidem. *Eleganter Epicurus, Potest nocens contingere ut lateat, latendi fides non potest.* Sen. Epist. 97.

[o] *Tota scelera esse possunt, secura non possunt.* Senec. ipse ibid.

[o] Torqu. apud Cicer. *de finib.* l. 1.

[p] Torqu. ibid.

[q] Torqu. idem ibid. & Cicer. *de finib.* lib. 2.

[r] [illegible] Epicur. apud Laërt. lib. 10.

[s] Epicur. in [illegible] Cicerone interprete, *de fin.* lib. 2. [illegible] *si qæ luxuriosis efficientia* [illegible] *deorum, ex cœlestibus, ex mortis, doloribusqe* [illegible] *insuper & terminum cupiditatum docerent, nec haberemus quod in iis reprehenderemus, dum undiqe se voluptatibus complerent, et qi nulla ex parte haberent, qod aut dolorem, aut animi ægritudinem, hoc est, malum, adferret.* Laërt. lib. 10. c. 142.

[t] [illegible] Epicur. ibid.

[v] Torq. apud Cicer. *de finib.* lib. 1. Senec. Epist. 18.

[y] [illegible] Epicur. apud Stob. Serm. 1. [illegible] 17.

[z] [illegible] Idem apud eundem, sed viciatim, & sic restituendus, quem vocem [illegible] Clem. Alex. Strom. l. 2. ac amplius intendit & extendit Seneca Epist. 110. *Parianam, inqit, vel in, vel mensis ipsa deserviat.* Et ipse Epist. 25. *Licet hac usque desiderium suum clausisse, certe ipso Jove de felicitate contendat.*

[a] [illegible] Epicur. ibid.

[b] Idem apud Ciceron. *de finib.* lib. 2. [illegible] apud Laërt. lib. 10.

[c] [illegible] *Præcipue temperans esse videbatur.* Aristot. Ethic. lib. 10. cap. 2.

qd etiam è vitæ ratione fidem dogmati suo esse ampliorem consecutus, utpote qi non affectu vitioso, aut partium studio, sed judicio incorrupto [f] *& veritatis vi victus* [g] *de principatu pro voluptate sententiam dedisset.* de Epicuro verò ambigi non immeritò potest; qem Timochares narrat, non *assem nec totum*, sed [h] *minam integram in victum diurnum quotidie impendere solitum*, idqe ipsum alibi de se esse professum. Aliud itaqe fuisse videtur, qod ex usu communi, alind qod per exercitium peculiare factitabat. [k] *Certos utiqe habebat dies, quibus maligne famem extingueret, visurus an aliquid deesset ex plena & consummata voluptate, vel quantum deesset, & an dignum qod qis magno labore pensaret.* sive, qibus tanqam [l] *ad palum exerceretur, nè imparatum fortuna deprehenderet*, & [m] *ut contra injurias fortunæ inter ejusdem beneficia firmaretur.* Hoc per intervalla fecisse videtur, qod Eudoxus forsan jugiter. Victum autem tenuem simplicémqe, qa de caussa lautiori ac multiplici, perpetim usurpatæ præsertim, præferendam existimet, rationes ab ipso proditas habemus. Et primò qidem loco, [n] *non ob lautam ipsam aut intemperantiam*, [o] *qam nec propter se fugiendam*, uti [p] *nec temperantiam propter se expetendam*, definiat; sed *ob molestias graves, qæ indè proveniunt possint.* Qia nimirum ex largiore ac lautiore victu jugiter habito, ingentes in re familiari excitantur tempestates, qibus, dum epulandi modus nullus adhibetur, facultates funditus exhauriuntur, & *patrimonia integra*, qasi [q] *pila in modum convoluta*, [r] *ovi sorbilis instar*, ità penitus *deglutiuntur*, ut rerum omnium egestas summa protinus consequatur. Sed in re familiari tantummodo tam gravia isthinc emergunt, sed & in corpore ipso, [s] qod est illis *boni malique omnis*, qia *voluptatis & doloris*, uti mox videbitur, *sedes præcipua*. [t] *Consequuntur enim*, inqit, *magni dolores eos, qi voluptatem ratione seqi nesciunt*: dum [u] *qæ desiderantibus alimenta erant, onera sunt plenis*; [x] *multásqe morbos multa faciunt fercula*; & [y] *miserabilior ex cruditatibus qàm ex fame nascitur macies*; eæ denique crapulam ebrietatémqe sequuntur, *capitis vertigines*, oculorum suffusiones, *cerebri æstuantis verminationes*, artuum resolutiones, corporis totius affectus molestissimi, [z] qos si vel præsensiscerent homines, vel prævisos haberent, negat ille apud Comicum Græcum, futurum, ut luxui vinolentiæqe, aut toties, aut tantopere indulgerent. Adhæc prospectum hac ratione volebant, cùm ipse, tum & ipsius asseclæ, ut [b] *etiam in ipsa securitate animus ad difficilia se præparasset, nunqam expavescerent, qod sæpiùs experti, prius didicerant, minúsqe molestè id perferrent, si necessitas incideret, cui antè assueverant.* Porrò ut experiundo addiscerent, [c] *qàm exi-*

[d] [illegible] *Cujus rationem ob* [illegible] *virtutem credebantur.* Ibid.

[e] [illegible] *Non est amicus voluptatis.*

[f] [illegible] Ibid.

[g] [illegible] Ibid. lib. 1. c. 12.

[h] [illegible] Laert. l. 10.

[i] In Epist. ad Leontium meretriculam, *& ad discipulos suos observantes* [illegible] *philosophus.*

[k] Senec. Epist. 18. ex Epicuri ad Polyaenum Epist.

[l] Idem ibid.

[m] Ibid.

[n] [illegible] *Non tam ipsarum causa, quam sequentium ipsas incommoditatum.* Epicur. apud Stob. tom. 1. tit. 17.

[o] Torquat. apud Cicer. de finib. lib. 1.

[p] Idem ibid.

[q] [illegible] *Patrimonium suum pilam, tanta ingluvie & celeritate absorpsit omnia.* Alexis Comic. apud Athen. l. 4.

[r] [illegible] *Ut si qis ovum sorbeat, hic rerum suam* [illegible] *forma* [illegible] *& deglutit.* Nicomach. apud eund. lib. 1.

[s] Videsis, qæ apud Cicer. ex Epicuro de finib. lib. 1. paulò post exhibentur.

[t] Torquatus apud Cicer. ex Epicuri sententia, de finib. l. 1.

[u] Senec. Epist. 95.

[x] Idem ibid.

[y] Ibid.

[z] Ibid.

[a] [illegible]

Tres qidem [illegible] *capitisqe gravitas*
Invaderet nos, nemo [illegible]
Plus sibi permitteret, qàm qod satis est: nunc autem
Quoniam ebrietatis pœnas non [illegible]
[illegible]

Alexis [illegible] Cleaerchus [illegible]

[illegible]
Capitis dolor si accideret, priusqam biberet
Mero [illegible]
Nunc autem qoniam ante illam [illegible]
Voluptas [illegible] *in vino est.*

Habes qoqueque Athenæum [illegible] hoc lib. 14. p. 613. B. Ibid. lib. [illegible]

[b] Sen. Epist. 18. [illegible] *Adversus fortunam parat* [illegible] Epicur. apud Laert. lib. 10. c. 131.

[c] Epicur. apud Senec. & Laert. ibid.

eorumque naturæ satisfaciat, quantáque ex istis voluptatis percipi possit, à ubi indigentiâ affectus quis sumpserit ea. Denique ut e *ex victu levitiore voluptas sensim accresceret*, cùm f *voluptates usus rarior commendare* atque g *intendere sit natus*; frequentior autem, & continuus magis multò sensum contrà obtundere atque hebetare consueverit: ac proinde assiduam esse delicatioris usurpationem h *sumptûs quàm oblectamenti amplius habere* pronunciant. i Acriores utique ad res placitas intermissas revertimur: cujusque k *lenocinium* est *antecedens* esuries, ut liberationis *mœrori metus.* l *Cibi* itaque *condimentum famem* Socrates dicebat, *potionis sitim.* quemadmodum autem ille m *ad cœnam vespertinam famem se obsonare* ajebat *ambulando*: Epicurus itidem n *ad epulas insecuturas appetitum subministrando*, o *famem indigentiâ extinguendo*, *arguebatur*, quò amplior ex lautitiis haberetur voluptas. Cæterùm ad virtutem veram, laudémque justam nihil habet momenti, quicquid non honesti caussâ, sed vel lubentiæ amplioris conciliandæ, vel molestiæ majoris amoliendæ suscipitur.

Ità *rigida*, *severa*, *tristia* vidimus; *fortia* videamus. *Fortis*, inquit, est Epicurus, & *fortia* loquitur: p *fortis, licèt manuleatus; fortis, sed stolâ indutus.* Ecqua re fortis? Quia non prudenter tantùm, sed & fortiter agit. Etiamsi enim q *Voluptatem quidem in se bonum, dolorem autem in se malum* censeat; r *bono tamen quandóque tanquam malo utitur, & malo* vicissim *tanquam bono*; s prout *expedire vel non expedire visum fuerit*, t *siquidem & voluptatibus quibusdam quandóque se abstinet, ob molestias, quas admissæ essent paritura*; v *& labores doloresque graviores etiam ac diuturnos nonnunquam sponte libensque sustinet, quò voluptatem inde ampliorem deinceps consequatur*: (x *istius* enim *consequendæ gratiâ universa & patrare & perpeti* disertè profitetur) quod non prudentis duntaxat, sed & fortis est.

Verùm non est illico *fortis* pronunciandus, quicunque asperi aut adversi quicquam subire sustinuerit. Alioqui *fortes amantes* cum a Nasone prædicemus, vel *amentes* etiam; quorum illi libidinis œstro perciti, nihil non laboriosum sustinent ultronei; illi per mentis errorem arrepti abreptíque, in nihil non periculi plenum b citra formidinem ullam proruunt. *Fortis* fuerit c Mutium agens maleficus, qui *tunicâ præsente molestâ*, in focum ardentem manum ultrò immittit. *Fortes* fuerint, qui d *vitæ tædio, quam vitæ genere inquieto sibi fecerint ipsi, ad mortem confugiunt*: adversus quos e Epicurus ipse pronunciat: *fortius* facturi, censente Epigrammatario, si f refugerit ille, g sustinerent isti. *Fortes* contrà, qui h vitæ cupidine nimiâ, cruciatûs & tormenti nihil subire ac perpeti recusent,

i non

a Epicur. apud Stob. [illegible].

b Torquat. apud Cicer. de finib. lib. 1.

c Juven. Sat. 11.

d [illegible] Delectationes quæ rarissimè fiunt, maximè delectant. Democrit. apud Stob. serm. 2. [illegible]

e [illegible] In iis quæ modum excedunt sumptus quidem est, nulla delectatio. Alexis apud Athen. lib. 4. p. 419. [illegible] Idem [illegible] Athen. l. 10. pag. 419.

i Acriores sunt morsus intermissæ libertatis, quàm retentæ. Cic. Offic. l. 2.

k Senec. de benef. l. 1. c. 11.

l Cicer. de finib. lib. 2.

m Cicer. Tuscul. l. 5. [illegible] Laert. lib. 2.

n [illegible] Insurgentes ad epulas per intervalla accedentes melius [illegible]. Epicur. apud Laert. l. 10. c. 131.

o Sen. Epist. 18.

p Idem Epist. 33. & de Vit. beat. c. 13.

q [illegible] Omnis voluptas, quod naturam familiarem habet, bonum est; sicut & dolor omnis malum est. Epicur. apud Laert. l. 10. c. 129.

r [illegible] Utimur bono quibusdam temporibus ut malo; contra [illegible] tanquam bono. Ibidem c. 130.

s [illegible] Comparatione & commodorum ac incommodorum [illegible] omnia ista dijudicamus.

t [illegible] Ideoque [illegible] voluptates [illegible] gradimur, quando eas major molestia nos sequitur.

v [illegible] Et dolores nonnullos voluptatibus præstare arbitramur, quandoquidem ex diuturna toleratione dolorum major nos voluptas sequitur. Idem, ibidem. c. 129.

x [illegible] Ibid.

a Amor. lib. 1. Eleg. 9.

b Mente lapsi, mortem non metuunt. Senec. Epist. 36.

c *In matutinâ nuper spectatus arenâ*
Mutius, imposuit qui sua membra focis,
Si patiens fortisque tibi durúsque videtur,
Abderitanæ pectora plebis habes.
Martial. lib. 10. Ep. 25.

d Senec. Ep. 24.

e Idem ibid.

f *Nam cùm dicatur, tunicâ præsente molestâ,*
Ure manum, plus est dicere, Non facio.
Martial. ubi supra.

g *Rebus in angustis facile est contemnere vitam;*
Fortiter ille facit, qui miser esse potest.
Idem lib. 11. Ep. 57.

h Optat ultimum malorum, et quo [illegible] gravissimum est, vita longiori [illegible]. Senec. Epist. 101.

[i] non tam qò *vitam ulteriùs protollant*, qàm qò *mortem diutiùs protrahant*. *Fortis* fuerit Mecenas, [k] *mollitiæ* infamis, si carmen illud horridum ex vero animi sensu emisit;

> [l] *Debilem facito manu,*
> *Debilem pede, coxâ:*
> *Tuber astrue gibberum:*
> *Lubricos quate dentes.*
> *Vita si superest, bene est:*
> *Hanc mihi, vel acutam*
> *Subde, sustineo, crucem.*

[m] *suffigat*, inqit, *liceat*, & *acutam sessuro crucem subdas. est tanti vulnus suum premere, & patibulo pendere districtum, dum differat id, qod est in malis optimum, supplicii finem.* *Fortis* demum fuerit, qicunqe dura pertulerit, qò vel naturæ necessitatibus urgentibus satisdet, vel affectui vitioso alicui gratum faciat. [n] *Caussa*, ajunt, *non pœna, martyrem facit.* nec fortem arguunt perpessiones ipsæ, sed perpetiendi rationes. Ille duntaxat *fortis* jure censetur, [o] qi *honesti caussâ* istiusmodi strenuè pertulerit. Nunqam autem *honesti caussâ* qicqam perpeti sustinuerit, cui *honestum* ipsum, voluptate remotâ, vel pro nihilo, vel pro re nihili habetur, utpote qod [p] *umbram nescio qam* meram reputat, cui solidi nihil subsit; qiqe [q] *fortitudinem ex rei natura nullam* esse existimat, nisi qòd *utilitatis ratione dura tolerantur.*

Sed *fortis* tamen Epicurus loqitur, extantqe hujus severa qædam vaniloqæ magis qàm magnanimæ voces. *Sapientem* utiqe suum affirmat, [b] *etiamsi torqueatur beatum fore*; imò, [c] *si in Phalaridis tauro peruratur, exclamaturum, Qàm suave, qàm dulce hoc est? qàm hoc non curo?* Se verò decumbentem spiritumqe extremum trahentem, [d] *supremum eundem & beatissimum vitæ diem agere* profitetur, [e] *cùm tanti vesicæ viscerúmqe morbi cruciatúsqe adessent, ut nihil ad eorum magnitudinem posset accedere.* [f] *compensatam enim cum summis torminibus lætitiam, qam ex inventorum suorum memoria capiebat.*

Cæterùm, [g] *non qid dicat qis, sed qid sentiat, refert.* Et ista qidem is dicere poterat, cui [h] *unum bonum honestum, unum malum turpitudo*; cui [i] *nihil bonum malúmqe sit nisi bonus malúsqe animus*; cui [k] *virtus sola ad vitam beatam sufficit*, & [l] *ipsa per se satis est*; cui per cruciatus qoscunqe, qantoscunqe [m] *de sorte beata nihil defringitur*, nihil decedit, nihil deperit; cùm *virtus*, nec [n] *ad rotam unà ascendere*, nec *ad eqüleum unà descendere*, defugiat: nec ad [o] *tunicam incendialem* admotam, aut indutam etiam deserat, sed in ea comes individua adhæreat, & [p] *per ignes* illos ipsos, qi corporis membra depascunt & absumunt, *colluceat.* his principiis imbutum istiusmodi proloqi fas est, qum decretis dicta sint consentanea, nec à dogmate sermo dissentiat. Ecqis verò est adeò aut mentis impos, aut sensûs communis expers, qi hæc ex animi sententiâ protulisse, aut proferre potuisse credat eum, qi [q] *Voluptatem* statuit esse *summum bonum*, *dolorem* & cruciatum *summum malum*, [r] *omnemqe*, etiam animi *voluptatem*

ptatem

[i] [illegible] Plut. de ser. num. vindict. *Qid hujus vivere est? diu mori.* Senec. Epist. 101.

[k] *Apparet mollem fuisse, non mitem.* Sen. Epist. 114. cujus de eodem videri potest censura, eâdem ibi, tum & Epist. 19. & Epist. 92.

[l] Apud Sen. Epist. 101.

[m] Senec. ibid.

[n] August. in Psal. 34. & Epist. 167.

[o] [illegible] Aristot. Ethic. l. 3. c. 9.

[p] Torqat. apud Cicer. de fin. lib. 1.

[q] [illegible] Epicur. apud Laert.

[b] [illegible] Idem ibid.

[c] Idem, apud Cicer. Tuscul. l. 2. & l. 5. & Senec. Epist. 66.

[d] [illegible] Epicur. Ep. ad Idomen. Laert. l. 10. Cicer. Tusc. l. 2. & de fin. l. 2. Sen. Ep. 66. & 92.

[e] [illegible] Ibid.

[f] [illegible] Ibid.

[g] Senec. Epist. 9.

[h] Idem de vit. beat. c. 4.

[i] Idem ibid.

[k] Ibid. c. 16.

[l] Idem Ep. 92.

[m] Ibid.

[n] Cicer. Tusc. lib. 5.

[o] Tertull. ad Nat. l. 1. c. 18.

[p] Senec. de benef. l. 6. c. 31.

[q] Epicuri dogma apud Laert. lib. 10. & Cicer. de fin. l. 1. &c.

[r] Cicer. de fin. l. 2.

ptates & dolores, ad corporis voluptates & dolores pertinere contendit, qi negat (gaudere qenqam nisi propter corpus, aut s animi gaudium esse ullum, nisi qod à corpore oriatur, & ad corpus referatur,) qi denique disertè profitetur, v nec intelligere qidem se posse, ubi sit, aut qid sit ullum bonum, praeter illud, qod sensibus corporeis, ex cibis potionibusque, formarum aspectu, avrium delectatione, & obscenâ voluptate percipiatur.

x Non est, inqit poeta, beatus, esse se qi non putat. astipulatur Epicurus; nec, qi non beatum se putat, dixisse contentus, y qi non beatissimum se judicat, dixit. Qî avtem, non jam, beatum, dico, putare, sed beatissimum etiam judicare se poterat, cùm non in summo tantùm malo, sed in summi mali gradu supremo, qo altiorem avt intensiorem dari posse negat, versatum se profitetur?

Sed diutiùs in hara hac, non qidem purganda, sed lustranda haesimus. ab ea ad porticum, avrae liberiori ac salubriori captandae, & contrà, qàm de se olim Cynicus Lacedaemone Athenas proficiscens, a ἐκ τῆς γυναικωνίτιδος εἰς ἀνδρῶνα, à feminis ad viros, à muliercula ad mares, transeamus.

Apud b Stoicos ergò omnia, à veris saltem Epicureis illis, c diversa; imò eis adversa plané.

Numen isti caelestè d rerum humanarum curam gerere, nec universè tantummodò, sed hominum etiam singulorum, & rerum quoque singularum, rebus humanis praestò esse, e generique humano, non ad bona veri sic dicta duntaxat, sed & ad vitae hujus commoda & adminicula suppetias ferre. Deum itaqe ante omnia f colendum, g ad omnia invocandum, h per omnia cogitandum, in omnibus i agnoscendum, & k comprobandum, l de omnibus laudandum & celebrandum, m huic soli in omni negotio simpliciter obseqendum, n ab ipso, qicqid obvenerit, animo prompto ac hilari excipien-

*** dum

r Torqu. ibid. l. 2.

s Ibid. l. 1. & 2.

t [illegible] Epicur. l. de fin. apud Laërt. l. 10. & Cic. de fin. l. 2. & Tusc. l. 3.

x Poeta [illegible] apud Senecam Epist. 9.

y Epicur. ibid.

a [illegible], à viris ad mulieres. Diogen. Laërt. lib. 6. c. 9.

b [illegible] Stoica gravissima. Laërt. l. 6. in Antisth. §. 14. [illegible] Sen. de constant. sap. c. 1. Stoicorum rigida & virilis sapientia. Idem ad Helv. c. 12.

c Tantum inter Stoicos & ceteros sapientiam professos interesse, quantum inter feminas & mares. Idem de constant. c. 1.

d Epictet. Dissert. l. 1. c. 12. & c. 14. & c. 16. Antonin. l. 2. §. 11. & l. 6. §. 43.

e Marc. l. 1. §. 17. & l. 9. §. 27. & §. 40.

f [illegible] Marc. l. 5. §. 33.

g [illegible] Idem l. 6. §. 23. [illegible] Idem l. 5. §. 13.

h [illegible] Idem l. 6. §. 7.

i [illegible] Idem l. 5. §. 13.

k [illegible] Idem l. 6. §. 16. [illegible] Epictet. l. 1. c. 16.

l [illegible]

[illegible] Idem l. 1. c. 16. & apud Arrian. l. 1. c. 4. ex quo emaculandi codices Epicteti. Idem lib. [illegible] cap. 16. post recensita varia providentiae argumenta, [illegible] Numquid orationes has [illegible] aut [illegible] possemus? [illegible] gratias persolvendas? [illegible] magnus est Deus, qi nobis instrumenta praebuit [illegible] magnus est Deus, qi manus dedit, [illegible] Haec singulis in rebus cantanda erant; & hymnus maximus ac divinissimus rependendus, quod facultatem dederit harum rerum intelligendarum, & viendi ratione instructam. Et qae sequuntur hic pervitia, homine Christiano opera non indigna; Christum modò dominum nobis adjecisset.

m [illegible] Ego vero habeo [illegible] Idem Epictet. Dissert. l. 4. c. 6. §. 11. [illegible] Marc. l. 4. §. 34.

n [illegible] Qi rebus ab universo sibi assignatis acqiescit. Idem ibid. §. 25. [illegible] Ibid. §. [illegible]

dum atque amplexandum; o nihil melius, p nihil convenientius, q nihil conducibilius, r nihil opportunius aut tempestivius, quàm id quicquid extiterit, quod ipse voluerit, existimandum; s quocunque ducere visum fuerit, t citra tergiversationem aut murmurationem, sponte sequendum; v locum stationemque, quamcunque is assignaverit, strenuè tuendum, enixe tenendum, etiamsi *mortem millies oppetere oporteret.*

Hæc de *Numine* Stoici, & erga Numen affectu: de *Homine* quid, & officiis adversus congenerem sibi præstandis?

Hunc & a cordicitus diligere, & b curare, c & sustinere, d injuriâque omni (ut quæ e impietatis etiam notam inurat) abstinere, & f beneficentiâ prosequi, g nec sibi soli genitum censere se, aut vivere, sed h in commune bonum ac beneficium i cunctis, pro facultate viribúsque, sese exhibere; k re ipsâ, reque benè gesta contentum, (l nec hac etiam ipsâ quadantenus reputatâ) citra m testem, aut n mercedis spem, o commodive proprii intuitum, contentum agere, p à beneficio uno præstito ad aliud transire, q nec unquam benefaciendo defetisci, r sed vitæ telam, tanquam vivendi fructus hic sit, benefactis sibi invicem continenter annexis ita totam pertexere, s ut nusquam interveniat t hiatus ullus vel minimus; v beneficii loco, quod benefecerit habentem; x sibique profuisse existimantem, si alii cuiquam usui esse potuerit; y nec extra se proinde quicquam vel laudis lu-

[illegible] Epictet. l. 2. c. 17. [illegible] Idem l. 4. c. 7.

o [illegible] Idem ibid.

p [illegible]

q [illegible]

r [illegible]

s [illegible] Epict. l. 4. c. 7. [illegible]

t [illegible] Sen. Epist. 107.

v [illegible]

a [illegible] Idem l. 9. §. 27.

b Καὶ κήδεσθαι αὐτῶν. Et curare illos. Idem l. 9. §. 3.

c Καὶ ἀνέχεσθαι αὐτῶν. Et illos sustinere. Idem l. 5. §. 33.

d Καὶ ἀπέχεσθαι αὐτῶν. Et illis abstinere. Idem ibid.

e Ὁ ἀδικῶν ἀσεβεῖ. Qui injuste agit, impie agit. Idem l. 9. §. 1.

f Καὶ εὖ ποιεῖν. Benefacere. Idem l. 5. §. 33.

g [illegible] Idem l. 7. §. 55.

h [illegible] Idem l. 8. §. 12.

i Πάντων καθ' ἕκαστον. [illegible] Idem l. 3. §. 4.

k [illegible] Idem l. 9. §. 6. [illegible] Idem l. 5. §. 28.

l [illegible] Idem l. 5. §. 6. [illegible]

m [illegible] Cicer. de fin. l. 2.

n [illegible] Plutarch. de amor. prol. pag. 494.

o [illegible] Idem l. 9. §. 42.

p [illegible] Idem l. 6. §. 7. & l. 5. §. 6.

q [illegible] Idem l. 7. §. 74.

r [illegible] Idem l. 12. §. 29.

s [illegible]

t [illegible] Idem l. 9. §. 42.

v [illegible] Idem l. 9. §. 42.

x [illegible] Idem l. 7. §. 74.

y [illegible] Idem l. 5. §. 6. [illegible]

humana vel barelli, aut accumpantem aut experientem. Ad hæc, *nihil mentis cultu antiqius,* [a] *nihil honesti studio potius aut pretiosius habere:* [b] *ab eo denique, quod officii sui esse viderit,* [c] *nullâ vel vita, nedum alius rei cujuspiam, cupidine abducendum,* [c] *nullâ mortis, cruciatûsve ullius, nedum damni aut detrimenti, formidine abigendum, se permittere.*

Hæc *Stoicorum* sunt *decreta & præcepta*, & ipsorum principiis qidem planè congruentia, *sancta, recta, severa, fortia; pietatem, caritatem, humanitatem, magnanimitatem* spirantia: qibus priora illa, qæ sunt saltem verè Epicurea, nihil sapiunt, nihil sonant minus.

Sed adversus Stoici nominis professores objiciuntur, *raritas, hypocrisis, defectio, defectus*. de singulis videbitur.

Ac primo qidem loco *raritas* sub animadversionem venit. Pauciores utiqe omni ævo reperiri, qi disciplinam hanc sunt amplexati, qàm qi ad sectas alias sese applicuerunt. Et hac revera in parte triumphant splendidè, atqe efferunt sese Epicurei, qi [a] Epicurum tot amicos & sectatores nactum gloriantur, ut *nec urbes integra eos capere possent.* agnoscitqe, qi in Torqato Epicurum oppugnat Cicero, [b] *populum, qi non maximam, auctoritatem minimam habet, cum Epicuro facere.*

Nec reverà qicqam istic mirandum occurrit. Notum est Stratonis Physici illud, [c] *Plures esse qi lavari, qàm qi ungi velint.* hoc est, ad thermas plures itare qàm ad palæstras. [d] *Semita utiqe arctiori atqe asperiori pauciores insistunt; latiore & leviore confertim inceditur.* [e] *Multitudo numerum habet, pondus non habet.* Calculi ubiqe numerosiores sunt qàm gemmulæ. Diverbium vetus est, [f] *Plures mali.* [g] *Turba pessimi indicium est.* [h] *eximia, raritate commendat natura.* [i] *nec unqam cum rebus humanis tam feliciter est actum, ut meliora pluribus placerent.*

Verùm sicut in disciplinam hanc se pauciores dedêre; ità ab eadem hac ad alias, Epicuream præsertim, complures desciverant, cùm ab aliis ad hanc rari deprehendantur transiisse.

Nec hoc certè qàm illud mirum magis. Celebre satis est Arcesilai illud, qi percunctanti, cur à sectis aliis ad Epicureos tam freqentes deficerent, non contrà vicissim ab his ad illos, respondit, [k] *Qia è viris Galli fiunt, non autem è Gallis viri.* Gallorum nomine non gentem aliqam, sed Cybeles mystas, qi testâ Samiâ resecti, virilitatem exuebant, volens intelligi. nos nostris familiari magis dicterio diceremus, *Qia* [l] *è gallis capi fiunt, non è capis vicissim galli.* Nec gnarum minùs, qod Calistoni meretriculæ Socrates, glorianti Philosopho præferendam se, ipsum enim suorum neminem ad se pellicere posse, cùm ipsa illius sectatores plerosqe ad se, si id vellet, traducere valeret; [a] *Probabile admodum esse qod dicat: ipsam enim ad declivia homines deorsum propellere, cùm ipse*

con-

[illegible] ... [illegible] filii, [illegible]. Idem lib. 2. §. 13.

[a] [illegible Greek] ... Nihil in humana vita melius est justitia, veritate, temperantia, fortitudine, &c. [illegible] Idem l. 3. §. 21. [illegible Greek] ... Qid tandem superest [illegible] ... Idem l. 6. §. 16.

[b] [illegible Greek] ... Idem lib. 6. §. 11. [illegible Greek] ... Quicqid vel facturus, vel dicturus es [illegible], probum esse [illegible]. Idem lib. 7. §. 15. [illegible] ... Idem lib. 8. §. 5.

[c] [illegible Greek] ...

qi vel alibus [illegible] ... [illegible], qod agas, justum an injustum, hominisqe probi an improbi sit. Idem ex Platon. Apol. l. 7. §. 44.

[a] [illegible Greek] ... Laert. lib. 10.

[b] Cicer. de fin. lib. 2.

[c] [illegible Greek] ...

[d] Matth. 7. 13, 14.

[e] Multi sunt & qi numerentur [illegible] ... August. in Psal. 39.

[f] [illegible Greek] ... Bias. Auson. Lud. 7. Sap.

[g] Senec. de Vit. beat. c. 2.

[h] Idem Ep. 42.

[i] Idem de Vit. beat. c. 2.

[k] [illegible Greek] ... Laert. lib. 4.

[l] Varro de re rustic. l. 2. c. 7. & l. 3. c. 9.

[a] [illegible Greek] ... [illegible]

contrà ad ardua sursum impellat. Ad voluptatem utiqe proclivis est via; ad virtutem [b] acclivis semita. cùm autem *ingenium humanum* ex vitio innato sit sponte suâ propensum ac [c] *proclive à labore ad libidinem*, ecqid mirum complures, itineris tædio devictos, hac desertâ, ad illam transcurrere.

Sed ex eis etiam qi in disciplinæ hujus professione perstiterunt, extitisse havd paucos, qi à dogmate, qod mordicùs tamen tenebant, & enixè interim tuebantur, vitæ rationem diversam & aversam planè instituerint atqe institerint, titulo habituqe duntaxat speciem Stoicam præferentes, cùm ex studio vitæqe instituto Epicurei, avt aliud qid potiùs qàm Stoici jure censerentur, adversus Stoicos, post [d] Lucianum, qi hoc nomine sectam hanc passim insectatur, ab aliis pariter intorqetur.

Nec est scilicet hæc nova qerela nata, sed antiqa qerimonia, in secta unaqaqe repertos, [e] *citharis*, [e] *lyris*, [f] *tubis*, *litiis* compares, qæ *cantum* utiqe, *qæ aliis modulentur*, *canunt*, *crepant*, *personant*, [g] *nihil qicqam audiunt*, *percipiuntve ipsæ.* Et in aliis sectis, non Stoicâ solâ, [h] compertum est deprehensos, qod est Pacuvio Macedo, *homines ignavâ operâ*, *& philosophâ sententiâ*; sive, qod ex Epicteto Favorinus, [i] *Verbis tenus Philosophus*, *factis procul.* Qin & inter nominis Christiani professores, qod Scriptores qoqe sacros & confessos & conqestos legimus, comparuêre, qi [k] *Numinis notitiam*, *qam dictis jactitabant*, *factis abdicarent*; qi [l] *pietatis*, *cujus larvam gerebant*, *vim virtutemqe abnuerent*, qi [m] *gratiam divinam in lasciviam verterent*; qi [n] *libertatem Christianam neqitiæ improbitatisqe velamentum facerent*; [o] *libertatemqe aliis pollicerentur*, *cùm in corruptelæ servitio agerent ipsi.* nec ex horum tamen moribus de religione Christiana sententiam ferre, æqum fuerit, qam politiæ Christianæ isti, nec viva, nec vera, nedum sana, avt integra membra jure censeantur, [p] φύματα potiùs mera [q] *καὶ ἀποστήματα*, ut cum Marco nostro loqar, sive [q] *vomicæ & carcinomata*, ut de suis Augustus. Havd est incelebre Cratetis illud, [r] *In malo Punico etiam probo*, *granum putre aliqod*: Varronis itidem, [s] *Nec in segete bona nullam spicam neqam* reperiri. In agro Dominico qoqe [t] *zizania* sterilésqe, non *succrescunt* tantummodo, sed [u] *dominantur* etiam aliqando avenæ: ex qibus tamen de segete totâ judicari iniqissimum fuerit.

Qod denique præscribitur, insigniores etiam plerosqe non per omnia decretis præceptisqe suis consentanea præstitisse, sed à normâ regulâqe, qam fixerant ipsi, in nonnullis declinâsse.

Ecqem, qæso, mihi dabis, ex eis etiam qi sunt γνήσιοι Χριστιανοὶ, qi ab ea, qam profitetur, vitæ instituendæ ratione non qandóqe declinet. Ex eis inter hos fuerat, [c] qi *columnæ & existimabantur* & revera existebant, cujus ingenua vox illa, [d] *In multis offendimus omnes*;

[illegible] ad declivem transitum [illegible]: qæ vero ad virtutem [illegible], ad qam arduus & plerisqe insolitus est ascensus. Æl. Hist. Var. l. 13. c. 32.

[b] Prov. 15. 24.

[c] Terent. Andr. 1. 1.

[d] In *Vitarum auctione*, *de Stoicis*; *Micyllo*, alibi.

[e] [illegible] *Nihil differre à citharis [illegible] dicentibus, non [illegible] sentientibus.* Diog. Laërt. l. 6.

[f] [illegible] *Idem accidere qod lyris, qæ cum bene sonant, se ipsas tamen non audiunt.* de Peripateticis Clearchus, Laërt. l. 7.

[g] [illegible] Diogenes [illegible]. *Non enim audiebat eum, tubam [illegible].* Dio Prus. Orat. 8.

[h] [illegible] Laërt. l. 6.

[i] Gellius Noct. Attic. l. 13. c. 8.

[i] [illegible] *Factis procul, verbis tenus.* Idem l. 17. c. 19.

[k] [illegible] *Deum profitentur se scire, sed factis negant.* Paul. ad Tit. 1. 16.

[l] [illegible] *Habentes formam pietatis, sed qi vim ejus abnegarunt.* Idem ad Timotheum Ep. 2. c. 3. v. 5.

[m] [illegible] *Qi Dei nostri gratiam transferunt ad lasciviam.* Jud. Epist. v. 4.

[n] [illegible] *Velamen malitiæ habentes libertatem.* Petr. Ep. 1. c. 2. v. 16.

[o] [illegible] *Libertatem aliis pollicentes, qum ipsi servi sint corruptelæ.* Idem Ep. 2. c. 2. v. 19.

[p] Marc. l. 3. §. 16.

[q] Idem l. 4. §. 28.

[q] Sueton. l. 2. c. 65.

[r] [illegible] Laërt. lib. 6.

[s] Varro Lag. Man. apud Nonium, in [illegible].

[t] Zizania. Matth. 13. 25. 27. de [illegible] dicitur.

[u] Deserendo fere, Salvian. de [illegible]. lib. 3. *Præter paucissimos qosdam, qi mala fugiunt, qid est aliud pene omnis cœtus Christianorum, qam sentina vitiorum?*

[c] [illegible] Paul. ad Galat. 2. 9.

[d] [illegible] Jacob. 3. 2.

errores; sive, *impingimus universi.* ad qæ verba [a] Beda noster, *Non*, Offenditis, dixit; *sed*, Offendimus, *inqit; &* In multis *præmisit*; Omnes, *subjuncit.* Ex eisdem & qi illud, [f] *Si dixerimus, qod peccatum non habemus, decipimus nos, (dum g peccantibus utiqe numero excipimus) nec penes nos est veritas.* [h] Nec, habuimus, (inqit Avgustinus) *Sed*, habemus, *dixit; ne de vita præterita*, (qæ *per ignorantiam* variisqe inde enatas *cupiditates* tota exacta est) *dictum qis suspicetur.* Ex Apostolis Ipsis, qi Christum proximè accesserant, qiqe lateri ejusdem comites individui adhæserant, ut reliqos mittam, nec de proditore qicqam dicam, [i] *primo* & [l] *novissimo*, agmen qi ducit, & qi clavdit, utrinsqe etiam firmati jam, à nævi aliqi in tabulis sacris proditi extant: ut apud exteros qosvis disciplinæ etiam severissimæ professores, sectæqe exactissimæ sectatores, à dogmate aliena nonnunqam deprehendi, minùs mirum videri debeat. Oraculi vicem meritò sibi vendicet Æschyli illud,

[l] [illegible Greek]

Sapiente qi plus sapiat, est cùm labitur.

Stoici certè præceptis decretisqe suis, [m] non tam qid ipsi valerent, aut assecuti jam essent, qàm ad qid contenderent, modisqe omnibus elaborandum atqe enitendum censerent, designatum volebant. qod & idem de se [n] Apostolus liberè ingenuéqe profitetur.

Verumtamen ex eis qi sectæ hujus in disciplinam seriò sedulóqe sese dederunt, per singulas qasqe fere ætates reperti sunt, qi fide dignorum Scriptorum suffragiis consensu consono attestantibus, ità dogmata sua factis consentaneis consignata, decretiqe vitæ instituto æqabili fere comprobata exhibuerint, ut nominis etiam Christiani professoribus plerisqe pudorem incutere, ruborem suffundere meritò qeat. In his fuere; post Zenonem, cui testimonium dat insigne Atheniensium psephisma, qo [a] *virtutis ac temperantiæ nomine*, eò qòd [b] *vitâ suâ eis qæ disserebat congruente cunctis in exemplum expositâ, ad optima qæqe qosqe incitaret*, [c] *imagine aereâ, coronâ aureâ donandum*, [d] *sepulcrum sumptu publico extruendum*, [e] *pilæqe duæ, quarum utriqe testimonium istud incideretur, erigendæ*, decernitur: post hunc, inqam, aliósqe qi in Schola hac eidem successerant, emicuere viri magni, disciplinâ illâ imbuti, virtutis masculæ imagines vivæ vivacésqe, conditionis eminentioris ratione, Scriptorum nobilium calamis celebrati, (ut Philosophiam disertè professos prætercam) Cato Uticensis, Thraseas Pætus, Helvidius Priscus, & Marcus cumprimis Antoninus, qi ista commentandi occasionem nobis præbuit.

Verùm à disciplina ipsa, ad eos, qi eam scriptis suis illustrârunt, hos præsertim qos reliqos habemus, transeamus. Ex eis præcipui fuerunt Zeno & Chrysippus: qorum alter Stoam primus condidit, unde & Straboni, [f] ὁ τῆς Στωικῆς αἱρέσεως ἀρχηγέτης. & Galeno, [g] ὁ πατὴρ ἁπάσης τῆς τῶν Στωικῶν αἱρέσεως. *sectæ Stoicæ totius princeps paterqe*; & Balbo apud Ciceronem, [h] *Stoicorum pater*, dicitur. alter eandem adeò strenuè feliciterqe [l] *suffulsit*, ut de eo dictum fuerit,

* * * *

[a] Beda in Jac. Epist.

[f] [illegible Greek] Joan. Ep. 1. c. 1. v. 8.

[g] De Pharisæo Luc. 18. 15. Bern. *de grad. humil. & superb. Dum se se singulariter exaltat, alios arroganter insultat, & se falsus decipit, quos falsus excipit, dum alios damnat.*

[h] Avg. in 1. Joan.

[i] Matth. 10. 2.

[l] 1. Cor. 4. 9. & 15. 8, 9.

[k] Gal. 2. 11. Act. 15. 39.

[l] Stob. *serm.* 1. *ex.* 5.

[m] *Non docebant, qvemadmodum ipsi viverent, sed qvemadmodum vivendum esset.* Sen. *de vit. beat.* c. 18.

[n] [illegible Greek] *Non qod mutam apprehenderim, aut jam consummatus, sed* [illegible] *Perl. ad Phil.* 3. 12. 14.

[a] [illegible Greek] psephisma apud Laert. l. 7.

[b] [illegible Greek]

[c] [illegible Greek]

[d] [illegible Greek]

[e] [illegible Greek]

[f] Strab. Geogr. lib. 14.

[g] Galen. *de dogmat. Hippocr. & Platon.* l. 2. c. 6.

[h] Cicer. *de Nat. Deor.* l. 3. *de Zenone, non Cleanthe*, qi *inadvertentia*, ut *censendo*, Lipsius Lipsius, *manuduct. ad Stoic. philosoph. Dissert.* 11.

[l] *Qi fulciret porticum.* Cic. *Acad.* l. 4.

[k] Εἰ μὴ γὰρ ἦν Χρύσιππος, οὐκ ἂν ἦν Στοά.

Chrysippus ni fuisset, nec Stoa foret.

Et complura qidem uterqe reliqit scripta: alter iste [l] *usqe ad septingenta quaqe* συγγράμματα, sive [m] *opuscula*: cùm [n] Epicuri πολυγραφίαν æmularetur, [o] qam tamen assecutum negant; cùm [p] *ad* [q] *volumina ter centum usqe* iste pertigerit, qorum qodlibet utiqe συγγράμματα complura complectebatur: alioqi Chrysippum πολυγραφίᾳ non æqâsset, nedum scriptorum numerositate antecessisset. Cæterùm par scripta utriusqe fatum sunt experta. nec Zenonis siqidem, nec Chrysippi, qin nec seculi prisci illius è Stoa cujusqam scriptum ullum integrum ad tempora nostra perennavit. Supersunt fragmenta duntaxat, ἀποσπασμάτια, apud Plutarchum, [r] qi passim exagitat; Galenum, [s] qi plerumqe oppugnat; Laertium, [t] qi simpliciter recitat; Ciceronem, [v] qi in partem utramqe disceptat. Citerioris ævi superant ex eis qi disciplinam hanc sunt assectati, qorum dissertationes commentationésqe ad manus nostras pervenerunt, Seneca, Epictetus, & Marcus noster iste.

Ætatis ratione Senecæ locum primum tribuo: qem dignitate tamen æstimationéqe verâ è duobus illis alterutri posthabendum existimem. [a] Habet ille revera multa eximia, utilia, fortia, sublimia; & arguta, subtilíqe complura; éstqe dignus admodum, qi non ab humanioris literaturæ tantùm, sed à Theologiæ etiam studiosis, sedulò qidem, sed judicio atqe examine justo adhibito, legatur. Verùm non est unius ejusdémqe ubiqe coloris; nec per omnia constat sibi. Neqe verò vitam attingo; qam Cassius tamen arrodit, [b] *tanqam à dogmate præceptionibúsqe qàm maximè dissentaneam*: de scriptis ago. In his, [c] qàm fœdè Claudio, dum apud superos, ex mente etiam Neronianâ, [d] *morabatur*; nec huic duntaxat, sed & in gratiam illius, ejusdem mancipio, [e] *licentiæ utrobi unde mastigiæ*, Polybio, adulatur! qem tamen è vivis exemptum, [f] dictione Satyricâ & sarcasticâ, vernilitatis prægnate, acerbissimè proscidit, & publicè subsannandum propinavit. De animæ corpore excedentis statu, qàm repugnantia statuit? dum τὴν ἀποθέωσιν ἀθλίαν, nunc [g] in sedes cœlestes integram subvehit, nunc [h] in flatum halitúmve merum dispergit, tædæqe instar, materiâ, qâ alebatur, absumptâ, deficientis prorsus extingvit. Epicurum est ubi accusat, increpat, deprimit, damnat, ut [i] *degeneris & humillimæ mentis, apud qem voluptas imperat*: hominem, [k] *voluptatis Magistrum* ipsum, scholam, [l] *voluptatis officinam*, nuncupat. Est contrà, ubi (qo Lucilio suo forsitan hujus assectæ, qem [m] *Virorum optimi* titulo subinde cohonestat, gratum faciat) eundem non excusat tantùm, ut qi [n] *immeritus malè audiat & infamis sit*; sed comprobat etiam & collaudat, ut qi [o] *sancta & recta* præcipiat, *& si propiùs accesseris*, tristia. Denique qod *in* [p] Chrysippo

[k] Laert. l. 7.

[l] Idem ibid.

[m] *Ita malim vertere, ex* [illegible], *qo post centum opera, non opuscula profunda*, dicit Sidonius l. 8. Ep. 4. qàm cum Lipsio, *volumina*.

[n] Ex Carneade, Laert. l. 10.

[o] [illegible] βιβλίων. *Omnes superans multitudine librorum.* de Epicuro, Laert.

[p] [illegible] Laert. *ibid.*

[q] Κυλίνδρους, *volumina*, qæ cylindri figuram convoluta referebant. vox absoluta notione hac vix alibi reperitur.

[r] In Stoic. repugnan. *de commun. notitiis & de paradox.*

[s] *In libris de dogmat. Hippocrat. & Platon.*

[t] Lib. 7. in Zenon. & Chrysip.

[v] In Academ. Tuscul. *de finib.* & *de Natur. Deor.*

[a] *Multa in eo claraqe sententiæ; multa etiam morum gratiâ legenda. multa in eo probanda, multa etiam admiranda sunt; eligere modo cura sit.* Qintilian. Instit. l. 10. c. 1.

[b] [illegible] *In plerisqe contra facere visus est qam philosophabatur.* Dio Cass. l. 61. pag. 694. B. in Johannis Xiphilini excerptis.

[c] In *Consolatione ad Polybium.*

[d] *Morari cum inter homines desisse*, productâ primâ syllabâ jactabatur. Sveton. lib. 6. c. 33.

[e] Cùm in scena Pantomimus illud protulisset,

[illegible]

Ferri neqe rebus secundis [illegible]

omnium oculos in Polybium hunc defixos refert Dio Cass. l. 60. pag. 684. E.

[f] In Ἀποκολοκυνθώσει.

[g] *Ad Lucil.* Epist. 102. *ad Polyb. consol.* c. 28. *ad Marc. consol.* c. 25. *ad Helv.* c. 17.

[h] *Ad Lucil.* Epist. 54. cùm morti proximus videretur.

[i] *Ad Lucil.* Epist. 42.

[k] Epist. 18.

[l] Epist. 9.

[m] Epist. 13. & 21. & 48. & Qæst. Natur. Præfat. l. 1.

[n] De vit. beat. c. 13.

[o] Ibid.

[p] *Chrysippi acumen tenue* [illegible], *& in se sæpe replicatum: etiam cum agere aliquid videtur, pungit, non perforat.* Sen. de ben. l. 1. c. 4. *Chrysippus* [illegible] *acumen est*, [illegible] Ibid. c. 3.

Idem

sippo & [a] Zenone non semel reprehendit, contráque id [b] qod ipse præcipit, [c] ingenii acumini nimiopere indulgens, ad subtilitates rei vacuas non raro delabitur, & argutiolis leviusculis, frigidis etiam ineptísque aliqoties ludit. Neqe tamen hæc, qæ, nec primus, nec solus, dixi, sed me priores, & eruditione & judicio cum primis pollentes, ità sumi velim, qasi [b] à Senecæ lectione (qem tyronibus studiosis de Scriptoribus eligendis legendísqe consultus, inter alios commendare consveverim) absterritum qenqam, atqe absterrendum, aut qò de viri tanti (qem eruditi qiqe indolis ingeniiqe accerrimi nomine suspiciunt, imitandum etiam proposuisse sibi videntur haud pauci) magnitudine justà qicqam detractum eam: sed qò ostendam, à virilitate illa Stoicis peculiariter ab ipso etiam adscriptà (qam Chrysippus qoqe subtilitate nimià enervâsse, eidem ipsi [c] cum aliis incusatur,) descivisse; nec duobus illis alteris (Epictetum & Marcum dico) aut scripto, aut facto etiam, parem sese præstitisse: qi in sorte diversà, vel adversà etiam qàm maximè, in [c] servitii gradu infimo alter, summo alter in imperii fastigio, positi; disciplina hæc qanti sit, qantúmqe in statu qovis possit, tum præceptionibus sanctissimis virtutis genus omne spirantibus, tum & vitæ formà ad decreta sua accuratè compositâ, uberrimè demonstrârunt. Et noster qidem (prout & [d] Epictetus eo prior, [e] cujus ex commentariis profecisse se profitetur) sui per omnia similis, *seriúsqe ac severus* (qod [f] ille poscit, licèt ipse non servaverit) ubiqe deprehenditur.

Deniqe, ut ad illud revertar, qod in paginâ liminari ex Hieronymo monueram, ad disciplinam nostram qod horum utriusqe scriptis monitísqe propiùs accedat, in exterorum priscorum, qæ hodie extant, monumentis, nihil reperiri, fidenter pronunciari posse existimem. Certè qæcunqe Dominus ipse Christus in concionibus collatiónibúsqe suis Historiæ Evangelicæ insertis intextísqe, de [a] *mali cogitatione etiam abstinenda*, de [b] *affectibus vitiosis supprimendis*, de [c] *sermone otioso non insuper habendo*, de [d] *animo comprimis excolendo*, *&* [e] *ad imaginem divinam effingendo*, de [f] *beneficentia simplicissimè exhibenda*, de [g] *injuriis æqvanimiter ferendis*, de [h] *admonitione & increpatione cum moderatione cautionéqe accurata exercenda*, de [l] *rebus qibuslibet, adéoqe vitâ ipsâ, ubi res ratióqe poscit, nihili habendis*, de aliis deniqe

ple-

[a] *Libet videre ineptias Græcas; qas qomodo miror, (miror Lipsius) nondum excussi. tam vir severus lusit, non amovenda refixa movere! adversus vestes tam minuta jaculatus? fabulis [illegible] [illegible] nihil est acutius aridi. qædam [illegible] subtilitas reddit*, de Zenone. Idem Ep. 82.

[b] *Pro veritate simplicitas agendum est.* Ibid. *At qi ingenio favent, & affectatam [illegible] ingerere volunt, seriò loquuntur, & magnis viribus agunt.* Idem de benef. l. 1. c. 4.

[c] *Rerum pondera minutissimis sententiis frangit.* Fabian. instit. l. 10. c. 1. Itáqe in eundem Illi, nescio, qi apud Gellium (an Agellium, qod Lipsio maluit) Noct. Attic. l. 12. c. 2. *[illegible] atqe sententias; aut ineptas inanésqe comperias, aut [illegible] & [illegible] argutè*, &c. Moderatius Erasmus, præfat. ad Sen. *Habent nonnihil veri, qæ doctissimi scriptores de illo pronunciârunt, [illegible] in Græcas, & interdum absqe causa. [illegible] aliqoties [illegible], qod [illegible] ingenio suo, ac magis ipse indulget ingenio suo [illegible] argumentum, qàm Oratores [illegible] plerumqe loderem. Jam hoc ipsum, qod in Seneca non primus leviduca, corruptum est. Infectatur mores hominum liberè salsèqe, sed non semper in loco; interdum immodicè; tum aliqoties affectatius, [illegible], ut non [illegible] abesse à scurrilitate, qualem vetat sui desendi, dum insectatur, ut videatur referre potius qàm adesse, atqe ducat magis qàm delectetur. qæ in ipsa plerumqe videtur jucunda affectata, etiam in rebus [illegible] seriis, in qibus oportuit illum [illegible] longiùs abesse ab ineptia, obscenitate, [illegible] scurrilitate.* Hæc inter alia Erasmus, nimio enim ei, qæ cum Marci patris fuer, Lucio filio, nomine communi deceptus, ascribit. Lipsium deniqe ipse, qi adversus priores doctos illos Senecam defendere satagit, in Judicio super Senecam, ejúsqe scriptis. *Ego Senecam miretur admiratione magis qàm Lectio prosequendum arbitror. In partibus aliquid esse, qod censeas, aut non succenseas, non negabo. Lenis deridet interdum, aut à se multis ut in [illegible], qàm corpore aliis, sive affectatum est? in sententiis, nimiperum, sive modo?* &c.

[b] Qod apud Gellium censores rigidi atqe inexpurgati illi, *Cujus libris attingere nullam pretium operæ sit.* Noct. lib. 12. c. 2.

[c] Noctes eundem hoc nomine Plutarchus, Galenus, alii.

[d] Δοῦλ☉ Ἐπίκτητ☉ γενόμην, καὶ σώματ' ἀνάπηρ☉,
  Καὶ πενίην Ἶρ☉.
 Servus Epictetus fueram, & corpore claudus,
  Et paupertate Irus.
Leonid. Epigraph. Epicteti Anthol. lib. 3. c. 33. Ep. 42.

[d] *Epictetus verus ac severus Stoicus & Erasmo* vel maximus. Herodes apud Gellium l. 1. c. 2. *Philosophorum maximus.* Favorinus ibid. l. 17. c. 19.

[e] Marc. lib. 1. §. 7.

[f] Seneca de benef. l. 1. c. 4. & Epist. 82.

[a] Matth. 15. 19.

[b] Matth. 5. 22, 28.

[c] Matth. 12. 36.

[d] Matth. 5. 20. & 6. 33.

[e] Matth. 5. 45, 48.

[f] Matth. 6. 2, 3.

[g] Matth. 5. 39.

[h] Matth. 18. 15, 16.

[l] Luc. 14. 26, 33.

plerisque [k] *pietatis*, [l] *caritatis*, [m] *æquitatis*, [n] *humanitatis officiis* [o] *quam exquisitissimi observandis exequendisque*, præcepta dedit; apud nostrum hunc eadem, perinde acsi illa lectitâsset ipse, in dissertationum commentationúmque harum congerie inspersa passim, nec sine vehementia & vivacitate insigni, quæ in præcordia ipsa penitiùs penetret, atque in animo infixos altiùs relinquat aculeos, inculcata subinde, Lector quivis sedulus adverteret, ingenuus agnoscet.

Sed ista forsitan dixerit quis, quorsum aliunde, ab extero præsertim, eóque fidei Christianæ adverso, petantur? quum è pagina sacra, in qua prostant, possint promptiùs haberi, & à Magistri ipsius ore profecta, cùm imperii autoritate potiore præcipiantur, tum & obsequii necessitate arctiore percipiantur.

Cui ego præscriptioni possim verbulo occurrere; pari utique ratione rejici posse omnes in universum ab eruditis piisque concinnatas Instrumenti sacrosancti utriusque enarrationes: ut eodem tandem deveniatur, quo processerant apud nos haud ità pridem, par ferè geminum, cerebri certè parùm sani uterque; quorum alter præter paginam sacram nihil aut legebat, aut lectitandum censebat; alter, postquam Anachoretæ cujuspiam instar, cum suis domi suæ se concluserat, librorum (quam pro hominis privati sorte censúque amplam satis habebat) supellectilem omnem, Bibliis sacris exceptis, foco accenso, flammis absumendam tradidit; neuter sanè, aut fundo justo, aut exemplo bono, & quod imitatione suâ dignum sobrius quis sanúsque sentiat.

Verùm enimvero ratione non unâ utilis esse poterit nostri hujus in his, cum animadversione seria conjuncta, lectio sedula.

Primò, quod quæ in Sermonibus Dominicis (quorum capita præcipua duntaxat, *συντόμως* plerunque apud Scriptores sacros extant delibata & digesta) summatim ferè proposita habemus, istic latiùs diducta, fusiùs explicata, magnâ argumentorum insignium varietate firmata, illustrata, ingesta, inculcata, ad vitæ usum communem accommodata habeamus. quod ut est scriptis aliis cum isto commune, ità in hoc genere haud paucis istud præcellit.

Tum nec illud levis est momenti, quòd dogmatis Christiani æquitas rationi etiam ipsi consentanea deprehenditur, dum ab ipsis etiam extraneis & adversariis comprobata & collaudata demonstratur. [a] *Grave est*, ponderisque non exigui (ut Isidorus Ægyptius) *testimonium ab inimicis profectum.* Et, (quod Dio Prusæus) [b] *Encomium ab iis, qui non suscipiunt, & suspiciunt tamen, palàm est illius*, sive personæ, sive disciplinæ, *laudem esse præstantissimam.* Non nesciebat hoc Apostolus, cùm ab [c] exterorum inscriptionibus scriptísque, ei quod asserebat & promulgabat, dogmati asserendo, testimonia advocabat. Nec parùm idcirco præcepti documentique Dominici æquitati ac [d] *rationabilitati* (si ità loqui licuerit) apud quosvis vindicandæ firmandæque conduxerit, quòd ab homine extero, nec nomini Christiano favente (cùm nec mysterii nostri gnarus esset, nec fidei rationes assequeretur) tanta tamen cum vehementia, argumentisque tam validis, commendata ac confirmata habuerimus. [e] *Quis non intelligat*, (inquit gravis Autor) *bonam eos habuisse caussam, qui eam apud medios judices obtinere potuerunt!* quid eam dixerit quis, quæ apud aversos & adversos etiam, ubi [f] hostes ipsi judices considerent, obtineat.

Adhæc divina in istis relucet & providentia & benignitas, quòd in homine à se dilapso imaginem sui non intercidere omnino & aboleri prorsus passus est, sed scintillulas

---

[k] Matth. 22. 37.
[l] Matth. 22. 39.
[m] Matth. 7. 12.
[n] Matth. 5. 44. Luc. 10. 37.
[o] Matth. 5. 19, 20.
[a] [illegible] Isidor. Pelus. l. 2. Epist. 228. & l. 3. Ep. 333.
[b] [illegible] Dio. Prus. Orat. 31.
[c] Act. 17. 23, 28.
[d] [illegible] Rom. 12. 1. [illegible] Marc. l. 11. §. 31.
[e] Aug. Ep. 170.
[f] Deut. 32. 31.

las quasdam asservavit reliquias; quas & disciplinis variis excitavit, & ad miraculum usque evexit: partim, quò societati humanæ conservandæ ac continendæ prospicerentur; ne efferati prorsus homines, belluarum ritu, in exitium mutuum proruerent universi; quum [h] *absque disciplina nulla hominum truculentior aut immanior sit bellua*: partim, quò Numini [i] *dignoscendo*, [k] *& indagando*, his adminiculis adjuti, possent operam dare; quæ si vel contemptim, vel neglectim haberent, [l] *ἀναπολόγητοι* planè haberentur. Verum est procul dubio Claravallensis illud, [m] *imaginem divinam uri posse, exuri non posse*. [n] *Imaginem* certè animæ rationali primitus impressam funditus eradere, [o] *facem* in mente hominis cœlitùs accensam penitus extingvere, nec vitiositas humana, nec malignitas diabolica valuêre: (tertium quiddam, [p] *flammas gehennales* adjecit ille) quam inter ruinas & incendia defectionem primitivam consecuta, in generis humani commodum, suorúmque beneficium servatam confotámque volebat bonitas divina.

Quin nec divinæ erga nos misericordiæ gratiæque planè gratuitæ testimonium monumentúmque luculentum minùs in istis oculis nostris obversatur; cum [a] eis, apud quos dotes tam eximiæ, admiratione penè omni superiores, se prodant, præteritis, nobis, nobis, inquam, [b] in tenebris, umbráque ferali ac letifera cum illis pariter considentibus, imò in vitiorum cœno altiùs longè demersis, fœdiùs contaminatis, tenaciùs etiam ac pertinaciùs infixis, lumen illud salutiferum, [c] *Sermonis* sui sacri *Spiritúsque* sancti ope operáque usus, [d] effulgere procuraverit; [e] quo prævio ac prælucente, per [f] seculi tenebricosi hujus caliginem plusquam Cimmeriam, aut [g] Ægyptiacam etiam, veritatis supernæ, vitæque verè sic dictæ, inter diverticula tam frequentia, à recto utrinque abducentia, tramitem & invenire, & inventum ad itineris exitum usque tenere possemus; & absque quo per obliquas & tortuosas mundi hujus nequissimi ac perturbatissimi semitas, sine luce, sine duce temere palantes, in exitii æterni voraginem horrendam præcipites tandem prolaberemur. Subit me certè subinde (ità ista dum lego, affectum me sentio, & ingenuè agnosco) non stupor duntaxat, sed horror etiam, cum ardore divini admiratione vehementissima conjunctus, seriò apud me reputantem, quàm longè in multis ab eo absim, quod de se Vir iste, veri ad salutem perducentis tramitis ignarus, de se profitetur, nec quin verè & ingenuè, ambigi posse videtur. Ut proinde & Marco & Epicteto altiùs assurgens, *Hymnum* [g] illius vel maximo majorem ac præstantiorem decantare jugiter debeam; [h] *Magnus*, [i] *divésque misericordiâ Deus, qui me miserum*, [k] *cum genere humano universo collapsum* [l] *& perditum, sed cum paucis è turba reliqua* [m] *selectum*, [n] *massâ secretum*, [o] *mihi restituit*, [p] *sibi reconciliavit*, [q] *Filium misit*, [r] *qui redimeret*, [s] *Spiritum immisit, qui* [t] *refingeret*, [v] *culpam omnino omnem remisit, quo &* [x] *supplicio culpæ debito omni eriperet, & supplicii subeundi* [y] *metum dirum excuteret*, [z] *utque servitio liberum remisit, quò* [a] *in familiam suam adsciscerent, &* [b] *in filiorum suorum*

***** nu-

[g] [illegible] *[illegible] Hominem, ubi semel ferinam induerit naturam, nihil est magis ... & crudele.* Polyb. Hist. l. 1. & legat. 112.

[h] Ὁ ἄνθρωπος [illegible] *Homo absque disciplina fit truculentissimum animal, quæ terra alit.* Plato de legib. l. 6.

[i] Τὸ γνωστὸν τοῦ Θεοῦ. *Id quod de Deo cognosci potest.* Rom. 1. 19. & v. 21. [illegible] *Qui Deum inveniant.*

[k] [illegible] *& forte palpando eum invenirent.* Act. 17. 27.

[l] Rom. 1. 20.

[m] Bern. in annunt. serm. 1.

[n] Gen. 1. 27. & 9. 6.

[o] Prov. 20. 27. Rom. 2. 15.

[p] *Imago in gehenna ipsa uri poterit, non exuri; ardere, non deleri.* Bern. ubi sup.

[a] Matth. 11. 25, 26.

[b] Esa. 9. 2. Luc. 1. 79.

[c] Esa. 59. 21.

[d] 2 Cor. 4. 6.

[e] Luc. 1. 79.

[f] Ephes. 6. 12.

[g] Exod. 10. 22, 23.

[g] Epicteti *Hymnum* habes, supra ad marginem ex Dissert. l. 1. c. 16.

[h] Psal. 145. 8, 9.

[i] Eph. 2. 4.

[k] Rom. 3. 19, 23.

[l] Matth. 18. 11.

[m] Matth. 20. 16. & 22. 14.

[n] Rom. 9. 21.

[o] Eph. 2. 5.

[p] Col. 1. 22.

[q] Gal. 4. 4.

[r] Apoc. 5. 9.

[s] Ezech. 36. 27.

[t] Joann. 3. 5. 2 Cor. 3. 18.

[v] Col. 2. 13.

[x] Rom. 8. 1. Gal. 3. 13. 1 Thess. 1. 10.

[y] Rom. 8. 15. Heb. 2. 15.

[z] Rom. 6. 22.

[a] Eph. 2. 19.

[b] Rom. 8. 14, 15. Gal. 4. 6. Joan.

mortem coaptaret, [c] *gratiam spiritualem impræsentiarum donavit*, [d] *gloriam cœlestem deinceps e donatorum repromisit.*

Est in his denique, quod ad altiora enitendi, nomen Christianum professis, calcar acerrimum subjiciat, cùm à fide ac familia ea exteros in tam celsa evasisse adverterint; ac pudore meritò suffundat, quod in imis adhuc subselliis subsistant hæreantque; cum adminiculis fortioribus firmioribúsque tam amplis ad ea consequenda instructi sint, & adjuvari, nî nolint ipsi, possint. Certè plùs posse naturæ jam collapsæ reliquas vires, disciplinæ secularis accedentibus auxiliis, quàm gratiæ divinæ animis cœlitùs illapsæ, cujus operi etiam promovendo eadem illa pariter inserviunt, pro dedecore insigni non immeritò habeamur; éstque quod probro eos, qui hujus participes se ferunt, jure meritò afficiat, cum hoc ipso nomine, nomini, quod profitentur, Christiano [e] opprobrio esse se senserint, quòd à nomine alienis hac in parte inferiores comperiantur. Grande quippiam & insigne visus est, sibi salutem, protulisse, qui adversus mortis metum dissertatiunculam clausit monitu illo; [b] *Nec infantes, nec pueros, nec mente lapsos, timere mortem: & esse turpissimum, si eam securitatem nobis ratio non præstat, ad quam stultitia perducit.* futile revera & frivolum est. Pari siquidem ratione Epicurus probaverit, *Turpissimum esse, aut Numinis offensam subvereri, aut sceleris consciratiam formidare; cùm neutrum hoc timeant, vel infantes, vel amentes, vel fatui; eámque nobis securitatem non præstare sapientiam, ad quam inscitia & desipientia perducit.* [c] Fatui scilicet laminam candentem contrectare non metuunt; [d] infantuli facis accensæ flammæ manum admovere non formidant. num turpissimum ideo horum alterutrum scientem prudentem timendo refugere, quia neutrum neutri illi timeant? Verùm turpe est revera, dedecus, opprobria, damna, exilia, vulnera, tormenta, mortem ipsam, mortéque ipsâ pejores graviorésque mortis moras, pro veritate divina, fide Christiana asserenda, conscientia integra & intaminata custodienda, nî deficere & delinquere velimus interminata atque intentata; si defugere maluerimus, aut detrectare, nec mente promptâ, animo propenso alacriter constantérque subire ac perpeti; cùm hæc omnia pro pietate fidéque conservandâ, homines ethnici, & fortiter libentérque sustinenda definierint, & ipsi strenuè sustinuerint. turpe est præcepta documentáque Dominica, [e] *de sui ipsius abnegatione*, [f] déque *suorum omnium, honorum, opum, facultatum, necessitudinum, affectuum, vitæque adeò ipsius abdicatione* gravia, molesta, dura, difficilia, tristia, rigida, iniqua congerendo ducere homines Christianos; cùm à religione Christianâ alieni quoque, argumentis etiam validissimis adjectis, hæc eadem pia, justa, æqua, rationi rectæ consentanea, naturæque humanæ congruentia censuerint; nec eam nobis magnanimitatem aut æquanimitatem præstare fidem veram, ad quam ratio illos, recta quidem, nec renata tamen & recocta adhuc, perduxerit. Insignis igitur Scriptorum istiusmodi usus, apud Christianos etiam, nomine non uno, vel ista quæ diximus, vel istis paria, seriò perpendenti, liquidò comperietur.

Illud interim observatu non indignum fuerit, aliâ ratione Epicteti, aliâ Marci monumenta fuisse ad nos transmissa. Epicteti siquidem [g] ab ore disserentis excepta, Arriani operâ sunt scripto tradita, eisdem ipsis, quantum assequi poterat, quibus ille disserebat verbis. quo modo à Domino Christo, dum in terris inter mortales agebat, habiti ser-

mo-

[a] Joan. 1. 16.
[b] Rom. 8. 18, 30.
[c] Rom. 6. 23. Χάρισμα, donativum. Tertull.
[d] *Christiani in opprobrium & contumeliam Christi.* Salvian. *de provid. lib.* 4.
[b] Senec. Ep. 36.
[c] Fatui [illegible] in Legend. [illegible], apud *Discipul. de Tempor.* qui ferri candentis massam fine læsione contrectare [illegible]. Credat qui volet.
[d] Inde Joan. Chrysost. *de statuis Orat.* 4. [illegible] qui mortem metuunt, [illegible] non metuunt; [illegible] puerulis comparet, qui larvam timent, ignem non timent.
[e] Matth. 16. 24. Luc. 9. 23.
[f] Luc. 14. 26, 33.
[g] [illegible] Arrian. *Præfat. ad Dissert.*

Fidi-

monita, (cùm nihil ipse scripsisset) [b] ab audientibus memoriter conservati, Evangelistarum calamo, sed Spiritu Sancto assistente, & linguâ qidem aliâ, Græcâ utiqe, cùm is Syriacâ usus fuerit, sunt evulgati. Id qod tam de Enchiridio, qàm de *Dissertationum* libris, ex *Epistola* ejusdem *ad Massalenum*, cui scriptum illud dedicabat Arrianus, licèt jam perierit, constare testatur, ql eam vidit, Simplicius. At Marci *dissertationes & commentatiunculas* istas, ex ipsius *Adversariis* desumptas liqet. qo modo Regis sapientissimi *Paræmiarum* partem non exiguam ab Ezechiæ Regis amanuensibus ex ipsius avtographis fuisse descriptam, docet *capiti* 15. præfixum lemma. In more namqe habebat Vir iste summus, studiis philosophicis, sive domi, sive militiæ agebat, intentus, qæ inter meditandum succurrebant, chartis, qas ad hos usus jugiter præstò habebat, illinere: nullâ rerum ipsarum serie continuâ constanter observatâ; sed pro locorum temporúmqe, qibus vel ab ipso concipiebantur, vel aliunde in mentem memoriámqe se ingesserant, ratione digesta. patet hoc ex locis alicubi, qibus scripserat, nominatim designatis, cujusmodi sunt *libris*, vel *primo & secundo* adnexa, vel *secundo* potiùs *tertio* (ut ego reor) præfixa lemmata, de qibus suo loco [c] disseruimus. Indè natum est, ut neqe sibi invicem cohæreant pleraqe (qanqam *Liber primus* uno qasi filo perpetuo totus pertexitur) eadémqe sæpiùs iterata reperiantur, prout mentem sæpius pulsabant: nec succinctè tantùm, sed succisé qoqe repræsentata reperiantur complura; (prout in Ciceronis *ad Atticum* aliósqe *Epistolis*, Græca, formularúmqe usitatarum havd pavca) qod ad rei ipsius notæ satis ac familiaris memoriam refricandam & reficiendam suffecerat, cùm ad usum privatum maximè destinarentur. qin & ἀκέφαλα, & qasi abruptè inchoata nonnulla. qod & de serpentis ad Evam dictione prima prout à Mose refertur, opinantur [d] Interpretes qidam eruditi. Indè aliis obscuriora multa, & de dictionis vel sensu vel scopo divinationes incertæ; cùm vel qæ adnotandi mens, vel qæ adnotandi occasio fuerit, conjicere difficile admodum existat. sed & de locis variis, qasi vel mutilatis vel depravatis suspiciones frustrà conceptæ, de lectione qasi non sincera & genuina vel integra solicitationes admissæ, immutationes tentatæ; cùm non aliter se habeant, qàm ab Avtoris ipsius calamo primitùs prodierint. Verùm de istis, in *Commentario*, prout occasio dabitur, ampliùs videbitur.

Atqe hæc qidem suffecerint, cùm de *Stoica disciplina* ipsa, tum & de eis hanc amplexis & secutis, qorum ad nos scripta pervenêre; Marco præsertim nostro, cujus impræsentiarum denuo edendi consilium institutúmqe pavcis expositum ubi dederim, in limine Lectorem non sum diutius detenturus. Anni itaqe ultra qadraginta jam excesserunt, ex qo, dum apud Juris nostratis Professores ac studiosos in Hospitio Lincolniensi, qod est in suburbano Londinensi situm, agentes Præconis Evangelici munus sustinebam, in Marci Imperatoris scriptum hoc, à Viro doctissimo, & in negotio hoc exercitatissimo Gul. Xylandro Basileæ iteratò cùm Græcis aliis qibusdam editum, inter codices à manu secunda (qod ajunt) venum expositos, incideram. Hoc nactus, per vacationem à munere publico avtumnalem, ex Justitio solenni intercedente obvenientem, otium aliqod adeptus, dum ruri ago, cùm diligentiùs evolvissem, adeò meditationibus ac præceptionibus pietatem, gravitatem, caritatem, magnanimitatem, virtutis nullum non genus spirantibus, à capite ad calcem usqe constipatum reperi, ut nec possem non perlecto summopere affici, nec lectione repetitâ etiam affectui satisfacere; cùm nihil in hoc genere apud exterum qenqam (Epicteto uno excepto; qo

***** 2 nec

[a] Fictitiæ sunt enim sive epistolæ *Agbari ad Christum*, *Christi ad Agbarum*, quemadmodo & *Senecæ ad Paulum*. quarum meminerit tamen Euseb. *Hist. Eccles.* l. 1. c. 13. & Hieron. in *Script. Eccles. Catalog.*

[b] Καθὼς παρέδοσαν ἡμῖν οἱ ἀπ' ἀρχῆς αὐτόπται καὶ ὑπηρέται [illegible]. *Prout tradiderunt nobis qui à principio spectatores ipsi & ministri fuerunt.* Luc. *Præfat. Evang.*

[c] Cui subjectum videas, ex perpetuo dictionis contextu, tot temporum variorum res singulas complexum, donec potiùs per otium, qàm militiæ sub pellibus agenti *Librum primum* confectum conscriptúmqe videri.

[d] De hoc videri possunt Tremellius & Junius; sed imprimis Piscator.

nec inferiorem, nisi qòd ille amplior est, Martum nostrum censuerim) eximium magìs legisse meminissem. Cùm avtem in multis vitiatum, mutilatum, lacerum, luxatum animadverterem, nec versionem Xylandrianam Græcis commodè satis respondere, de recensione pariter & versione novâ instituendâ animum subibat cogitatio. Hæc meditanti ad manus venit scripti ejusdem editio altera Lugdunensis, à qa subsidium aliqod sperabam; sed frustra: cum Xylandriana ea, qâ usus fueram, inqinatiorem ac corruptiorem deprehenderem. jam avtem ex viri doctissimi, cujus *versio* scripti hujus *Anglicana* pòst prodiit, D. Merici Casavboni *prolegomenis* Editioni Græcæ à se nuper adornatæ præfixis, è Xylandri priore Tigurina (cujus in Basiliensis *Præfatione* mentionem ipse facit, qamqe nisi in Viri Doctissimi manibus, cùm me conviter invisisset, qod in *Prolegomenis* illis ipse commemorat, nunqam oculis usurpavi) expressam edoctus sum. Cùm avtem codicum penuriâ laborarem, partim ex ingenio, partim ex Svida scriptoribúsqe aliis, qi ex libris his nonnulla lavdaverant, partim eruditorum qorundam, qibuscum necessitudinem avt familiaritatem aliqam habebam, consilio opéqe usus, loca qæ vitii qoqo modo suspecta videbantur, restituere annitebar. Qumqe in Viri Illustrissimi D. Clavdii Salmasii *commentariis* nullo non literaturæ humanioris genere refertissimis, Marci nonnulla secius, qàm in eis, qos penes me habebam, codicibus expressa offendissem; unde editionem aliam aliqam secutum suspicabar; amici communis interventione usus, (aliter enim compellare ignotum planè verecundia prohibebat) Virum Clarissimum per literas consulebam, qibus tum qid molirer significabam, tum & de locis tam illis, qos ab ipso aliter qàm avt Basiliensis, avt Lugdunensis habebat, exhibitos repereram, qàm aliis etiam, ad qos hæsitabam, ménsqe tunc temporis suggerebat, nec conjecturis de qibusdam propriis celatis, sententiam illius censuramqe sciscitabar. Is pro eximia, qâ cumprimis pollet humanitate, inter cætera, in hæc verba ingenuè rescripsit. *In tam utili ad vitæ præcepta scripto, & ad imbuendas virtute illâ forti & humanarum contemptrice animos, quam ponere operam destinas, summoperè laudo. Editum illud scivi linguâ Anglicanâ à Merico Casaubono, sed ultra nihil. qid enim præstiterit, præ illius linguæ ignorantia haud etiam scire mihi licuit. Hoc tamen mihi pronunciare certò posse videor, satis operæ esse in illo opere perficiendo absolvendo qæ non solùm unum, sed etiam plures fabros distineat. ità spissa est materia, vix multis cuneis evincenda, vix optimis runcinis dedolanda. Haud alium puto auctorem ex antiquitate Græca corruptiorem ad nos, injuriâ temporum, forsan etiam hominum, qi eum interpolârunt, transmissum. ubiqe hiatus, & lacunæ, qæ tamen solidum mentiantur. Transpositiones etiam multis locis commissæ ab hominibus, uti videtur, sciolis, qi sententias plerumqe minutis punctiunculis Stoico more signatas non caperent. Præter ea, qæ observâsti, atqe in schedam mihi missam conjecisti, alia toto passim opere vitio laborant. & qædam ex his tibi impertienda duxi, ut locum expleant eorum, qæ à te proposita dissolvere non potui.* Hæc vir summus ille; qi & liberaliter admodum mecum, homine peregrino, nec de nomine etiam, opinor, antè noto, egit; cùm non de eis duntaxat, qæ qæsieram, sed de aliis qoqe, qæ inter ea disqirenda occurrebant, nec reqisitus, animi sui sensum ultroneus impertiretur; adjectâ insuper invitatione humanissimâ, qâ ad alia qælibet ulteriùs operam præstare promptum, *tempúsqe eo fine negotiis aliis suffuraturum, nec imputaturum* profitebatur. Et de aliis qidem, pollicitatione tam liberâ, tam largâ animatus, per literas alteras Virum Clarissimum sum percontatus. Verùm per subitaneam illius occasionibus qibusdam Lugduno Batavorum in Gallias susceptam profectionem, (sive literis meis ad manus illius non pervenientibus, sive ab ipso ad acceptas responsione in reditum dilatâ: simul per amici communis, cujus interventu usus fueram, è partibus istis demigrationem, sponsionis repetendæ opportunitate sublatâ) factum est, ut à Viro Celeberrimo nihil ampliùs acceperim. Illud obiter monere visum est, *Editione Argentinensi* usum se scribere, sed qæ cum *Basiliensi* per omnia convenire visa sit. Præter hunc operâ usus sum Viri Eruditissimi, lingvarúmqe peritissimi D. Arnoldi Bootii, Doctoris Medici, qi vir qantus in his sit, *Anim-*

ad-

acerrimum Sarrarum opus elaboratissimum uberrimè testatur. Is pro animi propensione, & humanitate singulari, sæpiùs consulenti non deerat. Sed nec Virum Doctissimum, nec comitatis nomine illorum alterutri postponendum, D. Patricium Junium fas est mihi hîc præterire, qi & conjecturas mihi suas communicavit; sicut & ipse illi vicissim meas; & ubi ad Conventum Westmonasteriensem evocatus fueram, in partibus illis occurrentem non semel de Antonino edendo solicitabat. Ab his avtem aliísqe, qorum scripta pervolutaveram, qicqid accepi, suo cujusqe loco mentione factâ, animo liberrimo lubentissimóqe acceptum cuiqe gratanter fero.

Versione siqidem jam confectâ, de *Annotationibus* succinctioribus porrò adjiciendis cogitare primò ceperam. pòst de *Commentario* justo & ampliore etiam, qo Scriptum tam insigne dignum valde videbatur. Huic conficiendo inter curas operásqe pastorales, qibus per annos ultra qadraginta eodem loci, qò ab Hospitio dicto transieram, jugiter districtus insudavi, nisi qòd ante sexennium morbò gravi correptus, ad tempus aliqod intermittere, tum reversus demùm remittere aliqid, demum incidere ferè prorsus, coactus fuerim) inter horas subsecivas, qæ & rariores intervenerant, & per intervalla diductiora redierant, dum intendo, in molem eam opus illud excrevisse animadverteram, ut de evulgando spem omnem abjicerem; siqidem, contrà qàm in Flacciano illo, *urceus institui* cùm cepisset, *rotâ currente, amphora exiit*; expertus utiqe, Bibliopolæ & Typographi nostri, qàm ægrè aliqid etiam minoris negotii in hoc genere suscipiant. Verùm cùm annos apud me delituisset havd pavcos, amicorum tandem qorundam flagitatione freqente, qi & edendum poscebant, & de impensa ad id perficiendum prospectum iri, fiduciam faciebant, eorum in manus qod confeceram totum contradidi, pro ipsorum optione, vel premendum, vel prelo subjiciendum, & in lucem publicam (qod ab illis jam est effectum) emittendum.

Ipse in hoc opere qid præstiterim, præstare saltem conatus sim (dextréne ac feliciter, an seciùs alii viderint) sic habeas. Primo loco; post Scriptorum variorum, tam antiqioris qàm & ævi recentioris de *Marco* Scripti hujus Avtore *elogia & encomia*, déqe *Scripto* hoc ipso *testimonia & judicia*; Marci *contextus Græcus* exhibetur, (nisi si, dum affectus imponit, spes fallat) vitiis mendísqe, qibus antè passim scatebat, havd pavcis sublatis, repurgatior; lacunis, qibus hiabat, suppletis aliqot, integrior; loco motis qibusdam ad sedes proprias revocatis, aptiùs havd pavlò concinnatus & compositus; interpunctionibus necessariis, & sectionibus, sive paragraphis, (uti Juristæ loqi solent) commodis (qod Lugdunensis infeliciùs pavlò primus tentaverat) accuratiùs qàm anteà, pro dictionis sensu genuino interstinctus, pro materiæ subjectæ ratione distinctus: ad marginem adscriptis lectionibus variantibus, locísqe parallelis, in qibus sententiæ, formulæ, voculæ, vel eædem, vel geminæ, reperiuntur, ut nec ad *Commentarium* ampliorem in singulis qibúsqe recurrere necessum esset; & Marcus ex Marco ipso, vel explicatus, vel illustratus, haberetur. Adjecta est *versio Latina* nova, ad Græcum contextum eo, qo superiùs est dictum, modo restitutum, accommodata. Seqitur *Commentarius* in Scriptum totum perpetuus, in qo versionis à prioribus discrepantis, mutationis, suppletionis, commissionis, distinctionis, expunctionis cujusqe ratio redditur; *versionibus* etiam atqe *annotationibus* antegressis, prout occasio se tulerat, examini subjectis, & pro ea, qæ probabilis tunc videbatur, ratione, vel admissis, vel rejectis: formulæ Marco usurpatæ, ex aliis, vel Græcis, vel Latinis, (nam & ex sermone Latino hominem Romanum, licèt Græcè scribentem, mutuari non est insolens) sacris etiam nonnullæ Scriptoribus explicantur. Sententiæ & dogmata ex aliorum itidem, vel consentientium, vel dissentientium & dissidentium etiam, sive scriptis, sive dictis, sive moribus factísqe, vel firmantur, vel illustrantur. ad eos, eorúmqe loca, à qibus, & è qibus, Marcus mutuo sumpserit, avt excerpserit qicqam, qantum assequi datum est, digitus intenditur. de hominibus

locísqe,

locisque, qorum mentio alicubi occurrit, ex monumentis historicis, qæ in manibus habentur, prout in horum etiam ruderibus ruspando deprehendi qicqam poterat, lux aliqa datur. Sacræ denique paginæ periochæ formulæque nonnullæ, prout occasio intervenerat, obiter, vel è Marco ipso, vel aliunde enarratæ, aliorum qoqe Scriptorum emendatæ insuper complures repræsentantur. In his autem qamvis diligentiâ aliqâ sim usus, multa tamen sedulitatem meam subterfugisse nullus ambigo; plura qoqe restare, qæ cùm vel mihi forsitan sine caussa *dubia* sim visa, vel dextrè minùs tentata aut curata fuerint, medici peritioris manum opémqe reqirant. Nihil in hoc genere, vel in alio ullo, prodit, cui non aliqid (meis qibúsqe plurimum, sat scio) adjecto opus sit. latus amplúsqe satìs adhuc patet istic campus, in qo ingenia feliciora, cum lavde fructúqe se exerceant. In meis his interim si qid præstitum sit, qod vel Theologiæ sacræ candidatis, vel literaturæ humanioris studiosis, vel aliis etiam qibuscunqe usui esse poterit, laboris in eis suscepti insumptiqe merces ampla satìs futura est. Si qid autem vel istic, vel in Opere toto, (qod evenisse sæpenumero suspicor ipse) humanitùs admissum occurrerit, qod notam seqiorem severiorémve mereri jure videbitur, Lectorem humanum rogatum pervelim, ut nè stricto jure agere volupe sit, sed [a] sortis memor humanæ, humanitatisqe (prout in Schola loqi amant) suæ qoqe sibi conscius, utpote qi, [b] *homo cùm sit, humani nihil à se alienum* censere aut sentire debeat, pro humanitate, qâ ingenitâ, qâ insitâ, humaniter ignoscat. Istam enimvero *dissertatiunculam*, mente, ratione non unà minùs validâ, oculo à senio caligante, à lema lippiente; manu tam à frigore, (cùm nec rigens ignem propinqiorem sustineam; qod nôrunt probè, qi me familiariter habent) qàm à morbo, tremulâ, (cùm ad manum amanuensis nullus existeret) non tam concinnabam, qàm consarcinabam, conscribillabam magìs qàm conscribebam, in agri Surrejensis pago Urbi natali adsito Rotherithiensi, mense Januario, hyeme sæviente, cui & gemina altera, [c] *ætatis & valetudinis*, (qæ [d] rariùs sejunctæ reperiuntur) accesserat; anno à Virginis [illegible] conceptu salutifero (secundùm computandi ritum vulgò receptum) millesimo sexcentesimo qinqagesimo primo; ætatis propriæ, non tam currentis, qàm decurrentis & devergentis, septuagesimo octavo.

[a] [illegible] *Omnem non peccare est supra naturam humanam, & solius Dei.* Gregor. Naz. Orat. 15.

[b] Terent. *Heaut.* 1. 1.

[c] [illegible] *hyemem vita, senectutem dicere,* Pythagoras, apud Laert. l. 8. Aristoteles in Chriis, Eratosthenes, & Patrocles, apud Stob. [illegible] 117.

[d] [illegible]

— *Quando vales?*
Numquam hos interrogato, ubi senem videris,
Ait enim [illegible], sed [illegible] quod male se habeat.

Philemon apud Stobæum & Maximum collect. c. 41. [illegible] Apollodor. *Senectus ipsa morbus est.* Ter. *Phorm.* 4. 1. Senec. ad illud Virgilii ex Georg. lib. 3.
Subeunt morbi, tristisque senectus,
morbus & senectus unà [illegible]: senectus enim insanabilis morbus est. Epist. 108.

D E

DE MARCO VERO AVRELIO ANTONINO Imperatore ELOGIA ET JUDICIA.

Svidas in Μάρκος.

Μάρκος, ὁ καὶ Ἀντωνῖνος, βασιλεὺς Ῥωμαίων, ὁ ἐπαινετὸς κατὰ πάντα φιλόσοφος. *Marcus, qui & Antoninus, Romanorum Imperator, laudatus ille per omnia philosophus.*

Idem.

Μάρκος, βασιλεὺς Ῥωμαίων, [illegible] *Marcus, Romanorum Imperator, quem facilius est tacitè admirari, quam laudare. Cum enim jam a prima ætate constantem & quietam vitam sibi sequendam proposuisset, neque propter metum, neque propter voluptatem vultu mutato unquam est conspectus. Philosophos autem Stoicos laudat, & fuit illorum imitator non solum vitæ instituto: sed etiam disciplinarum studio. Vitam autem privatam sic egit, ut se nihil efferret supra cæteros de plebe Romana cives: sed pari libertate dicendi frueretur, nihil ob illam gratiis adoptionem mutatus. Et postquam ad principatum est progressus, ut monarcha populis præfuit, & summa potestate fruens, ad nullam insolentiam unquam est abreptus. Sed fuit ingenuus, & largus in dandis beneficiis, & bonus, & moderatus in gentibus regendis.*

Idem de eodem.

Μάρκος, βασιλεὺς Ῥωμαίων, [illegible] *Marcus, Romanorum Imperator, cognomento Pius. Is & aliis omnibus virtutibus præditus fuit, & optime omnium, qui imperium aliquod habuerunt, imperavit. Beneficentiæ vero studiosissimus fuit. Nam ipse quidem ab omnibus peccatis abstinebat. Aliorum vero peccata, præcipue vero uxoris ferebat, nec curiose inquirebat, neque puniebat. Sed si quis boni aliquid faciebat, eum laudabat, & ad illud ille utebatur, cæteros vero non curabat. Dicebat enim fieri non posse, ut homines tales efficias, quales habere cupis. Illis vero, qui jam sunt, convenire uti ad illas res, ad quas eorum unusquisque Reipublicæ utilis esse potest. Cum autem annos quinquaginta, menses decem, & dies viginti vixisset, & per undeviginti annos & undecim dies summum imperium obtinuisset, in omnibus sui similis fuit, nec ulla in re mutatus. Bonus autem fuit, nec quidquam simulatum habuit. Maximum etiam ab eruditione adjumentum accepit, in eloquentia & philosophia exercitatus. Plurimum tamen ab ipsa natura est evectus. Dion autem & alias sententias laudes in ipsum confert.*

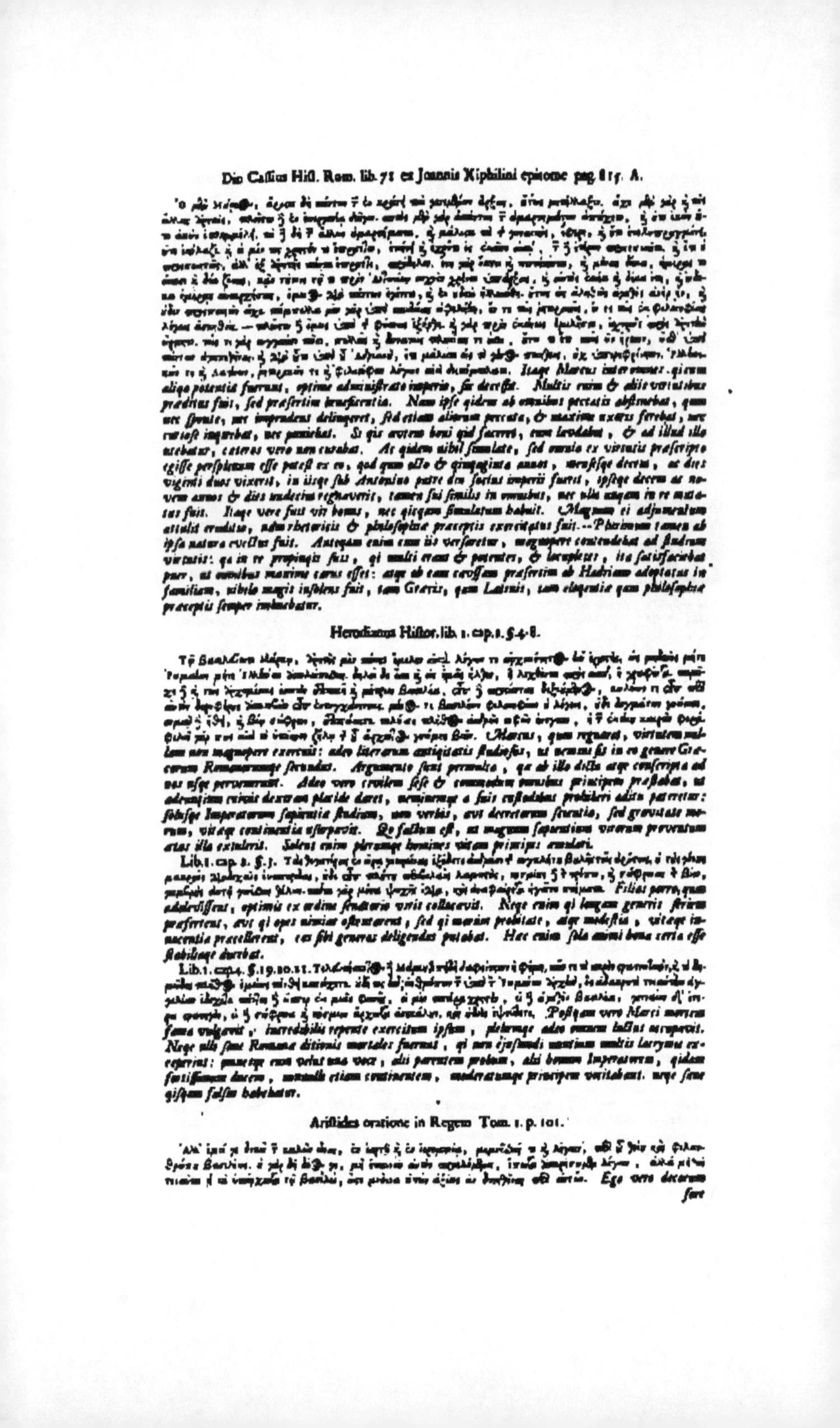

Dio Cassius Hist. Rom. lib. 71 ex Joannis Xiphilini epitome pag. 815. A.

[illegible] *Itaque Marcus inter omnes, qui cum aliqua potentia fuerunt, optime administrato imperio, sic decessit. Multis enim & aliis virtutibus praeditus fuit, sed praesertim beneficentia. Nam ipse quidem ab omnibus peccatis abstinebat, quum nec sponte, nec imprudens delinqueret, sed etiam aliorum peccata, & maxime uxoris ferebat, nec curiose inquirebat, nec puniebat. Si quis autem boni quid faceret, eum laudabat, & ad illud illo utebatur, caeteros vero non curabat. At quidem nihil simulate, sed omnia ex virtutis praescripto egisse perspicuum esse patet ex eo, quod quum octo & quinquaginta annos, mensesque decem, ac dies viginti duos vixerit, in iisque sub Antonino patre diu socius imperii fuerit, ipseque decem ac novem annos & dies undecim regnaverit, tamen sui similis in omnibus, nec ulla unquam in re mutatus fuit. Itaque vere fuit vir bonus, nec quicquam simulatum habuit. Magnum ei adjumentum attulit eruditio, adeo rhetoricis & philosophiae praeceptis exercitatus fuit.--Plurimum tamen ab ipsa natura evectus fuit. Antequam enim cum iis versaretur, magnopere contendebat ad studium virtutis: qui in re propinqui fuit, qui multi erant & potentes, & locupletes, ita satisfaciebat puer, ut omnibus maxime carus esset: atque ob eam caussam praesertim ab Hadriano adoptatus in familiam, nihilo magis insolens fuit, tam Graecis, quam Latinis, tum eloquentiae quam philosophiae praeceptis semper imbuebatur.*

Herodianus Histor. lib. 1. cap. 1. §. 4-8.

[illegible] *Marcus, quum regnaret, virtutem nullam non magnopere exercuit: adeo literarum antiquitatis studiosus, ut nemini sit in eo genere Graecorum Romanorumque secundus. Argumento sunt permulta, quae ab illo dicta atque conscripta ad nos usque pervenerunt. Adeo vero civilem sese & commodum omnibus principem praestabat, ut advenientium cuivis dextram placide daret, neminemque a suis custodibus prohiberi aditu pateretur: solusque Imperatorum sapientiae studium, non verbis, aut decretorum scientia, sed gravitate morum, vitaeque continentia usurpavit. Quo factum est, ut magnum sapientium virorum proventum aetas illa extulerit. Solent enim plerumque homines vitam principis aemulari.*

Lib. 1. cap. 2. §. 3. [illegible] *Filias porro, quum adolevissent, optimis ex ordine senatorio viris collocavit. Neque enim qui longam generis seriem praeferrent, aut qui opes nimias ostentarent, sed qui morum probitate, atque modestia, vitaeque innocentia praecellerent, eos sibi generos deligendos putabat. Haec enim sola animi bona certa esse stabiliaque ducebat.*

Lib. 1. cap. 4. §. 19. 20. 21. [illegible] *Postquam vero Marci mortem fama vulgavit, incredibilis repente exercitum ipsum, plebemque adeo omnem luctus occupavit. Neque ulli sane Romanae ditionis mortales fuerunt, qui non ejusmodi nuntium multis lacrymis exceperint: omnesque cum velut una voce, alii parentem probum, alii bonum Imperatorem, quidam fortissimum ducem, nonnulli etiam continentem, moderatumque principem vocitabant. neque sane quisquam falsus habebatur.*

Aristides oratione in Regem Tom. 1. p. 101.

[illegible] *Ego vero decorum fore*

fore putarim, si his menstruis feriis divini & humanissimi regis mentionem aliquam faciamus. ne enim id metuendum est, ne postquam ipsum laudare caperimus, verba nos deficiant, sed potius, ne tot sint in ipso laudanda, ut ea nemo pro dignitate possit explicare.

p. 102. [illegible] [* [illegible]] [illegible] *Ego vero nec tempus ullum satis longum duco, nec orationem ullam video, que regi possit esse digna, eumque satis laudare.*

p. 103. [illegible] *Illud autem igitur primum summa cum laude dici de ipso potest, eum priusquam regnum capesseret, regno dignum fuisse.*

p. 104. [illegible] *Sive enim metui, que erga ipsum afficiebantur, sive dignitatis reverentia, sive moribus optimis ac justissimis illud tribuendum putarent, manifeste ubique apparebat is qui rex erat eligendus.*

p. 106. [illegible] *Qi enim ea, que oportebat, didicisset, nec ullam rem praeclaram neglexisset, nec rudis esset, sed omni virtutis genere animum suum exornasset, cum aequum erat omni peccato esse immunem. Hac igitur ratione cum institutus esset, nec ulla re pulcerrima careret, quod eas illi partim natura, partim educatio non mediocriter, ut aliis, sed affatim suppeditasset, magnum erat regni praesidium etiam antequam illi praeficeretur.*

p. 107. [illegible] *Postquam vero divina providentia, que omnia gubernat & disponit, hunc etiam, justissimum & sanctissimum regem, in regio solio collocavit.*

p. 108. [illegible] *Ut rex prudentissimus & in consultando primas tenens.*

[illegible] [[illegible]] [illegible] *Ipse regnum administrat ut decet, pietatem, justitiam, temperantiam, modestiam, prudentiam, & alias omnes virtutes colens. Nam a pietate, ut oportebat, exorsus, per alia quoque virtutis genera progressus est. Qis enim vel justitiae, vel humanitatis, vel aliarum virtutum tot tantaque, qot & quanta hic rex, exempla edidit?*

p. 113. [illegible] *Verum rex noster & privato licere & regi, eundem perpetuo manere, apertissime demonstravit, qi tum ante regnum talem se praebuit, ut eo dignus merito judicaretur, tum in regno, a seipso non declinans, sed eadem animi sententia & moribus iisdem usus.*

Verùm videnda integra oratio, quam, ad Commodum desierunt facta, sic claudit p. 110.

[illegible] *Ut tu, nobilis nobilium filius, vestigiis paternis incedas. Hoc enim multum a me patris dictum sit.*

Idem oratione in Romam Tom. 1. p. 398.

[illegible] [[illegible]] [illegible] *Qi nunc est Augustus imperator, tanto intervallo priores & patrem, tanqam magis eximius, superat, qanto, qod vix dici posset, reliqos. Ac qicqid ille judicaverit, id pro justo ac legitimo recte haberi potest.*

Idem in Panegyrica Cyzicena de Marci imperio Tom. 1. p. 421.

[illegible] *Qia etiam fortunae causa gratulandum vobis censeo. Postquam enim optimum omnium, quiqot hactenus fuerunt, regem assumpsistis, ad finem simul opus vestrum his temporibus pervenit, in qo res ciderant omnium pulcerrimae, ac pro qibus merito tale bonorum, siqidem majus inveniri non erat, diis statueretur.*

p. 428. [illegible] *Qod etiam omnium, qaecunque in hominum memoria versantur, maxime memorabile, qodque omnem fi-*

* * * * * * *

mul

nul & nobilitatem & eruditionem complectitur, ac nec privatus quisquam tacere potest, & civitas tota, cunctaque hominum genera cum stupore admirantur.

p. 413. [illegible] Duces quidem saepe in bellis alios duces sibi praefecerant, & civitates se invicem assumpserant, ac reges cum regibus foedera percusserant, idque necessitate coacti plerumque nec ulterius. Rex autem primus ultro regem omnium sibi praefecit, & solus ex omni memoria non regnum potius, quam regem regum voluit assumere.

Idem Palinodiâ in Smyrnam restauratam Tom. 1. p. 463.

[illegible] Θησέα καὶ Ἀλέξανδρον [illegible] Nam & optimi reges omnium civitatum dominii gloriam ex eo consecuturi erant, si pulcherrimam fundarent, & urbs, postquam per hos resuscitata, tales assumpsit conditores, cladem in felicitatem mutavit. Ac prius quidem Theseum celebrabamus, & Alexandrum, alterum Graecorum humanissimum, alterum inter omnes reges maxime admirandum, propter eam, qua in bellis utebatur, audaciam. At nunc splendidiores assumpsimus & majores conditores, qui cum terram ac mare omne suo imperio subjecta habent, idque partim a majoribus accepta, partim a se conquisita: tum sapientia, justitia, veritate, bonitate non minus, ut dicam magis, quam armis excellunt.

Philostratus in vitis Sophistar. l. 2. in Philisco p. 617.

Ἀντωνῖνος δ' ἦν αὐτοκράτωρ ὁ τ[ῶν] φιλοσόφ[ου] υἱός. Antoninus Imperator erat Philosophi filius.

Idem in Herode p. 556.

[illegible] Marcus Imperator studiosus erat Sexti Philosophi e Boeotia oriundi, adeo ut ipsum frequentaret, atque ad ejus fores versaretur. Lucius vero recens Romam profectus, rogabat Imperatorem sibi conspicientem, quonam iret, & ad quod negotium: tum Marcus, honestum est, inquit, etiam senescenti addiscere. Ideo ad Sextum Philosophum vado, ut discam quae nondum scio. Hic Lucius manu in caelum sublata, o Jupiter, inquit, Romanorum Imperator jam senescens tabellis comprehensis ad ludi magistrum pergit, ut puer: Alexander vero Rex meus tricesimo secundo aetatis anno interiit.

Ibidem p. 558.

Ὁ Μάρκ[ος] φύσει δημοτικώτερ[ος]. Marcus natura magis popularis. Quo loco, & Herodem Sophistam qua patientia Marcus tulerit, refert.

Idem in Theodoto p. 565.

[illegible] Hic juventuti Atheniensium primus praefectus fuit, super ducentis a Rege institutis: neque tamen hoc valde memorabile est; non enim omnes, qui sedem hanc obtinent, memoratu digni sunt. Sed quia Platonicos, & Stoicos Philosophos, & Peripateticos, atque ipsum Epicureum Marcus Herodi injunxerat dijudicare: hunc autem virum Herodes juvenibus constituerat, quam de illo habuit opinione impulsus: cum eum propugnatorem civilium sermonum appellasset, & oratoriae artis emolumentum.

Idem in Hermogene p. 575.

[illegible] Hermogenes quindecim annos natus, eo usque provectus est claritatis ac celebri-

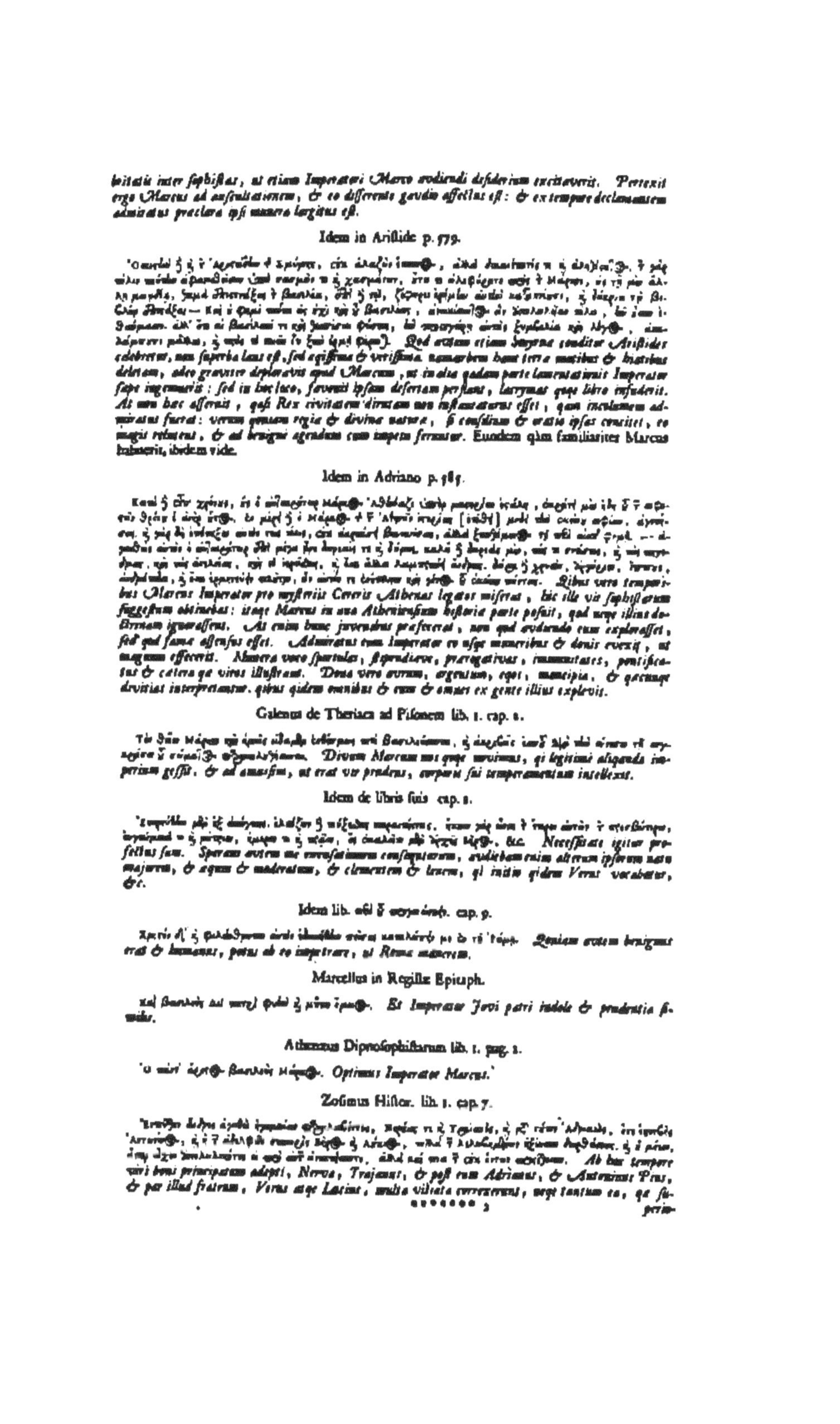

bilitatis inter sophistas, ut etiam Imperatori Marco audiendi desiderium excitaverit. Pervenit ergo Marcus ad auscultationem, & eo disserente gaudio affectus est: & ex tempore declamantem admiratus praeclara ipsi munera largitus est.

Idem in Aristide p. 579.

[illegible] *Quod autem etiam Smyrnae conditor Aristides celebretur, non superba laus est, sed aequissima & verissima. namque hanc terrae motibus & hiatibus deletam, adeo graviter deploravit apud Marcum, ut in alia quadam parte lamentationis Imperator saepe ingemuerit: sed in hoc loco, favonii ipsam desertam perflant, lacrymas quoque libro infuderit. At cum haec asseruit, quasi Rex civitatem dirutam non instauraturus esset, quam incolumem admiratus fuerat: verum quoniam regiae & divinae naturae, si consilium & oratio ipsas concitet, eo magis robustae, & ad benigne agendum cum impetu feruntur.* Eundem quam familiariter Marcus habuerit, ibidem vide.

Idem in Adriano p. 585.

[illegible] *Quibus vero temporibus Marcus Imperator pro mysteriis Cereris Athenas legatus miserat, hic ille vir sophistarum suggestum obtinebat: itaque Marcus in sua Atheniensium historia parte posuit, quod neque illius doctrinam ignoravisset. At enim hunc juvenibus praefecerat, non quod audiendo eum explorasset, sed quod famae assensus esset. Admiratus tum Imperator eo usque muneribus & donis evexit, ut magnum effecerit. Munera vero sportulas, stipendia, praerogativas, immunitates, pontificatus & caetera quae viros illustrant. Dona vero aurum, argentum, equos, mancipia, & quaecunque divitias interpretantur. quibus quidem omnibus & eum & omnes ex gente illius explevit.*

Galenus de Theriaca ad Pisonem lib. 1. cap. 2.

[illegible] *Divum Marcum nos quoque novimus, qui legitime aliquando imperium gessit. & ad amussim, ut erat vir prudens, corporis sui temperamentum intellexit.*

Idem de libris suis cap. 2.

[illegible] &c. *Necessitate igitur profectus sum. Sperans autem me convaliturum consequuturum, audiebam enim alterum ipsorum natu majorem, & aequum & moderatum, & clementem & lenem, qui initio quidem Verus vocabatur, &c.*

Idem lib. περὶ τ̃ [illegible]. cap. 9.

[illegible] *Quoniam autem benignus erat & humanus, potui ab eo impetrare, ut Romae manerem.*

Marcellus in Regillae Epitaph.

[illegible] *Et Imperator Jovi patri indole & prudentia similis.*

Athenaeus Dipnosophistarum lib. 1. pag. 2.

Ὁ πάντ' ἄριστος βασιλεὺς Μάρκος. *Optimus Imperator Marcus.*

Zosimus Histor. lib. 1. cap. 7.

[illegible] *Ab hoc tempore viri boni principatum adepti, Nerva, Trajanus, & post eum Adrianus, & Antoninus Pius, & per illud fratrum, Verus atque Lucius, multa viliata correxerunt, neque tantum ea, quae superio-*

periculis memoria principes amiserant, recuperarunt: sed etiam non possessa prius quædam adjecerunt.

Julianus in Symposio Edit. Petav. p. 41.

[illegible] *Tum Marcus visus est cætera plane admirandus vir, & præcipuè prudentiâ excellere, tanquam, credo, qui probè nosset, ubi loqui, vel tacere deceret.*

Justinianus in Novellam tit. 22.

[illegible] *Quod cum bene incepisset, etiam sanxit sapientissimus Marcus.*

Ibidem tit. 108.

[illegible] *Marcus inter Imperatores philosophus.*

Lucius apud Justinum apologiâ 1. pag. 43. B.

[illegible] *Non hæc sicut Imperatorem pium, non ut Cæsaris filium philosophum decet, non ita ut sacro-sancto senatui convenit, judicas Urbici.*

Justinus apologiâ 2. ad Adrianum Pium, Marcum, & Lucium pag. 53. D.

[illegible] *Dii & philosophi, & justitiæ custodes, & eruditionis amatores, quod sic vocemini, ubique auditis.*

Melito lib. ad Imperatorem apud Eusebium Hist. Eccles. l. 4. c. 26.

[illegible] *Te vero, quippe qui idem quod illi de nobis sentias, imo etiam longè humanius atque sapientius; tanto magis confidimus omnia esse facturum quæ rogamus.*

Athenagoras in legatione pro Christianis, ad M. Antoninum, & Commodum pag. 2. B.

[illegible] *Imperatoribus Marco Aurelio Antonino, & Lucio Aurelio Commodo, Armeniacis, Sarmaticis, & quod maximum est, philosophis. Mansuetudinem ac lenitatem vestram, animum erga omnes placabilem & benignum cum singuli suspiciunt æquabili ac pari jure utuntur: tum civitates, pro suaque dignitate, suis potiuntur honoribus: denique universus hic terrarum orbis, vestræ prudentiæ beneficio altissima pace perfruitur.*

pag. 16. D. [illegible] *Sed quid opus est coram vobis, qui omne genus literarum scrutati estis, vel poëtarum carmina, vel aliorum sententias examinare!*

pag. 16 B. [illegible] *Quanquam & vos ipsi in antiquissimis quibusque scriptis, si alius quispiam, versati accuratè hæc intelligitis.*

pag. 6. C. [illegible] *Novi enim vos, quantum intelligentiâ simul & vi imperii præstatis omnibus, tantum etiam exquisitâ scientiarum cognitione excellere: ita in singulis pariter sapientiæ partibus versatos, ut nihilo inferiores sitis illis, qui unam duntaxat aliquam sibi excolendam delegerunt.*

pag. 39. C. [illegible] *Vos vero, ô undequaque in omnibus naturâ simul & disciplinâ boni, moderati, benigni & imperio digni principes.*

Johannes Zonaras Annal. tom. 2.

[illegible] *Erat Marcus & imbecillo corpore, & disciplinis ita deditus, ut etiam Imperatorem factum scholas frequentare non puderet, sed cum Sexto Bœotio philosophabatur, & Hermogeni Rhetori operam dabat, & Stoicis magis addictus erat.*

'Ov

[illegible] *Ea autem prudentia & gravitate imperavit, ut in tantis bellis militibus neque allo verbo adularetur, neque metu eorum quicquam faceret.*

[illegible] *Quam a bellis otium erat, jus dicebat: & oratoribus ad aquam verba facientibus plus infundi jubebat, ut ab omni parte aequitatem indagare posset. Adeo laboriosus, idque in tenui valetudine, ut noctu etiam pro tribunali sederet: atque obiter nihil neque faceret, neque scriberet, neque diceret: neque enim decere putabat, ut Imperator vel minimum perfunctoriâ operâ administraret.*

[illegible] *Optime quum imperasset, obiit — Nam quum naturâ vir bonus esset, doctrinâ longe melior evasit: neque tamen felicitas virtuti ejus respondit, quo magis admirandus est, quod in asperrimis & difficillimis rebus & semetipsum, & imperium conservavit.*

Constantinus Manasses in Annal. pag. 86.

[illegible]
Qui educatus erat in omni liberali sapientia & doctrina,
Virtutum laudibus, & quidem omnigenarum ornatus.
Quam ob caussam quosvis sapientes ac doctos viros honorificè tractabat
Magnificisque muneribus afficiebat.

Adrianus apud Julium Capitolinum in Marco.

Ab Adriano Annius Verissimus vocatus est:

Ad quem locum Isaacus Casaubonus.

Antè dicebatur Annius Verus. Hadrianus jussit dici Annium Verissimum. quare? [illegible] *inquit Dio. hoc est, quod esset veritatis amantissimus & tenacissimus, magnum rectae indolis argumentum, & animi verè generosi.*

Julius Capitolinus in Marco.

Marco Antonino in omni vita philosophanti viro, & qui sanctitate vitae omnibus principibus antecellit, &c. Erat enim ipse tantae tranquillitatis, ut vultum nunquam mutaverit moerore vel gaudio. Philosophiae deditus Stoicae, quam & per optimos quosque magistros acceperat, undique ipse collegerat.

Quamvis esset constans, erat etiam verecundus: erat frugi sine contumacia, verecundus sine ignavia, sine tristitia gravis.

In imperio ità civiliter se gessit, ut lenitatem Pii nemo desideraret.

Dabat tamen se philosophiae, amorem civium affectans.

Cum populo non aliter egit, quàm est actum in civitate libera.

Fuit per omnia moderatissimus, in hominibus deterrendis à malo, invitandis ad bona; remunerandis copiâ, indulgentiâ liberandis, fecitque ex malis bonos, ex bonis optimos. Cùm igitur in amore omnium imperâsset, atque ab aliis modò pater, modò frater, modò filius, ut cujusque aetas sinebat, & diceretur, & amaretur, octavo-decimo anno imperii sui, sexagesimo & primo vitae, diem ultimum clausit. tantúsque illius amor die regii funeris claruit, ut nemo illum plangendum censuerit, certis omnibus quod à diis commodatus, ad deos rediisset. Denique priusquam funus conderetur, ut plerique dicunt, (quod neque antea factum fuerat, neque postea) Senatus populúsque non divisis locis, sed in una sede propitium Deum dixit.

Tantum sanè valet boni principis vita, sanctitas, tranquillitas, pietas, ut ejus famam nullius proximi decoloret invidia. Denique Antonino, cùm suos mores semper teneret, neque alicujus insusurratione moveretur, non obfuit gladiator filius, uxor infamis; Deúsque etiam nunc habetur.

Vir tantus & talis, ac diis vitâ & morte conjunctus.

●●●●●●●● Vul-

Vulcatius Gallicanus in Avidio Cassio.

*Antoninum hoc nomine (Dialogistae) significans, qui tantùm enituit in philosophia, ut iturus ad bellum Marcomannicum, timentibus cunctis ne quid fatale proveniret, rogatus sit, non adulatione, sed seriò, ut philosophiae praecepta ederet. nec ille * timuit,* [renuit Casaubonus] sed per ordinem paraeneseon, id est, praeceptionum, per triduum disputavit.*

Avidius Cassius apud eundem, & epistolâ ad generum suum.

Marcus homo sanè optimus, qui dum clemens dici cupit, eos patitur vivere, quorum ipse non probat vitam.

Marcus Antoninus philosophatur, & quaerit de elementis, & de animis, & de honesto ac justo; nec sentit pro republica.

Idem in Opilio Macrino.

Marcus nomen illud sanctum (Antoninorum) vitae genere auxisse videtur, Verus autem degenerâsse.

Aurelius Victor in Breviario.

Iste virtutum omnium, caelestisque ingenii extitit, aerumnisque publicis quasi defensor objectus est. Etenim nisi ad illa tempora natus esset, profectò, quasi uno lapsu ruissent omnia status Romani.

A principio vitae tranquillissimus, ut ab infantia vultum nec ex gaudio nec ex moerore mutaverit.

Philosophiae studens, literarúmque Graecarum peritissimus.

Constat tantùm Marco sapientiae, lenitudinis, innocentiae ac literarum fuisse, ut is Marcomannos cum filio Commodo petiturus, philosophorum obtestantium vi circumfunderetur, ne se expeditioni aut pugnae prius committeret, quàm sectarum ardua & occulta explanavisset. itâ incerta belli, ejus salute, doctrinae studiis metuebantur: tantúmque illo imperante floruere artes, ut illam gloriam etiam temporum putem.

Quod de Romulo aegrè creditum est, omnes pari sensu praesumpserunt, Marcum coelo receptum esse.

Eutropius Hist. Rom. l. 8.

Marcus Antoninus, quem faciliùs quis admirari quàm laudare possit.

A principio vitae tranquillissimus, adeò ut in infantia quoque vultum neque ex gaudio neque moerore mutaverit. Philosophiae deditus Stoicae: ipse etiam non solum vitae moribus, sed etiam eruditione philosophus. tantâ admiratione adhuc juvenis, ut eum successorem paraverit Adrianus relinquere.

Hic cum omnibus Romae aequo jure egit; ad nullam insolentiam elatus est, imperii fastigio.

Cùm igitur fortunatam rempublicam, & virtute & mansuetudine reddidisset, obiit imperii anno xviii, vitae Lxi, & omnibus certatim adnitentibus, inter deos relatus est.

Ælius Spartianus in Severo.

Sed ut omittamus adoptivos, ut nobis Antonini Pius & Marcus, numina reipublicae occurrant.

Quid Marco felicius fuisset, si Commodum non reliquisset haeredem?

Pescennius apud eundem.

Amavit de principibus Augustum, Vespasianum, Titum, Pium, Marcum; reliquos fenineos vel venenatos vocans.

Flavius Vopiscus in Caro.

Romana respublica Domitiani vulnerata immanitate, per Nervam atque Trajanum usque ad Marcum solito melior.

Idem in Aureliano.

Sed ex his, optimi, ipse Augustus, Flavius Vespasianus, Titus, Cocceius Nerva, Divus Trajanus, Divus Adrianus, Pius & Marcus Antonini.

Manlianus Statianus apud eundem in Probo.

Si rectè cogitemus, non nobis Aureliani, non Alexander, non Antonini, non Trajanus,

non

non Claudius, requirendi sunt, omnia in uno principe constituta sunt; rei militaris scientia, animus clemens, vita venerabilis, exemplar agendae reipublicae atque omnium praerogativa virtutum.

Gordianus senior referente Julio Capitolino.

Scripsit praeterea, quemadmodum Virgilius Æneidos, Statius Achilleidos, & multi alii Iliadas, ita etiam ille Antoniniados; hoc est, Antoninum Pium, & Antoninum Marcum, versibus disertissimis, libris triginta, vitam illorum, & bella, & publice privatimque gesta perscribens.

Ælius Lampridius in Antonino Diadumeno.

Ut scirent omnes Antoninos pluris esse quam deos, ac trium principum amorem, quo sapientia, bonitas, pietas consecrata sit; in Antonino pietas, in Vero bonitas, in Marco sapientia.

Idem in Heliogabalo.

Compensationem sibi lector faciet, cum legerit Augustum, Vespasianum, Titum, Trajanum, Adrianum, Pium, & Marcum, contra hos prodigiosos tyrannos.

Alexander Severus Imperator referente Ælio Lampridio.

Antoninorum nomen, vel jam numen potius, quale fuerit, meminit vestra clementia. si pietatem, quid Pio sanctius? si doctrinam, quid Marco prudentius?

Diocletianus referente Julio Capitolino.

Eum vos ipsi, sacratissime Imperator Diocletiane, inter numina vestra, non ut caeteros, sed specialiter veneramini; ac saepe dicitis, vos vita & clementia tales esse cupere, qualis fuit Marcus; etiamsi in philosophia, nec Plato esse possit, si revertatur in vitam.

Constantinus Imperator referente Ælio Lampridio.

Quod [Antoninorum nomen] tu Constantine sacratissime, ita veneraris, ut Marcum & Pium inter Constantios Claudiosque, velut majores tuos, aureos formaveris, adoptans virtutes veterum, tuis moribus congruentes, & tibi amicas charasque.

Ammianus Marcellinus rerum gestarum lib. 31.

Marci illius dissimilis principis verecundi.

Tertullianus Apologet. cap. 5.

Marcus Aurelius gravissimus Imperator.

Quales ergo leges istae, quas adversus nos soli exequuntur impii, injusti, turpes, truces, vani, dementes? quas nullus Pius, nullus Verus impressit?

Paulus Orosius Histor. l. 7. c. 15.

Marcus Antoninus gravissimus ac modestissimus Imperator.

Joannes Baptista Egnatius de Rom. Princip. lib. 1.

Quam laeta felixque successio optimis, piis, philosophis, imperatoribus, referendis! nam hic eâ ingenii bonitate, hac virtutibus excelluit, ut exemplum desit. & ea temporum calamitas affuit, ut solus aerumnis publicis obstiterit. nisi enim hic profuisset majestas Romani nominis facile tum concidisset.— Felicissimus certe princeps, nisi haeredem Commodum reliquisset.

Claudianus de Honorii consulatu 4.

Non tantis patriae studiis ad templa vocatus,
Clemens Marce redis. —- Et mox: — *omne tenentis*
Obsequium Marci mores potuere mereri.

Ausonius in Caesaribus.

Post Marco tutela datur, qui scita Platonis
Flexit ad imperium, patre Pio melior.

Joannes Aventinus Annal. Bojor. l. 2.

Marcus Aurelius Antoninus Pius, ante Annius dictus, sapientissimus gravissimusque principum,

pum,

piam; omni virtutum genere se exercuit; literarum studiis, nemini Graecorum Romanorumque secundus. quamobrem philosophus & cognominatus est, & fuit.

Admodum clemens & civilis erga omnes, admissum cuivis dextram placidè dabat. Tranquillitati summae successerat, qo manifesta sunt rerum humanarum volumina, saevissima tempestas: cui divinitus Marci prudentiae constantiaeque objecta est. nisi hisce virtutibus praeditus rector contigisset, de Romano imperio actum fuisset.

Conradus Urspergensis in Chronico.

Hic omnes virtutes, & coeleste habebat ingenium, & in calamitatibus publicis factus est quasi defensor. & si in illis temporibus ipse non fuisset, sine dubio gloria Romana periisset.

Martinus Polonus in suppotationibus.

Iste optimus fuit.

Philippus Bergom. supplement. Chron. l. 8.

Marcus Antoninus, qi & Verus, cognomento Philosophus: quem certe ob ejus praestantissimam virtutem, laudare plurimum licet. quippe qi ad nullum rei eventum unqam se extulit. tanta enim fuit soliditatis, ut ejusdem vultûs, quamvis fortunâ adversâ, semper fuerit habitus. literarumque semper studiosus, & qàm maximè philosophiae. nec propterea ipsa philosophia illum à rebus imperii & bellicis retardavit. propterea itâ diligebatur amabaturque, ut sacrilegi nomen incurreret, qi imaginem ejus domi non haberet. — Et omnibus acclamantibus inter deos relatus est.

Warnerus Rolevinkus fasciculo temporum.

Hic bonus & victoriosus fuisse describitur. Dicitur qòd tantae severitatis & constantiae fuerit, qòd ad nullum eventum unqam vultum mutaverit, sive ex laetitia, sive ex moerore, &c. dum adhuc esset puer. Tantae fuit humanitatis, ut qàdam vice, cùm jam exhausto aerario nihil haberet qod militibus daret, nulli volens esse molestus, magis elegit vasa aurea & ornamenta uxoris, & alia supellectilia vendere, qàm senatum, vel provincias praegravare. sed victoriâ habitâ, & illa recuperavit, & provinciis tributa relaxavit.

Joannes Carion Chron. lib. 13.

Princeps optimus fuit, sapiens, justusque, modestus, beneficus, amans, & intelligens doctrinarum.

Franciscus Petrarcha, de officio & virtutibus Imperatoriis.

Adde his M. Aurelium Antoninum longè sapientissimum, eum dico, qi philosophicum maluit qàm Caesareum nomen.

Idem in libro Augustali.

Fuit enim magnus philosophus, sanctitate vitae omnibus praeponendus, nunqam mutans vultum. qi vir tantae virtutis, poterat dici felix, si uxorem Faustinam, & filium Commodum non habuisset.

Lilius Gyraldus Historiae de poëtis dialog. 3.

Fuit hic unus inter Caesares omnes aeqissimus, ac optimus, expressum illud certè in eo est, qòd à philosophis qaeri solet, cur ex optimis parentibus pessimi plerumqe filii nascantur. Nam qò M. Antoninus melior & justior, eò filius Commodus immanior & sceleratior.

Sebastianus Munsterus Cosmograph. lib. 2.

Fuit M. Antoninus vir omnium virtutum, & sanctitate vitae praecipuus, coelestisque ingenii; in omni vita philosophiae deditus.

Pandolphus Collenutius in panegyrico Maximiliani.

Ipse rerum omnium sator, à qo princeps terrarum gubernaculis imponitur, — fessas res humanas pro sapientia sua luce, bonos interdum principes indulgendo sublevat, erigit, solatur, fovet. Sic Octavium post civilium bellorum lacrymas dedit: sic Vespasianum post Nerones, post Domitiani crudelitatem Trajanum & Antoninos, post Commodi furores Severum, post Heliogabali vesaniam Alexandrum: sic alios plures qasi distinguendis malorum principum ordinibus, sedandisque reipublicae fluctibus moderatores dedit.

Hae virtutes (pietas, prudentia, justitia, mansuetudo, magnitudo animi, clementia, liberali-

ralitas) Augustum consecrârunt, Trajanum, Antoninos, omnesque bonos principes, cælestes plane viros effecerunt.

Joannes Boterus de illustr. politia l. 1. cap. 10.

M. Aurelius in imperio constitutus, nihil magis aut timuit, aut deprecatus est, quàm avaritiæ infamiam, quam ut deterrimum malum, & imperii labem detestatus semper fuerat.

Joannes Bodinus de republ. lib. 6.

Quis Aurelio Imperatore moderatiùs unquam se gessit?

Ibidem lib. 4.

Commodum Imperatorem Aurelii patris virtus amabilem fecit: etsi patri omnino dissimilis esset.

Baptista Fulgosus Memorabilium lib. 2. c. 9.

Legitur Antoninum philosophum, propter doctrinam, virtutémque in eam venisse existimationem majestatémque, ut eo imperante ferrent palàm, Platonis impletum esse verbum, quo dicebat, Tum orbem terrarum feliciter habiturum cùm contigisset, ut philosophi rerum poterentur.

Idem l. 3. c. 2.

Fiduciæ ingentis verbum, sed non majoris tamen, quàm illius virtus, & morum sanctitas requireret. quod dixit, Non ità nos cum diis hominibúsque gerimus, ut Avidius unquam bello vincere nos deberet.

Ibidem lib. 5. c. 1.

Omnes clementiâ atque humanitate, M. Antoninus philosophus Imperator longè superat.

Ibidem l. 8. c. 7.

M. Antoninus philosophia Imperator ultra publicas curas quæ nunquam deserunt (cujus rei argumentum est, quòd diu paratum tenuit Romanum imperium) plurimùm studii literis impendit, cùm de philosophia vel scriberet vel disputaret. itaque ejus dicta scriptáque, inter philosophos eo tempore magni facta fuerunt.

Cæsar Baronius Annal. tom. 2. ad annum 164.

Quòd in philosophia Stoicos sectatus esset, sic se vultu, animóque compositum esse monstravit, ut nec tristibus & adversis doleret, nec jucundis & prosperis lætaretur.

Richardus Dinothus de rebus & factis memorabilibus l. 8. c. 4.

M. Antoninus adeò philosophiæ studiis addictus fuit ut Stoicorum præcepta perfectè didicerit, in aliarum sectarum placitis, non segniter versatus. ità ut Philosophus peculiari inter Imperatores cognomine fuerit vocatus.

Sethus Calvisius in opere chronologico.

Marcus Imperator ipse philosophus & philosophis deditus, eos Romam evocat & stipendiis fovet.

Gvilielmus Canterus Novar. Lection. l. 7. c. 1.

Marcus Aurelius Antoninus Imperator optimus, atque idem philosophus tantus, ut hoc meruerit proprium cognomen.

Justus Lipsius Monit. Politic. l. 1. c. 8.

M. Antonino Philosophi cognomen hæsit, quòd supra alios in eo studio deditus esset. Stoicam etiam sectam professus: & quis tamen tamen melior, imperio mitior, aut felicior dabitur?

Isaacus Casaubonus ad Athen. Dipnosophist. l. 13. c. 8.

M. Antoninus Imperator, re, & nomine philosophus.

Idem ad Persii Satyr. 1.

Sapientissimus ille Imperator Marcus ὁ ἐν βασιλεῦσι φιλοσοφώτατος.

••••••••••

Idem

Idem ad Capitolini Marcum.

Vir ille divinus, neque satis unquam vel cognitus, vel laudatus. Optimus, nec ambitiosus princeps.

Sapientissimus princeps, jam inde à puero philosophans.

Clavdius Salmasius ad Capitolini Marcum.

Princeps optimus, in cujus vita, ac moribus nihil fictum aut simulatum

Princeps Philosophus, Stoicæ philosophiæ plurimùm deditus: plurimus in philosophiæ studiis.

Mericus Casavbonus præfatione in versionem Marci Anglicanam.

Antoninus, opum ac magnitudinis secularis ratione, hoc Salomone longè major, qui regnorum plurium magnorum (ausim dicere) dominus, quàm oppidorum per totum regnum magnorum Salomon fuerat. Bonitatis verò ac sapientiæ nomine, ab omnibus dum viveret in ea æstimatione honoreque habitus, quâ nemo unquam vel ante ipsum, vel, quòd novimus, post ipsum fuerit.

Ad Antonini illustris hujusce laudem nunquam intermoriturum dictum sit, prout scripserat vixisse.

Hæc igitur Antonini laus esto, prout dixerat scripseràtque vixisse: meditationes illi actiones erant, cum sententiis actionibus conveniebat.

Nunquam ità conspirârunt scriptores in tribuendo cuiquam quæcunque poterant bonitatis, integritatis, innocentiæ, cujuscunque denique tituli apud Ethnicos speciosissimi testimonia. Celebrant illum non tantùm ut principem optimum, sed simpliciter atque absolutè, ut hominum optimum, & philosophum optimum omnium qui unquam extiterunt. Estque hoc ipsius peculiare encomium, quòd cùm ità prædicetur, citra exceptionem ullam prædicatur. Si quid adversus illum in vulgus sparsum fuerit, tanquam rumorem merum commemorant, non tanquam apud ullos fide dignos fidem meruerit.

DE HOC SCRIPTO.

Svidas *in* Μάρκος.

Ὅτος ἔγραψε τοῦ ἰδίου βίου διαγωγὴν ἐν βιβλίοις ιβ'. *Hic scripsit de vita sua libros duodecim.*

Anonymus qidam εἰς βιβλίον Μάρκου, qod ex vetustis membranis exhibuit Cl. Salmasius ad Vulcatii Cassium cap. 3.

Εἰ λύπης κρατέειν ἐθέλεις,
[illegible]
[illegible]
[illegible]
[illegible]
[illegible]
[illegible]
[illegible]
Si tristitiam vis superare,
Divinum hunc evolvens
Librum, accede prompto animo.
In illo sententias beatissimas
Nullo labore cognosces, de rebus futuris,
Præsentibus, & præteritis,
Quibus te oblectes, & tristitiam
Fumo etiam minorem, fumi instar evanescentem.

Nicephorus Callistus Histor. Eccles. l. 3. c. 31. incertum tamen de hoc an alio aliqo.

[illegible] *Illud scire convenit, Marcum Antoninum filio suo institutionis imperialis librum a se compositum reliquisse, omnis generis prophanorum exemplorum & disciplinæ plenum.*

The

Themistius in Philadelpho.

[illegible]
Neque tibi opus Marci preceptis, aut si quid aliud Imperatorum utile quodpiam dictum prostat.

Joannes Carion Chronic. l. 3.

Extat M. Antonini liber de seipso, qui recens editus est in eo libro sunt commonefactiones, de virtutibus principi necessariis, de justitia, de beneficentia, de patientia in ferendis injuriis.

Ibidem.

Marcus in libris de vita sua.

Lilius Gyraldus de poëtis Histor. Dialog. 3.

Dignus & [ut inter poëtas commemoretur] Marcus Antoninus, Pius cognomento, Philosophus, cujus licèt versus non legerim, tanta tamen eruditionis, & doctrinæ fuit, ut meritò cum his laudandus sit.
Ejus certe librum Græcè scriptum, legi, cujus titulus Μάρκου Ἀντωνίνου τῶν καθ᾽ ἑαυτόν, *ex quo variam illius & multiplicem sapientiam facilè colligere possumus.*

Gulielmus Canterus Novar. Lect. l. 7. c. 1.

Duodecim conscripsit de officio suo libros, maximæ pietatis, humanitatis, temperantiæ, eruditionis, aliarum rerum præclararum testes plenissimos: Et cum quibus multorum philosophorum operosa præcepta collata meritò sordere possint.

Justus Lipsius ad Tacit. Annal. l. 1.

Marcus Antoninus in libris Vitæ suæ.

Idem in Saturnal. l. 2. c. 24.

Antoninus Imperator in Vita sua.

Isaacus Casaubonus in Julii Capitolini Marcum.

In primo eruditorum Marci librorum.
Res humanas, non ridere, sed risu suo pretio æstimare solitus hic vir sapientissimus.
Hæc ille nos docet divinis illis suis libris; non enim mihi tempero, quin mellitissimi doctoris verba adscribam.

Idem in Baronii Annales Exercit. 1. §. 10.

Multa in hanc sententiam scribit M. Antoninus Imperator in suis illis divinis libris.

Idem in Persii Satyr. 1.

Quam sententiam Imperator Marcus iis, quæ de se scripsit, sæpe inseruit.

Ibidem in Satyr. 2.

Antoninus in tertio eorum quæ de se scripsit.

Et in Satyr. 3.

Spectat eodem sapientissimum Marci præceptum.

Claudius Salmasius ad Capitolini Pium.

Marcus Antoninus de vita sua.
Et mox: *Locus Marci Philosophi insignis est.*

Idem ad ejusdem Marcum.

Marcus in vita enumerans omnes per quos, aut in literis, aut in vita & moribus profecit.

Annotator Lugdunensis.

Marci Philosophi scriptio abstrusa & horrida est, sed firma & potens, quæ sapit Imperatorem, & in qua multa silentur quæ suppleri oporteat. Utitur vocibus planè suis, quas rarò apud alios autores invenias.

Joannes Rualdus in vit. Plutarch. c. 5.

M. Antoninus, in primo aureolorum librorum, quos de vita sua composuit.

M'AP.

ΜΑΡΚΟΥ ἈΝΤΩΝΙΝΟΥ ΤΟΥ ἈΥΤΟΚΡΑΤΟΡΟΣ ΤΩΝ ΕἸΣ ἙΑΥΤΟΝ

ΒΙΒΛΙΟΝ α΄.

MARCI ANTONINI IMPERATORIS de rebus suis, *sive* de eis quæ ad se *pertinere censebat*,

Liber I.

§ 1. AB avo meo Vero accepisse agnosco, moris esse candidi, & ab iracundia alieni.

§ 2. A fama memoriaque genitoris mei, modestiam simul ac masculam indolem.

§ 1. ΠΑΡΑ τοῦ πάππου Οὐήρου, τὸ καλόηθες, καὶ ἀόργητον.

§ 2. Παρὰ τῆς δόξης, καὶ μνήμης τῆς περὶ τοῦ γεννήσαντος, τὸ [a] αἰδῆμον, καὶ [b] ἀῤῥενικόν.

[a] Confer. [illegible]
§ 3. [illegible]

Annotationes in Titulum.

ΜΑΡΚΟΥ ἈΝΤΩΝΙΝΟΥ [illegible]

Annotationes in librum I.

§ 1. Παρὰ τοῦ πάππου [illegible]

[illegible]

§ 3. [illegible]

§ 4. [illegible]

§ 3. A matre, pietatis studium, & largiendi promptitudinem: nec à malo patrando tantum, sed cogitando etiam, continere: tum victu simplici, atque ab opulentorum more ac instituto abscedere quam longissime, consuetum esse;

§ 4. A proavo, quòd publicas exercitationes adierim; atque bonis præceptoribus privatim sim usus; & quòd in res ejusmodi impensè erogandum intellexerim.

§ 5.

[illegible]

§ 5. Ab educatione, ne in certamine equestri Prasinae, aut Venetae factioni, neve in gladiatorio Threci aut Scutario faverem fautor fierem: ut labores ferrem, minimis contentus essem, operi manus admoverem: negotiis alienis me nec [illegible]

§ 5. Παρὰ τοῦ τροφέως, τὸ μήτε Πρασιανὸς, μήτε Βενετιανὸς, μήτε Παλμουλάριος ἢ Σκουτάριος γενέσθαι. καὶ τὸ φερέπονον, καὶ ὀλιγοδεές, καὶ τὸ αὐτουργικὸν, καὶ τὸ [illegible]

[illegible]

[illegible]

§ 6. [illegible]

... [illegible] ... admitterem.

§ 6. A Diogene, ne rebus [illegible] studium impenderem: neve ea fidem adhiberem, quae a praestigiatoribus magisque de incantationibus, deque daemonibus averruncandis, aliisque ejusmodi asseruntur [illegible]

[illegible]

[illegible] quid dialogos, puer adhuc, conscripserim; quidque pro strato grabatulum ac pellem expetiverim; cæteraque institutionis Græcanicæ adminicula.

§ 7. A Rustico, quid in eam cognitionem devenerim, morum correctione curationeque indigere me: quidque ad æmulationem ambitionemque Sophisticam nullus declinaverim, vel de theorematibus [illegible]

[illegible]

§ 7. [illegible]

[illegible]

[illegible]

aliquid conscribendo, vel [illegible] declamando, vel exercitationis operisque [illegible] specimen praebendo, [illegible] admonitionem [illegible]

[illegible]

[illegible]

[illegible]

[illegible]

§8. [illegible]

sem, adversus eos, qui offensionis causam dederint, aut deliquerint aliquid, facilemque illi in gratiam redire vellent. porro ut accurate legerem, nec comprehensione summaria contentus essem, nec garrulis quibusvis temere assentirer. hanc denique debeo, quod Epicteti commentarios legerim, quorum is è domo sua copiam mihi fecit.

§8. Ab Apollonio, ut liber essem, firmusque ac cer-

ANNOTATIONES

[illegible]

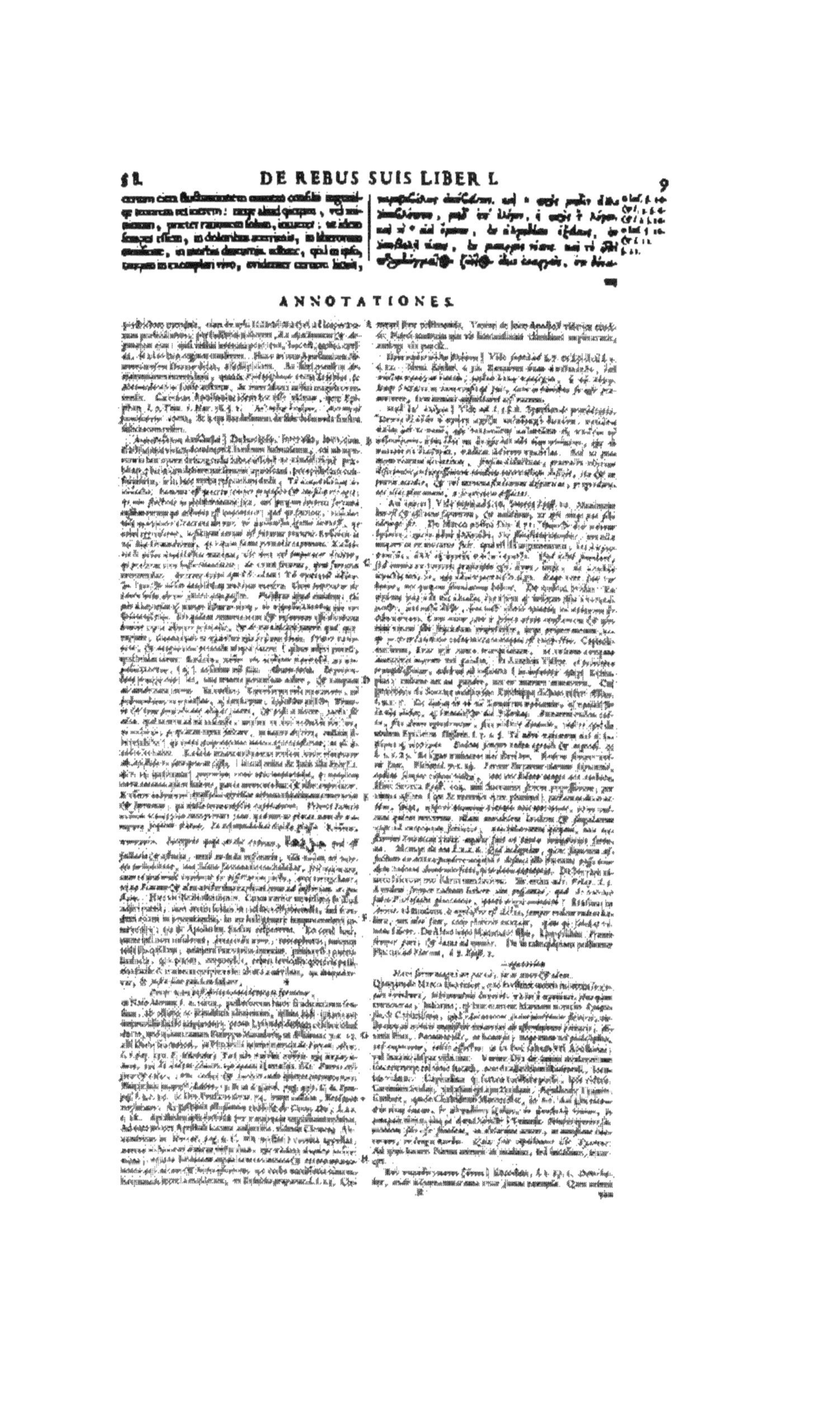

[illegible]

ANNOTATIONES.

[illegible]

[illegible]

§9. [illegible]

§9. A Sexto, benevolentiam erga alios affectum: [illegible]

ANNOTATIONES.

[illegible]

[illegible]

ANNOTATIONES

[illegible]

[illegible]

[illegible]

ANNOTATIONES

[illegible]

[illegible]

90

[illegible] vicerit, in veneratione tamen [illegible] ipsis eodem ipso tempore non nimis [illegible] deditus ac [illegible] eius inventionum, tum & dispositionem, [illegible], que ad [illegible] recte [illegible] conduceretur. [illegible] nec iracundiae, nec perturbationis [illegible] indicium exhibebat; sed cum affectibus [illegible] prorsus extiterat, ad [illegible] propensissimus: lenem promptum, sed sine strepitu [illegible], citra ostentationem, eruditus.

[illegible]

§ 10.

ANNOTATIONES

[illegible]

§10. Παρὰ Ἀλεξάνδρου τοῦ γραμματικοῦ, τὸ ἀνεπίπληκτον. καὶ τὸ μὴ ὀνειδιστικῶς ἐπιλαμβάνεσθαι τῶν βάρβαρον, ἢ σόλοικόν τι, ἢ ἀπηχές τι προενεγκαμένων, ἀλλ' ἐπιδεξίως αὐτὸ μόνον ἐκεῖνο, ὃ ἔδει ῥηθῆναι, προφέρεσθαι, ἐν τρόπῳ ἀποκρίσεως, ἢ συνεπιμαρτυρήσεως, ἢ συνδιαλήψεως περὶ αὐτοῦ τοῦ πράγματος, οὐχὶ τοῦ ῥήματος, ἢ δι' ἑτέρας τινὸς τοιαύτης ἐμμελοῦς ὑπομνήσεως.

§11. Παρὰ Φρόντωνος, τὸ ἐπιστῆσαι, οἵα ἡ τυραννικὴ βασκανία, καὶ ποικιλία, καὶ ὑπόκρισις.

§10. Ab Alexandro Grammatico, increpationibus abstinere, nec probrose excipere, si quis barbarum quid, vel solœcum: vel absonum protulerit, sed illud tantum, quod dici debuerat, dextrè proponere; idque sub specie vel respondendi, vel calculum dictis [illegible], vel de re ipsa, non autem de dictione, una disquirendi, vel aliam aliquam istiusmodi [illegible], sed quæ obliquè facta sit, commonefactionem.

§11. A Frontone, ut scirem, quæ invidentia, versutia, simulatio tyrannidem consequatur: quodque

ANNOTATIONES.

[illegible]

quidque ut plurimumque patricii nobis invicem pararentur, ab affectu genuino alieniorem existimat.

§ 12. Ab Alexandro Platonico, ne crebro, neve nisi necessitate adactus, aut dicto aut scripto significarem alicui, non vacare me: neve hoc modo sub negotiorum distinentium praetextu officia, quae vitae hujusce consuetudo a nobis exigit, subinde detrectarem.

§ 13. A Catulo, ne adspernarer amicorum querimonias, etiamsi ratio eorum nulla subesset, sed in statum ipsos pristinum restituere annitar; ut praeceptores promptis impensisque praedicarem; quod de

[illegible]

§ 12. [illegible]

§ 13. [illegible]

[illegible]

ANNOTATIONES

[illegible]

τὸ περὶ Δομετίου καὶ Ἀθηνοδότου ἀπομνημονευτικόν· καὶ τὸ περὶ τὰ τέκνα ἀληθῶς ἀγαπητικόν.

§ 14. Παρὰ τοῦ ἀδελφοῦ μου Σευήρου τὸ φιλοίκειον, καὶ φιλάληθες, καὶ φιλοδίκαιον· καὶ τὸ δι' αὐτὸν γνῶναι Θρασέαν, Ἑλβίδιον, Κάτωνα, Δίωνα, Βροῦτον, καὶ φαντασίαν λαβεῖν πολιτείας ἰσονόμου, κατ' ἰσότητα καὶ ἰσηγορίαν διοικουμένης, καὶ

[illegible]

Domitioque atque Athenodoto referret; liberosque suos affectu sincero prosequeretur.

§ 14. A fratre meo Severo, familiares diligere, veri justique rationem habere. Itemque quod per eundem Thraseam, Helvidium, Catonem, Dionem, Brutum noscere coeperim, & quod imaginem animo conceperim status popularis, in quo per aequalitatem juris-

ANNOTATIONES.

[illegible]

junctque rempublicam res administrabantur, regnique, quo subditorum libertate nihil antiquius habetur. Ab eodem item didici, simpliciter vivere, in philosophiae cultu constanter persistere, promptum beneficen-

βασιλείαν τιμῶσαν πάντων μάλιστα τὴν ἐλευθερίαν τῶν ἀρχομένων. καὶ ἔτι παρ' αὐτοῦ τὸ ὁμαλὲς, καὶ ὁμότονον ἐν τῇ τιμῇ τῆς φιλοσοφίας. καὶ τὸ εὐποιητικὸν, καὶ τὸ

ANNOTATIONES.

[illegible]

καὶ τὸ εὐμεταδότον ἐκτενῶς, καὶ τὸ εὔελπι, καὶ τὸ πιστευτικὸν περὶ τῆς ὑπὸ τῶν φίλων φιλίας, καὶ τὸ ἀνεπίκρυπτον πρὸς τοὺς καταγνώσεως ὑπ' αὐτοῦ τυγχάνοντας· καὶ τὸ μὴ δεῖσθαι στοχασμοῦ τοὺς φίλους αὐτοῦ περὶ τοῦ τί θέλει, ἢ τί οὐ θέλει, ἀλλὰ δῆλον εἶναι.

re, imperiumque largiri; spes bonas fovere, de amicorum dilectione nihil ambigere. qui & quid si quorum minus probaret, palam id prae se ferret; nec, quid vellet nolletve, familiaribus conjectu difficile foret, sed aperto erat positum.

§ 15. Παρὰ Μαξίμου, τὸ κρατεῖν ἑ-

§ 15. A Maximo, mei compotem esse; nec ulla in

ANNOTATIONES.

[illegible]

in re transversum abripi. sed & animo bono esse, cum in morbis, tum & in aliis casibus adversis; moribus esse probe temperatis, fratribus, vere-dis: negotia obiecta citra querimoniam conficere. adstare quid is ita se gereret, ut fidem quicumque facere-ret; quaecunque diceret, ea animi sententia dixisse, quaecunque faceret, animo haud malo fecisse. tum quod nihil admirabatur, ad nihil obstupescebat,

[illegible] ... ἀδιαστρόφου ... [illegible]

ANNOTATIONES

[illegible]

[illegible]

[illegible]

rusus sectius, aut segnis esse, rursus perplexus, aut dejectus, aut fingi solitus: nec rursus iracundiae, aut suspicionibus deditus. ad haec quid benefacere promptum, & ignoscere. quid verax, quodque homi-

ANNOTATIONES.

[illegible]

hominis ejusmodi specimen dare videmur, qui pervenire nescirent possis, quem qui corrigi [illegible] opus habeant, quod nemo quisquam [illegible], qui vel [illegible] ab illo haberi [illegible] existimarent, vel [illegible] ab illo [illegible] [illegible] affectaverit.

§ 16. A patre [illegible], & in rebus [illegible] jam [illegible] constitutum [illegible].

[illegible]

§ 16. [illegible]

ANNOTATIONES

[illegible]

καὶ τὸ ἀκενόδοξον περὶ τὰς δοκούσας τιμάς. καὶ τὸ φιλόπονον, καὶ ἐνδελεχές. καὶ τὸ ἀκουστικὸν τῶν ἐχόντων τι κοινωφελὲς εἰσφέρειν. καὶ τὸ ἀπαρατρέπτως εἰς τὸ κατ' ἀξίαν ἀπονεμητικὸν ἑκάστῳ. καὶ τὸ ἔμπειρον, ποῦ μὲν χρεία ἐντάσεως, ποῦ δὲ ἀνέσεως. καὶ τὸ παῦσαν τὰ περὶ τοὺς ἔρωτας τῶν μειρακίων. καὶ τὸ κοινονοημοσύνην.

quod in honoribus, qui habentur, istis, gloriae inani nihil concesserit; quod laboribus ferendis cum libens, tum & assiduum, se dederit. quod eos audire promptus fuerit, qui adferre quid poterant, quod in publicum conduceret; quodque nemo illum abduceret quin veritas, qui pro merito suo unicuique rependeret. quod probe noverat, ubi vehementia, ubi remissione agere opus esset; quod ab adolescentiarum amoribus cessare curaret se. quod civiliter admodum se gesse. quod ani-

ANNOTATIONES

[illegible]

amicis vel commendandi locum, vel abstinendi optionem liberam permittebam, nec pergere tamen conitari, nisi ipsis abstinerent, necesse erat; quid affectum adversus te pariter semper deprehendebam, eiusdem occasione absque impulsu, cum nunquam essent communi, quid in consiliis, quid facto opus esset, [illegible]

ANNOTATIONES.

[illegible]

[illegible]

[illegible]

Dio

ANNOTATIONES

[illegible]

[illegible]

Deis colendis superstitiosus, nec in hominibus, aut assentationibus, aut blanditiis auram captans popularem, sed in rebus quibusque sobrius, solidus, nusquam ineptus, aut novitatis studiosus. Porro quod ad vitam commodius consequendam conducentibus rebus, quarum copiam illi dapsilem fors suppeditabat, citra fastum, nec liberè tamen usus, utebatur, ut & praesentibus simpliciter frueretur, neque absentia requirens desideraret. Quod nemo illum aut sophistam, aut vernaculum, aut

σιι καὶ τὸ μήτε περὶ θεοὺς δεισιδαίμων, μήτε περὶ ἀνθρώπους δημοκοπικὸς, ἢ ἀρεσκευτικὸς, ἢ ὀχλοχαρής, ἀλλὰ νήφων ἐν πᾶσι, καὶ βέβαιος, καὶ μηδαμοῦ ἀπειρόκαλος, μηδὲ καινοτόμος. καὶ τὸ τοῖς εἰς εὔχρηστον βίον φέρουσι, ὧν ἡ τύχη παρεῖχε δαψιλείαν, χρηστικὸν ἀτύφως ἅμα καὶ ἀπροφασίστως, ὥστε παρόντων μὲν ἀνεπιτηδεύτως ἅπτεσθαι, ἀπόντων δὲ μὴ δεῖσθαι. καὶ τὸ μήτε ἂν τινα εἰπεῖν, μήτε ὅτι σοφιστὴς, μήτε ὅτι οὐερνάκλος, μήτε ὅτι σχο-

ANNOTATIONES

[illegible]

[illegible]

Scholasticorum doceris; sed vitam moratam, constantem, admirationi superiorum, rebus & propriis & alienis administrandis idoneam. adhuc quod verè philosophantes in honore habebat, caeteris nihil cu-

ANNOTATIONES.

[illegible]

expendebam, in congressibus facilis, & festivus, nec ad fastidium tamen. corporis sui curā tam probè attemperatâ, ut nec vitae avidus videretur, nec elegantiae studiosus, nec negligentiam tamen id haberet, sed per suam ipsius diligentiam efficeret, ut medicinam pharmacis fomentisve externis quàm minimè indigeret. quod maximum est, citra invidentiam eis concedebat, qui in facultate aliquâ claruerunt, sive oratoriâ, sive legum, vel morum, vel aliarum quarumvis rerum notitiâ; sed & operam illis conferebat suam, ut pro eis, qui-

[illegible] καὶ τὸ τὸ ἴδιον σωμάτιον ἐπιμελητικὸς ἐμμέτρως, ὡς ἂν τις φιλόζωος, οὔτε πρὸς καλλωπισμὸν, οὔτε μὴν ὀλιγώρως, ἀλλ' ὥστε διὰ τὴν ἰδίαν προσοχὴν εἰς ὀλίγιστα τῆς ἰατρικῆς χρῄζειν ἢ φαρμάκων καὶ ἐπιθεμάτων. μάλιστα δὲ τὸ παραχωρεῖν ἀβασκάνως τοῖς δύναμίν τινα κεκτημένοις, οἷον τὴν φραστικὴν, ἢ [illegible]

τὴν

ANNOTATIONES.

[illegible]

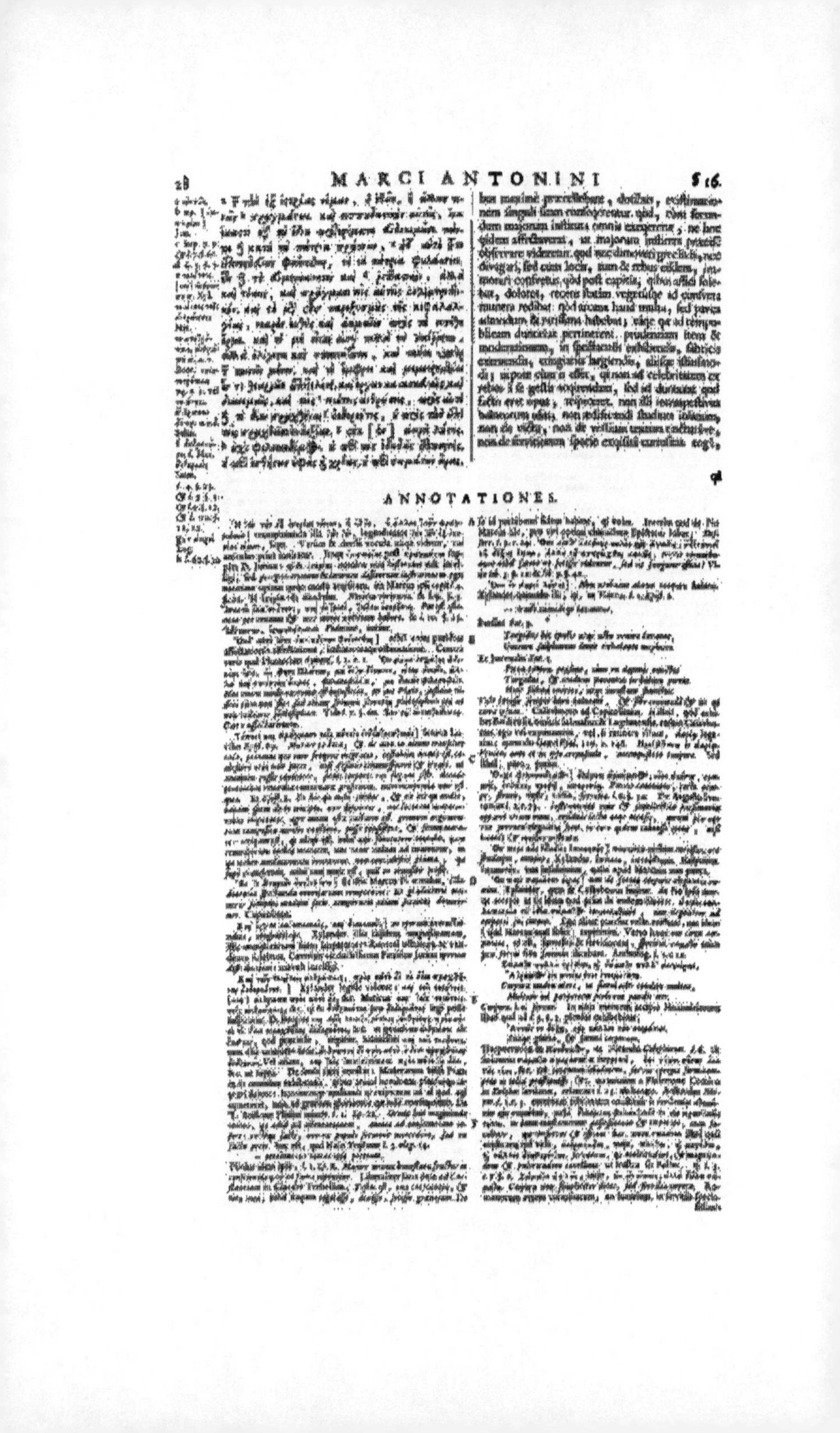

[illegible]

bus maximè praecellebant, doctrinis, existimatione singuli suam consequerentur. quid, cùm secundum majorum instituta omnia exequeretur, ne hoc quidem affectaverat, ut majorum instituta praecise observare videretur. quod nec dimoveri praeceps, nec divagari, sed cum locis, tum & rebus eisdem, immorari consuetus. quod post capitis, quibus affici solebat, dolores, recens statim vegetusque ad consueta munera rediebat: quod arcana haud multa, sed pauca admodum & rarissima habebat; eaque quae ad reipublicam duntaxat pertinerent. prudentiam item & moderationem, in spectaculis exhibendis, fabricis extruendis, congiariis largiendis, aliisque id genus; utpote eum [illegible], qui non ad celebritatem ex rebus à se gestis acquirendam, sed ad [illegible] quod factu erat opus, respiceret. non illi intempestivus balneorum usus, non aedificandi studium [illegible], non de victu, non de vestium [illegible], non de servitiorum specie exquisita curiositas. cogi-

ANNOTATIONES.

[illegible]

[illegible]

ANNOTATIONES.

[illegible]

D 2

[illegible Greek text]

§ 17. [illegible Greek text]

etiam consideratione maiore, placide, composite, firmiter, consentanee sibi invicem disposita universa: Id quidem in illum, quod de Socrate perhibetur, quod & abstinere & frui rebus eis posset, quibus plerique nec per infirmitatem abstinere, nec fruitra intemperantiam possint, posse utrum in altero tolerantiam, in altero temperantiam se praestare; illud vero vere viri est animo consummato invictoque plane praediti. denique quomodo in Maximi aegrotatione se gesserit.

§ 17. Deis acceptum fero, quod bonos avos, bonos parentes, bonam sororem, bonos praeceptores, bo-

ANNOTATIONES

[illegible]

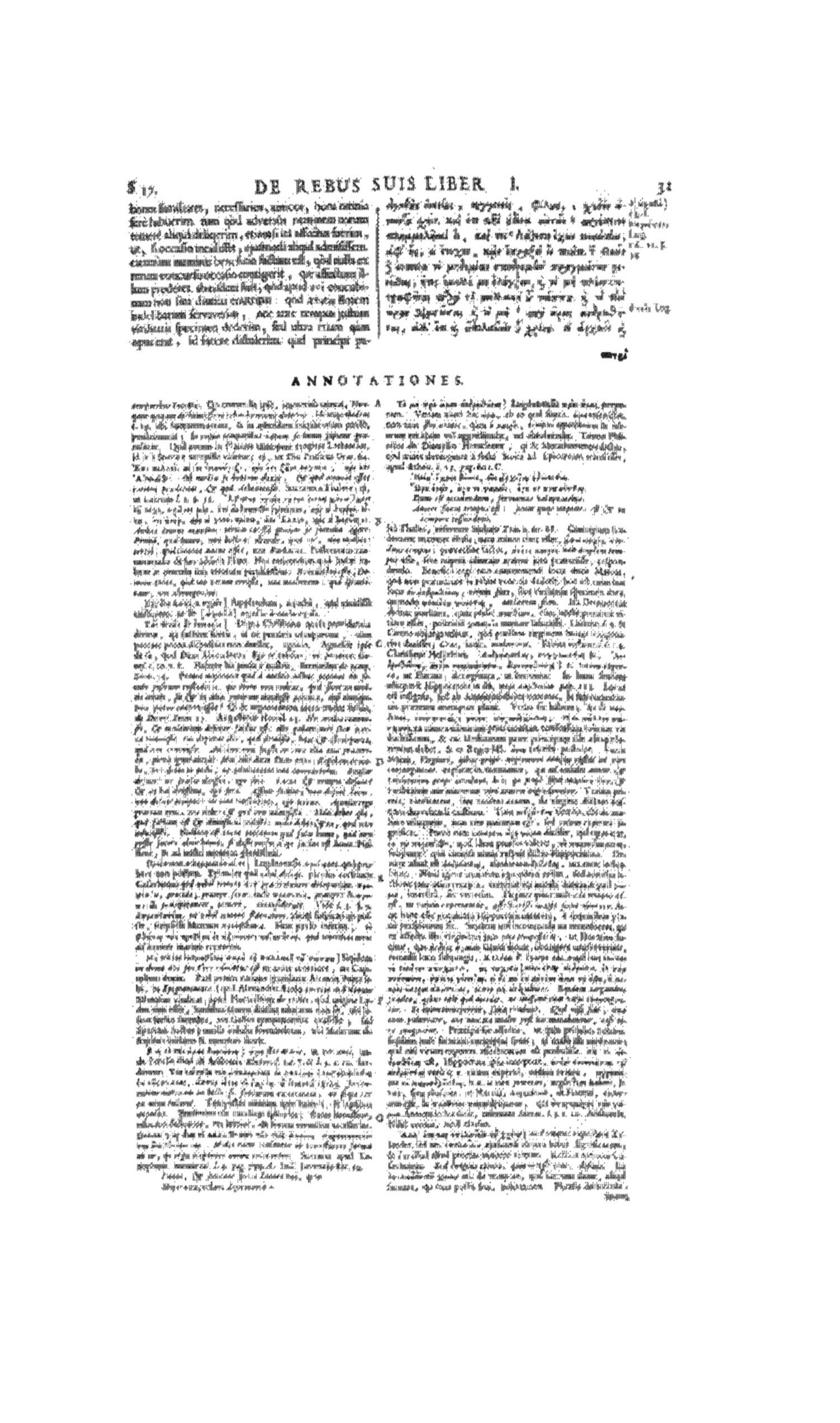

[illegible]

ANNOTATIONES.

[illegible]

[illegible]

[illegible]

ANNOTATIONES

[illegible]

[illegible]

ipse distulerim, etiam juvenes adhuc essent, deinceps id facturum me. quod Apollonium, Rusticum, Maximum novim. quod de modo vitae naturae convenienter agendae, claras satis ac frequentes eas cogitationes in animo habuerim: ut, quantum ad Deos attinet, ac suggestiones, adjutationes, inspirationes ab ipsis profectas, nihil obstet omnino, quo minus juxta naturae praescriptum continuo vivam, nisi ipse tandem in culpa sim, qui Deorum submonitiones, & tantum non claras praeceptiones, neutiquam observem. quod in vita, qualis ea fuerit, corpus mihi tam diu perduraverit. quod nec Benedictam, nec Theodotum attigerim: sed & postea, ex affectibus amatoriis, quibus correptus fueram, ad sanitatem redierim. quod cum Rustico saepe succensuerim, nihil ultra admiserim, cujus poenitere me posset. quod mater mea, quamvis juvenis esset decessura, mecum tamen novissimos aetatis annos transegerit. quod, quotiescunque animus fuit pauperi alicui aut aliàs indigo, opem ferre, nunquam responsum est, non suppetere nummos mihi, unde id fieret: quodque nulla mihi unquam talis necessitas obtigerit, ut ab alio simile cogerer. quod uxor ejusmodi mihi obvenerit, tam obsequens, tam amans, tam simplex. quod et liberorum illorum copiâ instructus, qui ad liberos educandos mihi idonei

μὴ ἀναβαλέσθαι ἐλπίδι, τοῦ με, ἐπεὶ νέοι ἔτι ἦσαν, ὕστερον αὐτὸ πράξειν. τὸ γνῶναι Ἀπολλώνιον, Ῥούστικον, Μάξιμον. τὸ φαντασιωθῆναι περὶ τοῦ κατὰ φύσιν βίου τρανῶς καὶ πολλάκις, οἷός τίς ἐστιν· ὥστε, ὅσον ἐπὶ τοῖς θεοῖς καὶ ταῖς ἐκεῖθεν διαδόσεσι καὶ συλλήψεσι καὶ ἐπινοίαις, μηδὲν κωλύειν ἤδη κατὰ φύσιν ζῆν με, ἀπολείπεσθαι δὲ ἔτι τούτου παρὰ τὴν ἐμὴν αἰτίαν, καὶ παρὰ τὸ μὴ διατηρεῖν τὰς ἐκ τῶν θεῶν ὑπομνήσεις, καὶ μονονουχὶ διδασκαλίας. τὸ ἀντισχεῖν μοι τὸ σῶμα ἐπὶ τοσοῦτον ἐν τοιούτῳ βίῳ. τὸ μήτε Βενεδίκτης ἅψασθαι μήτε Θεοδότου, ἀλλὰ καὶ ὕστερον ἐν ἐρωτικοῖς πάθεσι γενόμενον ὑγιᾶναι. τὸ χαλεπήναντα πολλάκις Ῥουστίκῳ, μηδὲν πλέον πρᾶξαι, ἐφ' ᾧ ἂν μετέγνων. τὸ μέλλουσαν νέαν τελευτᾶν τὴν τεκοῦσαν, ὅμως οἰκῆσαι μετ' ἐμοῦ τὰ τελευταῖα ἔτη. τὸ ὁσάκις ἐβουλήθην ἐπικουρῆσαί τινι πενομένῳ, ἢ εἰς ἄλλο τι χρῄζοντι, μηδέποτε ἀκοῦσαί με, ὅτι οὐκ ἔστι μοι χρήματα ὅθεν γένηται. καὶ τὸ αὐτῷ ἐμοὶ χρείαν ὁμοίαν, ὡς παρ' ἑτέρου μεταλαβεῖν, μὴ συμπεσεῖν. τὸ τὴν γυναῖκα τοιαύτην εἶναι, οὑτωσὶ μὲν πειθήνιον, οὕτω δὲ φιλόστοργον, οὕτω δὲ ἀφελῆ, τὸ ἐπιτηδείων τροφέων εἰς τὰ παιδία εὐπορῆσαι.

ANNOTATIONES

Τὸ μὴ ἀναβαλέσθαι ἐλπίδι] [illegible]

Ἀπολλώνιον] de eo supra § 8.

Ῥούστικον] supra § 7.

Μάξιμον] supra § 15.

Τὸ φαντασιωθῆναι περὶ] vide supra ad § 9.

[illegible]

Βενεδίκτης] [illegible]

Θεοδότου] [illegible]

[illegible]

[illegible]

existeret, quod per insomnia remedia mihi fuerint indicata, cum alia, tum adversus sanguinis excreationem & capitis vertiginem; quod & Cicero aliquando factum esse [illegible]. quod cum philosophandi cupiditate incessissem, non in sophistam aliquem inciderim, nec commentariis evolvendis, vel syllogismis resolvendis, vel metaeorologicis discutiendis, tempus deses contriverim. etenim ista omnia Dis adjutoribus ac Fortuna indigebant.

Τὰ ἐν Κουάδοις πρὸς τῷ Γρανούᾳ.

Quæ apud Quados ad Granuam.

LIBER

ANNOTATIONES.

[illegible]

LIBER II.

Mane praedicere memineris tibi, Hodie incursurum esse, ut mihi habeam cum curioso aliquo, ingrato, protervo, doloso, invido, illiberali. obvenisse illis omnia a bonorum malorumque inscitia. ego vero, cum & naturam boni viderim, quod honestum, mali, quod inhonestum sit, ipsiusque adeo delinquentis naturam, quod cognatus mihi sit, non tam quod sanguinis seminisque ejusdem, quam quod mentis ac portionis divinae mecum particeps; nec laedi posse me ab horum ullo compertum habeo;

[illegible]

ANNOTATIONES.

[illegible]

[illegible]

(neque enim inhonestâ te aliquâ re quisquam involverit) sed nec succensere cognato possum, aut eum odisse. siquidem ad mutuam operam nati sumus, quo modo pedes,

[illegible]

ANNOTATIONES.

[illegible]

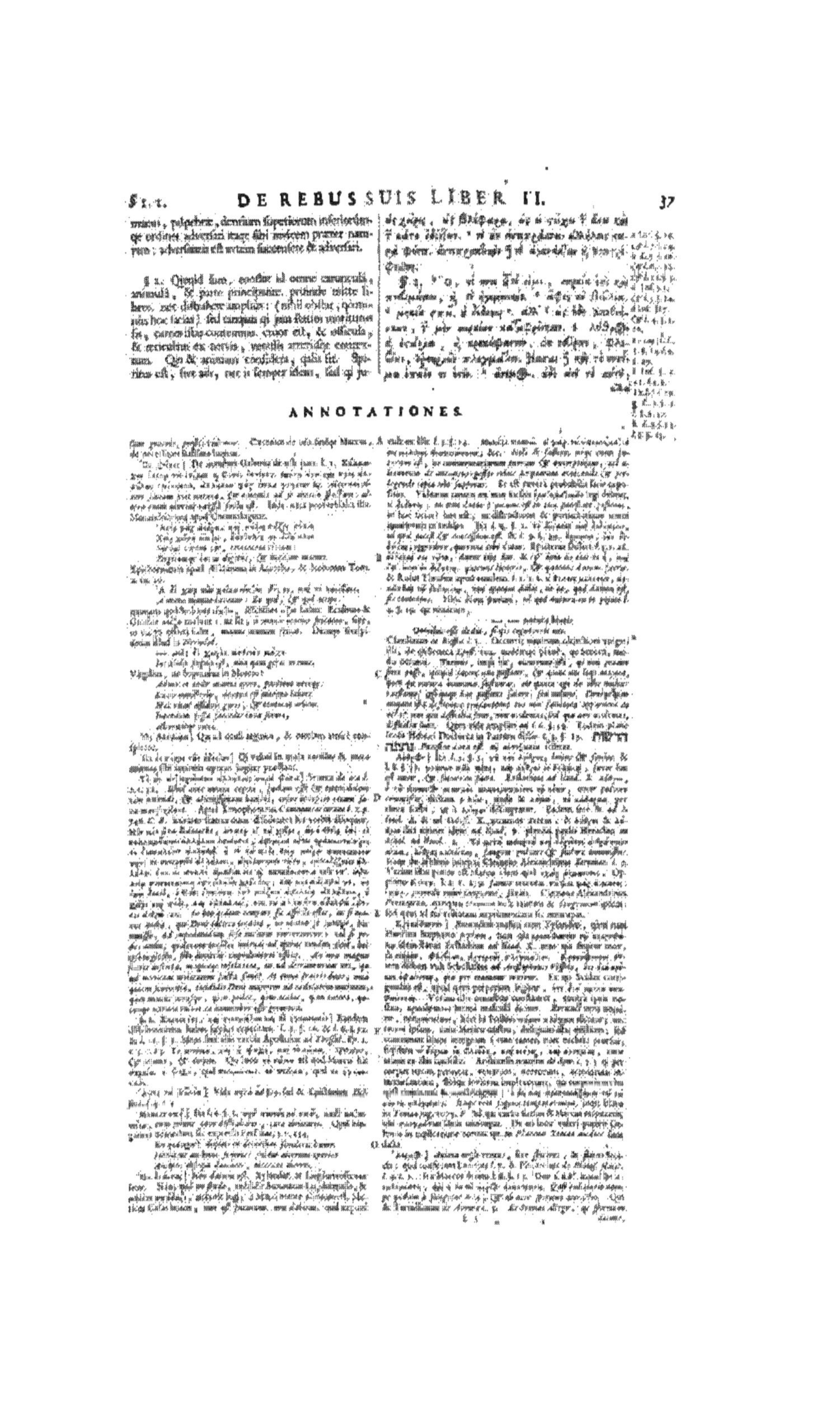

mentum, palpebrae, dentium superiorum inferiorumque ordines adversari itaque sibi invicem praeter naturam; adversarium est autem sustentare & adversari.

§ 2. Quicquid sum, constat id omne carunculâ, animulâ, & parte principatrice. Missos facito libros, nec distrahere amplius: (nihil obstat, quominus hoc facias) sed tanquam qui jam sis moriturus, carnem istam contemne. cruor est, & ossicula, & reticulum ex nervis, venulis arteriisque contextum. Quin & animam considera, qualis sit. Spiritus est, sive aër, nec is semper idem, sed qui [illegible]

[illegible]

ANNOTATIONES

[illegible]

[illegible]

ANNOTATIONES

[illegible]

sed nec moribus a communione humana alienis [illegible], nec operam, quod sum destinatum tibi fuerit, vel jam demum averti, [illegible].

§. 3. Deorum opera providentiae plena sunt: [illegible] fortunae [illegible] [illegible] [illegible] [illegible] providentiae dispensantur. [illegible] accedit & necessitas quaedam, & mundi, cu-

[illegible]

§. 3. [illegible]

ANNOTATIONES

[illegible]

40

[illegible Greek text]

jus tu pars es, utilitas. Illud est autem parti cuique bonum, quod universi fert natura, quodque ad eiusdem conservandam conducit. porro conservant mundum hunc, sicut elementorum, ita & concretorum ex his mutationes. Ista tibi sufficiunt, & decretorum vice jugiter sint: librorum vero sitim pelle; ut ne murmurans moriaris, sed vere propitius, Deoque ex animo gratus.

54

ANNOTATIONES.

[illegible]

§. 4. Memento, quamdiu ista distuleris, & quoties opportunitates à Diis tibi oblatas neglexeris. Tandem aduertas oportet, cuiusnam mundi pars sis, & cuiusnam mundi rectoris propago. sed & prae-

§. 4. [illegible]

ANNOTATIONES

[illegible]

[illegible]

[illegible] ... scriptum esse tibi temporis terminum: quod nisi ad animum serenandum accommodaveris, avolaturum est illud, et simul abripieris, nec deinceps rediturum.

§. 5. [illegible]

§. 5. Cura hoc jugiter incumbat tibi, ut quicquid in manibus est, strenue peragas, prout Romanum,

ANNOTATIONES.

[illegible]

Et Virgilius Georg. l. 3.

— fugit irreparabile tempus.

Et Aenead. l. 10.

— breve et irreparabile tempus

Omnibus est vitae.

[illegible]

nunt, virumque decet, cum exquisita, nec affectata tamen, gravitate, humanitate, libertate, justitia: animumque interim ab aliis omnibus cogitationibus abducas. abduces autem, si unamquamque vitae tuae actionem tanquam ultimam peregeris, temeritate omni liberam, & declinatione per affectum a rationis dictamine; simulatione item, & amore sui, eorumque quae a numine destinata sunt aversatione. Vides, quam pauca sint, quae si quis tenuerit, prosperam ac divinam propemodum vitam degere detur. siquidem & dii ipsi nihil amplius exigent ab eo, qui ista observaverit.

§. 6. Ignominia, ignominia te afficis, o anima: honorem autem tibi tuum vindicandi, haud erit amplius opportunitas. fugit enim unicuique brevis tam...

ἀκριβοῦς καὶ ἀπλάστου σεμνότητος, καὶ φιλοστοργίας, καὶ ἐλευθερίας, καὶ δικαιότητος πράττειν. καὶ σχολὴν ἑαυτῷ ἀπὸ πασῶν τῶν ἄλλων φαντασιῶν παρέχειν. παρέξεις δὲ, ἂν ὡς ἐσχάτην τοῦ βίου ἑκάστην πρᾶξιν ἐνεργῇς, ἀπηλλαγμένην πάσης εἰκαιότητος, καὶ ἐμπαθοῦς ἀποστροφῆς ἀπὸ τοῦ αἱροῦντος λόγου, καὶ ὑποκρίσεως, καὶ φιλαυτίας, καὶ δυσαρεστήσεως πρὸς τὰ συμμεμοιραμένα. ὁρᾷς πῶς ὀλίγα ἐστὶν ὧν κρατήσας τις δύναται εὔρουν καὶ θεουδῆ βιῶναι βίον· καὶ γὰρ οἱ θεοὶ πλέον οὐδὲν ἀπαιτήσουσι παρὰ τοῦ ταῦτα φυλάττοντος.

§. 6. Ὑβρίζεις, ὑβρίζεις αὑτὴν, ὦ ψυχή· τοῦ δὲ τιμῆσαι σεαυτὴν οὐκέτι καιρὸν ἕξεις. βραχὺς γὰρ ὁ βίος ἑκάστῳ.

ANNOTATIONES

[illegible]

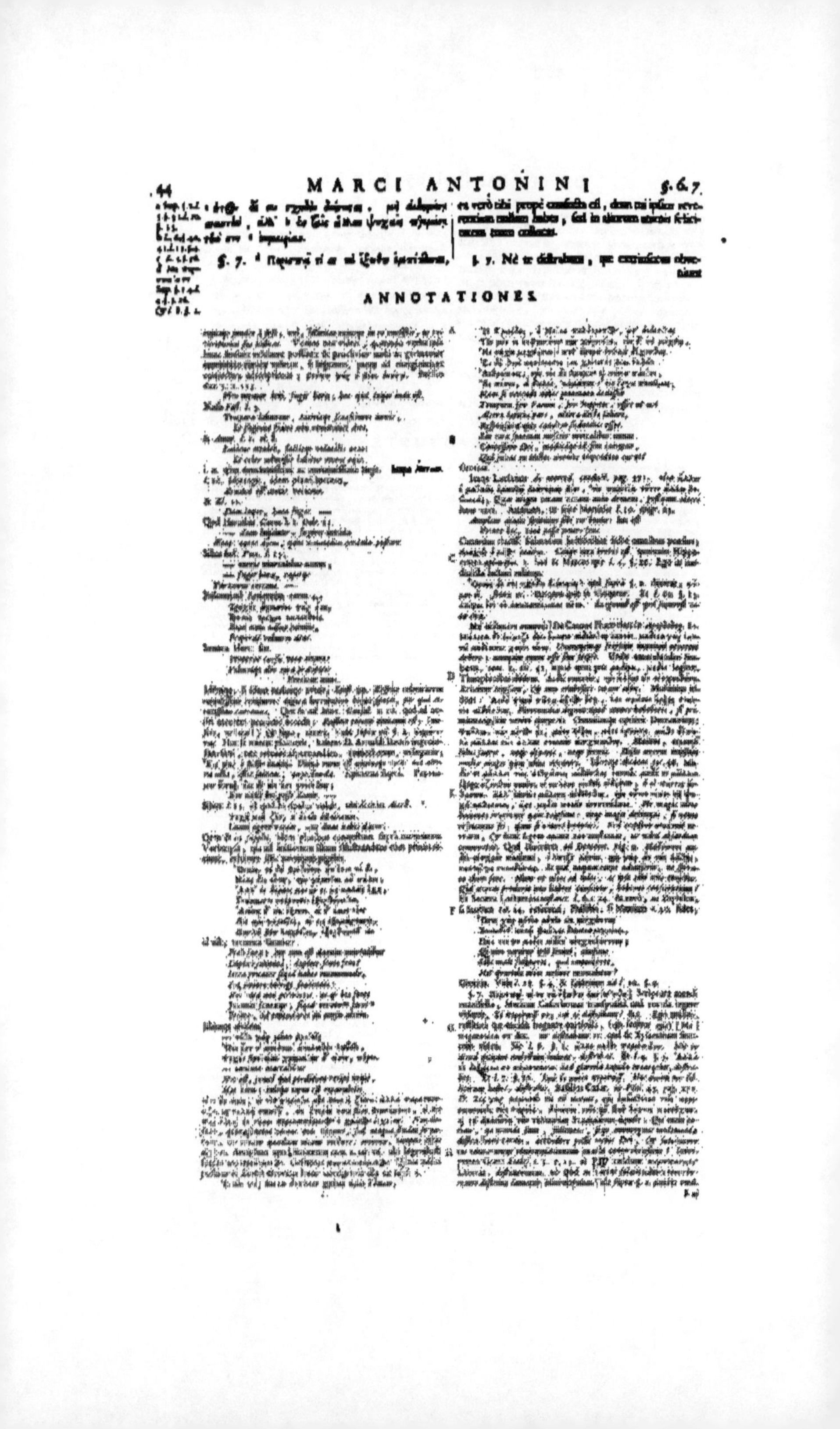

[illegible]

ea verò tibi propè consecuta est, dum tui ipsius reverentiam nullam habes, sed in aliorum animis felicitatem tuam collocas.

§. 7. [illegible]

§. 7. Ne te distrahant, quæ extrinsecus obveniunt

ANNOTATIONES.

[illegible]

tuam tibi, sed etiam tibi praebes, quo boni aliquid addiscas, & huc illuc ferri desinas. caeterum & alia hic hallucinatio cavenda est. nugas siquidem agunt actionibus haud pauci, dum vitam agendo conterunt, sed scopum, ad quem conatus suos cogitationesque omnes dirigant, sibi propositum nullum habent.

§. 8. Vix, aut ne vix quidem quisquam, ideo infeliciter agere deprehensus est, quod in aliena animi quid agerentur non animadverterit. caeterum qui animorum suorum motus non attendunt, hi vero infeliciter agant, necesse est.

§. 9. Horum meminisse semper oportet: quae universi, quae mea natura sit, quomodo haec ad illam affecta, qualisque pars qualis universi existat: quod etiam nemo sit, qui prohibere te possit, quo minus ea facias dicasque semper, quae naturae illi,

καὶ σχολὴν πάρεχε σεαυτῷ τοῦ προσμανθάνειν ἀγαθόν τι, καὶ παῦσαι ῥεμβόμενος. ἤδη δὲ καὶ τὴν ἑτέραν περιφορὰν φυλακτέον. ληροῦσι γὰρ καὶ διὰ πράξεων, οἱ κεκμηκότες τῷ βίῳ, καὶ μὴ ἔχοντες σκοπὸν, ἐφ' ὃν πᾶσαν ὁρμὴν καὶ καθάπαξ φαντασίαν ἀπευθύνουσιν.

§. 8. Παρὰ μὲν τὸ μὴ ἐφιστάναι, τί ἐν τῇ ἄλλου ψυχῇ γίνεται, οὐ ῥᾳδίως τις ὤφθη κακοδαιμονῶν. τοὺς δὲ τοῖς τῆς ἰδίας ψυχῆς κινήμασι μὴ παρακολουθοῦντας, ἀνάγκη κακοδαιμονεῖν.

§. 9. Τούτων ἀεὶ δεῖ μεμνῆσθαι, τίς ἡ τῶν ὅλων φύσις, καὶ τίς ἡ ἐμὴ, καὶ πῶς αὕτη πρὸς ἐκείνην ἔχουσα, καὶ ὁποῖόν τι μέρος ὁποίου τοῦ ὅλου οὖσα, καὶ ὅτι οὐδεὶς ὁ κωλύων τὰ ἀκόλουθα τῇ φύσει, ἧς

[illegible]

ANNOTATIONES

Καὶ σχολὴν πάρεχε σεαυτῷ] [illegible]

A [illegible]

Μὴ ἔχοντες σκοπὸν] [illegible]

B [illegible]

§. 8. Παρὰ μὲν τὸ μὴ ἐφιστάναι] [illegible]

Τοῖς δὲ τοῖς τῆς ἰδίας ψυχῆς κινήμασι μὴ παρακολουθοῦντας] [illegible]

C [illegible]

D [illegible]

§. 9. [illegible]

E [illegible]

F [illegible]

ἧς μέρος εἶ, πράττειν τε ἀεὶ ἢ λέγειν.

§. 10. Φιλοσόφως ὁ Θεόφραστος ἐν τῇ συγκρίσει τῶν ἁμαρτημάτων, ὡς ἄν τις κοινότερον τὰ τοιαῦτα συγκρίνειε, φησὶ, βαρύτερα εἶναι τὰ κατ' ἐπιθυμίαν πλημμελούμενα τῶν κατὰ θυμόν. ὁ γὰρ θυμούμενος μετά τινος λύπης καὶ λεληθυίας συστολῆς φαίνεται τὸν λόγον ἀποστρεφόμενος. ὁ δὲ κατ' ἐπιθυμίαν ἁμαρτάνων, ὑφ' ἡδονῆς ἡττώμενος, ἀκολαστότερός πως φαίνεται καὶ θηλύτερος ἐν ταῖς ἁμαρτίαις. ὀρθῶς οὖν καὶ φιλοσόφως ἔφη, μείζονος ἐγκλήματος ἔχεσθαι τὸ μεθ' ἡδονῆς ἁμαρτανόμενον, ἤπερ τὸ μετὰ λύπης. ὅλως τε ὁ μὲν προηδικημένῳ μᾶλλον ἔοικε, καὶ διὰ λύπης ἠναγκασμένῳ θυμωθῆναι. ὁ δὲ, αὐτόθεν ὥρμηται ἐπὶ τὸ ἀδικεῖν, φερόμενος ἐπὶ τὸ ποιεῖν τι κατ' ἐπιθυμίαν.

§. 11. Ὡς ἤδη δυνατοῦ ὄντος ἐξιέναι τοῦ βίου, οὕτως ἕκαστα ποιεῖν καὶ διανοεῖσθαι. τὸ δὲ ἐξ ἀνθρώπων ἀπελθεῖν, εἰ μὲν θεοὶ εἰσὶν, οὐδὲν δεινόν.

cujus pars es, consentanea fuerint.

§. 10. Philosophice Theophrastus, in peccatis inter se conferendis (prout vulgo conferri solent) dicit, graviora esse quae per cupiditatem, quam quae per iram admittuntur. etenim, qui irascitur, cum dolore quodam & contractione animi occulta à rationis tramite declinare videtur: qui vero per cupiditatem delinquit, qui voluptate vincitur, intemperantior quodammodo, & in peccando effeminatior videtur. recte igitur, nec indigne philosopho, pronunciavit, turpioris esse criminis, quod cum voluptate, quam quod cum dolore admittitur. atque omnino alter ei similior exstitit, qui prior laesus, doloris ratione ad irascendum adigitur: cum is sponte sua ad laedendum feratur, qui ad perpetrandum quidpiam cupidine ducitur.

§. 11. Ita omnia facias cogitesque oporteat, ut qui confestim è vita hac possis discedere. homines autem excedere, siquidem Dii sunt, nihil est grave.

neque

ANNOTATIONES.

[illegible]

neque enim malo ulli illi involvent te. si vero, vel nulli sunt, vel nullam rerum humanarum curam gerunt, quid mihi attinet vivere in mundo vel Deorum, vel providentiae inani? atqui & sunt illi, & res humanas curant;

κακῷ γάρ σε οὐκ ἂν περιβάλοιεν. εἰ δὲ ἤτοι οὐκ εἰσὶν, ἢ οὐ μέλει αὐτοῖς τῶν ἀνθρωπείων, τί μοι ζῆν ἐν κόσμῳ κενῷ θεῶν, ἢ προνοίας κενῷ; ἀλλὰ καὶ εἰσὶ, καὶ μέλει αὐτοῖς τῶν ἀνθρωπείων.

ANNOTATIONES.

[illegible]

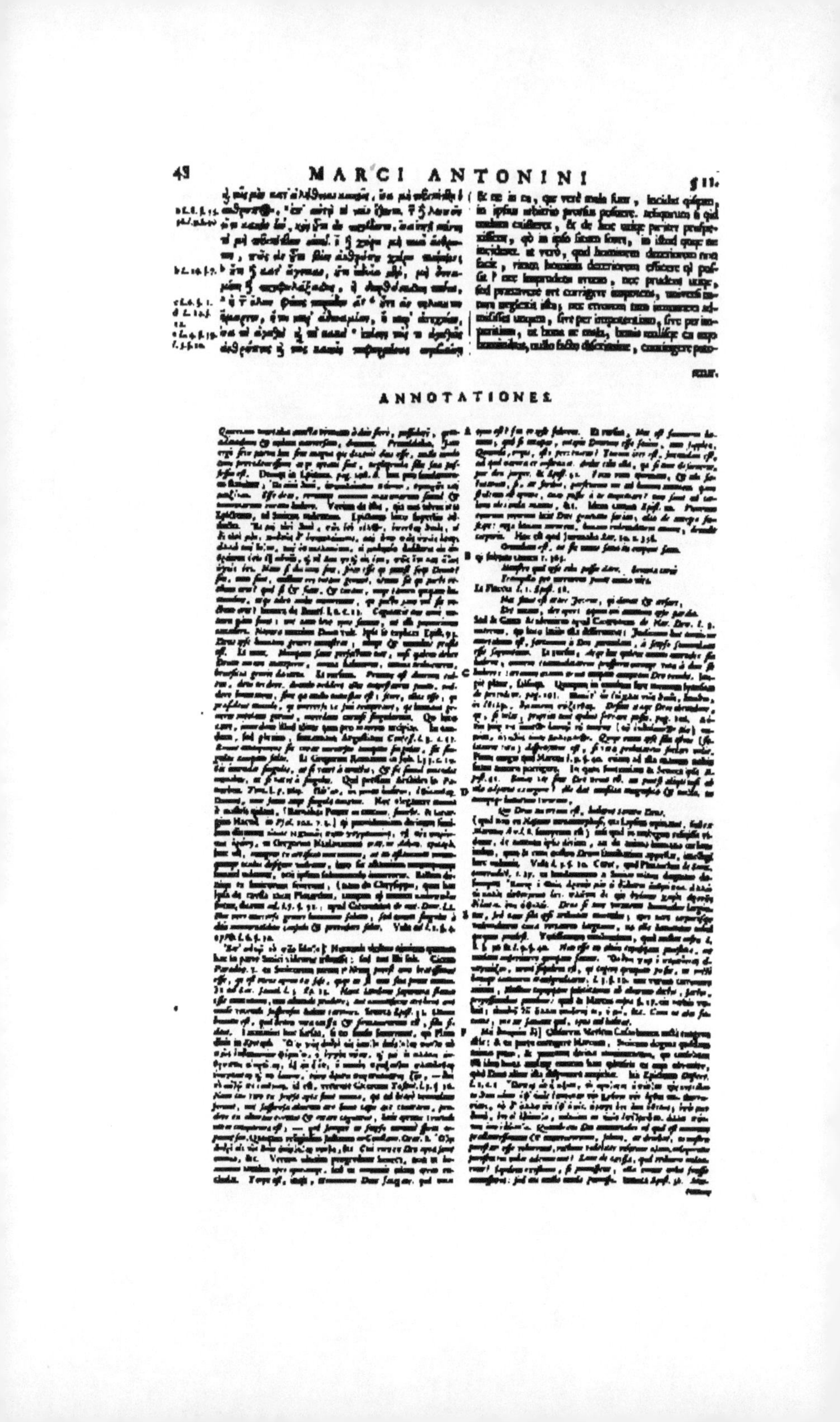

[illegible]

ANNOTATIONES

[illegible]

... mors vero & vita, honor & ignominia, dolor & voluptas, opes & paupertas, ista omnia bonis pariter malisque contingunt, cum nec honesta ea nec inhonesta sint, nec bona itaque nec mala sunt.

§. 12. Facultatis rationalis est, considerare, quam velociter evanescant omnia, in mundo corpora, in aevo eorundem memoria: qualia sint omnia quae sub sensum cadunt, & maxime quae vel voluptate alliciunt, vel dolore perterrent, vel cum fastu celebrantur, quam vilia, quam contemnenda, quam sordida, caduca, mortua sint: quinam ii sint, quorum opiniones vocesque claritatem largiuntur. quid sit ipsum mori; quodque si quis rem ipsam per se intueatur, cogitationeque ab illa ...

Θάνατος δὲ γε καὶ ζωὴ, δόξα καὶ ἀδοξία, πόνος καὶ ἡδονὴ, πλοῦτος καὶ πενία, πάντα ταῦτα ἐπίσης συμβαίνει ἀνθρώπων τοῖς τε ἀγαθοῖς καὶ τοῖς κακοῖς· οὔτε καλὰ ὄντα, οὔτε αἰσχρά. οὔτ' ἄρ' ἀγαθὰ, οὔτε κακά ἐστι.

§. 12. Πῶς πάντα ταχέως ἐναφανίζεται, τῷ μὲν κόσμῳ αὐτὰ τὰ σώματα, τῷ δὲ αἰῶνι αἱ μνῆμαι αὐτῶν; οἷά ἐστι τὰ αἰσθητὰ πάντα, καὶ μάλιστα τὰ ἡδονῇ δελεάζοντα, ἢ τῷ πόνῳ φοβοῦντα, ἢ τῷ τύφῳ διαβεβοημένα. πῶς εὐτελῆ καὶ εὐκαταφρόνητα, καὶ ῥυπαρὰ, καὶ εὔφθαρτα, καὶ νεκρά, νοερᾶς δυνάμεως ἐφιστάναι. τί εἰσιν οὗτοι, ὧν αἱ ὑπολήψεις καὶ αἱ φωναὶ τὴν εὐδοξίαν; τί ἐστι τὸ ἀποθανεῖν. καὶ ὅτι ἐάν τις αὐτὸ μόνον ἴδῃ, καὶ τῷ μερισμῷ τῆς ἐννοίας διαλύσῃ τὰ ἐμφανταζόμενα ...

ANNOTATIONES.

[illegible]

[illegible]

[illegible] ubi corpore soluta fuerit.

§ 13. N[illegible]

ANNOTATIONES

[illegible]

§. 13. Nihil homine illo miserius est, qui omnia undique pervagatur, & cum ea quae subter terras sunt, quod ille ait, scrutatur, tum quae in animis aliorum, conjecturis nititur indagare; nec intelligit sufficere sibi, ut cum eo, quem intus in pectore gerit, genio versetur, eumque legitime colat. Colere autem, est affectibus immunem custodire, & temeritate alienum, nec offensum eo aliquo, quod vel Dii vel homines egerint. Quae enim Dii agunt, virtutis nomine, venerationi; quae homines, cognationis nomine, benevolentia

§. 13. Οὐδὲν ἀθλιώτερον τοῦ πάντα κύκλῳ ἐκπεριερχομένου, καὶ τὰ νέρθεν γᾶς (φησί) ἐρευνῶντος, καὶ τὰ ἐν ταῖς ψυχαῖς τῶν πλησίον διὰ τεκμάρσεως ζητοῦντος, μὴ αἰσθομένου δὲ, ὅτι ἀρκεῖ πρὸς μόνῳ τῷ ἔνδον ἑαυτοῦ δαίμονι εἶναι, καὶ τοῦτον γνησίως θεραπεύειν. Θεραπεία δὲ αὐτοῦ, καθαρὸν πάθους διατηρεῖν, καὶ εἰκαιότητος, καὶ δυσαρεστήσεως τῆς πρὸς τὰ ἐκ θεῶν καὶ ἀνθρώπων γινόμενα. τὰ μὲν γὰρ ἐκ θεῶν, αἰδέσιμα δι' ἀρετήν· τὰ δὲ ἐξ ἀνθρώπων, φίλα διὰ συγγένειαν. Ἔστι δὲ ὅτε καὶ τρόπον

[illegible marginal notes]

ANNOTATIONES

[illegible]

[illegible]

513 quidem misericordia quadam, ob bonorum malorumque ignorationem, nec sane defectus hic minor est illo, qui alba & nigra internoscere prohibet.

514

ANNOTATIONES.

[illegible]

§. 14. Etiamsi ter mille annos victurus esses, & totidem insuper myriadas, illud tamen meminisse debes, nec ullam aliam vitam ab eo, quam degit, amittere quempiam; nec aliam ab eo, quam amittit, degere. eodem ergo redit longissimum aevi spatium, cum eo quod est brevissimum. praesens siquidem tempus est omnibus aequale: & quod amittitur ergo, aequale est omnibus. adeoque relinquitur id quod amittitur, momentaneum tantum esse constat. neque enim aut praeteritum, aut futurum amittere quis possit. nam qui cuiquam id, quod non habet, abstulerit? horum itaque duorum meminisse oportebit: alterius omnium, quod omnia ab aeterno consimilia fuerint, & in orbem ferantur: itaque nihil

§. 14. [illegible]

ANNOTATIONES

[illegible]

[illegible]

§ 15. [illegible]

transcisse, per ternium, an per [illegible], an per tempus interminatum, eadem quis vilis [illegible] alterius vero, quod is qui jam diutissime vixerit, & is qui quam celerrime mortuus fuerit, tantundem vitae praesens amittit uterque. praesens [illegible] uterque amittit, cum hoc duntaxat habeat, nec amittere possit quis, quod non habet.

§ 15. In opinione sita sunt omnia. dicere hoc, quae à Monimo dicta sunt. horum autem utilitas com-

ANNOTATIONES.

A [illegible]

B [illegible]

C [illegible]

D [illegible]

E [illegible]

F [illegible]

G [illegible]

comprehendit, si ipsa quae festivè ab illo conscripta sunt, quatenus veritatem habent [illegible], admiserit.

§ 16. Contumeliâ se afficit anima hominis: imprimis, quando abscessus & quasi struma mundi, quantum in ipsa est, evadit. [illegible] enim fieri à natura, in cujus parte aliqua reliquorum cujusque naturae continetur, [illegible] offenditur. deinde cum vel hominem quempiam aversatur, vel laedendi consilio adversatur alicui. hujusmodi sunt eorum irascentium animae. tertiò contumeliâ se afficit, cum voluptati vel dolori succumbit. quartò, cum simulat, ut ficte vel falso agit quicquam, loquiturve. quintò, quoties actionem aut conatum suum ad nullum certum scopum dirigit, sed temere agit, & nescius quid [illegible]

[illegible]

§ 16. [illegible]

ANNOTATIONES.

[illegible]

[illegible]

... sit. Quin etiam minimissima quaeque illi sint agenda, ut ad finem ipsius referantur. Finis autem animantium rationis participum hic est, ut civitatis ac politiae antiquissimae rationi legibusque obsequantur.

§ 17. Vitae humanae tempus, punctum est: materia,

fluida:

ANNOTATIONES.

[illegible]

fluida: fenfus, obfcurus: corporis universi fabrica, putrefcere prona: animus, vagus: fortuna, res inpervestigabilis: fama, res incerta: & ut verbo dicam, omnia, corporis quidem,

ἡ δὲ αἴσθησις, ἀμυδρά. ἡ δὲ ὅλου τοῦ σώματος ᵃ σύγκρισις, εὔσηπτος. ἡ δὲ ψυχὴ ᵇ ῥόμβος. ἡ δὲ τύχη, δυστέκμαρτον. ᶜ ἡ δὲ φήμη, ἄκριτον. συνελόντα δὲ εἰπεῖν, πάντα, τὰ μὲν τοῦ σώματος, ᵈ ποταμός.

ANNOTATIONES.

[illegible]

ῥεμβός, τὰ δὲ τῆς ψυχῆς, ὄνειρος καὶ τῦφος· ὁ δὲ βίος, πόλεμος καὶ ξένου ἐπιδημία. ἡ δὲ ὑστεροφημία λήθη. τί οὖν τὸ παραπέμψαι δυνάμενον; ἓν καὶ μόνον φιλοσοφία. τοῦτο δὲ

... sta vita, animæ verò, somnium & fumus: vita, militia, & hospitis in peregrino mora: fama posthuma, oblivio æterna. Quidnam est ergò, quod hominem deducere & transmittere possit? res sola & unica est, philosophia. ea autem in hoc consistit, ut

ANNOTATIONES.

[illegible]

geniumque illum intestinum conservet integrum, contumeliis ac laesioni omni immunem, voluptatis ac doloris omni superiorem, nihil temere aut ficte simulateque agentem, sibi sufficientem, etiam ut alii faciant vel non faciant quid, opus nil habentem: porro quaecunque eveniunt ac destinantur sibi ita excipientem, tanquam inde obvenientia, unde venerit ipse: mente denique propitia placidaque mortem ipsam expectantem, tanquam elementorum eorum dissolutionem, ex quibus animal unumquodque constitit. Si autem elementis ipsis nihil grave contingit, quod in alterum unumquodque tempus perpetuo transmutantur, cur corporis universi mutationem ac dissolutionem metuat aut suspectam quis habeat? secundum naturam quippe fit: nihil est autem malum, quod est naturae consentaneum.

Qu. Carnunti.

[illegible]

Τὰ ἐν Καρνούντῳ.

[illegible]

ANNOTATIONES

[illegible]

ANNOTATIONES.

[illegible]

LIBER III.

Οὐχὶ τοῦτο μόνον δεῖ λογίζεσθαι, ὅτι καθ' ἑκάστην ἡμέραν ἀπαναλίσκεται ὁ βίος, καὶ μέρος ἔλαττον αὐτοῦ καταλείπεται· ἀλλὰ κἀκεῖνο λογιστέον, ὅτι εἰ ἐπὶ πλεῖον βιώη τις, ἐκεῖνό γε ἄδηλον, εἰ ἐξαρκέσει ὁμοία αὖθις ἡ διάνοια πρὸς τὴν σύνεσιν τῶν πραγμάτων, καὶ τῆς θεωρίας τῆς συντεινούσης εἰς τὴν ἐμπειρίαν

Non est hoc tantum cogitandum, singulis diebus absumi vitam, minoremque eiusdem superesse portionem; sed et illud reputandum, quod, si quis diutius vitam protraxerit, incertum sit, an eadem mentis vis porro idonea sit habitura ad rerum intelligentiam, et ad contemplationem eam quae ad rerum divinarum humanarumque

ANNOTATIONES.

[illegible]

ne periculum contrahit: nam si deliniare cupiunt, perspirationem scilicet, & nutritionem, & imaginationem, & appetitum, & huiusmodi reliqua, inviti deficiunt. ea vero vis, qua sese uti possit, & officii sui memoriae ... abstulerint, & quae animo conceperit di- [illegible]

[illegible]

ANNOTATIONES

[illegible]

[illegible]

stinctè explicare, & de hac ipsa, an certum sibi conscissere debeas, considerare, &

ANNOTATIONES.

[illegible]

[illegible]

§. 2. [illegible]

[illegible] §. 2. [illegible]

ANNOTATIONES

[illegible]

[illegible]

ANNOTATIONES

[illegible]

jam vergentem, et leonis supercilium, et spumam ab ore defluentem suum, multaque alia istiusmodi; quae seorsum si quis intueatur, sunt venustate omni procul; quia tamen rebus naturalibus adnascuntur, et ornatum illis adjiciunt, et contemplantium quoque animum afficiunt. proinde, si quis animum ac cognitionem paulo altius defigere in ea quae in universo hoc fiunt, nihil fere erit in eis, quae quasi appendicis cujusdam loco res naturales consequuntur, deprehendet, quod non etiam cum oblectatione quadam huic ipsi commendare sese videatur. qui et idem ferarum rictus veros haud minore cum voluptate contuebitur, quam pictorum fictorumve arte per imitationem expressos. tam vetulae item vetulive maturitatem quandam ac decorem, quam et quicquid in pueris venustatis animum alliciens deprehendatur, castis oculis spectare poterit. denique contingunt multa

καὶ τὸ τοῦ λέοντος ἐπισκύνιον, καὶ ὁ τῶν συῶν ἐκ τοῦ στόματος ῥέων ἀφρὸς, καὶ πολλὰ ἕτερα, κατ' ἰδίαν εἴ τις σκοποίη, πόῤῥω ὄντα τοῦ εὐειδοῦς, ὅμως διὰ τὸ τοῖς φύσει γινομένοις ἐπακολουθεῖν, συνεπικοσμεῖ, καὶ ψυχαγωγεῖ. ὥστε εἴ τις ἔχει πάθος καὶ ἔννοιαν βαθυτέραν πρὸς τὰ ἐν τῷ ὅλῳ γινόμενα, σχεδὸν οὐδὲν οὐχὶ δόξει αὐτῷ καὶ τῶν κατ' ἐπακολούθησιν συμβαινόντων ἡδέως πως διασυνίστασθαι. οὗτος δὲ καὶ θηρίων ἀληθῆ χάσματα, οὐχ ἧσσον ἡδέως ὄψεται, ἢ ὅσα γραφεῖς καὶ πλάσται μιμούμενοι δεικνύουσι. καὶ γραός τε καὶ γέροντος ἀκμήν τινα καὶ ὥραν, καὶ τὸ ἐν παισὶν ἐπαφρόδιτον, τοῖς ἑαυτοῦ σώφροσιν ὀφθαλμοῖς ὁρᾶν δυνήσεται. καὶ πολλὰ

τοιαῦτα

ANNOTATIONES.

[illegible]

[illegible] φύσει, καὶ τοῖς ταύτης ἔργοις γνησίως ᾠκειωμένῳ.

a ᾠκειωμένῳ

§. 3. Ἱπποκράτης b πολλὰς νόσους ἰασάμενος, νοσήσας ἀπέθανεν. οἱ Χαλδαῖοι πολλῶν θανάτους προηγόρευσαν, εἶτα καὶ αὐτοὺς τὸ πεπρωμένον κατέλαβεν. c Ἀλέξανδρος, καὶ Πομπήϊος, καὶ Γάϊος Καῖσαρ, ὅλας πόλεις ἄρδην τοσαυτάκις ἀνελόντες, καὶ ἐν παρατάξει πολλὰς μυριάδας ἱππέων καὶ πεζῶν κατακόψαντες, καὶ αὐτοί ποτε ἐξῆλθον τοῦ βίου. Ἡράκλειτος, περὶ d τῆς τοῦ κόσμου ἐκπυρώσεως τοσαῦτα φυσιολογήσας, ὕδατος τὰ ἐντὸς πληρωθεὶς βολβίτῳ κατακεχρισμένος

b l. 4. §. 48. l. 6. §. 47. l. 7. §. 19. l. 8. §. 25. c l. 4. §. 32. d l. 6. §. 24. e l. 8. §. 3. l. 10. §. 7. d l. 11. §. 1.

hujusmodi, quæ non cuivis sunt grata, sed illi demum qui adversus naturam operibusque ejusdem animum habuerit probè conciliatum.

§. 3. Hippocrates, ubi multos sustulerat morbos, tandem & ipse sublatus est. Chaldæi, cùm multorum mortem prædixissent, morti demum & ipsi concesserunt. Alexander, Pompejus, C. Cæsar, cùm tot urbes funditus evertissent, tot hominum myriades in prælio cecidissent, ipsi quoque tandem vitâ excesserunt. Heraclitus, de mundi conflagratione cùm prolixè disseruisset, aquâ intercute viscera distentus, stercoreque oblinitus

[illegible]

ANNOTATIONES.

[illegible] Laertius lib. 8. §. 62. [illegible]

B

C

D

E

G

[illegible]

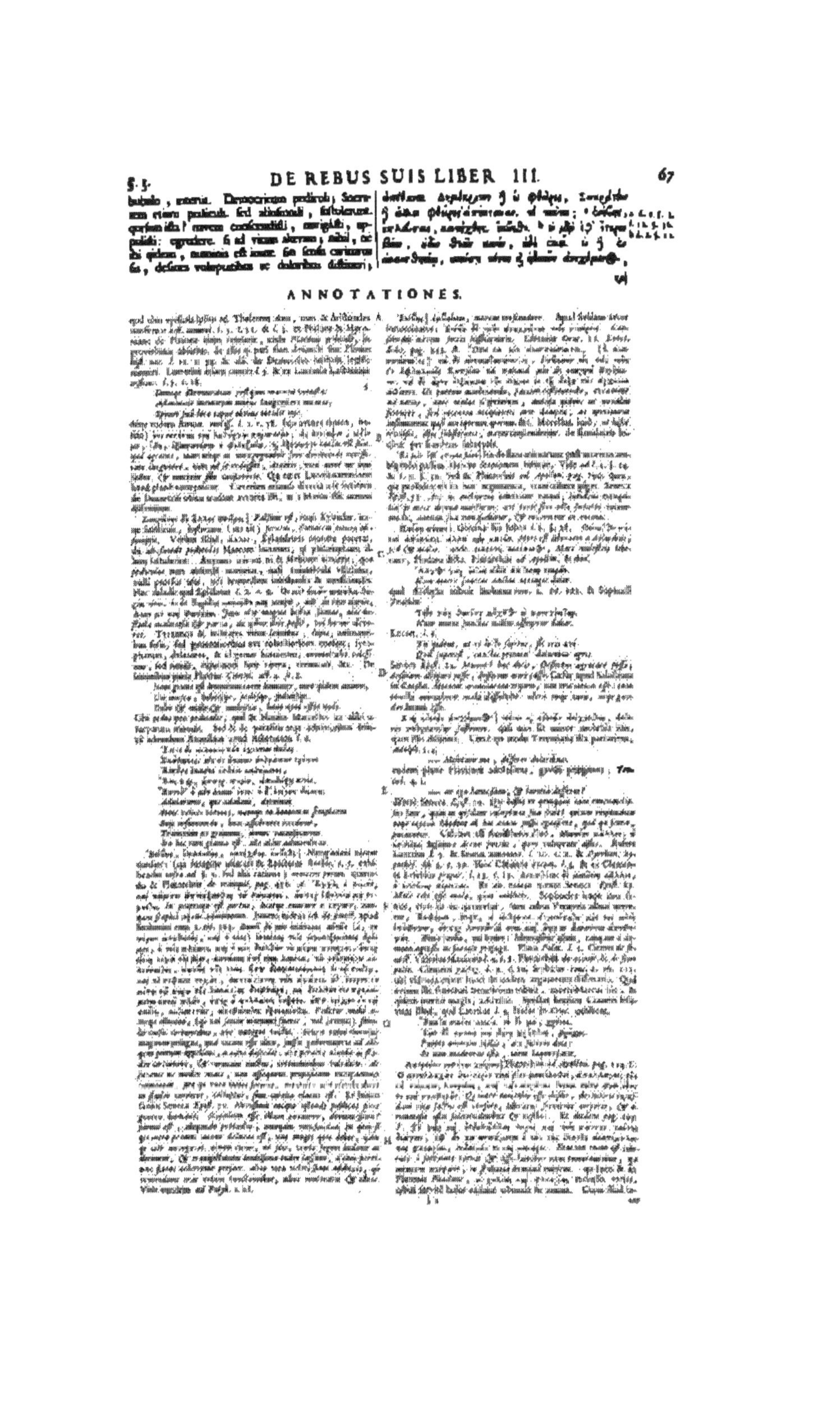

[illegible]

ANNOTATIONES.

[illegible]

[illegible]

defines vel tanto deteriori inservire. an non enim praestantius est id quod inservit? cùm alter mens & genius, alter limus & sanies sit?

§. 4. Quod superest vitae reliquum, ne conteras in cogitationibus de rebus alienis, nisi siquid ad communem utilitatem spectaverit; puta, cogitando, quid iste vel ille agat, & quorsum hoc vel illud agat, quid loquatur, quid cogitet, quid machinetur, & caetera. eiusmodi opera alieni observatio, à mentis propriae custodia cogit evagari. oportet itaque in cogitationum serie frustraneum & superfluum

omne

ANNOTATIONES

[illegible]

onere declinare; curiosum autem & malignum multò magis. Assuefacere verò te debes, ut ea demum tecum cogites, de quibus si quis subitò te requisiverit, quid nunc in animo versas? liberè statim respondeas, quod illud vel illud: unde palam fiat omnia esse apud te simplicia, benevola ac animalis socialis, & cogitationes omnes neglectim habentis, quæcunque voluptatem aut luxum ullo modo respiciant, aut contentionem etiam, aut invidentiam & suspicionem, aut aliud quidlibet, de quo proloqui pudeat, hoc te vel illud in animo habuisse. Vir ita comparatus, qui nimirum in optimorum numero censeatur, jam nihil est, quam

ἐν τῷ εἱρμῷ τῶν φαντασιῶν περιγράφειν, πολὺ δὲ μᾶλλον τὸ περίεργον, καὶ κακόηθες. καὶ ἐθιστέον ἑαυτὸν, μόνα φαντάζεσθαι, περὶ ὧν εἴ τις ἄφνω ἐπανέροιτο, τί νῦν διανοῇ; μετὰ παρρησίας παραχρῆμα ἂν ἀποκρίναιο, ὅτι τὸ, καὶ τὸ, ὡς ἐξ αὐτῶν εὐθὺς δῆλα εἶναι, ὅτι πάντα ἁπλᾶ καὶ εὐμενῆ, καὶ ζῴου κοινωνικοῦ, καὶ ἀμελοῦντος ἡδονικῶν, ἢ καθάπαξ ἀπολαυστικῶν φαντασμάτων, ἢ φιλονεικίας τινὸς, ἢ βασκανίας καὶ ὑποψίας, ἢ ἄλλου τινὸς, ἐφ᾽ ᾧ ἂν ἐρυθριάσειας ἐξηγούμενος, ὅτι ἐν νῷ αὐτὸ εἶχες. ὁ γάρ τοι ἀνὴρ ὁ τοιοῦτος, οὐκ ἔτι ὑπερτιθέμενος τὸ ὡς ἐν ἀρίστοις ἤδη εἶναι, ἱερεύς

ANNOTATIONES

[illegible]

ἱερεύς τίς ἐστι καὶ ὑπουργὸς θεῶν, χρώμενος καὶ τῷ ἔνδον ἱδρυμένῳ αὐτῷ, ὃ παρέχεται τὸν ἄνθρωπον ἄχραντον ἡδονῶν, ἄτρωτον ὑπὸ παντὸς πόνου, πάσης ὕβρεως ἀνέπαφον, πάσης ἀναίσθητον πονηρίας, ἀθλητὴν ἄθλου τοῦ μεγίστου, τοῦ ὑπὸ μηδενὸς πάθους καταβληθῆναι, δικαιοσύνῃ βεβαμμένον εἰς βάθος.

deorum sacerdos ac minister quidam existat, eoque quod intra se geritur, numine rite utatur. quod hominem usque praestet incontaminatum voluptatibus, dolore corpis illaesum, contumeliis intactum, improbitatis ad sentiscendam quidem, certaminis praestantissimi, ne ab affectu scilicet ullo subvertatur, athletam, justitia penitus imbutum; ut animo

ANNOTATIONES.

[illegible]

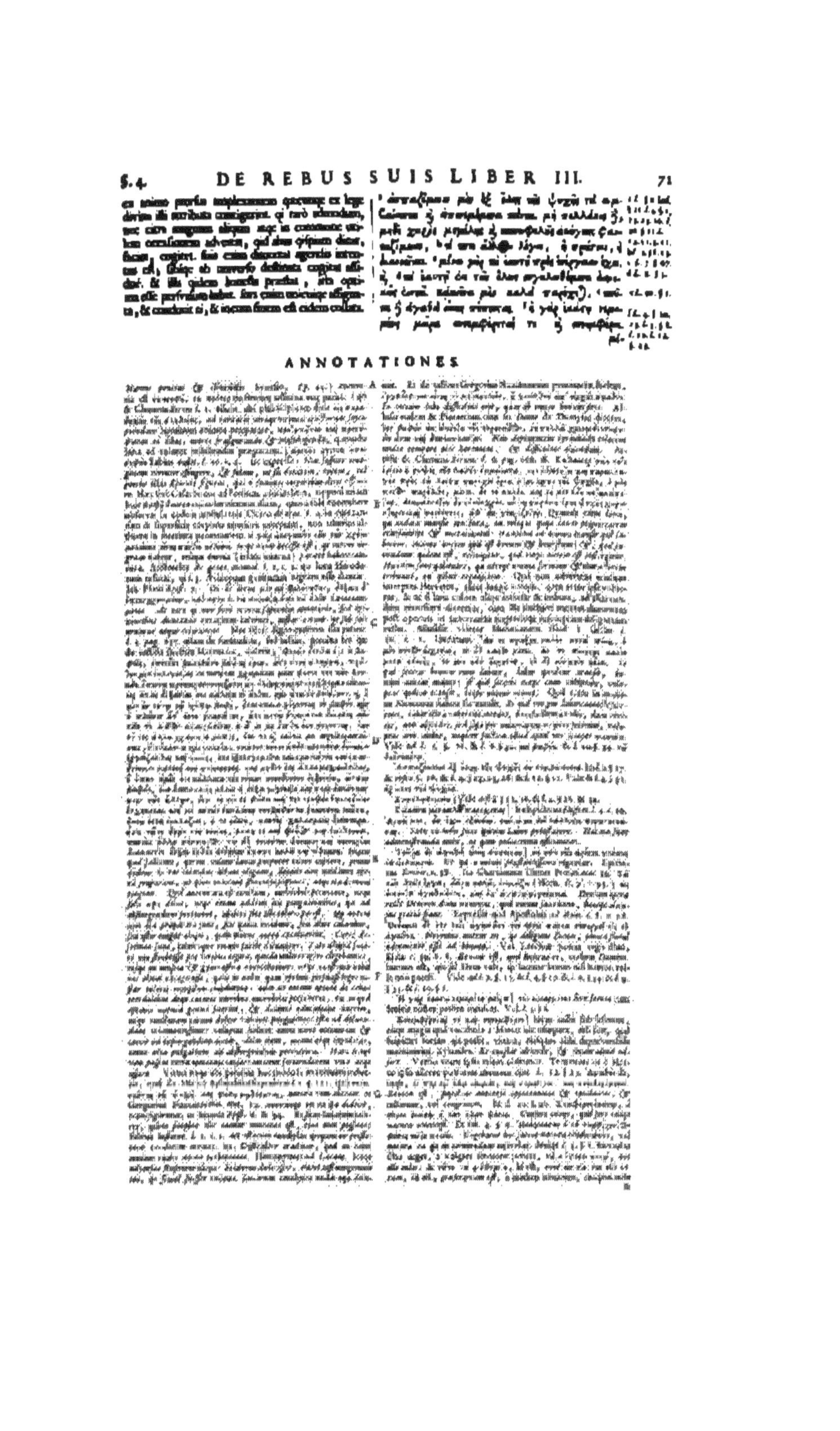

[illegible]

ANNOTATIONES

[illegible]

[illegible]

meminit etiam, cognatum esse rationale omne: & curam ipsam humanae rationem ab unoquoque hoc exigere, ut hominum quorumvis curam habeat. porro nec à quibuslibet existimationem esse expetendam, sed ab eis tantum, qui naturae consentaneam vitam agunt. qui secus vivunt, quales sint domi, quales foris, quomodo noctu, quomodo interdiu & generum, quales cum quibus volutentur, in

ANNOTATIONES

[illegible]

in memoria habet. Indigne hoc ideo illorum nihili pendit, qui ne sibi quidem ipsis placent.

§. 5. Neque invitus [illegible] age, neque [illegible] communis [illegible], nec nisi re probe prius explorata, aggredere, nec [illegible] abreptus. Sed nec [illegible] tua exornet [illegible]

[illegible]

§. 5. [illegible]

[illegible]

ANNOTATIONES.

[illegible]

[illegible]

[illegible]

ANNOTATIONES.

[illegible]

[illegible]

ejus nec juramento proprio, nec aliis cujuscumque testimonio opus habeat. porro vultum adeo liberum, minimeque ad comparatum, ut nec externo aliquo indigeat ministerio, nec tranquillitatem ea, quam ab aliis suppeditari necesse sit. rectum denique, non factitium ac fictitium esse oportet.

μήτε ὅρκου δεόμενον, μήτε ἀνθρώπου τινὸς μάρτυρος. Ἔνεστι δὲ τὸ φαιδρόν, καὶ τὸ ἀπροσδεὲς τῆς ἔξωθεν ὑπηρεσίας, καὶ τὸ ἀπροσδεὲς ἡσυχίας, ἣν ἄλλοι παρέχουσιν. ὀρθὸν οὖν εἶναι χρή, οὐχὶ ὀρθούμενον.

§. 6.

ANNOTATIONES.

§. 6. [illegible]

§. 6. Si quid in vita humana deprehenderis praestabilius justitia, veritate, temperantia, fortitudine, &, ut uno verbo absolvam omnia, animo ad affectu, ut in eis, quae secundum rationem dictatam peragenda sunt, sibimet ipsi, in eis quae citra consilii proprii operam obveniunt, fato acquiescenti. si quid, inquam, praestantius hoc inveneris, eo te verte, eoque magno bono praestantissimo, quod inveneris, toto animo fac fruaris: sin praestabilius nihil ostenderis genio in te collocato, cum sibi suos impetus subjecerit, & visa quaeque diligenter exploret, & a sensuum affectionibus, quod Socrates

dice-

ANNOTATIONES.

[illegible]

diceba, sese abstraxerit; Deis vero & regendum permiserit, hominibusque qualuis curam habere impendat. Si animo sic affecto inferiora viliorâque caetera omnia deprehendis, nulli alii rei cuiquam locum concedas, ad quam animo devergente si inclinaveris quippiam, bonum illud proprium & peculiariter tuum quo minùs liberè colas praeferasque, obstabit. bono siquidem rationali & publicum spectante nihil cuiusmodi ex-adversum consistere fas est

[illegible]

sedi

ANNOTATIONES

[illegible]

[illegible]

[illegible Greek text]

vulgi, puta, existimationem, principatum, divitias, aut vitam voluptuariam. horum etiam quidquam si vel minimum adspergere visum fuerit, potiri[illegible] con-

ANNOTATIONES.

[illegible]

[illegible]

[illegible]

ANNOTATIONES.

[illegible]

[illegible]

si conducere tibi videbitur, quatenus ratione praeditus es, retinere; sin, quatenus animans es tantum, repudiare, judiciumque, quod exinde consequitur, rerum facie speciéque [illegible], integrum servare cura: [illegible].

§. 7. Nihil unquam in pretio pro utili habeas, quod eo te adigat, ut fidem fallas, modestiam deseras, odio quempiam, suspectum habeas, execreris, simules, aliquid [illegible] quod parietes circumjectos velamentaque desideret. [illegible]

ANNOTATIONES.

[illegible]

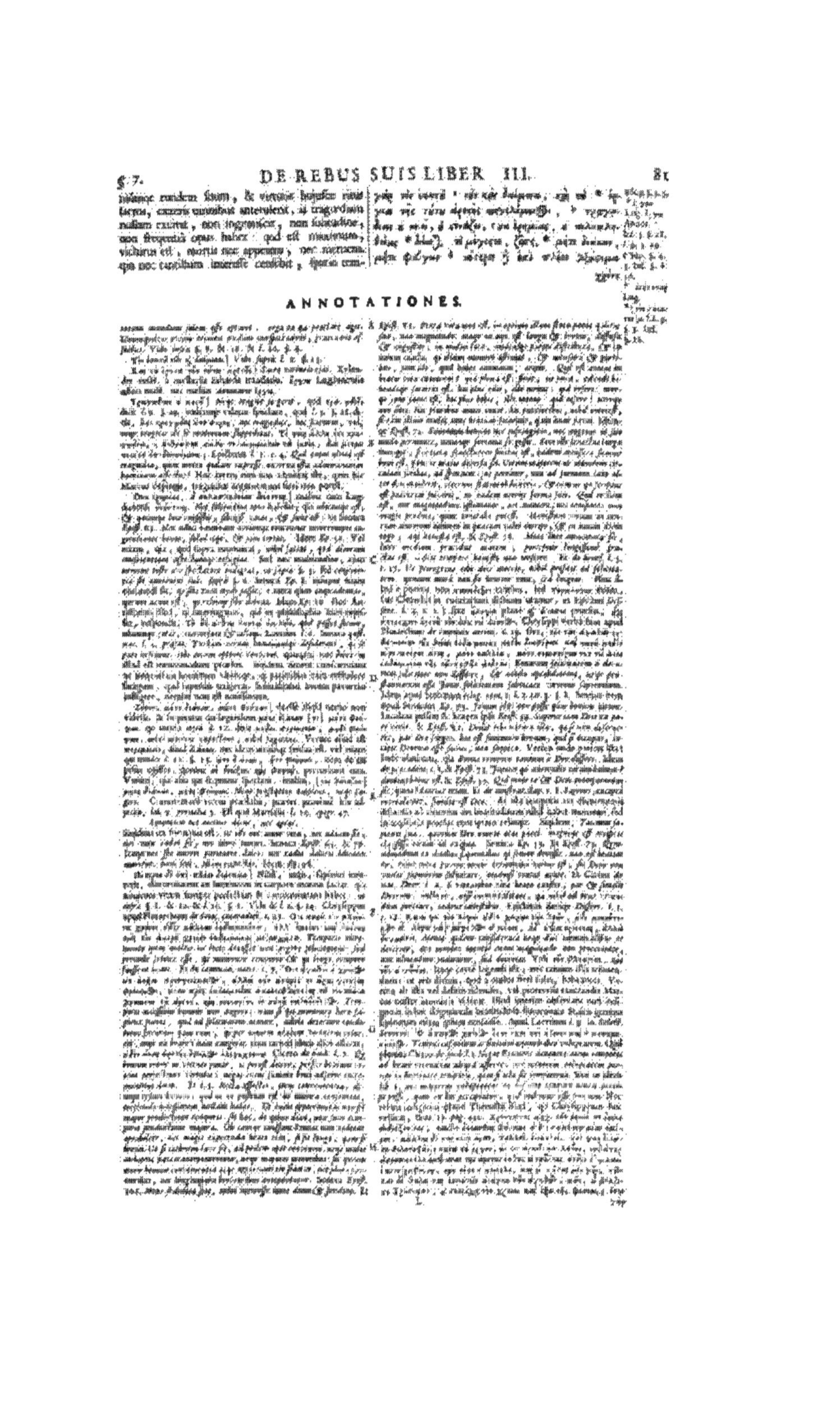

[illegible]

ANNOTATIONES.

[illegible]

[illegible]

spatio temporis producere an contractiore animi sub corpore inclusi manere, expecte qui, si statim dissolvendum fuerit, perinde promptus sit decedere, ac aliud quid agere, quod modeste & decore agi oportet. hoc autem unum per vitam totam cavet religiose, ne mens sibi quicquam eorum subterfugiat, quae animantis rationalis & civilis propria sunt munera.

§. 8. In hominis castigati atque expurgati animo, nihil suppurati, nihil impuri, nihil subdoli offendas. neque verò vitam hujus non consummatam fatum usquam abripuerit, perinde ac si tragoedum disce-

ANNOTATIONES.

[illegible]

[illegible]

§. 9. [illegible]

§. 10. [illegible]

§. 9. [illegible]

§. 10. [illegible]

ANNOTATIONES

[illegible]

[illegible]

§. 11. [illegible]

praesens tantummodo aetatis spatium, quod praesens hisce obtinet, vivere; reliquum tempus vel jam exactum, vel in incerto [illegible] exiguum est [illegible] quod vivit quisque; exiguus & telluris, in quo vitam agit, angulus: exiguum quidem, quae & diuturnissime propagatur, posthuma fama; atque hominum [illegible] morti celerrime concedentium, qui ne se ipsos quidem probe norunt, nedum jam olim defunctum [illegible] successoribus propagata.

§. 11. His quae dixi monitis salutaribus, illud unum adjectum sit: ut definitio sive descriptio fiat semper rei illius quae sub cogitationem cadit; quo ipsa per se qualis ex natura sit, eadémque integra, per partes suas universas, quale quid sit, distincte possis dispicere; itque apud te perpendas, & quidnam sit nomen ejus, atque rerum ex quibus constat, & in quae futurum est ut resolvatur demum, nomina. nihil enim perinde magnanimitatem ingenerat, atque expedite vereque dijudicare posse unumquodque eorum quae in vita contingunt; eademque sic intueri semper, ut [illegible] simul videat, cui mundo quale usum hoc praebeat, quamque universi respectu dignitatem obtineat; quamnam, hominem quod attinet, qui civem agit

ANNOTATIONES.

[illegible]

[illegible]

ANNOTATIONES.

[illegible]

[illegible]

§. 12. Si rationi rectæ obsecutus, id quod agis, [illegible] strenue, placide egeris, nec extra opus [illegible] aliquid [illegible] sed [illegible] integrum servaveris, ac si [illegible] [illegible]

ANNOTATIONES

[illegible]

neque si adstruxeris, nihil ulterius expectans, nihil fugitans, sed quod pro conditione est juxta naturam disserens agere, & in dictis quibusque animo heroico veritatem liberè proloqui contentus; prosperè plane victurus es. hoc autem quo facias, qui impediat, nullus est.

§. 13. Quemadmodum chirurgi instrumenta & ferramenta sua ad curationes subitaneas semper habent ad manum; ita tu dogmata in promptu apud te habeas, quorum ope res cum divinas tum & humanas dignoscas, & rem quamque, etiam levissimam, ita peragas, ut qui recorderis duo ista esse inter se connexa. neque enim, humanum quid facias, quicquam rectè egeris sine habito ad res divinas respectu; nec vice versâ.

§. 14. Ne diutius evagare. neque enim futurum est, ut commentarios tuos perlegas, aut Romanorum ac Græcorum priscorum res gestas, aut ex auctoribus variis excerpta, quæ, quo in senectutem usui

μηδὲ ὑπὲρ μειζόνων, μηδὲ φεύγων, ἀλλὰ τῇ παρούσῃ κατὰ φύσιν ἐνεργείᾳ, καὶ τῇ ὧν λέγεις καὶ φθέγγῃ, ἡρωϊκῇ ἀληθείᾳ ἀρκούμενος, εὐζωήσεις. οὐδεὶς δὲ ἔστιν ὁ τοῦτο κωλῦσαι δυνάμενος.

§. 13. Ὥσπερ οἱ ἰατροὶ ἀεὶ τὰ ὄργανα καὶ σιδήρια πρόχειρα ἔχουσι πρὸς τὰ αἰφνίδια τῶν θεραπευμάτων, οὕτω τὰ δόγματα σὺ ἕτοιμα ἔχε πρὸς τὸ τὰ θεῖα καὶ ἀνθρώπινα εἰδέναι, καὶ πᾶν καὶ τὸ μικρότατον οὕτω ποιεῖν, ὡς τῆς ἀμφοτέρων πρὸς ἄλληλα συνδέσεως μεμνημένον. οὔτε γὰρ ἀνθρώπινόν τι ἄνευ τῆς ἐπὶ τὰ θεῖα συναναφορᾶς εὖ πράξεις, οὔτ᾽ ἔμπαλιν.

§. 14. Μηκέτι πλανῶ. οὔτε γὰρ τὰ ὑπομνημάτιά σου μέλλεις ἀναγινώσκειν, οὔτε τὰς τῶν ἀρχαίων Ῥωμαίων καὶ Ἑλλήνων πράξεις, καὶ τὰς ἐκ τῶν συγγραμμάτων ἐκλογάς, ἃς εἰς τὸ γῆρας σαυτῷ ἀπετίθεσο.

ANNOTATIONES.

[illegible]

[illegible]

χρήσιμα. ἐπὶ τὸ τέλος ... καὶ τὰς κενὰς ἐλπίδας ἀφεὶς, σεαυτῷ βοήθει, εἴ τί σοι μέλει σεαυτοῦ, ὡς ἔξεστιν.

§. 15. Οὐκ ἴσασι, πόσα σημαίνει τὸ κλέπτειν, τὸ σπείρειν, τὸ ὠνεῖσθαι, τὸ ἡσυχάζειν, τὸ ὁρᾶν τὰ πρακτέα, ὃ οὐκ ὀφθαλμοῖς γίνεται, ἀλλ' ἑτέρᾳ τινὶ ὄψει.

§. 16. Σῶμα, ψυχὴ, νοῦς. σώματος αἰσθήσεις, ψυχῆς ὁρμαὶ, νοῦ δόγματα. τὸ μὲν τυποῦσθαι φανταστικῶς ...

usui tibi essent, reposuisti. Ad finem itaque festina: & spes vanas mittens, si rationem tui ullam habes, tibi consule; quod licet.

§. 15. Nescimus quam variae significationis sint vocabula ista, furari, serere, emere, quiescere, quid facto opus est videre, quod quidem non oculis corporis, sed visu quodam aliusmodi efficitur.

§. 16. Corpus, anima, mens. corporis sensus sunt, animae affectus, mentis decreta. visorum imagines admittere

ANNOTATIONES

[illegible]

miscere, etiam proculdubio commune est: affectibus [illegible] agitari, atque abripi, ferè quoque [illegible], & [illegible], & Phalaridi, & Neroni, & [illegible], & variam [illegible], & postquam [illegible] quibus [illegible]

[illegible]

ANNOTATIONES.

[illegible]

[illegible]

Si caetera ergò eorum, quae jam dicta sunt, communia fuerint, restat, ut viri boni hoc sit peculiare, in eis quae officii sui esse videbuntur, mente ductum sequi, & fatis volentibus talia vitae intextos habentem amplexari; genium verò intra se in pectore situm, nec polluere, nec visorum congerie perturbare; sed placidum servare; huic tanquam Deo, decenter obsequi; nihil à veritate alienum proloquendo, nihil à justitiae ratione devium exequendo. Quòd si nemo illi fidem adhibuerit, quòd simpliciter, modestè, tranquillè degit, neque id à quoquam aegrè fert, nec à via ea, quae ad vitae finem ducit, ideo divertit: ad quem par est accedere purum, pacatum, promptum, sponte suo fato sese accommodantem.

ANNOTATIONES.

[illegible]

LIBER IV.

[illegible]

Quod intra nos pars principatum obtinet, ubi secundum naturam habuerit se, sibi erga ea quae contingunt ita est comparata, ut ad id quod potest & concessum est, facilè se transferat.

ANNOTATIONES.

[illegible]

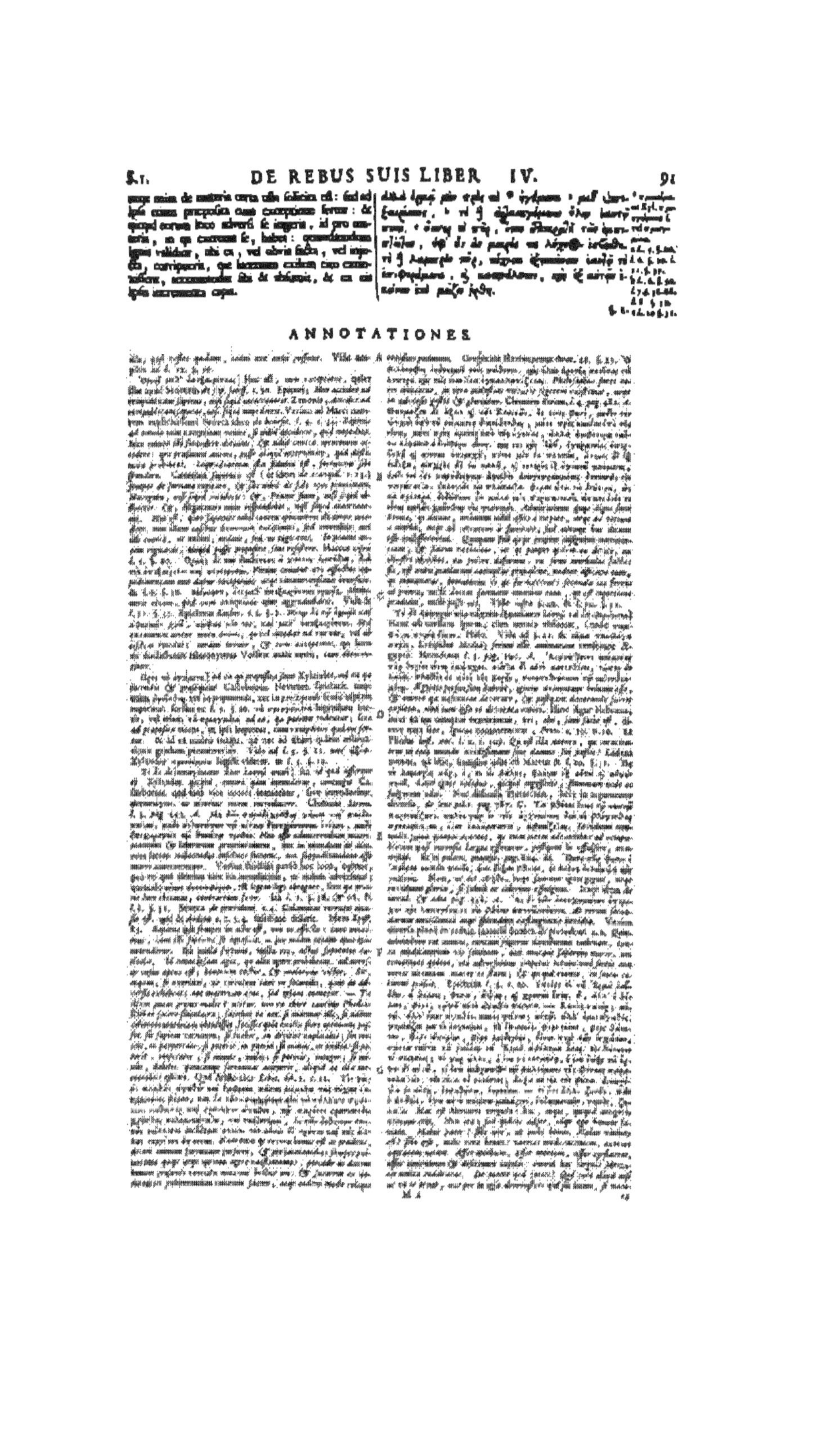

[illegible]

ANNOTATIONES

[illegible]

§. 2. Μηδὲν ἐνέργημα εἰκῇ, μηδὲ ἄλλως ἢ κατὰ θεώρημα συμπληρωτικὸν τῆς τέχνης ἐνεργείσθω.

§. 3. Ἀναχωρήσεις αὑτοῖς ζητοῦσιν, ἀγροικίας, καὶ αἰγιαλούς, καὶ ὄρη. εἴωθας δὲ καὶ σὺ τὰ τοιαῦτα μάλιστα ποθεῖν. ὅλον δὲ τοῦτο ἰδιωτικώτατόν ἐστιν, ἐξὸν ἧς ἂν ὥρας ἐθελήσῃς εἰς ἑαυτὸν ἀναχωρεῖν. οὐδαμοῦ γὰρ οὔτε ἡσυχιώτερον, οὔτε ἀπραγμονέστερον ἄνθρωπος ἀναχωρεῖ, ἢ εἰς τὴν ἑαυτοῦ ψυχήν. μάλισθ᾽, ὅστις ἔχει ἔνδον τοιαῦτα, εἰς ἃ ἐγκύψας, ἐν πάσῃ εὐμαρείᾳ εὐθὺς γίνεται. τὴν δὲ εὐμάρειαν, οὐδὲν ἄλλο λέγω, ἢ εὐκοσμίαν. συνεχῶς οὖν δίδου σεαυτῷ ταύτην τὴν ἀναχώρησιν, καὶ ἀνανέου σεαυτόν.

§ 2. Nihil operis est frustra temerève exequendum, neque aliter quam ut artis regulis quam exactissimè respondeat.

§ 3. Recessus sibi requirunt ruris, maris, villas agrestes, littora, montes: istiusmodi loca & ipse plurimùm soles appetere. hoc autem totum vulgarium eorum prorsus est hominum. cùm liceat, quocunque ipse volueris tempore, in teipsum secedere. nusquam enim aut quietior aut otii amplioris compos secessus datur, quàm in suam ipsius animam. præcipuè, si quis ea intra se reposita habuerit, quorum contemplationem statim extemplo tranquillitatem consequatur. tranquillitatem autem dico, quæ in animi probè compositi statu consistit. hoc itaque recessu jugiter utere, te renova. be-

bene

ANNOTATIONES.

[illegible]

[illegible]

ANNOTATIONES

[illegible]

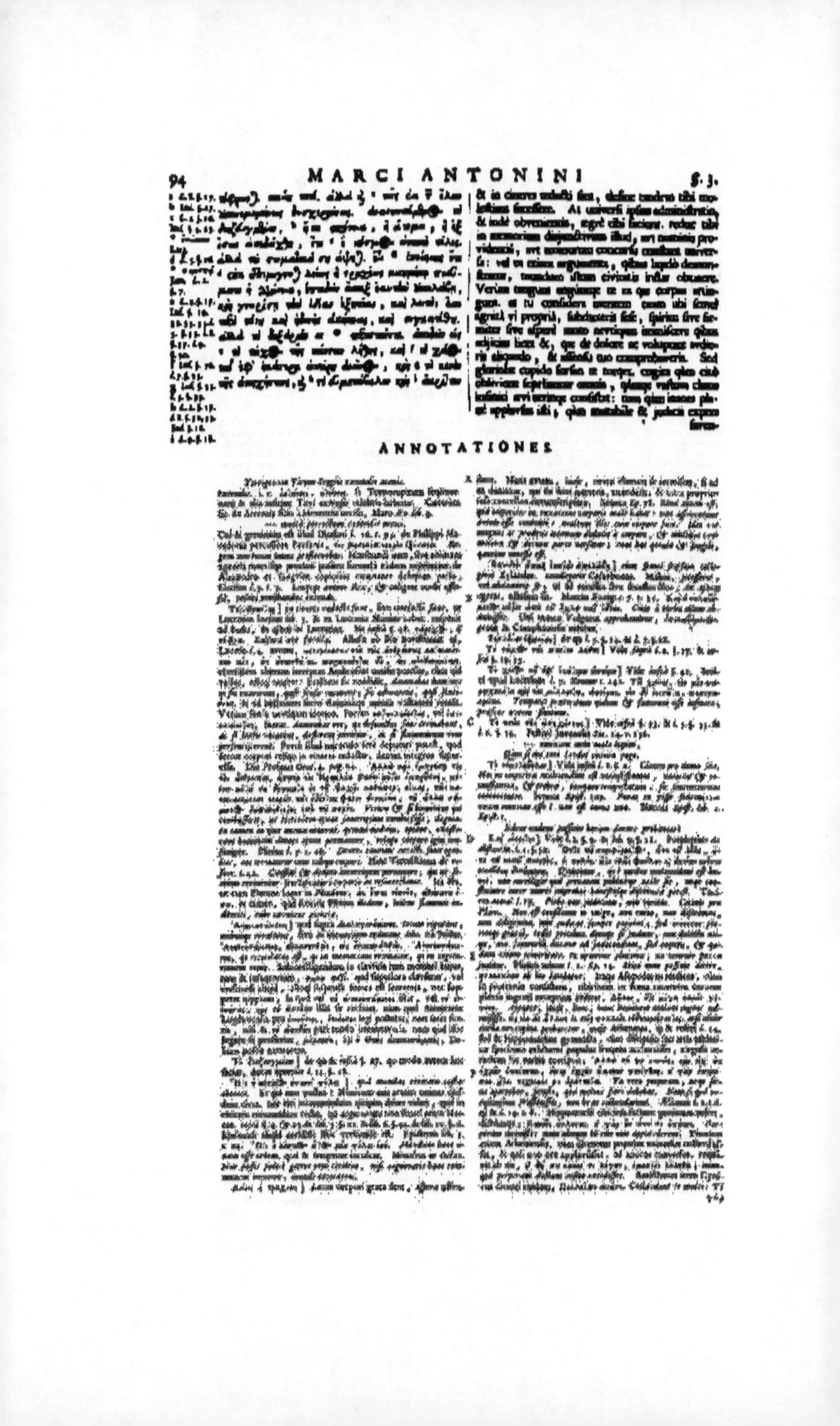

[illegible]

& in cineres redacti sint, desine tandem tibi molestiam facessere. At universi ipsius administratio, & inde obvenientia, aegrè tibi faciunt. reduc tibi in memoriam disjunctivum illud, aut naturam providentiam, aut atomorum concursu constare universa: vel ex eisce argumentis, quibus lepidè demonstratum, mundum instar civitatis esse. Verùm tamen adhuc te ea quae corpus attingunt. at tu considera mentem, quum ubi semel agnita vi propria, sese subduxerit, spiritum sive leniter sive asperè moto neutiquam immiscere quam adjiciam licet &, quae de dolore ac voluptate audieris aliquando, & assensu tuo comprobaveris. Sed gloriolae cupido forsan te torquet. cogita quam citò oblivione sepeliantur omnia, quamque vastum chaos infiniti aevi utrinque consistat: tum quam inanes plausus applausus isti, quam mutabile & judicii expers forum-

ANNOTATIONES

[illegible]

[illegible]

ANNOTATIONES

[illegible]

... dem in periculum ideo fuerint: & cum primo,

ANNOTATIONES.

[illegible]

quis, cave distraharis, cave obnixaris liber esto potius, resque ipsas intuere, ut vir, ut homo, ut civis, ut animal mortale. Ista autem duo praecipue ad manum tibi sint, ad quae jugiter attendas. alterum, quod res ipsae animum non attingunt, sed extrinsecus manent: molestiae autem ab opinione sola proveniunt. alterum verò, quod universa quae hic vides, mox fore mutatura, nec futura amplius.

καὶ μὴ κατατείνου, ἀλλὰ ἐλεύθερος ἴσθι, καὶ ὅρα τὰ πράγματα ὡς ἀνήρ, ὡς ἄνθρωπος, ὡς πολίτης, ὡς θνητὸν ζῷον. Ἐν δὲ τοῖς προχειροτάτοις εἰς ἃ ἐγκύψεις, ταῦτα ἔστω τὰ δύο. ἓν μὲν, ὅτι τὰ πράγματα οὐχ ἅπτεται τῆς ψυχῆς, ἀλλ' ἔξω ἕστηκεν ἀτρεμοῦντα. αἱ δὲ ὀχλήσεις ἐκ μόνης τῆς ἔνδον ὑπολήψεως. ἕτερον δὲ, ὅτι πάντα ταῦτα ὅσα ὁρᾷς, ὅσον οὔπω μεταβαλεῖ, καὶ οὐκ ἔτι ἔσται. καὶ [illegible]

ANNOTATIONES

[illegible]

[illegible]

§. 4. [illegible]

§. 5. [illegible]

sed & perpendit rerum, quas videmus, crebras mutationibus [illegible] ipsa alteratione mundus constat, opinione vita.

§. 4. Si intellectus nobis communis est, etiam ratio qua rationales dicimur communis est: si ratio, etiam ea qua quid agendum, quid omittendum, praescribit, ratio communis est: si haec, lex quoque communis est: hoc si conceditur, cives sumus: & hoc dato, politiae alicujus participes: & ex consequenti, civitatis instar mundus est. cujus enim aliam excogitaverit quispiam politiam, cujus universum genus humanum sit particeps? unde ergo nobis intellectus, ratione, atque adeo lege agere posse, nisi inde, a communi illa civitate? Sicut enim quicquid in me terreum extitit, a terra aliqua mihi pro parte mea obvenit, quicquid humidum, ab elemento diverso, quicquid aereum, a fonte suo aliquo, quicquid calidum & igneum, item a fonte aliquo peculiari: (nihil enim aut ex nihilo provenit, aut ad nihilum redit) sic & intellectus alicunde manat.

§. 5. Tale quiddam mors est, quale nativitas; natu-

ANNOTATIONES.

[illegible]

§. 4. [illegible]

[illegible]

Et inde: [illegible]

[illegible]

§. 5. [illegible]

mortis utrumque mysterium est. ex iisdem elementis concretio illic, in quae istic resolutio. nihil omnino, cujus quempiam pudeat: cum nihil subsit, quod animali intellectu praedito non congruat, vel constitutionis ejusdem rationi repugnet.

§. 6. Ab ejusmodi hominibus fieri istiusmodi necesse est. [illegible] aliter vult esse, idem ficum succo acri carere velit. Illud interim omnino memineris, brevi futurum, ut uterque defungamini:

φύσεως μυστήριον, σύγκρισις ἐκ τῶν αὐτῶν στοιχείων, εἰς ταῦτα διάλυσις· ὅλως δὲ οὐκ ἐφ' ᾧ ἄν τις αἰσχυνθείη. οὐ γὰρ παρὰ τὸ ἑξῆς τῷ νοερῷ ζώῳ, οὐδὲ παρὰ τὸν λόγον τῆς κατασκευῆς.

§. 6. Ταῦτα οὕτως ὑπὸ τῶν τοιούτων πέφυκε γίνεσθαι ἐξ ἀνάγκης. ὁ δὲ τοῦτο μὴ θέλων, θέλει τὴν συκῆν ὀπὸν μὴ ἔχειν. ὅλως δ' ἐκεῖνο μέμνησο, ὅτι ἐντὸς ὀλιγίστου χρόνου καὶ σὺ καὶ οὗτος τεθνήξεσθε.

* parvi

ANNOTATIONES.

[illegible]

μετ' ὀλίγον δὲ οὐδὲ ὄνομα ὑμῶν ὑπολειφθήσεται.

§.7. Ἆρον τὴν ὑπόληψιν, ἦρται τὸ, βέβλαμμαι. ἆρον τὸ βέβλαμμαι, ἦρται ἡ βλάβη.

§.8. Ὃ χείρω αὐτὸν ἑαυτοῦ ἄνθρωπον οὐ ποιεῖ, τοῦτο οὐδὲ τὸν βίον αὐτοῦ χείρω ποιεῖ, οὐδὲ βλάπτει, οὔτε ἔξωθεν, οὔτε ἔνδοθεν.

§.9. Ἠνάγκασται ἡ τοῦ συμφέροντος φύσις τοῦτο ποιεῖν.

§.10. Ὅτι πᾶν τὸ συμβαῖνον, δικαίως συμβαίνει. ὃ ἐὰν ἀκριβῶς παραφυλάττῃς, εὑρήσεις. οὐ λέγω μόνον κατὰ τὸ ἑξῆς, ἀλλ' ὅτι κατὰ τὸ δίκαιον, καὶ ὡς ἂν ὑπό τινος ἀπονέμοντος τὸ κατ' ἀξίαν. παρατήρει οὖν ὡς ἤρξω, καὶ ὅ τι ἂν ποιῇς, σὺν τούτῳ ποίει, σὺν τῷ ἀγαθὸς εἶναι,

tum paulo post ne nomina quidem utriusque superfutura.

§.7. Opinionem tolle, tollitur simul & querimonia illa, laesus sum. hoc sublato, tollitur damnum etiam.

§.8. Quod hominem ipsum sese deteriorem non facit, nec vitam illius facere deteriorem; sed nec damno aut interiore aut exteriore afficere.

§.9. Commodi sui caussâ naturam facere hoc cogitur.

§.10. Cogita, etiam juste contingere, quicquid contingit, id quod si sedulo observaveris, facile deprehendes; non ex connexione duntaxat necessaria, sed ex ratione justa, consequi universa, & tanquam ab eo, qui pro dignitate cuique suum tribuit, provenire. hoc itaque, prout cœpisti, observare perge, & quicquid feceris, bonum te praestes, quomo-

do

ANNOTATIONES.

[illegible]

dis homines qui propriè dicuntur, in omni actione tua serves illud.

§. 11. Tu nè ea opinêris, quæ is sentiat, qui contumeliâ te afficit, vel etiam quæ ille te sentire vult: verùm res ipsas, quomodo verè se habeant, cognosce.

§. 12. Duas ista in promptu tibi semper sunt habenda: alterum, nihil ut facias, nisi quod partis regiæ legiferæque dictat tibi ratio suggesserit, idque ad generis humani utilitatem: alterum, ut in partem [illegible]

[illegible] ἀγαθόν. [illegible]

§. 11. Μὴ τὰ δοκεῖ ὁ ὑβρίζων, [illegible] ἀλλ' ἴδε αὐτά, ὁποῖα κατ' ἀλήθειάν ἐστι.

§. 12. Δύο ταύτας ἑτοιμότητας ἔχειν ἀεὶ δεῖ· [illegible] τῆς βασιλικῆς καὶ νομοθετικῆς λόγος ὑποβάλλῃ, ἐπ' ὠφελείᾳ ἀνθρώπων· [illegible]

ANNOTATIONES

[illegible] Cleanthes [illegible] ad l. 3. §. 4. [illegible]

[illegible]

§. 11. [illegible]

[illegible]

[illegible]

§. 13. [illegible]

§. 14. [illegible]

diversum transitus, sese assimiles, ut te corrigant, & sententiam tibi mutet: verumtamen sententiae mutatio ista tibi semper debet probabilitate aliqua, vel justum esse, vel in publicum utile, vel aliud hujusmodi, id est quod transitus, non autem quod jucundum aut gloriosum extitit.

§. 13. Rationem praeditus es? Sum. cur ergo ea non uteris? hoc enim si quod suum est fecerit, quid est amplius quod requiras?

§. 14. Tanquam pars universi hujus, extitisti: in id quod produxit te evanesces, vel potius mutatione quadam

ANNOTATIONES.

[illegible]

... in rationem seminalem recipieris.

§. 15. Multae thuris glebulae in ara eadem; alia citius, alia serius decidit: citius autem an serius, nihil interest.

§. 16. Intra decimum diem Deus illis ipsis videberis, quibus nunc pro bellua & simia haberis, si ad decreta rationisque cultum te converteris.

§. 17. Tu ne tanquam annorum millia aliquot adhuc victurus, rem gerito. instat fatum. dum vita suppetit, dum datur, bonus esto.

§. 18. Quantum is otii lucratur sibi, qui non animadvertit, quid proximus quis dixerit, egerit, cogitaverit; sed quid ipse tantum agat, quo id justum

... ὡς εἰς τὸν λόγον αὐτοῦ τὸν σπερματικὸν κατὰ μεταβολήν.

§. 15. Πολλὰ λιβανωτοῦ βωλάρια ἐπὶ τοῦ αὐτοῦ βωμοῦ. τὸ μὲν προκατέπεσε, τὸ δὲ ὕστερον· διαφέρει δ' οὐδέν.

§. 16. Ἐντὸς δέκα ἡμερῶν θεὸς αὐτοῖς δόξεις, οἷς νῦν θηρίον καὶ πίθηκος, ἐὰν ἀνακάμψῃς ἐπὶ τὰ δόγματα, καὶ τὸν σεβασμὸν τοῦ λόγου.

§. 17. Μὴ ὡς μύρια μέλλων ἔτη ζῆν. τὸ χρεὼν ἐπήρτηται. ἕως ζῇς, ἕως ἔξεστιν, ἀγαθὸς γένου.

§. 18. Ὅσην εὐσχολίαν κερδαίνει ὁ μὴ βλέπων, τί ὁ πλησίον εἶπεν, ἢ ἔπραξεν, ἢ διενοήθη, ἀλλὰ μόνον τί αὐτὸς ποιεῖ, ἵνα αὐτὸ τοῦτο

[illegible]

ANNOTATIONES.

[illegible]

[illegible]

§. 19. [illegible]

[illegible]

sic pilamque, . . . ut Agatho loquitur, morum nigrorum quid respicias. non est itaque circumspiciendum, sed lineae insistendum per quam citra evagationem omnem rectè eatur.

§. 19. Qui de fama posthuma sollicitus est, non cogitat fore, ut unusquisque eorum qui ipsius meminerint, mox fato sit concessurus, & qui huic successerit, ipse pariter, donec tandem memoria omnis prorsus per suspicientes considentesque mox extinctos procedat, & ipsa prorsus extinguatur. singe vero & immortales, qui tui meminerint, immortalemque tui & ipsam immortalem fore, quid hoc ad te tamen? non ad mortuum jam dico, sed ad superstitem ipsum laus quid facit? nisi forsan ratione dispensationis cujusdam:

ANNOTATIONES.

[illegible]

omittis enim intempestivè id quod in te natura poscit, dum ab aliorum interim sermonibus pendes.

§. 20. Bonum enim quodcunque, ex se bonum existit, & in sese terminatur, nec partem sui ullam laudem habet. itaque laudando nec melius, nec deterius efficitur. atque hoc de iis quoque dico, quae vulgari sermone bona dicuntur, puta, de rebus corporeis artiumque operibus. quod est igitur verè bonum, id nullo alterius indiget, non magis quam lex, quam veritas, quam benevolentia, quam modestia. quid enim horum vel laude fit bonum, vel contemptione vituperio? smaragdus num deterior fit, nisi laudetur? quid aurum, ebur, purpura, pugio, flosculus, arbuscula?

§. 21. Animae si permanent, quomodo eas ab ae-

* παρὰ γὰρ τὸ ἀπαρεμποδίστως τὸ κατὰ φύσιν ποιῆσαι, ἀλλὰ πῶς * ἐχόμενον λόγου ἄλλου.

§. 20. Πᾶν τὸ καὶ ὁπωσοῦν καλὸν, ἐξ ἑαυτοῦ καλόν ἐστι, καὶ * ἐφ᾽ ἑαυτὸ καταλήγει, οὐκ ἔχον μέρος ἑαυτοῦ [b] τὸν ἔπαινον. οὔτε γοῦν χεῖρον ἢ κρεῖττον γίνεται τὸ ἐπαινούμενον. τοῦτό φημι καὶ ἐπὶ τῶν κοινότερον καλῶν λεγομένων, οἷον ἐπὶ τῶν ὑλικῶν, καὶ ἐπὶ τῶν τεχνικῶν κατασκευασμάτων. τὸ δὲ δὴ ὄντως καλὸν * τινὸς χρείαν ἔχει, οὐ μᾶλλον ἢ νόμος, οὐ μᾶλλον ἢ ἀλήθεια, οὐ μᾶλλον ἢ εὔνοια, ἢ αἰδώς. τί τούτων διὰ τὸ ἐπαινεῖσθαι καλόν ἐστιν, ἢ ψεγόμενον φθείρεται; [c] σμαράγδιον γὰρ * ἑαυτοῦ χεῖρον γίνεται, ἐὰν μὴ ἐπαινῆται; τί δὲ χρυσὸς, ἐλέφας, πορφύρα, μαχαίριον, ἀνθύλλιον, δενδρύφιον;

§. 21. Εἰ διαμένουσιν αἱ ψυχαὶ, πῶς αὐτὰς ἐξ ἀϊδίου

* πα-ᾶς, vel πα-ρὰ, vel mutuum ... [illegible]
* ἐφ᾽ ἑαυτὸ ... [illegible]
a L. 5. §. 16. ... [illegible]
c L. 7. §. 15. ... [illegible]

ANNOTATIONES.

[illegible]

[illegible]

terrae capax sit? quomodo vero, quae ab aevo tam immenso in ea condita sunt, corpora terra capit? Sicut enim hic corpora, ubi ad spatium aliquod corporis in terra permanserint, mutata & dissipata, cadaveribus aliis locum concedunt: sic & animae, in aërem translatae, ubi aliquamdiu ibi perstiterint, mutantur, funduntur, succenduntur, in semina-les

ANNOTATIONES

[illegible]

numerantur, funduntur, succenduntur, in seminalem universi rationem receptæ; locisque hoc pacto faciunt aliis intra sedes easdem insuper recipiendis. hoc respondere liceb[it], si pro concesso sumamus, animas corporibus esse superstites.

εἰς τὸν τῶν ὅλων σπερματικὸν λόγον ἀναλαμβανόμεναι, καὶ τοῦτον τὸν τρόπον χώραν ταῖς συνοικιζομέναις παρέχουσι. τοῦτ' ἄν τις ἀποκρίναιτο, ἐφ' ὑποθέσει τοῦ τὰς ψυχὰς διαμένειν.

χρὶ

ANNOTATIONES

[illegible]

χρὴ δὲ μὴ μόνον ἐνθυμεῖσθαι τὸ πλῆθος τῶν θαπτομένων οὕτω σωμάτων, ἀλλὰ καὶ τὸ τῶν ὁσημέραι ἐσθιομένων ζώων, ὑφ᾽ ἡμῶν τε καὶ ἄλλων

gio & reponenda est, non sepulcrorum terrarum hoc modo corporum mutationem, sed & animalium, quæ quotidie tum à nobis, tum à bestiis, comedun-

ANNOTATIONES.

[illegible]

dentur. quia ingens enim horum turba absumitur, & in vescentium visceribus hic recens quâ si sepelitur? & tamen capit haec omnia locus iste, dum partim in sanguinem, partim in

[illegible]

ANNOTATIONES

A B C D E F G H

[illegible]

[illegible] τίς ἐπὶ τούτου ἡ ἱστορία τῆς ἀληθείας; διαίρεσις εἰς τὸ ὑλικὸν, καὶ εἰς τὸ αἰτιῶδες.

§. 22. Μὴ ἀποῤῥέμβεσθαι, ἀλλ' ἐπὶ πάσης ὁρμῆς τὸ δίκαιον ἀποδιδόναι, καὶ ἐπὶ πάσης φαντασίας σώζειν τὸ καταληπτικόν.

§. 23. Πᾶν μοι συναρμόζει, ὃ σοι εὐάρμοστόν ἐστιν,

sterium, ignemque, rursum transformentur. quonam est illic veritatis notitia? eliciatur ea per distributionem rei in materiam & formam.

§. 22. Non divagari; sed in omni conatu tuo justitiae ratio habeatur, in omni viso intellectus integer servetur.

§. 23. Quicquid tibi convenit, ô Munde, convenit &

ANNOTATIONES.

[illegible]

& mihi. nihil mihi immaturum vel serum est, quod est tibi tempestivum. fructus instar id est totum mihi, quod tempestates tuae, ô Natura, ferunt. à te omnia sunt, in te consistunt, ad te redeunt. O urbs amica Cecropis, inquit ille: tu vero non dicturus es, O urbs amica Jovis.

§. 24. Pauca agas, inquit, si tranquillus esse cupis. an non praestiterit dixisse, quae necessaria sunt

οὐδέν μοι πρόωρον, οὐδὲ ὄψιμον, τὸ σοὶ εὔκαιρον. πᾶν μοι καρπὸς, ὃ φέρουσιν αἱ σαὶ ὧραι, ὦ Φύσις· ἐκ σοῦ πάντα, ἐν σοὶ πάντα, εἰς σὲ πάντα. Ἐκεῖνος μέν φησι, Πόλι φίλη Κέκροπος· σὺ δὲ οὐκ ἐρεῖς, ὦ πόλι φίλη Διός;

§. 24. Ὀλίγα πρῆσσε, φησὶν, εἰ μέλλεις εὐθυμήσειν. μήποτε ἄμεινον τἀναγκαῖα πράσσειν.

ANNOTATIONES.

[illegible]

Optimus annus, porrò qui venit quisque dies.

[illegible]

Sic igitur spectes, caelestia lumina ut haec.

[illegible]

Naturam quisque tam faciet, ut placitam.

[illegible]

Quae quae suasit uni, plus habet copiae,

[illegible]

Haec vides mortem, fugitaque, quod temporis amnem

[illegible]

Mane est variis in parte corpore, animam atque indigens.

[illegible]

[illegible]

[illegible]

§. 25. [illegible]

§. 26. [illegible]

agis, quæque animantis civilis ratio dictat, & quo modo dictat. Illud enim non eam duntaxat, quæ bona agendo, sed & eam, quæ pauca agendo comparatur, tranquillitatem producit. plæraque enim eorum quæ dicimus & facimus cum necessaria non sint, si amputaverimus, & negotiis multo vacabit magis, minusque perturbata futura est nobis vita nostra. oportet itaque ad singula sibi suggerere, an non illud ex eorum numero est, quæ non sunt necessaria? nec actiones tantum, sed cogitationes etiam, minus necessariæ sunt recidendæ. siquidem id agendo fiet, ut nec actiones consequantur supervacaneæ.

§. 25. Periculum facito, quomodo procedat tibi vita viri boni, eum dico, qui rebus ab universo sibi assignatis acquiescit, & propria actione, quæ justa, affectione, quæ benevola sit, contentus agit.

§. 26. Illa vidisti? & ista vide, ne te conturbes. simplicem te præstes. peccat aliquis? sibi peccat; bonis aliquid tibi obvenit? ab initio tibi, quicquid contingit, ab universo destinatum & fato certo assignatum est.

ANNOTATIONES.

[illegible]

est hoc summa ratio; brevis est vita: quid in-ter tempus lucrandum est, considerate justitiaque a-genda in animo reminiscendo sobrie te geras. | [illegible]

ANNOTATIONES

[illegible]

a Inf. l. 4. §. 27. Ἤτοι κόσμος διατεταγμένος, ἢ κυκεὼν συμπεφορημένος μέν, ἀλλὰ κόσμος. ἦ ἐν σοὶ μέν τις κόσμος ὑφίστασθαι δύναται, ἐν δὲ τῷ παντὶ ἀκοσμία;

l. 6. §. 10.
l. 9. §. 28.
l. 11. §. 14.

§. 27. Mundus vel est ordine justo dispositus, vel mistura temeraria, congesta quidem ea, sed ut mundus sit tamen. qui enim? fierine potest, ut in te mundus quidem sit & dispositio concinna, in universo vero inconcinnitas mera? Idque

ANNOTATIONES.

[illegible]

idque rebus omnibus ità quaquam [illegible] ac diffu-
sa, conspirantibus tamen.

§. 18. Mores nigri, effeminati, prafra-

[illegible] , [illegible] [illegible] [illegible] [illegible]
[illegible] [illegible]

§. 18. [illegible] [illegible] , [illegible] [illegible] ,

ANNOTATIONES

[illegible]

[illegible]

§. 29. [illegible]

[illegible]di, bestiali, pecuini, pueriles, stolidi, fabulosi, scurriles, perfidi, tyrannici.

§. 29. Si peregrinus in mundo est, qui ignarus est eorum, quae in mundo existunt: perinde certè in mundo peregrinus est, qui ignarus est rerum quae in eodem geruntur. profugus, qui rationem civilem fugit. caecus, qui mentis oculos clausos habet. mendicus, qui alterius cujusquam indiget, neque apud

ANNOTATIONES.

[illegible]

apud se habet, quicquid ad vitam conducit: abscessus mundi, qui abscedit, seque à naturae communis ratione sejungit, dum iis quae contingunt offenditur. hoc enim, quicquid est, profert eadem, quae à te protulit. abscissus civitatis, qui animam propriam à ratiocinantium reliquarum anima, quae una omnium est communis, abscindit.

§. 30. Iste sine tunica philosophatur; ille sine libro: alius quispiam seminudus. panem, inquit,

ἔχων παρ' ἑαυτοῦ πάντα τὰ εἰς τὸν βίον χρήσιμα. ᵃ ἀπόστημα κόσμου, ὁ ἀφιστάμενος, καὶ χωρίζων ἑαυτὸν ἐκ τοῦ τῆς κοινῆς φύσεως λόγου, διὰ τοῦ δυσαρεστεῖν τοῖς συμβαίνουσιν. ᵇ ἐκείνη γὰρ φέρει τοῦτο, ἣ καὶ σὲ ἤνεγκεν. ᶜ ἀπόσχισμα πόλεως ὁ τὴν ἰδίαν ψυχὴν τῆς τῶν λογικῶν ἀποσχίζων, ᵈ μιᾶς οὔσης.

§. 30. Ὁ μὲν χωρὶς χιτῶνος φιλοσοφεῖ, ὁ δὲ χωρὶς βιβλίου, ἄλλος οὗτος ἡμίγυμνος.

ἄρτον

ANNOTATIONES.

[illegible]

ἄρτον οὐκ ἔχω, φησί, καὶ ἐμμένω τῷ λόγῳ. ἐγὼ δὲ τροφὰς τὰς ἐκ μαθημάτων οὐκ ἔχω, καὶ ἐμμένω.

§. 31. Τὸ τεχνίον, ὃ ἔμαθες, φίλει, τούτῳ προσαναπαύου. τὸ δὲ ὑπόλοιπον τοῦ βίου διέξελθε, ὡς θεοῖς μὲν ἐπιτετροφὼς τὰ σαυτοῦ πάντα ἐξ ὅλης τῆς ψυχῆς, ἀνθρώπων δὲ μηδενὸς μήτε τύραννον, μήτε δοῦλον ἑαυτὸν καθιστάς.

cibum desim, rationi tamen insisto. mihi vero, inquit alter, cibus tot ex disciplinae exercitio qui praeberi solet, commeatus suppetit, persisto tamen.

§. 31. Quam didicisti artem, eam diligito, eidemque acquiescito. quod autem vitae reliquum est, ita exigito, ut qui Diis tua omnia ex toto animo commiseris, nullique hominum vel servum vel tyrannum te exhibeas.

§. 32.

ANNOTATIONES

[illegible]

§. 32. Cogita, verbi gratia, tempora sub Vespasiano acta, eadem prorsus cernes, quæ nunc fiunt, deprehendes. nuptias contrahentes, liberos tollentes, ægrotantes, defungentes, militantes, ferias agentes, mercaturam exercentes, agrum colentes, adulationi deditos, arrogantes pervicaces, suspicionibus indulgentes, insidias struentes, mortem aliquorum exoptantes: de rerum statu præsente querentes, opes congerentes, consulatus, regnave appetentes. Ista transiit, nec jam usquam est illorum vita. Rursus ad Trajani tempora te transferens, eadem denuo cuncta comperies. illorum quoque vita morte jam commutata est. pari modo tempora alia nota peculiari aliqua designata, vel etiam gentes totas, contemplare; similiterque considera, quam multi etiam in rebus istiusmodi toti se commendassent, paulo post occiderint, & in elementa sua resoluti sint. illi vero cum primis sunt memoriâ recolendi, quos ipse nôsti aliquando se rebus inanibus distraxisse, cum id interim facere, quod conditioni propriæ conveniens erat, huic firmiter adhærere, eodemque contentum esse, neglexerint. Illud etiam istic meminisse oportet, in actione unaquaque, quæ adhibetur, etiam, pro rei dignitate ac congruentia esse attemperandam. ita fiet, ne quando fastidio cor-

§. 32. Ἐπινόησον λέγε χάριν τοὺς ἐπὶ Οὐεσπασιανοῦ καιρούς, ὄψει ταῦτα πάντα. γαμοῦντας, παιδοτροφοῦντας, νοσοῦντας, ἀποθνήσκοντας, πολεμοῦντας, ἑορτάζοντας, ἐμπορευομένους, γεωργοῦντας, κολακεύοντας, αὐθαδιζομένους, ὑποπτεύοντας, ἐπιβουλεύοντας, ἀποθανεῖν τινας εὐχομένους, γογγύζοντας ἐπὶ τοῖς παροῦσιν, ἐρῶντας, θησαυρίζοντας, ὑπατείας, βασιλείας ἐπιθυμοῦντας. οὐκοῦν ἐκεῖνος μὲν ὁ τούτων βίος οὐκέτι οὐδαμοῦ. πάλιν ἐπὶ τοὺς καιροὺς Τραϊανοῦ μετάβηθι. πάλιν τὰ αὐτὰ πάντα. τέθνηκε κἀκεῖνος ὁ βίος. ὁμοίως καὶ τὰς ἄλλας ἐπιγραφὰς χρόνων καὶ ὅλων ἐθνῶν ἐπιθεώρει καὶ βλέπε, πόσοι κατενταθέντες, μετὰ μικρὸν ἔπεσον καὶ ἀνελύθησαν εἰς τὰ στοιχεῖα. μάλιστα δὲ ἀναπολητέον ἐκείνους, οὓς αὐτὸς ἔγνως κενὰ σπωμένους, ἀφέντας ποιεῖν τὸ κατὰ τὴν ἰδίαν κατασκευὴν, καὶ τούτου ἀπρὶξ ἔχεσθαι, καὶ τούτῳ ἀρκεῖσθαι. ἀναγκαῖον δὲ ὧδε τὸ μεμνῆσθαι, ὅτι καὶ ἡ ἐπιστροφὴ καθ' ἑκάστην πρᾶξιν ἰδίαν ἀξίαν ἔχει καὶ συμμετρίαν. οὕτως γὰρ οὐκ ἀπο-

[illegible]

ANNOTATIONES

[illegible]

A [illegible]

B [illegible]

C [illegible]

D [illegible]

E [illegible]

ἀποδυσπετήσεις, ἐὰν μὴ ἐπὶ πλεῖον ἢ προσήκει περὶ τὰ ἐλάσσω ἀσχολῇ.

§. 33. Αἱ πάλαι συνήθεις λέξεις, γλωσσήματα νῦν. οὕτως οὖν καὶ τὰ ὀνόματα τῶν πάλαι πολυυμνήτων, νῦν τρόπον τινὰ γλωσσήματά ἐστι, Κάμιλλος, Καίσων, Οὐόλεσος, Λεοννάτος, καὶ ὀλίγον ἢ Σκιπίων, ἢ Κάτων, εἶτα ἢ Αὔγουστος, εἶτα ἢ Ἀδριανὸς, ἢ Ἀντωνῖνος. ᵃ ἐξίτηλα γὰρ πάντα, ἢ ᵇ μυθώδη ταχὺ γίνεται. ταχὺ δὲ καὶ παντελὴς λήθη κατέχωσε. καὶ ταῦτα λέγω ἐπὶ τῶν θαυμαστῶς πως λαμψάντων. οἱ γὰρ λοιποὶ ἅμα τῷ ἐκπνεῦσαι, ᶜ ἄιστοι, ἄπυστοι. τί δὲ καὶ ἔστιν ὅλως ἀείμνηστον; ᵈ ὅλον κενόν.

a L.7.§.10. Imp.§.19. b L.8.§.25. L.12.§.27. c Dyss. 4. 7. cap. L.6. §.47. d Imp.§.3. 19.

ripiaris, si in rebus minoris æstimationis, non diutius, quam par est, fueris occupatus.

§.33. Quæ fuerunt olim usitata quondam vocabula, glossematum loco nunc habentur. pari modo & eorum, qui quondam celeberrimi fuerunt, nomina, quasi glossemata quædam nunc facta sunt: Camillus, Cæso, Volesus, Leonnatus: paulò post Scipio, & Cato: tum Augustus etiam: dein Hadrianus, & Antoninus. evanida enim sunt omnia, citóque fabularum instar abjiciuntur; mox & oblivione prorsus obruuntur. atque hæc de iis dico, qui cum admiratione hominum aliquando claruerunt. cæteri enim statim atque exspiraverint, ignoti ac ne fando quidem auditi fiunt. porrò quidnam est hoc ipsum memoriæ æternæ consequendæ, vanitas.

quid

ANNOTATIONES.

[illegible]

Camillus ... [illegible] Cæso Quintius ... [illegible] Volesus ... [illegible] Leonnatus ... [illegible]

[illegible]

... accepisti igitur, in quod studium conferre par sit unum hoc, ut mens sit justa, actio socialis, dictio mentiri nescia, affectio quodvis eveniens amplexu prompta, ut necessarium, ut familiare, ut à principio fonteque simili profluens.

§. 34. Fato sponte tua te dedas; ei permittens,

[illegible]

§. 34. [illegible]

ANNOTATIONES

[illegible]

[illegible] ... [illegible]

§. 35. [illegible]

Diversas fere omnia sunt, & quod commutantur & quod [illegible].

§. 36.

ANNOTATIONES.

[illegible]

§. 36. Hoc jugiter considera, omnia illa quae fiunt, mutatione fieri. Et assuesce te cogitationi isti, nihil aeque diligere universi naturam, ac ea quae jam exsistunt mutare, & ex eis sic mutatis nova his similia effingere. Semen enim quodammodo habet quicquid est, ad id quod ex ipso futurum est: at tu semina ea sola opinari, quae in terram uterumque dejiciuntur, plebejum est nimis.

§. 37. Jam jam moriturus es: necdum simplex es, imperturbatus, posse extrinsecus laedi suspicione vacuus, cunctis propitius, justè agere unicam prudentiam ratus?

§. 38. Mentes illorum intuere, & studia etiam, quae fugiant, quae prosequantur.

§. 39. In alterius mente malum tuum non est situm: sed nec in mutatione & alteratione corporis tuum [illegible]

§. 36. Θεώρει διηνεκῶς, * πάντα κατὰ μεταβολὴν γινόμενα * [illegible]. καὶ ἐθίζου ἐννοεῖν, ὅτι οὐδὲν οὕτως φιλεῖ ἡ τῶν ὅλων φύσις, ὡς τὸ τὰ ὄντα μεταβάλλειν, καὶ ποιεῖν νέα ὅμοια. σπέρμα γὰρ τρόπον τινὰ πᾶν τὸ ὂν τοῦ ἐξ αὐτοῦ ἐσομένου. σὺ δὲ μόνα σπέρματα * φαντάζῃ, τὰ εἰς γῆν, ἢ μήτραν καταβαλλόμενα. τοῦτο δὲ λίαν ἰδιωτικόν.

§. 37. Ἤδη τεθνήξῃ, καὶ οὔπω οὔτε ἁπλοῦς, οὔτε ἀτάραχος, οὔτε ἀνύποπτος τοῦ βλαβῆναι ἂν ἔξωθεν, οὔτε ἵλεως πρὸς πάντας, οὔτε τὸ φρονεῖν ἐν μόνῳ τῷ δικαιοπραγεῖν τιθέμενος;

§. 38. Τὰ ἡγεμονικὰ αὐτῶν διάβλεπε, καὶ τοὺς φρονίμους, οἷα μὲν φεύγουσιν, οἷα δὲ διώκουσιν.

§. 39. Ἐν ἀλλοτρίῳ ἡγεμονικῷ κακὸν σὸν οὐχ ὑφίσταται, οὐδὲ μὴν ἔν τινι τροπῇ καὶ ἑτεροιώσει τοῦ περιέχοντος.

[illegible marginal notes]

ANNOTATIONES.

§. 36. Πάντα κατὰ μεταβολὴν γινόμενα [illegible] [illegible]

A

[illegible]

B

[illegible]

... [illegible] semina [illegible]

[illegible]

C

[illegible]

D

[illegible]

E

... [illegible] semina [illegible]

[illegible]

F

[illegible]

§. 37. Ἤδη τεθνήξῃ] Vide supra, [illegible]

[illegible]

Virgilius Georg. [illegible]

[illegible]

[illegible]

ambientis ubi ergo? in ea mistiorum parte tui; quae de malis opinatur. Illa nihil opinetur, & bene se habebunt omnia. [illegible] quod huic proximum est, corpusculum secetur, uratur, suppuret, putrescat, quiescat tamen pars ea quae de illis opinatur. hoc est, ut censeat nec malum nec bonum esse, quod viro malo bonoque pariter possit obvenire. quod enim & secundum naturam & praeter eam viventi ei aeque contingit, id ipsum neque praeter naturam est.

§. 40. [illegible]

§. 40. Cogita, jugiter, mundum esse anima-lis

ANNOTATIONES.

[illegible]

In unius instar, quā sensum unum, animalisque unum obtineat: item quomodo ad sensum hujusce, unum & illum, omnia referantur: quodque quasi impetu ferantur universa, & ad omnia producenda cooperentur; qui denique rerum contextus & contextura sit.

§. 41. *Animula es cadaver gestans*, ajebat Epictetus.

[illegible] καὶ [illegible] αὐτῷ, καὶ πῶς ὁρμῇ μιᾷ πάντα πράσσει, καὶ πῶς πάντα πάντων τῶν γινομένων συναίτια, καὶ οἵα τις ἡ σύννησις καὶ συμμήρυσις.

§. 41. Ψυχάριον εἶ βαστάζον νεκρόν, ὡς Ἐπίκτητος ἔλεγεν.

§. 42.

ANNOTATIONES

[illegible]

§. 42. Οὐδέν ἐστι κακὸν τοῖς ἐν μεταβολῇ γινομένοις, ὡς οὐδὲ ἀγαθὸν τοῖς ἐκ μεταβολῆς ὑφισταμένοις.

§. 43. Ποταμός τις ἐκ τῶν γινομένων καὶ ῥεῦμα βίαιον, ὁ αἰών. ἅμα τε γὰρ ὤφθη ἕκαστον, καὶ παρενήνεκται, καὶ ἄλλο παραφέρεται, τὸ δὲ ἐνεχθήσεται.

§. 42. Nihil mali est rebus mutationem subeuntibus, sicut nec eis quae mutatione interveniente consistunt.

§. 43. Fluvius quidam & torrens rapidus, est aevum, ex eis quae hic fiunt consistens. Simul enim atque comparuerit quicquam, abripitur, & aliud quidem abripitur, aliud vero denuo infertur.

§. 44.

ANNOTATIONES.

[illegible]

§. 44. Quodcunque contingit, tam consuetum notumque est, quam per veris rosa, aut aestate fructus. tale quiddam & morbus, & mors, & calumnia, & insidiae, & quicquid stultos homines vel exhilarat, vel contristat.

§. 45. Subsequentia antecedentibus apte semper connectuntur. neque enim earum connexio simplex est & sic invicem discretorum, quae necessitate tantum quadam continuentur; sed rationi consentanea connexio; & quemadmodum ea quae in mundo existunt, concinne admodum certo inter se ordine componuntur: ita & quae fiunt, non successionem nudam, sed admirabilem quandam concinnitatem prae se ferunt.

§. 46. Dictum illud Heracliti in memoria semper habeamus; *terrae mors est, aquam fieri; aquae mors est, aerem fieri; aeris vero, ignem fieri*: & e converso. illius quoque meminisse profuerit, qui quo via duceret, oblitus est.

§. 44. Πᾶν τὸ συμβαῖνον οὕτως σύνηθες καὶ γνώριμον, ὡς τὸ ῥόδον ἐν τῷ ἔαρι, καὶ ὀπώρα ἐν τῷ θέρει. τοιοῦτον γὰρ καὶ νόσος, καὶ θάνατος, καὶ βλασφημία, καὶ ἐπιβουλή, καὶ ὅσα τοὺς μωροὺς εὐφραίνει ἢ λυπεῖ.

§. 45. Τὰ ἑξῆς ἀεὶ τοῖς προηγησαμένοις οἰκείως ἐπιγίνεται. οὐ γὰρ οἷον καταριθμησίς τις ἐστὶν ἀπηρτημένων, καὶ μόνον τὸ κατηναγκασμένον ἐχούσα· ἀλλὰ συνάφεια εὔλογος· καὶ ὥσπερ συντέτακται συνηρμοσμένως τὰ ὄντα, οὕτω τὰ γινόμενα οὐ διαδοχὴν ψιλήν, ἀλλὰ θαυμαστήν τινα οἰκειότητα ἐμφαίνει.

§. 46. Ἀεὶ τοῦ Ἡρακλειτείου μεμνῆσθαι. ὅτι γῆς θάνατος ὕδωρ γενέσθαι, καὶ ὕδατος θάνατος ἀέρα γενέσθαι, καὶ ἀέρος πῦρ, καὶ ἔμπαλιν. μεμνῆσθαι δὲ καὶ τοῦ ἐπιλανθανομένου ᾗ ἡ ὁδὸς ἄγει.

τοῦ

ANNOTATIONES

[illegible]

[illegible]

quodque plerique a maiore illa distinctione, qua etiam vel maxime conversantur [illegible], quae universis [illegible] utilitantur, & peregrina eis videantur, quibus quotidie occurrunt. Item nihil unquam per somnum agendum, dicendumque. Siquidem dormientium [illegible] agere, & dicere videmur. sed nec puerorum instar quicquam agendum, hoc est, ex mera traditione, qua a parentibus sic accepimus.

§. 47.

ANNOTATIONES.

[illegible]

§. 47. Quemadmodum si Deorum quis praediceret tibi, aut cras, aut summum perendie, moriturum te, haud in magno poneres, nisi animi essses abjectissimi, perendie potius quam crastino morerêre. quantulum enim intercedit? pari modo nec magni quicquam existimes, ad multesimum annum potius, quam ad crastinum diem.

§. 48. Crebrò apud te reputa, quot medici sint mortui, qui super decumbentes, tanquam contemnentes jam, supercilia contraxerint: quot mathematici, qui aliorum fata, quasi magnum quid esset id praescire, praedixerint: quot philosophi, postquam de morte & immortalitate tam multa disseruissent: quot strenui bellatores, cùm multos trucidassent: quot tyranni, postquam vitae necisque

§. 47. Ὥσπερ εἴ τίς σοι θεῶν εἶπεν, ὅτι αὔριον τεθνήξῃ, ἢ πάντως εἰς τρίτην, οὐκ ἔτ' ἂν παρὰ μέγα ἐποιεῖς, τὸ εἰς τρίτην μᾶλλον, ἢ αὔριον, εἴ γε μὴ ἐσχάτως ἀγεννὴς εἶ. ὅσον γάρ ἐστι τὸ μεταξύ; οὕτω καὶ τὸ εἰς πολλοστὸν ἔτος μᾶλλον, ἢ αὔριον, μηδὲν μέγα εἶναι νόμιζε.

§. 48. Ἐννοεῖν συνεχῶς, πόσοι μὲν ἰατροὶ ἀποτεθνήκασι, πολλάκις τὰς ὀφρῦς ὑπὲρ τῶν ἀῤῥώστων συσπάσαντες. πόσοι δὲ μαθηματικοὶ, ἄλλων θανάτους, ὥς τι μέγα, προειπόντες. πόσοι δὲ φιλόσοφοι, περὶ θανάτου ἢ ἀθανασίας μυρία διατεινάμενοι. πόσοι δὲ ἀριστεῖς, πολλοὺς ἀποκτείναντες. πόσοι δὲ τύραννοι, ἐξουσίᾳ ψυχῶν μετὰ δεινοῦ φρυά-

ANNOTATIONES

[illegible]

[illegible] | [illegible] ... sitos ... [illegible]

ANNOTATIONES

[illegible]

[illegible]

ANNOTATIONES

[illegible]

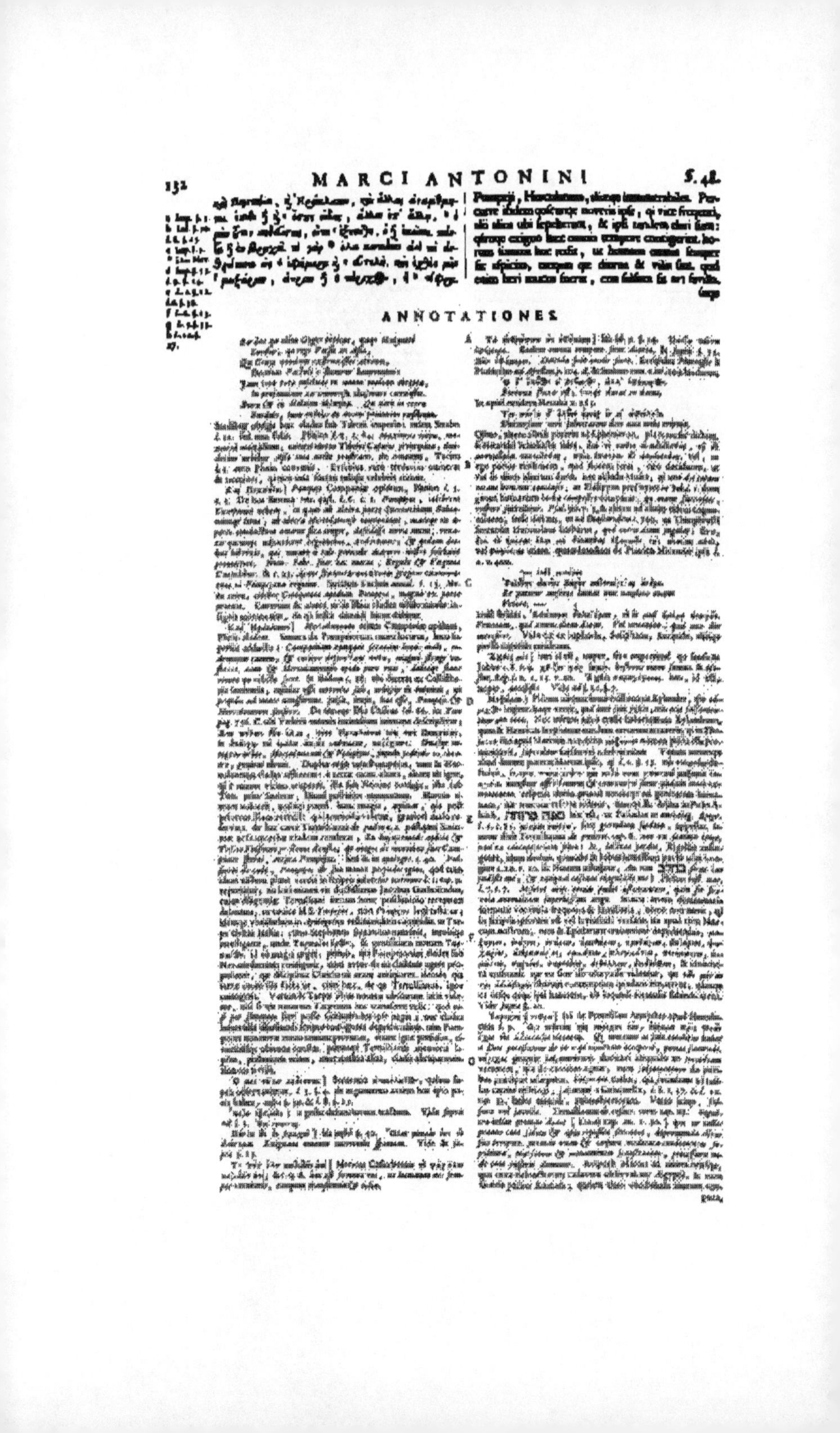

[illegible]

Pompeji, Herculanum, aliaque innumerabiles. Percurre itidem quoscunque noveris ipse, qui vice frequenti, alii alios ubi sepelierunt, & ipsi tandem elati sunt: quorum exiguo hoc omnia tempore contigerunt. horum summa hoc redit, ut humana omnia semper sic aspicias, [illegible] quae diurna & vilia sint. quod enim heri [illegible] fuerat, cras [illegible] aut favilla. [illegible]

ANNOTATIONES

[illegible]

[illegible] temporis ideo punctum hoc inselicabile naturae convenienter transigere, ac propitius decedas; perinde ac oliva maturitatem adepta ceciderit, naturam quae protulit collaudans, arborique quae produxit, gratias agens.

§. 49. Promontorii par esto, cui fluctus jugiter

[illegible]

§. 49. [illegible]

ANNOTATIONES

[illegible]

[illegible]

... illiciuntur, ipsum tamen constitisse, undasque circumfusas sibi adversum compescere. Infelicem me, inquit ille, quod mihi illud contigerit. Imo, felicem me, quod cum mihi contigerit, tamen ... nec ... praesentibus frangar, nec futuram reformidem. accidere enim ejusmodi quid cuivis poterat: [illegible]

ANNOTATIONES

[illegible]

tur: at non ipsis circa animi aegritudinem casum ejusmodi tristes. quamobrem ergo illud infelicitatis potius, quam felicitatis istud loco habetur? num illud hominis infortunium dicis, quod naturae humanae adversari quoque dixeris, quod secundum ejusdem voluntatem [illegible]? quid ergo tu velis, non est ut nunc dixi, num jam casus iste prohibeat te, justum esse, magnanimum, temperantem, prudentem, [illegible], modestum, liberum, aut aliud quid eorum, quae ubi adsint, natura hominis sua obtinet omnia?

[illegible]

ANNOTATIONES.

[illegible]

[illegible]

§. 50. [illegible]

miseris deinceps, quoties incideris in quippiam quod ad tristitiam impellat te, decreto hoc uti; Non est infelix casus iste, sed fortiter ferre hoc felicitatis est.

§. 50. Vulgare quidem hoc est, efficax tamen ad mortem contemnendam adminiculum, si eos [illegible] qui vitae avidi fuerint eidem diu immorati. qui

ANNOTATIONES.

[illegible]

qui etiam amplius illis, quam immaturè defunctis corrigit? Omnino jacent alicubi defuncti & illi, Cadicianus, Fabius, Julianus, Lepidus, aut si quis alius hujusmodi, qui postquam multos extulerunt, efferebantur & ipsi. exiguum enim omnino intercedit spatium, idque per quot molestias, cum quibus hominibus, in quali corpusculo exantlatum? ne ergo pro re momenti alicujus habeto.

τοῦ αὐτοῖς πλέον, ἢ τοῖς ἀώροις; πάντως πού ποτε κεῖνται, Καδικιανὸς, Φάβιος, Ἰουλιανὸς, Λέπιδος, ἢ εἴ τις τοιοῦτος, οἳ πολλοὺς ἐξεκόμισαν, εἶτα ἐξεκομίσθησαν. ὅλον μικρόν ἐστι τὸ διάστημα, καὶ τοῦτο δι' ὅσων, καὶ μεθ' οἵων, καὶ ἐν οἵῳ σωματίῳ ἐξαντλούμενον; μὴ οὖν ὡς πρᾶγμα.

ANNOTATIONES.

[illegible]

[illegible]

βλέπε γὰρ ὀπίσω τὸ ἀχανὲς τοῦ αἰῶνος, καὶ τὸ πρόσω ἄλλο ἄπειρον. ἐν δὴ τούτῳ, τί διαφέρει ὁ τριήμερος τοῦ τριγερηνίου.

§. 51. Ἐπὶ τὴν σύντομον ἀεὶ τρέχε. σύντομος δ' ἡ κατὰ φύσιν. ὥστε κατὰ τὸ ὑγιέστατον πάντα λέγειν καὶ πράσσειν. ἀπαλλάσσει γὰρ ἡ τοιαύτη πρόθεσις πόνων, στρατείας, καὶ πάσης οἰκονομίας, καὶ κομψείας.

si enim aevi praeteriti longinquitatem adverteris & futuri itidem infinitatem, quid tandem differt, trimestris qui fuerit, ab eo qui secula tria transegerit?

§. 51. Viâ compendiosâ semper incede. compendiosa est ea, quae secundum naturam est. in omni omnium eius dictione, tum actione veri vestigia coram habere. etenim propositum illiusmodi molestiis, militiâ, fraude & dissimulatione omni atque ostentatione immunem praestabit.

§. 1.

ANNOTATIONES.

[illegible]

LIBER V.

Mane, cum gravatim expergisceris, in promptu sit tecum hoc modo disserere; Ad opus humanum jam expergiscor. cum verò ægrè fecero, si ad ea agenda proficiscor, quorum gratiâ natus & in mundum productus sum? an nunquid ad hoc conditus sum, ut stragulis involutum decumbens me foverem? At hoc, inquis, oblectat magis. Numquid ergo ad oblectandum te natus es? non autem ad faciendum aut agendum aliquid? an non arbusculas, aviculas, formicas, araneas, apiculas vides cum quæ in mundo suas partes obeuntes, excolere satagentes? tu autem, quæ hominis sunt, facere recusas? & non properas potiùs ad id, quod naturæ

Ὄρθρου ὅταν δυσόκνως ἐξεγείρῃ, πρόχειρον ἔστω, ὅτι ἐπὶ ἀνθρώπου ἔργον ἐγείρομαι. τί οὖν ἔτι δυσκολαίνω, εἰ πορεύομαι ἐπὶ τὸ ποιεῖν, ὧν ἕνεκεν γέγονα, καὶ ὧν χάριν προῆγμαι εἰς τὸν κόσμον; ἢ ἐπὶ τοῦτο κατεσκεύασμαι, ἵνα κατακείμενος ἐν στρωματίοις ἐμαυτὸν θάλπω; ἀλλὰ τοῦτο ἥδιον. πρὸς τὸ ἥδεσθαι οὖν γέγονας; ὅλως δὲ οὐ πρὸς πεῖσιν, ἢ πρὸς ἐνέργειαν; οὐ βλέπεις τὰ φυτάρια, τὰ στρουθάρια, τοὺς μύρμηκας, τοὺς ἀράχνας, τὰς μελίσσας, τὸ καθ' αὑτὰς συγκοσμούσας κόσμον; σὺ δὲ οὐ θέλεις τὰ ἀνθρωπικὰ ποιεῖν;

ANNOTATIONES

[illegible]

[illegible]

effecti

ANNOTATIONES.

[illegible]

[illegible] tu verò naturam tuam minoris æstimas, quàm [illegible] tornator [illegible], aut histrio [illegible], aut avarus argentum, aut ambitiosus gloriolam. [illegible] ubi rebus hisce addicti fuerint, nec cibum, nec somnum capere magis cupiunt, quàm illa, ad quæ [illegible] promovere: [illegible] actiones societatem humanam spectantes [illegible] magis, quàm ut pari industriâ dignæ censeantur.

§. 2. Quàm facile est imaginationem omnem vel turbulentam vel incongruam [illegible] amoliri & abstergere, ac in summa statim tranquillitate consistas?

§. 3. Nullum aut sermonem aut actionem indignam te censeas, qui naturæ fuerit consentaneus. [illegible]

[illegible]

§. 2. [illegible]

§. 3. [illegible]

ANNOTATIONES.

[illegible]

Liviu hist. l. 25. [illegible]

[illegible]

§. 2. [illegible]

§. 3. [illegible]

ἀπαρενόχλητον μέμψεως ἢ λόγου. ἀλλ' εἰ καλὸν ἦν πεπρᾶχθαι ἢ εἰρῆσθαι, μὴ σαυτὸν ἀπαξίου. ἐκεῖνοι μὲν γὰρ ἴδιον ἡγεμονικὸν ἔχουσι, καὶ ἰδίᾳ ὁρμῇ χρῶνται. ἃ σὺ μὴ περιβλέπου, ἀλλ' εὐθεῖαν πέραινε, ἀκολουθῶν τῇ φύσει τῇ ἰδίᾳ καὶ τῇ κοινῇ· μία δὲ ἀμφοτέρων τούτων ἡ ὁδός.

§. 4. Πορεύομαι διὰ τῶν κατὰ φύσιν, μέχρις πεσὼν ἀναπαύσωμαι, ἐναποπνεύσας μὲν τούτῳ, ἐξ οὗ καθ' ἡμέραν ἀναπνέω, πεσὼν δὲ ἐπὶ τοῦτο, ἐξ οὗ καὶ τὸ σπερμάτιον ὁ πατήρ μου συνέλεξε, καὶ τὸ αἱμάτιον ἡ μήτηρ, καὶ τὸ γαλάκτιον ἡ τροφός· ἐξ οὗ καθ' ἡμέραν τοσούτοις ἔτεσι βόσκομαι καὶ ἀρδεύομαι, ὃ φέρει με πατοῦντα, καὶ εἰς τοσαῦτα ἀποχρώμενον ἑαυτῷ.

§. 5. Δριμύτητά σου οὐκ ἔχουσι θαυμάσαι· ἔστω. ἀλλὰ ἄλλα πολλά, ἐφ' οἷς οὐκ ἔχεις εἰπεῖν, οὐ γὰρ πέφυκα. ἐκεῖνα οὖν παρέχου, ἅπερ ὅλα ἐπὶ σοί ἐστι, τὸ ἀκίβδηλον, τὸ σεμνόν, τὸ φερέπονον, τὸ ἀφιλήδονον, τὸ ἀμεμψίμοιρον, τὸ ὀλιγοδεές, τὸ εὐμενές, τὸ ἐλεύθερον, τὸ ἀπειρόκαλον, τὸ ἀφλύαρον, τὸ μεγαλεῖον. οὐκ αἰσθάνῃ, πόσα ἤδη παρέχεσθαι δύνασαι, ἐφ' ὧν οὐδεμία ἀφυΐας καὶ ἀνε-

avertat ab eo te, quæ fieri possit, quorundam hominum reprehensio aut vituperatio. sed si dictu factuve honestum fuerit, indignum te ne existimes. habent enim illi mentem propriam, propriòque ducuntur impulsu: quæ tu noli circumspicere, sed rectà perge, naturam tuam sequens, tum & communem obsequens. eadem enim est harum utriusque via.

§ 4. Per ea quæ naturæ sunt consentanea incedo, donec occumbens tandem conquiescam, eò expirando, unde spiritum quotidie haurio, eóque recidendo, unde & semen meum pater, & sanguinem mater & lac nutrix collegit, unde quotidie jam per tot annos cibum potúmque accipi; quod calcantem, & ad tam varios usus eo abutentem me sustinuit.

§. 5. Acumen tibi non est, quod in admirationi cuiquam. multa tamen sunt alia, de quibus dicere nequeas, non esse te ad ea aptum natum. hæc itaque præsta, quæ in te omnino sunt sita, sinceritatem, gravitatem, laborum tolerantiam, voluptatum abstinentiam, sortis contentum, paucorum indigum, mitem, liberum, luxu alienum, serium, sublimem, an non intelligis quam multa præstare clam jam possis, ad quæ inhabilitatis naturalis aut inepti-tudinis

ANNOTATIONES.

[illegible]

A tor. … apud … Vitis … [illegible]

ANNOTATIONES

ἔτι εἰ βραδύτερος, καὶ δυσπαρακολουθητότερος, καταγυμναστέον * καὶ τοῦτο, μὴ παρολιγωροῦντα, μηδὲ ἐμφιληδοῦντα τῇ * νωθείᾳ.

§. 6. Ὁ μέν τίς ἐστιν, ὅταν τι δεξιὸν περὶ τινα πράξῃ, πρόχειρος καὶ λογίσασθαι αὐτῷ τὴν χάριν. ὁ δὲ πρὸς τοῦτο μὲν οὐ πρόχειρος, * ἄλλως μέντοι παρ' ἑαυτῷ, ὡς περὶ χρεώστου διανοεῖται.

[illegible marginal notes]

noscitur si notari poterat; quid tardiori hebetiorique ingenio natus sis, exercitatione vitium istud corrigere conandum fuerit, hebetudinem tuam neque insuper habendo, neque in eadem tibi complacendo.

§. 6. Est, qui ubi gratum quid alicui fecerit, beneficium imputare proclivis sit. est, qui ei non imputare haud ita proclivis sit, pro debitore tamen apud se habet eum cui benefecit, quidque fece-

ANNOTATIONES.

[illegible]

[illegible]

ANNOTATIONES.

[illegible]

[illegible] ἄλλο [illegible] τὸ λεγόμενον, [illegible] [illegible] [illegible].

§. 7. Εὐχὴ Ἀθηναίων, ὗσον, ὗσον, ὦ φίλε Ζεῦ, κατὰ τῆς ἀρούρας τῆς Ἀθηναίων καὶ τῶν πεδίων. ἤτοι οὐ δεῖ εὔχεσθαι, ἢ οὕτως ἁπλῶς καὶ ἐλευθέρως*.

*[illegible] Cas.

§. 8. Ὁποῖόν ἐστι τὸ λεγόμενον, ὅτι συνέταξεν ὁ Ἀσκληπιὸς τούτῳ ἱππασίαν, ἢ ψυχρολουσίαν,

id quod dixeram [illegible] intelligere volueris, nolimotum, ut hac de caussa benefaciendi occasionem ullam sis omissurus.

§. 7. Atheniensium votum erat, *Pluv, pluv*, [illegible] *Jupiter, super Atheniensium arva et prata*: aut nihil omnino precari, aut hoc modo simpliciter & ingenue precari par est.

§. 8. Cujusmodi illud est, quod dici solet, *Aesculapius* [illegible] *ordinasse*, [illegible], ut frigida [illegible], ut

ANNOTATIONES

[illegible]

[illegible]

ut discedentes intelligas: ejusmodi quiddam est, & quod huic vel illi coordinavit universi natura, ut morbo teneatur, corpore mutiletur, liberos amittat, aut aliud tale quippiam. siquidem & ibi coordinavit illud, sonabat hoc fere, sibi decernitur, hoc ad illud ordinavit, tanquam quod ad ejusdem sanitatem conducat: atque hic pariter, quicquid unicuique contingit, ad illud ordinatur quodammodo quod fato congruum existat. atque hinc est quod ea convenire nobis dicimus: quomodo lapides quadratos in muris aut pyramidibus convenire dicunt artifices, cum sibi invicem sciscè compositi coaptantur. omnino enim una quaedam est rerum omnium compages. & quemadmodum ex cunctis corporibus mundus iste, qui corpus ejusmodi sit, consummatur; ita ex causis universis, quae causa sit ejusmodi, fatum conficitur. intelligunt hoc quod dico etiam rudissimi quique. dicunt enim sedis hoc illi. fors nimirum. hoc itaque illi ferebatur, illudque illi coordinabatur. proinde ista excipiamus ita, quomodo ea solemus, quae Aesculapius praecepit. multa siquidem & in illis

ἢ ἀποκάλυψιν, ὁ ταῦτα ὅσα καὶ τό, συνέταξέν τούτῳ ἡ τῶν ὅλων φύσις νόσον, ἢ πήρωσιν, ἢ ἀποβολήν, ἢ ἄλλο τι τῶν τοιούτων. καὶ γὰρ ἐκεῖ τὸ συνέταξεν, τοιοῦτόν τι σημαίνει. ἔταξεν τῷδε τοῦτο, ὡς κατάλληλον εἰς ὑγίειαν. ἐνταῦθα τὸ συμβαῖνον ἑκάστῳ τέτακταί πως αὐτῷ κατάλληλον εἰς τὴν εἱμαρμένην. οὕτως γὰρ καὶ αὐτὰ συμβαίνειν ἡμῖν λέγομεν, ὡς καὶ τοὺς τετραγώνους λίθους ἐν τοῖς τείχεσιν, ἢ ἐν ταῖς πυραμίσι συμβαίνειν οἱ τεχνῖται λέγουσι, συναρμόζοντας ἀλλήλοις τῇ ποιᾷ συνθέσει. Ὅλως γὰρ ἁρμονία ἐστὶ μία. καὶ ὥσπερ ἐκ πάντων τῶν σωμάτων ὁ κόσμος τοιοῦτον σῶμα συμπληροῦται, οὕτως ἐκ πάντων τῶν αἰτίων ἡ εἱμαρμένη τοιαύτη αἰτία συμπληροῦται. νοοῦσι δὲ ὃ λέγω, καὶ οἱ τέλεον ἰδιῶται. φασὶ γάρ, τοῦτο ἔφερεν αὐτῷ. οὐκοῦν τοῦτο τούτῳ ἐφέρετο, καὶ τοῦτο τούτῳ συνετέτακτο. δεχώμεθα οὖν αὐτά, ὡς ἐκεῖνα ἃ ὁ Ἀσκληπιὸς συντάττει. πολλὰ γοῦν καὶ ἐν ἐκείνοις [illegible]

[illegible marginal notes]

ANNOTATIONES

[illegible]

[illegible] | aspera sint, quæ sanitatis tamen spe libenter administrentur.

ANNOTATIONES.

[illegible]

mina. ejusmodi itaque quidam videantur tibi, eorum quæ naturæ communi visa sunt, perfectio & consummatio, cujusmodi est valetudo tua. eodemque modo, quicquid evenerit, quamvis asperius visum fuerit, libens admittito, quandoquidem ad mundi integritatem Jovisque prosperitatem atque felicitatem facit. neque enim tulisset is, nisi ad universi bonum conduxisset. cum nec natura quælibet quicquam ferat, quod non ei mundo, qui ab ipsa administratur, congruens existat. ita duplici ratione diligas oportet, quicquid evenerit tibi. altera, quod tibi natum, & tibi coordinatum, & ad te quodammodo affectum est, a causis antiquissimis tecum ubi connexum. altera, quod universi gubernatori prosperitatis & consummationis, atque adeo permansionis ipsius procurandæ ex parte causa sit. mutilatur enim integrum ipsum, si quid vel minimum abscindas a connexione & continuitate, ut partium universi, ita & causarum. abscindis autem, quantum in te est, quando molestè fers aliquid, tollisque quodammodo.

[illegible]

ANNOTATIONES

[illegible]

a Inf. §. 10. b L. 4. §. 19. L. 7. §. 70. c L. 4. §. 12. d L. 4. §. 20. e L. 4. §. 11. f L. 7. §. 67. L. 4. §. 2. L. 10. §. 36. i Sup. §. 8.

§. 9. Μὴ σικχαίνειν, μηδὲ ἀπαυδᾶν, μηδὲ ἀνυπομονητεῖν, εἰ μὴ κατορθοῦταί σοι τὸ ἀπὸ δογμάτων ὀρθῶν ἕκαστα πράσσειν. ἀλλὰ ἐκκρουσθέντα, πάλιν ἐπανιέναι, καὶ ἀσμενίζειν εἰ τὰ πλείω ἀνθρωπικώτερα, καὶ φιλεῖν τοῦτο, ἐφ' ὃ ἐπανέρχῃ. καὶ μὴ ὡς πρὸς παιδαγωγὸν τὴν φιλοσοφίαν ἐπανιέναι, ἀλλ' ὡς οἱ ὀφθαλμιῶντες πρὸς τὸ σπογγάριον

§. 9. Noli aegre ferre, nec animum despondere, nec stomachari, si juxta decreta recta agere volenti, haud perinde semper successerit. verum, ubi excussus aliquando te fueris, regredere, plerisque pro officii humani ratione gestis contentus sisque: illud, ad quod regrederis, fac diligas. nec, tanquam ad paedagogum, ad philosophiam redeas ; sed quomodo ad ovum, & penicillum.

ANNOTATIONES.

[illegible]

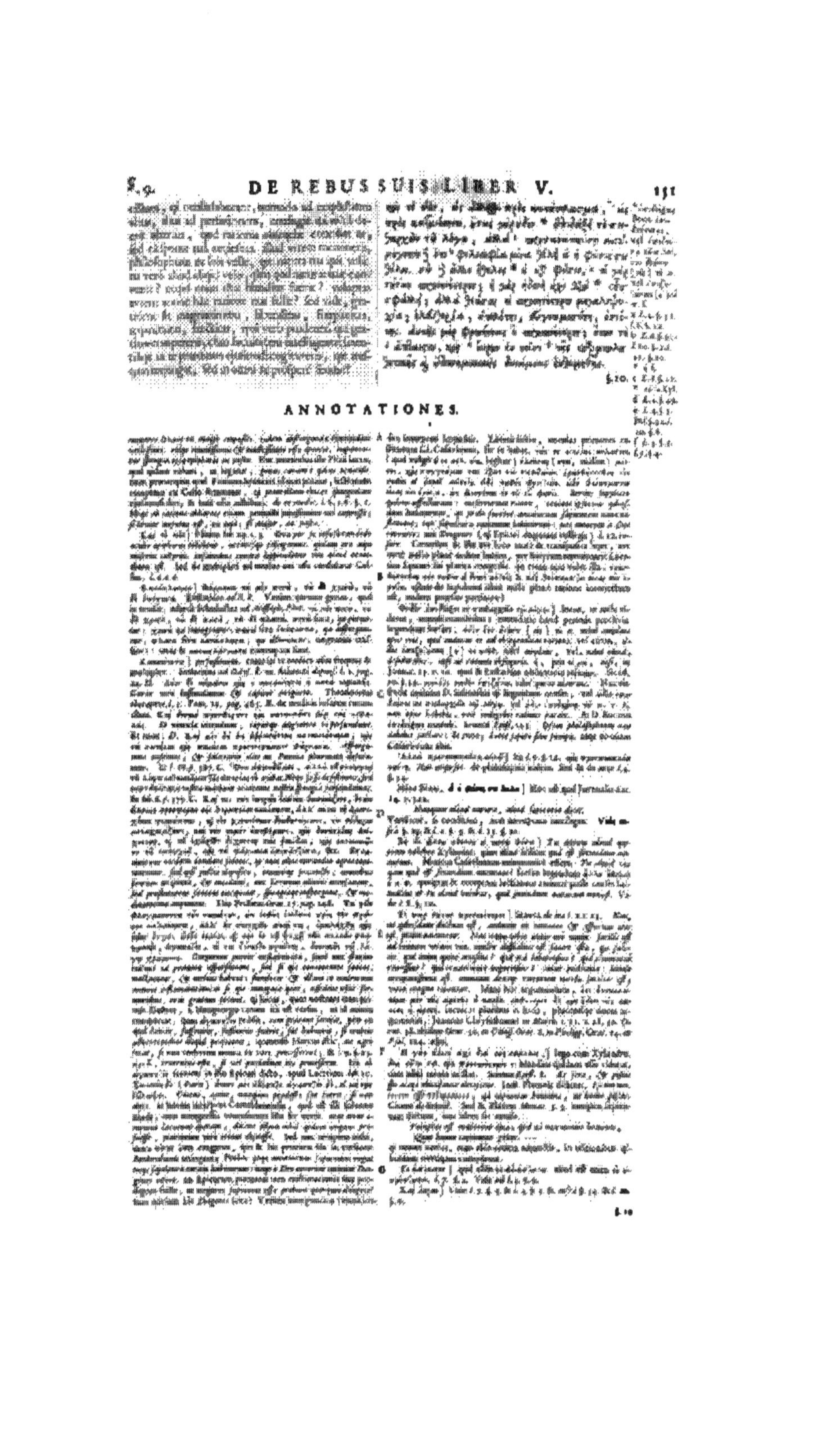

[illegible]

§. 10.

ANNOTATIONES.

[illegible]

§. 10

§. 10. [illegible]

§. 10. Res quidem ipsae adeo sunt obductae, ut philosophis haud paucis, nec vulgaribus iis, omnino percipi nil posse visum sit.

qui

ANNOTATIONES.

[illegible]

[illegible]

qui & Stoicis percepta difficilia admodum videntur. atque vero assensus noster omnis labilis & mutabilis. ubinam enim gentium est, qui sententiam, [illegible] quandoque, non mutaverit? ad subjecta jam ipsa si transferis, quam quidem, quam vilia sunt? quaeque etiam cinaedo, scorto, latroni in possessionem cedere possint. mores item eorum, quibuscum degis, si adverteris, tales esse comperies, ut etiam gratissimum quemlibet vix sustineas, ut ne adjiciam seipsum etiam vix sustinere quempiam. In hujusmodi itaque caligine ac sorde, tantaque [illegible], temporis,

[illegible]

ANNOTATIONES

[illegible]

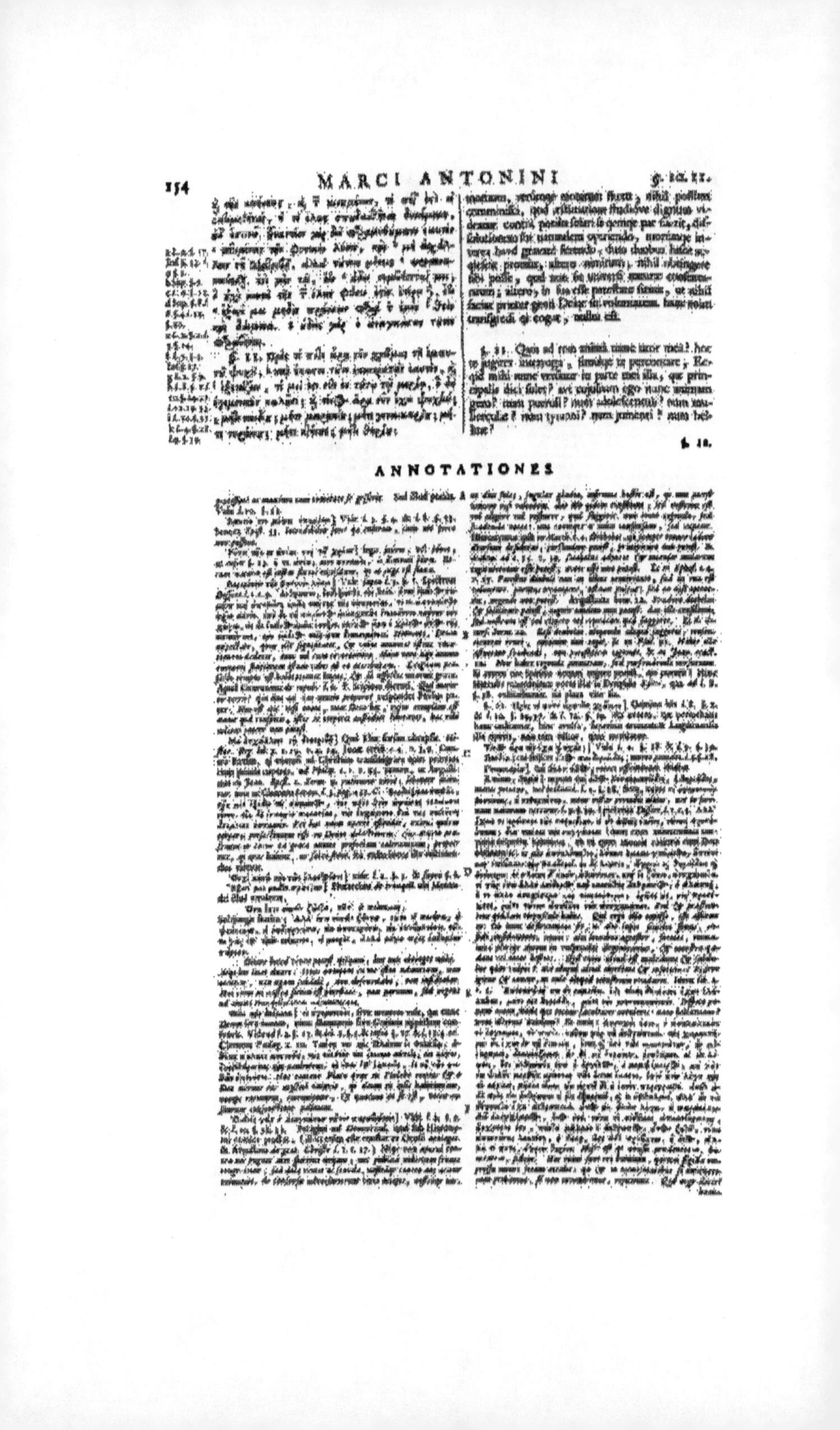

[illegible]

mutatam, utrosque motorum fluxu, nihil possim comminisci, quod aestimatione studiove dignum videatur. contra, ponderi solari se oportet per facere, dissolutionem sui naturalem operiendo, neutique interea haud gravate ferendo, duobus his acquiescens promtis; altero, nihil obtingere sibi posse, quod non sit universi naturae consentaneum; altero, in sua esse potestate situm, ut nihil faciat praeter genii Deique sui voluntatem. hanc enim transgredi qui cogat, nullus est.

§. 11. Quid ad rem mihi nunc facio? hoc te jugiter interroga, simulque ita percontare; Recquid mihi nunc versatur in parte mei illa, quae principalis dici solet? aut cujusnam ego nunc animam gero? num pueruli? num adolescentuli? num mulierculae? num tyranni? num jumenti? num belluae?

§. 12.

ANNOTATIONES

[illegible]

§. 12. Cujusmodi sint, quae plerisque bona videntur, hinc licet deprehendere. si quis eorum quae revera bona sunt mente speciem conceperit, puta, prudentiam, temperantiam, justitiam, fortitudinem, illis, inquam, si animo praeconceptis, non sustinebit adjectum hunc audire [illegible], quod non rei bonae probe congruat. at vero quae vulgo pro bonis habentur, ubi animo praeconceperit quis, acribus aequi accipiet, facileque admittet, tanquam apte adjectum id, quod a comico quodam dictum est, ita etiam vulgus hominum differentiae illius habent aliquam notitiam. alioqui enim non offenderetur & taedium [illegible] repelleretur, si de illis enunciaretur; cum de divitiis eisque fortunae bonis quae ad luxum pompamque faciunt, tanquam apte scitèque dictum, admittatur. Eia nunc & quaere licet, utrum in honore habenda, aut in bonis censenda sint res hujusmodi, quibus animo prius conceptis illud commode possit adjici, hominem illis instructum prae opulentia illas non suppetere, ubi ventrem exoneret deponat.

§. 12. Ὁποῖά ποτ' ἐστὶ τὰ τοῖς πολλοῖς φαντασιούμενα ἀγαθὰ, κἀντεῦθεν ἂν λάβοις. εἰ γάρ τις ἐπινοήσειεν ὑπάρχοντά τινα ὡς ἀληθῶς ἀγαθὰ, οἷον φρόνησιν, σωφροσύνην, δικαιοσύνην, ἀνδρείαν, οὐκ ἂν ταῦτα προεπινοήσας, ἔτι ἀκοῦσαι δύναιτο τὸ ὑπὸ τῶν ἀγαθῶν· οὐ γὰρ ἐφαρμόσει. τὰ δὲ πρὸς τοῖς πολλοῖς φαινόμενα ἀγαθὰ προεπινοήσας ἐπακούσεται καὶ ῥᾳδίως δέξεται, ὡς οἰκείως ἐπιλεγόμενον τὸ ὑπὸ τοῦ κωμικοῦ εἰρημένον. οὕτω καὶ οἱ πολλοὶ φαντάζονται τὴν διαφοράν. οὐ γὰρ ἂν τοῦτο μὲν οὐ προσέκοπτε καὶ ἀπηξιοῦτο, ἐκεῖνο δὲ ἐπὶ τοῦ πλούτου καὶ τῶν εἰς τρυφὴν ἢ δόξαν προτερημάτων παρεδεχόμεθα, ὡς ἱκανῶς καὶ ἀστείως εἰρημένον. πρόϊθι οὖν καὶ ἐρώτα, εἰ τιμητέον καὶ ἀγαθὰ ὑποληπτέον ταῦτα, ὧν προεπινοηθέντων οἰκείως ἐπιφέροιτο, ὅτι ὑπὸ τοῦ πλήθους αὐτῶν ὁ κεκτημένος οὐκ ἔχει ὅποι χέσῃ.

[illegible marginal notes]

§. 13.

ANNOTATIONES.

[illegible]

§. 13. Ἐξ αἰτιώδους καὶ ὑλικοῦ συνέστηκα· οὐδέτερον δὲ τούτων εἰς τὸ μὴ ὂν φθαρήσεται, ὥσπερ οὐδὲ ἐκ τοῦ μὴ ὄντος ὑπέστη. οὐκοῦν πᾶν μέρος ἐμὸν καταταχθήσεται κατὰ μεταβολὴν εἰς μέρος τι τοῦ κόσμου· εἶτ' ἐκεῖνο πάλιν εἰς ἕτερον μέρος τοῦ κόσμου μεταβαλεῖ, καὶ τοῦτο εἰς ἄπειρον. κατὰ τοιαύτην δὲ μεταβολὴν κἀγὼ ὑπέστην, καὶ οἱ ἐμὲ γεννήσαντες, καὶ ἐπανάγει εἰς ἄλλο ἄπειρον. οὐδὲν γὰρ κωλύει οὕτω φάναι, κἂν κατὰ περιόδους συνδιοικῆται ὁ κόσμος [illegible].

§. 13. Forma constans & materia. harum neutra in nihilum interibit, quemadmodum nec ex nihilo processit. omnis ergo pars mei, mutatione interveniente, in mundi partem aliquam pro ratione sui redigetur. & haec rursus in aliam mundi partem mutabitur: & sic in infinitum. mutationis hujusmodi operâ & ipse extiti, & qui me genuerunt, atque ita retro in aliud infinitum. nihil enim vetat, quo minus hoc dicam, etiamsi secundum periodos finitas certis terminatas mundus iste digeratur.

§. 14. Ὁ λόγος καὶ ἡ λογικὴ τέχνη δυνάμεις εἰσὶν ἑαυταῖς ἀρκούμεναι, καὶ τοῖς καθ' ἑαυτὰς ἔργοις. ὁρμῶνται μὲν οὖν ἀπὸ τῆς οἰκείας ἀρχῆς. ὁδεύουσι δὲ εἰς τὸ προκείμενον τέλος, καθὸ κατορθώσεις αἱ τοιαῦται πράξεις ὀνομάζονται, τὴν ὀρθότητα τῆς ὁδοῦ σημαίνουσαι.

§. 14. Ratio itaque ipsa rationalis, facultates sunt, quae sibi operibusque suis ipsae sufficiunt. à suo itaque cientur proficiscunturque principio, & ad propositum sibi finem rectà proficiscuntur. unde & rectè factorum appellationem factiones hujusmodi sortiuntur, qua viae rectitudo significatur.

§. 15. Οὐδὲν τούτων ῥητέον ἀνθρώπου, ἃ οὐκ ἀνθρώπῳ, καθὸ ἄνθρωπος, ἐπιβάλλει.

§. 15. Nihil horum hominis esse ducendum est, quod non ad hominem qà homo est, pertinet.

ANNOTATIONES.

[illegible]

B [illegible]

C [illegible]

D [illegible]

E [illegible]

F [illegible]

net, isti enim nec ab homine exiguntur, nec pollicetur ea natura humana, nec ad eius perfectionem faciunt. [illegible]

§. 16. Talis futura est mens tua, qualia et frequenter cogitaveris: imbuitur enim cogitationibus animus. Imbue ergo illum cogitationibus huiusmodi: verbi gratia, ubicunque vivere licet, ibidem & bene vivere licere; in aula verò vivere licet: ergò & in aula bene vivere dari. Et rursum, cuius gratia

[illegible]

ANNOTATIONES.

[illegible]

V 3

[illegible]

quisque conditum est, ad id agendum esse conditum: ad quod autem aggrediendum conditum est, ad id ferri: ad quod fertur vero, in eo finem suum situm habere: in quo autem finis rei cujusque situs est, eodem utile bonumque ejusdem consistere. bonum itaque animantis rationis praediti, societas est. ad hanc enim natum esse nos, supra demonstratum est. an non enim liquet plane, deteriora quaeque praestantiorum gratiâ esse condita, praestantiora sui invicem? praestant autem inanimatis quidem animata, ex animatis verò quae ratione sunt praedita.

§. 17. [illegible]

§. 17. Quae fieri nequeunt sectari, insanum est. fieri autem non potest, quin istiusmodi quaedam improbi agant.

§. 18. [illegible]

§. 18. Nihil cuiquam contingit, quin à natura habeat, ut id ferre possit: aliis eadem contingunt, qui vel

ANNOTATIONES

[illegible]

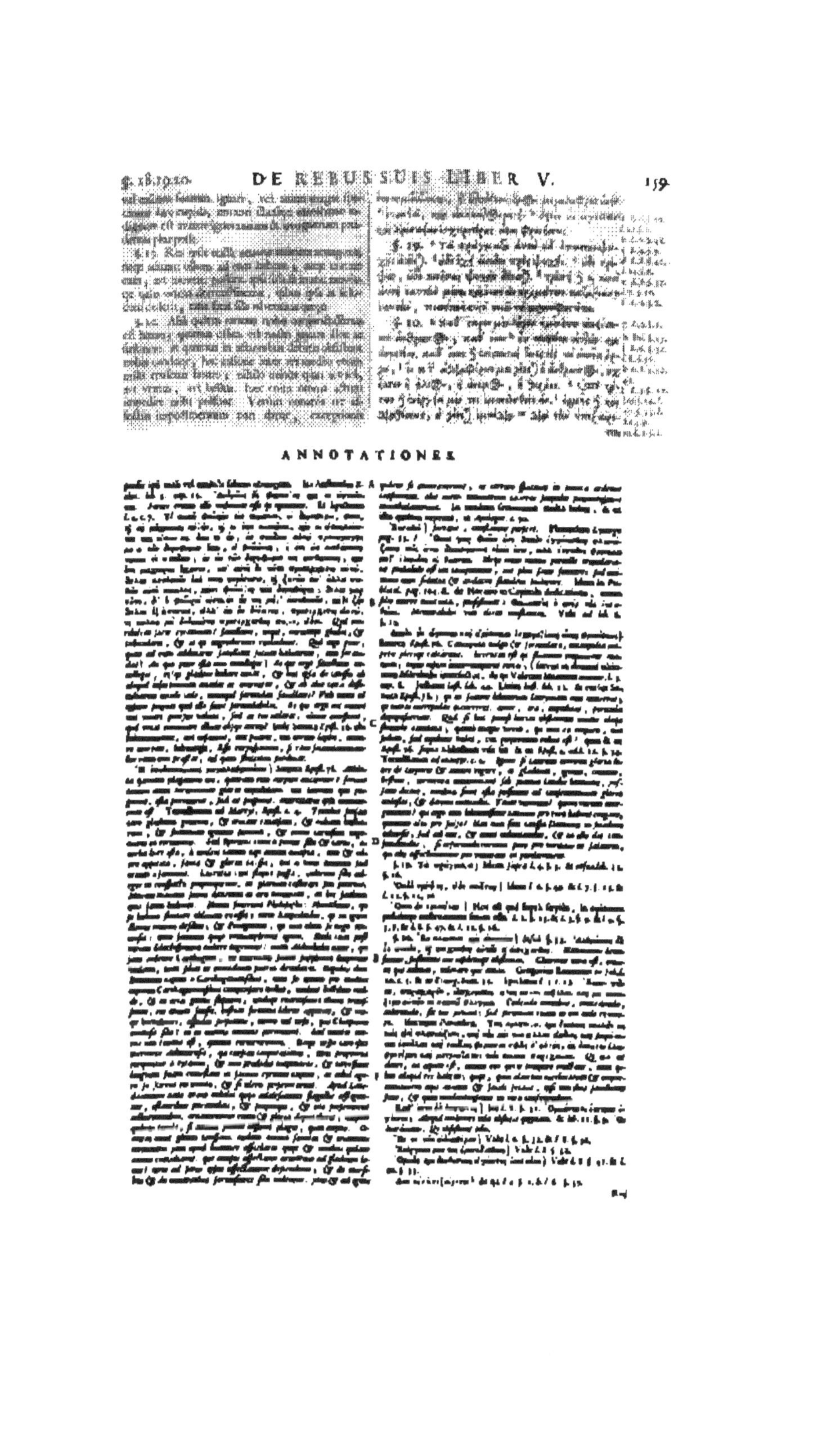

[illegible]

ANNOTATIONES

[illegible]

σιν, καὶ ἀεὶ ὑπεξαιρεῖν. ἐξαιρεῖ γὰρ καὶ μεθίστησι πᾶν τὸ τῆς ἐνεργείας κώλυμα ἡ διάνοια εἰς τὸ προηγούμενον. καὶ πρὸ ἔργου γίνεται τὸ τοῦ ἔργου τούτου ἐπισχετικόν. καὶ πρὸ ὁδοῦ, τὸ τῆς ὁδοῦ ταύτης ἐνστατικόν.

§. 21. Τῶν ἐν τῷ κόσμῳ τὸ κράτιστον τίμα. ἔστι δὲ τοῦτο, τὸ πᾶσι χρώμενον, καὶ πάντα διέπον. ὁμοίως δὲ καὶ τῶν ἐν σοὶ τὸ κράτιστον τίμα. ἔστι δὲ τοῦτο, τὸ ἐκείνῳ ὁμογενές. καὶ γὰρ ἐπὶ σοῦ τὸ τοῖς ἄλλοις χρώμενον,

[illegible]

atque circumversionis beneficio. circumvertit enim mens transferque effectionis impedimentum omne ad id quod est potius. ita fit, ut & quod opus antea hoc inhibebat, ad opus conducat; & ad viam conferat, quod viae ipsius obstabat.

§. 21. Eorum quae mundus complectitur, quod praestantissimum est colito. hoc est autem illud, quod ceteris omnibus utitur, quod reliqua omnia administrat. pari modo & quod in te praestantissimum est, colito. hoc est autem, quod superiori illi affine est. illud enim est, quod ceteris in te omnibus utitur, &

ANNOTATIONES.

[illegible]

& a quo vita tua gubernatur.

§. 22. Quod civitati non est noxium, nec civi nocet. harum ad eam omnis regulam adhibe, quoties nocitum tibi posse videbitur. si civitati ab hoc nocitum nihil fuerit, nec mihi: sin civitati quidem inde nocumentum acciderit, ne sic quidem succensendum est ei civitatem laedenti, sed ostendendum ei quid delinquat.

§. 23. Saepe cogita, quanta cum celeritate abripiantur & subtrahantur, quae sunt, fiuntque universa. est enim rerum natura instar fluvii cujusdam, qui in jugi sit fluxu. efficientiae vero perpetuis vicibus mutantur, & causae ipsae conversionibus innumeris subjacent. nec quid consistat fere quicquam est. cogita insuper vastum illud utrinque adjacens praeteriti ac futuri temporis immensum, quo evanescunt universa. qui igitur non pro stulto merito habeatur, qui istis vel inflatur, vel cruciatur, vel de iis [illegible], quae

τοῦτό ἐστι, καὶ ὁ σὸς βίος ὑπὸ τούτου διοικεῖται.

§. 22. Ὃ τῇ πόλει οὐκ ἔστι βλαβερὸν, οὐδὲ τὸν πολίτην βλάπτει. ἐπὶ πάσης τῆς τοῦ βεβλάφθαι φαντασίας τοῦτον ἔπαγε τὸν κανόνα. εἰ ἡ πόλις ὑπὸ τούτου μὴ βλάπτεται, οὐδὲ ἐγὼ βέβλαμμαι. εἰ δὲ ἡ πόλις βλάπτεται, οὐκ ὀργιστέον τῷ βλάπτοντι τὴν πόλιν, ἀλλὰ τί τὸ παρεωραμένον.

§. 23. Πολλάκις ἐνθυμοῦ, τὸ τάχος τῆς παραφορᾶς καὶ ὑπεξαγωγῆς τῶν ὄντων τε καὶ γινομένων. ἥ τε γὰρ οὐσία οἷον ποταμὸς ἐν διηνεκεῖ ῥύσει, καὶ αἱ ἐνέργειαι ἐν συνεχέσι μεταβολαῖς, καὶ τὰ αἴτια ἐν μυρίαις τροπαῖς, καὶ σχεδὸν οὐδὲν ἑστώς, καὶ τὸ πάρεγγυς. τὸ δὲ ἄπειρον τοῦ τε παρῳχηκότος καὶ μέλλοντος ἀχανὲς, ᾧ πάντα ἐναφανίζεται. πῶς οὖν οὐ μωρὸς ὁ ἐν τούτοις φυσώμενος, ἢ σπώμενος, ἢ

[illegible]

ANNOTATIONES.

[illegible]

§. 9. [illegible]

§. 9. Noli aegre ferre, nec animum despondere, nec frustrari, si juxta decreta recta agere valens, haud perinde semper successerit. verum, ubi excussum aliquando te senseris, regredere, plurimisque pro virili hujusmodi ratione gestis contentus sis, atque illud, ad quod regrederis, sic diligas: nec, tanquam ad paedagogum, ad philosophiam redeas, sed quomodo ad ocum [illegible], si qui oculum.

ANNOTATIONES.

[illegible]

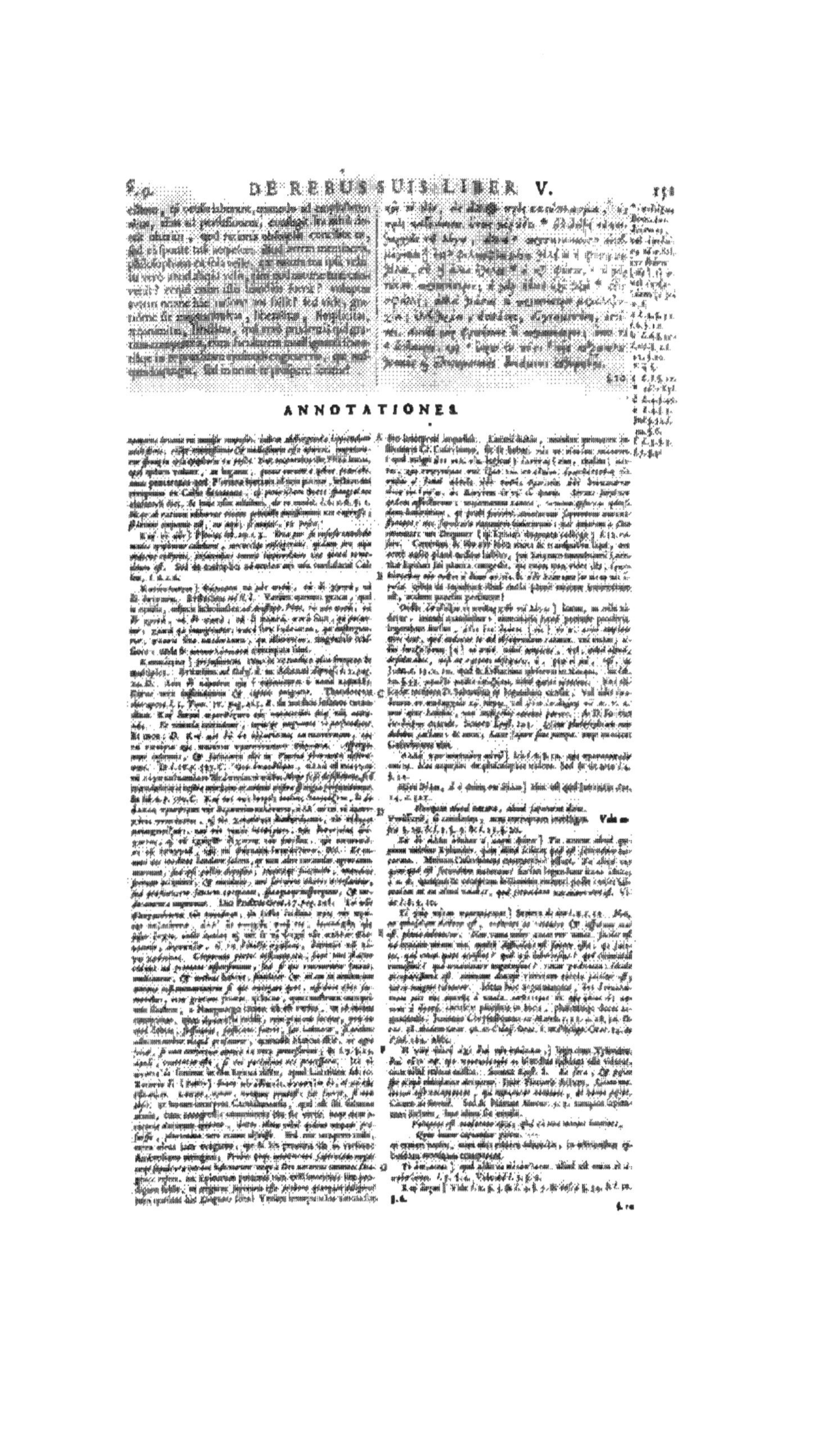

[illegible]

ANNOTATIONES

[illegible]

§. 10. Τὰ μὲν πράγματα ἐν τοιαύτῃ τρόπον τινὰ ἐγκαλύψει ἐστὶν, ὥστε φιλοσόφοις οὐκ ὀλίγοις οὐδὲ τοῖς τυχοῦσιν ἔδοξε παντάπασιν ἀκατάληπτα εἶ-

§. 10. Res quidem ipsae adeo sunt obvolutae, ut philosophis haud paucis, nec vulgaribus eis, omnino percipi nil posse visum sit.

qui

ANNOTATIONES.

[illegible]

[illegible]

ANNOTATIONES

[illegible]

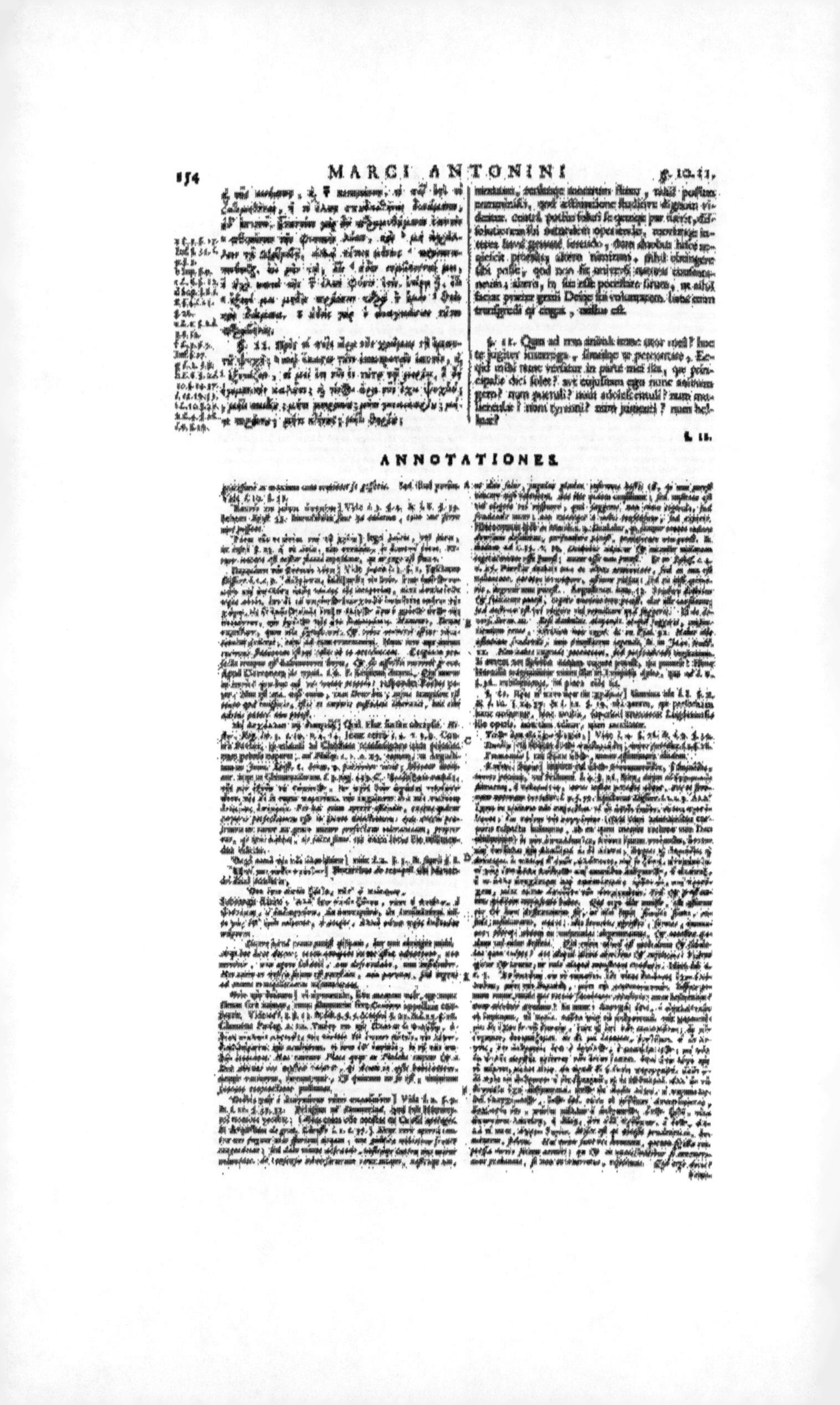

[illegible]

§. 11. [illegible]

mentum, seriemque innexam illam, nihil possim meminisse, quod admiratione studiove dignum videatur. contra potius tolerari se peragi per tractare, dissolutionem sui naturalem operiendo, eaque interim haud graviter ferendo, dum duobus hisce acquiescit: primo, altero nimirum, nihil contingere sibi posse, quod non sit universi naturae consentaneum; altero, in sua esse potestate situm, ut nihil faciat praeter genii Deique sui voluntatem. hunc enim transgredi qui cogat, nullus est.

§. 11. Quem ad usum animam nunc utor ego? hoc te jugiter interroga, simulque ut perscruteris, Ecquid mihi nunc versatur in parte mei illa, quae principalis dici solet? aut cujusnam ego nunc animam gero? num pueruli? num adolescentuli? num mulierculae? num tyranni? num jumenti? num belluae?

§. 12.

ANNOTATIONES.

[illegible] Vide §. 10. §. 11.

[illegible]

§. 12. Cujusmodi sint, quae plerisque bona videntur, hinc licet deprehendere. Si quid eorum quae revera bona sunt mente quispiam conceperit, puta, prudentiam, temperantiam, justitiam, fortitudinem, illa, inquam, si animo praeconceperit, non sustinebit adjectum hunc audire quicquam, quod non rei bonae probe congruat. At vero quae vulgo pro bonis habentur, ubi animo praeconceperit quis, auribus aequis accipiet, facileque admittet, utpote apte adjectum id, quod a comico quondam dictum est. Ita etiam vulgus hominum differentiae istius habere aliquam notitiam. alioqui enim non offenderet et tanquam dictu indignum repudiaretur, si de illis commemoretur, etiam de divitiis eisque fortunae bonis quae ad luxum pompamque ferunt, tanquam apte scitéque dictum, admittemus. Ea nunc et quaeras licet, utrum in honore habendae, et in bonis censendae sint res hujusmodi, quibus animo prius conceptis illud commode possit adjici, homini illis instructo prae opulentia sua non suppetere, ubi ventris onus deponat.

§. 12. Οἷά ποτέ ἐστι τὰ τοῖς πολλοῖς φαινόμενα ἀγαθὰ, καὶ ἐντεῦθεν λάβοις. εἰ γάρ τις ἐννοήσειεν ὑπάρχοντά τινα ὡς ἀληθῶς ἀγαθὰ, οἷον φρόνησιν, σωφροσύνην, δικαιοσύνην, ἀνδρείαν, οὐκ ἂν ταῦτα προεννοήσας, ἔτι ἐπακοῦσαι δύναιτο, * τὸ διὰ τῶν ἀγαθῶν μὴ ἐφαρμόσει. τὸ δὲ γε τὰ τοῖς πολλοῖς φαινόμενα ἀγαθὰ προεννοήσας, ἐπακούσεται, καὶ ῥᾳδίως δέξεται, ὡς οἰκείως ἐπιλεγόμενον τὸ ὑπὸ τοῦ κωμικοῦ εἰρημένον. οὕτω καὶ οἱ πολλοὶ φαντάζονται τὴν διαφοράν. οὐ γὰρ ἂν * τοῦτο μὲν οὐ προσέκοπτε καὶ ἀπηξιοῦτο. * τὸ δὲ ἐπὶ τοῦ πλούτου καὶ τῶν πρὸς τρυφὴν ἢ δόξαν εὐκληρημάτων παρεδεχόμεθα, ὡς ἱκανῶς καὶ ἀστείως εἰρημένον. πρόιθι οὖν καὶ ἐρώτα, εἰ τιμητέον καὶ ἀγαθὰ ὑποληπτέον τὰ τοιαῦτα, ὧν προεννοηθέντων, οἰκείως ἂν ἐπιφέροιτο, ὅτι τὸν κεκτημένον αὐτὰ, ὑπὸ τῆς εὐπορίας οὐκ ἔχει ὅποι * χέσῃ.

§. 13.

ANNOTATIONES.

[illegible]

§. 13. Ἐξ αἰτιώδους καὶ ὑλικοῦ συνέστηκα· οὐδέτερον δὲ τούτων εἰς τὸ μὴ ὂν φθαρήσεται, ὥσπερ οὐδὲ ἐκ τοῦ μὴ ὄντος ὑπέστη. οὐκοῦν πᾶν μέρος ἐμὸν κατατεχθήσεται κατὰ μεταβολὴν εἰς μέρος τι τοῦ κόσμου· καὶ πάλιν ἐκεῖνο μεταβαλεῖ εἰς ἕτερον μέρος τοῦ κόσμου, καὶ μέχρις ἀπείρου. κατὰ τοιαύτην δὲ μεταβολὴν κἀγὼ ὑπέστην, καὶ οἱ ἐμὲ γεννήσαντες, καὶ ἐπανιόντι εἰς ἄλλο ἄπειρον. οὐδὲν γὰρ κωλύει οὕτως φάναι, κἂν κατὰ περιόδους περαινομένας ὁ κόσμος διοικῆται.

§. 14. Ὁ λόγος καὶ ἡ λογικὴ τέχνη δυνάμεις εἰσὶν ἑαυταῖς ἀρκούμεναι, καὶ τοῖς καθ᾽ ἑαυτὰς ἔργοις. ὁρμῶνται μὲν οὖν ἀπὸ τῆς οἰκείας ἀρχῆς, ὁδεύουσι δὲ εἰς τὸ προκείμενον τέλος, καθὸ κατορθώσεις αἱ τοιαῦται πράξεις ὀνομάζονται, τὴν ὀρθότητα τῆς ὁδοῦ σημαίνουσαι.

§. 15. Οὐδὲν τούτων ῥητέον ἀνθρώπου, ἃ ἀνθρώπῳ, καθὸ ἄνθρωπος, οὐκ ἐπιβάλλει.

§. 13. Formâ constans & materiâ. harum neutra in nihilum interibit, quemadmodum nec ex nihilo processit. omnis ergo pars mei, mutatione interveniente, in mundi partem aliquam pro ratione sui redigetur, & haec rursus in aliam mundi partem mutabitur; & sic in infinitum. mutatione autem hujusmodi operâ & ipse extiti, & qui me genuerant, atque ita retro in aliud infinitum. nihil enim vetat, quo minus hoc dicam, etiamsi secundum periodos finibus certis terminatis mundus iste digeratur.

§. 14. Ratio atque ipsa rationalis, facultates sunt, quae sibi operibusque suis ipsae sufficiunt. à suo itaque cientur proprioque principio; & ad propositum sibi finem rectà proficiscuntur. unde & rectè factorum appellationem sortitae sunt actiones istiusmodi, quâ viae rectitudo significetur.

§. 15. Nihil horum homini esse dicendum est, quod non ad hominem qua homo est, perti-

nent.

ANNOTATIONES

[illegible]

A [illegible]

B [illegible]

C [illegible]

D [illegible]

E [illegible]

F [illegible]

nec. Ista enim nec ab homine exiguntur, nec pollicetur ea natura humana, nec ad eam perficiendam faciunt. nec proinde in istis constituitur, aut naturae humanae finis, aut bonum aliquod quod ad finem hunc consummandum conducat. tum si quid istorum ad hominem pertineret, hominis non esset ea despectui habere, aliaque illis opponere: nec laude dignus haberetur, qui illis minus indigere se praestiterit. imo nec bonus quidem vir esset, qui sibi horum alicui interdixerit, siquidem ea vere bona existerent. nunc contra, quo quis horum hujusque similium plura sibi detraxerit, aut ab illis demptis aequanimiter sustinuerit, eo melior merito censetur.

§. 16. Talis futura est mens tua, qualia ea sunt quae crebherrime cogitaveris. imbuitur enim cogitationibus anima. imbue ergo illam cogitationibus hujusmodi, verbi gratia, ubicunque vivere licet, ibidem et bene vivere licere; in aula vero vivere licere: ergo et in aula bene vivere licet. et rursus, cujus gratia

ἐστιν ἀπαιτήματα ἀνθρώπου· οὐδὲ ἐπαγγέλλεται αὐτὰ ἡ τοῦ ἀνθρώπου φύσις. οὐδὲ τελειότητές εἰσι τῆς τοῦ ἀνθρώπου φύσεως. οὐ τοίνυν οὐδὲ τὸ τέλος τῷ ἀνθρώπῳ ἐν τούτοις κεῖται, οὐδὲ τὸ συμπληρωτικὸν τοῦ τέλους, τὸ ἀγαθόν. ἔτι, εἴ τι τούτων ἐπέβαλλε τῷ ἀνθρώπῳ, οὐκ ἂν τὸ ὑπερφρονεῖν αὐτῶν, καὶ κατεξανίστασθαι ἐπέβαλλεν, οὐδὲ ἐπαινετὸς ἦν ὁ ἀπροσδεῆ τούτων ἑαυτὸν παρεχόμενος, οὐδὲ ὁ ἐλαττωτικὸς ἑαυτοῦ ἔν τινι τούτων, ἀγαθὸς ἂν ἦν, εἴπερ ταῦτα ἀγαθὰ ἦν. νῦν δὲ ὅσῳ πλείω τις ἀφαιρεῖ ἑαυτοῦ τούτων, ἢ τοιούτων ἄλλων, ἢ καὶ ἀφαιρούμενός τι τούτων ἀνέχεται, τοσῷδε μᾶλλον ἀγαθός ἐστιν. [illegible]

§. 16. Οἷα ἂν πολλάκις φαντασθῇς, τοιαύτη σοι ἔσται ἡ διάνοια. βάπτεται γὰρ ὑπὸ τῶν φαντασιῶν ἡ ψυχή. βάπτε οὖν αὐτὴν τῇ συνεχείᾳ τῶν τοιούτων φαντασιῶν. οἷον, ὅτι ὅπου ζῆν ἔστιν, ἐκεῖ καὶ εὖ ζῆν. ἐν αὐλῇ δὲ ζῆν ἔστιν, ἔστιν ἄρα καὶ εὖ ζῆν ἐν αὐλῇ. καὶ πάλιν, ὅ- [illegible]

ANNOTATIONES

[illegible]

[illegible]

§. 17. [illegible]

§. 18. [illegible]

quidque constitutum est, ad id agendum esse constitutum, ad quod autem agendum constitutum est, ad id ferri; ad quod fertur vero, in eo finem suum situm habere; in quo autem finis rei cujusque situs est, eodem utile bonumque ejusdem constare. bonum itaque animantis ratione praediti, societas est. ad hanc enim nos esse natos, suprà demonstratum est. an non enim liquet planè, deteriora quaeque praestantiorum gratiâ esse condita, praestantiora sui invicem? praestant autem inanimatis quidem animata, et animatis verò quae ratione sunt praedita.

§. 17. Quae fieri nequeunt sectari, insanum est. fieri autem non potest, quin illiusmodi quaedam improbi agant.

§. 18. Nihil cuiquam contingit, quod à natura habeat, ut id ferre possit. aliis eadem contingere, qui vel

ANNOTATIONES.

[illegible]

vel [illegible] ignem, vel [illegible] dare cupidi, [illegible] dignum est [illegible] plus posse.

§. 19. Res [illegible] [illegible] posse [illegible] decerni, [illegible]

§. 20. [illegible] est homo, [illegible] sustinere, at [illegible] in actionibus [illegible] nobis [illegible] contentus homo, [illegible] sic verius, aut bellua. [illegible] Verum [illegible] non [illegible], exceptionis

[illegible]

§. 19. [illegible]

§. 20. [illegible]

ANNOTATIONES

[illegible]

Ee 4

& à quo vita tua gubernatur.

§. 22. Quod civitati non est noxium, nec civi nocet. hanc ad ea omnia regulam adhibe, quibus nocere tibi posse videbitur. si civitati ab hoc ac nihil nocetur, nec mihi: quod si communi civitati noxium aliquid inde contingeret, ne sic quidem succensendum esse civitatem laedenti, sed ostendendum in quo delinquat.

§. 23. Saepe cogita, quanta cum celeritate abripiantur & subtrahantur, quae sunt fiuntque universa. est enim rerum natura instar fluvii cujusdam, qui in jugi sit fluxu. effectiones verò perpetuis mutationibus, & caussae ipsae conversionibus innumeris subjacent. nec quod consistat ferè quicquam est. cogita insuper vastum illud utrinque adjacens praeteriti ac futuri temporis immensum, quo condantur universa. qui igitur non pro stulto merito habeatur, qui ista vel inflatur, vel cruciatur, vel de re aliqua, quae

τοῦτο ἐστι, καὶ ὁ σὸς βίος ὑπὸ τούτου διοικεῖται.

§. 22. Ὃ τῇ πόλει οὐκ ἔστι βλαβερόν, οὐδὲ τὸν πολίτην βλάπτει. ἐπὶ πάσης τῆς τοῦ βεβλάφθαι φαντασίας τοῦτον ἔπαγε τὸν κανόνα. εἰ ἡ πόλις ὑπὸ τούτου μὴ βλάπτεται, οὐδὲ ἐγὼ βέβλαμμαι. εἰ δὲ ἡ πόλις βλάπτεται, οὐκ ὀργιστέον τῷ βλάπτοντι τὴν πόλιν. ἀλλὰ δεικτέον τί τὸ παρορώμενον.

§. 23. Πολλάκις ἐνθυμοῦ τὸ τάχος τῆς παραφορᾶς καὶ ὑπεξαγωγῆς τῶν ὄντων τε καὶ γινομένων. ἥ τε γὰρ οὐσία οἷον ποταμὸς ἐν διηνεκεῖ ῥύσει, καὶ αἱ ἐνέργειαι ἐν συνεχέσι μεταβολαῖς, καὶ τὰ αἴτια ἐν μυρίαις τροπαῖς, καὶ σχεδὸν οὐδὲν ἑστώς, καὶ τὸ πάρεγγυς τό τε ἄπειρον τοῦ τε παρῳχηκότος καὶ μέλλοντος αἰών, ᾧ πάντα ἐναφανίζεται. πῶς οὖν οὐ μωρὸς ὁ ἐν τούτοις φυσώμενος, ἢ σπώμενος, ἢ

ANNOTATIONES.

[illegible]

σχετλιάζων, ὡς ἔν τινι χρόνῳ καὶ ἐπὶ μακρὸν ἐνοχλήσαντι;

§. 24. Μέμνησο τῆς συμπάσης οὐσίας, ἧς ἐλάχιστον μετέχεις, καὶ τοῦ σύμπαντος αἰῶνος, οὗ βραχὺ καὶ ἀκαριαῖον σοι διάστημα ἀφώρισται, καὶ τῆς εἱμαρμένης, ἧς πόστον εἶ μέρος.

§. 25. Ἄλλος ἁμαρτάνει τι εἰς ἐμέ; ὄψεται. ἰδίαν ἔχει διάθεσιν, ἰδίαν ἐνέργειαν. ἐγὼ νῦν ἔχω, ὅ με θέλει νῦν ἔχειν ἡ κοινὴ φύσις, καὶ πράσσω ὅ με νῦν πράσσειν θέλει ἡ ἐμὴ φύσις.

§. 26. Τὸ ἡγεμονικὸν καὶ κυριεῦον τῆς ψυχῆς σου μέρος, ἄτρεπτον ἔστω, ὑπὸ τῆς ἐν τῇ σαρκὶ λείας ἢ τραχείας κινήσεως, καὶ μὴ συγκιρνάσθω, ἀλλὰ περιγραφέτω αὑτό, καὶ περιοριζέτω τὰς πείσεις ἐκείνας ἐν τοῖς μορίοις. ὅταν δὲ ἀναδιδῶνται κατὰ τὴν ἑτέραν συμπάθειαν εἰς τὴν διάνοιαν, ὡς ἐν σώματι ἡνωμένῳ, τότε οὐκ ἀντιβατέον τῇ αἰσθήσει, φυσικῇ οὔσῃ, ὁ ...

ad spatium perbreve molestiam exhibent, queritur, quasi diu id fiat.

§. 24. Memineris & naturæ universæ, cujus particulam exiguam admodum obtines, & ævi universi, cujus spatium breve & momentaneum tibi assignatum est, & fati, cujus quota ejus particula?

§. 25. Peccat quis aliquid adversus me? ipse viderit: propriam habet dispositionem, operationem propriam. ego nunc habeo, quod nunc habere me vult rerum natura, facioque quod nunc me facere vult natura mea.

§. 26. Quæ principatum ac dominium obtinet pars animæ tuæ, immota maneat, ad levem vel asperam carnis tuæ motum: nec se cum ea commisceat, sed circumscribat sese, & istas commotiones [illegible] coerceat. affectiones istas quod si alia ratione se ad mentem subvexerint, quatenus nempe ei corpori unita est, tunc sensui, cum [illegible] natura sit, non est obstandum,

sed

ANNOTATIONES.

[illegible]

sed sistenda parcis principalis consilia, et de his tamquam aut bonis aut malis sententiam ullam ferat.

§. 17. Cum Diis vivendum. hoc autem facit, qui animum exhibuerit iis jugiter affectum, ut rebus sibi destinatis acquiescat, faciatque quaecunque genius ille voluerit, quem sui particulam a se avulsam Jupiter cuique attribuit, praesidem ducemque eidem futurum. hic autem cujusque mens est & ratio.

§. 18. Num succenses ei qui hircum olet?

[illegible]

§. 17. [illegible]

§. 18. [illegible]

ANNOTATIONES

[illegible]

[illegible]

... tam ei, cui halitum gravem os emittit? quid enim feceris? ejusmodi os huic, illi alae sunt, ut fieri nequeat, quin tale quid ab utroque se proferat. at homo, inquis, ratione praeditus est, potestque si advertat, dignoscere quid delinquat. Bene tibi sit. proinde, tu quoque ratione cum sis praeditus, rationali facultate tua eundem in illo excitato, errorem ostendito, commonefacito. siquidem enim te audiverit, sanasti eum, nec ira amplius opus jam erit. [Nec tragoedus, nec scortum.]

§. 29. Quo modo vivere cogitas vitâ tuta excessurus, eodem, si volueris, vivere jam licet. Sin id minus permiserint, quibuscum hic degis, tunc licet è vita,

ANNOTATIONES

[illegible]

[illegible]

§. 30. [illegible]

§. 31. [illegible]

ANNOTATIONES.

[illegible]

Z 3

μέχρι πόσων ἄλλων καλῶν· καὶ πόσα μὲν ἐθεάσω, καὶ πόσων ἡδονῶν καὶ πόνων ὑπερεῖδες· πόσα δὲ ἔνδοξα παρεῖδες· εἰς ὅσους δὲ ἀγνώμονας εὐγνωμόνησας.

§. 32. Διὰ τί συγχέουσιν ἄτεχνοι καὶ ἀμαθεῖς ψυχαὶ ἔντεχνον καὶ ἐπιστήμονα; τίς οὖν ψυχὴ ἔντεχνος καὶ ἐπιστήμων; ἡ εἰδυῖα ἀρχὴν καὶ τέλος, καὶ τὸν διὰ τῆς οὐσίας διήκοντα λόγον, καὶ διὰ παντὸς τοῦ αἰῶνος κατὰ περιόδους τεταγμένας οἰκονομοῦντα τὸ πᾶν.

§. 33. Ὅσον οὔπω σποδὸς ἢ σκελετὸς, καὶ ἤτοι ὄνομα, ἢ οὐδὲ ὄνομα· τὸ δὲ ὄνομα, ψόφος καὶ ἀπήχημα. τὰ δὲ ἐν τῷ βίῳ πολυτίμητα, κενὰ, καὶ σαπρὰ, καὶ μικρὰ, καὶ κυνίδια διαδακνόμενα, καὶ παιδία φιλόνεικα, γελῶντα, εἶτα εὐθὺς κλαίοντα. πίστις δὲ καὶ αἰδὼς, καὶ δίκη, καὶ ἀλήθεια, πρὸς Ὄλυμπον, ἀπὸ

omnia videris, quot praeclara videris, quot voluptates ac dolores spreveris, quot pro gloriosis habita neglectui habueris; quot improbos denique aequum te exhibueris.

§. 32. Quorsum arte instructum ac peritum quemquam rudes animae imperitaeque conturbent? verum quaenam est anima perita eruditaque instructa? Ea quae principii finisque rerum est gnara, rationisque illius quae res omnes permeat, ac per aevum omne statis periodis universum hoc administrat.

§. 33. Cito jamjam futurus es, aut cinis nuda, nomenque tantum, vel ne nomen quidem tui. superfluum est. nomen autem ipsum nihil est aliud quam sonitus inanis & echo quaedam. quae & illa ipsa, quae in hac vita tanto habentur in pretio, vana sunt, putida, exilia, catulorumque instar invicem rixantium, aut puerulorum secum invicem litigantium, & ridentium modo, mox plorantium. Caeterum fides, modestia, justitia & veritas, ad coelum a ter-

ANNOTATIONES.

[illegible]

[illegible]

[illegible]

§. 34.

ANNOTATIONES

[illegible]

§. 34. Δύνασαι ἀεὶ εὐροεῖν, εἴγε καὶ εὐοδεῖν, εἴγε καὶ ὁδῷ ὑπολαμβάνειν, καὶ πράττειν. Δύο ταῦτα κοινὰ, τῇ τε τοῦ θεοῦ, καὶ τῇ τοῦ ἀνθρώπου, καὶ παντὸς λογικοῦ ζώου ψυχῇ, τὸ μὴ ἐμποδίζεσθαι ὑπ' ἄλλου, καὶ τὸ ἐν τῇ δικαιϊκῇ διαθέσει καὶ πράξει ἔχειν τὸ ἀγαθὸν, καὶ ἐπὶ τούτῳ τὴν ὄρεξιν ἀπολήγειν.

§. 35. Εἰ μήτε κακία ἐστὶ τοῦτο ἐμὴ, μήτε ἐνέργεια κατὰ κακίαν ἐμὴν, μήτε τὸ κοινὸν βλάπτεται, τί περὶ αὐτοῦ διαταράσσομαι; τίς δὲ βλάβη τοῦ κοινοῦ;

§. 36. Μὴ ὁλοσχερῶς τῇ φαντασίᾳ συναρπάζεσθαι, ἀλλὰ βοηθεῖν μὲν κατὰ δύναμιν καὶ κατ' ἀξίαν.

§. 34. Prospere ubi vis tibi licet perpetuo procedere, si rite incedere poteris, rectaque methodo & opinari & agere. Communia haec utrique rationis participi sive Dei sive hominis sive alicujus animantis duo ista: alterum, quod ab alia re nulla possit impediri; alterum, quod in animi affectione actioneque justa bonum suum situm habeat, nec ultra haec quicquam appetere necesse habeat.

§. 35. Si nec aut vitiositas haec mea sit, aut effectum vitiositatis meae, nec communitas ea laeditur, cur de re ista ipse discrucior? communitatem autem quid laedit?

§. 36. Ne imaginatione ista temere abripiare: sed opis eius indigis, prout potes & par est, opem fers [?].

ANNOTATIONES.

A §. 34. Εὐροεῖν] Vide l. 2. §. 5. l. 10. §. 6. Epictetus Enchir. [illegible] Ut facturus & aucturus [illegible] [illegible] Epictetus l. 1. c. 4. [illegible]

[illegible]

B [illegible]

Ὁδῷ] supra §. 14.

Ὁδῷ ὑπολαμβάνειν] [illegible] Vide ad l. 2. §. 9.

C Καὶ πράττειν δύο ταῦτα] [illegible] quod & adverterit Casaubonus [illegible] Xylandri [illegible]

Καὶ παντὸς ζώου λογικοῦ] [illegible] Xylander hic vertit.

D Τὸ μὴ ἐμποδίζεσθαι ὑπ' ἄλλου] Supra §. 20. [illegible]

[illegible]

Τὸ ἐπὶ τούτῳ ἀπολήγειν] Vide l. 4. §. 27. [illegible]

§. 35. Εἰ μήτε κακία ἐστὶ] Vide supra §. 21.

Μήτε τὸ κοινὸν βλάπτεται] Vide supra §. 22.

Τίς δὲ βλάβη τοῦ κοινοῦ;] vide l. 5. §. 22. [illegible]

E §. 36. Μὴ ὁλοσχερῶς τῇ φαντασίᾳ συναρπάζεσθαι] [illegible]

F [illegible]

Facile omnes, cum valemus, recta consilia aegrotis damus.

Tu si hic sis, aliter sentias.

[illegible]

Ἀλλὰ βοηθεῖν κατὰ δύναμιν] [illegible] Cicero Tusc. [illegible]

[illegible]

[illegible]

ANNOTATIONES

[illegible]

καὶ ὁ εὐδαίμων, ἀπονείμας ἑαυτῷ ἀγαθὴν μοῖραν. ἀγαθαὶ δὲ μοῖραι, ἀγαθαὶ τροπαὶ ψυχῆς, ἀγαθαὶ ὁρμαί, ἀγαθαὶ πράξεις.

fuerit sis. felix est autem qui sortem sibi bonam comparaverit. sors vero bona si quid sit quaeris, ea moribus bonis, motibus bonis, bonis denique actionibus constat.

ANNOTATIONES.

[illegible]

LIBER VI.

Ἡ τῶν ὅλων οὐσία, εὐπειθὴς, καὶ εὐτρεπής. ὁ δὲ ταύτην διοικῶν λόγος οὐδεμίαν ἐν ἑαυτῷ αἰτίαν ἔχει τοῦ κακοποιεῖν. κακίαν γὰρ οὐκ ἔχει, οὐδέ τι κακῶς ποιεῖ, οὐδὲ βλάπτεταί τι ὑπ' ἐκείνου. πάντα δὲ κατ' ἐκεῖνον γίνεται, καὶ περαίνεται.

§. 2. Μὴ διάφερε, πότερον ῥιγῶν, ἢ θαλπόμενος, τὸ πρέπον ποιεῖς. καὶ πότερον νυστάζων, ἢ ἱκανῶς ὕπνου ἔχων. καὶ πότερον κακῶς ἀκούων,

Universi materia obsequens est & parata promptaque. mens autem ejusdem, nullam in se maleficii caussam habet; cum malitiam in se nullam habeat; neque malefaciat cuiquam, neque ab ea quippiam laedatur. secundum hanc vero fiunt & perficiuntur universa.

§. 2. Pari loco habeas, frigore rigeas, an calore foveas, quod est officii tui, facias. item utrum dormitaturus, an somno satur, utrum audiens,

ANNOTATIONES.

[illegible]

an calefacias; moriens denique, an aliud quid agens. nam et vitae hujus officium, hoc est etiam, quod morimur. & in hoc ergo sufficit, quod prae manibus est recte disponere.

§. 3. Introspice, neve cujusquam rei cujusquam qualitas dignitasve propria te fugiat.

§. 4. Praesentia haec omnia quam citissime mutabuntur, & vel in exhalationem abibunt, (siquidem unita sit rerum omnium substantia) vel dissipabuntur.

§. 5. Novit mens universi rectrix, quomodo se habeat, quid faciat, & in qua materia versetur.

§. 6. Optimus injuriam ulciscendi modus est, [illegible]

ἢ ἀποθνήσκων ἢ ἄλλο τι πράσσων. μία γὰρ τῶν βιωτικῶν πράξεών ἐστι καὶ αὕτη, καθ' ἣν ἀποθνήσκομεν· ἀρκεῖ οὖν καὶ ἐπὶ ταύτης τὸ παρὸν εὖ θέσθαι.

§. 3. Ἔσω βλέπε. μηδενὸς πράγματος μήτε ἡ ἰδία ποιότης μήτε ἡ ἀξία παρατρεχέτω σε.

§. 4. Πάντα τὰ ὑποκείμενα τάχιστα μεταβαλεῖ, καὶ ἤτοι ἐκθυμιαθήσεται, εἴπερ ἥνωται ἡ οὐσία, ἢ σκεδασθήσεται.

§. 5. Ὁ διοικῶν λόγος οἶδε πῶς διακείμενος, καὶ τί ποιεῖ, καὶ ἐπὶ τίνος ὕλης.

§. 6. Ἄριστος τρόπος τοῦ ἀμύνεσθαι, τὸ μὴ

[illegible]

ANNOTATIONES

[illegible]

καὶ [illegible].

a Z. 8. §. 18. 4.2. b Z. 4. §. 31. c Z. 5. §. 6. d Z. 5. §. 11. Ind. §. 43. e Z. 9. §. 14. Z. 11. §. 1. f Z. 5. §. 4. Z. 8. §. 17. Z. 10. Z. 12. §. 6. g Sup. §. 2. 4.

§. 7. Ἑνὶ [a] τέρπου καὶ [b] προσαναπαύου, τῷ ἀπὸ πράξεως κοινωνικῆς [c] μεταβαίνειν ἐπὶ πρᾶξιν κοινωνικὴν, [d] σὺν μνήμῃ θεοῦ.

§. 8. [e] Τὸ ἡγεμονικόν ἐστι, τὸ ἑαυτὸ ἐγεῖρον καὶ τρέπον, καὶ ποιοῦν μὲν ἑαυτὸ οἷον ἂν καὶ θέλῃ, [f] ποιοῦν δὲ ἑαυτῷ φαίνεσθαι πᾶν τὸ συμβαῖνον, οἷον αὐτὸ θέλει.

§. 9. [g] Κατὰ τὴν τῶν ὅλων φύσιν ἕκαστα περαίνεται. οὐ γὰρ κατ᾽ ἄλλην γέ τινα φύσιν, ἤτοι ἔξωθεν περιέχουσα, ἢ ἐμπεριεχομένη ἔνδον, ἢ ἔξω ἀπηρτημένη.

h Z. 4. §. 27. * [illegible] i Z. 8. §. 12.

§. 10. [h] Ἤτοι κυκεὼν, καὶ ἀντεμπλοκὴ, καὶ σκεδασμός. ἢ ἕνωσις καὶ τάξις, καὶ [*] πρόνοια. [i] Εἰ μὲν οὖν τὰ πρότερα, τί καὶ ἐπιθυμῶ εἰκαίῳ συγκρίματι, καὶ φυρμῷ τοιούτῳ ἐνδιατρίβειν; τί

nis sit similis.

§. 7. Hoc uno te oblecta, in eoque acquiesce, ut ab actione, quæ communitatem juvet, ad aliam, ad alteram transeas, numinis memor.

§. 8. Pars animæ principalis se ipsa excitat, se vertit, se facit, qualem ipsa voluerit, quæ contingunt quælibet, talia sibi videri facit, qualia ipsa voluerit.

§. 9. Secundum universi naturam perficiuntur singula, neque enim secundum aliam ullam, quæ vel extrinsecus contineat, vel interius contineatur, vel extra etiam quasi appensa sit.

§. 10. Universum aut est cinnus quidam rerum, mutuo contextis fortuitis invicem implicantur, moxque dissipantium denuo; aut est compages rerum in unum ordine justo convenientium, quæ providentia regantur. Si prius illud, quid est, quod desiderem in temerario fortuita rerum colluvie istiusmodi ulterius commorari?

quid

ANNOTATIONES.

rerum, quæ eas, [illegible], [illegible] Diogenes [illegible] [illegible]

[illegible]

Vide [illegible] Pagan. l. 3. §. 11. 12. Apostolus ad Rom. c. 12. v. 10.

§. 1. [illegible]] [illegible] apud Euripidem,

[illegible]

Veritas [illegible]

[illegible]

Marcus noster l. 7. §. 13. [illegible]

[illegible]

Dio apud [illegible]

[illegible]

A [illegible] Vide infra §. 20. & lib. 7. §. 28.

§. 7. Ἑνὶ τέρπου καὶ προσαναπαύου] Vide l. 3. §. 34.

Μεταβαίνειν] Vide l. 5. §. 6.

Σὺν μνήμῃ θεοῦ] Vide l. 3. §. 13. & infra §. 23. Dignum quod [illegible] Dissert. l. 2. c. 16. [illegible]

[illegible]

§. 8. Τὸ ἡγεμονικόν ἐστι τὸ ἑαυτὸ ἐγεῖρον καὶ τρέπον] Simile l. 5. §. 14. & l. 11. §. 1.

Ποιοῦν δὲ ἑαυτῷ φαίνεσθαι πᾶν τὸ συμβαῖνον] Vide lib. 5. §. 9. & l. 8. §. 29.

§. 9. Κατὰ τὴν τῶν ὅλων φύσιν ἕκαστα περαίνεται] Simile §. 4.

§. 10. Ἤτοι κυκεὼν] Idem l. 4. §. 27.

Ἕνωσις καὶ τάξις, πρόνοια] lego [illegible] πρόνοια.

Τί καὶ ἐπιθυμῶ εἰκαίῳ συγκρίματι] Idem l. 9. §. 28. [illegible] Quid attinet in mundo temere fortuitoque manere?

Ἄλλο

erit aut aliud quicquam mihi curae sit, quam ut quo modo in terram redigar? quorsum etiam perturbor? quicquid enim egero, superveniet aliquando dissipatio. sin quod posterius est positum,

[illegible]

ANNOTATIONES

[illegible]

ὁ αὐτὸς καὶ ὁ ἀπαθῶς, κατὰ θέλησιν τοῦ δρῶντος.

§. 11. Ὅταν ἀναγκασθῇς ὑπὸ τῶν περιεστηκότων οἱονεὶ διαταραχθῆναι, ταχέως ἐπάνιθι εἰς ἑαυτὸν, καὶ μὴ ὑπὲρ τὰ ἀναγκαῖα ἐξίστασο τοῦ ῥυθμοῦ. ἔσῃ γὰρ ἐγκρατέστερος τῆς ἁρμονίας, τῷ συνεχῶς εἰς αὐτὴν ἐπανέρχεσθαι.

§. 12. Εἰ μητρυιάν τε ἅμα εἶχες καὶ μητέρα, ἐκείνην τ' ἂν ἐθεράπευες, καὶ ὅμως ἡ ἐπάνοδός σοι πρὸς τὴν μητέρα συνεχὴς ἐγίνετο. τοῦτό σοι νῦν ἐστιν ἡ αὐλὴ καὶ ἡ φιλοσοφία. ὧδε πολλάκις ἐπάνιθι, καὶ προσαναπαύου ταύτῃ, δι' ἣν καὶ τὰ ἐκεῖ σοι ἀνεκτὰ φαίνεται, καὶ σὺ ἐν αὐτοῖς ἀνεκτός.

§. 13. Οἷον δὴ, τὸ ἐπὶ φαντασίας λαμβάνειν ἐπὶ τῶν ὄψων, καὶ τῶν τοιούτων ἐδωδίμων. ὅτι νεκρὸς οὗτος ἰχθύος, οὗτος δὲ νεκρὸς ὄρνιθος, ἢ χοίρου. καὶ πάλιν, ὅτι ὁ Φάλερνος, χυλάριόν ἐστι σταφυλίου.

vestitum veneror, eodémque fronte, firmus animi consisto.

§. 11. Siquando à rebus circumstantibus per vim quodam adactum perturbari te senseris, cito ad te redi, nec plus quàm necesse est, ab animi tenore congruo recede. eris enim servandi valentior sic, ad eum jugiter recurrendo.

§. 12. Si novercam simul matrémque haberes, [illegible] & illam coleres, ad illam tamen frequentissimè te reciperes. harum instar habeant apud te, aula & philosophia. ad hanc sæpiùs accede, hac acquiesce, cujus ope, cùm quæ ibi occurrunt tibi ferenda sunt tolerata facilia, tum & ipse in eis toleratu facilis.

§. 13. Quemadmodum de obsoniis atque eduliis ejusmodi cogitare licet, hunc piscis esse cadaver, hoc avis, hoc suis: ac rursus, de Falerno, esse uvulæ

succum,

ANNOTATIONES.

[illegible]

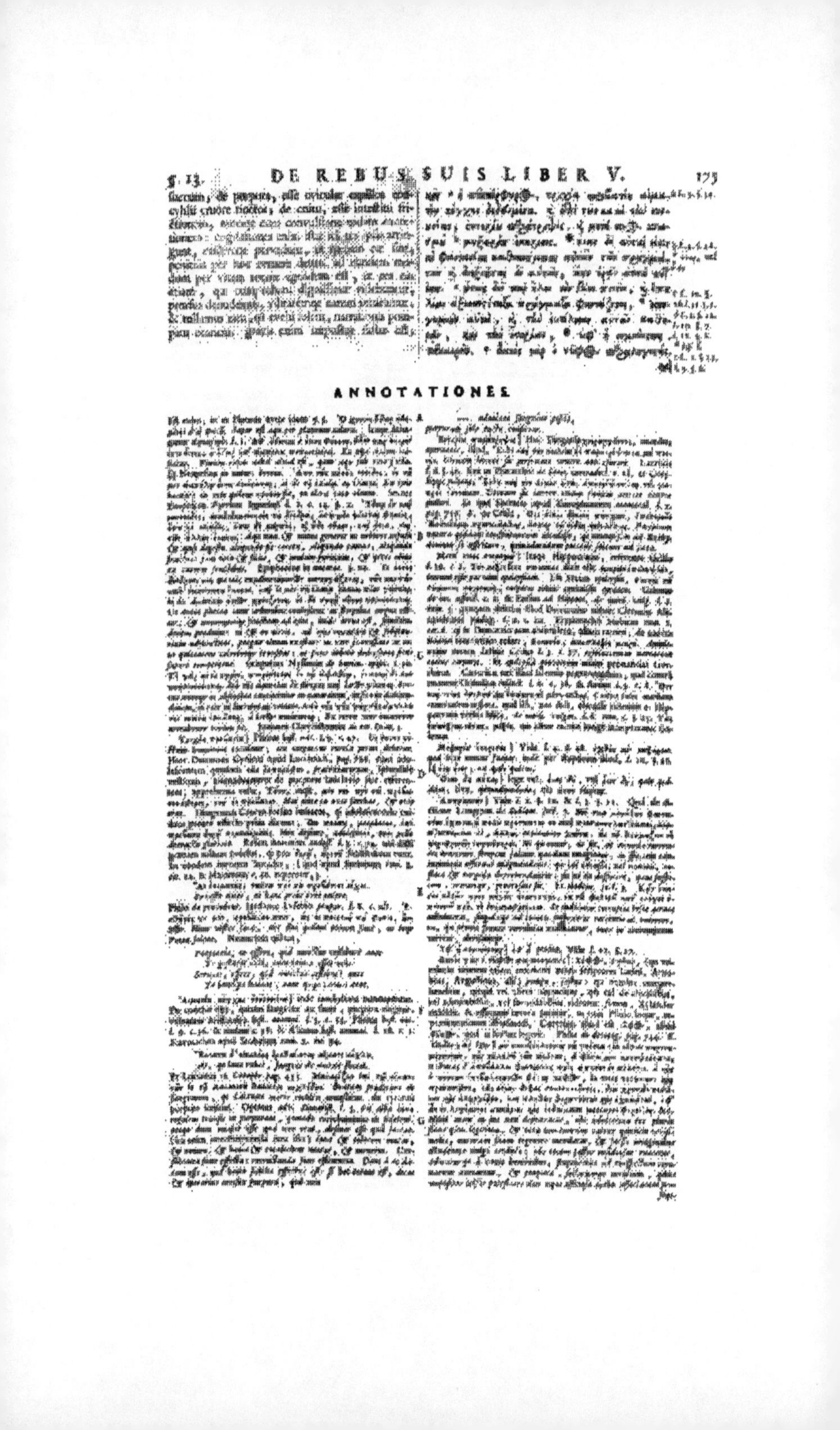

[illegible]

ANNOTATIONES

[illegible]

[illegible Greek text]

§. 14. [illegible Greek text]

... & tam mancipiis efficiebat, alias circa ea qui versantur, quæ studio digna videntur. Vide igitur, de Xenocrate ipse Crates quid dixerit.

§. 14. Eorum quæ vulgus hominum admiratur, pleraque ad generalissima rerum capita referuntur, quæ vel forma mera vel natura continentur; qualia sunt lapides, ligna, ficus, vites, oleæ: quæ autem moderatiores paulo suspiciunt, ad ea referuntur, quæ animâ sunt prædita, veluti greges & armenta, quæ verò politiores adhuc affectant, ad ea pertinent, quæ animâ continentur rationali, non quidem universali illâ, sed quâ artium callentes, aliàsve solers extitit, aut quâ [illegible] tali, ut servitiorum turbam possidere. cæterùm qui animam rationalem universalem ac civilem veneratur, is reliquis rebus omnibus insuper habitis, in hoc præcipuè incumbit, ut animam in eo statu suam conservet, quo rationi ac communioni consentaneè se habeat geratque, & congeneri suo cuilibet, ut hoc ipsum præstet, [illegible]

§. 15.

ANNOTATIONES.

[illegible]

§. 15. Quaedam festinant ut fiant, quaedam ut fuisse desinant; & illius etiam quod fit, aliquid jam extinctum est. fluxus & mutationes mundum perpetuo renovant, sicut temporis successio continuata interminatam aevi infinitatem exhibet semper recentem. In hoc igitur flumine, in quo consistere non datur, quorsum quis horum sic praeterlabentium quicquam in pretio haberet? perinde ac si aviculam praetervolantium aliquam diligere quis inciperet, cum ea e conspectu statim abscesserit. hujusmodi res est & vita cujusque, quasi exhalatio nempe quaedam a sanguine orta, & ab aere spiritus attractio. quale enim quiddam est aerem semel traxisse, mox reddere, quod momentis singulis

§. 15. [illegible]

ANNOTATIONES.

[illegible]

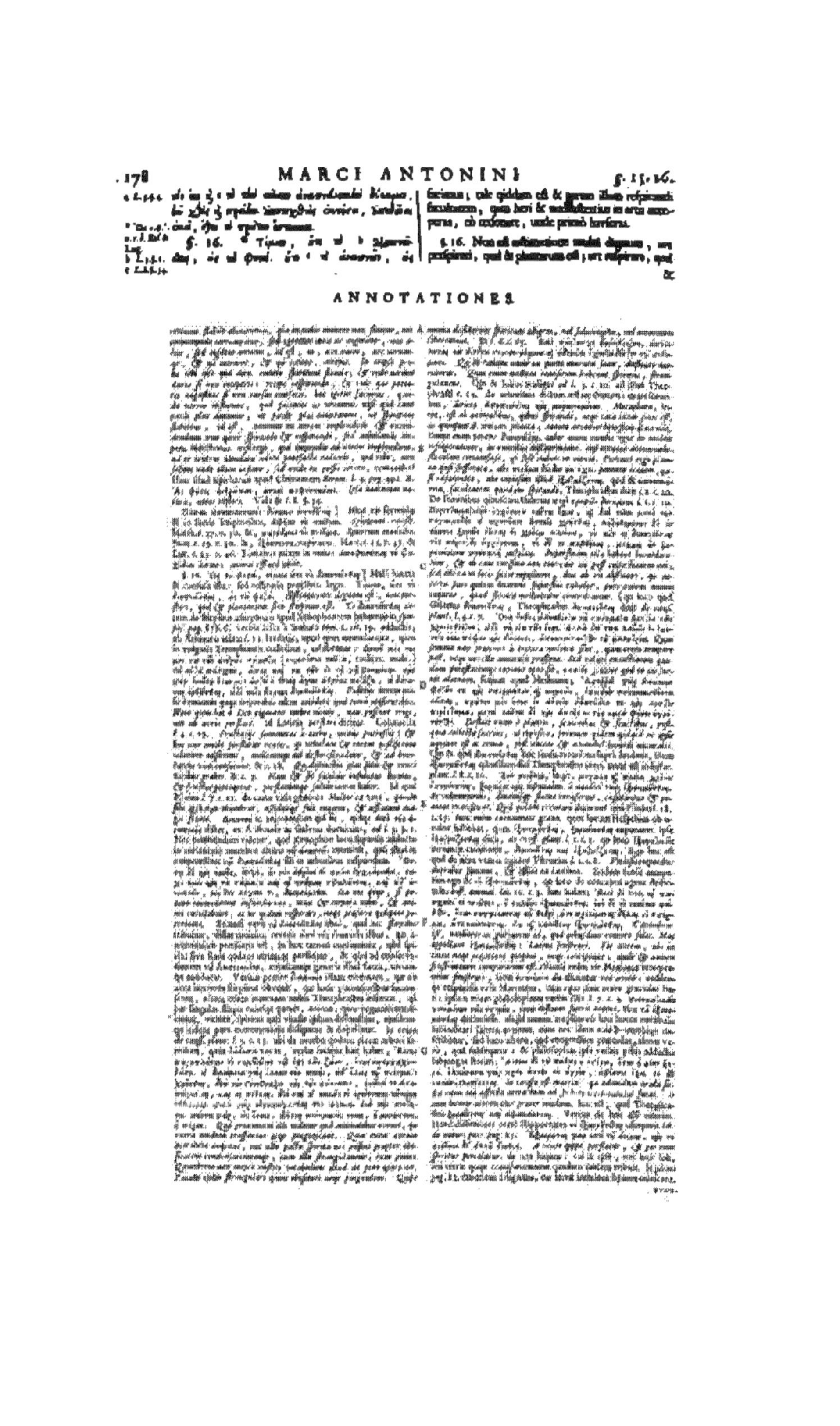

[illegible]

faciamus; tale quiddam est & perum illam respiciendi facultatem, quam heri & nudiustertius in arte acceperas, ob edocere, unde primò hauseras.

§. 16. Non est admiratione dignum, aut perspirare, quod & plantarum est; aut respirare, quod &

ANNOTATIONES

[illegible]

[illegible]

ANNOTATIONES

[illegible]

ὑποπτεύειν τοὺς ἀφελέσθαι ἐκεῖνα δυναμένους, ἐπιβουλεύειν τοῖς ἔχουσι τὸ τιμώμενον ὑπ᾽ αὐτοῦ. ὅλως πεφύρθαι ἀνάγκη τὸν ἐκείνων τινὸς ἐνδεᾶ· προσέτι δὲ πολλὰ καὶ τοῖς θεοῖς μέμφεσθαι. ἡ δὲ τῆς ἰδίας διανοίας αἰδὼς καὶ τιμὴ, σεαυτῷ τε ἀρεστόν σε ποιήσει, καὶ τοῖς κοινωνοῖς εὐάρμοστον, καὶ τοῖς θεοῖς σύμφωνον, τουτέστιν, ἐπαινοῦντα ὅσα ἐκεῖνοι διανέμουσι καὶ διατετάχασιν.

§. 17. Ἄνω, κάτω, κύκλῳ, φοραὶ τῶν στοιχείων. ἡ δὲ τῆς ἀρετῆς κίνησις ἐν οὐδεμιᾷ τούτων, ἀλλὰ θειοτέρα τις, καὶ ὁδῷ δυσεπινοήτῳ προϊοῦσα εὐοδεῖ.

§. 18. Οἷόν ἐστιν ὃ ποιοῦσι; τοὺς μὲν ἐπὶ τοῦ αὐτοῦ χρόνου, καὶ μεθ᾽ ἑαυτῶν ζῶντας ἀνθρώπους εὐφημεῖν οὐ θέλουσιν· αὐτοὶ δὲ ὑπὸ τῶν μεταγενεστέρων εὐφημηθῆναι, οὓς οὔτε εἶδόν ποτε, οὔτε ὄψονται, περὶ πολλοῦ ποιοῦνται. τοῦτο δὲ ἐγγύς ἐστι τῷ λυπηθῆναι ἄν, ὅτι οὐχὶ καὶ οἱ προγενέστεροι περὶ σοῦ λόγους εὐφήμους ἐποιοῦντο.

§. 19. Μὴ εἴ τι αὐτῷ σοι δυσκαταπόνητον,

suspectos habere, qui hîc privare te possint, iis struere insidias, qui id, quod tu tanti aestimas, possideant. omnino necesse erit inquinari te, ubi horum tibi aliquid defuerit, & de Diis etiam saepenumero conqueri. at contrà mentem propriam si in veneratione ac honore habueris, & tibi gratum id te faciet, & consortibus accommodum, & Diis consentaneum, dum quaecunque illi attribuunt ac constituunt, laudas.

§. 17. Sursum, deorsum, in orbem feruntur elementa. virtutis verò motus nullâ harum viâ fertur. sed divinius est quiddam, viâque haud facilè apprehensâ progrediens, prosperè semper procedit.

§. 18. Quale, quaeso, hoc est, quod faciunt homines? eos, qui eodem secum tempore vivunt, laudare illos nolunt; ipsi à posteris, quos nec viderint unquam nec videbunt, celebrari plurimi faciunt. hoc autem idem est propè, ac si quis contristetur, quòd homines prisci encomiis eum non sint prosecuti.

§. 19. Noli, si quid tibi factu effectu difficile, opi-

ANNOTATIONES.

[illegible] Quid est [illegible] Cato apud Plutarch. pag. 761. D.

Καὶ τοῖς θεοῖς μέμφεσθαι] [illegible] Epictetus Enchir. c. 38. [illegible]

Ἡ δὲ τῆς ἰδίας διανοίας αἰδὼς καὶ τιμὴ] Vide l. 2. §. 6. [illegible] l. 3. §. 9. [illegible] l. 3. §. 11. [illegible] Vide & l. 5. §. 4. & 9.

Σεαυτῷ τε ἀρεστόν] [illegible] l. 5. §. 4.

Εὐάρμοστον] [illegible] l. 5. §. 4.

Καὶ θεοῖς σύμφωνον] Vide l. 5. §. 2.

§. 17. Ἄνω, κάτω,] De his [illegible] Cellarium. [illegible] Aristoteles de Caelo l. 4. c. 3. [illegible]

[illegible]

B [illegible]

C §. 19. Μὴ εἴ τι αὐτῷ σοι δυσκαταπόνητον] Seneca Epist. 71. [illegible]

D [illegible] Seneca Epist. 116. [illegible]

E [illegible] Clemens Alexandrinus Strom. l. 2. pag. 413. C. [illegible]

F [illegible]

opinari ideo, hominem nullum id posse. Sed [illegible] fratris, quod possit quispiam, hominique sit [illegible], id te quoque assequi posse existima.

§. 20. [illegible], si qui [illegible] [illegible], aut capiti allisis plagam impegerit,

[illegible]

§. 20. [illegible]

ANNOTATIONES.

[illegible]

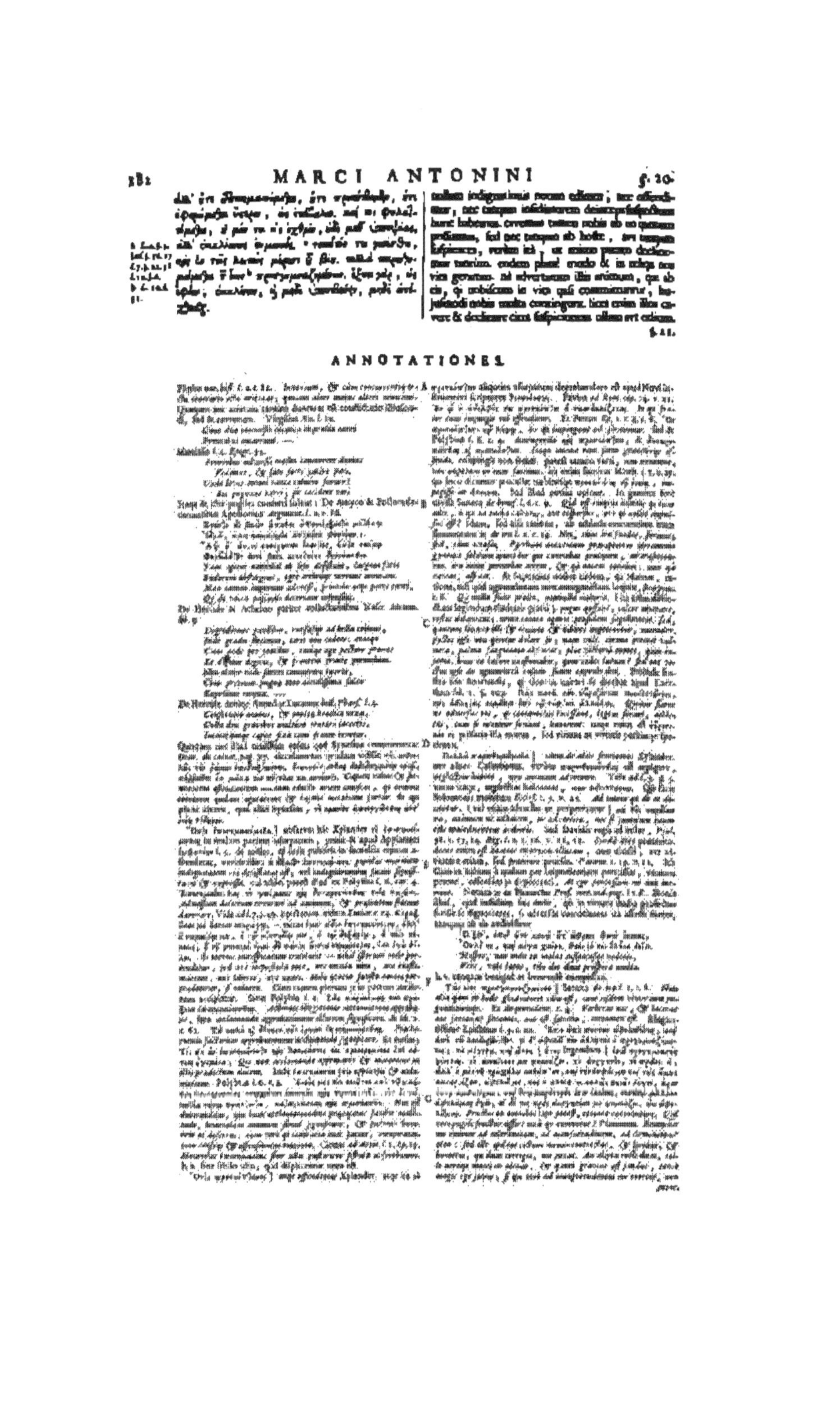

[illegible]

§. 21.

ANNOTATIONES.

[illegible]

§. 21. Si quis [illegible] facere, quod in re aliqua minus recte vel [illegible] vel [illegible] lubens [illegible] mutabo, [illegible] ille [illegible] in errore [illegible] persistit.

§. 22. Ego, quod meum est officium, [illegible] me non distrahunt [illegible] aut ratione expertia, aut [illegible] nescia.

§. 23. Animantibus, [illegible] omnibus in [illegible] rebus ac subjectis [illegible] Hominibus vero, cum rationis sint participes [illegible] In cunctis vero opem divinam advocato: nec [illegible]

§. 21. [illegible]

§. 22. [illegible]

§. 23. [illegible]

ANNOTATIONES.

[illegible] Vide ad l. 9. §. 12. [illegible]

§. 21. [illegible] Cicero de fin. l. 1. [illegible]

[illegible] Vide l. 1. §. 16. [illegible]

[illegible]

§. 22. [illegible]

[illegible]

§. 23. [illegible]

[illegible]

[illegible]

existimans, quamdiu haec facturus sis. Sufficerent enim sic ... vel horae tres.

l. 6. 4. 1. §. 24. Ἀλέξανδρος ὁ Μακεδὼν, καὶ ὁ ὀρεωκόμος αὐτοῦ ἀποθανόντες εἰς ταὐτὸ κατέστησαν.

§. 24. Alexander Macedo, ejusdemque mulio, simul ac mortui fuerunt, ad idem planè redacti sunt, vel

ANNOTATIONES.

[illegible]

vel enim in easdem mundi rationes seminales recepti, vel in atomos pariter sunt dissipati.

§. 25. Cogita tecum, quot intra exiguum unumquodque, tam in corpore, quam & in anima, uno eodemque temporis momento simul fiant, ut & fieri, ne miraculum sit, si plura multo, vel cuncta potius quae fiunt, in hoc uno, quem mundum utique vocamus, universo, simul producantur.

§. 26. Si quis te rogaverit, Antonini nomen quomodo scribatur, nunquid cum vocis intentione elementa singula proferes? quid igitur? si irascantur tibi, num tu vicissim illis succensebis? & non potius literas singulas placide enumerare perges? proinde & istic pari modo memineris, officium omne quasi numeris quibusdam absolvi: quos observans, oportet te nec perturbatum, nec indignationem indignatione pensantem, sed recta pergentem perficere quid prae manibus est.

§. 27. Crudele quidem est, non permittere hominibus, ut ad ea ferantur, quae ad se pertinere fi-

ἤτοι γὰρ ἀνελήφθησαν εἰς τοὺς αὐτοὺς τοῦ κόσμου σπερματικοὺς λόγους, ἢ διεσκεδάσθησαν ὁμοίως εἰς τὰς ἀτόμους. [illegible]

§. 25. Ἐνθυμήθητι πόσα κατὰ τὸν αὐτὸν ἀκαρῆ χρόνον ἐν ἑκάστῳ ἡμῶν ἅμα γίνεται σωματικὰ ὁμοῦ καὶ ψυχικά, καὶ οὕτως οὐ θαυμάσεις, εἰ πολὺ πλείω, μᾶλλον δὲ πάντα τὰ γινόμενα ἐν τῷ ἑνί τε καὶ σύμπαντι, ὃ δὴ κόσμον ὀνομάζομεν, ἅμα ἐνυφίσταται. [illegible]

§. 26. Ἐάν τίς σε προτείνῃ, πῶς γράφεται τὸ Ἀντωνῖνος ὄνομα, [illegible] ἕκαστον τῶν στοιχείων; τί οὖν; ἐὰν ὀργίζωνται, μὴ ἀντοργιῇ; οὐκ ἐξαριθμήσῃ πρᾴως προϊὼν ἕκαστον τῶν γραμμάτων; οὕτως οὖν καὶ ἐνθάδε μέμνησο, ὅτι πᾶν καθῆκον ἐξ ἀριθμῶν τινων συμπληροῦται. τούτους δεῖ τηροῦντα, καὶ μὴ θορυβούμενον, μηδὲ τοῖς δυσχεραίνουσιν ἀντιδυσχεραίνοντα, ἀνύειν ὁδῷ τὸ προκείμενον. [illegible]

§. 27. Πῶς ὠμόν ἐστι, μὴ ἐπιτρέπειν τοῖς ἀνθρώποις ὁρμᾶν ἐπὶ τὰ φαινόμενα αὐτοῖς οἰκεῖα [illegible]

καὶ

ANNOTATIONES

[illegible]

* [illegible]

[illegible]

ANNOTATIONES

[illegible]

[illegible]

simplicem, bonum, integrum, gravem, [illegible], justi amantem, pium, placidum, affectu germano praeditum, in officio praestando strenuum. Contende, talis ut perstiteris, qualem facere te philosophia voluerit. Deum verere, hominum saluti consule. Brevis est vita. Fructus unus hic terrestris vitae iste, dispo-

ANNOTATIONES

[illegible]

dispositio pia, actiónque beneficae. Torquato Ammonii discipulus, sic quoque facis. imitare constantiam illius in rebus recte gestis retinendis, in cunctis aequabilitatem, pietatem, vultus serenitatem, comitatem, gloriae inanis contemptum, in rebus indagandis studium; atque nihil omnino praeterierit, priusquam sedulò considerasset & liquidò perspexisset: atque tulerit immeritò reprehendentes, nec eos vicissim redarguerit. ut nihil unquam festinè moliretur; ut delationes non admiserit. ut morum actionúmque accuratus explorator fuerit; non conviciator, non meticulosus, non suspiciosus, non sophista. ut paucis contentus, tecto nempe, strato, veste, victu, servitio: ut laboriosus, ... tardus,

διάθεσις ὁσία, καὶ πράξεις κοινωνικαί. πάντα ὡς Ἀντωνίνου μαθητής. τὸ ὑπὲρ τῶν κατὰ λόγον πρασσομένων εὔτονον ἐκείνου, καὶ τὸ ὁμαλὲς πανταχοῦ, καὶ τὸ ὅσιον, καὶ τὸ εὔδιον τοῦ προσώπου, καὶ τὸ μείλιχον, καὶ τὸ ἀκενόδοξον, καὶ τὸ περὶ τὴν κατάληψιν τῶν πραγμάτων φιλότιμον. καὶ ὡς ἐκεῖνος οὐκ ἂν παρῆκεν ὅλως τι μὴ πρότερον εὖ μάλα κατιδὼν, καὶ σαφῶς νοήσας. καὶ ὡς ἔφερεν ἐκεῖνος τοὺς ἀδίκως μεμφομένους, μὴ ἀντιμεμφόμενος. καὶ ὡς ἐπ' οὐδὲν ἔσπευδε. καὶ ὡς διαβολὰς οὐκ ἐδέχετο. καὶ ὡς ἀκριβὴς ἦν ἐξεταστὴς ἠθῶν καὶ πράξεων. καὶ οὐκ ὀνειδιστής, οὐ ψοφοδεής, οὐχ ὑπόπτης, οὐ σοφιστής. καὶ ὡς ὀλίγοις ἀρκούμενος, οἷον οἰκήσει, στρωμνῇ, ἐσθῆτι, τροφῇ, ὑπηρεσίᾳ. καὶ ὡς φιλόπονος, καὶ μακρόθυμος.

ANNOTATIONES.

[illegible]

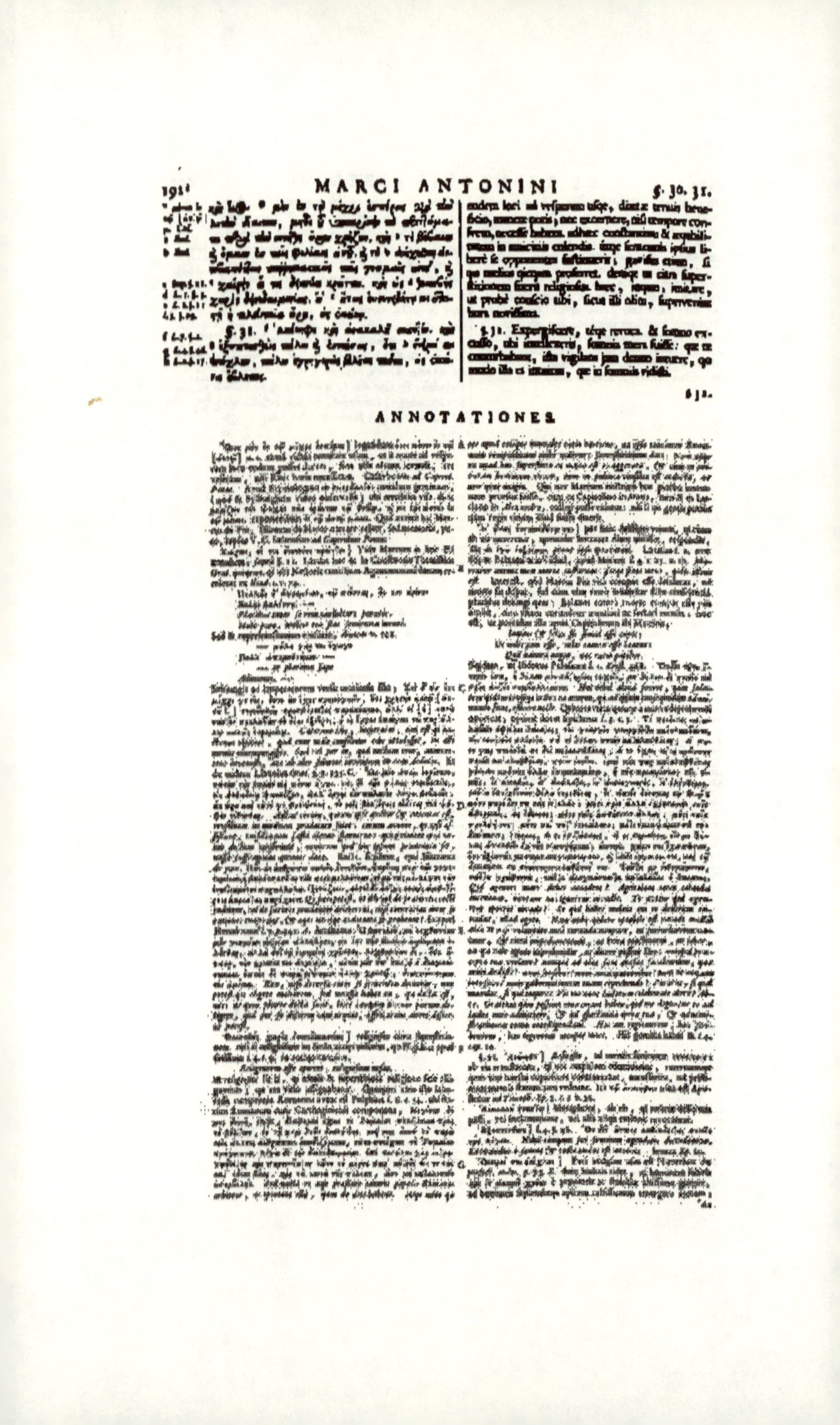

[illegible]

§. 31. [illegible]

eadem laeti ad vesperam usque, diurnae terrarum beneficio, nemini gravis, nec excruciare, nisi tempore conversum, accessit habens. adhuc constantiam & aequabilitatem in amicitiis colendis. atque firmitatem ipsius libere se opponentes sustinueris, gavisus etiam, si quis melius quicquam proferret. denique ut citra superstitionem fuerit religiosus. haec, inquam, imitare, ut probe conscio tibi, sicut illi obitu, superveniat hora novissima.

§. 31. Expergiscere, atque revoca. & somno excusso, ubi intellexeris, somnia mera fuisse: quae te conturbabant, ista vigilans jam denuo intuere, quomodo illa et intueris, quae in somnis vidisti.

§ 32.

ANNOTATIONES.

[illegible]

§. 32. Ex corpusculo atque animula constas. corpusculo indifferentia sunt omnia. neque enim ea distinguere potest. menti verò indifferentia sunt, quæcunque non sunt peculiaria ejusdem opera. hæc omnia in potestate sua sita habet: & ex his etiam ea sola ad eam pertinent, quæ circa id quod in manibus jam est, versantur. futura enim & præterita illius opera, & ipsa eidem jam sunt indifferentia.

§. 33. Nullus est pedi aut manui præter naturam labor, dum pes quod pedis est, manus, id quod manus est, faciat. pari modo nec homini qua homo est, labor ullus est præter naturam, dum id quod hominis est, faciat. si autem præter naturam illi non est, nec malum est ei.

§. 34. Quantâ voluptate perfruuntur etiam latrones, cinædi, parricidæ, tyranni?

§. 35. Nonne vides, ut artifices mechanici, etiamsi hominibus imperitis quadamtenus concedant, artis tamen suæ rationem nihilominus etiam adversus illos tuentur, nec ab ea quicquam abscedere sustinent? nonne ferendum ergò, architectum medicumve artis suæ rationem pluris facere, quàm hominem suæ, quæ est illi cum Diis ipsis communis?

§. 36. Asia, Europa, orbis sunt anguli. mare quodvis orbis guttula, Athos mons,

§. 32. Ἐκ σωματίου εἰμὶ καὶ ψυχῆς. τῷ μὲν δὴ σωματίῳ πάντα ἀδιάφορα. οὐδὲ γὰρ δύναται διαφέρεσθαι. τῇ δὲ διανοίᾳ ἀδιάφορα, ὅσα μή ἐστιν αὐτῆς ἐνεργήματα. ὅσα δέ γε αὐτῆς ἐστιν ἐνεργήματα, ταῦτα πάντα ἐπ' αὐτῇ ἐστι. καὶ τούτων μέντοι, περὶ μόνον τὸ παρὸν πραγματεύεται. τὰ γὰρ μέλλοντα καὶ παρῳχηκότα ἐνεργήματα αὐτῆς, καὶ αὐτὰ ἤδη ἀδιάφορα.

§. 33. Οὐκ ἔστιν ὁ πόνος τῇ χειρὶ, οὐδὲ τῷ ποδὶ παρὰ φύσιν, μέχρις ἂν ποιῇ ὁ ποὺς τὰ τοῦ ποδὸς, καὶ ἡ χεὶρ τὰ τῆς χειρός. οὕτως οὖν οὐδὲ ἀνθρώπῳ ὡς ἀνθρώπῳ παρὰ φύσιν ἐστὶν ὁ πόνος, μέχρις ἂν ποιῇ τὰ τοῦ ἀνθρώπου. εἰ δὲ παρὰ φύσιν αὐτῷ οὐκ ἔστιν, οὐδὲ κακόν ἐστιν αὐτῷ.

§. 34. Ἡλίκας ἡδονὰς ἥσθησαν λῃσταὶ, κίναιδοι, πατραλοῖαι, τύραννοι.

§. 35. Οὐχ ὁρᾷς πῶς οἱ βάναυσοι τεχνῖται ἁρμόζονται μὲν ἄχρι τινὸς πρὸς τοὺς ἰδιώτας, οὐδὲν ἧσσον μέντοι ἀντέχονται τοῦ λόγου τῆς τέχνης, καὶ τούτου ἀποστῆναι οὐχ ὑπομένουσιν; οὐ δεινὸν, εἰ ὁ ἀρχιτέκτων, καὶ ὁ ἰατρὸς μᾶλλον αἰδέσονται τὸν τῆς ἰδίας τέχνης λόγον, ἢ ὁ ἄνθρωπος τὸν ἑαυτοῦ, ὃς αὐτῷ κοινός ἐστι πρὸς τοὺς θεούς;

§. 36. Ἡ Ἀσία, ἡ Εὐρώπη, γωνίαι τοῦ κόσμου. πᾶν πέλαγος, σταγὼν τοῦ κόσμου. Ἄθως βωλ-

ANNOTATIONES.

[illegible]

ριον τ̃ κόσμου. πᾶν τὸ ἐνεστὼς τ̃ χρόνου, στιγμὴ τ̃ αἰῶνος. πάντα μικρά, εὔτρεπτα, ἐναφανιζόμενα. πάντα ἐκεῖθεν ἔρχεται, ἀπ' ἐκείνου τ̃ κοινοῦ ἡγεμονικοῦ ὁρμήσαντα, ἢ κατ' ἐπακολούθησιν. καὶ τὸ χάσμα οὖν τ̃ λέοντος, καὶ τὸ δηλητήριον, καὶ πᾶσα κακουργία, ὡς ἄκανθα, ὡς βόρβορος, ἐκείνων ἐπιγεννήματα τ̃ σεμνῶν καὶ καλῶν. μὴ οὖν αὐτὰ ἀλλότρια τούτου, ὃ σέβεις, φαντάζου. ἀλλὰ τὴν πάντων πηγὴν ἐπιλογίζου.

§. 37. Ὁ τὰ νῦν ἰδὼν, πάντα ἑώρακεν, ὅσα τε ἐξ ἀϊδίου ἐγένετο, καὶ ὅσα εἰς τὸ ἄπειρον ἔσται. πάντα γὰρ ὁμογενῆ, καὶ ὁμοειδῆ.

§. 38. Πολλάκις ἐνθυμοῦ τὴν ἐπισύνδεσιν πάντων τῶν ἐν τῷ κόσμῳ, καὶ σχέσιν πρὸς ἄλληλα. τρόπον γάρ τινα πάντα ἀλλήλοις ἐπιπέπλεκται, καὶ πάντα κατὰ τοῦτο φίλα ἀλλήλοις ἐστί. καὶ γὰρ ἄλλῳ ἑξῆς ἐστι τοῦτο, διὰ τὴν τοπικὴν κίνησιν, καὶ σύμπνοιαν, καὶ τὴν ἕνωσιν τῆς οὐσίας.

§. 39. Οἷς συγκεκλήρωσαι πράγμασι, τούτοις συνάρμοζε σεαυτόν. καὶ οἷς συνείληχας ἀνθρώποις, τούτους φίλει, ἀλλ' ἀληθινῶς.

ejusdem glebula, tempus instans omne, punctum aevi. parva omnia, caduca, evanida. procedunt inde omnia, à mente communi illa vel directè profecta, vel per consequentiam transferuntur; etiam rictus leonis, & venena, & noxium quidvis, sicut spina, & lutum, quae rerum illarum speciosarum ac pulchrarum appendices sunt. noli ergò ista ab eo quem colis aliena opinari: sed rerum universarum originem totam perpende.

§. 37. Qui praesentia vidit, cuncta vidit, tum quae ab aeterno fuere, tum quae in aeternum futura sunt. cuncta enim & cognata sunt & uniformia.

§. 38. Perpende saepius jugiter rerum omnium, quae in mundo sunt, connexionem mutuam, quamque ad se invicem affectionem habeant. sunt enim omnia quodammodo sibi invicem implexa, atque eâ ratione sibi invicem amica. alterum enim alterius consequens est, & per commutationem localem, & per conspirationem mutuam, & per materiae continuitatem.

§. 39. Quibus destinatus es rebus, iis te accommoda; & quibuscum vivere sortitus es, homines eos, idque veraciter fac diligas.

§. 40.

ANNOTATIONES

[illegible]

§. 40. Organorum, instrumentorum, vasorum quodlibet, si id ad quod conditum est faciat, bene se habet. ibi tamen opifex, qui condiderat, jam abiit. at in eis, quæ à natura continentur, intus est, ibique residet, quæ ea condiderat, vis. proinde magis illam vereri oportet; existimandúmque tibi, si secundum illius voluntatem te habueris degerísque, omnia tibi ex animi sententia se habere. sic autem & universo ex animi sententia sua habere se sua.

§. 41. Si quid eorum, quæ extra arbitrium tuum sunt, bonum malúmve esse præsumpseris, necesse erit, ut ubi istiusmodi vel in malum incideris, vel bono excideris, Deos incuses, oderísque homines, qui horum alterutrius tibi vel autores fuerint, vel etiam fore suspicaris. qui & multa iniquè agimus, dum ad ista contendimus. at si ea sola, quæ arbitrii sunt nostri, bona malaque censuerimus, nulla jam superest amplius causa, aut Deum incusandi, aut inimicitias adversus hominem quemquam gerendi.

§. 42. Ad unum eundémque effectum operam conferunt universi simul, alii scienter ac intelligenter, alii

§. 40. Ὀργάνων, ἐργαλείων, σκευῶν ἑκάστου, εἰ ὃ πρὸς ὃ κατεσκεύασται ποιεῖ, εὖ ἔχει· καίτοι ἐκεῖ ὁ κατασκευάσας ἐκτός. ἐπὶ δὲ τῶν ὑπὸ φύσεως συνεχομένων, ἔνδον ἐστὶ, καὶ παραμένει ἡ κατασκευάσασα δύναμις. καθὸ καὶ μᾶλλον αἰδεῖσθαι αὐτὴν δεῖ, καὶ νομίζειν, ἐὰν κατὰ τὸ βούλημα ταύτης ἔχῃς τε καὶ διεξάγῃς, ἔχειν σοι πάντα κατὰ νοῦν. ἔχει δὲ οὕτως καὶ τῷ παντὶ κατὰ νοῦν τὰ αὑτοῦ.

§. 41. Ὅ τι ἂν τῶν ἀπροαιρέτων ὑποστήσῃς σεαυτῷ ἀγαθὸν ἢ κακὸν, ἀνάγκη κατὰ τὴν περίπτωσιν τοῦ τοιούτου κακοῦ, ἢ τὴν ἀπότευξιν τοῦ τοιούτου ἀγαθοῦ μέμψασθαί σε θεοῖς, καὶ ἀνθρώπους δὲ μισῆσαι τοὺς αἰτίους ὄντας, ἢ ὑποπτευομένους ἔσεσθαι τῆς ἀποτεύξεως, ἢ τῆς περιπτώσεως. καὶ ἀδικοῦμεν δὲ πολλὰ, διὰ τὴν πρὸς ταῦτα διαφοράν. ἐὰν δὲ μόνα τὰ ἐφ' ἡμῖν ἀγαθὰ καὶ κακὰ κρίνωμεν, οὐδεμία αἰτία καταλείπεται, οὔτε θεῷ ἐγκαλέσαι, οὔτε πρὸς ἄνθρωπον στῆναι στάσιν πολεμίου.

§. 42. Πάντες εἰς ἓν ἀποτέλεσμα συνεργοῦμεν, οἱ μὲν εἰδότως καὶ παρακολουθητικῶς, οἱ δὲ ἀνε-

ANNOTATIONES

§. 40. [illegible]

[illegible]

[illegible]

nullam indignationem notam edentes, nec offendimur, nec tanquam insidiatorem deinceps suspectum hunc habemus. caveamus tamen nobis ab eo quantum possumus, sed nec tanquam ab hoste, aut tanquam suspiciosi, verum ita, ut mitiori pacto declinemus tantum. eodem plane modo & in reliqua nos vita geramus. ne advertamus illis multum, qui in eis, qui nobiscum in vita quasi commorantur, hujusmodi nobis multa contingunt. licet enim illos cavere & declinare citra suspicionem ullam aut odium.

§. 11.

ANNOTATIONES

[illegible] Virgilius Æn. l. 5. [illegible]

Martialis l. 5. Epigr. [illegible]

[illegible]

[illegible]

§. 21. Si quis convincere me poterit, planeque mihi facere, quod in recte sentio vel facio, vel me gero; laeto lubentique animo mutabo. Sector enim veritatem, a qua nemo unquam laesus est. Laeditur vero, qui in errore suo & ignorantia persistit.

§. 22. Ego, quod mei est officii, facio: caetera me nequaquam sollicitum habent. aut enim sunt inanima, aut rationis expertia, aut aberrantia, viaeque nescia.

§. 23. Animantibus, adeoque omnibus in universum rebus ac subjectis rationis expertibus, utpote rationis compos ipse cum sis, magno liberalique animo. hominibus vero, cum rationis sint tecum participes tanquam societate tibi conjunctis, habeas. in cunctis vero opere divinam advoca: nec interesse

[illegible]

ANNOTATIONES.

[illegible]

[illegible] §. 24. Ἀλέξανδρος ὁ Μακεδὼν, καὶ ὁ ἡμιονοκόμος αὐτοῦ ἀποθανόντες εἰς ταὐτὸ κατέστησαν.

existimes, quandio hæc factura sit. [illegible] sic exacta vel horæ tres.

§. 24. Alexander Macedo, ejusdemque mulio, simul ac mortui fuerant, ad idem plane redacti fuere. vel

ANNOTATIONES.

[illegible] apud Theonem, [illegible] Epicharmus [illegible] Vide & [illegible] Demosthenem Epist. 1. [illegible] Cicero de Legib. l. 2. [illegible]

Quod & Theocritus eidem carmen Idyl. 17. [illegible]

Et quo & Virgilius Eclog. 3. [illegible]

Plinius eidem in Panegyr. [illegible]

Sicut & elegantem Gregorius Nazianzenus in [illegible]

Vide supra ad §. 7. [illegible]

[illegible] Lucianus in Dialog. [illegible]

Seneca ad Marc. c. 11. [illegible]

[illegible]

[illegible] Theodoretus Therapeut. l. 8. [illegible]

[illegible] Lucianus in Nerpomant. [illegible]

[illegible]

vel enim in easdem mundi rationes seminales recepti, vel in atomos pariter sunt dissipati.

§. 25. Cogita tecum, quot intra exiguum temporis momentum, cum in corpore, tum & in animo, uno eodemque temporis momento simul fiunt. ita fiet, ne miraculo sit, si plura multo, vel cuncta potius quae fiunt, in hoc uno, quem mundum usque vocamus, universo, simul producantur.

§. 26. Si quis te rogaverit, Antonini nomen quomodo scribatur, nonne quid cum vocis intentione elementa singula proferes? quid igitur? si irascuntur tibi, num tu vicissim illis succensebis? & non potius literas singulas placidè enumerare perges? proinde & istic pari modo meminisse, officium omne quasi numeris quibusdam absolvi: quos observare oportet, nec perturbatum, nec indignantibus indignatione pensantem, sed recta pergentem perficere quod prae manibus est.

§. 27. Crudele quiddam est, non permittere hominibus, ut ad ea ferantur, quae ad se pertinere fi-

ἤτοι γὰρ ἐλήφθησαν εἰς τοὺς αὐτοὺς τοῦ κόσμου σπερματικοὺς λόγους, ἢ διεσκεδάσθησαν ὁμοίως εἰς τὰς ἀτόμους. [illegible]

§. 25. Ἐνθυμήθητι πόσα κατὰ τὸ αὐτὸ ἀκαριαῖον χρόνου ἐν ἑκάστῳ ἡμῶν ἅμα γίνεται σωματικὰ ὁμοῦ καὶ ψυχικά, καὶ οὕτως οὐ θαυμάσεις, εἰ πολὺ πλείω, μᾶλλον δὲ πάντα τὰ γινόμενα ἐν τῷ [b] ἑνί τε καὶ σύμπαντι, ὃ δὴ κόσμον ὀνομάζομεν, ἅμα ἐνυφίσταται. [illegible]

§. 26. Ἐάν τίς σε ἐπερωτήσῃ, πῶς γράφεται τὸ Ἀντωνίνου ὄνομα, μετὰ [c] κατατάσεως ἐκφωνήσεις ἕκαστον τῶν στοιχείων; τί οὖν, ἐὰν ὀργίζωνται, μὴ ἀντοργιῇ; μὴ οὐχὶ ἐξαριθμήσῃ πράως ἕκαστον τῶν [d] γραμμάτων; οὕτως οὖν καὶ ἐνθάδε μέμνησο, ὅτι [e] πᾶν καθῆκον ἐξ ἀριθμῶν τινων συμπληροῦται. τούτους δεῖ τηροῦντα, καὶ μὴ θορυβούμενον, [f] μηδὲ τοῖς δυσχεραίνουσιν ἀντιδυσχεραίνοντα, [g] περαίνειν ὁδῷ τὸ προκείμενον. [illegible]

§. 27. [h] Πῶς ὠμόν ἐστι, μὴ ἐπιτρέπειν τοῖς ἀνθρώποις ὁρμᾶν ἐπὶ τὰ φαινόμενα αὐτοῖς οἰκεῖα [illegible]

καὶ

ANNOTATIONES

[illegible]

[illegible]

inficiaris. Solet enim hoc fieri. Itaque serva te [illegible]

ANNOTATIONES

[illegible]

σὸν ἁπλοῦν, ἀγαθόν, ἀκέραιον, σεμνόν, ἄκομψον, τοῦ δικαίου φίλον, θεοσεβῆ, εὐμενῆ, φιλόστοργον, ἐρρωμένον πρὸς τὰ πρέποντα ἔργα. ἀγώνισαι, ἵνα τοιοῦτος συμμείνῃς, οἷόν σε ἠθέλησε ποιῆσαι φιλοσοφία. αἰδοῦ θεούς, σῷζε ἀνθρώπους. βραχὺς ὁ βίος. εἷς καρπὸς τῆς ἐπιγείου ζωῆς,

simplicem, bonum, integrum, gravem, sincerum, justi amantem, pium, placidum, affectu generoso praeditum, ad officia praestando strenuum, contende, talis ut persistas, qualem facere te philosophia voluit. Deos verere, homines tuere: brevis est vita. fructus unus hic terrestris vitae iste, dispo-

ANNOTATIONES.

[illegible]

[illegible] pia, [illegible]. Tempore Antonii discipulos, [illegible] in rebus [illegible] gestis [illegible], in [illegible], [illegible], gloriae [illegible], in rebus indagandis studium, [illegible] priusquam [illegible] consideràsset & liquidò perspexisset: [illegible] temerè reprehenderem, nec eas vicissim [illegible]: ut delationes non admiserit. ut [illegible]; non conviciator, non [illegible], non suspiciosus, non sophista. ut parcus [illegible], vestitu, servitio: ut [illegible],

[illegible]

ANNOTATIONES.

[illegible]

[illegible]

eodem loci ad vesperam usque, durare tenuis beneficio, ... ; nec excernere, nisi tempore convento, recessisse habere. adhuc constantiam & æquabilitatem in amicitia colendis. itaque sententias ipsius libere se opponentes sustinueris; gavisus etiam, si quis meliora quispiam proferret. denique ut citra superstitionem fuerit religiosus. hæc, inquam, imitare, ut probe conscio tibi, sicut illi olim, superveniat hora novissima.

§. 31. Expergiscere, teque revoca. & somno excusso, ubi intellexeris, somnia mera fuisse: quæ te conturbabant, illa vigilans jam denuo intuere, quomodo illa ea intuitus, quæ in somnis videbas.

§ 32.

ANNOTATIONES.

[illegible]

§. 32. Ex corpusculo atque anima constat. corpusculo indifferentia sunt omnia. neque enim ea distinguere novit. menti vero indifferentia sunt, quaecunque non sunt peculiaria ejusdem opera. haec omnia in potestate sua sita habet: & ex his etiam ea sola ad eam pertinent, quae circa id quod in manibus jam est, versantur. futura enim & praeterita illius opera, & ipsa eadem jam sunt indifferentia.

§. 33. Nullus est pedi aut manui praeter naturam labor, dum pes quod pedis est, manus, id quod manus est, faciat. pari modo nec homini, qua homo est, labor ullus est praeter naturam, dum id quod hominis est, faciat. si autem praeter naturam illi non est, nec malum est ei.

§. 34. Quanta voluptate perfruuntur etiam latrones, cinaedi, parricidae, tyranni?

§. 35. Nonne vides, ut artifices mechanici, etiamsi hominibus imperitis quadantenus concedant, artis tamen suae rationem nihilominus retineant [illegible] illius tueantur, nec ab ea quicquam discedere sustineant? nonne ferendum ergo, architectum medicumve artis suae rationem pluris facere, quam hominem suae, quae est illi cum Diis ipsis communis?

§. 36. Asia, Europa, orbis sunt anguli. mare quodvis orbis guttula. Athos monte,

§. 32. [illegible]

§. 33. [illegible]

§. 34. [illegible]

§. 35. [illegible]

§. 36. Ἀσία, ἡ Εὐρώπη, γωνίαι τοῦ κόσμου. [illegible]

ANNOTATIONES.

[illegible]

§. 40. Organorum, instrumentorum, vasorum quodlibet, si id ad quod conditum est facit, bene se habet. ibi tamen opifex, qui condiderat, jam abiit. at in iis, quae à natura continentur, intus est, ibique residet, quae ea condiderat, vis. proinde magis illam vereri oportet, existimandumque tibi, si secundum illius voluntatem te habueris degerisque, omnia tibi ex animi sententia se habere. sic autem & universo ex animi sententia sua habent se sua.

§. 41. Si quid eorum, quae extra arbitrium tuum sunt, bonum malumve esse praesumpseris, necesse erit, ut vel [illegible] vel in malum incideris, vel bono excideris, Deos incuses, oderis homines, qui horum alterutrius tibi vel auctores fuerint, vel etiam fore suspectaris. qui & multa injuste agimus, dum ad ista contendimus. at si ea sola, quae arbitrii sunt nostri, bona malaque censuerimus, nulla jam superesset causa, aut Deum incusandi, aut inimicitias adversus hominem quempiam gerendi.

§. 42. Ad unum cunctique effectum operam conferunt universi simul, alii scienter ac intelligenter, alii

§. 40. Ὄργανον, ἐργαλεῖον, σκεῦος πᾶν, εἰ πρὸς ὃ κατεσκεύασται ποιεῖ, εὖ ἔχει. καίτοι ἐκεῖ ὁ κατασκευάσας ἐκτός. ἐπὶ δὲ τῶν ὑπὸ φύσεως συνεχομένων, ἔνδον ἐστὶ καὶ παραμένει ἡ κατασκευάσασα δύναμις, καθὸ καὶ μᾶλλον αἰδεῖσθαι δεῖ καὶ νομίζειν, ἐὰν κατὰ τὸ βούλημα ταύτης ἔχῃς καὶ διεξάγῃς, ἔχειν σοι πάντα κατὰ νοῦν. ἔχει δὲ οὕτως καὶ τῷ παντὶ κατὰ νοῦν τὰ αὐτοῦ.

§. 41. Ὅ, τι ἂν τῶν ἀπροαιρέτων ὑποστήσῃ σαυτῷ ἀγαθὸν ἢ κακόν, ἀνάγκη κατὰ τὴν περίπτωσιν τοῦ τοιούτου κακοῦ, ἢ τὴν ἀπότευξιν τοῦ τοιούτου ἀγαθοῦ μέμψασθαί σε θεοῖς, καὶ ἀνθρώπους δὲ μισῆσαι τοὺς αἰτίους ὄντας, ἢ ὑποπτευομένους ἐσομένους τῆς ἀποτεύξεως, ἢ τῆς περιπτώσεως. καὶ ἀδικοῦμεν δὴ πολλὰ, διὰ τὴν πρὸς ταῦτα διαφοράν. ἐὰν δὲ μόνα τὰ ἐφ᾽ ἡμῖν ἀγαθὰ καὶ κακὰ κρίνωμεν, οὐδεμία αἰτία καταλείπεται, οὔτε θεῷ ἐγκαλέσαι, οὔτε πρὸς ἄνθρωπον στῆναι στάσιν πολεμίου.

§. 42. Πάντες εἰς ἓν ἀποτέλεσμα συνεργοῦμεν, οἱ μὲν εἰδότως καὶ παρακολουθητικῶς, οἱ δὲ ἀν-

ANNOTATIONES

[illegible]

συνέργους, ὥσπερ καὶ τοὺς καθεύδοντας, οἶμαι, ὁ Ἡράκλειτος ἐργάτας εἶναι λέγει, καὶ συνεργοὺς τῶν ἐν τῷ κόσμῳ γινομένων. ἄλλος δὲ κατ᾽ ἄλλο συνεργεῖ. ἐκ περιουσίας δὲ καὶ ὁ μεμφόμενος, καὶ ὁ ἀντιβαίνειν πειρώμενος, καὶ ἀναιρεῖν τὰ γινόμενα. καὶ γὰρ τοῦ τοιούτου ἔχρῃζεν ὁ κόσμος. λοιπὸν οὖν σύνες εἰς τίνας ἑαυτὸν κατατάσσεις. ἐκεῖνος μὲν γὰρ πάντως σοι καλῶς χρήσεται ὁ τὰ ὅλα διοικῶν, καὶ παραδέξεταί σε εἰς μέρος τι τῶν συνεργῶν καὶ συνεργητικῶν. ἀλλὰ σὺ μὴ τοιοῦτο μέρος γένῃ, οἷος ὁ εὐτελὴς καὶ γελοῖος στίχος ἐν τῷ δράματι,

* συνεργοῦσι

efficacissimis [illegible]. quo modo dormientes quoque Heraclitus, opinor, operarios esse dicit, & ad ea quæ in mundo aguntur, operas conferre. alius vero alio modo operam confert. ex abundanti vero & is qui queritur, & qui in adversum nititur, & quæ ex quo fiunt, tollere conatur. nam & hic affectu mundus opus habebat. proinde cogita tandem, quorum in numerum te referas. siquidem rector ille universi omnino te probe utetur, atque in numerum operariorum operisque mutuas conferentium partem recipiet. tu vero cave pars ejusmodi sis, qualis in fabula vilis & ridiculus versus ille, cujus

ANNOTATIONES.

[illegible]

jus meminit Chrysippus.

§. 43. Numquid Sol pluviae munus ambit, aut tellurem Aesculapius? quid sidera ipsa, nonne diversa quaevis sunt, sed unum tamen idemque efficiendum operas mutuas conferunt?

§. 44. Si quid de me eisque quae mihi sunt obventura Dii consuluerint, omnino bene consuluerunt: etenim consilii expertem Deum nec cogitare facile fuerit. ut autem male mihi facerent, ecquid eos impelleret? ecquid enim vel illis ipsis, vel universo, cujus praecipuè curam gerunt, inde accederet? quod si de me speciatim nihil consuluerint, at de rebus universis saltem omnino consuluerunt; quibus & haec cum consecutione necessaria cohaerent, amplecti haec debeo eisque acquiescere. Sin de nul-

ὁ Χρύσιππος μέμνηται.

§. 43. Μήτι ὁ ἥλιος τὰ τοῦ ὑετοῦ ἀξιοῖ ποιεῖν; μήτι ὁ Ἀσκληπιὸς τὰ τῆς καρποφόρου; τί δὲ τῶν ἄστρων ἕκαστον; οὐχὶ διάφορα μὲν, συνεργὰ δὲ πρὸς τὸ αὐτό;

§. 44. Εἰ μὲν οὖν ἐβουλεύσαντο περὶ ἐμοῦ καὶ τῶν ἐμοὶ συμβῆναι ὀφειλόντων οἱ θεοὶ, καλῶς ἐβουλεύσαντο. ἄβουλον γὰρ θεὸν οὐδὲ ἐπινοῆσαι ῥᾴδιον. κακοποιῆσαι δέ με διὰ τίνα αἰτίαν ἔμελλον ὁρμᾶν; τί γὰρ αὐτοῖς ἢ τῷ κοινῷ, οὗ μάλιστα προνοοῦνται, ἐκ τούτου περιεγίνετο; εἰ δὲ μὴ ἐβουλεύσαντο κατ' ἰδίαν περὶ ἐμοῦ, περί γε τῶν κοινῶν πάντως ἐβουλεύσαντο, οἷς κατ' ἐπακολούθησιν καὶ ταῦτα συμβαίνοντα, ἀσπάζεσθαι καὶ στέργειν ὀφείλω. εἰ δ' ἄρα περὶ

ANNOTATIONES

[illegible]

περὶ μηδενὸς βουλεύονται, πιστεύειν μὲν οὐχ ὅσιον, ἢ μηδὲ θύωμεν, μηδὲ εὐχώμεθα, μηδὲ ὀμνύωμεν, μηδὲ τὰ ἄλλα πράττωμεν, ἅπερ ἕκαστα ὡς πρὸς παρόντας καὶ συμβιοῦντας τοὺς θεοὺς πράττομεν. εἰ δ' ἄρα περὶ μηδενὸς τῶν καθ' ἡμᾶς βουλεύονται, a ἐμοὶ μὲν ἔξεστι περὶ ἐμαυτοῦ βουλεύεσθαι, ἐμοὶ δέ ἐστι b σκέψις περὶ τοῦ c συμφέροντος. b συμφέρει δὲ ἑκάστῳ τὸ κατὰ τὴν ἑαυτοῦ κατασκευὴν καὶ φύσιν. ἡ δὲ ἐμὴ φύσις λογικὴ καὶ πολιτική. d πόλις δὲ e πατρὶς, ὡς μὲν Ἀντωνίνῳ, μοι ἡ Ῥώμη, ὡς δὲ ἀνθρώπῳ, ὁ κόσμος.

a L.5.§.1?. b Sup. §.16. 40. c L.5.§.16. L.3.§.11. d L.12.§.1. e L.4.§.4.

in posterum re consulta iniverint, quod tamen impium est credere, quorsum enim immolaremus, supplicaremus, juraremus, alia faceremus, quae facimus singuli, tanquam si Deos praesentes & conversantes nobiscum haberemus: at si de nulla re, inquam, nostra consilia ineunt; quidni equidem mihi consulam? mihi autem deliberatio competit, de eo quod conducat mihi. conducit verò unicuique, quod est constitutioni & naturae ipsius consentaneum. porrò natura mea rationalis & civilis est: civitas & patria, qua Antoninus, Roma, qua homo, mundus hic

co

ANNOTATIONES.

[illegible]

et civitatibus quae utiles, ea mihi sunt bona.

§. 45. Quaecunque unicuique contingunt, universo conducunt. hoc sufficere poterat. sed & illud adjicietur, quod in universum observatione habita deprehendes, quicquid alicui conducit, etiam aliis conducere. conducibilis verò vocabulum in sensu communi nunc sumatur, cùm de rebus mediis adhibetur.

§. 46. Quemadmodum afficere te solent ea quae in theatro locisque ejusmodi repraesentantur, ut eadem

καὶ ταῖς πόλεσιν ὠφέλιμα, μόνα ἐστί μοι ἀγαθά.

§. 45. Τὰ ἑκάστῳ συμβαίνοντα, συμφέρει τῷ ὅλῳ. ἀρκεῖ τοῦτο. ἀλλ' ἔτι ἐκεῖνο, ὡς ἐπίπαν ὄψει παραφυλάξας, ὅτι τὸ ἑνὶ ἀνθρώπῳ συμφέρον, καὶ ἑτέροις ἀνθρώποις. κοινότερον δὲ νῦν τὸ συμφέρον ἐπὶ τῶν μέσων λαμβανέσθω.

§. 46. Ὥσπερ προσίσταταί σοι τὰ ἐν τῷ ἀμφιθεάτρῳ καὶ τοῖς τοιούτοις χωρίοις, ὡς ἀεὶ τὰ αὐτὰ ὁρώ-

[illegible]

ANNOTATIONES.

[illegible]

ὁρώμενα, καὶ τὸ ὁμοειδὲς προσκορῆ τὴν θέαν ποιεῖ· τοῦτο δὲ ἐπὶ ὅλου τοῦ βίου πάσχειν. ᵃ πάντα γὰρ ἄνω κάτω τὰ αὐτά, καὶ ἐκ τῶν αὐτῶν. μέχρι τίνος οὖν;

a L. 7. §. 2. L. 9. §. 1.

§. 47. Ἐννόει συνεχῶς ᵇ παντοίους ἀνθρώπους, καὶ παντοίων μὲν ἐπιτηδευμάτων, παντοδαπῶν δὲ ἐθνῶν, τεθνεῶτας, ὥστε κατιέναι τοῦτο μέχρι Φιλιστίωνος, καὶ Φοίβου, καὶ Ὀριγανίωνος. μέτιθι νῦν ἐπὶ τὰ ἄλλα φῦλα. ἐκεῖ δὴ μεταβαλεῖν ἡμᾶς δεῖ, ὅπου τοσοῦτοι μὲν δεινοὶ ῥήτορες, τοσοῦτοι δὲ σεμνοὶ φιλόσοφοι, ᶜ Ἡράκλειτος, Πυθαγόρας, Σωκράτης, τοσοῦτοι δὲ ἥρωες πρότερον, τοσοῦτοι δὲ ὕστερον στρατηγοί, τύραννοι. ἐπὶ τούτοις δὲ Εὔδοξος, ἵπ-

b L. 4. §. 1. L. 6. §. 3.

c L. 3. §. 3. 19.

semper uniformiter exhibita, spectandi fatietatem pariant: eodem modo & in vita tota sis affectum. universa enim sunt sursum deorsum eadem, & ex eisdem. quousque igitur?

§. 47. Illud jugiter cogita, omnia genera, omnium opificum studiorum, gentium & nationum, homines, mortuos esse. descende hoc modo usque ad Philistionem, Phoebum, Origanionem. tum ad alias classes te transfer: eo nimirum nos concedere oportet, quo tot oratores diserti, tot philosophi venerandi, Heraclitus, Pythagoras, Socrates; tot heroes prisci; tot bona seculi imperatores, tyranni: Eudoxus insuper, Hip-par-

ANNOTATIONES.

[illegible] gravamen habere.

Τὰ περὶ τὸ θέατρον] De Circensibus Plinio etiam lib. 9. Epist. 6. [illegible] Vide ad l. 7. §. 3.

Καὶ τὸ ὁμοειδὲς] [illegible] Et Tolons l. 9. c. 6. [illegible]

[illegible] Vide l. 2. §. 14. & l. 4. §. 32. & supra §. 37.

Μέχρι τίνος οὖν;] Apud Senecam Epist. 77. [illegible]

[illegible]

Et paulo post:

[illegible]

[illegible]

[illegible] Vide l. [illegible]

§. 47. Τεθνεῶτας] Vide l. 3. §. 3. & l. 4. §. 48. [illegible]

Φιλιστίωνος] [illegible]

[illegible]

[illegible]

Ὀριγανίωνος] Vide l. 3. §. 3. & l. 7. §. 19.

Ἡράκλειτος, Πυθαγόρας] Vide l. 3. §. 3. & l. 4. §. 37. 48. [illegible]

[illegible]

Εὔδοξος] [illegible]

[illegible]

[illegible]

ANNOTATIONES

[illegible]

[illegible] ἐτῶν μέχρι [illegible] πλείονος; ὥσπερ γὰρ τῆς οὐσίας, ὅσον ἀφώρισταί σοι, ἀρκῇ, οὕτως καὶ ἐπὶ τοῦ χρόνου.

§. 50. Πειρῶ μὲν πείθειν αὐτούς. πρᾶττε δὲ καὶ ἀκόντων, ὅταν τῆς δικαιοσύνης ὁ λόγος οὕτως ἄγῃ. ἐὰν μέντοι βίᾳ τις προσχρώμενος ἐνίστηται, μετάβαινε ἐπὶ τὸ εὐάρεστον καὶ ἄλυπον, καὶ συγχρῶ εἰς ἄλλην ἀρετὴν τῷ κωλύματι. καὶ μέμνησο ὅτι μεθ' ὑπεξαιρέσεως ὥρμας, ὅτι καὶ τῶν ἀδυνάτων οὐκ ὠρέγου. τίνος οὖν; τῆς τοιᾶσδέ τινος ὁρμῆς. τούτου δὲ τυγχάνεις, ἐφ' ἃ προήχθημεν, ταῦτα γίνεται.

§. 51. Ὁ μὲν φιλόδοξος ἀλλοτρίαν ἐνέργειαν ἴδιον ἀγαθὸν ὑπολαμβάνει· ὁ δὲ φιλήδονος ἰδίαν πεῖσιν.

torum sis, aegre fers? nec inique, quod tot annos, non amplius, victurus sis, aegre fers. Sicut enim staturae, sic & temporis, quantum assignatum est tibi, tanto contentum te oportet.

§. 50. Aliis quae justa sunt, persuadere conemur. Sed invitis etiam facito, quod justitiae ratio exegerit. quod si quis vi adhibita obstiterit tibi, tu ad aequanimitatem & tranquillitatem te transfer, eoque quod obstat ad virtutis alterius exercitium sic utere. memineris etiam, quod cum exceptione opus aggrediebare, nec id appetebas, quod fieri non poterat. quid ergo? conatum istiusmodi, hunc utique assequeris, etiamsi ea quae conatus fueras, non fiant.

§. 51. In actione aliena ambitiosus bonum suum situm opinatur; in passione sua voluptuarius: in actio-

ANNOTATIONES

[illegible]

§. 50. [illegible]

[illegible]

actiones suas vir prudens.

§. 52. Licet de re hac vel illa nihil opinari, atque ita animi perturbationem omnem effugere. neque enim habent in se res ipsae vim ullam judicia nostra eliciendi.

§. 53. Assuesce eis quae ab alio dicuntur animum sedulo adhibere, & quantum poteris dicentis animo penitus interesse.

§. 54. Quod examini non conducit, nec api conducit.

§. 55. Si gubernatori navtae, medico aegroti maledicerent, ecquem alium auscultarent? aut quo modo ea efficeret ille, quod navigantibus salutem pareret, aegrotantibus sanitatem?

ὁ δὲ νοῦν ἔχων, ἰδίαν πρᾶξιν.

§. 52. Ἔξεστι περὶ τούτου μηδὲν ὑπολαμβάνειν, καὶ μὴ ὀχλεῖσθαι τῇ ψυχῇ. αὐτὰ γὰρ τὰ πράγματα οὐκ ἔχει φύσιν ποιητικὴν τῶν ἡμετέρων κρίσεων.

§. 53. Ἔθισον σεαυτὸν πρὸς τῷ ὑπὸ τοῦ ἄλλου λεγομένῳ γίνεσθαι ἀπαρενθυμήτως, καὶ ὡς οἷόν τε ἐν τῇ ψυχῇ τοῦ λέγοντος γίνου.

§. 54. Τὸ τῷ σμήνει μὴ συμφέρον, οὐδὲ τῇ μελίσσῃ συμφέρει.

§. 55. Εἰ κυβερνῶντα οἱ ναῦται, ἢ ἰατρεύοντα οἱ κάμνοντες κακῶς ἔλεγον, ἄλλῳ τινὶ ἂν προσεῖχον; ἢ πῶς αὐτὸς ἐνεργοίη, τὸ τοῖς ἐμπλέουσι σωτήριον, ἢ τὸ τοῖς θεραπευομένοις ὑγιεινόν;

§. 56.

ANNOTATIONES.

[illegible]

C 2

§. 56. Πόσοι μεθ' ὧν συνεισῆλθον εἰς τὸν κόσμον, ἤδη ἀπεληλύθασι;

§. 57. Ἰκτεριῶσι τὸ μέλι πικρὸν φαίνεται· καὶ λυσσοδήκτοις τὸ ὕδωρ φοβερόν· καὶ παιδίοις τὸ σφαιρίον καλόν. τί οὖν ὀργίζομαι; ἢ δοκεῖ σοι ἔλασσον ἰσχύειν τὸ διεψευσμένον, ἢ τὸ χολίον τῷ ἰκτεριῶντι, καὶ ὁ ἰὸς τῷ λυσσοδήκτῳ;

§. 58. Κατὰ τὸν λόγον τῆς σῆς φύσεως, βιοῦν σε οὐδεὶς κωλύσει. παρὰ τὸν λόγον τῆς κοινῆς φύσεως, οὐδέν σοι γενήσεται.

§. 59. Οἷοί εἰσιν, οἷς θέλουσιν ἀρέσκειν, καὶ δι' οἷα περιγινόμενα, καὶ δι' οἵων ἐνεργει-

§. 56. Quam multi eorum, quibuscum in mundum intraveram, ex eodem jam excesserunt?

§. 57. Aurigine affectis mel amarum videtur; à cane rabido morsis, aqua formidabilis; contrà pueris pila pulcrum quid. cur igitur cuiquam succenses? an minus posse putas mentis errorem, quam apud aegrotum bilem, apud lymphaticum virus?

§. 58. Quo minus secundum naturae tuae rationem vivas, nemo te coget. praeter communis verò naturae constitutionem nihil tibi continget.

§. 59. Perpende tecum, quales sint quibus placere cupis, & quarum rerum potiundi causâ id velis, quibusque officiis ista demerearis. item quam cito

ANNOTATIONES.

[illegible]

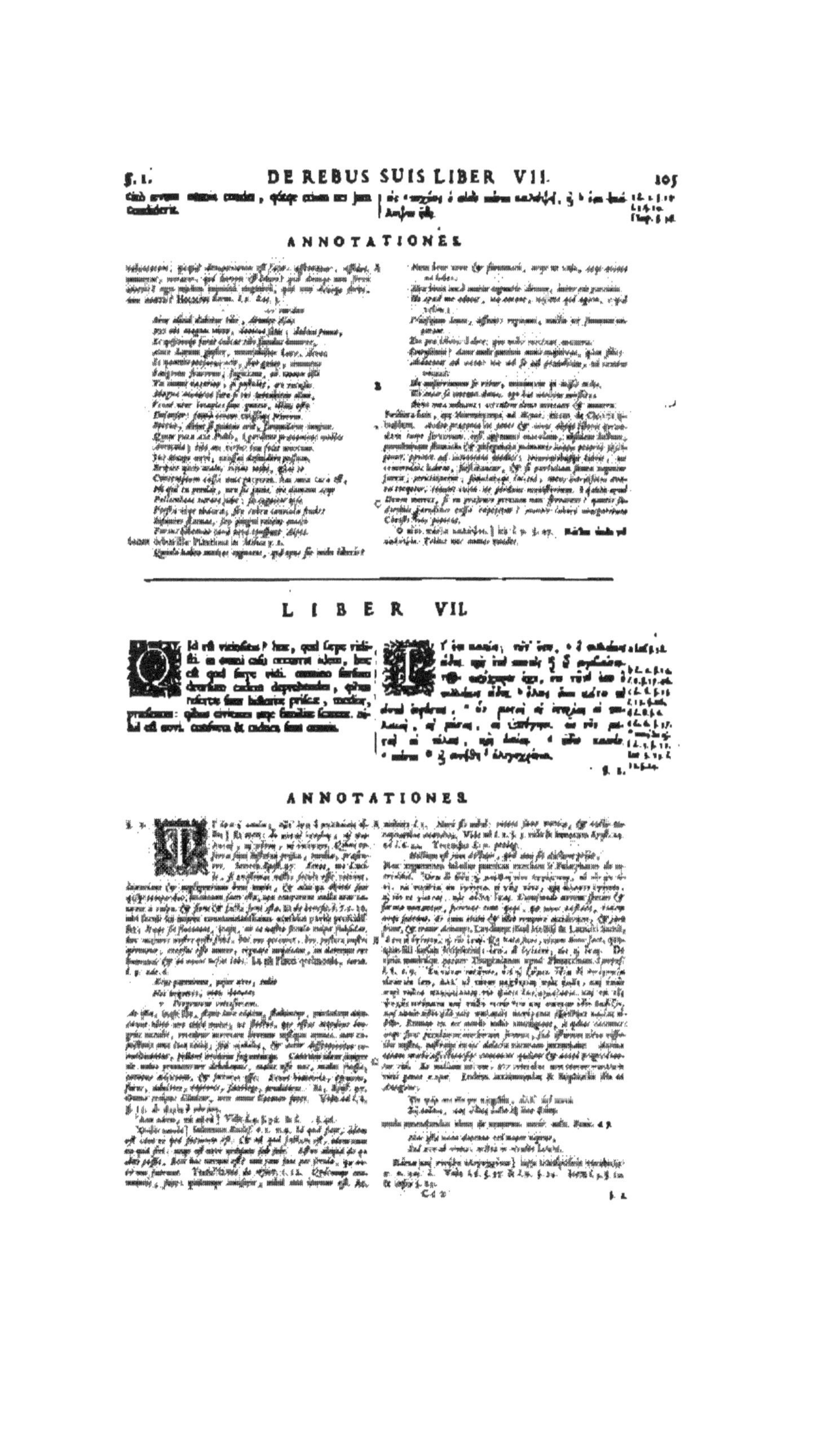

[illegible]

ANNOTATIONES.

[illegible]

LIBER VII.

Quid est vitiositas? hoc, quod saepe vidisti. in omni casu occurrat idem, hoc est quod saepe vidi. omnino sursum deorsum eadem deprehendes, quibus refertae sunt historiae priscae, mediae, praesentes: quibus civitates atque familiae scatent. nihil est novi. consueta et caduca sunt omnia.

[illegible]

ANNOTATIONES.

[illegible]

§. 2. [illegible]

§. 2. Dogmata in te aboleri quo modo poterunt, nisi cogitationes his congruae extinguantur? quas resuscitare tibi, quoties libuerit, licet. possum de re ista, quod oportet, opinari. Si possum, quid perturbatur mihi animus? nihil quicquam ad mentem faciunt, quae extra mentem sunt. ista hoc modo sis affectus, & recta consistis. reviviscere tibi licet. res ipsas intuere prout prius vidisti. hoc est enim reviviscere.

§. 3. [illegible]

§. 3. Pompae studium inane, fabulae scenicae, greges, armenta, velitationes, ossiculum projectum catellulis, offula in piscinam immissa, [illegible]

ANNOTATIONES.

[illegible]

[illegible]

ANNOTATIONES

[illegible]

[illegible]

§. 4. [illegible]

§. 5. [illegible]

§. 6. [illegible]

ignemque esse, quoniam illud est in quo studium posueris.

§. 4. In sermone, eis quae dicuntur; in motu omni, eis quae fiunt animum advertere oportet: & in altero videre, quid designetur; in altero vero, quorsum referatur, considerandum.

§. 5. Sufficitne ad illud mens mea, necne? si sufficit, ea tanquam instrumento ab universi natura mihi dato ad hoc efficiendum utor; si non sufficit, aut opus illi concedo, qui me melius id efficere potest, nisi aliter ad officium meum pertinuerit; vel quod possum facio, in adjutorium assumto eo, qui mentis meae opera adjutus id possit, quod ad societatem humanam est hoc ipso tempore tempestivum ac utile. quicquid enim, vel per me, vel cum alio fecero, ad id dumtaxat tendere debet quod est societati utile & congruum.

§. 6. Quam multi qui celebrati admodum olim extitere, oblivioni nunc sunt traditi? quam multi etiam eorum, qui istos celebraverant, jam olim penitus aboliti sunt?

§. 7.

ANNOTATIONES.

§. 3. [illegible]

§. 4. [illegible]

§. 5. [illegible]

[illegible]

§. 7. Auxilii tui te poeniteat. hoc est enim tibi proprium, ut quod est muneris tui facias, quomodo mihi in damnatione [illegible]. quid ergo, si ad propugnaculum adscendere solus, qui claudas ei, [illegible], ab altero vero adjutus possis?

§. 8. De funeris sollicitus ne sis. accedes enim ad ea, si ita accessus fuerit, ratione instructus eadem, qua nunc ad praesentia uteris.

§. 9. Omnia sunt sibi invicem implexa, & vinculo quodam sacro sibi invicem sic devincta, ut nihil al-

§. 7. [illegible]

§. 8. [illegible]

§. 9. [illegible]

ANNOTATIONES

[illegible]

[illegible] ἄλλα ἄλλῳ· συντέτακται γὰρ, καὶ συγκοσμεῖ τὸν αὐτὸν κόσμον. κόσμος τε γὰρ εἷς ἐξ ἁπάντων, καὶ θεὸς εἷς διὰ πάντων, καὶ οὐσία μία, καὶ νόμος εἷς, λόγος κοινὸς πάντων τῶν νοερῶν ζώων, καὶ ἀλήθεια μία· εἴγε καὶ τελειότης μία τῶν ὁμογενῶν καὶ τοῦ αὐτοῦ λόγου μετεχόντων ζώων.

§. 10. Πᾶν τὸ ἔνυλον, ἐναφανίζεται τάχιστα τῇ τῶν ὅλων οὐσίᾳ, καὶ πᾶν αἴτιον, εἰς τὸν τῶν ὅλων λόγον τάχιστα ἀναλαμβάνεται, καὶ παντὸς μνήμη τάχιστα ἐγκαταχώννυται τῷ αἰῶνι.

§. 11. Τῷ λογικῷ ζώῳ ἡ αὐτὴ πρᾶξις κατὰ φύσιν ἐστὶ, καὶ κατὰ λόγον.

§. 12. Ὀρθὸς, ἢ ὀρθούμενος.

[illegible] tertum ab altero sit alienum. coordinata enim simul, eundemque mundum cohonestant. etenim & mundus unus, & Deus unus est in omnibus, & materia una, & lex una, ratio nempe animantium intelligentium omnium communis; & verum unum: siquidem & perfectio una animantium sibi invicem congenerum, ejusdemque rationis participum.

§. 10. Materiale omne, in universi substantiam quam celerrime evanescit: causale omne, in universi rationem non multo citius resorbetur, memoria denique rei cujusque pari celeritate in aevo quasi defossa sepelitur.

§. 11. Animali ratione praedito eadem actio est, & secundum naturam, & secundum rationem.

§. 12. Aut rectus, aut erectus sis.

§. 13.

ANNOTATIONES

[illegible]

§. 13. Quomodo se habent in continuis corporis membra, eodem se habent in dissitis quæ ratione sunt prædita, ad mutuam enim rei ejusdem efficiendæ operam conformata cum sint utraque. consideratio hæc animum tuum magis attinget, si te frequenter sic alloquutus fueris, Membrum sum ego compagis istius quæ ex ratione præditis componitur. Sin partem duntaxat esse te dixeris, homines ex animo nondum diligis, nec ipsum beneficere per se nondum oblectat te: adhuc tanquam quod fieri decens tantum facis, nondum perinde ac si tibi ipsi benefacias.

§. 13. Οἷόν ἐστιν ἐν ἡνωμένοις τὰ μέλη τοῦ σώματος, τοῦτον ἔχει τὸν λόγον ἐν διεστῶσι τὰ λογικά, πρὸς μίαν τινὰ συνεργίαν κατεσκευασμένα. μᾶλλον δέ σοι ἡ τούτου νόησις προσπεσεῖται, ἐὰν πρὸς ἑαυτὸν πολλάκις λέγῃς, ὅτι μέλος εἰμὶ τοῦ ἐκ τῶν λογικῶν συστήματος. ἐὰν δὲ διὰ τοῦ ῥῶ μέρος εἶναι ἑαυτὸν λέγῃς, οὔπω ἀπὸ καρδίας φιλεῖς τοὺς ἀνθρώπους· οὔπω σε καταληκτικῶς εὐφραίνει τὸ εὐεργετεῖν· ἔτι ὡς πρέπον αὐτὸ ψιλὸν ποιεῖς, οὔπω ὡς σαυτὸν εὖ ποιῶν.

§. 14.

ANNOTATIONES

[illegible]

[illegible]

§. 14. Ὃ θέλει, ἔξωθεν προσπιπτέτω τοῖς παθεῖν ἀπὸ τῆς προσπτώσεως ταύτης δυναμένοις· ἐκεῖνα γάρ, ἐὰν θέλῃ, μέμψεται τὰ παθόντα. ἐγὼ δέ, ἐὰν μὴ ὑπολάβω ὅτι κακὸν τὸ συμβεβηκός, οὔπω βέβλαμμαι· ἔξεστι δέ μοι μὴ ὑπολαβεῖν.

§. 14. Quicquid voluerit, ut extrinsecus accidat, quae casibus illiusmodi affici possunt. Ipsa enim, quae affecta sunt, conquerantur, si velint. Ipse nisi malum censuero id quod contingit, nondum sum laesus: in me autem situm est, nihil male opinari.

§. 15. Ὅ τι ἄν τις ποιῇ ἢ λέγῃ, ἐμὲ δεῖ ἀγαθὸν εἶναι· ὡς ἂν εἰ ὁ χρυσὸς ἢ ὁ σμάραγδος ἢ ἡ πορφύρα τοῦτο ἀεὶ ἔλεγεν· ὅ τι ἄν τις ποιῇ ἢ λέγῃ, ἐμὲ δεῖ σμάραγδον εἶναι, καὶ τὸ ἐμαυτοῦ χρῶμα ἔχειν.

§. 15. Quicquid vel fecerit vel dixerit quispiam, probum esse me oportet. haud aliter, quam si aurum aut smaragdus aut purpura hoc semper diceret, Quicquid fecerit dixeritve quispiam, smaragdum esse me oportet, nitoremque meum retinere.

§. 16. Τὸ ἡγεμονικὸν, αὐτὸ ἑαυτῷ ἐνοχλεῖ· οἷον λέγω, ἢ φοβεῖ ἑαυτὸ εἰς ἐπιθυμίαν.

§. 16. Mens an non ipsa perturbat se? verbi gratia, an non ipsa in formidinem, in maestitiam impellit.

ANNOTATIONES

[illegible]

pellere se? aliter quis si terrefacere eam aut contristari possit, faciat. in ipsius voluntate situm est, ut ne ad ejusmodi opinandum se commoveat. corpusculum id quid patiatur, sibi curae habeat, si possit, & quando patiatur quicquam, conqueratur. animula verò, quae timet, quae dolet, quae super his omnino aliquid opinatur, nihil horum patiatur, nisi si eam ipsa in judicium ejusmodi deduxeris. nullius rei alterius per se indiga est mens, nisi ipsa sibi indigentiam creaverit. eademque ratione & perturbatione & impedimento omni immunis, nisi ipsa se perturbaverit aut impediverit.

§. 17. Felicitas est bonus genius, sive mens bona. quid igitur facis hic, o phantasia? facesse hinc, per deos, uti accessisti: nihil enim opus te habeo. more antiquo accessisti. non succenseo tibi tamen. facesse tantùm.

§. 18. Cur mutationem quis metuat? quid enim fieri potest absque mutatione? quid autem aut gratius aut familiarius universi naturae? ipse tum balneo uti poteris, ni ligna mutationem subeant? num nutriri, ni cibaria itidem mutentur? numquid aliud utile quicquam perfici, nisi interveniente mutatione? an non vides

εἰ δ᾽ ἔτι ἄλλ@ αὐτὸ φοβεῖν ἢ λυπεῖν δύναται, ποιείτω. αὐτὸ γὰρ ἑαυτὸ ὑπολήψει οὐ τρέψει εἰς τοιαύτας τροπάς. τὸ σωμάτιον, μὲν αὐτὸ μεριμνάτω, εἰ δύναται, μή τι πάθῃ, καὶ λεγέτω. ἡ δὲ ψυχὴ, τὸ φοβούμενον, τὸ λυπούμενον, τὸ περὶ τούτων ὅλως ὑπολαμβάνον, οὐδὲν μὴ πάθῃ. οὐ γὰρ ἄξεις αὐτὴν εἰς τοιαύτην κρίσιν. ἀπροσδεές ἐστιν ὅσον ἐφ᾽ ἑαυτῷ, τὸ ἡγεμονικὸν, ἐὰν μὴ ἑαυτῷ ἔνδειαν ποιῇ. κατὰ ταὐτὰ δὲ καὶ ἀτάραχον καὶ ἀνεμπόδιστον, ἐὰν μὴ ἑαυτὸ ταράσσῃ καὶ ἐμποδίζῃ.

§. 17. Εὐδαιμονία ἐστὶ, δαίμων ἀγαθὸς, ἢ ἀγαθόν. τί οὖν ὧδε ποιεῖς, ὦ φαντασία; ἄπιθι, τοὺς θεούς σοι, ὡς ἦλθες. οὐ γὰρ χρῄζω σου. ἐλήλυθας δὲ κατὰ τὸ ἀρχαῖον ἔθος. οὐκ ὀργίζομαί σοι. μόνον ἄπιθι.

§. 18. Φοβεῖταί τις μεταβολήν; τί γὰρ δύναται χωρὶς μεταβολῆς γενέσθαι; τί δὲ φίλτερον ἢ οἰκειότερον τῇ τῶν ὅλων φύσει; σὺ δὲ αὐτὸς λούσασθαι δύνασαι, ἐὰν μὴ τὰ ξύλα μεταβάλῃ; τραφῆναι δὲ δύνασαι, ἐὰν μὴ τὰ ἐδώδιμα μεταβάλῃ; ἄλλο δέ τι τῶν χρησίμων δύναται συντελεσθῆναι χωρὶς μεταβολῆς; οὐχ ὁρᾷς οὖν, ὅτι καὶ αὐτὸ τὸ

σὲ

ANNOTATIONES.

[illegible]

τὸ μεταβάλλειν ὅμοιόν ἐστι, καὶ ὁμοίως ἀναγκαῖον τῇ τῶν ὅλων φύσει;

§. 19. Διὰ τῆς τῶν ὅλων οὐσίας, ὡς διὰ χειμάῤῥου, διεκπορεύεται πάντα τὰ σώματα, τῷ ὅλῳ συμφυῆ καὶ συνεργὰ, ὡς τὰ ἡμέτερα μέρη ἀλλήλοις. πόσους ἤδη ὁ αἰὼν Χρυσίππους, πόσους Σωκράτεις, πόσους Ἐπικτήτους καταπέπωκε; τὸ δ' αὐτὸ καὶ ἐπὶ παντὸς οὑτινοσοῦν καὶ ἀνθρώπου καὶ πράγματος προσπιπτέτω.

§. 20. Ἐμὲ ἓν μόνον περισπᾷ, μήτι αὐτὸς ποιήσω, ὃ ἡ κατασκευὴ τοῦ ἀνθρώπου οὐ θέλει, ἢ ὡς οὐ θέλει, ἢ ὃ νῦν οὐ θέλει.

§. 21. Ἐγγὺς μὲν ἡ σὴ περὶ πάντων λήθη, ἐγγὺς δὲ ἡ πάντων περὶ σοῦ λήθη.

§. 22. Ἴδιον ἀνθρώπου φιλεῖν καὶ τοὺς πταίοντας. τοῦτο δὲ γίνεται, ἐὰν συμπροσπίπτῃ σοι, ὅτι καὶ συγγενεῖς, καὶ δι' ἄγνοιαν, καὶ ἄκοντες ἁμαρτάνουσι καὶ ὅτι μετ' ὀλίγον ἀμφότεροι τεθνήξεσθε, καὶ πρὸ πάντων, ὅτι οὐκ ἔβλαψέ σε· οὐ γὰρ τὸ ἡγεμονικόν σου χεῖρον ἐποίησεν, ἢ πρόσθεν ἦν.

§. 23. Ἡ τῶν ὅλων φύσις, ἐκ τῆς ὅλης οὐσίας, ὡς κηρὸν, νῦν μὲν ἱππάριον ἔπλασε· συγχέασα δὲ τοῦτο, εἰς δένδρου φύσιν συνεχρήσατο τῇ ὕλῃ αὐτοῦ, εἶτα εἰς ἀνθρωπάριον, εἶτα εἰς ἄλλο τι. ἕκαστον δὲ τούτων πρὸς ὀλίγιστον ὑπέστη.

simile quiddam esse & necessarium tui, nec universi naturae minus necessarium?

§. 19. Per universi substantiam, tanquam per torrentem, corpora transeunt universa, ipsi universo, prout membra sibi invicem nostra, cognata & eidem cooperantia. quot Chrysippos, quot Socrates, quot Epictetos jam dudum absorpsit aevum istud? idem tibi de quovis tum homine, tum re succurrat.

§. 20. Hoc unum me sollicitum habet, nequid ipse faciam, quod hominis conditio vel minus velit, vel secus velit, vel nunc nolit.

§. 21. Instat tempus, quo tu omnium oblitus eris; instat, & quo omnes tui.

§. 22. Hominis est, etiam eos qui offendunt diligere. hoc fiet, si una succurrat tibi, eos esse tibi cognatos, eos inscios invitosque peccare; adhaec, paulo post utrosque vestrûm morti concessuros: prae omnibus denique, nihil eos te laesisse, neque enim mentem tuam deteriorem facere potuisse, quam prius fuerat.

§. 23. Universi natura ex communi rerum omnium materia, tanquam è cera, nunc equuleum effingit; quem mox denuo diffingit, ejusdemque materiâ ad arborem producendam abutitur; tum ad homunculum, dein ad aliud quidpiam. horum autem quodlibet ad breve temporis spatium subsistit.

istis

ANNOTATIONES.

§. 19. Ὡς διὰ χειμάῤῥου] Vide ad l. 4. §. 43. & l. 5. §. 23. [illegible]

[illegible]

[illegible] cera, dissolvi nihilo magis molestum est, quàm compingi primò fuerit.

§. 24. Torvum vultûs est valde praeter naturam. [illegible]

§. 24. Τὸ ἐσκυθρωπασμένον τοῦ προσώπου λίαν παρὰ φύσιν, [illegible]

ANNOTATIONES.

[illegible]

[illegible]

§. 25. [illegible]

§. 26. [illegible]

§. 27. [illegible]

quorsum homo sic affectus vitam protrahat amplius?

§. 25. Quæcunque vides, universa mox ea mutatura universi rectrix natura, aliaque ex eorum materia effectura, & ex horum rursus alia, ut mundus perpetuo renovetur.

§. 26. Cum adversum te quispiam peccaverit quid, considera statim, quid bonum malumve esse ratus id egerit. hoc enim perspecto, misereberis illius, nec aut mirabere, aut succensebis. forsan enim vel idem illud, quod ille, vel aliud quidpiam ejusmodi, ipse pariter cum illo bonum esse opinaris. hoc si fuerit, & illi te ignoscere oportet. Sin ejusmodi nec bona nec mala censueris, ex errore animi delinquentem æquanimius feres.

§. 27. Non tam quæ desunt tibi, quam quæ adsunt, cogita.

ANNOTATIONES.

[illegible]

[illegible]

§. 28. [illegible]

§. 29.

ANNOTATIONES.

[illegible]

§. 29. [illegible]

§. 30. [illegible]

§. 31. [illegible]

—— [illegible]

[illegible]

§. 29. Imaginationes abstergē: impetum motus compesce: tempus praesens circumscribe: cognosce, quicquid vel tibi, vel alii cuiquam contingit: rem subjectam quamque divide & partire in formam & materiam. horam novissimam cogita. quod alteri peccatum est, ibi ubi extitit, relinque.

§. 30. His quae dicuntur, animum [illegible] intende: in ea quae fiunt faciuntve, mentem altius descende.

§. 31. Exorna te simplicitate, modestia: affectu adversus res medias indifferenti. genus humanum dilige. Deo obsequere.

—— omnia, inquit ille, decernunt omnia lege.

quid verò si elementa sola? [illegible], lege certâ [illegible] exceptis.

§. 32.

ANNOTATIONES.

[illegible]

§. 32. Mortem quod attinet, sive fuerit dissipatio, sive in atomos resolutio, sive [illegible], vel est extinctio, vel translatio.

§. 33. De dolore sic habeas. si ferri non potest, interimit: si diutius duraverit, ferri potest.

§. 32. Περὶ θανάτου. ἢ σκεδασμὸς, εἰ ἄτομοι, ἢ ἕνωσις, ἢ σβέσις, ἢ μετοίκισις.

§. 33. Περὶ πόνου. τὸ μὲν ἀφόρητον, ἐξάγει· τὸ δὲ χρονίζον, φορητὸν, καὶ

ANNOTATIONES.

[illegible]

[illegible]

[illegible marginal notes]

καὶ ἡ διάνοια τὴν ἑαυτῆς γαλήνην κατὰ ἀπόληψιν διατηρεῖ, καὶ οὐ χεῖρον τὸ ἡγεμονικὸν γέγονε. τὰ δὲ κακούμενα μέρη ὑπὸ τοῦ πόνου, εἴ τινα δύναται, περὶ αὐτοῦ ἀποφηνάσθω.

§. 34. Περὶ δόξης. ἴδε τὰς διανοίας αὐτῶν, οἷαι, καὶ οἷα μὲν φεύγουσαι, οἷα δὲ διώκουσαι. καὶ ὅτι, ὡς αἱ θῖνες ἄλλαι ἐπ' ἄλλαις ἐπιφορούμεναι κρύπτουσι τὰς προτέρας, οὕτως ἐν τῷ βίῳ τὰ πρότερα ὑπὸ τῶν ἐπενεχθέντων τάχιστα ἐκαλύφθη.

§. 35. Πλατωνικόν. ᾯ οὖν ὑπάρχει διάνοια μεγαλοπρεπὴς καὶ θεωρία παντὸς μὲν χρόνου, πάσης δὲ οὐσίας, ἆρα οἴει τούτῳ μέγα τι δοκεῖν εἶναι τὸν ἀνθρώπινον βίον; ἀδύνατον, ἦ δ' ὅς. οὐκοῦν καὶ θάνατον οὐ δεινόν τι ἡγήσεται ὁ τοιοῦτος; ἥκιστά γε.

§. 36. Ἀντισθενικόν. βασιλικὸν μὲν εὖ πράττειν, κακῶς δὲ ἀκούειν.

§. 37. Αἰσχρόν ἐστι, τὸ μὲν πρόσωπον ὑπήκοον εἶναι, καὶ σχηματίζεσθαι, καὶ κατακοσμεῖσθαι ὡς κελεύει ἡ διάνοια, αὐτὴν δὲ ὑφ' ἑαυτῆς μὴ σχηματίζεσθαι καὶ κατακοσμεῖσθαι.

§. 38. τοῖς πράγμασιν γὰρ οὐχὶ θυμοῦσθαι χρεών.
μέλει γὰρ αὐτοῖς οὐδέν.

mens interim opinionis ope tranquillitatem servat sibi; nec deterior quoque redditur pars animi princeps. corporis verò membra, quæ dolore sunt afflicta, ipsa si quid possunt, de eo statuant.

§. 34. Quod ad gloriam, animos eorum, à quibus ea expetitur, considera, quales existant, & qualia tum fugiant, tum & sectentur. illud item despice, sicut arenarum cumuli alii aliis superingesti priores abscondunt; perinde in vita contingere, ut antegressa à succedentibus quàm celerrimè abscondantur.

§. 35. Platonis dictum. Cui igitur animus sublimis fuerit, quique & tempus omne, & substantiam omnem contemplatur, numquid huic magnum quiddam putas posse videri hominis vitam? Fieri, inquit, non potest. Neque mortem igitur grave quid reputabit. Minimè vero.

§. 36. Antisthenis illud. Malè audire, cùm benefeceris, regium est.

§. 37. Indignum est; vultum animo obtemperantem, pro ejus imperio conformare & componere sese; ipsum verò animum ad suipsius arbitrium non conformari & componi.

§. 38. *Non utique hominum rebus irasci decet!*
Nil quippe curant ipsa.

§. 39.

ANNOTATIONES

[illegible]

§. 39. *Diis hoc exemplis et nobis [illegible].*

§. 40. *Spicas velut frugiferas, sic vitam meti:*

Ut hic sit, ille non sit.

§. 41. *Si me neglexere liberos Dii [illegible],*

Hujus etiam causa ratio.

§. 42. *Aequum bonumque a me est.*

§. 39. [illegible]

§. 40. Βίον θερίζειν, ὥστε κάρπιμον στάχυν.
Καὶ τὸν μὲν εἶναι, τὸν δὲ μή.

§. 41. Εἰ δ' ἠμελήθην ἐκ θεῶν καὶ παῖδ' ἐμώ,
Ἔχει λόγον καὶ τοῦτο.

§. 42. Τὸ γὰρ εὖ μετ' ἐμοῦ καὶ τὸ δίκαιον.

§. 43.

ANNOTATIONES

[illegible]

§. 43. [illegible]

§. 44. [illegible]

§. 45. [illegible]

§. 46. [illegible]

§. 43. [illegible]

§. 44. Platonis ista. Ego huic responsum hoc, justumque illud, referrem. [illegible] rectè censes, mi homo, si hominem, qui vel tantillus sit usus, existimas mortis vitæque discrimen in numero aliquo habiturum; nec hoc duntaxat considerantem, id quod agit, justumne an injustum, honestumque probi an improbi sit.

§. 45. Ejusdem. Sic enim se re verâ habet, viri Athenienses, quocunque loco semet collocaverit quis, illum cum sibi optimum ducens, aut à principe fuerit collocatus, eum hunc tueri (uti mihi videtur) oportet, etiamsi cum discrimine conjunctum id sit, nec ullius rei cujusquam, ne mortis quidem, præ eo quod est turpe, rationem habere.

§. 46. Ejusdem. Verùm, ô bone vir, illud videris, numquid aliud quid generosum esse bonumque existat, quam servare & servari. neque enim hoc est, quod, vir verè qui sit, tantopere expetere debeat, ut temporis tantundem vivat; neque vitæ oportet avidum esse, sed

ANNOTATIONES.

[illegible]

sed istis Deo demissis, & mulierculis etiam fide adhibita, fieri non posse ut fatum quisquam quoquo modo effugiat; hoc deinceps ei perpendendum, quomodo tempus hoc, quo victurus sit, quam optimè exigat.

§. 47. Astrorum cursus contemplare, tanquam unà cum illis circumactus: elementorum etiam mutationes mutuas animo jugiter revolve. Ejusmodi enim cogitationes vitæ hujus terrestris sordes expurgant.

ἀλλ' ἐπιτρέψαντα περὶ τούτων τῷ θεῷ, καὶ πιστεύσαντα ταῖς γυναιξὶν, ὅτι τὴν εἱμαρμένην οὐδὲ εἷς ἂν ἐκφύγοι, τὸ ἐπὶ τούτῳ σκεπτέον, τίνα ἂν τρόπον, τοῦτον, ὃν μέλλοι χρόνον βιῶναι, ὡς ἄριστα βιώη.

§. 47. Περισκοπεῖν ἄστρων δρόμους, ὥσπερ συμπεριθέοντα. καὶ τὰς τῶν στοιχείων εἰς ἄλληλα μεταβολὰς συνεχῶς ἐννοεῖν. ἀποκαθαίρουσι γὰρ αἱ τούτων φαντασίαι τὸν ῥύπον τοῦ χαμαὶ βίου.

ANNOTATIONES

[illegible]

§. 48. Καλὸν τὸ τοῦ Πλάτωνος. καὶ δὴ περὶ ἀνθρώπων τοὺς λόγους ποιούμενον, ἐπισκοπεῖν δεῖ καὶ τὰ ἐπίγεια, ὥσπερ ποθὲν ἄνωθεν, κατ' ἀγέλας, στρατεύματα, γεώργια, γάμους, διαλύσεις, γενέσεις, θανάτους, δικαστηρίων θόρυβον, ἐρήμους χώρας, βαρβάρων ἔθνη ποικίλα, ἑορτάς, θρήνους, ἀγοράς, τὸ παμμιγὲς καὶ τὸ ἐκ τῶν ἐναντίων συγκοσμούμενον.

§. 49. Τὰ προγεγονότα ἀναθεωρεῖν, τὰς τοσαύτας τῶν ἡγεμονιῶν μεταβολάς. ἔξεστι καὶ τὰ ἐσόμενα προεφορᾶν. ὁμοειδῆ γὰρ πάντως ἔσται, καὶ οὐχ οἷόν τε ἐκβῆναι τοῦ ῥυθμοῦ τῶν νῦν γινομένων. ὅθεν καὶ ἴσον, τὸ τεσσαράκοντα ἔτεσιν ἱστορῆσαι τὸν ἀνθρώπινον βίον, τῷ ἐπὶ ἔτη μύρια. τί γὰρ πλέον ὄψει;

§. 48. Praeclarum est & Platonis illud. Quin & de hominibus sermonem instituentem, contemplari oportet, quasi de specula quadam despicere, terrestria quaeque ista, per coetus, exercitus, agriculturas, nuptias, inducias, ortus, mortes, fori tumultus, loca deserta, barbarorum gentes varias, festa, funera, nundinas; mixtelam omnigenam, mundumque ex rebus contrariis constitutum & instructum.

§. 49. Praeterita recole, totque imperiorum mutationes. Inde licet & futura prospicere. ejusdem enim generis omnino futura sunt; nec possunt eorum quae nunc fiunt modulum transgredi. proinde par est, per annos quadraginta vitam perlustrare humanam, atque per annorum decem millia. quid enim amplius sis visurus?

§. 50.

ANNOTATIONES

[illegible]

[illegible]

§. 50.

§. 50. [illegible]

[illegible]

§. 51. [illegible]

§. 52. [illegible]

ANNOTATIONES

§. 50. [illegible]

[illegible]

§. 52. [illegible]

[illegible]

[illegible] αἰδημονέστερος, οὐδὲ εὐτακτότερος ἐπὶ τοῖς συμβαίνουσιν, οὐδὲ εὐμενέστερος πρὸς τὰ τῶν πλησίον παροράματα.

§.53. Ὅπου ἔργον ἐπιτελεῖσθαι δύναται κατὰ τὸν κοινὸν θεοῖς καὶ ἀνθρώποις λόγον, ἐκεῖ οὐδὲν δεινόν. ὅπου γὰρ ὠφελείας τυχεῖν ἔξεστι, διὰ τῆς εὐοδούσης καὶ κατὰ τὴν κατασκευὴν προϊούσης ἐνεργείας, ἐκεῖ οὐδεμίαν βλάβην ὑποπτευτέον.

§.54. Πανταχοῦ καὶ διηνεκῶς ἐπὶ σοί ἐστι, καὶ τῇ παρούσῃ συμβάσει θεοσεβῶς εὐαρεστεῖν, καὶ τοῖς παροῦσιν ἀνθρώποις κατὰ δικαιοσύνην προσφέρεσθαι, καὶ τῇ παρούσῃ φαντασίᾳ [illegible], ἵνα μή τι [illegible] παρεισρυῇ.

§.55. Μὴ περιβλέπου ἀλλότρια ἡγεμονικά, ἀλλ' ἐκεῖ βλέπε εὐθύ, ἐπὶ τί σε ἡ φύσις ὁδηγεῖ. ἥ τε τοῦ ὅλου, διὰ τῶν συμβαινόντων σοι, καὶ ἡ σή, διὰ τῶν πρακτέων ὑπὸ σοῦ. πρακτέον δὲ ἑκάστῳ τὸ ἑξῆς τῇ κατασκευῇ. κατεσκεύασται δὲ τὰ [illegible]

mitior, nec modestior, nec ad casus quosvis obsequentior, nec adversus aliorum errata placidior.

§.53. Ubicunque effici poterit opus aliquod secundum rationem eam, quae mortalibus est cum Diis ipsis communis, nihil ibi poterit esse grave. ubi enim fructum consequi licet actionis prospere fluentis, & juxta conditionem propriae naturae progredientis, nulla ibi superest damni suspicio.

§.54. Omni loco omnique tempore, in te situm est, & casu praesenti pie acquiescere, & cum hominibus praesentibus secundum jus fasque versari, & visa praesentia penitus explorare, nequid incompertum clam subrepat.

§.55. Noli aliorum mentes circumspicere, sed eo recta intuere, quo natura te ducit, universa, inquam, universi, in ea quae tibi contingunt, & tua etiam, in ea quae tibi sunt agenda. illud autem est unicuique agendum, quod est conditioni ipsius consentaneum. porro, caetera sunt, reli-

qua

ANNOTATIONES.

[illegible]

ea quidem rationalium gratia, quemadmodum & in re quavis alia, deteriora praestantiorum; rationalia vero sui invicem. Itaque in hominis natura primum ac praecipuum est societatem colere; secundum, corporis affectionibus nequaquam succumbere. est enim hoc motus rationalis & intellectualis proprium, circumscribere sese, & nec sensus nec affectus motibus unquam superari: animalis enim uterque est. vis autem intellectualis principatum sibi vendicat, nec ab eis in ordinem redigi patitur. jure quidem: [illegible] est ad omnibus [illegible] uti. tertium in natura rationali est, lapsu & seductione immunem esse. his igitur adhaerens mens recta procedat, habeatque quod suum est.

§. 56. Tanquam vita jam functus, ejusdemque munere defunctus plane, quod reliquum est tanquam ex abundanti, naturae convenienter fac vivas.

§. 57. Id solum diligas, quod obvenit, & a fatis destinatum est tibi. quid enim magis est congruum?

§. 58. In omni casu eos ob oculos habeas, quibus eadem cum contigissent,

ἄλλα δὲ τῶν λογικῶν ἕνεκεν, ὥσπερ καὶ ἐπὶ παντὸς ἄλλου, τὰ χείρω τῶν κρειττόνων ἕνεκεν, τὰ δὲ λογικὰ ἀλλήλων ἕνεκεν. τὸ μὲν οὖν προηγούμενον ἐν τῇ τοῦ ἀνθρώπου κατασκευῇ τὸ κοινωνικόν ἐστι. δεύτερον δὲ τὸ ἀνένδοτον πρὸς τὰς σωματικὰς πείσεις. λογικῆς γὰρ καὶ νοερᾶς κινήσεως ἴδιον περιορίζειν ἑαυτὴν, καὶ μήποτε ἡττᾶσθαι μήτε αἰσθητικῆς μήτε ὁρμητικῆς κινήσεως. ζωώδεις γὰρ ἑκάτεραι. ἡ δὲ νοερὰ ἐθέλει πρωτιστεύειν, καὶ μὴ κατακρατεῖσθαι ὑπ' ἐκείνων. δικαίως γε. πέφυκε γὰρ χρῆσθαι πᾶσιν ἐκείνοις. τρίτον ἐν τῇ λογικῇ κατασκευῇ, τὸ ἀπρόπτωτον καὶ ἀνεξαπάτητον. τούτων οὖν ἐχόμενον τὸ ἡγεμονικὸν εὐθεῖαν περαινέτω, καὶ ἔχει τὰ ἑαυτοῦ.

§. 56. Ὡς ἀποτεθνηκότα καὶ μέχρι νῦν βεβιωκότα, τὸ λοιπὸν ὡς ἐπίμετρον ζῆσαι κατὰ φύσιν.

§. 57. Μόνον φιλεῖν τὸ ἑαυτῷ συμβαῖνον καὶ συγκλωθόμενον. τί γὰρ ἁρμοδιώτερον;

§. 58. Ἐφ' ἑκάστου συμβαίνοντος ἐκείνους πρὸ ὀμμάτων ἔχειν, οἷς ταὐτὰ συνέβαινεν,

[illegible]

ANNOTATIONES.

[illegible] Vide ad l. [illegible] Clemens Alexandrinus [illegible] Vide ad l. [illegible]

[illegible]] Vide ad l. [illegible]

[illegible]] Vide l. 3. §. [illegible]

[illegible]] Vide ad l. [illegible]

[illegible]

Vide ad l. [illegible]

§. 57. Μόνον φιλεῖν] [illegible] Vide ad l. [illegible]

Τί γὰρ ἁρμοδιώτερον;] Vide ad l. [illegible]

§. 58. [illegible]] [illegible] Euripides [illegible]

[illegible]

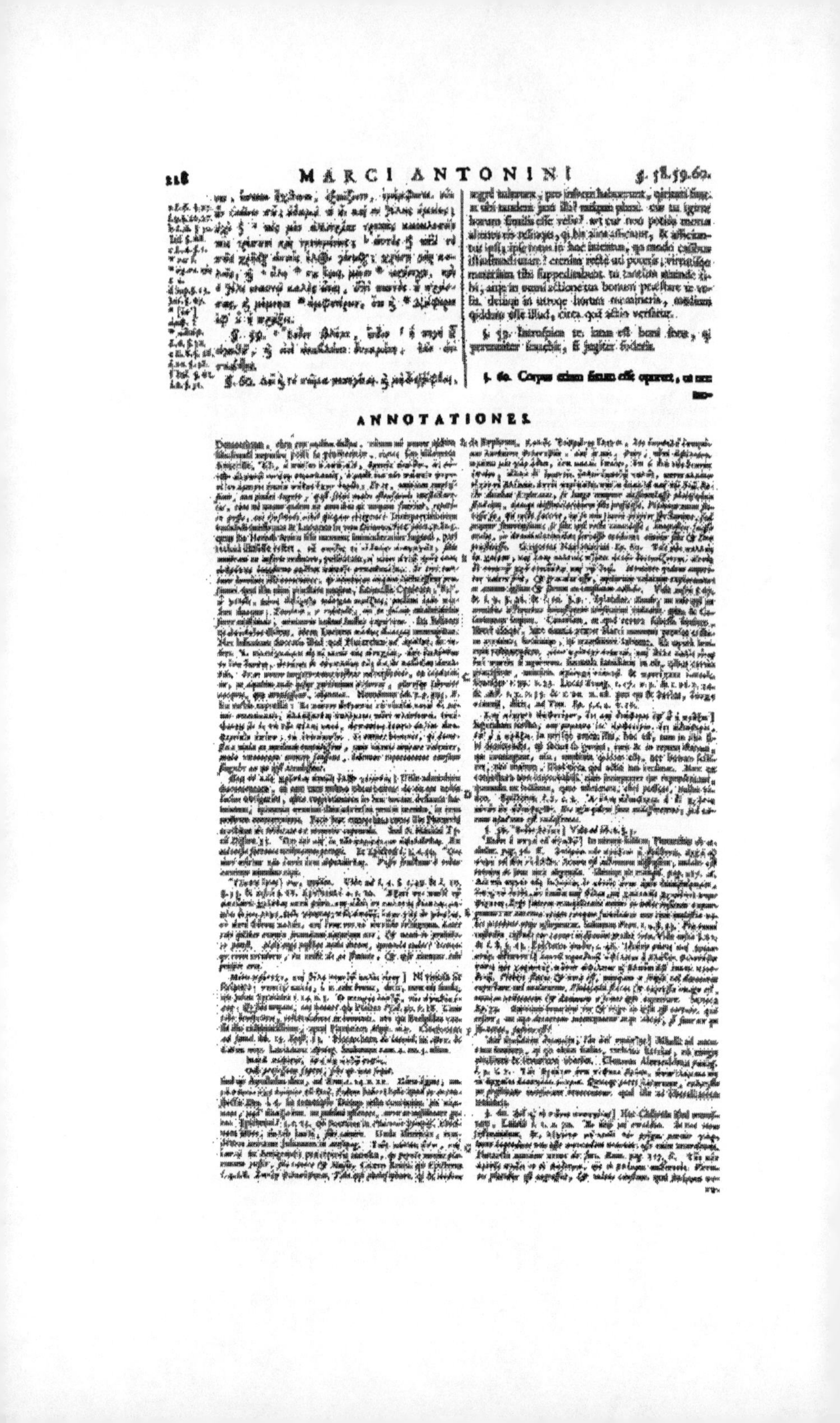

[illegible]

§. 59. [illegible]

§. 60. [illegible]

... habuerunt, pro infortunio habuerunt, quinam sunt? ubi tandem jam illi? nusquam plane. cur tu igitur horum similis esse velis? aut cur non potius mentem alienis commotionibus relinquis, qui his alienantur, & afficiuntur ipsi? ipse totus in hoc intentus, quo modo casibus illis utaris? etenim recte uti poteris; materiamque tibi suppeditabunt. tu tantum attende tibi, atque in omni actione tua bonum praestare te velis. deinde in utroque horum memineris, medium quiddam esse illud, circa quod actio versatur.

§. 59. Introspicias te, intus est boni fons, qui perenniter scaturit, si jugiter fodias.

§. 60. Corpus etiam firmum esse oportet, ut nec ...

ANNOTATIONES

[illegible]

[illegible]

§. 61. [illegible]

[illegible]

§. 61. [illegible]

§. 62.

ANNOTATIONES.

A [illegible]

B [illegible]

C [illegible]

D [illegible]

E [illegible]

F [illegible]

G [illegible]

§. 62. [illegible]

§. 63. [illegible]

§. 62. Crebrò tecum perpende, qualesnam sint hi quibus probari & praedicari velis, qualesque eorum principia. ita enim nec incusabis eos, ubi impingunt invite, nec approbationem eorum expetes, si opinionis affectionumque fontes quos habeant, perspexeris.

§. 63. *Omnis anima*, inquit ille, *veritate privatur invita*. sic & justitia privari, & tem-

ANNOTATIONES

[illegible]

temperantiâ, & æquanimitate, & hujusmodi cæteris virtute. hoc jugiter meminisse comprimis necessarium est. eris enim erga omnes mitior.

§. 64. In dolore omni hoc præsto sit nec turpem eum esse, nec mentem gubernatricem facere deteriorem. neque enim eam, aut quatenus materialis quidam, aut quatenus socialis est fluxibilis, corrumpit. in plerisque verò horum Epicuri illud tibi adsit, nec intolerandum, nec æternum esse, si terminorum memor fueris, nec opinionem adjeceris. illud etiam memineris, multa etsi nos afficere, quæ non advertimus eandem cum dolore rationem habere, verbi gratiâ, dormitare, quando vigilare libet, æstu affici, fastidio laborare. quoties ergo horum aliquid ægre fers, dic tibi, dolori succumbere te.

§. 65. Cave ergo inhumanos sic afficiaris, quomodo ipsi erga homines solent.

§. 66. Unde constat nobis Socratem clariori fuisse Telaugeque præstantiore indole? neque enim hoc sufficit, quòd mortem gloriosissimè oppetebat; aut quòd

σωφροσύνης, ἐπιεικείας, καὶ παντὸς τοῦ τοιούτου. ἀναγκαιότατον δὲ τὸ διηνεκῶς τούτου μεμνῆσθαι. ᵃ ἔσῃ γὰρ πρὸς πάντας πρᾳότερος. a Sup. §. 26.

§. 64. Ἐπὶ μὲν παντὸς πόνου, πρόχειρον ἔστω, ὅτι ᵇ οὐκ αἰσχρόν, ᶜ οὐδὲ τὴν διάνοιαν τὴν κυβερνῶσαν χείρω ποιεῖ. οὔτε γὰρ καθὸ λογική ἐστιν, οὔτε καθὸ κοινωνική, διαφθείρει αὐτήν. ἐπὶ μέντοι τῶν πλείστων πόνων, καὶ τὸ τοῦ Ἐπικούρου σοι βοηθείτω, ὅτι ᵈ οὔτε ἀφόρητον, οὔτε αἰώνιον, ἐὰν τῶν ὅρων μνημονεύῃς, καὶ ᵉ μὴ προσδοξάζῃς. μέμνησο δὲ καὶ τοῦτο, ὅτι πολλὰ τῷ πόνῳ ταὐτὰ ὄντα λανθάνει δυσχεραινόμενα, οἷον τὸ νυστάζειν, καὶ τὸ καυματίζεσθαι, καὶ τὸ ἀνορεκτεῖν. ὅταν οὖν τινι τούτων δυσαρεστῇς, λέγε ἑαυτῷ, ὅτι ᶠ πόνῳ ἐνδίδως.

b L. 2. §. 1. & L. 11. §. 18. c L. 4. §. 12. & 8. §. 2. d Sup. §. 33. L. 10. §. 3. e L. 8. §. 49.

§. 65. Ὅρα μήποτε τοιοῦτον πάθῃς πρὸς τοὺς ἀπανθρώπους, οἷον οἱ ᵍ ἀπάνθρωποι πρὸς τοὺς ἀνθρώπους.

§. 66. Πόθεν ἴσμεν, εἰ Τηλαύγης Σωκράτους τὴν διάθεσιν κρείττων ἦν. οὐ γὰρ ἀρκεῖ, εἰ Σωκράτης ἐνδοξότερον ἀπέθανε, καὶ ἐντρεχέστερον,

f Sup. §. 33. L. 11. §. 18. g L. 5. §. 11. L. 8. §. 50. Sup. §. 13. ...

καὶ

ANNOTATIONES

[illegible]

[illegible]

cum sophistis acutissimè disserebat, aut quòd in frigore summo pati [illegible] sub dio perambulabat; aut quòd Salaminium illum [illegible] jussus, resistere generosissimè volebat, aut quod per compita [illegible] incedebat, quod tamen an verum fuerit, meritò dubitaveris. verùm illud considerare oportet, quo modo affectum animum habuerit Socrates. [illegible] hoc contentus agere potuerit, quod in rebus humanis justus, in divinis pius existeret, nec malitiae cujusquam frustra indignatus, nec cujusquam inscitiae [illegible], nec ab universo assignatum quicquam, aut tanquam peregrinum quid excipiens, aut tanquam intolerandum sufferens, nec carunculae affectionibus mentem passus conflari.

§. 67. Non ità commiscuit natura compagem tui, ut tibi corpus [illegible] figere, & quae tui sunt muneris per te capi. omnino enim fieri potest, ut divinus homo quis fit, & ignotus omni cun-

ctis

ANNOTATIONES.

[illegible]

etsi desperes, hoc semper memineris, sed & illud, perpaucis ad beatè vivendum opus esse. quòdque etiamsi desperes dialecticæ aut naturalis scientiæ peritiam, nihil esse tamen quod vitam despondeas, quasi liber & modestus fieri nequeas, & communis cultor, & obsequens Deo.

§. 68. Vi omni immunem, in summa animi hilaritate, vitam transigere licet, etiamsi quæ libuerit adversus te vociferentur homines universi, etiamsi bestiæ istius corporis coaliti & circumdati tibi membra fere discerpant. quid enim obstat, quo minus inter hæc omnia mens tranquillam se servet, de rebus circumstantibus verè judicans, objectisque commodè utens? ut judicatio occurrenti ac

τοῦτο μέμνησο ἀεί· καὶ ἔτι ἐκείνου, ὅτι ἐν ὀλιγίστοις κεῖται τὸ εὐδαιμόνως βιῶσαι. καὶ μὴ ὅτι ἀπήλπισας διαλεκτικὸς καὶ φυσικὸς ἔσεσθαι, διὰ τοῦτο ἀπογνῷς καὶ ἐλεύθερος, καὶ αἰδήμων, καὶ κοινωνικὸς, καὶ εὐπειθὴς θεῷ.

§. 68. Ἀβιάστως διαβιῶναι ἐν πλείστῃ θυμηδίᾳ, κἂν πάντες καταβοῶσιν ἅπερ θέλουσι, κἂν τὰ θηρία διασπᾷ τὰ μελύδρια τοῦ περιτεθραμμένου τούτου φυράματος. τί γὰρ κωλύει ἐν πᾶσι τούτοις τὴν διάνοιαν σώζειν ἑαυτὴν ἐν γαλήνῃ, καὶ κρίσει τῇ περὶ τῶν περιεστώτων ἀληθεῖ, καὶ χρήσει τῶν ὑποβεβλημένων ἑτοίμῃ, ὥστε τὴν μὲν κρίσιν

ANNOTATIONES.

[illegible]

[illegible Greek text]

§.69. [illegible Greek text]

§.70. Οἱ θεοὶ ἀθάνατοι ὄντες, [illegible]

structuri rei cuivis dicas, Hoc es revera, etiamsi opinione aliusmodi esse videaris. ut si dicas eidem, Te quaerebam. nam semper mihi praesens res omnis materiam praebet virtutis rationalis & socialis, artisque prorsus vel humanae vel divinae exercendae. Siquidem quicquid contingit, vel ad hominem spectat vel ad Deum, nec avt novum est, avt tractatu difficile, sed familiare & facile.

§.69. Hoc in se habet morum perfectio, quod diem omnem tanquam novissimum exigit, nec avt festinat, avt torpescit, avt simulate quicquam agit.

§.70. Dii, immortales cum sint, non aegre ferunt ca-

ANNOTATIONES

[illegible]

tamen, quod per aevum tam immensum ipsos oporteat tolerare, ut tales qui sunt, improbos perpetuo sustinere. imò, quod amplius est, commode eorum curam gerere. tu verò, qui mox es defecturus, malos tolerando defatigaris? idque cùm ex eorum ipse sis numero.

ὅτι ἐν τοσούτῳ αἰῶνι δεήσει ἀνέχεσθαι πάντως τοιούτων καὶ τοσούτων φαύλων ἀνεξικακεῖν. προσέτι δὲ καὶ κήδονται αὐτῶν παντοίως. σὺ δὲ ἤδη ὅσον οὐδέπω λήγειν μέλλων, ἀπαυδᾷς; καὶ ταῦτα, εἷς ὢν τῶν φαύλων;

§. 71. Ridiculum est malitiam tuam tamen, quod possis, non effugere, fugere te velle, quod non possis, alienam.

§. 71. Γελοῖόν ἐστι, τὴν μὲν ἰδίαν κακίαν μὴ φεύγειν, ὃ καὶ δυνατόν ἐστι. τὴν δὲ τῶν ἄλλων φεύγειν, ὅπερ ἀδύνατον.

§. 72. Quicquid intellectualis socialisque facultas, nec ad intellectum neo ad usum socialem facere deprehenderit, id ipsum inferius se meritò judicat.

§. 72. Ὃ ἂν ἡ λογικὴ καὶ πολιτικὴ δύναμις εὑρίσκῃ μήτε νοερὸν, μήτε κοινωνικὸν, εὐλόγως καταδεέστερον ἑαυτῆς κρίνει.

§. 73. Ubi bene tu alicui feceris, & beneficio ille affectus est, quid stultorum instar tertium quippiam ultra haec quaeris, puta, beneficii humanis existimationem, aut beneficii accepti remunerationem?

§. 73. Ὅταν σὺ εὖ πεποιήκῃς, καὶ ἄλλος εὖ πεπονθῇ, τί ἔτι τρίτον προσεπιζητεῖς, ὥσπερ οἱ μωροί, ἢ τὸ δόξαι εὖ πεποιηκέναι, ἢ τὸ ἀμοιβῆς τυχεῖν;

§. 74.

ANNOTATIONES

[illegible]

§. 74. Οὐδεὶς κάμνει ὠφελούμενος· ὠφέλεια δὲ πρᾶξις κατὰ φύσιν. μὴ οὖν κάμνε ὠφελούμενος, ἐν ᾧ ὠφελεῖς.

§. 75. Ἡ τοῦ ὅλου φύσις ἐπὶ τὴν κοσμοποιΐαν ὥρμησε. νῦν δὲ ἤτοι πᾶν τὸ γινόμενον κατ' ἐπακολούθησιν γίνεται, ἢ ἀλόγιστα καὶ τὰ κυριώτατα ἐστίν, ἐφ' ἃ ποιεῖται ἰδίαν ὁρμὴν τὸ τοῦ κόσμου ἡγεμονικόν. εἰς πολλά σε γαληνότερον ποιήσει, τοῦτο μνημονευόμενον.

§. 74. Emolumentum capiendo nemo defatigatur. atqui emolumentum est actio quae naturae conformatur. noli ergo defatigari emolumentum in eo capiendo, quod aliori praestas.

§. 75. Ad mundum condendum universi natura olim se intendit. nunc verò, aut quicquid fit, consequentiae necessariae lege certâ producitur, aut principalia etiam illa, ad quae mundi rectrix potissimum intenta est, ratione nullâ gubernantur. in multis tranquilliorem fecerit te, hoc in memoria si habueris.

ANNOTATIONES.

[illegible]

§. 74. Οὐδεὶς κάμνει ὠφελούμενος] [illegible]

[illegible]

§. 75. [illegible]

[illegible]

LIBER VIII.

Καὶ τοῦτο πρὸς τὸ ἀκενόδοξον φέρει, ὅτι οὐκέτι δύνασαι τὸν βίον ὅλον, ἢ τόν γε ἀπὸ νεότητος φιλόσοφον βεβιωκέναι. ἀλλὰ πολλοῖς τε ἄλλοις, καὶ αὐτὸς σαυτῷ δῆλος γέγονας, πόρρω φιλοσοφίας ὤν. πέφυρσαι οὖν. ὥστε τὴν μὲν δόξαν τὴν τοῦ φιλοσόφου κτήσασθαι, οὐκέτι σοι ῥᾴδιον. ἀντιμάχεται δὲ καὶ ἡ ὑπόθεσις. εἴπερ οὖν ἀληθῶς ἑώρα-

Hoc etiam ad inanis gloriae studium temperandum conducit, quod vitam totam, aut saltem quae à juventute hactenus transiit, non potes praestare philosophicè actam. siquidem cum aliis haud paucis, tum & tibiipsi compertum est, à philosophia longè te abesse. conturbatae sunt itaque rationes tuae: neque adeò tibi facile est philosophi existimationem comparare; & vitae etiam institutum adversatur. proinde si verè

ANNOTATIONES.

§. 1. [illegible]

[illegible]

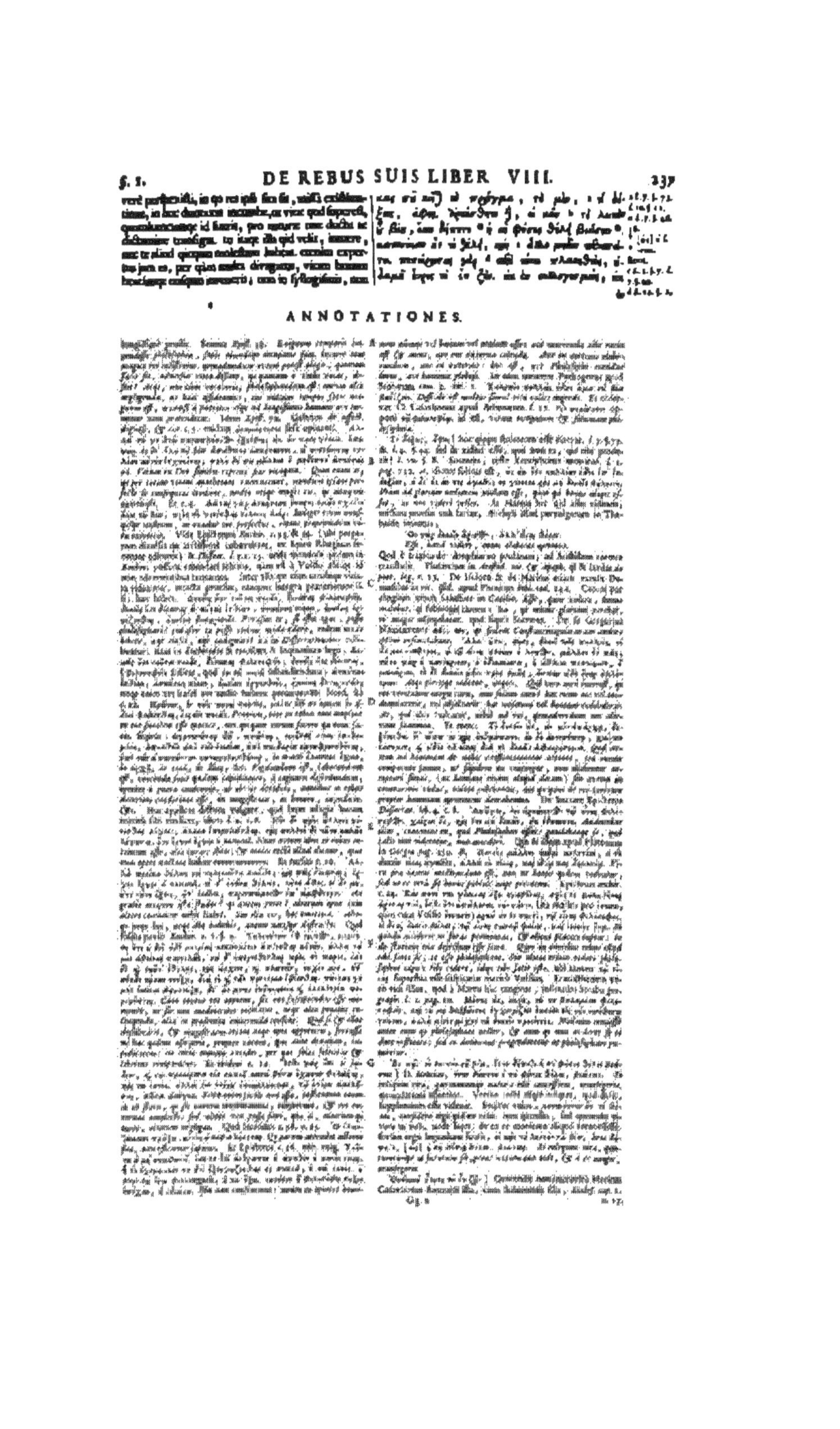

[illegible]

ANNOTATIONES.

[illegible]

ἐν πλούτῳ, οὐκ ἐν δόξῃ, οὐκ ἐν ἀπολαύσει, οὐδαμοῦ. ποῦ οὖν; ἐν τῷ ποιεῖν ἃ ἐπιζητεῖ ἡ τοῦ ἀνθρώπου φύσις. πῶς οὖν ταῦτα ποιήσει; ἐὰν δόγματα ἔχῃ, ἀφ' ὧν αἱ ὁρμαὶ καὶ αἱ πράξεις. τίνα δόγματα; τὰ περὶ ἀγαθῶν, καὶ κακῶν. ὡς οὐδενὸς μὲν ἀγαθοῦ ὄντος ἀνθρώπῳ, ὃ οὐχὶ ποιεῖ δίκαιον, σώφρονα, ἀνδρεῖον, ἐλεύθερον· οὐδενὸς δὲ κακοῦ, ὃ οὐχὶ ποιεῖ τἀναντία τοῖς εἰρημένοις.

§. 2. Καθ' ἑκάστην πρᾶξιν ἐρώτα σεαυτόν, πῶς μοι αὕτη ἔχει; μὴ μετανοήσω ἐπ' αὐτῇ; μικρὸν καὶ τέθνηκα, καὶ πάντα ἐκ μέσου. τί πλέον ἐπιζητῶ, εἰ τὸ παρὸν ἔργον ζώου νοεροῦ, καὶ κοινωνικοῦ, καὶ ἰσονόμου Θεῷ;

§. 3. Ἀλέξανδρος δὲ καὶ Γάϊος, καὶ Πομπήϊος τί πρὸς Διογένην, καὶ Ἡράκλειτον, καὶ Σωκράτην; οἱ μὲν γὰρ εἶδον τὰ πράγματα, καὶ τὰς αἰτίας, καὶ τὰς ὕλας, καὶ τὰ ἡγεμονικὰ ἦν αὐτῶν αὐτάρκη. ἐκεῖ δὲ ὅσων πρόνοια, καὶ

in divitiis, non in gloria, nec in voluptate, nec usquam. in quonam ergo consistit? in eo faciendo quae exigit natura humana. at hoc quomodo quis faciat? si decreta rata habeat, a quibus appetitiones actionesque proficiscantur. Quaenam, inquis, decreta? de bonis malisque, ut nihil censeat homini bonum, quod non justum, temperantem, fortem, liberalem faciat; nihil malum, quod non istis contrarium.

§. 2. In quavis actione interroga te, quomodo ista mihi sese habeat? num futurum sit, ut ejus poeniteat me? paulo adest tempus, quo mortuus sum, omniaque mihi evanescent. quid ergo expeto ulterius, quam ut illud quod nunc praesentiarum ago, opus sit animantis rationalis, socialis, eademque cum Deo ipso lege agentis.

§. 3. Alexander, Cajus, Pompejus, quid ad Diogenem, Heraclitum, Socratem? isti siquidem res ipsas perspectas habebant, formasque earundem & materias. atque hoc modo instructae erant mentes horum. illis vero, cum ea utrorumque perspecta haberent, de quam multis solicitos esse necesse fuit? quam

ANNOTATIONES.

[illegible]

quam multis urbes inservire!

§. 4. Eadem nihilominus facturos memineris, etiamsi tu te ruperis.

§. 5. Imprimis ne conturberis. omnia enim secundum rerum naturam universi: ipse autem paulo post, nullus, nusquam futurus es, quomodo & Hadrianus, & Augustus. deinde rem ipsam penitus intuitus, cum in te consideres simul memineris, probum esse te opor-

ἄλλαι πόσαι;

§. 4. Ὅτι οὐδὲν ἧττον τὰ αὐτὰ ποιήσουσι, κἂν σὺ διαρραγῇς.

§. 5. Τὸ πρῶτον, μὴ ταράσσου. πάντα γὰρ κατὰ τὴν τοῦ ὅλου φύσιν, καὶ ὀλίγου χρόνου οὐδεὶς οὐδαμοῦ ἔσῃ, ὥσπερ οὐδὲ Ἀδριανός, οὐδὲ Αὔγουστος. ἔπειτα ἀτενίσας εἰς τὸ πρᾶγμα, ἴδε αὐτό, καὶ ἀναμνησθεὶς, ὅτι ἀγαθόν σε ἄνθρωπον εἶναι δεῖ,

ANNOTATIONES.

[illegible]

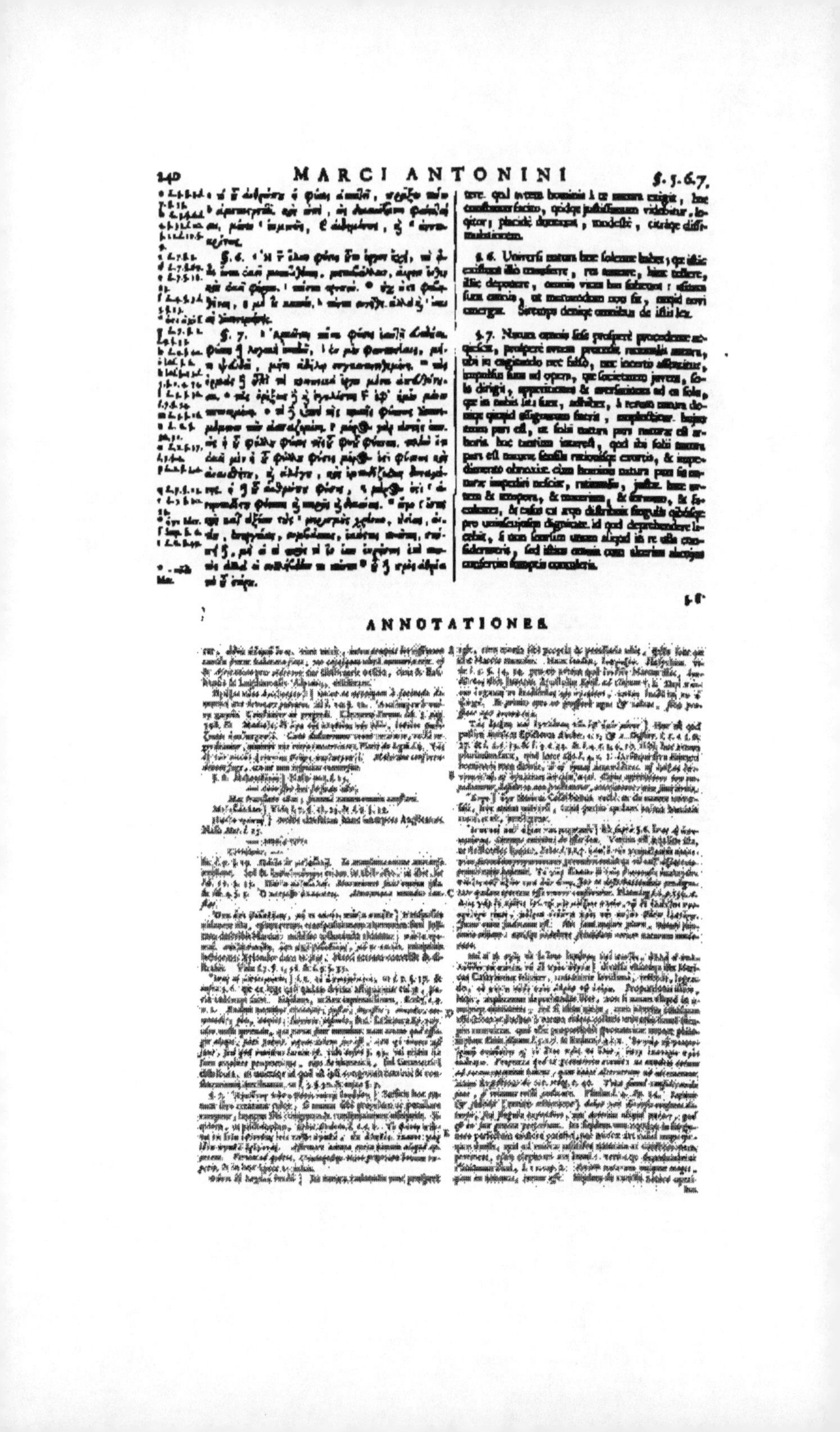

[illegible]

tere. quod verum hominis a te natura exigit, hoc constanter facito, quodque justissimum videbitur, loquitor; placide duntaxat, modeste, citraque dissimulationem.

§. 6. Universi natura hoc solenne habet, ut quae illic existunt illo transferre, res mutare, hinc tollere, illic deponere, omnia vices has subeunt: assueta sunt omnia, ut metuendum non sit, numquid novi emergat. Servatur denique omnibus de istis lex.

§. 7. Natura omnis sese prospere procedente acquiescit, prospere autem procedit rationalis natura, ubi in cogitando nec falso, nec incerto assentitur, impulsus suos ad opera, quae societatem juvent, solum dirigit, appetitiones & aversationes ad ea sola, quae in nobis sita sunt, adhibet, a natura communi denique quicquid assignatum fuerit, amplectitur. hujus enim pars est, ut folii natura pars naturae est arboris. hoc tantum interest, quod ibi folii natura pars est naturae sensus rationisque expertis, & impedimento obnoxiae: cum hominis natura pars sit naturae impediri nesciae, rationalis, justae. haec autem & tempora, & materiam, & formam, & facultatem, & casus ex aequo distribuit singulis quibusque pro uniuscujusque dignitate. id quod deprehendere licebit, si non singulum unum aliquod in re una consideraveris, sed istius omnia cum alterius alterique conferens simpliciter contemplaveris.

ANNOTATIONES.

[illegible]

§. 8. Adeò es illiteratus, ut nec legere possis. at potes contumeliâ abstinere; potes voluptate & dolore superiorem te praestare; potes gloriolam nihili facere, potes stupidis & ingratis non succensere, imò & illorum curam gerere.

§. 9. Nemo, aut vitam aulicam, aut tuam etiam, insimulantem te audiat.

§. 10. Poenitentia est ipsius sui reprehensio quaedam, ut qui utile aliquid omiserit. bonum autem quidque necessariò etiam est utile; quódque est ejusmodi, id viro bono prorsùs curae esse oportet. at nemo unquam virum bonum probúmque poenituerit, quòd voluptatem aliquam aliam omiserit. neque utile itaque, neque bonum voluptas est.

§. 8. Ἀναγινώσκειν οὐκ ἔξεστιν. ἀλλὰ ὕβριν ἀνείργειν ἔξεστιν. ἀλλὰ ἡδονῶν καὶ πόνων καθυπερτερεῖν ἔξεστιν. ἀλλὰ τοῦ δοξαρίου ὑπεράνω εἶναι ἔξεστιν. ἀλλὰ ἀναισθήτοις καὶ ἀχαρίστοις μὴ θυμοῦσθαι, προσέτι καὶ κήδεσθαι αὐτῶν ἔξεστιν.

§. 9. Μηκέτι σου μηδεὶς ἀκούσῃ καταμεμφομένου τὸν ἐν αὐλῇ βίον, μηδὲ σὺ σεαυτοῦ.

§. 10. Ἡ μετάνοιά ἐστιν ἐπίληψίς τις ἑαυτοῦ, ὡς χρήσιμόν τι παρεικότος. τὸ δὲ ἀγαθὸν χρήσιμόν τι δεῖ εἶναι, καὶ ἐπιμελητέον αὐτοῦ τῷ ἀγαθῷ καὶ καλῷ ἀνδρί. οὐδεὶς δ' ἂν καλὸς καὶ ἀγαθὸς ἀνὴρ μετανοήσειεν ἐπὶ τῷ ἡδονήν τινα παρεῖναι. οὔτε ἄρα χρήσιμον, οὔτε ἀγαθὸν ἡδονή.

§. 11.

ANNOTATIONES.

[illegible]

§. 11.

[illegible]

§. 11. Hoc quidnam in se est ex constitutione sua? quinam illius substantia seu materia? quae forma? quid in mundo facit? quamdiu consistit?

§. 12. Quando somnum gravatim excutis, reminiscere, id constitutioni tuae & naturae humanae consentaneum esse, ut actiones ad communitatem conducentes edas, cum dormire etiam brutis animantibus commune sit. quod autem est naturae cujusque consentaneum, hoc & familiarius, & propius, & jucundius est utique.

§. 13. Assidue, in omni, quantum potest, visioni oblatam, consideres, quaenam ejus natura, ad mores quid faciat, quid in se habeat veritatis.

§. 14. Ubi quempiam conveneris, statim tu tecum, Iste quenam habet de bonis malisque decreta? qui enim de voluptate ac dolore, & efficientibus utriusque, vel de fama & ignominia, morte & vita, decreta illiusmodi habens, si hujusmodi fecerit, nihil mihi mirum novumque videbitur. simul & hoc succurret, necessario facere illum quae facit.

§. 15. Memineris, aeque turpe esse mirari quempiam tanquam de re infecta, quod ea mundus, quae

ANNOTATIONES

[illegible]

quorum ferax est, proferti; ac mirari quempiam, quòd ficus ficus ferat, aut mirari medicum, quòd is febricitaverit, gubernatorem, quòd ventus adversus flaverit.

§. 16. Memineris, neque tibi liberum esse sententiam mutare & corrigenti parere, atque in incepta illa persistere. eorum & haec tua est operatio, utpote quae juxta intentionem judiciumque tuam, atque adeo ex mente etiam tua seriem peragatur.

§. 17. Si in te istud est arbitrio, cur facis? sin alterius, quem incusas? atomos, an Deos? insani utrumque est. nemini igitur est succensendum.

καὶ ὁ αἰσχρὸν ... ὡς ἐπὶ ... ἰατρῷ καὶ κυβερνήτῃ, αἰσχρὸν ξενίζεσθαι, εἰ πεπύρεχεν, ἢ εἰ ἀντίπνους γέγονεν.

§. 16. Μέμνησο, ὅτι καὶ τὸ μετατίθεσθαι καὶ ἕπεσθαι τῷ διορθοῦντι, ὁμοίως ἐλεύθερόν ἐστι. σὴ γὰρ ἐνέργεια κατὰ τὴν σὴν ὁρμὴν καὶ κρίσιν, καὶ δὴ καὶ κατὰ νοῦν τὸν σὸν περαινομένη.

§. 17. Εἰ μὲν ἐπὶ σοί, τί αὐτὸ ποιεῖς; εἰ δὲ ἐπ' ἄλλῳ, τίνι μέμφῃ; ταῖς ἀτόμοις, ἢ τοῖς θεοῖς; ἀμφότερα μανιώδη. οὐδενὶ μεμπτέον.

ANNOTATIONES

[illegible]

δύνασαι, διόρθωσον τὸ πρᾶγμα αὐτό. εἰ δὲ μὴ δύνασαι, πρὸς τί ἔτι σοι φέρει τὸ μέμφεσθαι; οὐδὲν γὰρ εἰκῆ ποιητέον.

§. 18. Ἔξω τοῦ κόσμου τὸ ἀποθανὸν οὐ πίπτει. εἰ ὧδε μένει, καὶ μεταβάλλει ἐνθάδε, καὶ διαλύεται εἰς τὰ ἴδια, ἃ στοιχεῖά ἐστι τοῦ κόσμου καὶ σά. καὶ αὐτὰ δὲ μεταβάλλει, καὶ οὐ γογγύζει.

§. 19. Ἕκαστον πρός τι γέγονεν, ἵππος, ἄμπελος. τί θαυμάζεις; καὶ ὁ ἥλιος ἐρεῖ, πρός τι ἔργον γέγονα, καὶ οἱ λοιποὶ θεοί. σὺ οὖν πρὸς τί; τὸ ἥδεσθαι; ἴδε εἰ ἀνέχεται ἡ ἔννοια.

§. 20. Ἡ φύσις ἐστόχασται ἑκάστου, οὐδὲν

[illegible]

siquidem enim potes, rem potes, rem ipsam corrige. sin minus, quid tibi quæri profuerit? nihil autem est agendum frustra.

§. 18. Nihil quod moritur, mundo excidit. istic iterum si manet ac mutatur, istic & in sua, quæ & mundi & tua eadem sunt, elementa resolvitur. atque hæc quoque mutantur, nec murmurant tamen.

§. 19. Ad opus aliquod natum est unumquodque, equus, vitis. quid miraris? sol etiam ipse, Dique reliqui ad opus aliquod extitere. tu ergo ad quid? numquid ad oblectandum te? cogita tecum an sensus communis id ferat.

§. 20. Natura rei cujusque rationem habet, tam finem

ANNOTATIONES.

[illegible]

§. 18. Ἔξω τοῦ κόσμου τὸ ἀποθανὸν οὐ πίπτει]. Lucretius l. 5.

[illegible]

[illegible]

§. 22. [illegible]

§. 23. [illegible]

[illegible]

§. 21. [illegible]

§. 22. [illegible]

[illegible]

ANNOTATIONES

[illegible]

ἢ τῷ ἐνεργείᾳ. ἢ τῷ σημαινομένῳ. δικαίως ταῦτα πάσχεις. μᾶλλον δὲ θέλεις ἀγαθὸς αὔριον γενέσθαι, ἢ σήμερον εἶναι.

§. 23. Πράσσω τι; πράσσω ἐπ' ἀνθρώπων εὐποιΐαν ἀναφέρων. συμβαίνει τί μοι; δέχομαι, ἐπὶ τοὺς θεοὺς ἀναφέρων, καὶ τὴν πάντων πηγήν, ἀφ' ἧς πάντα τὰ γινόμενα συμμηρύεται.

§. 24. Ὁποῖόν σοι φαίνεται τὸ λούεσθαι; ἔλαιον, ἱδρώς, ῥύπος, ὕδωρ, γλοιώδη, πάντα σικχαντά; τοιοῦτον πᾶν μέρος τοῦ βίου, καὶ πᾶν ὑποκείμενον.

§. 25. Λούκιλλα Οὐῆρον. εἶτα Λούκιλλα. Σέκουνδα Μάξιμον. εἶτα Σέκουνδα. Ἐπιτύγχανος Διότιμον. εἶτα Ἐπιτύγχανος. Φαυστῖναν Ἀντωνῖνος. εἶτα Ἀντωνῖνος. τοιαῦτα πάντα. Κέλερ Ἀδριανόν. εἶτα Κέλερ. οἱ δὲ δριμεῖς ἐκεῖνοι, ἢ προγνωστικοί, ἢ τετυφωμένοι, ποῦ; οἷον, δριμεῖς μὲν Χάραξ καὶ Δημήτριος ὁ Πλατωνικός.

facto, vel dicto. merito haec pateris, qui bonus mavis cras fieri, quam esse hodie.

§. 23. Facio quidpiam? id facio, ut ad hominum juvandorum referam. contingit mihi quidpiam? id excipio, ut ad Deos referam, fontemque rerum omnium, à quo, quaecunque fiunt, ordinatè profluendo derivantur.

§. 24. Ipsum lavari quale quid tibi videtur? oleum, sudor, sordes, aqua, strigmentorum; putida omnia. tale quidem est & vitae pars quaevis, & materia subjecta quaelibet.

§. 25. Lucilla Verum extulit; mox & Lucilla ipsa elata est. Secunda Maximum; mox & Secunda. Epitynchanus Diotimum; mox & Epitynchanum. Antoninus Faustinam; mox & Antoninus. Celer Hadrianum; mox & Celer. [illegible] illi omnes, qui & solertes illi, aut futurorum praescii, aut fastu inflati, ubinam jam sunt? solerti, inquam, quales Charax, Demetrius Platonicus, Et;

ANNOTATIONES.

[illegible]

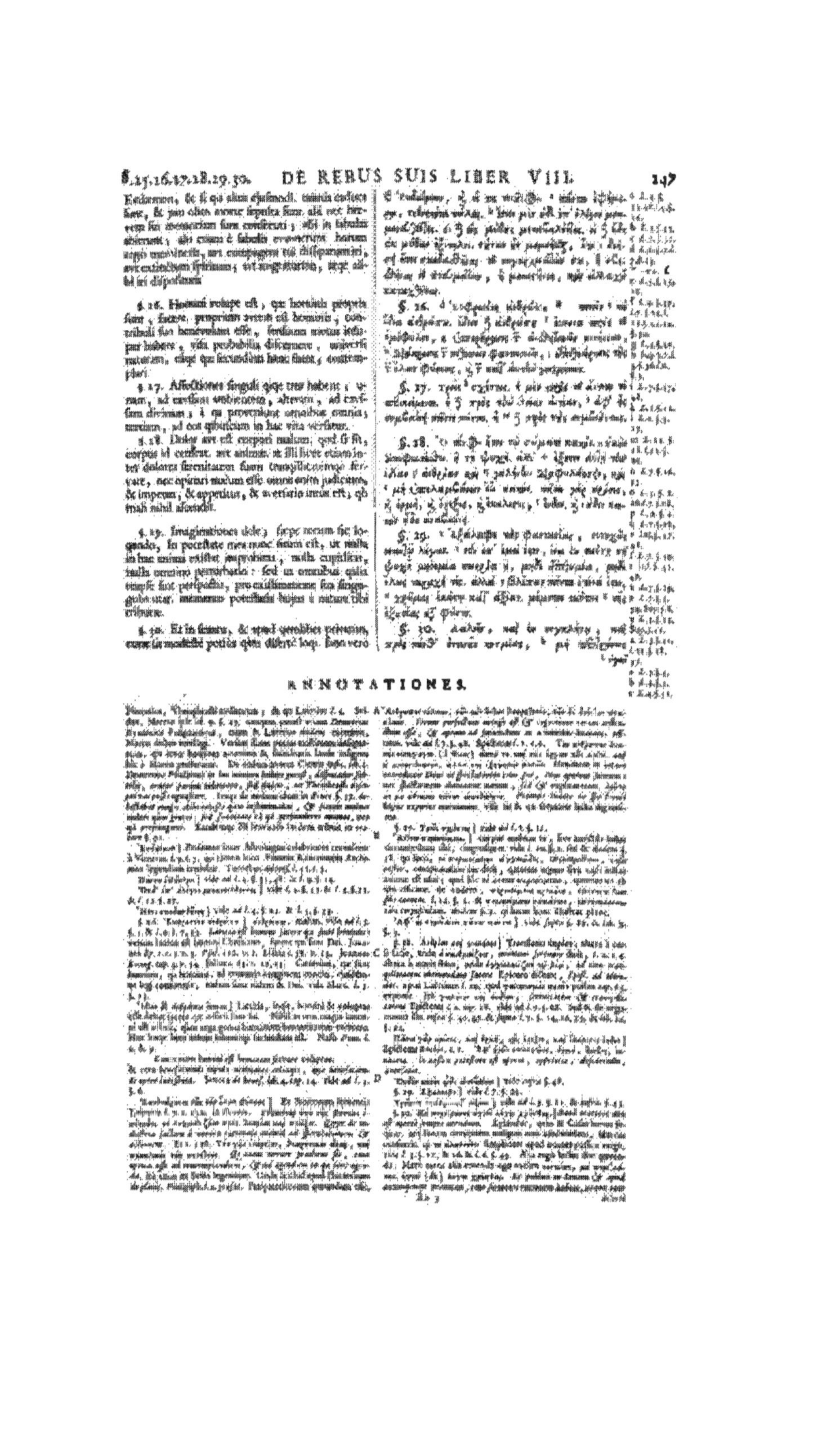

Eudaemon, & si qui alius ejusmodi. omnia caduca sunt, & jam olim mortua sepulta sunt. alii nec brevem sui memoriam sunt consecuti; alii in fabulas abierunt; alii etiam e fabulis evanuerunt. horum itaque memineris, aut compagem tuam dissipatum iri, aut extinctum spiritum, aut migraturum, atque alibi iri dispositum.

§. 26. Homini voluptas est, quae homini propria sunt, facere. proprium autem est hominis, contribulibus suis benevolum esse, sensuum motus despicatui habere, visa probabilia discernere, universi naturam, eaque quae secundum hanc fiunt, contemplari.

§. 27. Affectiones singuli quique tres habent; unam, ad causam ambientem, alteram, ad causam divinam; a qua proveniunt omnibus omnia; tertiam, ad eos quibuscum in hac vita versatur.

§. 28. Dolor aut est corpori malum; quod si sit, corpus id ostendat: aut animae. at illi licet etiam inter dolores serenitatem suam tranquillitatemque servare, nec opinari malum esse. omne enim judicium, & impetus, & appetitus, & aversatio intus est; quo malum nihil adscendit.

§. 29. Imaginationes dele; saepe tecum sic loquendo, In potestate mea nunc situm est, ut nulla in hac anima existat improbitas, nulla cupiditas, nulla omnino perturbatio: sed ut omnibus quaecunque sint perspectis, pro existimatione sua singulis utar. memineris potestatis hujus a natura tibi tributae.

§. 30. Et in senatu, & apud quosvis privatim, cum sit modestè potius quàm disertè loqui. Sano vero

[illegible]

ANNOTATIONES.

[illegible]

ἐφ' ᾧ ὁ λόγος χρείαν.

§. 31. Ἀλλ' Αὐγούστου αὐλή, γυνή, θυγάτηρ, ἔγγονοι, πρόγονοι, ἀδελφή, Ἀγρίππας, συγγενεῖς, οἰκεῖοι, φίλοι, Ἄρειος, Μαικήνας, ἰατροί, θύται, ὅλης αὐλῆς θάνατος. εἶτα ἐπίθες τοὺς ἄλλους, μὴ καθ' ἑνὸς ἀνθρώπου θάνατον. οἷον Πομπηίων. κἀκεῖνο δὲ τὸ ἐπιγραφόμενον τοῖς μνήμασιν, ἔσχατος τοῦ ἰδίου γένους. εἶτα ἐκλογίζεσθαι, ὅσα ἐσπάδαζον οἱ πρὸ αὐτῶν, ἵνα διάδοχόν τινα

apud omnes feramus nos.

§. 31. Augusti aula, uxor, filia, nepotes, privigni, soror, Agrippa, cognati, familiares, amici, Arius, Maecenas, medici, popae, aula tota morti concessit. tum ad alia te transfer, mortémque cogita, non unius hominis, sed gentis totius, Pompejorum puta. nec illud omitte, quod tumulis inscribi solet, Ultimus hic generis sui. deinde reputa tecum, quam anxii egerint horum antecessores, ut successorem aliquem sibi superstitem

ANNOTATIONES.

[illegible]

§. 31. [illegible]

[illegible]

posteriorem relinquerent: dein necesse tamen fuerit, ut aliquis tandem ultimus existeret. atque hic rursus gentis totius mortem considera.

§. 32. Ex singulis actionibus vitam componere oportet; ut si unaquaeque quantum datur, quod suum est exhibeat, in eo acquiescas. ut autem suum exhibeat, quominus faciat nemo potest. sed occurret aliquid obstabit extrinsecus, quo minus juste, sobrie, consulte in ea te geras. sed aliae alicujus facultatis effectus impedietur. atqui dum impedimentum ipsum placide fers, et ad id quod datur aequo animo te transfers, alia statim subit actio emergit, quae ad eam, de qua sermo instituitur, vitae compositionem non minus apte conducat.

§. 33. Sic accipe, ne fastuosus sies, sic possi-de, ut dimittere promptus sis.

καταλίπωσιν, εἶτα, ἀνάγκη ἔσχατόν τινα γενέσθαι. πάλιν ὧδε ὅλου γένους θάνατον.

§. 32. Συντιθέναι δεῖ τὸν βίον, κατὰ μίαν πρᾶξιν, καὶ εἰ ἑκάστη τὸ ἑαυτῆς ἀπέχει ὡς οἷόν τε, ἀρκεῖσθαι· ἵνα δὲ ἀπέχῃ τὸ ἑαυτῆς, οὐδὲ εἷς σε κωλῦσαι δύναται. ἀλλ' ἐνστήσεταί τι ἔξωθεν. οὐδέν γε εἰς τὸ δικαίως καὶ σωφρόνως καὶ εὐλογίστως. ἄλλο δέ τι ἴσως ἐνεργητικὸν κωλυθήσεται. ἀλλὰ τῇ πρὸς αὐτὸ τὸ κώλυμα εὐαρεστήσει, καὶ τῇ ἐπὶ τὸ διδόμενον εὐγνώμονι μεταβάσει, εὐθὺς ἄλλη πρᾶξις ἀντικαθίσταται, ἐναρμόζουσα εἰς τὴν σύνθεσιν, περὶ ἧς ὁ λόγος.

§. 33. Ἀτύφως μὲν λαβεῖν, εὐλύτως δὲ ἀφεῖναι.

l. 14.

ANNOTATIONES.

[illegible]

Ἀπροσκόπως] Vide l. 6. §. 5. [illegible]

[illegible]

§. 33. Ἀτύφως μὲν λαβεῖν] [illegible]

[illegible]

§. 34. [illegible]

§. 35. [illegible]

§. 36. [illegible]

§. 34. Si quando manum abscissam vidisti, vel pedem, vel caput etiam amputatum, & seorsum alicubi à reliquo corpore situm; talem plane se facit, quantum in ipso est, qui abscindit sese, dum vel ad quod contingit non vult, vel adversus societatem jus aliquid perpetrat. revulsum quodammodo abjecisti te aliquo ab ea, quæ secundum naturam est unione; pars etiam naturâ fueras: nunc verò temet abscidisti. veruntamen illic illud situm est, quod unire te denuo liceat. hoc autem nulli alii parti est à Deo concessum, ut revulsa semel & præcisa denuo coalescat. Verùm benignitatem ejus considera, qui hominem cohonestaverit: tum ut in ipsius potestate sit, ne primitus ab universo revelleretur, & facultatem tribuerit, ubi fuerit revulsus, redeundi denuoque coalescendi, & partis ordinem, quem tenuerat, recuperandi.

§. 35. Sicut reliquas facultates rationalium unusquisque ferè ab universi natura accepit, ita hanc quoque ab eadem facultatem accepimus: quod quemadmodum illa, quicquid obstat & renititur, in usum suum circumvertit, & in fato disponit, atque ita partem sui facit: ita & animal rationale, ex impedimento omni materiam creare sibi possit, eoque uti ad illud quod intenderat, qualecunque tandem id fuerit.

§. 36. Ne confundat te vitæ tuæ totius cogitatio: neque animo simul complectare, quæ qualiaque molestiæ superventura esse tibi verisimile sit: sed ad præsentium unumquodque interroga te, quid-

ANNOTATIONES

[illegible]

ANNOTATIONES

§. 38. [illegible]

§. 39. [illegible]

§. 40. [illegible]

§. 41. [illegible]

§. 38. Si acutè cernere vales, acumine tuo utere, inquit ille, in rebus iis, quæ sapientiam maximè exigunt.

§. 39. In animantis rationalis constitutione virtutem nullam video, quæ justitiæ sit opposita; at voluptati quæ opposita sit, continentiam video.

§. 40. Si opinionem tuam ab eo, quod tibi molestum videtur, semoveris, ipse in tutissimo teipsum constitueris. quis ipse? ratio. at non sum ratio. esto. ratio itaque ne vexet se. siquid autem aliud tibi male habet, id ipsum de hoc ipso, si poterit, opinetur.

§. 41. Sensûs impeditio, malum est naturæ animalis. motus impeditio itidem ejusdem est malum. est & aliud quid vegetativam conditionem pariter impediat, estque malum ejusdem. mentis quoque perinde impeditio, naturæ intellectivæ malum est. hæc, jam, tu omnia ad te transferas. dolor, voluptas attingit te? viderit sensus. aliquid prohibuit tibi obstitit appetitui? si cum exceptione molitus, jam tuum, qua rationalis, malum est. at, si id quod communiter fieri solet, tibi propositum, nondum nec læsus es, nec impeditus etiam. mentis utique propria quæ sunt, nemo alius impedire solet.

Nam

ANNOTATIONES.

[illegible]

hanc enim nec ignis, nec ferrum, nec tyrannus, nec vituperium, nec aliud quidlibet attingit; ubi facta fuerit sphaerae instar, teres tota atque rotunda.

§. 42. Indignum censeo, ut me ipse vexem, qui nec alterum unquam volens vexaverim.

§. 43. Alia oblectant alios. me vero, si

ταύτης γὰρ οὐ πῦρ, οὐ σίδηρος, οὐ τύραννος, οὐ βλασφημία, οὐχ ὁτιοῦν ἅπτεται. ὅταν γένηται σφαῖρος, κυκλοτερὴς μένῃ.

§. 42. Οὐκ εἰμὶ ἄξιος ἐμαυτὸν λυπεῖν, οὐδὲ γὰρ ἄλλον πώποτε ἑκὼν ἐλύπησα.

§. 43. Εὐφραίνει ἄλλον ἄλλο. ἐμὲ δὲ,

ANNOTATIONES.

[illegible]

ἐὰν ὑγιὲς ἔχω τὸ ἡγεμονικὸν, μὴ ἀποστρεφόμενον μήτε ἄνθρωπόν τινα, μήτε τῶν ἀνθρώποις συμβαινόντων, ἀλλὰ πᾶν εὐμενέσιν ὀφθαλμοῖς ὁρῶντα καὶ δεχόμενον, καὶ χρώμενον ἑκάστῳ κατ' ἀξίαν.

§. 44. Τοῦτο τὸ νῦν σεαυτῷ χάρισαι. οἱ τὴν ὑστεροφημίαν μᾶλλον διώκοντες, οὐ λογίζονται, ὅτι ἄλλοι τοιοῦτοι μέλλουσιν ἐκεῖνοι εἶναι, οἷοί εἰσιν οὗτοι, οὓς βαρύνονται. κἀκεῖνοι δὲ θνητοί. τί δὲ ὅλως πρὸς σὲ, ἂν ἐκεῖνοι φωναῖς τοιαύταις ἀπηχῶσιν, ἢ ὑπόληψιν τοιαύτην περὶ σοῦ ἔχωσιν;

§. 45. Ἆρόν με καὶ βάλε ὅπου θέλεις. ἐκεῖ γὰρ ἕξω τὸν ἐμὸν δαίμονα ἵλεων, τοῦτ' ἔστιν, ἀρκούμενον, εἰ ἔχοι καὶ ἐνεργοίη κατὰ τὸ ἑξῆς τῇ ἰδίᾳ κατασκευῇ. ἆρα τοῦτο ἄξιον, ἵνα δι' αὐτὸ κακῶς μοι ἔχῃ ἡ ψυχὴ, καὶ χείρων ἑαυτῆς ᾖ, ταπεινουμένη, ὀρεγομένη, συνδουμένη, πτυρομένη; καὶ τί εὑρήσεις τούτου ἄξιον;

vocantem famam dabuerint, quæ non hominem umquam, aut hominum quempiam averterit; sed quicquid obvenit, oculis benignis aspiciat excipiatque, & pro sui existimatione singulis utatur.

§. 44. Hoc ipsum, quod jam adest, tempus tibimet hic impertias. Qui famam posthumam affectant potius, non cogitant, alios quosdam ejusmodi fore posteros illos, quales isti sunt, quos nunc gravatim ferunt. sed & utique sunt mortales. quid vero tua interest, si vocibus istiusmodi obstrepuerint isti tibi, aut existimationem hanc vel illam de te habuerint.

§. 45. Tolle me, & quocunque libuerit projice. etenim illic quoque genium meum habiturus sum propitium placatumque; hoc tempore contentum, si pro conditionis suæ officio habere se agereque possit. num hoc tanti est, ut hac de causa anima mea male se habeat, ac deterior fiat, dum deprimitur, extenditur, confunditur, consternatur. ecquid reperiam, quod tanti sit?

ANNOTATIONES.

[illegible]

§. 46. Nihil homini cuiquam contingere potest, quod non humanus sit casus; nec bovi, quod non bovis sit; nec viti, quod non vitis sit, nec lapidi, quod non lapidis ipsius sit. Si ergo contingit uni cuique, quod & usu & naturæ ejus est consentaneum, quid est, angit quod te? neque enim quicquam tibi tulisset natura communis, quod ferri non posset.

§. 47. Si qua te angit res externa, non est ea ipsa, quæ molestiam facessit tibi, sed tuum ipsius de ea judicium. hoc autem statim delere in te situm est. si quid vero in interna animi dispositione te angit, quis prohibere potest, quo minus opinionem tuam corrigas? pari modo, si anxium te habet, quia hoc aut illud quod rectum tibi videtur, non facis, cur non facere potius quam angi velis? sed obstat, inquis, validius aliquid. nihil est ergo quod anxius sis. neque enim non agendi causa in te est. sed nec vivere tanti est, ni id fiat. excede ergo è vita

§. 46. Ἀνθρώπῳ οὐδενὶ συμβαίνειν τι δύναται, ὃ μὴ ἔστιν ἀνθρωπικὸν σύμπτωμα. οὐδὲ βοΐ, ὃ μὴ ἔστι βοϊκόν. οὐδὲ ἀμπέλῳ, ὃ μὴ ἔστιν ἀμπελικόν. οὐδὲ λίθῳ, ὃ μὴ ἔστι λίθου ἴδιον. εἰ οὖν ἑκάστῳ συμβαίνει, ὃ καὶ εἴωθε, καὶ πέφυκε, τί ἂν δυσχεραίνοις; οὐ γὰρ ἀφόρητόν σοι ἔφερεν ἡ κοινὴ φύσις.

§. 47. Εἰ μὲν διά τι τῶν ἐκτὸς λυπῇ, οὐκ ἐκεῖνό σοι ἐνοχλεῖ, ἀλλὰ τὸ σὸν περὶ αὐτοῦ κρῖμα. τοῦτο δὲ ἤδη ἐξαλεῖψαι ἐπὶ σοί ἐστιν. εἰ δὲ λυπεῖ σέ τι τῶν ἐν τῇ σῇ διαθέσει, τίς ὁ κωλύων διορθῶσαι τὸ δόγμα; ὁμοίως δὲ καὶ εἰ λυπῇ, ὅτι οὐχὶ τὸ δεῖνά τι ἐνεργεῖς ὑγιὲς σοι φαινόμενον, τί οὐχὶ μᾶλλον ἐνεργεῖς, ἢ λυπῇ; ἀλλὰ ἰσχυρότερόν τι ἐνίσταται. μὴ οὖν λυποῦ. οὐ γὰρ παρὰ σὲ ἡ αἰτία τοῦ μὴ ἐνεργεῖσθαι. ἀλλὰ οὐκ ἄξιον ζῆν, μὴ ἐνεργουμένου τούτου. ἄπιθι οὖν ἐκ τοῦ ζῆν εὐ-

μεν-

ANNOTATIONES.

[illegible]

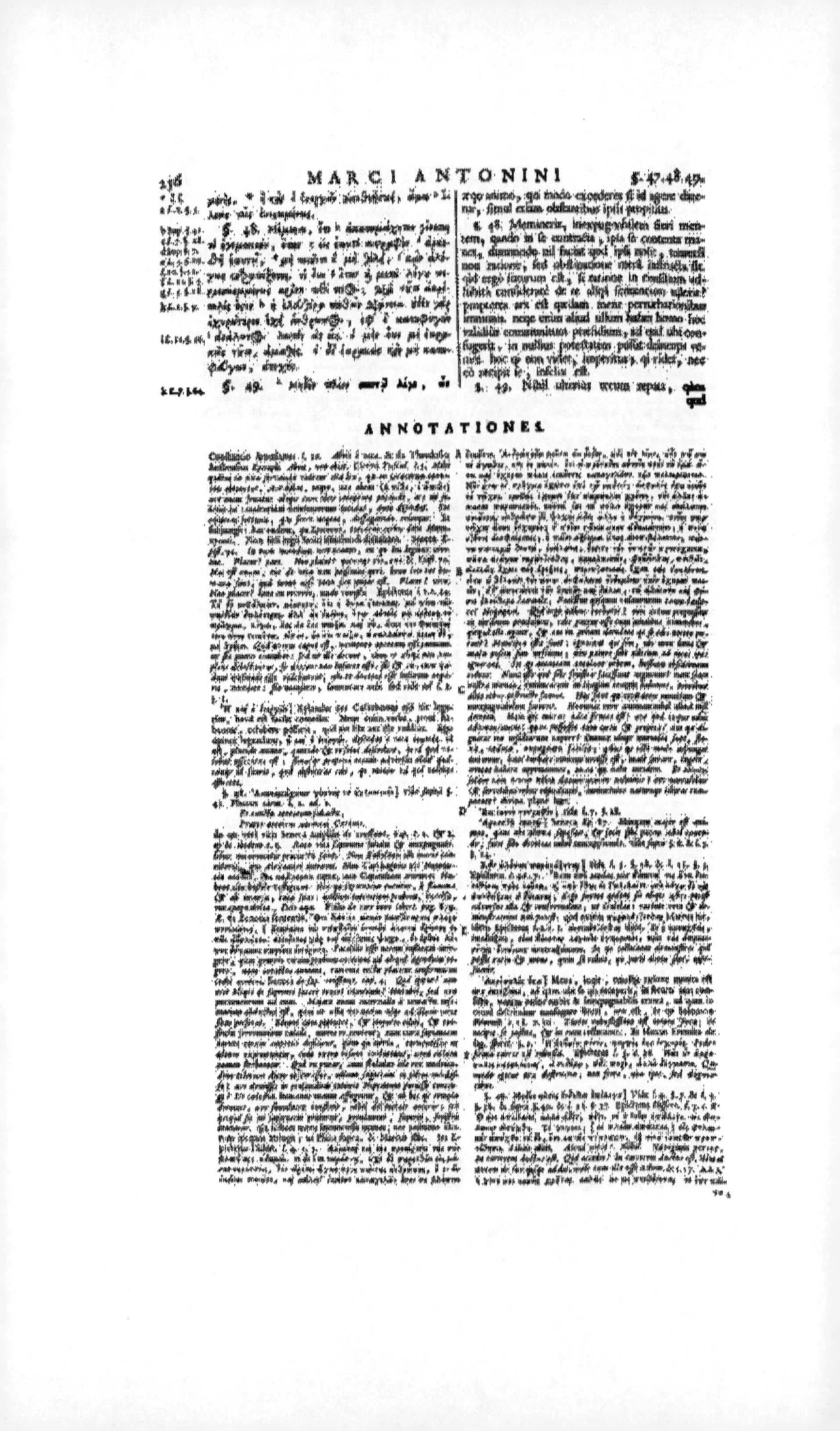

[illegible]

æquo animo, qui modo excederes si id agere dignaris, simul etiam obsistentibus ipsis propitius.

§ 48. Memineris, inexpugnabilem fieri mentem, quando in se contracta, ipsa se contenta manet, dummodo nil faciat quod ipsa nolit, tametsi non ratione, sed obstinatione merâ instructa sic. quid ergo futurum est, si ratione in consilium adhibitâ consideratè de re aliqua sententiam ulterit? propterea arx est quædam mens perturbationibus immunis. neque enim aliud ullum habet homo hoc validius communitum præsidium, in quod ubi confugerit, in nullius potestatem possit deinceps venire. hoc qui non videt, imperitus; qui videt, nec eò recipit se, infelix est.

§ 49. Nihil ulterius tecum reputa, quàm quod

ANNOTATIONES

[illegible]

[illegible]

§. 50. [illegible]

§. 51. Nec in actionibus [illegible]

§. 50. [illegible]

§. 51. [illegible]

ANNOTATIONES.

[illegible]

κρεανομοῦσι, κατάραις ἐλαύνουσι. τί ταῦτα πρὸς τὸ τὴν διάνοιαν μένειν καθαρὰν, φρενήρη, σώφρονα, δικαίαν; οἷον εἴ τις παραστὰς πηγῇ διαυγεῖ καὶ γλυκείᾳ, βλασφημοίη αὐτήν, ἡ δὲ οὐ παύεται πότιμον ἀναβλύζουσα. κἂν πηλὸν ἐμβάλῃ, κἂν κοπρίαν, τάχιστα διασκεδάσει αὐτὰ καὶ ἐκκλύσει, καὶ οὐδαμῶς βαφήσεται. πῶς οὖν πηγὴν ἀέναον ἕξεις, καὶ μὴ φρέαρ; φύλασσε σεαυτὸν πάσης ὥρας εἰς ἐλευθερίαν, μετὰ τοῦ εὐμενῶς, καὶ ἁπλῶς, καὶ αἰδημόνως.

§. 52. Ὁ μὲν μὴ εἰδὼς ὅτι ἔστι κόσμος, οὐκ οἶδεν ὅπου ἐστίν. ὁ δὲ μὴ εἰδὼς πρὸς ὅ τι πέφυκεν, οὐκ οἶδεν ὅστις ἐστὶν, οὐδὲ τί ἐστι κόσμος. ὁ δὲ ἕν τι τούτων ἀπολιπὼν, οὐδὲ πρὸς ὅ τι αὐτὸς πέφυκεν εἴποι. τίς οὖν φαίνεταί σοι ὁ τὸν τῶν κροτούντων ἔπαινον φεύγων ἢ διώκων, [οἳ] οὔθ' ὅπου εἰσὶν, οὔθ' οἵτινές εἰσι γινώσκοντες;

§. 53. Ἐπαινεῖσθαι θέλεις ὑπὸ ἀνθρώπου, τρὶς τῆς ὥρας ἑαυτῷ καταρωμένου; ἀρέσκειν θέλεις ἀνθρώπῳ, ὃς οὐκ ἀρέσκει ἑαυτῷ; ἀρέσκει ἑαυτῷ, ὁ μετανοῶν ἐφ' ἅπασι σχεδὸν οἷς πράσσει;

§. 54. Μηκέτι μόνον συμπνεῖν τῷ περιέχοντι

[illegible]

decet, diris te devoveat. quid haec obstant, quo minus mentem serves puram, prudentem, sobriam, justam? quemadmodum si quis fonti astans limpido ac dulci, convicia eum incesseret, at ille nihilominus laticem potui accommodatum fundere non cessat. quin & si lutum qui fimumque injecerit, dispergit citò diluitque eum, nec eodem inquinabitur. quomodo ergo fieri poterit, ut fontem perennem in te, non puteum, habeas? si tuis affectum libertatem cum aequanimitate, simplicitate, modestiâ quasi nativam tibi reddideris.

§. 52. Qui nescit esse mundum, ubi sit nescit. qui nescit ad quid natus sit, nec qui ipse, nec quid mundus sit, novit. qui autem in horum alterutro deficit, nec ad quid ipse natus sit, dicere potest: qualis ergò tibi videtur is, qui vanos hominum eorum plausus vel aversatur vel aucupatur, qui nec ubi sint, nec qui sint ipsi, norunt?

§. 53. Num in votis habes ab eo laudari, qui intra horulae spatium ter sese exsecratur? num ei studes placere, qui nec sibi ipse placet? an ei quomodo sibi placet, quem omnium ferè, quae facit ipse, poenitet?

§. 54. Cave tibi deinceps sit, non tam cum aëre

ANNOTATIONES

[illegible]

ambienti te conspirare, quàm aeri cuncta ambienti consentire. neque enim minus vis illa intellectualis ubique diffusa est & permeat cuivis capaci qui attrahere eam possit, quàm aëria cuilibet qui respirationis est compos.

§. 55. Generatim malitia mundo non obest. particularis vero alteri cuiquam. huic tantùm est noxia, cui concessum est ab ea immunem esse, quandocunque id ipse voluerit.

§. 56. Arbitrio meo ex aequo res indifferens est arbitrium vicini mei, aeque animula eius et carnicula. etenim etiam quam maxime alter alterius causa nati simus, animorum tamen nostrorum cuilibet peculiare suae constat potestas: alioqui vicini mei malitia malum me faceret: id quod Deo non est visum, ne alieni arbitrii esset miserum me facere.

§. 57. Sol diffundi videtur, & ubique quidem dif-

ἀέρος, οὕτως ἤδη καὶ συμφρονεῖν τῷ περιέχοντι πάντα νοερῷ. οὐ γὰρ ἧττον ἡ νοερὰ δύναμις πάντη κέχυται καὶ διαπεφοίτηκε τῷ σπάσασθαι δυναμένῳ, ἤπερ ἡ ἀερώδης τῷ ἀναπνεῦσαι δυναμένῳ. a L. 9. §. 1. 2. L. 10. §. 01.

§. 55. Γενικῶς μὲν, b ἡ κακία οὐδὲν βλάπτει τὸν κόσμον. ἡ δὲ κατὰ μέρος, c οὐδὲν βλάπτει τὸν ἕτερον. d μόνῳ δὲ βλαβερά ἐστι τούτῳ, e ᾧ ἐπιτέτραπται καὶ ἀπηλλάχθαι αὐτῆς, ὁπόταν πρῶτος οὗτος θελήσῃ. b L. 6. §. 55. c L. 1. §. 1. 2. d L. 5. §. 35. e L. 2. §. 11. L. 9. §. 42. 10. §. 13.

§. 56. f Τῷ ἐμῷ προαιρετικῷ τὸ τοῦ πλησίον προαιρετικὸν ἐπίσης ἀδιάφορόν ἐστιν, ὡς καὶ τὸ πνευμάτιον αὐτοῦ καὶ τὸ σαρκίδιον. καὶ γὰρ εἰ ὅτι μάλιστα g ἀλλήλων ἕνεκεν γεγόναμεν, ὅμως τὰ ἡγεμονικὰ ἡμῶν ἕκαστον h τὴν ἰδίαν κυρίαν ἔχει. ἐπεὶ τοι i ἔμελλεν ἡ τοῦ πλησίον κακία ἐμοῦ κακὸν εἶναι. k ὅπερ οὐκ ἔδοξε τῷ θεῷ, ἵνα μὴ ἐπ᾽ ἄλλῳ ᾖ τὸ ἐμὲ ἀτυχεῖν. f L. 5. §. 20. L. 8. §. 39. g L. 2. §. 1. L. 5. §. 19. h L. 1. §. 1. L. 9. §. 2. i L. 4. §. 4. L. 7. §. 22. k L. 5. §. 10.

§. 57. l Ὁ ἥλιος κατακεχύσθαι δοκεῖ, καὶ πάν- l L. 12. §. 30.

τῃ

ANNOTATIONES

A B C D E [illegible]

[illegible Greek text]

a [illegible]
b [illegible]
c [illegible]
d [illegible]

funditur, nec effunditur tamen. illa enim diffusio est extensio quaedam. itaque ab extendendo radii ejus nomen sortiti sunt. cujusmodi verò res sit radius, perspicere licet, si per angustum aliquod foramen lumen à sole profectum in domicilium tenebricosum subingredi videris. rectà enim procedit, & refringitur quodammodo, ubi corpus aliquod solidum occurrerit, quod aërem ultra non admittit. ibi tum consistit, & nec delabitur, nec decidit. talem ergò mentis fusionem & diffusionem esse oportet, non effusionem usque, sed extensionem, quaeque adversùs obvia quaelibet impedimenta non violentam & impetuosam collisionem exhibeat, nec etiam decidat, sed consistat, & illustret quicquid eam admiserit. privabit enim semet splendore illud, si quis eam non transmiserit.

§. 58. Qui mortem formidat, vel sensûs extinctionem, vel aliusmodi alterum sensum formidat. atqui, si sensum nullum prorsus habueris, nec mali quicquam sensurus es; sin sensum aliusmodi, animal aliusmodi futurus es, nec vivere desines.

§. 59.

ANNOTATIONES.

[illegible]

§. 59. Homines alter alterius caussa nati sunt: itaque aut doce, aut fer.

§. 60. Aliter sagitta, aliter mens fertur. mens enim tum cum cavet, tum cum considerat, recta fertur, nec minus ad scopum sibi propositum tendit.

§. 61. In mentem alterius cujusque descendito; sed & in tuam ipsius descendere quemlibet patere.

§. 59. Οἱ ἄνθρωποι γεγόνασιν ἀλλήλων ἕνεκεν. δίδασκε οὖν, ἢ φέρε.

§. 60. Ἄλλως βέλος, ἄλλως νοῦς φέρεται. ὁ μέντοι νοῦς, καὶ ὅταν εὐλαβῆται, καὶ ὅταν περὶ τὴν σκέψιν στρέφηται, φέρεται κατ' εὐθὺ οὐδὲν ἧττον, καὶ ἐπὶ τὸ προκείμενον.

§. 61. Εἰσιέναι εἰς τὸ ἡγεμονικὸν ἑκάστου. παρέχειν δὲ καὶ ἑτέρῳ εἰσιέναι εἰς τὸ ἑαυτοῦ ἡγεμονικόν.

[illegible]

ANNOTATIONES.

[illegible]

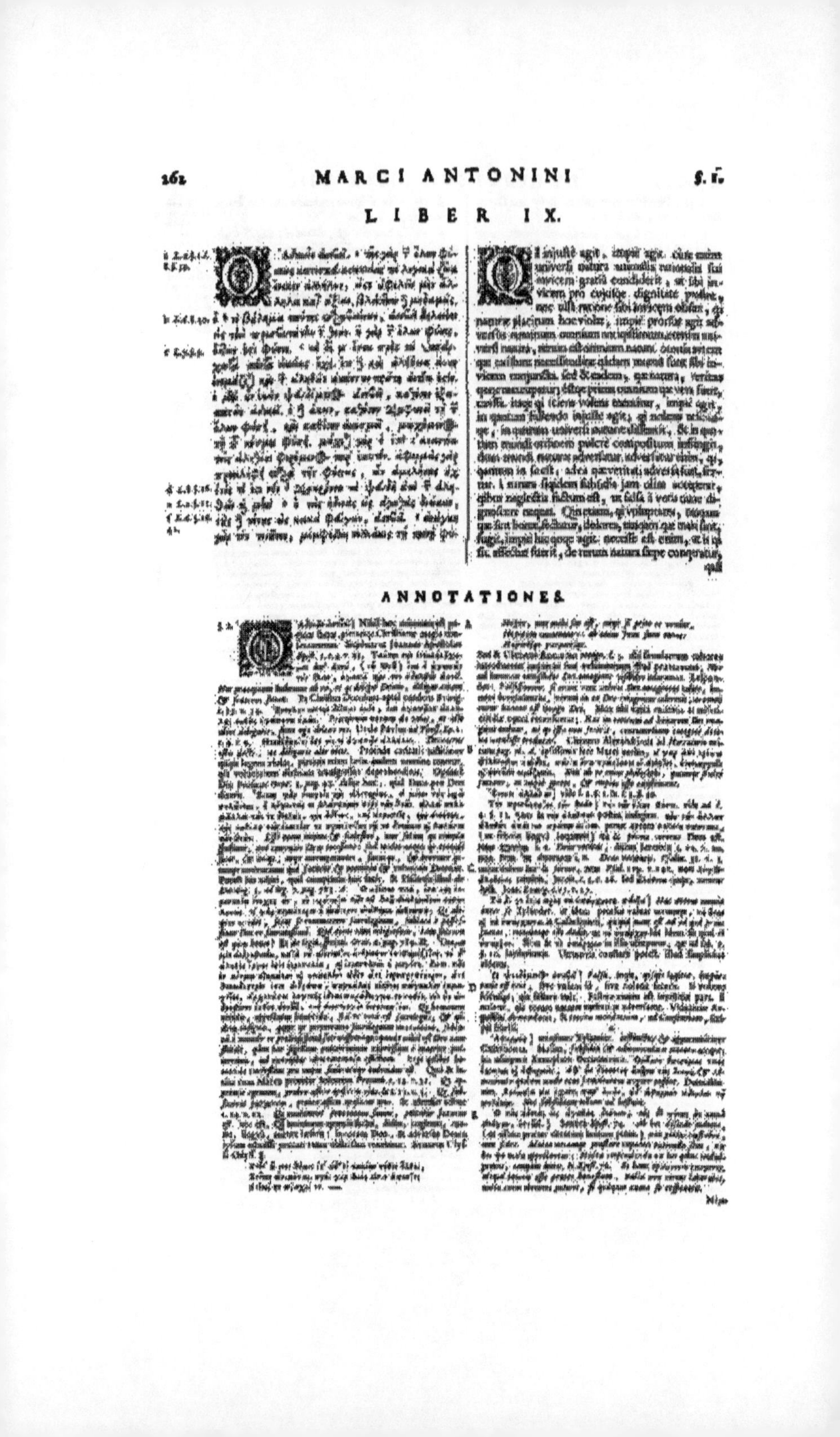

LIBER IX.

[illegible]

Qui injuste agit, impie agit. Cum enim universi natura animalia rationalia sui invicem gratia condiderit, ut sibi invicem pro cujusque dignitate prodessent, nec ulla ratione sibi invicem obessent, qui naturae placitum hoc violat, impie prorsus agit adversus [illegible] universi natura, [illegible] sibi invicem conjuncta. Sed & eadem, quae natura, veritas [illegible] prima causa omnium quae vera sunt, [illegible]. Itaque qui sciens volens mentitur, impie agit, in quantum fallendo injuste agit; qui nolens, [illegible], in quantum universi naturae dissentit, & in quantum mundi ordinem pulcre compositum infringit, dum mundi naturae adversatur. adversatur enim, qui, quantum in se est, adeo quae veritati adversa sunt, fertur. [illegible] naturae siquidem subsidia jam olim acceperat, quibus neglectis factum est, ut falsa a veris tam dignoscere nequeat. Qui etiam, qui voluptates, tanquam quae sint bona, sectatur, dolores, tanquam quae mala sint, fugit, impie hic quoque agit. necesse est enim, ut is qui sic affectus fuerit, de rerum natura saepe conqueratur, quasi

ANNOTATIONES.

[illegible]

quasi ea bonis malisque praeter meritum utrisque aliquid attribuat, cum mali saepenumero voluptatibus diffluant, eaque rebus, quibus eae comparentur, abundent; boni contra in dolore versentur, atque in casus ejusmodi, qui dolorem solent parere, incidant. adhaec, qui dolorem timet, eorum aliquid timebit, quae in mundo necessario futura sunt. hoc est autem impium. & qui voluptatem sectatur, injuriam inferendo non abstinebit. hoc autem aperte impium. oportet autem, ad quae rerum natura ex aequo se habet, (nec fecisset utraque utraque, nisi ad utraque se ex aequo haberet) adversus haec eadem eum pariter esse ex aequo affectum, qui naturae ductum sequi desiderat, eo naturae consentire possit. quicunque ergo adversus dolorem & voluptatem, vel mortem & vitam, vel gloriam & ignominiam, ad quae rerum natura ex aequo se habet, non ex aequo afficitur, impie hunc agere liquido constat. per hoc autem quod dicitur universi naturam istis ex aequo uti, intelligo ista ex aequo evenire ex serie quadam rerum prodeuntium sibique invicem succedentium juxta antiquissimum quendam providentiae motum, quo a principio illa ad hanc rerum omnium ordinationem & adornationem se contulit, cum rationes quasdam rerum futurarum apud se concepisset, & facultates quasdam existentiarum, transmutationum, & successionum ejusmodi secundas discrevisset.

§ 2. Gratius equidem foret, ut prius defungeretur quispiam, quam mendacium, simulationem, luxum, fastum delibasset. secundus autem ab hoc gradus, horum satur saltem animam exspirare,

τις, ὡς παρ' ἀξίαν τι διανέμουσα τοῖς φαύλοις καὶ τοῖς σπουδαίοις. διὰ τὸ πολλάκις τοὺς μὲν φαύλους ἐν ἡδοναῖς εἶναι, καὶ τὰ ποιητικὰ τούτων κτᾶσθαι· τοὺς δὲ σπουδαίους, πόνῳ, καὶ τοῖς ποιητικοῖς τούτου περιπίπτειν. ἔτι δὲ ὁ φοβούμενος τοὺς πόνους, φοβηθήσεταί ποτε τῶν ἐσομένων τι ἐν τῷ κόσμῳ. τοῦτο δὲ ἤδη ἀσεβές. ὅ, τε διώκων τὰς ἡδονὰς, οὐκ ἀφέξεται τοῦ ἀδικεῖν. τοῦτο δὲ ἐναργῶς ἀσεβές. χρὴ δὲ πρὸς ἃ ἡ κοινὴ φύσις ἐπίσης ἔχει (οὐ γὰρ ἀμφότερα ἐποίει, εἰ μὴ πρὸς ἀμφότερα ἐπίσης εἶχε) πρὸς ταῦτα καὶ τοὺς τῇ φύσει βουλομένους ἕπεσθαι, ὁμογνώμονας ὄντας, ἐπίσης διακεῖσθαι. ὅστις οὖν πρὸς πόνον καὶ ἡδονὴν, ἢ θάνατον καὶ ζωὴν, ἢ δόξαν καὶ ἀδοξίαν, οἷς ἐπίσης ἡ τῶν ὅλων φύσις χρῆται, αὐτὸς οὐκ ἐπίσης ἔχει, δῆλον ὡς ἀσεβεῖ. λέγω δὲ τὸ χρῆσθαι τούτοις ἐπίσης τὴν κοινὴν φύσιν, ἀντὶ τοῦ κατὰ τὸ συμβαίνειν ἐπίσης κατὰ τὸ ἑξῆς γινομένοις, καὶ ἐπιγινομένοις ὁρμῇ τινι ἀρχαίᾳ τῆς προνοίας, ὃ καθ' ἣν ἀπό τινος ἀρχῆς ὥρμησεν ἐπὶ τήνδε τὴν διακόσμησιν, συλλαβοῦσά τινας λόγους τῶν ἐσομένων, καὶ δυνάμεις γονίμους ἀφορίσασα, ὑποστάσεών τε, καὶ μεταβολῶν, καὶ διαδοχῶν τοιούτων.

§. 2. Χαριεστέρου μὲν ἦν ἀνδρὸς ἄγευστον ψευδολογίας, καὶ πάσης ὑποκρίσεως καὶ τρυφῆς καὶ τύφου γενόμενον ἐξ ἀνθρώπων ἀπελθεῖν. τὸ δ' οὖν κορεσθέντα γε τούτων ἀποπνεῦσαι, δεύτερος πλοῦς,

ος

ANNOTATIONES

[illegible]

[illegible]

quam impuditiam [illegible], ut nondum experientia tibi ipsi feceris, ut si peste illa [illegible] pestis est enim, mentis corruptio, & perniciosa quidem magis ea, quam aëris hujus circumfusi intemperiem & alteratio [illegible]. Haec enim animalium, qua sunt animalia, illa hominum lues est, qua sunt homines.

§. 3.

ANNOTATIONES.

[illegible]

§. 3. Mortem noli contemnere, sed animo lubenti excipe, tanquam ea earum quae natura vult, numero quid sit. cujusmodi enim est, adolescere, senescere, crescere, adultum esse, barbatum esse, dentire, canescere, serere, praegnantem esse, parere, aliaque id genus opera naturalia, quae vitae scenam ferunt annos, ejusmodi plane res est & dissolvi. hominis est igitur considerati, nec temerarie,

§. 3. Μὴ καταφρόνει θανάτου, ἀλλὰ ᵃ εὐαρέστει αὐτῷ, ὡς καὶ τούτου ἑνὸς ὄντος, ὧν ᵇ ἡ φύσις ἐθέλει. οἷον γάρ ἐστι τὸ νεάσαι, καὶ τὸ γηρᾶσαι, καὶ τὸ αὐξῆσαι, καὶ τὸ ἀκμάσαι, καὶ ὀδόντας, καὶ γένειον, καὶ πολιὰς ἐνεγκεῖν, καὶ σπεῖραι, καὶ κυοφορῆσαι, καὶ ἀποκυῆσαι, καὶ τὰ ἄλλα τὰ φυσικὰ ἐνεργήματα, ὅσα αἱ τοῦ σοῦ βίου ὧραι φέρουσι, ᶜ τοιοῦτο καὶ τὸ διαλυθῆναι. τοῦτο μὲν οὖν κατὰ ἄνθρωπόν ἐστι λελογισμένον, ὁ μὴ ᵉ ὁλοσχερῶς, μηδὲ ... ...

a L. 2. §. 1.
b L. 4. §. 17.
c L. 3. §. 7. &
d L. 3. §. 7. &
e L. 3. §. 1.

ANNOTATIONES.

[illegible]

[illegible]

nec impetuose, nec fastuose adversus mortem se gerere: sed tanquam opus naturae, eam praestolari, quo modo nunc praestolaris, donec uxoris tuae utero foetus prodeat. ita expectanda est hora, qua animula tua involucro isti excidet. si autem vulgare vis pharmacum, quod cor tuum attingat, mortis facilem comprimet praestabis te, si consideraveris res subjectas a quibus mortis divelleris, moresque hominum quales sint, quibus animo tuo admixtus non immisceberis. nequaquam enim offendi eis te convenit, [illegible], sed curare eos, placideque ferre; commonisse tamen licuerit, quod ab hominibus haud idem tecum sentientibus discessurus es. hoc enim solum, si quid aliud, nos retraheret & in vita retineret, si cum eadem sentientibus vivere dogmate dareretur. nunc autem vides, quanta molestia ex

ANNOTATIONES.

[illegible]

cum dissidio tanto eorum quibuscum vivitur, cernitur, ut dicere liceat, Propere advolas ô mors; nequando etiam ipse obliviscar mei.

§. 4. Qui peccat, sibimet ipsi peccat: qui injustè agit, sibi nocet, dum malum se facit.

§. 5. Saepenumero committit ut injustè agat, tam qui non facit aliquid, quàm & qui facit.

§. 6. Sufficit praesens existimatio certa, & actio praesens communicativa, & affectio praesens eventum omnem à prima rerum omnium causa provenientem libenter excipiens.

τὰ μέχρι δόγματα ἀλλοτριουμένοις. ὁρᾷς ὅσ@ ὁ κόπ@ ἐν τῇ διαφωνίᾳ τῆς συμβιώσεως, ὥστε εἰπεῖν. Θᾶττον ἔλθοις, ὦ θάνατε, μή που καὶ αὐτὸς ἐπιλάθωμαι ἐμαυτοῦ.

§. 4. Ὁ ἁμαρτάνων ἑαυτῷ ἁμαρτάνει. ὁ ἀδικῶν ἑαυτὸν ἀδικεῖ, κακὸν ἑαυτὸν ποιῶν.

§. 5. Ἀδικεῖ πολλάκις ὁ μὴ ποιῶν τι, οὐ μόνον ὁ ποιῶν τι.

§. 6. Ἀρκεῖ ἡ παροῦσα ὑπόληψις καταληπτικὴ, καὶ ἡ παροῦσα πρᾶξις κοινωνικὴ, καὶ ἡ παροῦσα διάθεσις εὐαρεστικὴ πρὸς πᾶν τὸ παρὰ τὴν ἐκτὸς αἰτίαν συμβαῖνον.

ANNOTATIONES.

[illegible]

§. 7. [illegible]

§. 8. [illegible]

§. 9. [illegible]

§. 7. Imaginationes [illegible], motus compesce, appetitiones [illegible]; mentem in potestate sui continere.

§. 8. In animantia irrationalia, anima una distributa est; in rationalia vero, animus unus intellectiva dispertitus. quemadmodum & terrestribus omnibus una est terra; unaque luce cernimus omnes, & aere uno spiramus, quotquot visus vitaeque participes sumus.

§. 9. Quaecunque aliquid in commune participant, ad id quod est generis ejusdem secum propensa feruntur. [illegible] cum omni vero, [illegible] est, igni adeo [illegible] ut [illegible] materia [illegible] paulo [illegible] prompta [illegible], [illegible] sibi [illegible] proinde & quicquid naturae intellectualis est in commune particeps, vel sibi cognatum pariter, vel multo magis etiam, promptius fertur.

ANNOTATIONES

[illegible]

[illegible]

[illegible]

ANNOTATIONES

[illegible]

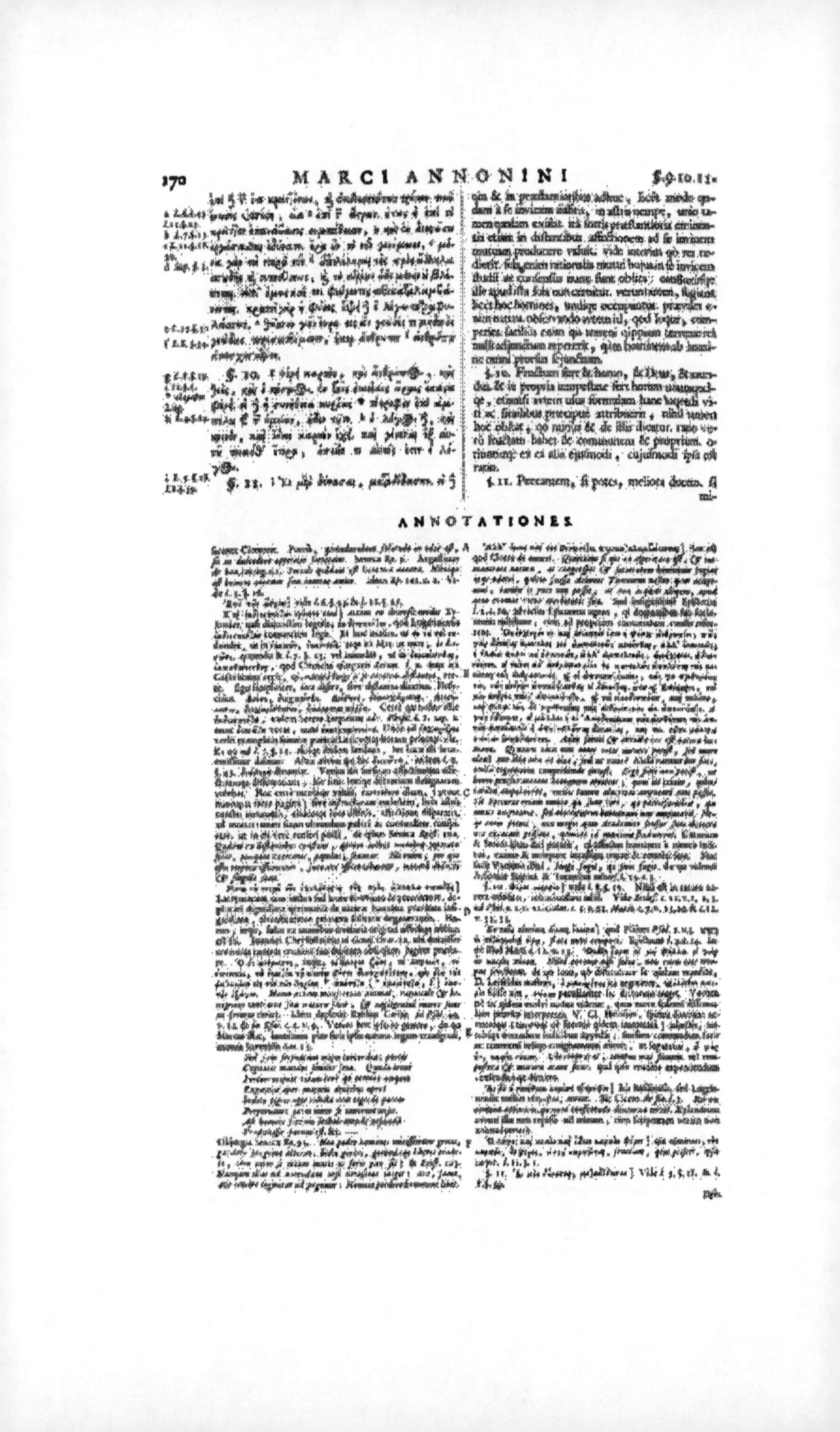

[illegible]

§. 10. [illegible]

§. 11. [illegible]

...que & in praestantioribus adhuc, licet modo quodam a se invicem distent, in illis reperire, unde tamen quaedam exsistit. ita sursum praestantioris existentiae etiam in distantibus affectionem ad se invicem mutuam producere valuit. vide interim quod nunc evenerit. sola enim rationalia mutui hujus in se invicem studii ac consensus nunc sunt oblita; confluxus ille quasi ista sola ex cernitur. verumtamen, fugiant licet hoc homines, undique occupantur. praevalet enim natura. observando autem id, quod loquor, comperies. facilius enim quis terrenum quippiam terreno rei nulli adjunctum reperit, quam hominem ab homine omnino prorsus sejunctum.

§. 10. Fructum fert & homo, & Deus, & mundus. & in propria tempestate fert horum unumquodque, etiamsi autem usus formulam hanc loquendi vitiis ac similibus praecipue attribuerit, nihil tamen hoc obstat, quo minus & de illis dicatur. ratio vero fructum habet & communem & proprium. oriunturque ex ea alia ejusmodi, cujusmodi ipsa est ratio.

§. 11. Percontare, si potes, meliora doceto. si mi-

ANNOTATIONES

[illegible]

quivis, resipueris, hoc scito clementiam tibi datam esse. & Dii etiam adversus tales clementes se gerunt. in quibusdam etiam opem eis porrigunt suam, ad sanitatem nempe, divitias, gloriam consequendam adeo benigni existunt. idem & tibi licet facere. aut dicito, quis te prohibeat.

§. 12. Laborem suscipe, non ut miser, nec quo misericordiam vel admirationem sis aliis, sed hoc unum velis, id moveri continereve sistere, prout ratio civilis exigit.

§. 13. Hodie molestiâ me omni exemi, vel potius molestiam à me omnem abjeci. neque enim extra, sed intra me, in opinione mea existebat.

§. 14. Eadem sunt omnia, usu familiaria, tempore diaria, materiâ sordida. praesentia omnia, qualia apud illos quos sepelivimus.

μὴ, μέμνησο, ὅτι πρὸς τοῦτο ἡ εὐμένειά σοι δέδοται. καὶ οἱ θεοὶ δὲ εὐμενεῖς τοῖς τοιούτοις εἰσίν· εἰς ἔνια δὲ καὶ συνεργοῦσιν, εἰς ὑγίειαν, εἰς πλοῦτον, εἰς δόξαν. οὕτως εἰσὶ χρηστοί. ἔξεστι δὲ καὶ σοί. ἢ εἰπέ, τίς ὁ κωλύων.

§. 12. Πόνει, μὴ ὡς ἄθλιος, μηδὲ ὡς ἐλεεῖσθαι ἢ θαυμάζεσθαι θέλων. ἀλλὰ μόνον ἓν θέλε, κινεῖσθαι καὶ ἴσχεσθαι, ὡς ὁ πολιτικὸς λόγος ἀξιοῖ.

§. 13. Σήμερον ἐξῆλθον πάσης περιστάσεως, μᾶλλον δὲ ἐξέβαλον πᾶσαν περίστασιν. ἔξω γὰρ οὐκ ἦν, ἀλλὰ ἔνδον ἐν ταῖς ὑπολήψεσιν.

§. 14. Πάντα ταὐτά, συνήθη μὲν τῇ πείρᾳ, ἐφήμερα δὲ τῷ χρόνῳ, ῥυπαρὰ δὲ τῇ ὕλῃ. πάντα νῦν, οἷα ἐπ' ἐκείνων οὓς κατεθάψαμεν.

§. 15.

ANNOTATIONES.

[illegible]

§. 15. Τὰ πράγματα ἔξω θυρῶν ἕστηκεν, αὐτὰ ἐφ' ἑαυτῶν, μηδὲν μήτε εἰδότα περὶ αὐτῶν, μήτε ἀποφαινόμενα. τί οὖν ἀποφαίνεται περὶ αὐτῶν; τὸ ἡγεμονικόν.

§. 16. Οὐκ ἐν πείσει, ἀλλ' ἐνεργείᾳ τὸ τοῦ λογικοῦ πολιτικοῦ ζώου κακὸν καὶ ἀγαθόν. ὥσπερ οὐδὲ ἡ ἀρετὴ καὶ κακία αὐτοῦ ἐν πείσει, ἀλλὰ ἐνεργείᾳ.

§. 17. Τῷ ἀναῤῥιφέντι λίθῳ οὔτε κακὸν τὸ κατενεχθῆναι, οὐδὲ ἀγαθὸν τὸ ἀνενεχθῆναι.

§. 18. Διάδυθι ἔσω εἰς τὰ ἡγεμονικὰ αὐτῶν, καὶ ὄψει τίνας κριτὰς φοβῇ, οἵους καὶ περὶ αὑτῶν ὄντας κριτάς.

§. 19. Πάντα ἐν μεταβολῇ· καὶ αὐτὸς σὺ ἐν διηνεκεῖ ἀλλοιώσει, καὶ κατά τι φθορᾷ· καὶ ὁ κόσμος δὲ ὅλος.

§. 20. Τὸ ἄλλου ἁμάρτημα, ἐκεῖ δεῖ καταλιπεῖν.

§. 21. Ἐνεργείας ἀπόληξις, ὁρμῆς, ὑπολήψεως παῦλα, καὶ οἷον θάνατος, οὐδὲν κακόν. μετάβηθι νῦν ἐπὶ ἡλικίαν, οἷον τὴν παιδικήν, τὴν τοῦ μειρακίου, τὴν νεότητα, τὸ γῆρας· καὶ γὰρ τούτων πᾶσα μεταβολή, θάνατος.

§. 15. Res ipsæ foris apud semet consistunt; nec de se quicquam aut nôrunt ipsæ, aut enunciant nobis. quid ergò de eis pronunciat? mens.

§. 16. Non in passione, sed actione situm est, rationalis ac civilis animantis bonum malúmque: quo modo nec virtus vitiúmve illius in passione, sed in actione consistit.

§. 17. Lapidi projecto nihil est mali, quòd decursum feratur; quòd sursum, nihil boni.

§. 18. Mentes hominum penitùs introspice. videbis, quos judices pertimescas, quales etiam de semet judices sint.

§. 19. In transformatione universa existunt. tu quoque in jugi alteratione, & corruptione quâdam versaris; & mundus totum universus.

§. 20. Quod alteri delictum est, apud eum relinquendum est.

§. 21. Actionis terminatio, intentionis aut opinationis cessatio, mors eadem est quædam. veruntamen nihil in se mali habet. ad ætates transi, puerilem puta, adolescentiam, juventutem, senilem. & harum mutatio omnis mors est quædam.

sed

ANNOTATIONES.

[illegible]

sed numquid grave? transi rursus ad aetatem sub avo, tum sub matre, tum sub patre transactam: ibique alias haud paucas differentias mutationesque deprehenderis, interroga te, numquid in his grave fuit: pari igitur modo nec grave quicquam in vitae totius terminatione, cessatione, mutatione.

§. 22. Recurrito ad mentem tuam, ad universi, ad delinquentis cujusvis. ad tuam, ut ipsam justam reddas: ad universi, ut recorderis, cujusnam sis pars: ad delinquentis cujusvis, ut consideres, inscius an consulto deliquerit; cogitesque simul esse tibi cognatum.

§. 23. Sicut ipse tu ad coetum civilem complendum constitutus: ita actio tua quaevis ad vitam ejusmodi constituendam referatur. Quaecunque igitur actio tua ad finem hunc vel immediate vel mediate non tendit, ea vitam tuam distrahit, nec unam eandemque esse patitur, & est seditiosa, perinde ac in populo ille, qui, quantum in se est, homines a consensione ejusmodi in partes trahit.

§. 24. Puerulorum rixae, & lusiones, & animulae cadavera gestantes, ut vehementius afficiat quod in Necyiis exhibetur.

μήτι δεινόν; μέτιθι νῦν ἐπὶ βίον τὸν ὑπὸ τῷ πάππῳ, εἶτα τὸν ὑπὸ τῇ μητρί, εἶτα τὸν ὑπὸ τῷ πατρί. καὶ ἄλλας δὲ πολλὰς διαφορὰς καὶ μεταβολὰς καὶ λήξεις εὑρίσκων, ἐπερώτα σεαυτόν, μήτι δεινόν. οὕτως τοίνυν οὐδὲ ἡ τοῦ ὅλου σου βίου λῆξις, καὶ παῦλα, καὶ μεταβολή.

§. 22. Τρέχε ἐπὶ τὸ σεαυτοῦ ἡγεμονικόν, καὶ τὸ τοῦ ὅλου, καὶ τὸ τούτου. τὸ μὲν σεαυτοῦ, ἵνα νοῦν δικαϊκὸν αὐτὸ ποιήσῃς. τὸ δὲ τοῦ ὅλου, ἵνα συμμνημονεύσῃς τίνος μέρος εἶ. τὸ δὲ τούτου, ἵνα ἐπιστήσῃς πότερον ἄγνοια, ἢ γνώμη, καὶ ἅμα λογίσῃ ὅτι συγγενές.

§. 23. Ὥσπερ αὐτὸς σὺ πολιτικοῦ συστήματος συμπληρωτικὸς εἶ, οὕτως καὶ πᾶσα πρᾶξίς σου συμπληρωτικὴ ἔστω ζωῆς πολιτικῆς. ἥτις ἐὰν οὖν πρᾶξίς σου μὴ ἔχῃ τὴν ἀναφοράν, εἴτε προσεχῶς, εἴτε πόρρωθεν ἐπὶ τὸ κοινωνικὸν τέλος, αὕτη διασπᾷ τὸν βίον, καὶ οὐκ ἐᾷ ἕνα εἶναι, καὶ στασιώδης ἐστίν, ὥσπερ ἐν δήμῳ ὁ τὸ καθ᾽ αὑτὸν μέρος διιστάμενος ἀπὸ τῆς τοιαύτης συμφωνίας.

§. 24. Παιδίων ὀργαί, καὶ παίγνια, καὶ πνευμάτια νεκρὰ βαστάζοντα, ὡς ἐναργέστερον προσπεσεῖν τὸ τῆς Νεκυίας.

§. 25.

ANNOTATIONES

[illegible]

§. 25. [illegible]

§. 26. [illegible]

§. 27. [illegible]

§. 25. Formas qualitatesque animo adi; & à materia abstractam contemplare: tum & tempus terminatum definito, ad quod plurimum res sic affecta perdurare possit.

§. 26. Innumera perpessus es, quia non didicisti rationi tuæ contentus esse agenti ea ad quæ condita est, sed ad alia malum abstrahis.

§. 27. Ubi te alii vituperaverint, vel oderint, vel ejusmodi aliquid obloquuti fuerint, adi animulas eorum, penitius introspice cujusmodi sint: facilè videbis, nihil esse quod te angat, quicquid illi de te judicent: bene velle tamen illis oportet: sunt enim naturâ amici. qui & Dii ipsi quemadmodum illis opem ferunt, per insomnia, per vaticinia, etiam in eis ad quæ feruntur illi.

§. 28.

ANNOTATIONES.

[illegible]

§. 18. Eadem plane sunt omnia,] §. 18. [illegible]

ANNOTATIONES

[illegible]

[illegible]

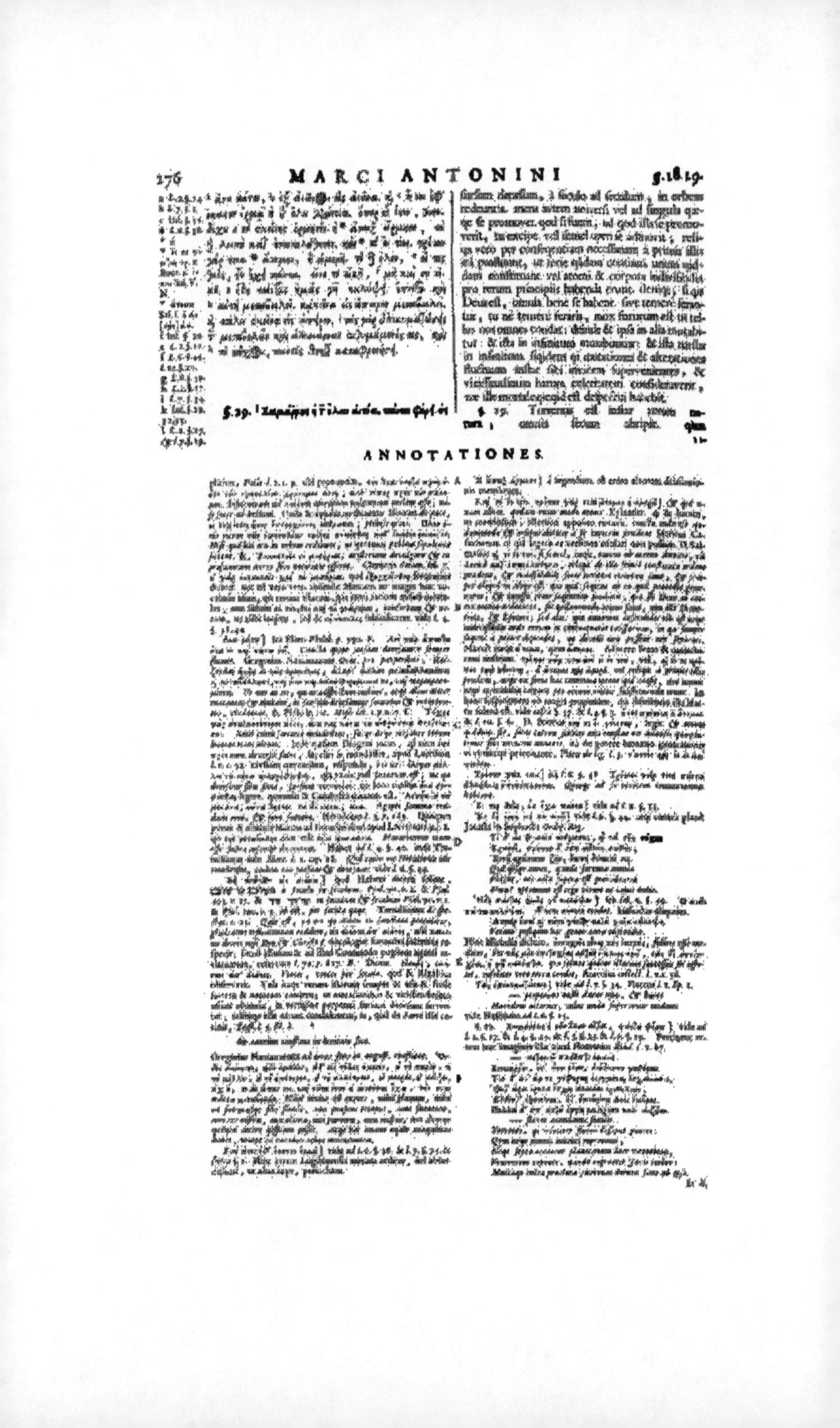

[illegible]

§. 19. [illegible]

sursum deorsum, a secundo ad secundum, in orbem redeuntia. mens autem universi vel ad singula quaeque se promovet, quod si fuerit, tu quod illa se promoverit, accipe; vel semel operi se accinxit; reliqua vero per consequentiam necessariam a primis illis sunt profluunt, ut inde quidam continua unum quiddam constituant vel atomi & corpora individua pro rerum principiis habenda erunt. denique, si quis Deus est, omnia bene se habent. sive temere feruntur, tu ne temere ferare. mox terram nos omnes condet: deinde & ipsa in alia mutabitur: & ista in infinitum mutabuntur; & illa rursus in infinitum. siquidem qui mutationum & alterationum fluctuum istiusmodi citatam supervenientes, & vicissitudinum harum celeritatem consideraverit, is res illas mortales quidem omnes despectui habebit.

§. 19. Torrentus est instar rerum natura; omnia secum abripit. quam [illegible]

ANNOTATIONES.

[illegible]

viles autem sunt & mutici pleni, etiam politici isti, & qui ipsi videntur, philosophici & geometrae homunculi [illegible]

ANNOTATIONES.

[illegible]

ἄνθρωπε; ὅ τί ποτε νῦν ἡ φύσις ἀπαιτεῖ. ὅρμησον, ἐὰν διδῶται, καὶ μὴ περιβλέπου, εἰ εἴσεταί τις. μηδὲ τὴν Πλάτωνος πολιτείαν ἔλπιζε. ἀλλὰ ἀρκοῦ, εἰ τὸ βραχύτατον πρόεισι, καὶ τούτου αὐτοῦ τὴν ἔκβασιν, ὡς οὐ μικρόν τι

id agas, o homo, quodcunque te postulat natura, aggredere, quatenus tibi datur, nec circumspice, numquid adsit, qui adverat. nec Platonis rempublicam expecta, verum sufficiat tibi, si vel paulum admodum res processerit; nec vel hoc ipsum parvum quiddam existima-

ANNUTATIONES

[illegible]

mutaveris. nam dogmata hominum quis mutaverit? & tamen absque his mutatis, quid aliud fuerit, nisi ingemiscentium, dum obsequium simulant, servitus. age nunc, & Alexandrum, Philippum, Demetrium Phalereum mihi refer. viderint illi, an quid natura communis poscat, viderint, & ad hujus praescriptum sese instituerint. sin tragicè sunt ostentatique, qui ad illorum imitationem me adiget? simplex quidem & verecundum est philosophiae opus. noli me ad fastum insolentem abducere.

ὂν. διανοοῦ. δόγμα γὰρ αὐτῶν τίς μεταβαλεῖ; χωρὶς δὲ δογμάτων μεταβολῆς, τί ἄλλο, ἢ δουλεία στενόντων, καὶ πείθεσθαι προσποιουμένων. ὕπαγε νῦν, καὶ Ἀλέξανδρον, καὶ Φίλιππον, καὶ Δημήτριον τὸν Φαληρέα μοι λέγε. ὄψονται, εἰ εἶδον, τί ἡ κοινὴ φύσις ἤθελε, καὶ ἑαυτοὺς ἐπαιδαγώγησαν. εἰ δὲ ἐτραγῴδησαν, οὐδείς με κατακέκρικε μιμεῖσθαι. ἁπλοῦν ἐστι καὶ αἰδῆμον τὸ φιλοσοφίας ἔργον. μή με ἄπαγε ἐπὶ σεμνοτυφίαν.

§. 30. Intuere desuper armenta innumerabilia, & sacra innumerabilia, & navigationis omne genus, in procellis, in tranquillo mari, & rerum praeteritarum, praesentium, decedentium differentias. considera & vitam quae sub aliis olim est acta, quae post te erit transigenda, quaeque apud gentes barbaras jam agitur. & quam multi sint, qui nec norint nomen tuum; quam multi, qui mox ejusdem obliviscentur; quam multi, qui cum te nunc laudent, mox vituperaturi sint. quod denique, neque memoria, neque gloria, neque ejusmodi quicquam aestimatione ulla dignum est.

§. 30. Ἄνωθεν ἐπιθεωρεῖν ἀγέλας μυρίας, καὶ τελετὰς μυρίας, καὶ πλοῦν παντοῖον ἐν χειμῶσι καὶ γαλήναις, καὶ διαφορὰς γινομένων, συγγινομένων, ἀπογινομένων. ἐπινόει δὲ καὶ τὸν ὑπ' ἄλλων πάλαι βεβιωμένον βίον, καὶ τὸν μετὰ σὲ βιωθησόμενον, καὶ τὸν νῦν ἐν τοῖς βαρβάροις ἔθνεσι βιούμενον. καὶ ὅσοι μὲν οὐδὲ ὄνομά σου γινώσκουσιν, ὅσοι δὲ τάχιστα ἐπιλήσονται, ὅσοι δὲ ἐπαινοῦντες ἴσως νῦν σε τάχιστα ψέξουσι. καὶ ὡς οὔτε ἡ μνήμη ἀξιόλογόν γε, οὔτε ἡ δόξα, οὔτε ἄλλο τι τὸ σύμπαν.

§. 31. Mentis tranquillitas tibi sit in eis, quae ab externa causa proficiscuntur. justitiae ratio in eis quae ab interna efficiuntur. hoc est; intentio tua actioque omnis hunc solum sibi finem propositum habeat, ut ad societatem humanam quid conducens fecerit, utpote quod naturae tuae consentaneum existat.

§. 31. Ἀταραξία μὲν, περὶ τὰ ἀπὸ τῆς ἐκτὸς αἰτίας συμβαίνοντα. δικαιότης δὲ, ἐν τοῖς ἐκ τῆς ἐν σοὶ αἰτίας ἐνεργουμένοις. τουτέστιν, ὁρμὴ καὶ πρᾶξις, καταλήγουσα ἐπ' αὐτὸ τὸ κοινωνικῶς πρᾶξαι, ὡς τοῦτό σοι κατὰ φύσιν ὄν.

§. 32. Supervacanea multa, quae molestiam tibi pariunt, praecidere, cum in opinione tua tota sita sint, eximiisque angustiis exemptum plu-

§. 32. Πολλὰ περισσὰ περιελεῖν τῶν ἐνοχλούντων σε δύνασαι, ὅλα ἐπὶ τῇ ὑπολήψει σου κείμενα. καὶ πολλὴν εὐρυχωρίαν περιποιήσεις

ἤδη

ANNOTATIONES

[illegible]

ἤδη σεαυτῷ, τὸν ὅλον κόσμον περιειληφὼς τῇ γνώμῃ, καὶ τὸν ἀΐδιον αἰῶνα περινοῶν, καὶ τὴν τοῦ κατὰ μέρος ἑκάστου πράγματος ταχεῖαν μεταβολὴν ἐπινοῶν, ὡς βραχὺ μὲν τὸ ἀπὸ γενέσεως μέχρι διαλύσεως, ἀχανὲς δὲ τὸ πρὸ τῆς γενέσεως, ὡς καὶ τὸ μετὰ τὴν διάλυσιν ὁμοίως ἄπειρον.

§. 33. Πάντα, ὅσα ὁρᾷς, τάχιστα φθαρήσεται, καὶ οἱ φθειρόμενα αὐτὰ ἐπιδόντες, τάχιστα καὶ αὐτοὶ φθαρήσονται, καὶ ὁ ἐσχατόγηρως ἀποθανὼν εἰς ἴσον καταστήσεται τῷ προώρῳ.

§. 34. Οἷα τὰ ἡγεμονικὰ τούτων, καὶ περὶ οἷα ἐσπουδάκασι, καὶ δι' ἃ φιλοῦσι καὶ τιμῶσι. γυμνὰ νόμιζε βλέπειν τὰ ψυχάρια αὐτῶν. ὅτε δοκοῦσι βλά-

rimdum dilatare poteris, si mundum totum & formam in quo degis, mente complexus fueris, & rei cujusque singulatim transmutationem celerem consideraveris, quamque exiguum temporis spatium inter ortum ejusdem & interitum intercedat, cum & immensum sit quod ortum praecesserit, & interminatum pariter, quod interitum sit consecuturum.

§. 33. Corrumpentur brevi, quaecunque vides: corrumpentur brevi, & qui corrumpi haec videat. & qui senectute extrema confectus moritur, in eundem statum redigetur cum eo, qui immaturus obiit.

§ 34. Animulas hominum eorum intuere, ut videas, quales mentes gerant, quibus rebus studeant, & quarum causa alios diligant ac honorent. tum quando vel vituperare

ANNOTATIONES.

[illegible]

imperando effecisse, vel laudando prodesse cuiquam videntur, quum cum fastu id faciant.

§. 35. Nihil est aliud amissio quam mutatio. hac autem gaudet natura, quae nihil non recte facit. ab aeterno ista pariter facta sunt, & in aeternum alia ejusmodi fient. quid ergo dicis? cuncta & facta fuisse, & semper facturum iri mala? nec [illegible] tot fuerint, potentiam exstitisse corrigendi ista, sed mundum ad mala ista addictum, quibus perpetuo [illegible] implicetur?

§. 36. Quam putida est subjecta rei cuique materia! aqua, pulvis, ossicula, sordes. aut rursus, calli terrae, marmora; sedimenta, aurum, ac argentum;

[illegible]

§. 35. [illegible]

§. 36. [illegible]

ANNOTATIONES.

[illegible]

[illegible]

§. 37. [illegible]

§. 38. [illegible]

§. 39. [illegible]

pili, vestis, sanguis, purpura, & ejusmodi alia quivis etiam quod sursum rationem obtinet, & ipsum aliud quiddam istiusmodi est; & ex aliis in alia transit.

§. 37. Jam satis est vitae calamitosae, & obmurmurationis, & nugarum. quid perturbaris? quid in his novi? quid te tandem percellit? num forma? hanc vide. num materia? & hanc. extra hoc autem nihil est. qin erga deos itaque tandem aliquando simplicior meliorque affectus sis. perinde habet annis centum an tribus ista nosse.

§. 38. Si quis deliquit, penes ipsum est malum. fortassis autem nec deliquit.

§. 39. Vel ab una mente, quasi fonte continuali, tanquam uni corpori supervenientia universa: neque partem oportet de eis conqueri, quae a toto fiunt. vel atomi obeunt, nec aliud est quicquam quam cinnus & dispersio atomorum. quid ergo perturbaris? menti tuae dicam, mortua es, corrupta es, agrestis facta es, pecudis instar pasceris, in [illegible] transisti.

§. 40.

ANNOTATIONES

[illegible]

§. 40. Aut nihil possunt Dii, aut possunt. Si nihil possunt, cur precaris? si possunt, cur non hoc potius ab eis precaris, ut [illegible] horum cupias, neque de horum ullo metuas, quam ut horum quippiam vel eveniat vel non eveniat? Siquidem enim omnino hominibus opem ferre possunt, etiam ad haec possunt. Sed dices fortasse, Deos ista in potestate tua posuisse. an non ergò potius fuerit eis quae in potestate tua sunt

§. 40. Ἤτοι οὐδὲν δύνανται οἱ θεοί, ἢ [illegible] δύνανται. εἰ μὲν οὖν μὴ δύνανται, τί εὔχῃ; εἰ δὲ δύνανται, διὰ τί οὐχὶ μᾶλλον εὔχῃ, διδόναι αὐτούς, τὸ μήτε φοβεῖσθαί τι τούτων, μήτε ἐπιθυμεῖν τινος τούτων, μήτε λυπεῖσθαι ἐπί τινι τούτων, μᾶλλον ἤπερ τὸ μὴ [illegible] τι τούτων, ἢ τὸ [illegible]; πάντως γὰρ εἰ δύνανται συνεργεῖν ἀνθρώποις, καὶ εἰς ταῦτα δύνανται συνεργεῖν. ἀλλ' ἴσως ἐρεῖς, ὅτι ἐπ' ἐμοὶ αὐτὰ οἱ θεοὶ ἐποίησαν. εἶτα οὐ κρεῖττον χρῆσθαι τοῖς ἐπὶ σοὶ μετ' [illegible]

ANNOTATIONES

[illegible]

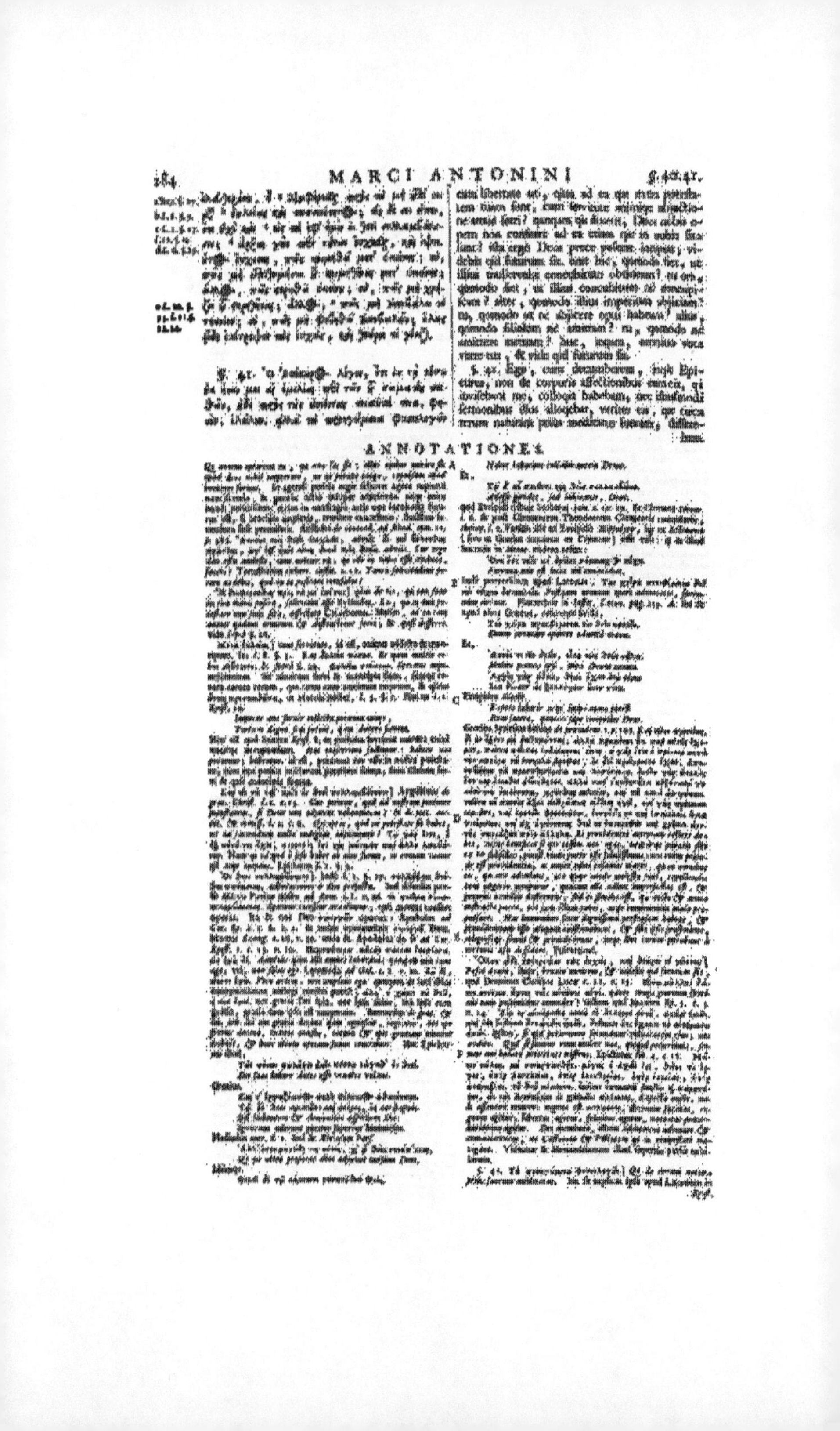

[illegible]

§. 41. [illegible]

cum libertate sit, quàm ad ea quæ extra potestatem tuam sunt, cum servitute animique abjectione animi ferri? quanquam quis dixerit, Deos nobis operam non conferre ad ea etiam quæ in nobis sita sunt? Illa ergo Deos precari posthac incipias; videbis quid futurum sit. Unus hic, quomodo fiet, ut illius mulierculæ concubitum obtineam? tu ora, quomodo fiat, ut illius concubitum ne concupiscam? alter, quomodo illius imperium abjiciam? tu, quomodo ut ne abjicere opus habeam? alius, quomodo filiolum ne amittam? tu, quomodo ne amittere metuam? Huc, inquam, omnino vota vertantur, & vide quid futurum sit.

§. 41. Ego, cum decumberem, inquit Epicurus, non de corporis affectionibus eorum, qui invisebant me, colloquia habebam, nec talibus de sermonibus illos alloquebar, verùm ea, quæ circa rerum naturalem prius meditatus fueram, dissere-bam.

ANNOTATIONES.

[illegible]

[illegible]

Nihil [illegible] Deus.

[illegible]

[illegible]

[illegible] Euripidis [illegible]

[illegible]

[illegible] apud Lucian. [illegible]

[illegible]

[illegible]

[illegible]

[illegible]

§. 41. [illegible]

bum. atque in hoc praecipuè incumbebam, quò-modo, cùm animus in corpusculo istiusmodi particeps esset, imperturbatus consisteret tranquillusque, bonumque suum retineret. sed nec medicis ità praebebam me, ut efferrent sese, quasi magni quid agerent. sed vita mihi cursu suo bene atque praeclare agebatur. eadem tu, quae ille, sive in morbo, si contigerit, sive in alio quovis casu adverso, feceris. commune hoc est sectae cujusvis commune, in casibus quibuscunque à philosophia non absistere, nec cum plebejis hominibus naturae rerum imperitis una nugari: sed rei tantum praesenti agendae intendere, & instrumento per quod fiat.

§. 42. Quando alicujus cujuspiam impudentiâ offenderis, statim sic percontare te, Fierine ergò potest, ut impudentes in mundo nè sint? non potest. ne itaque quod non potest, nè poscas. est enim hic impudentium illorum unus, quos in mundo esse necesse est. idem in promptu tibi sit, de fraudulento, infido, delinquente quolibet. ubi enim recordatus fueris, fieri non posse, quin existat hoc genus hominum, mox erga singulos mitiùs te habiturus es. utile est admodum & ut apud te cogites quam homini virtutem natura dederit

ἐκείνῳ, καὶ αὐτὸ τοῦτο ἦν, πῶς ἡ διάνοια συμπαραλαμβάνουσα τῶν ἐν τῷ σαρκιδίῳ τοιούτων κινήσεων ἀταρακτεῖ, τὸ ἴδιον αὐτῆς ἀγαθὸν τηροῦσα. οὐδὲ τοῖς ἰατροῖς ἐμπαρεῖχον, φησὶ, καταφρυάττεσθαι ὥς τι ποιοῦσιν, ἀλλ᾽ ὁ βίος ἤγετο εὖ καὶ καλῶς. ταὐτὰ οὖν ἐκείνῳ, ἐν νόσῳ, ἐὰν νοσῇς, καὶ ἐν ἄλλῃ τινὶ περιστάσει. τὸ γὰρ μὴ ἀφίστασθαι φιλοσοφίας ἐν οἷς δήποτε τοῖς προσπίπτουσι, μηδὲ τῷ ἰδιώτῃ καὶ ἀφυσιολόγῳ συμφλυαρεῖν, πάσης αἱρέσεως κοινόν, πρὸς μόνῳ τῷ νῦν πρασσομένῳ εἶναι, καὶ τῷ ὀργάνῳ δι᾽ οὗ πράσσει.

§. 42. Ὅταν τινὸς ἀναισχυντίᾳ προσκόπτῃς, εὐθὺς πυνθάνου σεαυτοῦ, δύνανται οὖν ἐν τῷ κόσμῳ ἀναίσχυντοι μὴ εἶναι; οὐ δύνανται. μὴ οὖν ἀπαίτει τὸ ἀδύνατον. εἷς γὰρ καὶ οὗτός ἐστιν ἐκείνων τῶν ἀναισχύντων, οὓς ἀνάγκη ἐν τῷ κόσμῳ εἶναι. τὸ δ᾽ αὐτὸ καὶ ἐπὶ τοῦ πανούργου, καὶ ἐπὶ τοῦ ἀπίστου, καὶ παντὸς τοῦ ὁτιοῦν ἁμαρτάνοντος, ἔστω σοι πρόχειρον. ἅμα γὰρ τῷ ὑπομνησθῆναι, ὅτι τὸ γένος τῶν τοιούτων ἀδύνατόν ἐστι μὴ ὑπάρχειν, εὐμενέστερος ἔσῃ πρὸς τοὺς καθ᾽ ἕνα. εὔχρηστον δὲ κἀκεῖνο εὐθὺς ἐννοεῖν, τίνα ἔδωκεν ἡ φύσις τῷ ἀνθρώπῳ ἀρετὴν πρὸς τοῦτο

ANNOTATIONES

[illegible]

[illegible]

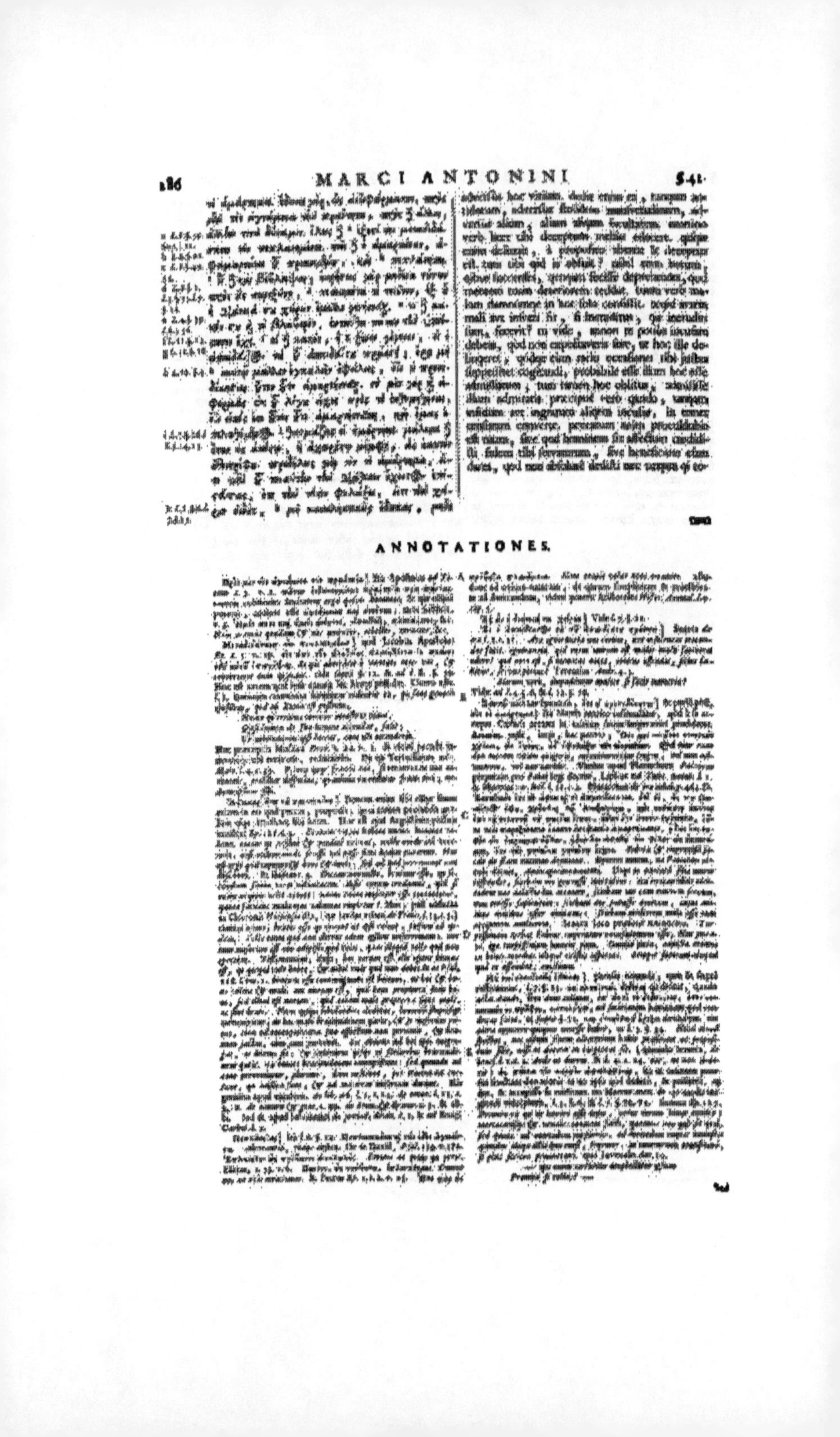

[illegible]

adhiciendum hoc viciniam. dedit enim ei, tanquam apertilitatem, adversus stultitiam mansuetudinem, adversus alium, aliam aliquam facultatem. omnino vero licet tibi deceptum melius edocere. quisquis enim delinquit, à proposito aberrat & deceptus est. tum tibi quid in odium? nihil enim horum, quibus succensens, quemquam fecisse deprehendes, quod mentem tuam deteriorem redderet. tuum vero malum damnumque in hoc solo consistit. quod autem mali aut invisi fit, si ineruditus, quae ineruditi sunt, fecerit? tu vide, annon te potius incusare debeas, quod non expectaveris fore, ut hoc ille delinqueret, quidem cum tibi occasionem ratio justam suppeditaret cogitandi, probabile esse illum hoc esse admissurum; tum tamen hoc oblitus, admirare illum admisisse. praecipuè vero quando, tanquam infidum aut ingratum aliquem incusas, in temet ipsum convertere. peccatum enim procul dubio est tuum, sive quod hominem sic affectum credidisti fidem tibi servaturum, sive beneficium cum dares, quod non absolutè dedisti nec tanquam ex eo-

[illegible]

ANNOTATIONES.

[illegible]

tum actionis tuae fructum jam illarum percepisti. quid enim amplius velle debebas, ubi hominem beneficeras? annon hoc ipsum tibi sufficit? quod est naturae tuae congruenter ubi quid feceris, tum insuper illiusmodi mercedem quaeris? hoc est perinde ac si oculus visus remunerationem postulet, aut pedes incessus. quemadmodum enim membra illa ad munus aliquod obeundum condita sunt, quod illa pro conditione sua naturae obeunt, quoque suum est adepta sunt; ita et natura & homo etiam ad beneficiendum natus fit, ubi beneficium quippiam aut quod in communitate conducat, egerit, illud fecit ad quod conditus est, & quod suum est obtinuit.

[illegible]

ANNOTATIONES.

[illegible]

LIBER X.

[illegible]

Ecquando futura es, ô anima, bona, simplex, una, nuda, corpore te ambiente dilucidior? ecquando dispositionem dilectionis & affectus genuino dedicam degustabis? ecquando futura es plena, nec aullius indiga, nihil desiderans ulterius, nihil expetens vel animatum vel inanimum, quo frui tibi voluptas sit, neque tempus, longe diuturnioris fruitionis, neque locum, aut regionem, aut coeli ... temperiem, aut humanam ... societatem, sed fore praesenti acquiescens,

ANNOTATIONES.

§. 1. [illegible]

[illegible]

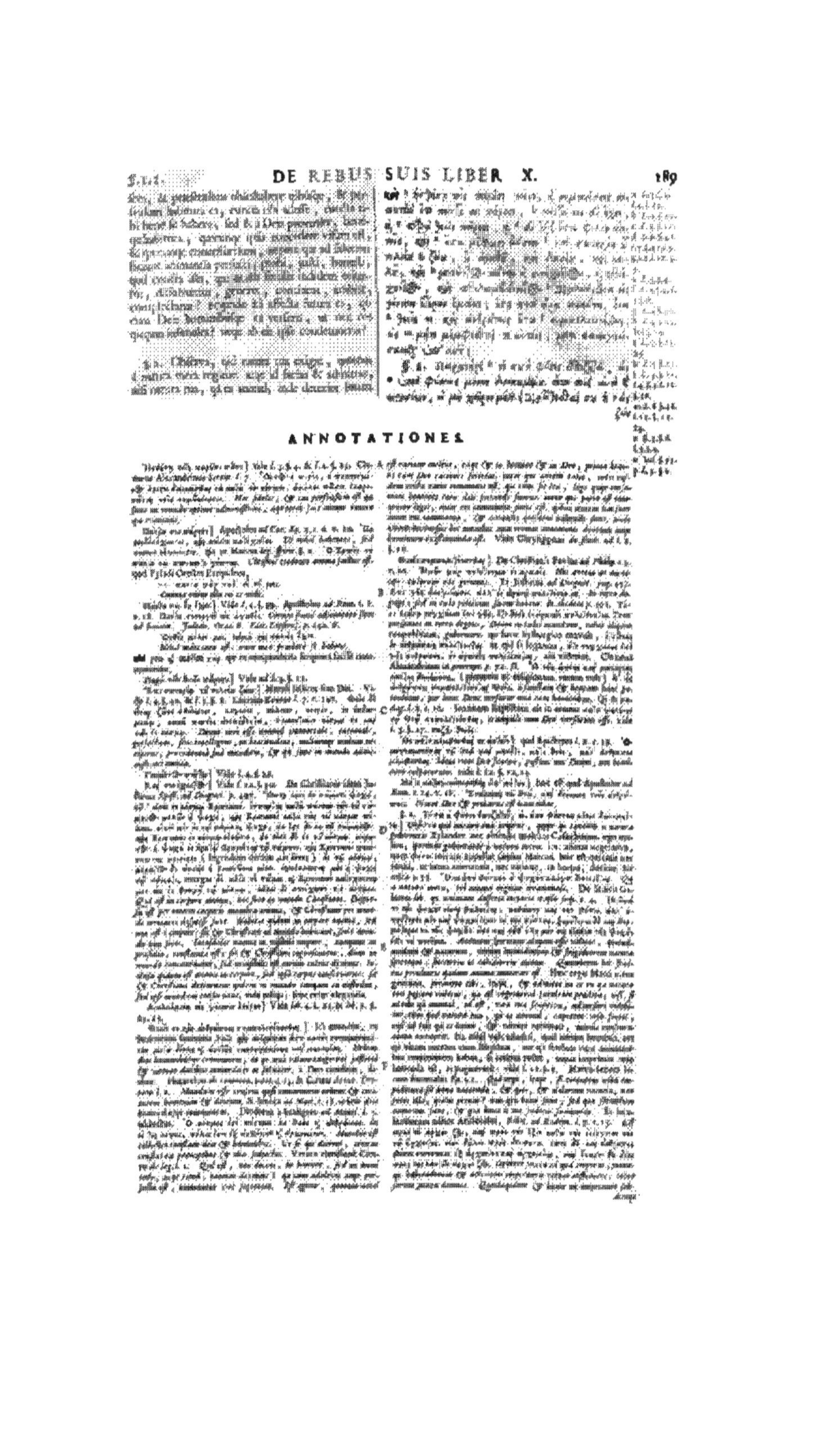

[illegible]

ANNOTATIONES

[illegible]

[illegible]

sit, nunc observa, quid natura, qua es animal, exposcat. & hoc quicquid est, concede tibi, nisi natura tua, qua es animal rationale, deterius inde se habitura sit. quod est autem rationale, protinus est & civile. his regulis usus, nihil ulterius satage.

§. 3. Quicquid contingit, vel ita contingit, ut id ferre natus sis, vel ut non sis. si contingit ita, ut ferre natus sis, ne graveris te habeas; sed prout natus es, feras. sin ita contingat, ut ferre natus non sis, nec sic quidem graveris; ubi enim te absumpserit, & ipsum evanescet. memineris tamen, natura esse comparatum te, ad quidlibet ferendum, quod in opinione tua situm est, ut tolerabile facias, vel conducere tibi, vel officii esse, ut illud facias, censendo.

§. 4. Si quis fallitur, docendo comiter huic errorem suum indica. aut hoc si nequeas, te culpa, vel nec te etiam.

§. 5. Quicquid tibi contingit, ab aeterno destinatum est tibi. causarumque series sibi invicem complexa tum tui ipsius subsistentiam cum casu illo ab aeterno conglomeravit.

§. 6. Sive atomi obtineant, sive natura regat universum, hoc primum statuatur, partem esse me universi a natura administrati. deinde, necessitudine me quadam partibus generis ejusdem esse conjunctum. siquidem ista recordans, quatenus pars sum totius, nihil aegre feram ab universo mihi attributum. neque enim parti potest esse noxium, quod

ANNOTATIONES

[illegible]

quod universo conducit. neque habet quicquam natura ulla, quod non sibi conducat; cum hoc naturis omnibus sit commune: mundi verò natura & hoc amplius obtinet, quòd à nulla causa externa cogi possit, ut sibi ipsi noxium quicquam producat. ubi ergo meminero, partem esse me universi istiusmodi, quicquid evenerit, gratum mihi acceptumque sit. ut quatenus verò necessitudine quadam ejusdem generis partibus conjunctus sum, nihil facturus sum, quod communionis jus violet: sed cognatorum potius rationem habebo, omnemque conatum meum ad id dirigam, quod in commune conducat, & ab eo quod est huic contrarium, abstinebo. his ita peractis, vita prospera mihi fluat necesse erit. quemadmodum civi illi vitam prosperè fluere quis existimet, qui in actionibus quae civibus secum ejusdem conditionis utiles sint, constanter perrexerit, & quicquid civitas ipsi attribuerit, gratanter acceperit.

§. 7. Universi partes, quotquot, inquam, mundi ambitu continentur, corrumpi necesse est. corruptionis nomine alterationem intelligo. hoc autem, cum sit necessarium, si & malum illis fuerit, cum universo haud secus agretur, cum partes ejus in alteratione frequenti agerentur, &

τῷ ὅλῳ συμφέρει. [illegible]

§. 7. Τοῖς μέρεσι τοῦ ὅλου, ὅσα φύσει περιέχεται ὑπὸ τοῦ κόσμου, ἀνάγκη φθείρεσθαι. λεγέσθω δὲ τοῦτο σημαντικῶς τοῦ ἀλλοιοῦσθαι. εἰ δὲ (φημὶ) κακόν τε καὶ ἀναγκαῖον ἐστι τοῦτο αὐτοῖς, οὐκ ἂν τὸ ὅλον καλῶς διεξάγοιτο, τῶν μερῶν εἰς ἀλλοίωσιν ἰόντων,

[illegible]

ANNOTATIONES.

[illegible]

Τὸ

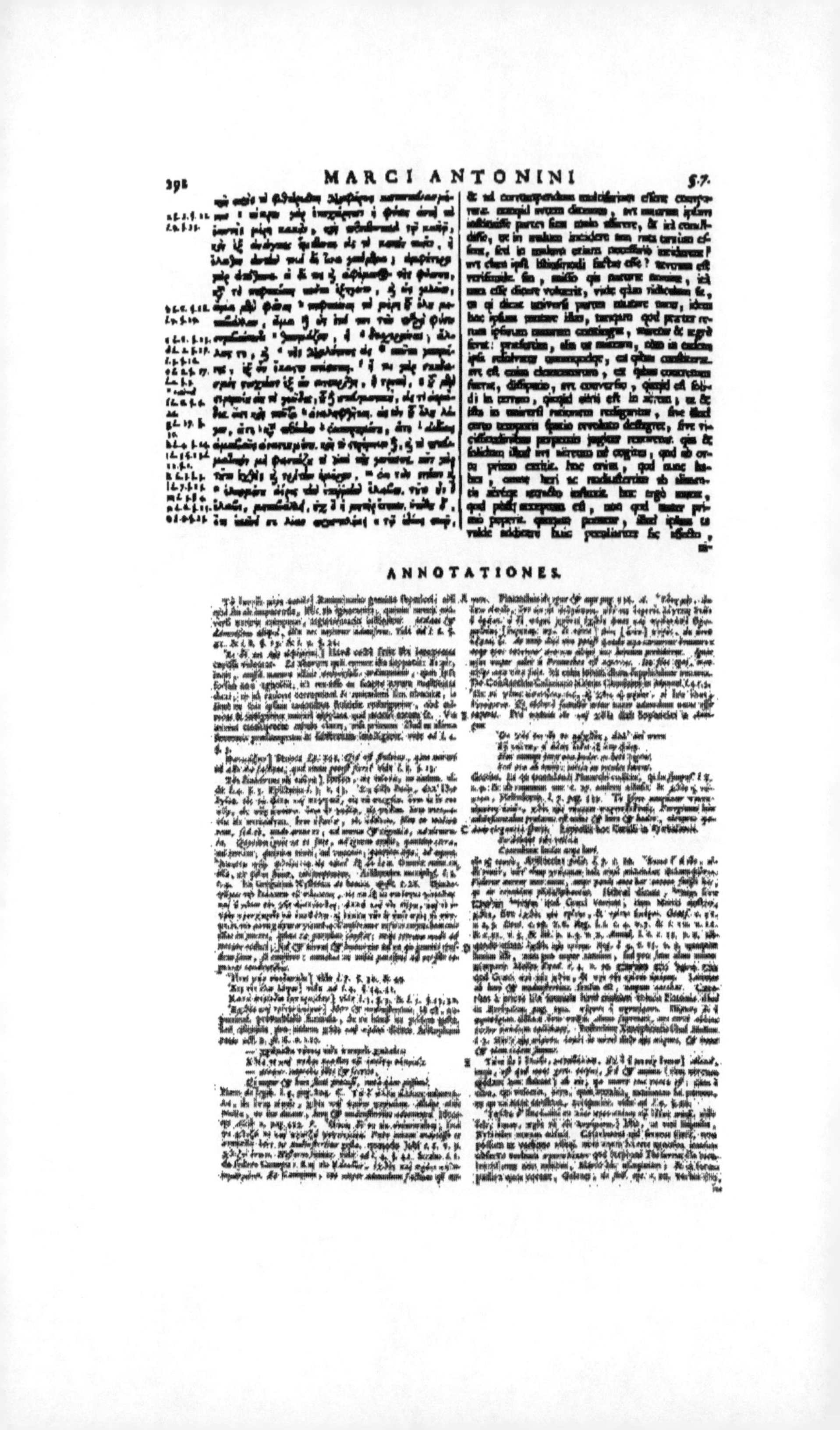

[illegible]

& ad corrumpendum multifariam esse comparata. nam quid verum dicemus, aut naturam ipsam instituisse partes suas malo afficere, & ita condidisse, ut in malum incidere non tantum essent, sed in malum etiam necessario inciderent? aut clam ipsi hujusmodi factas esse? neutrum est verisimile. sin, missa qua natura nomine, ita rem esse dicere volueris, vide quam ridiculum sit, ut qui dicat universi partem mutare natura, idemque hoc ipsum mirari illum, tanquam quod praeter rerum ipsarum naturam contingeret, maxime & aegre ferat: praesertim, cum ut mutaret, deinde in eadem ipsa resolvantur quaeque, ex quibus constiterant. aut est enim elementorum, ex quibus concretum fuerat, dissipatio, aut conversio, quicquid est solidi in terram, quicquid aerii est in aerem; ut & ista in universi rationem redigantur, sive illud certo temporis spatio revoluto deflagret, sive vicissitudinibus perpetuis jugiter renovetur. quin & solidum illud aut aereum ne cogites, quod ab ortu primo extitit. hoc enim, quod nunc habes, omne heri ac nudiustertius ab alimento aereque attracto influxit. hoc ergo mutatur, quod postea acceptum est, non quod mater primo peperit. quamquam ponatur, illud ipsum te valde adhibere huic peculiariter sic affecto, ni-

ANNOTATIONES.

[illegible]

nihil tamen obstabis, quo minus verum sit quod jam dictum est.

§. 8. Nomina tibi ubi sumpseris ista, boni, [illegible], veracis, prudentis, [illegible] [illegible]

[illegible]

ANNOTATIONES

[illegible]

[illegible]

... tuas vitae rationem. cuenam talis persistere, quam hacteras sueris, & in vita istiusmodi scindi volutari ac discerpi, hominis est leviter experti plane vitaeque nimia avidi, nec bestiariis illis absimilis, qui

ANNOTATIONES

[illegible]

... a eodem Senecæ, ... Marcus ... Epist. 94. ... [illegible]

[illegible]

[illegible]

Epist. ... [illegible]

[illegible]

* [illegible]

[illegible]

ANNOTATIONES

[illegible]

[illegible Greek text]

... dationem, multiam tamen ... Deorum, quodque volunt illi rationis participes ipsis similari, sed similes ipsis fieri: meminisse &c. ficum esse quae ea quae ficûs sunt facit; canem, quae canis; apem, quae apis; & hominem pariter, qui quae hominis.

§.9. Mimus, bellum, terror, torpor, servitus, decreta illa sacra tua in dies, expungent quidque, quaecunque ô studiose rerum naturae contemplatione concepta in mente recondis. oportet autem unumquodque

ANNOTATIONES.

[illegible]

[illegible]

§. 10. [illegible]

ANNOTATIONES

[illegible]

ἄλλ@ δὲ λαγίδιον, ἄλλ@ δὲ ὑποχῇ ἀφύην, ἄλλ@ δὲ σύας, ἄλλ@ δὲ ἄρκτους, ἄλλ@ δὲ Σαρμάτας. οὐκ γὰρ οἱ λῃσταί, ἐὰν τὰ δόγματα ἐξετάζῃς;

§. 11. [a] Πῶς εἰς ἄλληλα πάντα μεταβάλλει, θεωρητικὴν μέθοδον κτῆσαι. καὶ [b] διηνεκῶς πρόσεχε, καὶ συγγυμνάσθητι περὶ τοῦτο τὸ μέρος. [c] οὐδὲν γὰρ οὕτω μεγαλοφροσύνης ποιητικόν. ἐξεδύσατο τὸ σῶμα, καὶ ἐννοήσας, ὅτι [d] ὅσον οὐδέπω πάντα ταῦτα καταλιπεῖν ἀπιόντα ἐξ ἀνθρώπων δεήσει, [e] ἀνῆκεν ὅλον ἑαυτὸν, [f] δικαιοσύνῃ [g] μὲν εἰς τὰ ὑφ' ἑαυτοῦ ἐνεργούμενα, ἐν δὲ τοῖς ἄλλοις συμβαίνουσι, τῇ τῶν ὅλων φύσει. τί δ' ἐρεῖ τις, ἢ ὑπολήψεται περὶ αὐτοῦ, ἢ πράξει κατ' αὐτοῦ, οὐδ' εἰς νοῦν βάλλεται.

[illegible marginal references]

tanquam magni quid egerit; alius ubi lepusculum; alius, ubi reticulo apuam ceperit; alius, ubi apros; alius ubi ursos; alius ubi Sarmatas, nonne hi isti, qui hos capiunt, quid latronibus differunt, si mentem ac decreta utrorumque spectaveris?

§. 11. Methodo contemplativâ instructus sis, quâ perspectum habeas, quomodo cuncta in se invicem mutentur. huic jugiter attende, & in hac parte teipsum exerce. nihil enim ad animi celsitudinem conferet magis. corpus exuit, qui sic affectus est, reputansque secum, mox esse sibi, relictis his omnibus, ab hominibus discedendum, totum sese permisit, justitiae, in eis quae ab ipso fiunt; universi naturae, in eis quae obveniunt. Quid vero alius quispiam de ipso sive dicat, sive existimet, aut adversus ipsum faciat, ne cogitat quidem.

ANNOTATIONES

[illegible]

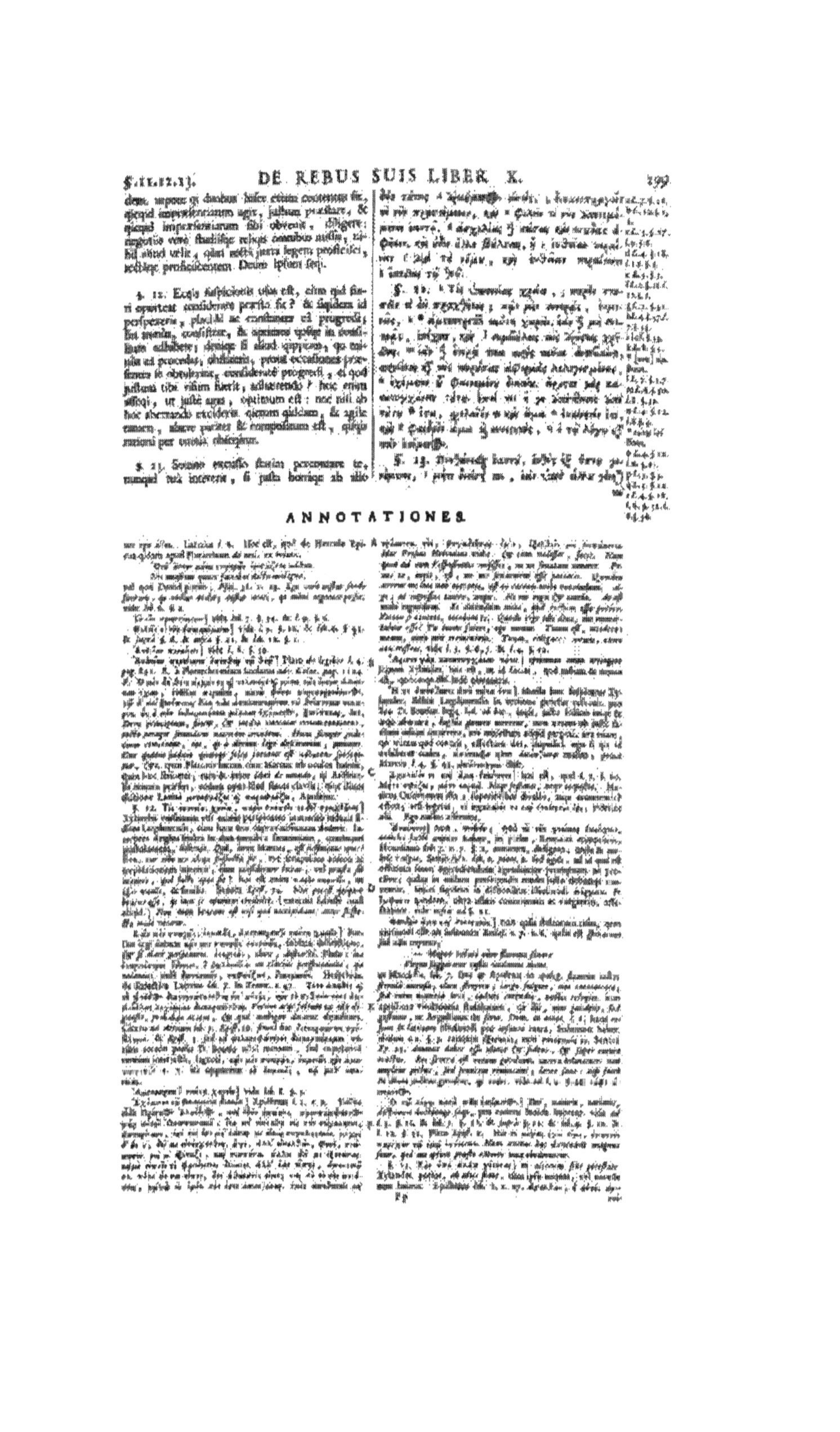

dem. [illegible] duobus hisce etiam contentus sit, quicquid impraesentiarum agit, justum praestare, & quicquid impraesentiarum sibi obvenit, diligere: negotiis vero studiisque reliquis omnibus missis, nihil aliud velit, quam recte juxta legem proficisci, rectaque proficiscentem Deum ipsum sequi.

§. 12. Ecquis suspicionis usus est, cum quid fieri oporteat considerare praesto sit? Et siquidem id perspexeris, placide ac constanter eo progredi; sin minus, consistere, & optimos quosque in consilium adhibere; denique si aliud quippiam, quo minus eo procedas, obstiterit, prout occasiones praesentes se obtulerint, considerate progredi, ei quod justum tibi visum fuerit, adhaerendo: hoc enim assequi, ut juste agas, optimum est: nec nisi ab hoc aberrando exciderit. quietum quidem, & agile eundem, hilarem pariter & compositum est, qui rationi per omnia obsequitur.

§. 13. Somno excusso statim percontare te, numquid tua intererit, si justa bonaque ab alio

[illegible]

§. 12. [illegible]

§. 13. [illegible]

ANNOTATIONES

[illegible]

[illegible]

§. 14. Τῇ πάντα διδούσῃ καὶ ἀπολαμβανούσῃ φύσει, ὁ πεπαιδευμένος καὶ αἰδήμων λέγει· δὸς ὃ θέλεις, ἀπόλαβε ὃ θέλεις. λέγει δὲ τοῦτο οὐ καταθρασυνόμενος, ἀλλὰ πειθαρχῶν μόνον καὶ εὐνοῶν αὐτῇ.

§. 15. Ὀλίγον ἐστὶ τὸ ὑπολειπόμενον τοῦτο. ζῆσον ὡς ἐν ὄρει. οὐδὲν γὰρ διαφέρει ἐκεῖ ἢ ὧδε,

[illegible]

§. 14. Omnia danti pariter ac accipienti naturæ, homo probè institutus ac modestus dicit, Da quod vis; repete quod vis. nec elatè hoc dicit, sed obsequens tantùm, & benevolo adversus eam affectu.

§. 15. Exiguum est quod superest vitæ tuæ. vive tanquam in monte. nihil enim interest hic an i-

ANNOTATIONES.

[illegible]

illic, si quis ubicunque in orbe, tanquam in urbe, degat. Videant, norintque homines, hominem verum, qui naturae convenienter vivat. Si non ferunt, occidant. hoc enim satius est, quam ita vivere, uti ipsi vivunt, voluere.

§. 16. Ne ulterius occupare totus, disserendo qualis vir bonus sit, sed conando ut ipse sis.

§. 17. Aevi totius, & totius mundi cogitatio tibi crebro occurrat. quodque particularia omnia, substantiam quod attinet, milii sunt instar; tempus quod attinet, terebri circumvolutio.

§. 18. Rerum praesentium unamquamque advertendo, considera eam jam dissolvi, & in mutatione & quasi putrefactione quadam, aut dissipatione, constitutam, sive ut mori quodammodo nata sit.

λεῖ ὡς ἐν πανταχοῦ, ᵃ ὡς ἐν πόλει, τῷ κόσμῳ. ἰδέτωσαν, ἱστορησάτωσαν οἱ ἄνθρωποι ᵇ ἄνθρωπον ἀληθινὸν, ᶜ κατὰ φύσιν ζῶντα. εἰ μὴ φέρουσιν, ἀποκτεινάτωσαν. ᵈ κρεῖττον γὰρ, ἢ οὕτω ζῆν. a L. 4. §. 3. &c. b Imp. §. 7. c Imp. §. 2. d L. 9. §. 2.

§. 16. Μηκέθ' ᵉ ὅλως περὶ τοῦ οἷόν τινα εἶναι τὸν ἀγαθὸν ἄνδρα διαλέγεσθαι, ἀλλὰ ᶠ εἶναι τοιοῦτον. e Imp. f L. 4. §. 17.

§. 17. ᵍ Τοῦ ὅλου αἰῶνος, καὶ τῆς ὅλης οὐσίας συνεχῶς φαντασία. καὶ ὅτι πάντα τὰ κατὰ μέρος, ὡς μὲν πρὸς οὐσίαν, κεγχραμίς· ὡς δὲ ʰ πρὸς χρόνον, τρυπάνου περιστροφή. g L. 5. §. 24. h L. 4. §. 50. L. 5. §. 23.

§. 18. Ἐφ' ἑκάστου τῶν ὑποκειμένων ἐφιστάντα, ⁱ ἐννοεῖν αὐτὸ ἤδη διαλυόμενον, καὶ ἐν μεταβολῇ, καὶ οἷον σήψει ἢ σκεδάσει γινόμενον, ἢ καθὸ ἕκαστον πέφυκεν, ᵏ ὥσπερ θνήσκειν. i Imp. §. 1. k L. 4. §. 48. L. 9. §. 21.

§. 19.

ANNOTATIONES

[illegible]

§. 19. Οἷοί εἰσιν ἐσθίοντες, καθεύδοντες, ὀχεύοντες, ἀποπατοῦντες, τὰ ἄλλα. εἶτα οἷοι ἀνδρονομούμενοι, καὶ γαυριῶντες, ἢ χαλεπαίνοντες, καὶ ἐξ ὑπεροχῆς ἐπιπλήττοντες. πρὸ ὀλίγου δὲ ἐδούλευον πόσοις, καὶ δι' οἷα· καὶ μετ' ὀλίγον, ἐν τοιούτοις ἔσονται.

§. 20. Συμφέρει ἑκάστῳ, ὃ φέρει ἑκάστῳ ἡ τῶν ὅλων

§. 19. Cogita, quales sint homines vescentes, dormientes, coeuntes, excernentes, alia cujusmodi agentes. rursus quales, ubi insolescunt, efferuntur, irascuntur, tanquam in sublimi siti aliquos increpant. paulo ante vero, quam multis & qb. mercede, inserviebant; & paulo post, qb in statu futuri sint.

§. 20. Confert cuique, quod fert cuique natura universi.

ANNOTATIONES

[illegible]

universi & tuum confert, quando illa fert.

§. 21. Amat imbrem tellus, amat & alius aether. amat & mundus facere quicquid futurum est ut fiat. dico itaque mundo ipsi, amo quod tu amas. Idem ipse amo. nonne illud ici & fit & dicitur vulgo. Amat, hoc vel illud fieri.

§. 22. Vel hic vivis, & vitae huic jam assuevisti;

φέρει, καὶ ὃ ἂν συμφέρῃ, ἐπὶ ἐκείνῳ φέρει. a L. 1. §. 5.

§. 21. b Ἐρᾷ μὲν ὄμβρου γαῖα, ἐρᾷ δὲ ὁ σεμνὸς αἰθήρ. c ἐρᾷ δὲ ὁ κόσμος ποιεῖν ὃ ἂν μέλλῃ γενέσθαι. λέγω οὖν τῷ κόσμῳ, ὅτι d σοὶ συνερῶ. μήτι e οὖν καὶ τοῦτο λέγεται, ὅτι φιλεῖ τοῦτο γίνεσθαι;

b Euripid.
c L. 7. §. 13.
d L. 4. §. 1.
e L. 4. §. 12.

§. 22. Ἤτοι ἐνταῦθα ζῇς, καὶ ἤδη εἴθισαι· f L. 12. §. 4.

ANNOTATIONES

[illegible]

[illegible]

vel solus vadis ; & hoc volebas ; vel moraris, & munere defungeris ; praeter ista nihil restat. bono itaque sis animo.

§. 23. Illud tibi semper evidens, ejusmodi quiddam agrum esse, cujusmodi est locus alius quilibet, eademque esse omnia illic agentibus, quae vis, qui in montium verticibus, vel in litorum crepidinibus, vel alibi ubicunque volueris, versantur. palam enim invenies Platonis illa, *Caulas montis, ut custodiri septo circumdantes.*

§. 24. Quidnam est mihi nunc mens mea? vel qualem ego eam praestito? ad quidnam ea jam utor? num quid est intellectu vacua? numquid a societate communi soluta & revulsa? numquid carunculae ita agglutinata & permixta, ut cum illa moveatur una?

ANNOTATIONES.

[illegible]

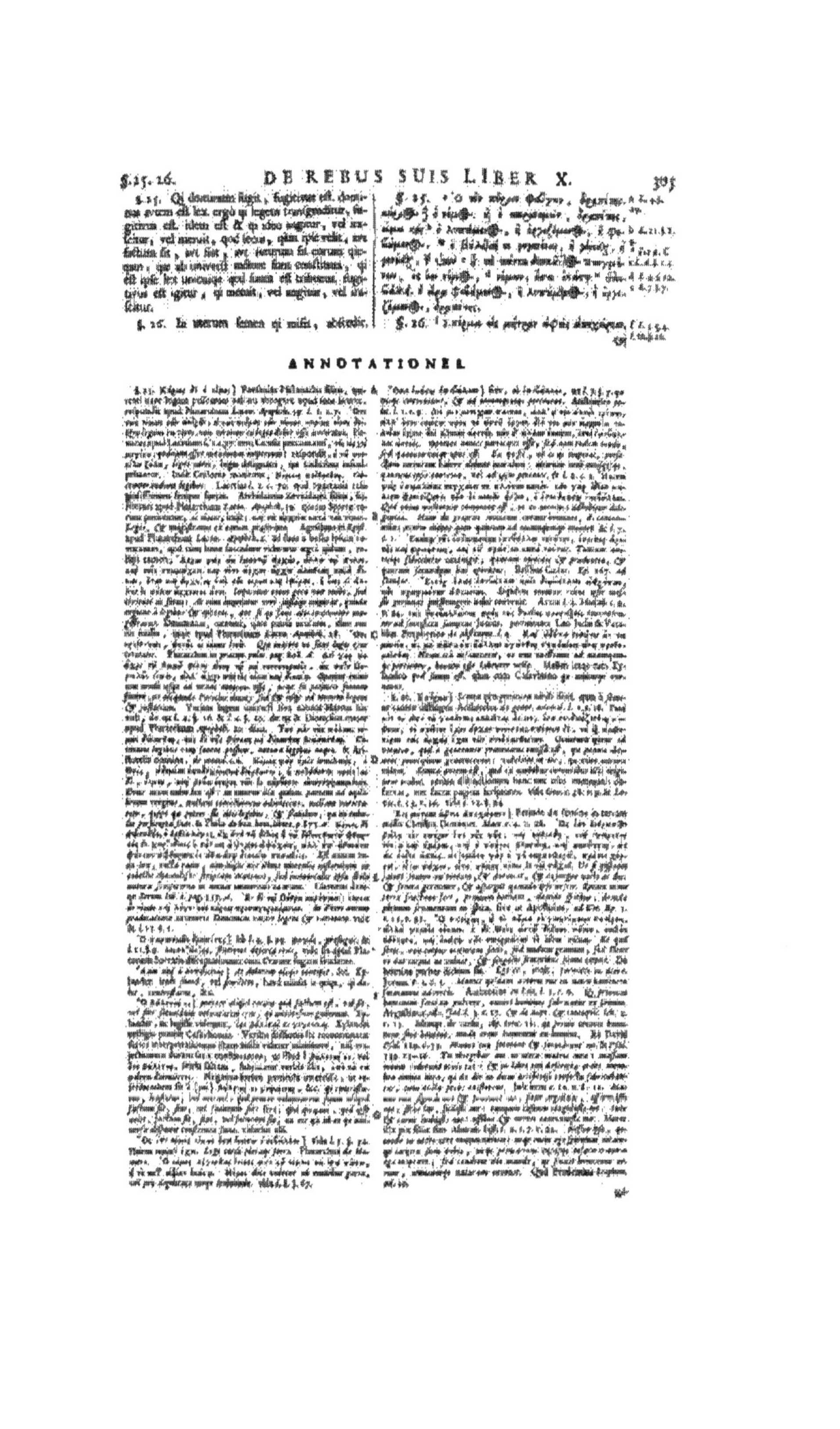

§. 25. Qui dominum fugit, fugitivus est. dominus autem est lex. ergo qui legem transgreditur, fugitivus est. idem est & qui aut dolet, vel irascitur, vel metuit, quod factum, quam ipse vellet, aut factum sit, aut fiat, aut futurum sit eorum quae ab universi auctore fuere constituta, qui est ipse lex unicuique quod suum est tribuens. fugitivus est igitur, qui metuit, vel angitur, vel irascitur.

§. 26. In uterum semen qui misit, abscedit.

§. 25. [illegible]

§. 26. [illegible]

ANNOTATIONES

§. 25. [illegible]

[illegible]

hoc alia deinceps excipiens natura, [illegible] & absolvit, ex quo qualem? alimentum rursus [illegible] per gulam demittit, quod alia insuper causa ubi exceperit, sensum, motumque, [illegible] vitam ac vires & alia (quot ea numero & qualia?) efficit. hæc, tantâ licet involvuntur caligine, contemplari oportet, [illegible] vel deorsum, vel sursum corpora feruntur, non oculis quidem externis, sed nec minus clare tamen.

§. 27.

ANNOTATIONES.

[illegible]

§. 17. Cogita tecum jugiter, qualia nunc sunt omnia, talia prius extitisse; cogita & talia futura esse. propone tibi ob oculos, fabulas totas scenasque uniformes, quotquot vel ex notitia tua, vel ex historia antiqua cognitas habueris, veluti Hadriani totam, totam Antonini, aulam item Philippi, Alexandri, Croesi. ejusdem plane modi fuerunt omnia illa, nisi quod per alios agebantur.

§. 18. Hominem de re ulla dolentem, atque aegre ferentem quempiam, similem habe porcello, qui dum mactatur, calcitrat & vociferatur: cujusmodi est & qui decumbens tacitè solus secum sortem deplorat suam. considera & fato nos illigatos teneri: & rationali animali soli datum esse, ut

§. 17. Συνεχῶς ἐπινοεῖν, πῶς πάντα τοιαῦτα, ὁποῖα νῦν γίνεται, καὶ πρόσθεν ἐγίνετο. καὶ ἐπινοεῖν γενησόμενα, καὶ ὅλα δράματα καὶ σκηνὰς ὁμοειδεῖς, ὅσας ἐκ πείρας τῆς σῆς, ἢ τῆς πρεσβυτέρας ἱστορίας ἔγνως, πρὸ ὀμμάτων τίθεσθαι. οἷον αὐλὴν ὅλην Ἀδριανοῦ, καὶ αὐλὴν ὅλην Ἀντωνίνου, καὶ αὐλὴν ὅλην Φιλίππου, Ἀλεξάνδρου, Κροίσου. πάντα γὰρ ἐκεῖνα τοιαῦτα ἦν, μόνον δι' ἑτέρων.

§. 18. Φαντάζου πάντα τὸν ἐφ' ὁτῳοῦν λυπούμενον, ἢ δυσαρεστοῦντα, ὅμοιον τῷ θυομένῳ χοιριδίῳ ἀπολακτίζοντι καὶ κεκραγότι. ὅμοιος καὶ ὁ οἰμώζων ἐπὶ τοῦ κλινιδίου μόνος σιωπῇ τὴν ἔνδεσιν ἡμῶν. καὶ ὅτι μόνῳ τῷ λογικῷ ζώῳ δέδοται, τὸ ἑκουσίως ἕπεσθαι

ANNOTATIONES

[illegible]

[illegible]

§. 29. [illegible]

§. 30. [illegible]

§. 31. [illegible]

cia quae eveniunt, sponte obire possis, cum semper omnibus sis ipsum accommodaturus.

§. 29. Considerato seorsum, quam instituis, re omni, percontare te, num ideo mors gravis habenda sit, quia ea te privet.

§. 30. Ubi peccato alicujus offenderis, transferens statim perpende teipsum, num ipse ejusmodi aliquid pecces. puta, argentum in bonis habendo, vel voluptatem, vel gloriolam, vel aliud ejusmodi. hoc enim si adverteris, ira statim tibi excidet. praesertim, si succurrerit tibi, cogi hominem. quid enim faceret? aut, si poteris, eo illum vi illa expedito.

§. 31. Satyrionem ubi videris Socraticum, Eutychem cogita vel Hymenem. & Euphratem ubi videris, Eutychionem cogita vel Silvanum. & Alciphronem viso, Tro-

ANNOTATIONES.

[illegible]

Tro-

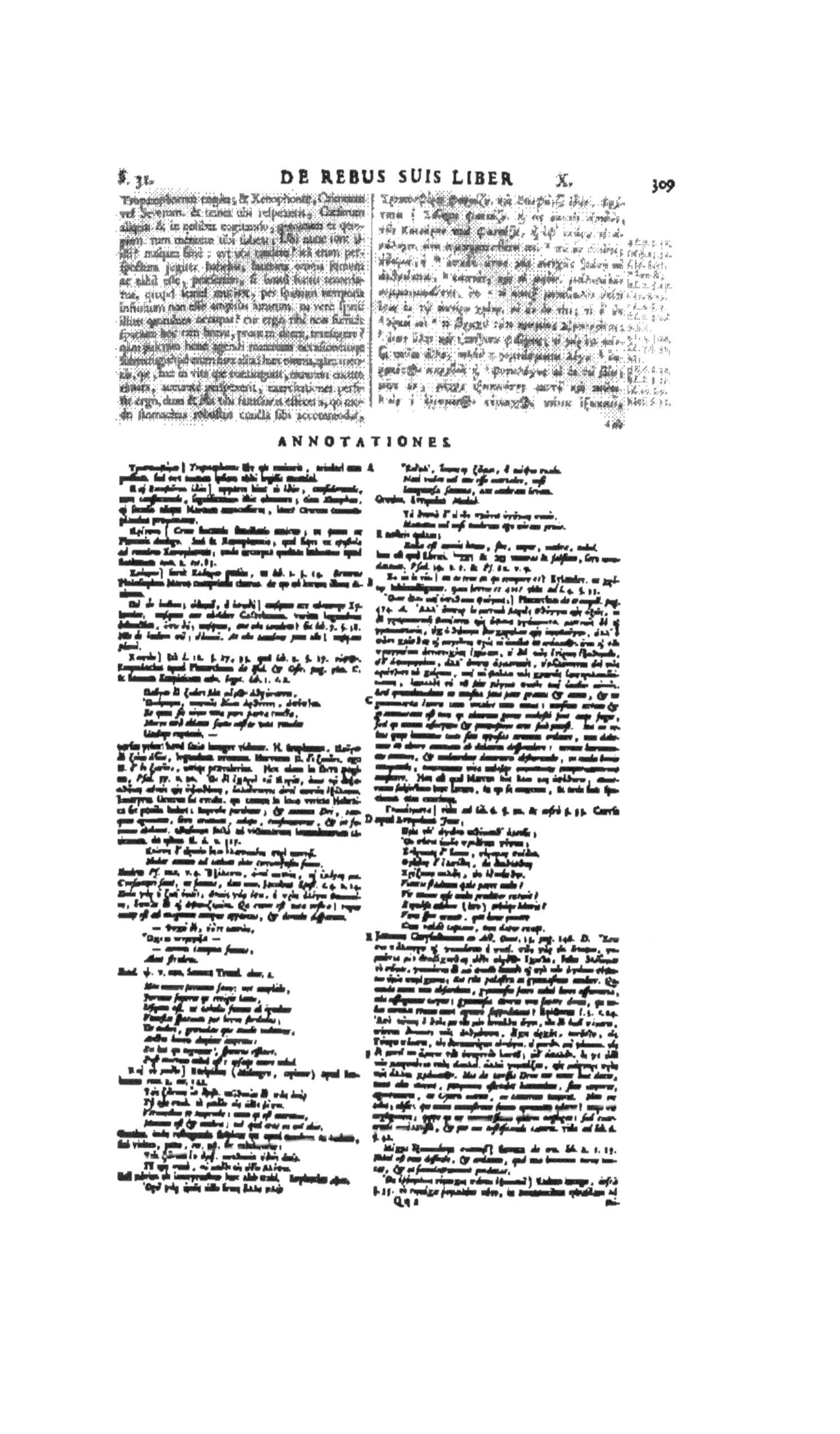

[illegible]

ANNOTATIONES

[illegible]

[illegible]

§. 32. [illegible]

§. 33. [illegible]

ignisque validus, quicquid ingesseris, flammam inde ac fulgorem edit.

§. 32. Nulli liceat verè de te dicere, non esse te simplicem, aut non esse te bonum. sed mentiatur, quisquis horum quippiam de te opinatus fuerit. hoc autem totum in te situm est. quis enim te bonum simplicemque esse prohibuerit? tu tantum statue, nec ulterius vivere, quam talis futurus sis. neque enim ratio id poscit, ut talis sis.

§. 33. Quid est, quod de materia ista rectissimè vel fieri vel dici possit? quicquid enim hoc fuerit, vel facere idipsum, vel dicere licet, nec obtendas, impediri te. nunc ingemiscere non desines, quam ob te adegeris, ut quod voluptuariis hominibus est luxu diffluere, hoc tibi fuerit de subjecta quaque oblata tibi materia ea facere, quae humanae constitutioni convenient. etenim pro oblectamento esse tibi debet, quicquid secundum naturam tuam agere tibi datur.

ANNOTATIONES.

[illegible]

[illegible] Sextus Empiricus [illegible] Alexander Aphrodisiensis [illegible] Basilius [illegible]

[illegible]

[illegible]

§. 32. [illegible]

[illegible]

§. 33. [illegible]

[illegible]

datur: datur autem hoc ubique. Lapidem cylindro quidem non concedistis, ut motu proprio ubique feratur; sed nec aquae, nec igni, nec alii rei cuiquam, quae a natura movetur, vel anima vegetiva irrationali. quae enim coërcent et obsistunt, multa sunt. at animus mens et ratio per obstacula quaelibet, prout nata est, et prout vult ipsa, penetrat. ita ergo ob oculos illud habens, rationem per omnia facilitate ferri eadem plane, qua ignis sursum, lapis deorsum, per declive cylindrus, nihil quaeras ulterius. reliqua enim obstacula, vel sunt corporis, quod cadaveris instar habet, vel opinione, et rationis inclinatione remota, non infringunt, nec mali quicquam efficiunt: alioqui is qui patitur, malus fieret. atqui id aliis quidem operibus omnibus ita se habet, ut quicquid alicui horum mali contigerit, deterius illud fiat, quod eo afficitur. istic vero, si ita dicere liceat, praestantior fit homo ac laude dignior, dum iis quae obiciuntur, recte utitur. in summa memineris, civem indigenam nihil laedere, nisi civitatem laedat: civitatem nihil laedere, nisi legem laedat. horum autem, quae infortunia dicimus, nihil legem laedit. quod autem legem non laedit, nec civitatem, nec civem laedit.

§. 34. Qui decretis veris imbutus est, huic dictum brevissimum et e trivio arreptum quodlibet commonefactioni sufficit de maerore metuque pellendo. quale illud est,

[illegible]

§. 34. [illegible]

ANNOTATIONES

[illegible]

a Homer. Iliad ζ. v. 147.

ᵃ φύλλα τὰ μέν τ' ἄνεμος χαμάδις χέει, ἄλλα δέ θ' ὕλη
Τηλεθόωσα φύει, ἔαρος δ' ἐπιγίγνεται ὥρη.
Ὣς ἀνδρῶν γενεή, ἡ μὲν φύει, ἡ δ' ἀπολήγει.
ᵇ Φυλλάρια δὲ καὶ τὰ τεκνία σου. ᶜ Φυλλάρια δὲ

b L. 10. §. 10. c L. 5. §. 36. L. 9. §. 21.

Sternit humi frondes alias vis effera venti:
Ast alias natura parit, quæ vere virescunt.
Sic hominum genus est: hic nascitur, occidit ille.
foliola sunt & filioli tui, & foliola sunt &

ANNOTATIONES.

Maximus Tyrius Dissert. 21. [illegible]

Φύλλα τὰ μέν] [illegible]

Φύλλα τὰ μέν τ' ἄνεμος χαμάδις χέει. —

&c.

[illegible]

[illegible]

ANNOTATIONES

[illegible]

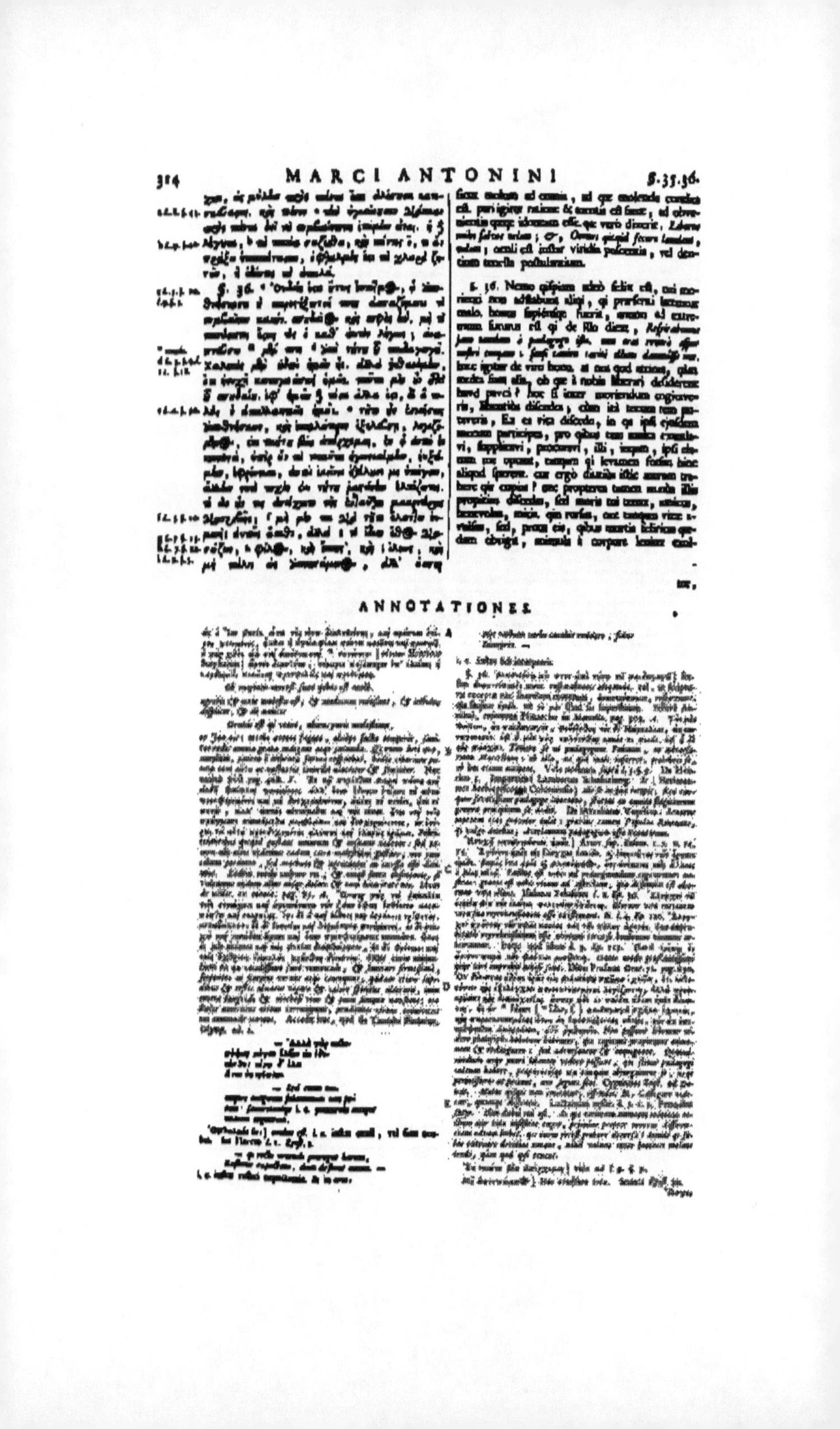

[illegible]

§. 36. [illegible]

sicut oculus ad omnia, ad quae videnda conditus est. pari igitur ratione & mentis est sanae, ad obvenientia quaeque idoneam esse. quae vero dixerit, *Liberi mihi salvi sint*; &, *Omnes quicquid fecero laudent*, eadem; oculi est instar viridia poscentis, vel dentium tenera postulantium.

§. 36. Nemo quispiam adeò felix est, cui morienti non adstabunt aliqui, qui praesenti laetentur malo. bonus sapiensque fuerit, etiam ad extremum futurus est qui de illo dicat, *Respirabimus jam tandem à paedagogo isto. non erat revera ulli nostri compar: sensi tamen tacite illum damnasse nos.* haec igitur de viro bono. at nos quid attinet, quam multa sunt alia, ob quae à nobis liberari desiderent haud pauci? hoc si itaque moriendum cogitaveris, libentius discedes, cùm ita tecum reputaveris, Ex ea vita discedo, in qua ipsi ejusdem mecum participes, pro quibus tam multa exantlavi, supplicavi, procuravi, illi, inquam, ipsi decessum meum optant, tamen qui levamen forsan hinc aliquod sperent. cur ergò diutius istic moram trahere quis cupiat? nec propterea tamen minùs illis propitius discedas, sed moris tui tenax, amicus, benevolus, mitis. qui rursus, non tanquam vi avulsus, sed, prout eis, quibus mors facilis, animula è corpore leniter evolvitur,

ANNOTATIONES.

[illegible]

vitae, talia & tua ob ipsis etiam esse discessio. eis enim te natura annexuit & conjunxit. at nunc disjungit. disjungar itaque tanquam a necessariis, non abstractus tamen, sed sponte discedens. nam & hoc est unum, quae fiunt secundum naturam.

§. 37. Solenne tibi sit, in cujusque (quod ejus fieri potest) actione omni, apud te quaerere, *Illud iste quo suo facit?* à teipso vero orsus inspicias, atque primo loco scruteris.

§. 38. Memento illud quod te velut fidiculis circumagit, esse intra te reconditum quidem. illud est facundia, illud vita, illud (si sic dicere) homo est. ne cum illo junctim contempleris unquam

[illegible] ... ἀλλ' ἀβιάστως. ἓν γὰρ καὶ τοῦτο τῶν κατὰ φύσιν.

§. 37. Ἔθισον ἑαυτὸν, ὡς ἐφικτὸν, ἐπὶ πάσης πραττομένης ὑπό τινος, ἐπιζητεῖν κατ' αὐτόν, οὗτος τοῦτο ἐπὶ τίνα φέρει; ἄρχου δὲ ἀπὸ σαυτοῦ, καὶ σαυτὸν πρῶτον ἐξέταζε.

§. 38. Μέμνησο, ὅτι τὸ νευροσπαστοῦν ἐστιν ἐκεῖνο τὸ ἔνδον ἐγκεκρυμμένον. ἐκεῖνο ῥητορεία, ἐκεῖνο ζωή, ἐκεῖνο, εἰ δεῖ εἰπεῖν, ἄνθρωπος. μηδέποτε συμπεριφαντάζου αὐτῷ

ANNOTATIONES.

[illegible]

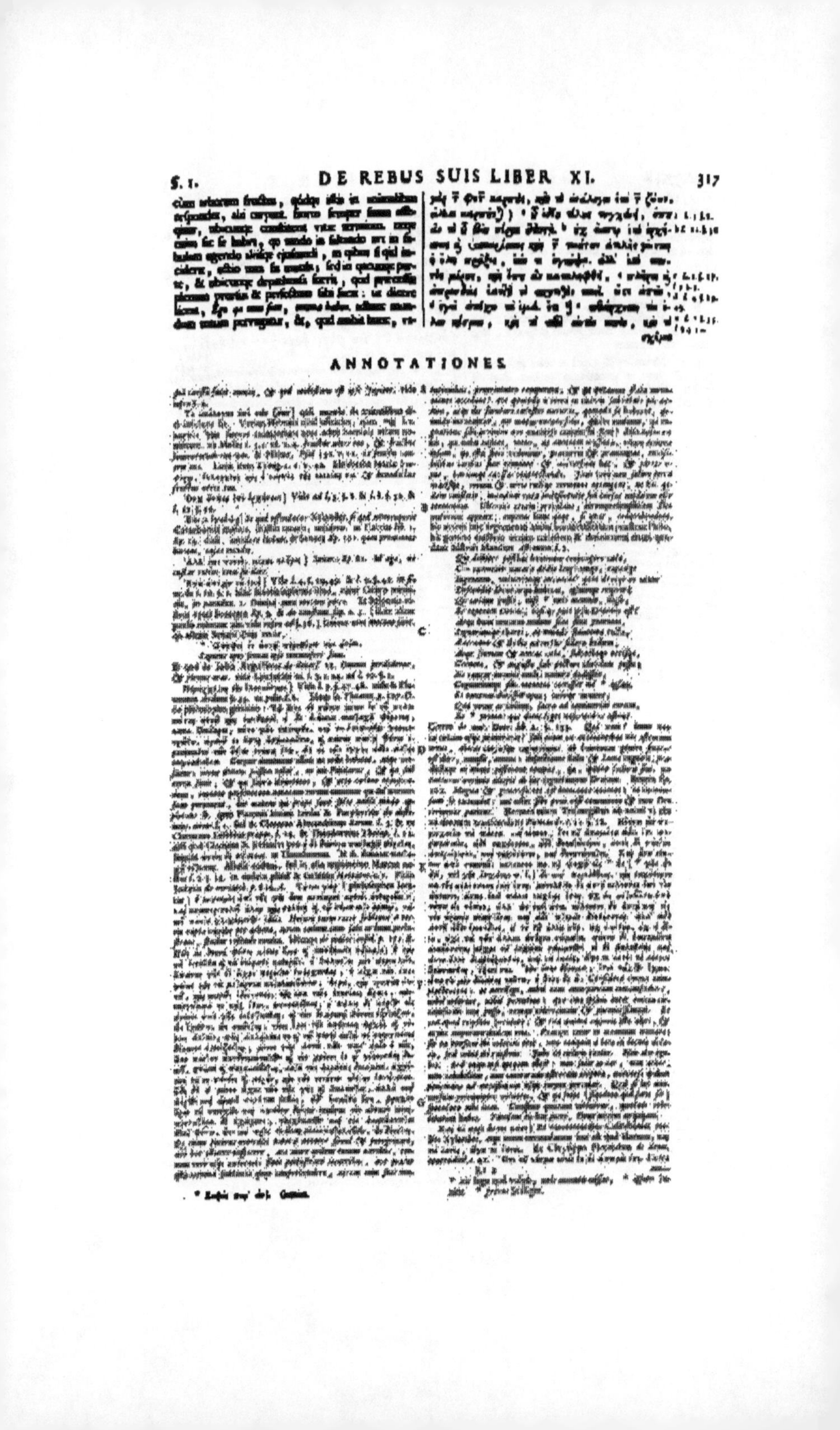

cum arborum fructus, quidquid istis in animantibus respondet, alii carpant. Eo semper finem assequitur, ubicunque constiterit vitae terminus. neque enim sic se habet, ut in saltando aut in fabulam agendo aliisque ejusmodi, in quibus si quid intercederit, actio tota fit mutila; sed in quacunque parte, & ubicunque deprehensa fuerit, quod praecessit plenum perfectum & perfectum sibi facit: ut dicere liceat, *Ego quae mea sunt*, omnia habeo. adhaec mundum totum pervagatur, &, quod ambit inane, vi-

[illegible]

ANNOTATIONES

[illegible]

σχῆμα αὐτοῦ, καὶ εἰς τὴν ἀπειρίαν τοῦ αἰῶνος ἐκτείνεται, καὶ τὴν περιοδικὴν παλιγγενεσίαν τῶν ὅλων ἐμπεριλαμβάνει, καὶ περινοεῖ, καὶ θεωρεῖ, ὅτι οὐδὲν νεώτερον ὄψονται οἱ μεθ᾽ ἡμᾶς, οὐδὲ περιττότερον εἶδον οἱ πρὸ ἡμῶν, ἀλλὰ τρόπον τινὰ ὁ τεσσαρακοντούτης, ἐὰν νοῦν ὁποσονοῦν ἔχῃ, πάντα τὰ γεγονότα, καὶ τὰ ἐσόμενα ἑώρακε κατὰ τὸ ὁμοειδές. ἴδιον δὲ λογικῆς ψυχῆς, καὶ τὸ φιλεῖν τοὺς πλησίον, καὶ ἀλήθεια, καὶ αἰδώς, καὶ τὸ μηδὲν ἑαυτῆς προτιμᾶν, ὅπερ ἴδιον καὶ νόμου. οὕτως ἄρα οὐδὲν διοίσει λόγος ὀρθὸς, καὶ λόγος δικαιοσύνης.

§. 2. Ὠιδῆς ἐπιτερποῦς, καὶ ὀρχήσεως, καὶ παγκρατίου καταφρονήσεις, ἐὰν τὴν μὲν ἐμμελῆ φωνὴν καταμερίσῃς εἰς ἕκαστον τῶν φθόγγων, καὶ καθ᾽ ἕνα πύθῃ σεαυτοῦ, εἰ τούτου ἥττων εἶ· διατραπήσῃ γάρ. ἐπὶ δὲ ὀρχήσεως τὸ ἀνάλογον καθ᾽ ἑκάστην κίνησιν ἢ σχέσιν, τὸ δ᾽ αὐτὸ καὶ ἐπὶ τοῦ παγκρατίου. ὅλως δ᾽ οὖν χωρὶς ἀρετῆς, καὶ τῶν ἀπ᾽ ἀρετῆς, μέμνησο ἐπὶ τὰ καθ᾽ αὑτὰ τρέχειν, καὶ τῇ διαιρέσει αὐτῶν εἰς καταφρόνησιν ἰέναι· τὸ δ᾽ αὐτὸ καὶ ἐπὶ τὸν βίον ὅλον μεταφέρειν.

cuitum, figuramque ejusdem contemplatur, & in aevi immensitatem se porrigit, & universi per intervalla certa renovationem comprehendit & considerat; videtque simul, quod nihil novi visuri sint posteri nostri, sicut nec amplius quicquam viderunt antecessores nostri, sed ita sic quodammodo ut quadragenarius animi qui compos est, animum modo aliquem habuerit, & res gestas animadverterit, ex uniformitatis ratione, & praeterita omnia & futura viderit. propria sunt animae rationalis & ista; proximos diligere, veritatem, verecundiam esse, nihil sibi praeferre, quod & legis est proprium. ita inter rectam rationem & justitiae rationem nihil intererit.

§. 2. Cantilenam jucundam, saltationem, pancratium contemnes, si vocem concinnam in sonos singulos divisam, de his sigillatim te percontatus fueris, Num illud me vilius habet? erubesces enim id fateri. de saltationis motibus gestibusque singulis, de pancratio itidem, si paria feceris. Summatim est ut pari modo adversus hanc afficiaris. itaque virtute sola excepta & virtutis actionibus, in reliquis omnibus ad particulas seorsim consideratas recurrere memento, ut ab harum disjunctione res ipsas contemptum eas. hoc autem ipsum & ad vitam totam transferas.

§ 3.

ANNOTATIONES

[illegible]

§. 3. Qualis est anima ea, quae parata est jam statim, si oportuerit, e corpore emigrare, & vel extingui, vel dispergi, vel permanere? ita paratam dico, ut a judicio peculiari proveniendo haec profectio, non ob obstinationem meram, pro Christianorum more: sed moderate atque consideratè, compositè, citra tragoediam, quo & aliis idem suadere possis.

§. 3. Οἵα ἐστὶν ἡ ψυχὴ ἡ ἕτοιμος, ἐὰν ἤδη ἀπολυθῆναι δέῃ τοῦ σώματος, καὶ ἤτοι σβεσθῆναι, ἢ σκεδασθῆναι, ἢ συμμεῖναι. τὸ δὲ ἕτοιμον τοῦτο, ἵνα ἀπὸ ἰδικῆς κρίσεως ἔρχηται, μὴ κατὰ ψιλὴν παράταξιν, ὡς οἱ Χριστιανοί, ἀλλὰ λελογισμένως, καὶ σεμνῶς, καὶ ὥστε καὶ ἄλλον πεῖσαι, ἀτραγῴδως.

§. 4.

ANNOTATIONES.

[illegible]

§. 4. Πεποίηκά τι κοινωνικῶς; ᵃ οὐκοῦν ὠφέλημαι. ὅτι ἵνα ἀεὶ πρόχειρον ἀπαντάτω. καὶ ᵇ μηδαμοῦ παύου.

§. 5. Τίς σου ἡ τέχνη; ἀγαθὸν εἶναι. τοῦτο δὲ πῶς καλῶς γίνεται, ἢ ἐκ θεωρημάτων, ᶜ τῶν μὲν περὶ τῆς τοῦ ὅλου φύσεως, ᵉ τῶν δὲ περὶ τῆς ἰδίας τοῦ ἀνθρώπου κατασκευῆς;

§. 6. Πρῶτον αἱ τραγῳδίαι παρήχθησαν ὑπομνηστικαὶ τῶν συμβαινόντων, καὶ ὅτι ᶠ ταῦ-

§. 4. Numquid feci, quod in commune conducat? beneficium hoc ipso accepi. hoc tibi semper succurrat: nec desinas unquam.

§. 5. Quae autem professio? bene vivendi. hoc quo modo melius fit, quam documentorum ope, quorum alia sunt de universi natura, alia de hominis conditione propria.

§. 6. Primo tragoediae invectae sunt, quae casuum & eventuum humanorum commonefacerent, quod &

ANNOTATIONES.

[illegible]

[illegible]

ANNOTATIONES

[illegible]

νεῖς, καὶ ὅτι φέρουσιν αὐτὰ καὶ οἱ κεκραγότες, [a] Ἰὼ Κιθαιρών. καὶ λέγεταί τινα ὑπὸ τῶν τὰ δράματα ποιούντων χρησίμως. οἷόν ἐστιν ἐκεῖνο μάλιστα,

[b] Εἰ δ' ἠμελήθην ἐκ θεῶν καὶ παῖδ' ἐμώ,
Ἔχει λόγον καὶ τοῦτο.

Καὶ πάλιν,

[c] Τοῖς πράγμασιν γὰρ οὐχὶ θυμοῦσθαι χρεών.

Καὶ,

[d] Βίον θερίζειν, ὥστε κάρπιμον στάχυν.

καὶ ὅσα τοιαῦτα. μετὰ δὲ τὴν τραγῳδίαν ἡ ἀρχαία κωμῳδία παρήχθη, [e] παιδαγωγικὴν παρρησίαν ἔχουσα, καὶ τῆς ἀτυφίας οὐκ ἀχρήστως δι' αὐτῆς τῆς εὐθυρρημοσύνης ὑπομιμνήσκουσα. πρὸς οἷόν τι καὶ Διογένης ταῦτα παρελάμβανεν. μετὰ ταῦτα ἡ μέση κωμῳδία, καὶ λοιπὸν ἡ νέα πρὸς τί ποτε παρείληπται, [f] ἣ κατ' ὀλίγον ἐπὶ τὴν ἐκ μιμήσεως φιλοτεχνίαν ὑπερρύη, ἐπίστασθε.

[a] Tragic. Æ.C. quod ... [illegible]
[b] L.7.§.41.
[c] Ibid.§.38.
[d] Eurip. Hypsip. ibid.
[e] Ibid.
[f] [illegible]

transfigi, & quod perferunt ea etiam illi qui exclamant, Eheu, Cithæron. & novem dicuntur à dramaticis poëtis utiliter monentia. quale illud est imprimis,

Si me meosque liberos Dii negligunt,
Hujus etiam constat ratio.

Et rursus,

Non oportet hominem rebus irasci datis.

Et,

Spicæ instar frugiferæ, sic vitam meti.

& cætera quæ sunt ejusmodi. Tragœdiæ successit vetus comœdia, quæ libertate magistrali instructa, nec obliquè sed directâ oratione usa, fastum dejicere non inepte suggerebat: quo fine & Diogenes ex his quædam assumebat. considera & quæ deinceps fuerit media comœdia, & postrema tandem introducta sit nova, quæ in imitationis artificium paulatim defluxit.

ANNOTATIONES.

[illegible]

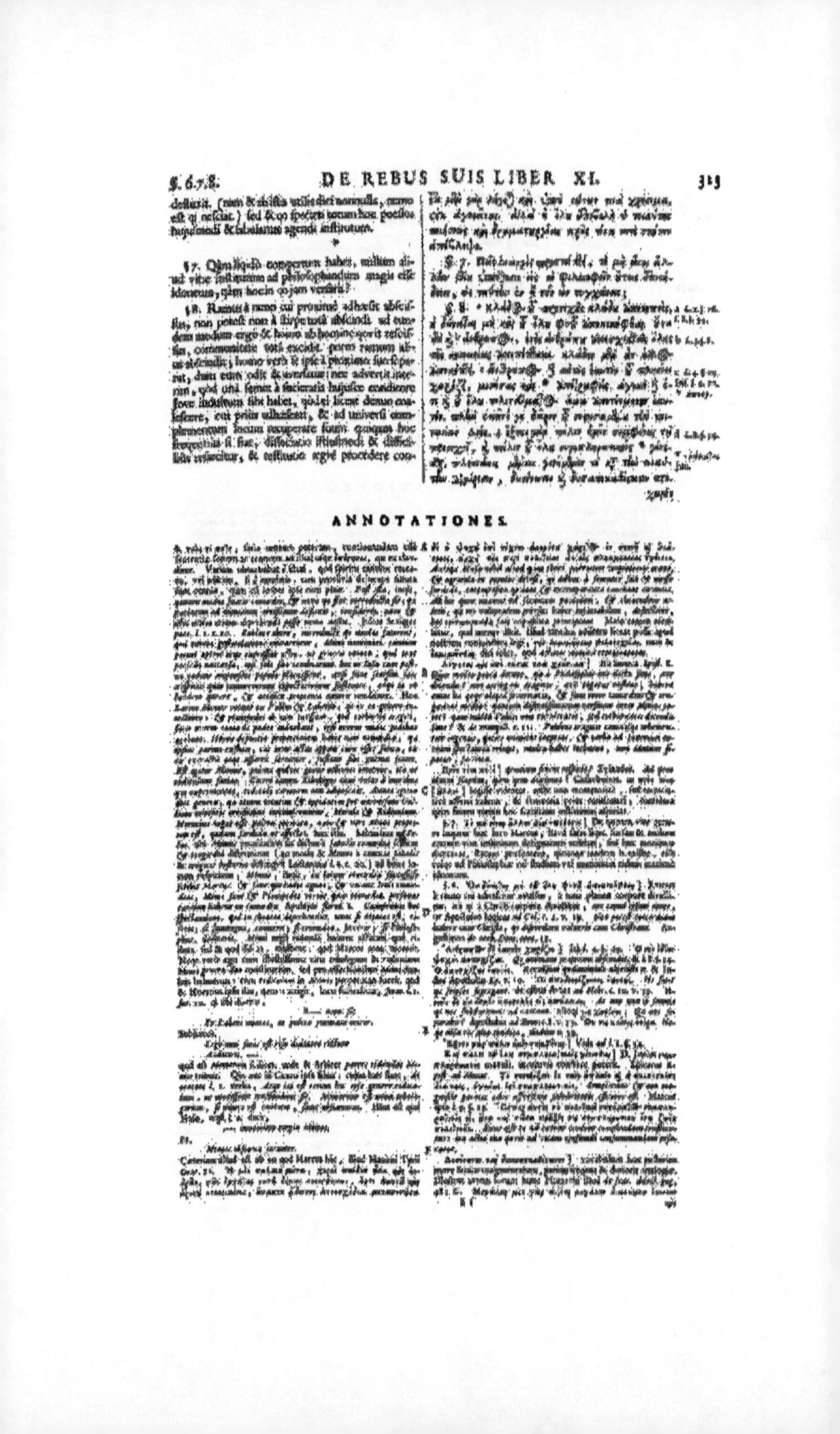

desiderit. (nam & ab istis utilia dici nonnulla, nemo est qui nesciat.) sed & quo spectans totum hoc poeseos hujusmodi & fabularum agendi institutum.

§ 7. Quam liquido compertum habes, nullum aliud vitæ institutum ad philosophandum magis esse idoneum, quam hoc in quo jam versaris?

§ 8. Ramus à ramo cui proxime adhæsit abscissus, non potest non à stirpe tota abscindi. ad eundem modum ergo & homo ab homine quovis rescissus, communitate tota excidit. porro ramum alius abscindit; homo verò & ipse à proximo se secernit, dum eum odit & aversatur; nec advertit interim, quod una semet à societatis hujusce conditione [illegible]. [illegible] Jove inditum sibi habet, quod ei licet denuo coalescere, cui prius adhæserat, & ad universi complementum locum recuperare suum. quamquam hoc frequentius si fiat, dissociatio ejusmodi & difficilis resarcitur, & restitutio ægre procedere con-

[illegible]

§. 7. [illegible]

§. 8. [illegible]

ANNOTATIONES

[illegible]

[illegible]

§. 9. [illegible]

§. 10. [illegible]

firevit. omnino denique non pariter se habent surculi duo, quorum alter à prima germinatione cohæsit, & cum stirpe reliqua conspiravit; alter post abscissionem insertus est: quem plantarum cultores dicere solent, conspirare quidem, sed non consentire.

§. 9. Qui te rationis rectæ normam progredienti obsistunt tibi, sicut à recto agendo avertere te nequeunt, ita nec benevolum erga illos affectum excutiant tibi. sed ad utrumque horum teneas te, ut & in judicio actioneque constanti persistas, & in mansuetudine erga illos, qui vel impedire te conantur, vel alio modo negotium molestiam tibi facessunt. etenim tam hoc imbecillitatis est animi, succensere istis, quam ab actione desistere, & consternatum succumbere. uterque enim ex æquo stationis desertor verè est, & qui metu perculsus, & qui naturâ cognatum sibi atque amicum fuerit aversatus.

§. 10. Nulla natura arte inferior est. naturam enim imitantur artes. hoc si ita se habet, sequitur, naturam eam quæ est consummatissima, cæterasque omnes in se complectitur, artificii solertiâ nequiquam concedere. atqui in artibus omnibus deteriora quæque præstantiorum gratiâ fiunt: à communi ergò naturâ hoc idem fit. atque hinc sanè justitia oritur: ab hac verò reliquæ nascuntur virtutes. neque enim

qui

ANNOTATIONES.

[illegible]

quod est justum nequaquam servabitur, si vel ad res medias animi feramur, vel deceptu faciles & temerarii & inconstantes fuerimus.

§. 11. Si, quarum persecutio & fuga perturbat te, res eæ ad te non accedunt, sed ad illas ipse quodammodo accedis, cùm ipsis interim immotis manentibus; judicium proinde tuum de eis quiescat, eisque nec prosequens conspiciêris, nec fugiens.

§. 12. Uniformis prorsus est animæ sphæra, cùm nec ad externa quoquam se extendit, nec introrsum ullo modo concurrit, nec diffusa & comprimitur, sed lumine illo illustratur, quo veritatem, tum rerum omnium externarum, tum & in ipsa sitam, cernit.

§. 13. Contemnet me quispiam? ipse viderit. ego mihi caveo, ne quid contemptu dignum vel egisse vel dixisse deprehendar. odit me quispiam? ipse viderit. at ego mitis esse ac benevolus cuique pergam; & huic etiam ipsi, errorem ostendere promptus; neque id contumeliosè, ne-

αι] τὸ δίκαιον, ἐὰν ἤτοι [a] διαφερώμεθα πρὸς τὰ μέσα, ἢ [b] εὐεξαπάτητοι ὦμεν καὶ προπτωτικοὶ καὶ [c] μεταπτωτοὶ ὦμεν.

§. 11. Εἰ [d] οὐκ ἔρχεται ἐπὶ σὲ τὰ πράγματα, ὧν αἱ διώξεις καὶ φυγαὶ θορυβοῦσί σε, ἀλλὰ τρόπον τινὰ αὐτὸς ἐπ' ἐκεῖνα ἔρχῃ· [e] τὸ γοῦν κρῖμα τὸ περὶ αὐτῶν ἡσυχαζέτω, [f] κἀκεῖνα μενεῖ ἀτρεμοῦντα, καὶ [g] οὔτε διώκων οὔτε φεύγων ὀφθήσῃ.

§. 12. [h] Σφαῖρα ψυχῆς αὐτοειδὴς, ὅταν μήτε ἐκτείνηται ἐπί τι, μήτε ἔσω συντρέχῃ, μήτε σπείρηται, μήτε συνιζάνῃ, ἀλλὰ φωτὶ λάμπηται, [i] ᾧ ὁρᾷ τὴν ἀλήθειαν τὴν [k] πάντων, καὶ [l] τὴν ἐν [m] αὑτῇ.

§. 13. [n] Καταφρονήσει μού τις; ὄψεται. ἐγὼ δὲ φυλάξομαι, [o] ἵνα μή τι καταφρονήσεως ἄξιον πράσσων ἢ λέγων εὑρεθῶ. μισήσει; ὄψεται. ἀλλ' ἐγὼ [p] εὐμενὴς καὶ εὔνους παντί, καὶ τούτῳ αὐτῷ ἕτοιμος [q] τὸ παροραθὲν δεῖξαι, οὐκ ὀνειδιστικῶς,

a Inf. §. ... b l. ... c l. ... d l. ... e l. ... f l. ... g l. ... h l. ... i l. ... k Sup. §. l. l ... m l. ... n l. ... o l. ... p Sup. ... q l. ...

ANNOTATIONES

[illegible]

μηδὲ ὡς καρτερικευόμενος ἐπιδεικνύμενος, ἀλλὰ γνησίως καὶ χρηστῶς, οἷος ὁ μέγας ἐκεῖνος, εἴ γε μὴ προσεποιεῖτο. τὰ ἔνδον γὰρ δεῖ τοιαῦτα εἶναι, καὶ ὑπὸ τῶν θεῶν βλέπεσθαι ἄνθρωπον πρὸς μηδὲν ἀγανακτικῶς διατιθέμενον, μηδὲ δεινοπαθοῦντα. τί γάρ σοι κακόν, εἰ αὐτὸς νῦν ποιεῖς τὸ [νῦν] τῇ φύσει σου οἰκεῖον, καὶ δέχῃ τὸ νῦν τῇ τῶν ὅλων φύσει εὔκαιρον, ἄνθρωπος τεταμένος πρὸς τὸ γίνεσθαι δι᾽ ὅτου δή τι τὸ κοινῇ συμφέρον;

§. 14. Ἀλλήλων καταφρονοῦντες, ἀλλήλοις ἀρεσκεύονται, καὶ ἀλλήλων ὑπερέχειν θέλοντες, ἀλλήλοις ὑποκατακλίνονται.

que ut qui patientiam ostentare cupiant, sed ingenuè, benignè, eo modo Phocion ille, nisi si simulatè agebat. interiùs enim ita affectum esse oportet, ut ipsi Dii videant, hominem esse te, qui nihil quicquam indignè aegrèque ferat. quid enim tibi mali contigerit, modò quod naturae tuae conveniens, id ipse facias? & ... amplecteris, quod universi naturae nunc est tempestivum, cùm homo sis ad hoc compositus positusque, ut id fieri, quocunque tandem modo, velis, quod in commune conducat?

§. 14. Qui se invicem contemnunt, iidem & sibi invicem assentantur: quique se invicem transcendere cupiunt, sibi invicem se submittunt.

§. 15.

ANNOTATIONES.

[illegible]

§. 15. Quàm putidus & insincerus est, qui dicit, *Ego simpliciter tecum agere statuo.* quid facis, [illegible] ? quid praedicere opus est ? res ipsa apparebit. fronti inscriptam statim oportet vocem hanc, in oculis ipsis relucere statim, quomodo amatus se habent [illegible] [illegible]

§. 15. [illegible]

ANNOTATIONES

[illegible]

[illegible]

amicitia lupina nihil est foedius. hoc omnium maxime fugias. vir bonus, simplex, benevolus est in oculis gerit haec, ut nemo non [illegible].

§. 16. Optime vivendi facultas haec est in anima sita, si adversus res indifferentes indifferenter se habeat. indifferenter autem se habebit, si divisim & integre earum unamquamque consideraverit, simulque recordata fuerit, quod nihil harum cogere nos possit, ut hoc vel illud de ipso opinemur, nec accedit ad nos, sed quiescit; nos autem sumus, qui judicia de his proferimus atque nobis ipsis inscribimus, cum nec inscribere in nobis situm sit, & si clanculum irrepserint, statim oblitterare: quodque ad breve admodum tempus opus futurum est cavisse haec, cum vita terminabitur. ceterum quid est autem in his difficile? siquidem enim naturae congrua sunt, gaude illis, & facilia tibi erunt. sin praeter naturam, investiga, quid sit naturae tuae congruum, & ad hoc te accinge, etiamsi minus gloriosum

ANNOTATIONES.

[illegible]

...usser sic. venia enim utique habenda est, qui homini fuum sectatur.

§. 17. Cogita tecum, unde prodierit unumquodque, & ex quibus constitit, & in quid mutet, & ubi mutaverit, quale futurum sit, & quod mutando nihil mali patietur.

§. 18. De iis qui adversus te delinquunt cogita: Primò, quam relationem ad illos habeas: quòdque alteri alterius causâ nati sumus: tu autem speciali quadam ratione caeteris illis praefectus, ut gregi aries, armento taurus. [illegible] vel atomos abstuleris, vel naturam universa disponentem, hoc si est, deteriora conflat praestantiorum causâ esse condita, praestantiora sui invicem.

Secundò cogita, quales sint ad mensam, in lectulo, aliàs: praecipuè verò, quas à decretis suis sibi necessitates perpetiuntur: quantaque cum praesumtione opinione haec ipsa, in quibus delinquunt, agant.

Tertiò, quòd, si haec rectè faciant, aegrè ferre non oportet: si non rectè, volentes utique &

[illegible]

§. 17. [illegible]

§. 18. [illegible]

[illegible]

[illegible]

ANNOTATIONES.

[illegible]

[illegible Greek text]

... agunt. omnis enim anima, prout veritate privatur invita, sic etiam erga quemque pro dignitate cujusque gerendi se privat. itaque injustos, ingratos, avaros, vicinis injurios dici se non sustinent.

Quarto, quod & ipse multa peccas, & alius ejusmodi es plane, qualis illi sunt. atque etiamsi peccatis quibusdam abstineas, habes tamen intra te habitum talia perpetrare proclivem, licet vel ignavia, vel timore, vel alia aliqua ratione à peccatis parcas ac cohibeas.

Quinto, quod nec an peccaverint etiam, nosti satis. multa enim per dispensationem geruntur.

ANNOTATIONES.

[illegible]

[illegible]

[illegible]

[illegible]

ANNOTATIONES.

A [illegible]

B [illegible]

C [illegible]

D [illegible]

E [illegible]

F [illegible]

G [illegible]

H [illegible]

Ἕβδομον, ὅτι οὐχ αἱ πράξεις αὐτῶν ἐνοχλοῦσιν ἡμῖν. [b] ἐκεῖναι γάρ εἰσιν ἐν τοῖς ἐκείνων ἡγεμονικοῖς. ἀλλὰ [c] αἱ ἡμέτεραι ὑπολήψεις. [d] ἆρον οὖν, καὶ θέλησον ἀφεῖναι τὴν ὡς περὶ δεινοῦ κρίσιν, καὶ [e] ἀπῆλθεν ἡ ὀργή. πῶς οὖν ἀρεῖς; λογισάμενος, ὅτι [f] οὐκ αἰσχρόν. ἐὰν γὰρ μὴ [g] μόνον ᾖ τὸ αἰσχρὸν κακόν, [h] ἀνάγκη καὶ σὲ πολλὰ ἁμαρτάνειν, καὶ λῃστὴν καὶ παντοῖον γίνεσθαι.

Ὄγδοον, [i] ὅσῳ χαλεπώτερα ἐπιφέρουσιν αἱ ὀργαὶ καὶ λῦπαι αἱ ἐπὶ τοῖς τοιούτοις, ἤπερ αὐτὰ ἐφ' οἷς ὀργιζόμεθα καὶ λυπούμεθα.

Ἔνατον, ὅτι [k] τὸ εὐμενὲς ἀνίκητον, ἐὰν γνήσιον ᾖ καὶ μὴ [l] σεσηρός, μηδὲ ὑπόκρισις. τί γάρ σοι ποιήσει ὁ ὑβριστικώτατος, ἐὰν διατελῇς [m] εὐμενὴς αὐτῷ, καί, εἰ οὕτως ἔτυχε, πρᾴως παραινῇς καὶ

Septimò, non esse actiones aliorum, quae nos conturbant, sunt enim hae in mentibus ipsorum sitae, sed opiniones tantùm nostras. istas igitur tolle, missosque de re ipsa, tanquam grave quiddam sit, judicio, ira protinus evanescet. sed quomodo tollam? reputando nihil tibi inhonestum contigisse. nisi enim malum id sit duntaxat quod inhonestum est, necesse futurum est, ut & tu multa pecces, & latro, vel quidlibet etiam, fias.

Octavò, cogita quantò graviora patiamur ex iracundia ac moestitia, quae de istis concipimus, quàm ex eis ipsis, quorum causâ succensemus & angimur.

Nonò, mansuetudinem insuperabilem esse, si genuina fuerit, non personata & fucata. quid enim faciet tibi, qui vel maximè contumeliosus est, si mansuetè adversus illum te gerere perrexeris & si occasio tulerit, placidè illum admonueris, &

ANNOTATIONES.

[illegible]

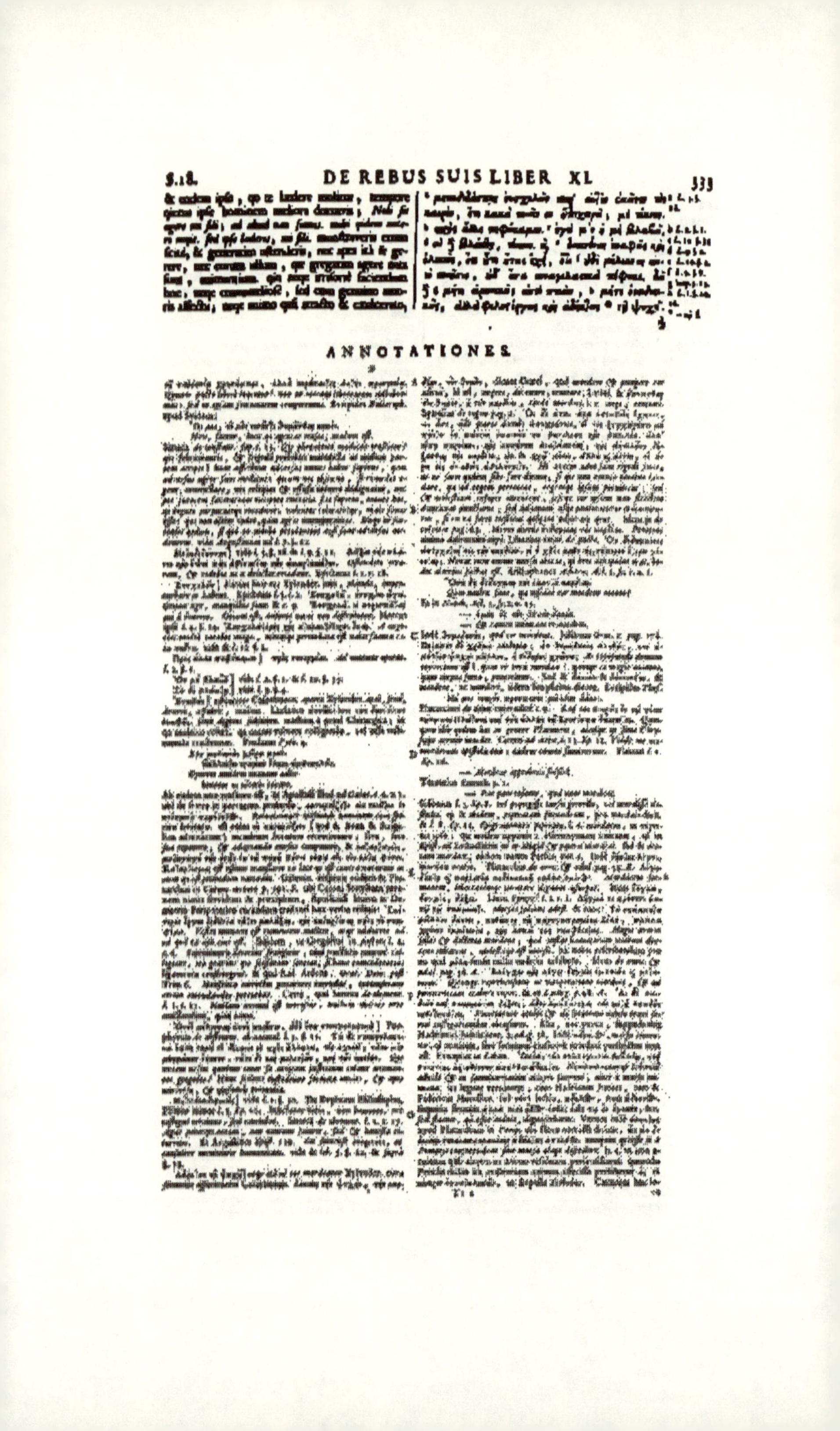

[illegible]

ANNOTATIONES

[illegible]

a l. 10. §. 9. ... ᾗ, ἢ μὴ ὡς ἐν σχολῇ, μηδὲ ἵνα ἄλλος παρεστὼς θαυμάσῃ, ἀλλ' ἢ πρὸς μόνον, ἢ ἐὰν ἄλλοι τινὲς περιεστήκωσι.

Τούτων τῶν ἐννέα κεφαλαίων μέμνησο, ὡς παρὰ τῶν Μουσῶν δῶρα εἰληφώς, καὶ ἄρξαι ποτὲ ἄνθρωπος εἶναι, ἕως ζῇς. Φυλακτέον δὲ ἐπ' ἴσης τῷ ὀργίζεσθαι αὐτοῖς, τὸ κολακεύειν αὐτούς· ἀμφότερα γὰρ ἀκοινώνητα, καὶ πρὸς βλάβην φέρει. Πρόχειρον δὲ ἐν ταῖς ὀργαῖς, ὅτι οὐχὶ τὸ θυμοῦσθαι ἀνδρικόν, ἀλλὰ τὸ πρᾶον καὶ ἥμερον, ὥσπερ ἀνθρωπικώτερον, οὕτω καὶ ἀρρενικώτερον, καὶ ἰσχύος καὶ νεύρων καὶ ἀνδρείας τούτῳ μέτεστιν, οὐχὶ τῷ ἀγανακτοῦντι καὶ δυσαρεστοῦντι. ὅσῳ γὰρ ἀπαθείας [illegible], τοσούτῳ καὶ δυνάμει. ὥσπερ τι ἡ λύπη

neque tamquam in schola, neque ut aliorum alicui sis admirationi, sed ita semper, ut cum solo agas, etiamsi alii forsan circumstent nonnulli.

Capita novem ista in mente reposita habens, tanquam dona quaedam à Musis accepta, atque incipias tandem homo esse, dum vivis. Verumenimvero aeque cavendum, sicut ne irascaris eis, ita etiam ne aduleris. utrumque enim societatis jus violat, & ad damnum tendit. adversus iram vero praesto sit illud, irasci haud virile esse, sed mansuetum placidumque animi affectum, ut humanius quiddam, ita & masculum magis. atque is enim, qui ita affectus est, robur animi nervosque & fortitudinem penes se habet, non autem is qui indignatur & offenditur. quo enim propius hoc ad immunitatem ab affectibus animum perstat, eo etiam ad potentiam propius accedit. quemadmodum autem tristitia,

ANNOTATIONES.

[illegible] Xylander [illegible] Plutarchus de adulat. [illegible]

Μηδὲ ὡς ἐν σχολῇ.] [illegible] Xylander [illegible]

[illegible] Casaubonus [illegible]

Ὡς παρὰ τῶν Μουσῶν] [illegible]

Ἀρξαι ποτὲ ἄνθρωπος εἶναι] [illegible]

[illegible] Nicephorus Callistus [illegible]

[illegible]

tristitia, sic & ira, imbecillis est animi. utraque enim vulnus accepit, & succubuit.

Quod si volueris, etiam decimam à Musarum praeside donum accipe. velle, improbi ad peccata, insania est. id enim quod fieri non possit, appetere. tum concedere, ut adversus alios tales sint, sed ne in te peccent postulare, & stolidum est & tyrannicum etiam.

§. 19. Mentis affectiones quatuor potissimum sunt semper cavendae, & ubi deprehensae fuerint, confestim indicandae, de singulis eorum sic contendens: cogitatio ista non est necessaria; ista societatis inimica; illud non à te dictum est aliquid enim non à teipso dicere, in rerum absurdissimarum numero

[illegible]

§. 19. [illegible]

ANNOTATIONES.

[illegible]

[illegible] καθ' ἑαυτὸ [illegible] ὅτι τὸ [illegible] ἐν σοὶ μέρος ἡττᾶται καὶ ἐγκατακλίνεται τῇ ἀτιμοτέρᾳ καὶ θνητῇ μοίρᾳ τῇ τοῦ σώματος, καὶ ταῖς τούτου παχείαις ἡδοναῖς.

§. 20. Τὸ μὲν ἀερῶδές σου, καὶ τὸ πυρῶδες ὅσον ἐγκέκραται, καίτοι φύσει ἀνωφερῆ ὄντα, ὅμως πειθόμενα τῇ τῶν ὅλων διατάξει, παρακατέχεται ἐνταῦθα ἐπὶ τοῦ συγκρίματος. καὶ τὸ γεῶδες δὲ τὸ ἐν σοὶ πᾶν, καὶ τὸ ὑγρόν, καίτοι κατωφερῆ ὄντα, ὅμως ἐγήγερται καὶ ἵσταται στάσιν οὐκ ἑαυτῶν φυσικήν. οὕτως ἄρα καὶ τὰ στοιχεῖα ὑπακούει τοῖς ὅλοις, ὅταν που τεθῇ βιαίως, μένοντα ἐκεῖ μέχρις ἂν ἐκεῖθεν πάλιν τὸ ἐνδόσιμον τῆς διαλύσεως

habeant. quorum esto, quicquid conscientia tibi dictaverit, fore per illud, ut pars tua divinior devictis succumbat vilitati, corporis nempe mortali ejusque crassis voluptatibus.

§. 20. Quicquid aëreum & igneum immixtum est tibi, etiamsi natura sursum feratur, utcumque ut tamen universi dispositioni obsequatur, in mista compositione istic detinetur. quicquid itidem in te terreum & aqueum existit, etiamsi natura deorsum vergat, attollitur nihilominus, & situm occupat non suum. usqueadeo etiam elementa universo obtemperant, dum ibi, ubi per vim disposita sunt, manent, donec dissolutionis signum de-

ANNOTATIONES.

[illegible]

[illegible]

§. 21. [illegible]

[illegible]

§. 21. [illegible]

ANNOTATIONES.

[illegible]

[illegible]

§. 22. [illegible]

§. 23. [illegible]

§. 24. [illegible]

§. 25. [illegible]

hic unus idémque per vitam totam esse non potest. non est satis quod dixi, nisi illud etiam adjeceris, qualis semper hic esse debeat. quemadmodum enim opinio eadem non est de omnibus quæ vulgo hominum quoquo modo bona videntur, sed de certis quibusdam, communibus nempe: ad eundem modum & scopum illum qui est civilis & communioni congruus proponi oportet. qui enim ad illum conatus suos omnes direxerit, is actiones suas omnes sibi similes præstabit, & hoc modo semper idem futurus est.

§. 22. Murem agrestem & domesticum cogita, hujúsque pavorem ac trepidationem.

§. 23. Socrates plurimorum decreta *lamias* appellabat, puerorum terriculamenta.

§. 24. Lacedæmonii in spectaculis suis, peregrinis in umbra sedilia collocabant, ipsi ubicunque diligerent, considebant.

§. 25. Perdiccæ accersenti excusabat se Socrates, quod

ANNOTATIONES.

[illegible]

Vide ad lib. 2. §. 13. & 3. 16. §. 17. [illegible]

[illegible]

§. 22. [illegible]

§. 23. [illegible]

§. 24. [illegible]

§. 25. [illegible]

[illegible] non refert tempus.

§. 16. In scriptis Epicureis praecipitur, ut in mente ac memoria semper habeamus exemplum aliquem eorum, qui virtutem coluerint.

§. 17. Pythagorei mane coelum suspicere praecipiebant, ut eorum commonefierent, quae eandem perpetuo cursum servant, eodemque modo peragunt opus suum; itemque ordinem eorundem observantes, & puritatem, & nuditatem. nihil siquidem velamentum sidus est.

§. 18. Cogita Socratem qui fuerit pelle succinctus,

[illegible]

§. 16. [illegible]

§. 17. Οἱ Πυθαγόρειοι [illegible]

§. 18. Οἷος ὁ Σωκράτης [illegible]

ANNOTATIONES.

[illegible]

...ον, ὅτε ἡ Ξανθίππη λαβοῦσα τὸ ἱμάτιον ἐξεληλύθει· καὶ ἃ εἶπεν ὁ Σωκράτης τοῖς φίλοις αἰδεσθεῖσι καὶ ἀναχωρήσασιν, ὅτε αὐτὸν οὕτως ἐσταλμένον εἶδον.

§. 29. Ἐν τῷ γράφειν καὶ ἀναγινώσκειν, οὐ πρότερον ἄρξεις, πρὶν ἀρχθῇς. Πο...

quando Xanthippe veste ipsius sumpta foras se proripuerat. quaeque amicis suis dixerit, pudore suffusis pedetentimque recedentibus, cum sic indutum illum conspexerunt.

§. 29. Nec in scribendo, nec in legendo aliis praecipias, nisi prius praeceptum fuerit tibi.

ANNOTATIONES.

[illegible]

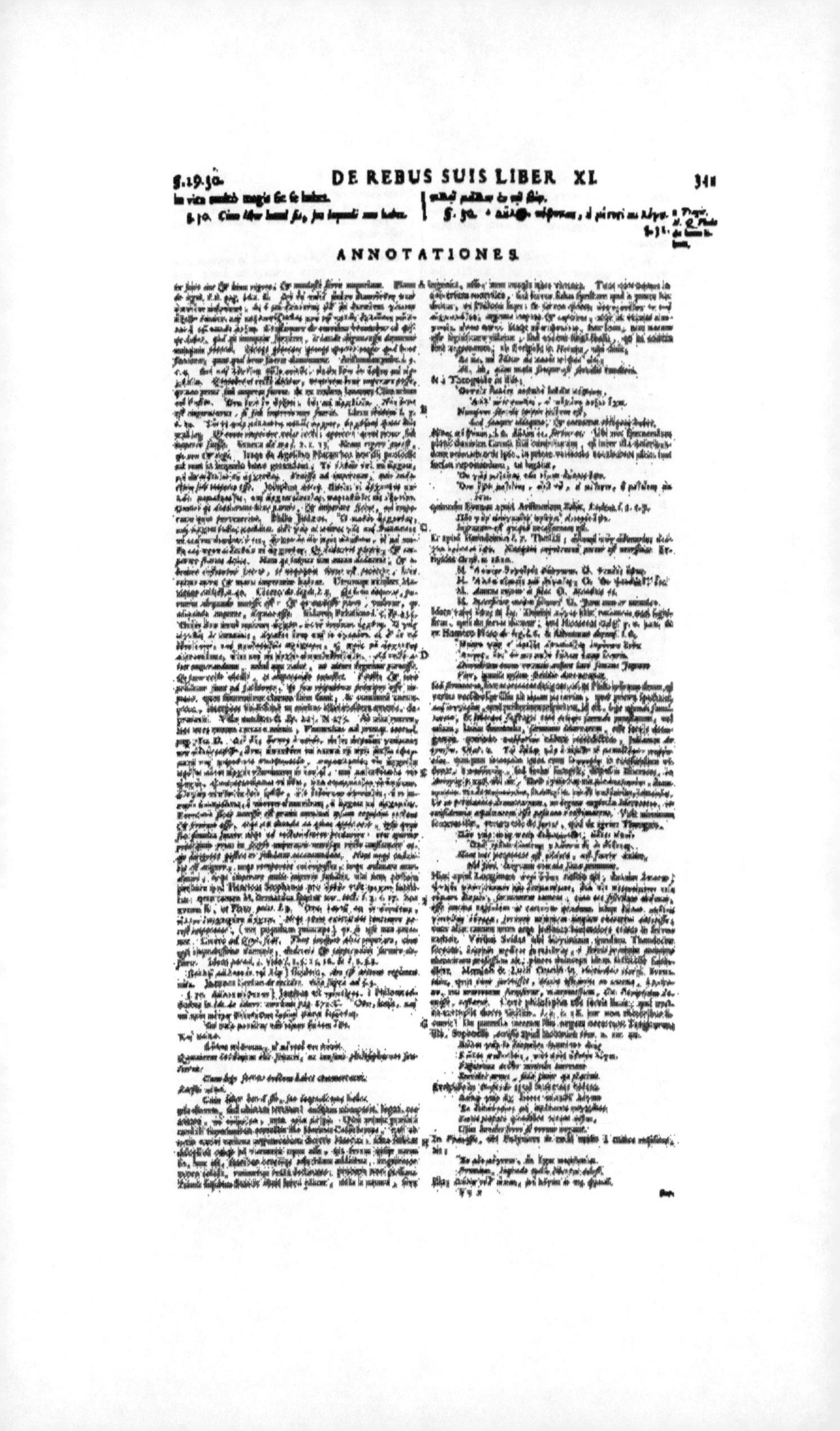

ANNOTATIONES

[illegible]

a Homer. Odyss. 1. 9. 413. b Hesiod. Oper. lib. 1. v. 184. [illegible] c L. 5. §. 17. [illegible] d L. 9. [illegible]

§. 31. — ᵃ ἐμὸν δ' ἐγέλασσε φίλον κῆρ.

§. 32. ᵇ μέμψονται δ' ἄρα τοὺς χαλεποῖς βάζοντες ἔπεσσι.

§. 33. Σῦκον χειμῶνος ζητεῖν, μαινομένου. Τοιοῦτος ὁ τὸ παιδίον ζητῶν, ὅτε οὐκέτι δέδοται.

§. 31. — at cor meum mihi risit.

§. 32. Dura fere fundendo insultu verba parentes.

§. 33. Insani est, ficum hyeme quaerere. Talis est hic, qui puerulum requirit, cum non amplius conceditur.

§. 34.

ANNOTATIONES

[illegible]

[illegible]

§. 34. Filiolum demulcenti præcipiebat Epictetum, intus apud se diceret, *Cras forsan morieris.* at mali ominis sunt ista. nulli ominis, inquit, quod nullum naturale opus designat. alioqui spicas etiam demeti, infaustum fuerit.

§. 35. Uva acerba, matura, passa; mutationes sunt omnia ista, non in id quod non est, sed in id quod nondum est.

§. 36. *Voluntatis latro nullus est*, inquit Epictetus.

§. 37. Artem assensum præbendi inveniendam idem monebat. & circa impetus cavendum esse, ut cum exceptione fiant, ut societatis jus spectent, ut pro rei cujusque dignitate adhibeantur. & ap-

§. 34. Καταφιλοῦντα τὸ παιδίον, ἔλεγεν ὁ Ἐπίκτητος, ἔνδον ἐπιλέγειν, [a] αὔριον ἴσως ἀποθανῇ. δύσφημα ταῦτα. [b] οὐδὲν δύσφημον, ἔφη, φύσεως ἔργον σημαῖνον. ἢ καὶ τὸ [c] στάχυας θερισθῆναι, δύσφημον.

§. 35. [d] Ὄμφαξ, σταφυλή, ἀσταφίς. [e] πάντα μεταβολαί, [f] οὐκ εἰς τὸ μὴ ὄν, ἀλλ' εἰς τὸ νῦν μὴ ὄν.

§. 36. [g] Λῃστὴς προαιρέσεως οὐ γίνεται, τὸ τοῦ Ἐπικτήτου.

§. 37. Τέχνην δ' ἔφη [h] περὶ τὸ συγκατατίθεσθαι εὑρεῖν, καὶ ἐν τῷ [i] περὶ τὰς ὁρμὰς τόπῳ τὸ προσεκτικὸν φυλάττειν, ἵνα [k] μεθ' ὑπεξαιρέσεως, ἵνα [l] κοινωνικαί, ἵνα [m] κατ' ἀξίαν. καὶ [n] ὀρέ-

ANNOTATIONES

§. 34. Καταφιλοῦντα τὸ παιδίον] [illegible]

[illegible] ὁρμῆς μὲν παντάπασιν ἀπέχεσθαι. ἐκκλίσει δὲ πρὸς μηδὲν τῶν οὐκ ἐφ' ἡμῖν χρῆσθαι.

§. 38. Οὐ περὶ τοῦ τυχόντος οὖν, ἔφη, ὁ ἀγών, ἀλλὰ περὶ τοῦ μαίνεσθαι, ἢ μή.

[illegible] §. 39. Ὁ Σωκράτης ἔλεγε. τί θέλετε; λογικῶν ψυχὰς ἔχειν, ἢ ἀλόγων; λογικῶν. τίνων λογικῶν; ὑγιῶν ἢ φαύλων; ὑγιῶν. τί οὖν οὐ ζητεῖτε; ὅτι ἔχομεν. τί οὖν μάχεσθε καὶ διαφέρεσθε;

[illegible]

appetitio quidem abstinendum prorsus, aversionem vero in re nulla adhibendam, quae nostri juris non sit.

§. 38. Non est inquit, inquit, de re vulgari certamen, sed de eo, utrum insaniamus, necne.

§. 39. Socratis dictum. Quid vultis? rationalium, an irrationalium animos habere? rationalium. Quorumnam rationalium? sanorum an pravorum? sanorum. Quare ergo non quaeritis? quia jam habemus. Cur ergo pugnatis & contenditis invicem?

ANNOTATIONES.

[illegible]

LIBER

LIBER XII.

Ista omnia, quæ per ambages assequi contendis, jam consequi potes, si tibi ipsi ne invideas. hoc autem fiet, si præteritum omne omissum facias, futuraque omnia providentiæ divinæ permiseris, & quod præsens est tantùm ad pietatem ac justitiam componens direxeris: ad pietatem nempe, dum quicquid destinatur tibi diligis; cùm & tibi hoc natura tulerit, & huic te: ad justitiam, dum liberè & sine ambage illa quæ vera sunt proloqueris, & quæ legi conformantur ac pro rei cujusque dignitate sunt, facis: nec impediverit te, quo minùs sic te geras, aut aliena sive vitiositas, sive opinio, sive sermo, aut sensus etiam congestæ te mollis istius carnis.

Πάντα ἐκεῖνα, ἐφ' ἃ διὰ περιόδου εὔχῃ ἐλθεῖν, ἤδη ἔχειν δύνασαι, ἐὰν μὴ σαυτῷ φθονῇς. τοῦτο δέ ἐστιν, ἐὰν πᾶν τὸ παρεληλυθὸς καταλίπῃς, καὶ τὸ μέλλον ἐπιτρέψῃς τῇ προνοίᾳ, καὶ τὸ παρὸν μόνον ἀπευθύνῃς πρὸς ὁσιότητα καὶ δικαιοσύνην. ὁσιότητα μὲν, ἵνα φιλῇς τὸ ἀπονεμόμενον· σοὶ γὰρ αὐτὸ ἡ φύσις ἔφερε, καὶ σὲ τούτῳ. δικαιοσύνην δὲ, ἵνα ἐλευθέρως καὶ χωρὶς περιπλοκῆς λέγῃς τε τἀληθῆ, καὶ πράσσῃς τὰ κατὰ νόμον καὶ κατ' ἀξίαν. μὴ ἐμποδίζῃ δέ σε, μήτε κακία ἀλλοτρία, μήτε ὑπόληψις, μήτε φωνὴ, μήτε μὴν ἡ αἴσθησις τοῦ περιτεθραμμένου σοι σαρκιδίου.

ANNOTATIONES.

[illegible]

[illegible]

videris: enim id quod patitur. si igitur, cum in exitu fere jam sis, missis caeteris omnibus, id duntaxat, quod in te principatum gerit & divinum est, in pretio ac honore habueris, nec hoc metueris, ut vivere desinas aliquando, sed ne secundum naturam vivere nondum coeperis; mundo, qui te protulit, dignum te praestabis, desinesque in patria tua peregrinus esse, eaque quae quotidie eveniunt tanquam inopinata admirari, & ex hoc vel illa re suspensus teneri.

§. 2. Mentes nostras, vasis hisce corporeis, & corticibus, & sordibus Deus denudatas

ANNOTATIONES.

[illegible]

[illegible]

§. 3.

ANNOTATIONES

[illegible]

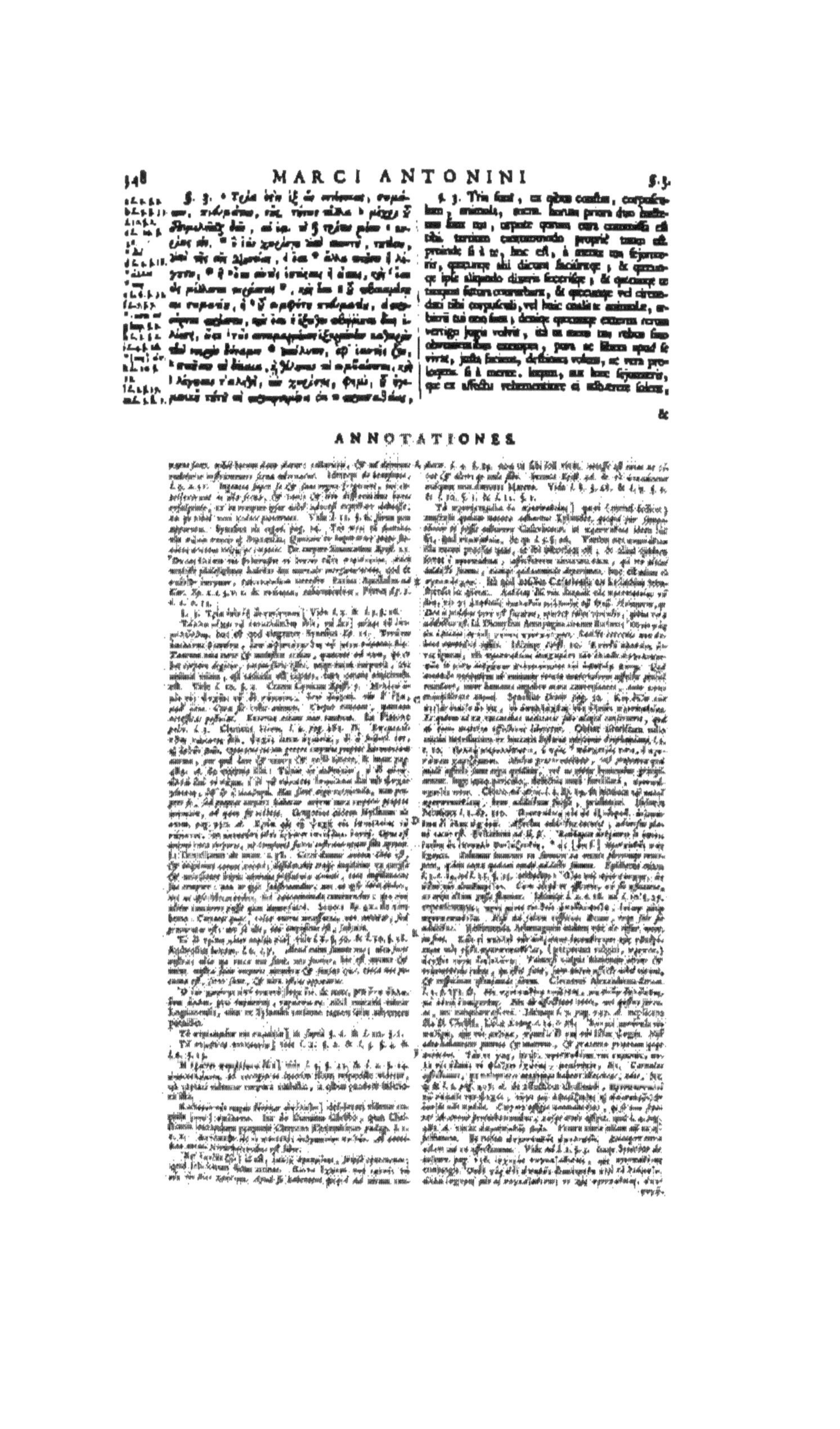

§. 3. Τρία ἐστὶν ἐξ ὧν συνέστηκας, σωμάτιον, πνευμάτιον, νοῦς. [illegible]

§. 3. Tria sunt, ex quibus constas, corpusculum, animula, mens. horum priora duo hactenus sunt tua, quatenus eorum cura commissa est tibi. tertium autem proprie tuum est. proinde si à te, hoc est, à mente tua sejunxeris, quæcunque alii dicunt faciúntque, & quæcunque ipse aliquando dixeris fecerísque, & quæcunque in tempus futurum conturbant, & quæcunque vel circumdato tibi corpusculo, vel huic connatæ animulæ, arbitrii tui non sunt, denique quæcunque externa rerum vertigo jugis volvit, ita ut mens tua rebus fato obvenientibus exempta, pura ac libera apud se vivat, justa faciens, desideranda volens, ac vera proloquens. si à mente, inquam, sua hæc sejunxeris, quæ ex affectu vehementiore ei adhærere solent, &

ANNOTATIONES.

[illegible]

& temporis quicquid vel praeteritum vel futurum est; feceritque te talem, qualis ... hic Empedocli dicitur,

Orbis habens instar jugi vertigine gaudens.

Illudque tantummodo, quod vivis, hoc est, quod in praesentiarum adest, vivere studueris, poteris tandem, quod superest vitae tuae, ad mortem usque, tranquille, generose, genioque tuo propitio transigere.

§. 4. Saepenumero sum miratus, qui fiat, ut cum sese prae caeteris omnibus diligat unusquisque,

[illegible] Σφαῖρος [illegible] [illegible] μόνον τε ζῆν [illegible] [illegible] δαίμονι [illegible]

§. 4. Πολλάκις ἐθαύμασα, πῶς [illegible]

ANNOTATIONES

[illegible]

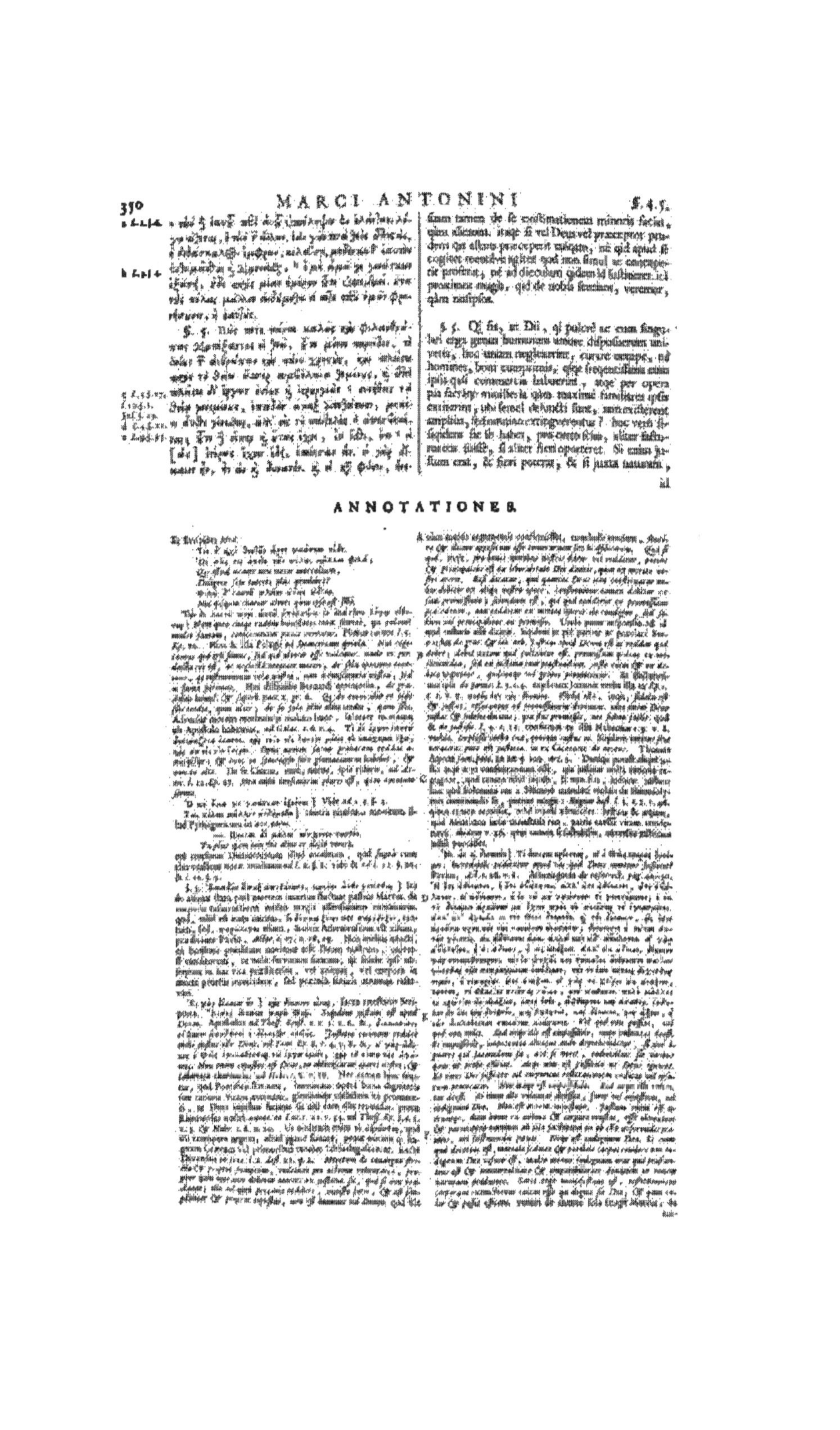

[illegible]

§. 5. [illegible]

... sinam tamen de se existimationem minoris faciat, quam aliorum. itaque si vel Deus vel praeceptor prudens qui aliquem praeceperit [illegible], ne quid apud se cogitet [illegible] quod non simul ac conciperetur proferat, ne ad diem [illegible] id sustineret. ita proximum magis, quid de nobis sentiant, veremur, quam nosipsos.

§. 5. Qui fit, ut Dii, qui pulcrè ac cum singulari erga genus humanum amore disposuerunt universa, hoc unum neglexerint, curare nempe, ut homines, boni [illegible], atque frequentissima cum ipsis quasi commercia habuerint, atque per opera pia sacrisque [illegible] quam maxime familiares ipsis extiterint, ubi semel defuncti sunt, non extiterent amplius, sed omnino exstinguerentur? hoc vero si siquidem sic se habet, pro certo scias, aliter instituendum fuisse, si aliter fieri oporteret. Si enim justum erat, & fieri poterat, & si juxta naturam, id

ANNOTATIONES.

[illegible]

[illegible]

id verum protulisset. vel hinc ergò, quòd aliter se habet, si aliter falsum se habet, compertum habemo, fieri non oportuisse. vides enim, quòd in hujus rei indagatione de jure cum Deo disceptare non ... de jure cum Diis disceptemus, ... si optimi illi ac justissimi forent. qui sunt ... in mundi dispositione injustè atque irrationabiliter neglectum insuper habuissent.

§. 6. Illa enim affectat, quae fieri posse desperat.

[illegible]

§. 6. b [illegible]

ANNOTATIONES.

[illegible]

καὶ γὰρ ἡ χεὶρ ἡ ἀριστερὰ πρὸς τὰ ἄλλα ἀργὸς διὰ τὸ ἀνέθιστον οὖσα, τοῦ χαλινοῦ ἐρρωμενέστερον ἢ ἡ δεξιὰ κρατεῖ. τοῦτο γὰρ εἴθισται.

§. 7. Ὁποῖον δεῖ καταληφθῆναι ὑπὸ τοῦ θανάτου καὶ σώματι καὶ ψυχῇ, τὴν βραχύτητα τοῦ βίου, τὸ ἀχανὲς τοῦ ὀπίσω καὶ πρόσω αἰῶνος, τὴν ἀσθένειαν πάσης ὕλης.

§. 8. Γυμνὰ τῶν φλοιῶν θεάσασθαι τὰ αἴτια, τὰς ἀναφορὰς τῶν πράξεων. τί πόνος, τί ἡδονὴ, τί θάνατος, τί δόξα. τίς ὁ ἑαυτῷ ἀσχολίας αἴτιος. πῶς οὐδεὶς ὑπ' ἄλλου ἐμποδίζεται. ὅτι πάντα ὑπόληψις.

§. 9. Ὅμοιον δ' εἶναι δεῖ ἐν τῇ τῶν δογμάτων χρήσει, τῷ παγκρατιαστῇ, οὐχὶ μονομάχῳ. ὁ μὲν γὰρ τὸ ξίφος, ᾧ χρῆται, ἀποτίθεται, καὶ ἀναιρεῖται. ὁ δὲ τὴν χεῖρα ἀεὶ ἔχει, καὶ οὐδὲν ἄλλο ἢ συστρέψαι αὐτὴν δεῖ.

§. 10. Τοιαῦτα τὰ πράγματα ὁρᾶν, διαιροῦντα εἰς ὕλην, αἴτιον, ἀναφοράν.

§. 11. Ἡλίκην ἐξουσίαν ἔχει ἄνθρωπος, μὴ ποιεῖν ἄλλο, ἢ ὅπερ μέλλει ὁ θεὸς ἐπαινεῖν, καὶ δέχεσθαι πᾶν, ὃ ἂν νέμῃ αὐτῷ ὁ θεός.

eam & sinistra manu, cum ad alia opera per desuetudinem inepta sit, frenum quam dextra validius tenet; quia huic operi assuevit.

§. 7. Cogita qualem te, tum corpore, tum animo, a morte deprehendi oportet: vitae etiam hujus brevitatem; aevi retrorsum prorsumque vastitatem immensam; materiae denique cujusque imbecillitatem.

§. 8. Formas corticibus nudatas contemplare: actionum item intentiones: quid dolor, quid voluptas, quid mors, quid gloria: quis cuique molestiarum autor: quomodo nemo ab alio quopiam impeditur: quod denique opinione constent omnia.

§. 9. In decretorum usu, pugili, non gladiatori similem esse te oportet. Hic enim ense, quo utitur, posito, statim interficitur. ille autem manum semper praesto habet, qua vibrata dimicare opus est.

§. 10. Res ipsas quales sint intuere, in materiam, formam, finem dividendo.

§. 11. Quanta est hominis potestas, in cujus situm est arbitrio, ut nihil faciat, nisi quod Deus ipse comprobaturus est, & quicquid Deus illi assignaverit, libens excipiat!

§. 12.

ANNOTATIONES

[illegible]

§. 12.

§. 12. Quicquid naturae consentaneum contingit, de eo nec Diis sunt incusandi, nihil enim vel sponte vel inviti peccant: nec hominibus: nihil enim & ipsi sponte. nulli ergò sunt incusandi.

§. 13. Quam ridiculus & peregrinus est, qui quicquam eorum quae in vita hac fiunt, miratur!

§. 14. Aut est necessitas fatalis, & ordo inviolabilis, aut providentia placabilis, aut confusio temeraria, & rectoris orba. si necessitas inviolabilis, quorsum renitaris? sin providentia, quae placari possit, auxilio divino dignum te praesta. si denique confusio rectoris orba, sat habe, quod in actis istis fluctibus rectricem quandam intra te mentem habeas. quod si te fluctus corripuerit, carunculam, animulam, caetera alia abripiat: mentem duntaxat ne abripiat.

§. 15. An cùm lucernae lumen, usquedum extinguatur, lucet, nec splendorem amittit suum; in admissione ea, ut in te veritas, justitia, temperantia ante extinctum tamen extinguantur?

§. 16. Ubi obrepserit tibi cogitatio, pec-

§. 12. Τὰ ἰδίως τῇ φύσει, θεοῖς μεμπτέον. οὐδὲν γὰρ ἑκόντες ἢ ἄκοντες ἁμαρτάνουσιν. οὐδὲ ἀνθρώποις. οὐδὲν γὰρ οὐχὶ ἄκοντες. ὥστε οὐδενὶ μεμπτέον.

§. 13. Πῶς γελοῖος καὶ ξένος, ὁ θαυμάζων ὁτιοῦν τῶν ἐν τῷ βίῳ γινομένων;

§. 14. Ἤτοι ἀνάγκη εἱμαρμένης, καὶ ἀπαράβατος τάξις, ἢ πρόνοια ἱλάσιμος, ἢ φυρμὸς εἰκαιότητος ἀπροστάτητος. εἰ μὲν οὖν ἀπαράβατος ἀνάγκη, τί ἀντιτείνεις; εἰ δὲ πρόνοια ἐπιδεχομένη τὸ ἱλάσκεσθαι, ἄξιον σεαυτὸν ποίει τῆς ἐκ τοῦ θείου βοηθείας. εἰ δὲ φυρμὸς ἀνηγεμόνευτος, ἀρκέσθητι, ὅτι ἐν τοιούτῳ κλύδωνι αὐτὸς ἔχεις ἐν σαυτῷ τινὰ νοῦν ἡγεμονικόν. κἂν παραφέρῃ σε ὁ κλύδων, παραφερέτω τὸ σαρκίδιον, τὸ πνευμάτιον, τ' ἄλλα· τὸν γὰρ νοῦν οὐ παροίσει.

§. 15. Ἢ τὸ μὲν τοῦ λύχνου φῶς μέχρι σβεσθῇ, φαίνει, καὶ τὴν αὐγὴν οὐκ ἀποβάλλει. ἡ δὲ ἐν σοὶ ἀλήθεια καὶ δικαιοσύνη, καὶ σωφροσύνη προσβεσθήσεται(a);

§. 16. Ἐπὶ τῆς φαντασίας προσπεσούσης, ὅτι ἡμαρ-

τε

ANNOTATIONES.

[illegible]

[illegible Greek text]

§. 17. [illegible Greek text]

cillis aliquem, haec tu tibi, Unde novi, an peccatum hoc sit; aut si peccavit, an peccati ipse se reum peregerit? hoc enim perinde est, ac si faciem sibi dilaceraverit: tum illud memineris, eum qui improbus delinquere non vult, parem esse illi, qui ficum in ficubus succum [illegible] gerere; & infantes vagire, & equum hinnire, aliaque ejusmodi, quae necessaria sunt, nolit. quid enim fecerit, qui sic affectus fuerit? hunc tu, si tantum posse te putas, sana.

§. 17. Ni decorum sit, ne feceris; ni verum sit, ne dixeris. ad ista enim dum semper intentio tua tendat.

§. 18.

ANNOTATIONES.

[illegible]

§. 18. Considera semper, quid illud sit, quod cogitationem tuam afficit; curaque sic tibi hoc ipsum in formam, materiam, finem, & tempus, intra quod desiturum sit, distinguendo explicare.

§. 19. Sentias tandem aliquando, aliquid esse in te praestantius ac divinius eis quae affectus in te excitant, & quasi fidiculis quibusdam distrahunt te. quae mihi nunc [illegible] est? num metus? num suspicio? num libido? num aliud aliquid ejusmodi?

§. 20. Primò vide, nequid temere, aut absque certo aliquo fine facias: secundò, ne ad ullum alium finem, quam qui societati conducat, referatur.

§. 21. Cogita tecum, brevi fore, ut nec ipse ullus usquam futurus sis, nec quicquam eorum quae vides, nec horum quisquam qui nunc vivunt. omnia enim mutare ac verti & interire nata sunt, ut nova alia serie perpetua producantur.

§. 22. Omnia in opinione sita sunt: & haec ipsa in te. quandocunque ergò volueris, opinionem tolle, & sicut promontorium praetervecto tranquillitas, sic stabilia tibi futura sunt omnia, & sinus aestui inaccessus.

§. 18. Ἐπὶ παντὸς ἀεὶ ὁρᾶν, τί ἐστιν αὐτὸ ἐκεῖνο τὸ τὴν φαντασίαν σοι ποιοῦν, καὶ ἀναπτύσσειν διαιροῦντα εἰς τὸ αἴτιον, εἰς τὸ ὑλικόν, εἰς τὴν ἀναφοράν, εἰς τὸν χρόνον, ἐντὸς οὗ καταπαύσασθαι αὐτὸ δεήσει.

§. 19. Αἴσθου ποτέ, ὅτι κρεῖττόν τι καὶ δαιμονιώτερον ἔχεις ἐν σεαυτῷ, τῶν τὰ πάθη ποιούντων, καὶ καθάπαξ τῶν νευροσπαστούντων σε. τί μου νῦν ἐστιν ἡ διάνοια; μὴ φόβος; μὴ ὑποψία; μὴ ἐπιθυμία; μὴ ἄλλο τι τοιοῦτον;

§. 20. Πρῶτον, τὸ μὴ εἰκῇ, μηδὲ ἀνάφορα. δεύτερον, τὸ μὴ ἐπ' ἄλλο τι, ἢ ἐπὶ τὸ κοινωνικὸν τέλος τὴν ἀναφορὰν ποιεῖσθαι.

§. 21. Ὅτι οὐ μετ' οὐ πολὺ, οὐδεὶς οὐδαμοῦ ἔσῃ, οὐδὲ τούτων τι ἃ νῦν βλέπεις, οὐδὲ τούτων τις τῶν νῦν βιούντων. ἅπαντα γὰρ μεταβάλλειν καὶ τρέπεσθαι καὶ φθείρεσθαι πέφυκεν, ἵνα ἕτερα ἐφεξῆς γίνηται.

§. 22. Ὅτι πάντα ὑπόληψις, καὶ αὕτη ἐπὶ σοί. ἆρον οὖν, ὅτε θέλεις, τὴν ὑπόληψιν, καὶ ὥσπερ κάμψαντι τὴν ἄκραν γαλήνη, σταθερὰ πάντα, καὶ κόλπος ἀκύμων.

§. 23.

ANNOTATIONES.

A Casaubonus. [illegible]

B [illegible]

C [illegible]

D [illegible]

§. 23. [illegible]

§. 23. Operatio unaquæque, quæ tempore suo desiit, nihil inde mali patitur, quia desiit: nec autor ejus, cessationis hujus ratione, mali quippiam contraxit. pari ergo modo actionum omnium complexio, quæ vita dicitur, si tempore suo desierit, nihil inde quicquam mali patitur, quia desiit. nec qui tempore opportuno seriem hanc terminavit, male ideo afficitur. tempus autem & terminum assignat natura: [illegible] quandoque peculiaris, ut in senectute fit, semper verò communis, cujus partibus assiduè mutationibus novus perpetuò vegetusque mundus permanet universus. bonum autem semper ac tempestivum est, quod universo conducit. proinde vitæ cessatio non est malum cuiquam, quia nec inhonestum; siquidem nec [illegible], nec communitatis legibus adversatur. imò bonum est, siquidem universo tempestivum, eidemque conducens & congruum. [illegible] numine divino fertur,

ANNOTATIONES

[illegible]

[illegible]

§. 14. Tria haec in [illegible]

[illegible]

ANNOTATIONES.

[illegible]

[illegible]

quid quicunque subvectum esse, eadem semper occurrerent, ejusdem enim generis sunt omnia, & aevi brevis. & de his tamen insolescimus.

§. 15. Opinionem ejice, salvus es. ejicere autem cujus impedit?

§. 16. Quando moleste fers quicquam, oblitus es, omnia secundum universi naturam fieri. item peccatum alterius nihil ad te. ad haec quicquid fit, ita semper factum, semperque futurum, & nunc etiam ubique fieri. porro, quae homini cuivis cum toto genere humano intercedat cognatio. neque enim cum sanguinis aut seminis, sed mentis existit communio. oblitus es, & mentem cujusque Deum esse, & divinitus defluxisse. &, nihil esse cujusquam proprium,

ANNOTATIONES.

[illegible]

primum, sed & filiolum, & corpusculum, & animulam ipsam inde prodiisse. sed &, opinionem constare cuncta. & quod tempus denique praesens tantum cuique & vivitur, & amittitur.

§. 17. Eos apud te crebrò recolas qui de re aliqua vehementer indignati fuerint, qui vel in summa gloria, vel in insigni miseria, inimicitiis, fortunâ qualibet extitere. tum sciscitare, ubi ista nunc sunt omnia? fumus utique sunt, & cinis, & fabula, vel nè fabula quidem. succurrat tibi simul & quicquid est ejusmodi, quale est Fabius Catullinus in agro, Lucius Lupus & Stertinius Bajis, Tiberius Capreis, & Velius Rufus; omnisque omnino rerum existimatione in re ulla eminentia. quamque vile sit omne in quod studium tantopere impenditur. quantóque sit philosophiae magis consentaneum in obvia sibi materia justum, temperatum, Diis obsequentem se simpliciter praestare. fastus enim de fastûs contemptu inflatus omnium est maximè intolerabilis.

ἀλλὰ καὶ τὸ τεκνίον, καὶ τὸ σωμάτιον, καὶ αὐτὸ τὸ ψυχάριον ἐκεῖθεν ἐλήλυθε. ὅτι πάντα ὑπόληψις. ὅτι τὸ παρὸν μόνον ἕκαστος ζῇ, καὶ τοῦτο ἀποβάλλει. [illegible]

§. 27. Συνεχῶς ἀναπολεῖν, τοὺς ἐπί τινι λίαν ἀγανακτήσαντας, τοὺς ἐν μεγίσταις δόξαις, ἢ συμφοραῖς, ἢ ἔχθραις, ἢ ὁποιαισοῦν τύχαις ἀκμάσαντας. εἶτα ἐφιστάνειν, ποῦ νῦν πάντα ἐκεῖνα; καπνὸς, καὶ σποδὸς, καὶ μῦθος, ἢ οὐδὲ μῦθος. προσπιπτέτω δὲ καὶ τὸ τοιοῦτο πᾶν, οἷον Φάβιος Κατυλλῖνος ἐπ' ἀγροῦ, καὶ Λούσιος Λοῦπος, καὶ Στερτίνιος ἐν Βαΐαις, καὶ Τιβέριος ἐν Καπρέαις, καὶ Οὐήλιος Ῥοῦφος, καὶ ὅλως ἡ πρὸς ὁτιοῦν μεθ' ὑπολήψεως διαφορά. καὶ ὡς εὐτελὲς πᾶν τὸ κατεντεινόμενον, καὶ ὅσῳ φιλοσοφώτερον, τὸ ἐν τῇ δοθείσῃ ὕλῃ ἑαυτὸν δίκαιον, σώφρονα, θεοῖς ἑπόμενον ἀπλῶς παρέχειν. ὁ γὰρ ὑπὸ ἀτυφίᾳ τῦφος τυφόμενος, πάντων χαλεπώτατος.

[illegible]

§. 28.

ANNOTATIONES.

[illegible]

§. 28. Πρὸς τοὺς ἐπιζητοῦντας, ποῦ γὰρ ἰδὼν τοὺς θεοὺς, ἢ πόθεν κατειληφὼς ὅτι εἰσὶν, οὕτω σέβεις; πρῶτον μὲν καὶ ὄψει ὁρατοί εἰσιν. ἔπειτα μέν-

§. 28. Interrogantibus; ubi Deos conspicatus, aut unde esse compertum habeas, hos ita venereris, respondendum sit. Primò etiam visu percipi possunt.

ANNOTATIONES

[illegible]

[illegible]

suis, deinde, animam meam, cum nullam unquam viderim, in honore tamen habeo. pari igitur ratione & Deos, cum eorum potentiam jugiter experiar, propterea & esse compertum habeo & veneror.

§. 29. In hoc vitae salus sita est, ut unumquodque quid sit in universum dispicias, quidque materiae, quid formae habeat: atque ex animo vere justa facias, & vera dicas. quid enim superest, nisi vita frui, bonum bono ita adnectendo, ut ne minimum quidem intervallum bono vacuum relinquatur.

§. 30. Unum solis est lumen, licet parietibus, montibus, aliis innumerabilibus dispescatur: una materia communis, etiamsi corporibus peculiaribus affectionibus distinctis innumerabilibus dispescatur: una anima, etiamsi naturis innumerabilibus, & circumscriptionibus peculiaribus dispescatur. una anima rationalis, etiamsi dividi videatur. aliae ergo rerum dictarum particulae, spiritus nempe & materiae sensus expertes, necessitudinis vinculo non connectuntur sibi invicem. & ista tamen mens universi continet, & facultas illa cujus vi eadem loci

ψυχὴν τὴν ἐμαυτοῦ ἑώρακα, καὶ ὅμως [a] τιμῶ. οὕτως οὖν καὶ τοὺς θεοὺς, ἐξ ὧν τῆς δυνάμεως αὐτῶν ἑκάστοτε πειρῶμαι, ἐκ τούτων ὅτι τε εἰσὶ καταλαμβάνω, καὶ αἰδοῦμαι. [illegible]

§. 29. [b] Σωτηρία βίου, [c] ἕκαστον δι' ὅλου αὐτὸ τί ἐστιν ὁρᾷν, τί μὲν αὐτοῦ τὸ ὑλικὸν, τί δὲ τὸ αἰτιῶδες. [d] ἐξ ὅλης τῆς ψυχῆς [e] τὰ δίκαια ποιεῖν, καὶ τἀληθῆ λέγειν. τί λοιπὸν, ἢ [f] ἀπολαύειν τοῦ ζῆν, συνάπτοντα ἄλλο ἐπ' ἄλλῳ ἀγαθὸν, ὥστε μηδὲ τὸ βραχύτατον διάλειμμα ἀπολείπειν. [illegible]

§. 30. [g] Ἓν φῶς ἡλίου, κἂν [h] διείργηται τοίχοις, ὄρεσιν, ἄλλοις μυρίοις. [i] μία οὐσία κοινὴ, κἂν διείργηται ἰδίως ποιοῖς σώμασι μυρίοις. [k] μία ψυχὴ, κἂν φύσεσι διείργηται μυρίαις, καὶ ἰδίαις περιγραφαῖς. μία νοερὰ ψυχὴ, κἂν διακεκρίσθαι δοκῇ. τὰ μὲν οὖν ἄλλα μέρη τῶν εἰρημένων, οἷον πνεύματα καὶ ὑποκείμενα, ἀναίσθητα καὶ ἀνοικείωτα ἀλλήλοις. καίτοι κἀκεῖνα [l] τὸ ἑνοῦν συνέχει, καὶ [m] τὸ [n] ἐπὶ ταὐτὰ βρῖθον. [illegible]

ANNOTATIONES.

[illegible]

διαίρεται δὲ ἰδίως ἐπὶ τὸ ὁμόφυλον τείνει, καὶ συνίσταται, καὶ οὐ διείργεται τὸ κοινωνικὸν πάθος.

§. 31. Τί ἐπιζητεῖς; τὸ διαγίνεσθαι; ἀλλὰ τὸ αἰσθάνεσθαι; τὸ ὁρμᾶν; τὸ αὔξεσθαι; τὸ λήγειν αὖθις; τὸ φωνῇ χρῆσθαι; τὸ διανοεῖσθαι; τί τούτων πόθου σοι ἄξιον δοκεῖ; εἰ δὲ ἕκαστα εὐκαταφρόνητα, πρόσιθι ἐπὶ τελευταῖον, τὸ ἕπεσθαι τῷ λόγῳ καὶ τῷ θεῷ. ἀλλὰ μάχεται τὸ τιμᾶν ταῦτα, τὸ ἄχθεσθαι, εἰ διὰ τὸν θάνατον στερήσεται αὐτῶν.

§. 32. Πόσον μέρος τοῦ ἀπείρου καὶ ἀχανοῦς αἰῶνος ἀπομεμέρισται ἑκάστῳ; τάχιστα γὰρ ἐναφανίζεται τῷ ἀϊδίῳ. πόσον δὲ τῆς ὅλης οὐσίας; πόσον δὲ τῆς ὅλης ψυχῆς; ἐν πόσῳ δὲ βωλαρίῳ τῆς ὅλης γῆς ἕρπεις; ταῦτα πάντα ἐνθυμούμενος, μηδὲν μέγα φαντάζου, ἢ τὸ ποιεῖν μὲν ὡς ἡ σὴ φύσις ἄγει, πάσχειν δὲ ὡς ἡ κοινὴ φύσις φέρει.

§. 33. Πῶς ἑαυτῷ χρῆται τὸ ἡγεμονικόν; ἐν γὰρ τούτῳ τὸ πᾶν ἐστί. τὰ δὲ λοιπὰ, ἢ προαιρετά ἐστιν, ἢ ἀπροαίρετα, νεκρὰ καὶ καπνός.

§. 34. Πρὸς θανάτου καταφρόνησιν ἐγερτικώτατον, ὅτι καὶ οἱ τὴν ἡδονὴν ἀγαθὸν [illegible]

feruntur, intellectus verò adversus contribules suos peculiariter afficitur; eisdemque consociatur, nec potest communionis appetitus prorsus revelli.

§. 31. Quid expetis? num existere? num sentire, movere, crescere, desinere? an verba voce uti, cogitare? ecquid horum tibi desideratu dignum videtur? si ergò contemptui digna sunt ista videntur omnia, ad illud perge, quod ultimum restat, Deo nempe ac rationi obsequi. atqui [illegible] hisce repugnat, si quis aegrè ferat, quòd istis morte privandus sit.

§. 32. Quantula pars infiniti ac immensi aevi unicuique assignatur? ab interminato enim illo celerrimè absorbetur. quantula item totius materiae? quantulum & animae universae? in quantula etiam telluris totius glebulâ repis? haec omnia cùm cogitaveris, nihil magnum reputa, hoc solo excepto, ut ea facias ad quae natura tua te ducit, ea sustineas quae natura communis infert.

§. 33. Vide, quo modo se mens utatur tua. in hoc enim sunt omnia. reliqua, sive arbitrii tui sint, sive non sint, cadavera sunt & fumus.

§. 34. Nihil magis ad mortem contemnendam incitaverit, quam si consideres, etiam eos qui voluptatem

ANNOTATIONES

[illegible]

tem in bonis, dolorem in malis habent, cum utramque contempsisse.

§. 35. Cui illud tantummodo quod tempestivum est, bonum habetur; nec interesse putat, plures an pauciores rationi rectae consentaneas actiones ediderit, mundumque longiori an breviori temporis spatio contemplatus sit; huic nec mors formidabilis esse poterit.

§. 36. In hac magna civitate versatus es, homo. quid tua refert, si quinque duntaxat annos, etenim quod secundum leges fit, id cuivis aequale est. quid igitur grave patris, si te non tyrannus, nec judex iniquus, sed natura, quae induxit, emittit: perinde ac si histrionem praetor qui conduxerat,

καὶ τὸν πόνον κακὸν κρίνοντες, ὅμως τούτου καταφρονοῦσιν.

§. 35. Ὧι τὸ εὔκαιρον μόνον ἀγαθόν, καὶ ᾧ τὸ πλείονας κατὰ λόγον ὀρθὸν πράξεις ἀποδοῦναι ἢ ἐλάττονας, ἐν ἴσῳ ἐστί, καὶ ᾧ τὸ τὸν κόσμον θεωρῆσαι πλείονι ἢ ἐλάσσονι χρόνῳ διάφορον, τούτῳ οὐδὲ ὁ θάνατος φοβερόν.

§. 36. Ἄνθρωπε, ἐπολιτεύσω ἐν τῇ μεγάλῃ ταύτῃ πόλει· τί σοι διαφέρει, εἰ πέντε ἔτεσι; τὸ γὰρ κατὰ τοὺς νόμους, ἴσον ἑκάστῳ. τί οὖν δεινόν, εἰ τῆς πόλεως ἀποπέμπει σε οὐ τύραννος, οὐδὲ δικαστὴς ἄδικος, ἀλλ' ἡ φύσις, ἡ εἰσαγαγοῦσα; οἷον εἰ κωμῳδὸν ἀπολύοι τῆς σκηνῆς

ANNOTATIONES.

[illegible]

[illegible]

& forma dimittunt. Sed [illegible] fabulae quoque [illegible] dixi. [illegible] vitae [illegible] integram faciens, terminum hunc, qui ejusdem olim compositionis causa fuerit, nunc & dissolutionis autor est. neutrum autem horum à te est. discede ergo propitius. nam & qui te dimittit, propitius est.

ANNOTATIONES

[illegible]

F I N I S.

JOANNI SELDENO,

Jurisconsulto, Philologo,

VIRO MAXIMO,

MERICUS CASAUBONUS,

ISAACI FILIUS

S. D.

IMperatoribus olim hodieque solenne, vir insignissime, sine δορυφόροις hinc inde stipantibus, & aliquo de primariis aulæ comitatu, in publicum non omninò aut rarò prodire. quæ partim ad pompam, partim ad terrorem, partim verò ad tutelam corporis ab ipsis instituta sunt. MARCUS ANTONINUS Imperator priora duo quanti vivus fecerit, & quo loco habuerit, si quis ipsi de se scribenti minùs credit, at veterum testimonio fidem non abrogabit, qui talem eum describunt, qualem ab omni memoriâ omnibus omnium gentium monumentis replicatis & excussis alium vix reperiamus: qui vel eorum quæ splendidissima habentur inter homines, & quorum gratiâ cœlum terræ miscere non verentur, tantus & tam constans contemptor fuerit; vel qui bonitatem, clementiam, mansuetudinem (divinas virtutes) erga subjectos, simpliciore animo & flagrantiore studio exercuerit. Sed nec hastatorum qui latus cingerent & vitæ caverent, opus illi, cui cùm, tristissimis & afflictissimis temporibus, orbis Romani, id est universi ferè, tutela à supremo Mundi Rectore commissa esset, sic eam administravit, ut in ejus vitâ & incolumitate suas fortunas, suam salutem omnes, minimi maximi, verti crederent. Nos igitur, cùm noster hic redivivus ANTONINUS in lucem proditurus esset, parum de tali comitatu, qualem diximus, illi comparando solliciti, de tali comite, seu *amico* (quo titulo insigniores quosdam temporum suorum Jurisconsultos maximos olim Imperatores dignatos esse non ignoras) asciscendo cogitavimus, qui tum imperitam multitudinem non vi aut imperio, sed solâ sui nominis authoritate submoveret; tum verò doctos undique viros & intimâ admissione dignos, ipse longè latéque celebris, alliceret. Quem verò potiùs quàm te, SELDENE præclarissime qui præstantissimis ingenii tui monumentis patriam tuam magis ornaveris, an majus apud exteros decus tibi privatim paraveris, haud facilè dixerim. Ea certè tum domi apud cives & populares tuos; tum foris apud exteros, ubicunque literis suus constat honos, nominis tui fama & celebritas, ut eruditum, quicquid illud sit, & laude dignum, quod SELDENI nomen præfixum habet, non docti tantùm qui ea legunt & intelligunt, quod paucorum est; sed & de plebe literariâ homines protinus affirmaturi sint. Hæc igitur tui nominis hic inscribendi caussa publica. Sed nec privata defuit, tua erga me jam olim perspecta mihi benevolentia, & de me studiísque meis benè merendi studium: quo nomine tantò me plus tibi debere judico, quantò pauciores in hoc regno, qui hæc studia tractent, aut tractantes aliquo loco numerent. Vale, vir præstantissime, & me amare, studiísque meis favere perge.

MERICI CASAUBONI,

ISAACI FILII

IN

MARCI ANTONINI

De feipfo & ad feipfum libros

NOTÆ.

IN

MARCI ANTONINI
ΤΩΝ ΕΙΣ ΕΑΥΤΟΝ

LIBROS XII.

Et hanc editionem,

PROLEGOMENA.

Quæ Marcus Antoninus, Imperii & rerum gestarum magnitudine gloriosissimis Imperatoribus annumerandus; vitæ verò sanctitate & solidâ eruditione veterum Philosophorum vel laudatissimorum nulli inferior, *De seipso* sibi scripsit, ea postquam semel typis excusa prodierunt in lucem dudum est cùm certatim à doctissimis quibusque viris, qui reipublicæ literariæ promovendæ suam navarunt operam, laudantur & meritissimis elogiis celebrantur: at qui scriptum ut excellentissimum, ita & obscurissimum, seu Notis seu Animadversionibus, seu Commentariis uberioribus illustrandum susciperet, quò tam reconditæ sapientiæ ad plures utilitas perveniret, ex omni doctorum numero nemo unus hactenus, quod sciam, repertus est. Interim verò qui mortalibus imperitis & incautis falso Antonini nomine illuderet, & vilissimos in comparatione fœtidissimosque pannos, pro pretiosissimâ purpurâ sacrilegâ fraude circumferret, pridem repertus est *Antonius Guevara* Hispanus, homo non contemnendi prorsus ingenii, nisi alios ipse, tantæ imposturæ fiduciâ, adeò contempsisset; eruditionis autem quæ aulicum potius, quam Episcopum; & circumforaneum aretalogum, quàm genuinum Philosophum deceret. Sed nec ego talem ab omnibus pridem doctis explosum contemptumque tanti facerem, ut hîc ejus meminisse dignarer, nisi tanti putarem quàm sint homines, quæ stulta, ficta, falsa, putida, præ iis quæ solida sinceraque sunt amplecti proniores, & quæ χάλκεια iis quæ verè sunt aurea præponere, tam luculento & illustri exemplo demonstrare. Solis enim sacris Bibliis exceptis alium vix ullum librum extare puto, qui tot in linguas, Gallicam, Italicam, Anglicam, Germanicam, alias, opinor, omnes Europæ linguas semel iterumque translatus: qui repetitis editionibus toties excusus sit. Cùm verò per multos annos intra vulgares has linguas tantæ se continuisset imposturæ fœditas, & jam quodammodo suppressa videretur: ecce tibi triginta plus minùs ab hinc annis *Joannes Wanckelius* quidam nomine, natione Germanus exortus est, qui magnum operæ pretium, à principibus etiam viris invitatus, facturum se credidit, si egregium hoc *Horologium* (is enim libro titulus) Latinè versum, & Notis adornatum, ab oblivione vindicaret. Hujus ego Latinæ versionis IV. editionem *in folio*, ad paginas propè sepingenpingentas, præter longissimas præfationes plures, & copiosum Indicem, diffusam; sed & posteriorem aliam in *quarto* ad rei monstrosæ (mihi certè) fidem servo. O iniquam sortem mortalium! quid enim profectò fiet in profundâ barbari, quale jam non unum, sæculi caligine, melioribus literis proscriptis & extinctis omnibus; cùm tam eruditâ ætate tam multi reperiantur, qui [illegible], & frugibus inventis glande vesci gratum habent? Et memini cùm ante quinquennium in prodigiosum quendam librum, in Angliam tum primùm advectum, *Etruscarum Antiquitatum* titulo, multisque æneis tabulis spectabilem fortè incidissem, primo statim conspectu fraude deprehensâ, ad quam deprehendendam nulla non pagina libri, ne dicam linea, sufficiat; indignationem publicè testatum esse, & originem fraudis in quodam qui tum fortè sub prælo erat de *Usu & consuetudine* commentariolo detexisse. Comperi tamen postea fuisse qui longè aliter sentirent, & tam bellas & speciosas *Antiquitates* tam duriter acceptas dolerent: imò non defuisse, qui contempto nostro aliorumque de illis verissimo judicio, ad loca ipsa fideli tanti depositi custodiâ venerabilia, per mare, per terras magno studio, quò res tam sacras oculis usurpasse suis, & manibus contigisse possent aliquando gloriari, contenderent. Sed ut ad *Antoninum* redeamus; Annus à partu Salutis Authore 1558. agebatur, cùm primùm *Guilielmus Xylander* Augustanus, divinum hunc Antonini fœtum, à Conrado Gesnero ex Bibliothecæ Palatinæ latebris erutum, protulit in lucem; & ut erat industrius, & in vertendis Græcis assiduus, Latinè vertit, brevibusque Notis illustravit. De ejus versione plura mox dicemus: sed hoc in antecessum, ne viro docto pro ingenti beneficio gratias indignas rependamus; parum candidè & ingenuè facturum, qui post tot in hoc genere labores *Xylandri*, tot elucubratas majorum vigiliarum, & voluminosiorum scriptorum versiones, ex hac unâ scripti tam pusilli, aliàs quidem fateor inæstimabilis & non ex mole pendendi, sed pusilli tamen unius versione de meritis ejus & eruditione pronuntiare velit. Fateor illum in aliis quoque operibus non rarò impingere, nec in exprimendis quos interpretandos suscepit, semper litare Mercurio: sed id potius tamen viri laboriosissimi, & ad alia semper properantis festinationi, quàm linguæ Græcæ, cujus ut & Latinæ fuit ille peritissimus, ignorantiæ tribuendum censeo. In Antonino alia fortasse ratio: ad cujus intelligentiam non tam Græcæ linguæ peritia, quàm veteris & inprimis Platonicæ Philosophiæ cognitio necessaria. Certè quàm non fæliciter optimo viro versionis hujus susceptus ab eo labor aggredienti cesserit, ut non ignoravit ipse, ita nec dissimulavit, ut tum Præfationes ejus (quæ prima præcipuè,) tum Notæ testes. in quorum altero sagacitatem ejus, ([illegible] dicebat olim Hierocles:) etiam ubi minus sagax; in altero ingenuitatem meritò laudemus. Sed quod in Græci sui codicis defectum culpam sæpè rejicit, id ut ipsum verè credidisse concedamus, ita credendi caussas nullas idoneas habuisse certò persuasum habemus, & facilè, spero, lectori, cùm de eo agemus, non moroso persuadebimus. Cæterùm cùm princeps hæc editio, Latina præcipuè Xylandri versio, Typographorum incuriâ tot scateret mendis, ut vel eo nomine Xylandrum vehementer ejus pœniteret & puderet; secundâ meliori, novem plus minus annis interjectis, prioris illius maculas & dedecus eluere conatus est. Ea Basileæ anno Domini 1568. adornata est. Sed viro doctissimo & occupatissimo ne hîc quidem pro voto aut industriæ merito respondit eventus. In versione siquidem mendas typographicas haud paucas sustulit: at quæ propria erant ipsius [illegible], typographicis longè molestiora, pleraque reliquit. In Græco verò contextu qui nullâ re magis quàm perturbatissimâ interpunctione laborabat, quo is melior esset, parum aut nihil præstitit. Multis post annis, anno quippe Domini 1626. Lugduni (Galliæ Celticæ urbe)

nova

nova prodiit Antonini editio: commodâ sanè formâ, & typis non inelegantibus: cæterà verò, Xylandrinâ utraque longè depravatior. Non enim ex secunda meliori (quam videntur ignorasse qui hanc procuravêre) Basiliensi, sed priore Tigurinâ expressa est: & cùm pleraque menda typographica primæ ac præcipitatæ illius editionis (qualia, *certum* pro *cutum*: *neque*, pro *usque*: *subesse*, pro *substantia*: *somnus*, pro *sensus*: *satum*, pro *factum*: *aut*, pro *autem*: *non*, pro *modò*: & id genus alia non pauca) retineat; propriis & ipsa cumulata est, in Græcis præcipuè, maculis: ut tota [illegible] meritò dici possit. ut omittam Notas additas; si Notæ sunt dicendæ, hominis (ne quid dicam gravius) audacissimi (ut cum [illegible] quasi inauditum & barbarum quid, emendari vult [illegible]: cùm pro [illegible] Platoni & Stoicis tam familiari verbo, [illegible] substituit, & ejusdem farinæ alia) mera deliria. Istæ sunt omnes, quæ quidem ad meam pervenêre notitiam, Antonini editiones. Quis verò in tantâ virorum doctissimorum, quantam nostra hæc & superior ætas tulit, annonâ: tantâ Commentatorum, qui alii super alios veteres quosque scriptores certatim arripuêre turbâ, unius ferè Antonini id peculiare fatum fuisse non miretur, ut incultus, impolitus, [illegible] per tot ad hunc usque diem jaceret annos? Dicerem fortasse difficultatem operis, toties à Xylandro commemoratam, plerosque ab incepto deterruisse, nisi arroganter id à me dictum videri posset, quod à me susceptum sit, (nam præstitum non dicam) id ab aliis ne susciperetur, perficiendi difficultatem potissimùm obstitisse. Ego certè cùm ante annos jam decem totos Augusti hujus operis non anteà mihi visi, sed expetiti dudum, compos essem factus, & in lectione progressus essem quantum ad gustum libri sufficeret, sic eorum quæ legeram & intelligebam admiratione, pari delectatione junctâ, protinus obstupui, ut nullum non laborem libenter suscepturus fuerim, nulli non oneri subiturus, quò ad cæterorum, ad quæ mentis acies nondum penetraverat, intelligentiam pervenirem. Magna tum memini spes animum pertentabat, si fortè exemplar Antonini, quo b. m. parens usus fuerat, adipiscerer, haud pauca in eo reperturum me ad oras (quæ in plerisque veteribus legendis ejus sedulitas & diligentia) notata, quæ magno futura essent auxilio. sed cum eum humanissimi juxta ac eruditissimi viri *Patricii Junii*, Bibliothecæ Regiæ præfecti dignissimi operâ consequutus essem, quàm spe meâ frustratus sim, ipsum illum testor, optimæ fidei, nec minoris in his judicii testem, omni exceptione majorem. loco enim emendationum aut conjecturarum quas expectabam plurimas, plurimi se singulis ferè paginis [illegible] ac [illegible], quibus quæ pro mutilis aut corruptis haberet notare solebat, obtulerunt. Ait Aristoteles, & verè ait, ut mea fert sententia, quod & hodierni Itali vulgari jactant proverbio) [illegible] cùm igitur lecto semel iterumque libro, novâ semper cum voluptate ad novam lectionem redirem, factum tandem est sæpè legendo, ut quæ prius [illegible] tenebrisque plus quàm Cimmeriis obvoluta videbantur, ea pleraque, paucissimis exceptis, adeò plana & expedita se præberent, vix alius ut sit ex veterum omnium librorum numero liber, quem mihi magis notum perspectumque, crederem. Qua ex re cùm gaudium pro priori meo studio desiderioque quantum par erat perciperem, re tamen ipsâ, quod à viris sapientibus observatum memini, tunc expertus sum, nullum tantum bonum esse, cujus privata & solitaria possessio si non ingrata, certè pro rei merito jocunda sit. Quare cùm fictitium illum, stramineum, volgivagum Guevaræ *Marcum Aurelium* etiam Anglicè versum esse comperissem: cùm mihi privatim pro munere suscepto nihil deinceps ex usu magis quàm linguæ Anglicæ promptus usus, cujus non inutiliter excolendæ hæc opportunitas sese offerebat; cum denique Latinorum & Græcorum librorum editiones

 (præ-

(præcipuè qui Cantuariæ, à typographis & bibliopolis omnibus longè submotus, sedem fixam haberem) non sine multâ difficultate hic in terris procurari viderem; de vertendo in linguam Anglicam eximium hoc opus, magnâ spe conceptâ fore ut multis prodesset, si sic verteretur ut à multis intelligi posset, paucos post menses quàm ipse videram & legeram, apud me constitui: nec ante destiti, quàm quod animo proposueram, Deo ceptis aspirante, confecissem. De istâ versione non aliud dicam, nisi viris in hoc regno (quod non unus coram testatus est) à dignitate, sed & ab eruditione summis haud paucis rem fecisse me gratissimam. Cùm autem non pauci versione delectati de Græcis edendis sæpiùs interpellarent, dudum profectò eorum voluntati morem gessissem, nisi quòd dum vacationis ab aliis negotiis & Londinensis ad tempus commorationis opportunitatem expecto, interim non unius indicio ad me pervenit *Thomam Gatakerum*, virum eruditionis apud Anglos opinione celebrem, Græcè, ut perhibebant ipsi, peritissimum, eam in se provinciam à longo jam tempore suscepisse, ac propè jam defunctum esse. Ego cùm quod amicis instantibus opponerem jam haberem, & otii quantum satis esset ægrè mihi pollicerer, molestiæ autem plus satis in mundo præsentiscerem, facilè in animum induxi ut ab incepto desisterem. Verùm post plurium annorum irritam expectationem cùm jam dubitare, qui spem excitaverant, animadverterem; cùmque ea incidissent tempora Reipublicæ ut animum tum munire optimis præceptis, tum à tristissimis cogitationibus avertere quacunque ratione laborarem, memor quantâ cum animi voluptate in versione Anglicâ versatus essem, ad Græco-Latinam Antonini editionem cum Notis, quæ non multæ quidem, pro succisivi temporis ratione, essent; sed quæ nihil tamen, dignus ubi vindice nodus, intactum relinquerent, mentem cœpi convertere. Sed priusquam manum operi admoveo, virum illum doctissimum, de solâ dum famâ mihi notum, conveniendum mihi credidi. Superioris anni Majus tum mensis agebatur. Quid multa? Post multos ultro citroque de Antonino sermones, tandem ostendit mihi vir humanissimus scriptos manu tomos in quarto, (ut loquimur vulgò) binos, bene spissos, quorum alter ipsum Antonini contextum cum Latinâ versione continebat: prolixos alter in Antoninum Commentarios: utroque eâ curâ descripto, ut editioni paratos res ipsa loqueretur. paratos autem plures jam annos ita fuisse idem qui ostendit asseverabat: at quando prodituri essent in lucem, cùm quæ hactenus obstiterant, eadem nunc quoque essent impedimento, nihil asseverare se, aut in se recipere posse profitebatur. Cùm ego vicissim consilium ei meum de Xylandri versione interpolandâ, & brevibus Notis addendis aperuissem, adeò non improbavit, ut laudaret etiam, & ultrò cohortaretur. Ab eo tempore quicquid ab aliis studiis & negotiis liberi temporis obtigisset, id huic uni curæ curandæ, donec confecta res esset, à me destinatum. Quid autem nobis hac editione proposuerimus, id demum superest ut paucis hic exponamus. Ab ipso, quod præcipuum est, Antonini contextu incipiemus. qui quidem, si Xylandro credimus, vix Antonini contextus dici meretur. Est enim ubi non Antonini hoc ipsius opus, sed [illegible] duntaxat ex Antonino; ut in posterioris editionis præfatione: est ubi *mutilos misereque decurtatos*, hos libros; ubi *librum mutilum & plerisque locis interruptum interpolatumque*, ut in prioris: ubi denique *pleraque lacera*, ut in Notis [illegible] pronuntiat. Hujus autem assertionis & judicii si quis à Xylandro caussam requirat, hæc nimirum est, sententiarum obscuritas & incohærentia. De posteriore ut primùm dicam: Eorum quæ [illegible] à veteribus per sectiones & capitula tradita sunt eam esse rationem, ut sectiones, seu capitula, nullâ, nisi casu, vel argumenti, vel orationis seriæ copulâque cohæreant inter se, quis ignorat? Eam autem [illegible] [illegible] veteribus sapientiæ magistris probatam & usurpatam maximè ut ex Solomonis, Theognidis, Phocylidis, alio-

aliorumque Gnomologicis monumentis facilè discimus; ità recentioris ævi viros acutissimos non defuisse video, qui ordini vel exactissimo certas ob caussas (quas non est hîc examinandi locus) anteponerent. Cùm igitur tam certum sit quàm quod certissimum, hæc [illegible] & [illegible] (qualia & *Epicteti* quod vocatur *Enchiridii* pleraque, nisi si quis ingenii subtilitate fretus [illegible] aggrediatur) ab Antonino congesta esse, nec aliam quærendam seu verborum seu sensuum *ἀσυναρτησίας*, quam quæ in singulis sectionibus; magna pars obscuritatis sublata fuerit, si sectiones (quæ nostri laboris pars non minima) rectè secreveris, & diremeris. Sectionibus rectè ritéque discretis ac diremptis, si quæ alia superest obscuritas, inde potissimum est, quod Antoninus in veterum lectione tritissimus, eorum verba suis crebrò, tacitis ipsis, sic intertexat; ad intertexta (aut quæ interdum in animo tantùm habebat) suis sæpè verbis tacitè sic alludat & intendat; ut hæc animadvertere & dijudicare singula vix cujusquam fortasse sit etiam diligentissimi: qui verò in veterum, Philosophorum præcipuè, lectione bene versatus non sit, is nihil mirum si in tam crebro [illegible] in sensibus & verbis [illegible] crebriùs offendat & hæreat. Præterea, quis ab eo qui secum loquatur & sibi scribat uni, eam sermonis expectet perspicuitatem, quam ab eo qui aliis, ut legatur, & prosit, jure meritoque requiramus? Sed quicquid hujus sit, ne quis ulterà sit huic exceptioni locus, asserere non verebimur, paucissima (quis autem liber antiquus tam planus & perspicuus ut Oedipo aliquo nullibi egeat? ut nodos etiam doctissimis inenodabiles nullos habeat?) in his libris esse, quæ non integra modò, sed & ad explicandum facilia præstare non possimus. Refutatâ obscuritatis & *ἀσαφείας* calumniâ, cur imperfecti sint hi libri, nullum, quod sciam, aliud argumentum. cur autem perfecti judicandi sint, & optimæ notæ codicem eum fuisse quo Xylander usus est, & expressæ typis, credibile sit, cùm alia possunt afferri, tùm illud inprimis, quod quæcunque extant apud Suidam (quæ mihi quidem hactenus reperta) Antonini *Fragmenta*, quæ paulò post inter Testimonia reperientur: quæcunque in *Excerptis* (de quibus in Notis, initio) nomen *Epicteti* II. præferentibus Hæschelianis, ea cum editione Xylandri, variantibus aliquot lectionibus exceptis, per omnia congruunt. Qui igitur codici Xylandrino, ut optimæ notæ codici, multum deferremus, & Xylandrinam editionem ex illo (nisi quod ex Notis ejus quædam in textum, nescio an ipso authore, temerè recepta) fideliter expressam esse non levibus argumentis adducti judicaremus, & ipsam fideliter ut hîc, quoad ejus potuit, solis mendis typographicis, & minutioribus exceptis, exhiberemus, præcipuè curavimus. Sed cùm secundæ ac melioris Xylandrinæ editionis nullum exemplar quod excudendum typographo traderemus suppeteret, Lugdunensis editionis exemplar quod suppetebat, priùs tamen à me collatum, & ad meliorem illam editionem quàm potui diligentissimè correctum, tradere coacti sumus. Non mirum tamen si quædam nostram, præcipuè cùm mens toties aliis longè curis & sollicitudinibus interpellaretur, fugerunt diligentiam: quæ pleraque aut in Notis aut in Erratis indicata sunt. Depulsâ imperfectionis invidiâ, non abs re fortasse fuerit & illis hîc paucis occurrere, si qui futuri sunt, qui de *tautologia* questuri sunt. Negari certè non potest, eadem sæpius his libris (iisdem quidem planè verbis non multa, at non multùm diversis haud pauca) ingeri & inculcari. Hoc igitur objecturis quod universè respondeamus hoc præstò nobis est, δὶς ἢ τρὶς τὰ καλά: aut quod alicubi rectè Seneca, *Nunquam nimis dicitur, quod nunquam satis discitur.* Sed Antoninum præterea & hoc peculiariter excusat, quòd, ut de obscuritate modò dicebamus, hoc quicquid est operis, non id aliis, ut in vulgus emanaret & publicè prodesset, adornavit: sed sibi privatim, (quanquam & aliis, dum sibi,

 tanto

tanto Domino, & Exemplo) ut in virtute proficeret, commentatus est. ut hinc quidem quid ille sibi ipsi, conscientiæ suæ sedulus ac severus scrutator, apprimè utile ac necessarium judicaverit, addiscere possimus: judicio ejus aut memoriæ irasci, quòd ab iisdem repetendis & inculcandis, quæ ad profectum virtutis prima & summa haberet & quotidie experiretur, haud abstinuerit, sine summâ iniqitate nequeamus. Ad *versionem* quod attinet, eum Xylandro libenter honorem habuimus, ut ejus versionem, nisi ubi res ipsa aliter postulabat, & sententiæ ipsius intererat, ubique retineremus. Ingenuè, certè, & candidè ab illo factum est, quòd *in quibusdam* (nec falsum dixisset, si in multis dixisset) *coactum se divinare, & audacter à codice Græco discedere*, agnoscit ipse. sed & in aliâ præfatione, quam posteriori editioni primam præfixit, non minùs ingenuè & verè, *quædam in Antonino esse, quæ prorsus non attingere præstitisset, quam conjiciendo aliena pro Antoninianis fortassis ingerere.* Hoc sane verè dicere possumus, plurimas esse sectiones, nec illas è brevissimis, in quibus Antoninianæ mentis & sententiæ in Xylandrinâ versione neque vola, neque vestigium: ut illas omitteam, in quibus quod erat ita contrarium, ut nihil magis esse possit, expressit, aut potius, ut ipse in Notis alicubi loquitur, ariolatus est. quæ à nobis eò dicuntur, non ut viro docto [illegible] insultemus; cujus memoriæ, ut cætera ejus merita omittamus, vel hoc nomine quod Antoninum illi debeamus, ita favemus, ut ejus par est memoriæ, qui maximo nos obstrinxerit beneficio: sed ut si qui nostri in hac interpolandâ & recensendâ versione laboris & instituti parum candidi futuri sunt interpretes, eis aliquid opponeremus. Mutatæ verò versionis, ubi dubitandi caussa erat, in Notis rationem reddidimus. ubi non erat, ut labori parceremus putido, & ne obtrectandi materiam quæsivisse videremur, libenter abstinuimus. Quod si non in promptu caussa semper, quæ me movit (etsi fieri potest ut in qibusdam me quoque ratio fugerit) ut mutarem, Lectorem minùs intelligentem oratum velim, ne quorum ipse rationem statim non assequitur, ea statim nullâ ratione niti pronunciet, aut planè judicet. Sic exempli caussâ, ipso statim initio, quod Xylander verterat, *Existimatione parentis mei*, maluimus nos, *Existimatione genitoris mei*. Erunt fortasse qui ad [illegible], quasi id meliùs *genitor* quàm *parens*, aut elegantiùs, (quo quid puerilius?) verteretur, respexisse suspicabantur. Ego verò [illegible], *parentem* Latinè vulgò optimè reddi non magis dubito, quàm [illegible] idem vulgò sonare. sed ut hoc loco [illegible] consultò dixit Antoninus, ut naturalem patrem, qui genuerat, ab eo quem [illegible] lib. 1. cap. 16. [illegible], &c. nuncupat, qui scilicet adoptaverat, distingueret: ita, *qui genuit*, hîc, vel *genitorem*, quàm *parentem*, cùm *parentis* latior interdum soleat esse (quo sensu Capitolinus in vita Marci, *Omnibus parentibus suis tantam reverentiam*, &c. capiendus) significatio, ad Antonini mentem propiùs accedere credidi. De *Sectionibus* seu *Capitulis* jam diximus aliquid. sed est porrò quod dicamus, quia in eorum divisione & partitione multum situm est. Nobis in hac quam hîc exhibemus partitione non id propositum fuit, ut singulos [illegible], seu singula quæ vocat Antoninus [illegible], & interdum [illegible], seorsim repræsentaremus, sed ut ea (plura an pauciora essent) eisdem sectionibus includeremus, quæ conjuncta perspicuitatem, obscuritatem divulsa peperissent. In plurimis autem, ubi sententiæ nihil interest, sive conjuncta legantur, sive separata, arbitrio meo usus sum, nulli legem impositurus, quin aliter per me liceat ipsi disponere. Hoc tamen præmonitum velim lectorem, temerè facturum qui non semel iterumque lecto toto libro, & attente lecto, de novo cogitabit ordine. quid enim in singulis sectionibus ubi aliqua difficultatis aut obscuritatis suspicio, spectaverimus illi demum intelligent, qui frequenti lectione totum illum adeò sibi familiarem reddiderint, ut de singulis partibus ex toto, quod toti maximè conveniat, judicium facere possint.

Exempli

Exempli caussâ, lib. IV. c. 6. ubi nos novæ sectionis initium facimus, Ταῦτα οὕτως ὑπὸ τ̃ τοιούτων, &c. erunt fortasse qui connecti cum superioribus ista debuisse, nihil ulterà providentes, sola quæ sunt ante oculos cogitantes, censebunt. qui eadem fortasse cum sequentibus istis, ὅλως δ' ἐκείνο μέμνησο, &c. &, Ἆρον τὴν ὑπόληψιν, &c. conjuncta esse non minùs improbabunt, quod ratio cohærentiæ non appareat. At iidem si cogitaverint Antonino solenne esse quoties ad alienam improbitatem patienter ferendam se hortatur, & necessariis præsidiis (quod facit ille sæpissimè, neque aliud puto fuisse, quod magis ipsum exercuerit) ante munit, duplicem necessitatem ponere; aliam generalem, respectu mundi, cujus ordini maximè consentaneum esse (ita quidem ille, nec ille solus, sed alii plures tum philosophi, tum Theologi veteres Christiani pluribus adstruunt) ut improbi permittantur, asserit: aliam particularem, quod istis opinionibus positis, tales mores, tales actiones consequi (unde & illud sequitur, invitos quodammodo peccare, qui opinionibus abrepti peccant) necesse sit: ut autem necessitatem, ita & ævi brevitatem, ut præsentissimum ad compescendam iram remedium passim inculcare: eundem denique omnes irascendi caussas, ad falsas & imaginarias (quibus indulgere stultum sit, quasque admittere vel excludere nostri sit arbitrii) opiniones referre solere: qui hæc inquam cogitaverit, illa omnia quæ sectionis istius ambitu comprehendimus, eodem pertinere, nec separari debuisse confessurus est. Quid nobis proposuerimus, & quibus adducti rationibus, hactenus præfari sumus. Sed propositum tamen adhuc restat primarium τὸ τῆς [illegible], indictum nobis, quod uno verbo expediam, *prodesse*, & iis potissimùm gratificari, quibus virtus & vera pietas cordi est, & vitæ finis. Ego illum, quicunque tandem sit, optimè Antoninum intelligere existimabo, quisquis ita leget, ut per eum in vitâ proficiat. Hoc tibi, Lector quisquis es, opto voveoque ex animo: si & tu mihi, non aliud à te meæ qualiscunque industriæ præmium postulo. Vale.

DE

MARCO AURELIO ANTONINO,

Principe multis nominibus incomparabili; tum singulari ejus eruditione, scriptisque variis, veterum quorundam scriptorum, sed & recentiorum nonnulla

TESTIMONIA.

Athenagoras, philosophus Atheniensis, in legatione pro Christianis, Μάρκῳ Αὐρηλίῳ Ἀντωνίνῳ καὶ Λουκίῳ Αὐρηλίῳ Κομμόδῳ, Ἀρμενιακοῖς, Σαρματικοῖς, τὸ δὲ μέγιστον, φιλοσόφοις, *Marco Aurelio Antonino, & Lucio Aurelio Commodo, Armeniacis, Sarmaticis, & quod maximum est philosophis,* inscripta:

K[illegible] *Neque verò ut accuratam philosophicorum dogmatum cognitionem affectaturus, varias illorum de Deo opiniones commemorare apud vos nunc aggredior. Novi enim vos quantum prudentiâ simul & imperio praestatis omnibus, tantum etiam exquisitâ scientiarum cognitione excellere: Ita in singulis pariter sapientiae partibus eximiè versatur, ut qui unam duntaxat aliquam sibi excolendam delegerunt, etiam illos in hac ipsâ parte superetis.*

Herodianus initio historiae:

[illegible] *Filias porro, cum adolevissent, optimis ex ordine Senatorio viris collocavit. Neque enim qui longam generis seriem praeferrent, aut qui opes nimias ostentarent, sed qui morum probitate, atque modestiâ, vitaeque innocentiâ praecellerent, eos sibi generos deligendos putabat. Haec enim sola animi bona certa esse stabiliaque ducebat. Virtutem nullam non magnopere exercuit: adeò literarum antiquitatis studiosus, ut nemini sit in eo genere Romanorum Graecorùmque secundus. Argumento sunt permulta quae ab illo dicta atque conscripta ad nos usque pervenerunt. Adeò verò civilem sese, & commodum omnibus principem praestabat, ut adeuntium cuivis dextram placidè daret, neminemque à suis custodibus prohiberi aditu pateretur: solúsque imperatorum sapientiae studium non verbis aut decretorum scientiâ, sed gravitate morum vitaeque continentiâ usurpavit.*

Suidas, in voce Μάρκος.

Tria diversorum scriptorum profert testimonia, unico Dione in ultimo nominato: unde est, quod

quod priora duo Anonymis à quibusdam adscribantur, cùm tamen aliqui notissimi sint scriptores è quibus & illa promantur. De singulis igitur, quia testimonia ipsa integra hic transcribere, quòd tum ipsi fontes, tum tradux exscriptorque Suidas omnibus sint pervii patentque, minimè necessarium judicavimus, pauca hic agemus. Primum igitur quod incipit, Μάρκος ὁ καὶ Ἀντωνῖνος βασιλεὺς Ῥωμαίων, ex Philostrato, in vitâ Herodis, nobilis illius sophistæ, sumptum est, paucis initio & fine verbis, quæ verisimile est ipsius esse Suidæ, duntaxat exceptis. Sed in paucis illis observanda de duodenario librorum horum numero verba; [illegible] Secundum quod incipit, Μάρκος βασιλεὺς Ῥωμαίων [illegible], &c. est pura puta Eutropii [illegible], aut [illegible] potius. Quæcunque enim Latinus ille Breviator Historiæ stylo contractiore, & inde sæpius, sed & ob arumnam sophistarum nonnunquam, obscuriore, hic Græcè sic redduntur, ut non pauca passim verba superaddantur, quæ sententiam clariorem ac pleniorem reddant. In uno tamen & altero loco mentem Eutropii non satis assequutus est hic (quicunque) paraphrastes. Cæterùm e duobus, quorum notitia ad nos pervenit, Eutropii Græcis interpretibus, Capitone, cujus non solus Suidas meminit; & Pæanio, cujus translatio pridem in lucem prodiit; utri horum tribuenda sint hæc, si quis quærat: etsi Pæanium videre mihi non hactenus contigerit, ex iis tamen quæ de ejus versione viri doctissimi, Josephus Scaliger, b. m. pater Isaacus Casaubonus, Valesius, aliique qui legerunt, passim pronuntiant, non Pæanio, sed Capitoni, ut & antiquiori & longè præstantiori adjudicanda esse facilis est conjectura. Sunt enim hæc quoque talia, quæ auctorem sui non vulgare ingenium, & in veterum lectione diligentiam testentur. Tertium quod incipit, Μάρκος βασιλεὺς Ῥωμαίων, ὁ Εὐσεβὴς [illegible], &c. è Dione, (quem à Suidâ nominari jam diximus) hodieque in Xiphilini Epitomâ solvum & superstes in Marci vitâ, totum sumptum est. Sed hoc illud videndum, unde illa initio verba (non à Dione certè) ὁ Εὐσεβὴς [illegible]. proprium enim illud Antonini qui Adriano successit, & hunc nostrum adoptavit, cognomen esse, quis nescit? Suidas quidem certè non potuit ignorare; sed nec per errorem memoriæ quod ad Marcum pertinebat, ad Pium transferre, qui testimonium hoc è Dione (ubi palam non in Pii, sed Marci vitâ) describere se profitetur. Crediderim igitur imperitum aliquem Suidæ lectorem, cum priora illa testimonia ad Marcum pertinere perspexisset, neque Pium à Suidâ præteritum probabile putaret, hoc tertium & ultimum, addito proprio cognomine, vindicare illi voluisse. Quod si est, suam ignorantiam non uno nomine prodidit. Ut enim Dionem taceam, quem si consuluisset homo temerarius, vanitatem suæ ariolationis statim deprehendisset; jam antea Suidas in Ἀντωνῖνος (quæ tamen in postremâ Suidæ editione adeò confusè, Antoninus & Antoniis pluribus ac diversis, sub uno Antonini nomine dispositis, sunt edita, ut incautus lector vix animadversurus sit) Pii elogium ex eodem Eutropio, ab eodem (sive is Capito, seu alius) paraphraste, ut ex stylo liquet, in Græcam linguam translatum, in suam Saturam, sive farraginem, contulerat. A quibus autem & quâ ratione Pii titulus Antonino nostro delatus reperiatur, alibi fuse disputaturi sumus.

Nicephorus Eccles. Hist. lib. III. cap. 31. fine,

[illegible] Illud scire convenit, Marcum Antoninum filio suo Institutionis Imperialis librum à se compositum reliquisse, omnis generis profanorum exemplorum, & disciplinæ, (prudentiæ secularis & eruditionis omnigenæ) plenum.

Antoninus ipse de seipso, lib. III. c. 14.

[illegible] Ne diutius evageris. Neque enim futurum est, ut commentariolos tuos perlegas, aut Romanorum ac Græcorum priscorum res gestas, aut ex autoribus variis excerpta, quæ, quo in senectute usui tibi essent, reposuisti. Ad finem itaque festina, & spes vanas mittens, si rationem tui ullam habes, tibi consule, quod licet.

Aurelius Victor (quem juniorem seu posteriorem, vulgatum alii, aut Victorinum vulgò nominant, ut ab altero illo Victore, quem V. Cl. Andreas Schottus diu ignotum, primus in lucem protulit, distinguant) in Epitomâ:

De hoc Victore, quod vulgò sit doctorum hominum judicium, non ignoro. Mihi tamen perplacet hæc vita, adeòquidem, ut non solùm integram hic apponere, sed & notis aliquot illustrare non pigeat.

Marcus autem Antoninus imperavit annos decem & octo. Iste virtutum omnium, cœlestisque ingenii extitit, ærumnisque publicis quasi defensor objectus est. Etenim nisi ad illa tempora natus esset,

Marcus autem Antoninus] Scribe, Marcus Aurelius Antoninus. Vide notata in Annot. lib. I. cap. 33. pag. [illegible] lin. 7. Dissertationis Marcianæ, &c.

Etenim nisi ad illa tempora natus esset, profectò] Vide si dubitas, non illuic qui tunc temporis [illegible], tum Aristidem in postremo Panegyrikô, qui [illegible] quod [illegible] de [illegible] reipublicæ [illegible] [illegible] Romana [illegible] [illegible] [illegible] [illegible] [illegible] quod [illegible] [illegible] [illegible] [illegible] *esset, profecto quasi uno lapsu ruissent omnia status Romani. Quippe ab armis nusquam quies erat, perque omnem Orientem, Illyricum, Italiam, Galliamque bella fervebant; terræ motus non sine interitu civitatum, inundationes fluminum, lues crebra, locustarum species agris infesta, prorsus ut prope nihil, quo summis angoribus atteri mortales solent, dici seu cogitari queat, quod non illo imperante sævierit. Credo divinitus attributum ut dum mundi Lex, seu natura aliudve quid hominibus incognitum ea mala gignit, veluti consiliis tamquam medicinæ remediis leniatur. Is propinquum suum Lucium Annium Verum, ad imperii partem novo benevolentiæ genere ascivit. Qui Verus inter Altinum atque Concordiam iter faciens ictu sanguinis, quem morbum Græci apoplexin vocant, undecimo imperii anno extinctus est. Carminum maxime [Tragicorum] studiosus, ingenii asperi atque lascivi. Post cujus obitum Marcus Antoninus Rempublicam solus tenuit. A principio vitæ tranquillissimus, adeò ut ab infantiâ [vultum] nec ex gaudio nec ex mœrore mutaverit. Philosophiæ studiosus, literarumque Græcarum peritissimus. Hic permisit viris clarioribus, ut convivia eodem cultu, quo ipse, & ministris similibus exhiberent. Hic cum ærario exhausto, largitiones quas militibus impenderet, non haberet, neque indicere provincialibus, aut senatui aliquid vellet: instrumentum regii cultus, factâ in foro Trajani sectione, distraxit, vasa aurea, pocula crystallina & murrhina, uxoriam ac suam sericam & auream vestem, multa ornamenta gemmarum: ac per duos continuos menses venditio habita est, multumque auri redactum. Post victoriam tamen emptoribus pretia restituit, qui reddere comparata voluerint: molestus nulli fuit, qui maluit semel empta retinere. Hujus tempore Cassius tyrannidem arripiens, extinctus est. Ipse anno vitæ quinquagesimo nono apud Vendobonam morbo consumptus est. De ejus morte nuntio Romam pervecto, confusâ luctu publico urbe, senatus in curiâ veste tetrâ amictus, lachrymans convenit. Et quod de Romulo ægre creditum est, omnes pari sensu præsumpserunt, Marcum cœlo receptum esse. Ob cujus honorem templa, columnæ, multaque alia decreta sunt.*

[illegible]

Julius Capitolinus in vita Marci.

Erat enim ipse tantæ tranquillitatis ut vultum nunquam mutaverit mœrore, vel gaudio philosophiæ deditus Stoicæ, quam & per optimos quosdam Magistros acceperat, undique ipse collegerat.

Vulcatius Gallicanus in vitâ Avidii Cassii.

Nec defuere qui illum Catilinam vocarent: quum & ipse se ita gauderet appellari, addens futu-

futurum se Sergium, si dialogistam occidisset, Antoninum significans: qui tantum enituit in philosophiâ, ut iturus ad bellum Marcomannicum, timentibus cunctis, ne quid fatale proveniret, rogatus sit non adulatione, sed serio, ut praecepta philosophiae ederet: nec ille timuit, sed per ordinem paraeneseos, hoc est, praeceptionum, per triduum disputavit.

Isaacus Casaubonus ad ista Capitolini, *Vix autem matre agente*, &c.

Faustina autem filio Marco, non luxuriae magistra, sed vitae tenuiter ac sobriè instituendae. Nam ait filius doctum se à matre, τὸ λιτὸν κτ̃ τ̃ δίαιταν, ϗ πόῤῥω τ̃ πλουσιακῆς διαγωγῆς. victu simplici, & qui opulentorum more ac instituto cedat quàm longissimè contentum esse. *Propterea vir ille divinus neque satis unquam vel cognitus vel laudatus, alio loco diis gratias agit, quod cum lege fatorum matri ipsius cita mors imminerent, postremos saltem annos, una cum ipsa egerit, vel potius illa secum, sic enim ait,* [illegible] ὅμως οἰκῆσαι μετ' ἐμοῦ τὰ τελευταῖα ἔτη. Diis acceptum fero, quòd mater mea, quamvis juvenis esset cessura, mecum tamen novissimos aetatis annos transegerit.

Idem ibidem ad ista, *videns res humanas*, &c.

Non videre, sed rite ac suo pretio aestimare res humanas solitus vir hic sapientissimus. Hoc ille nos docet divinis illis suis libris: velut cum ait in secundo: non enim tempero mihi, quin mellitissima gravissimi doctoris verba adscribam.

Canterus Nov. Lection. lib. VII. c. 1.

Marcus Aurelius Antoninus, imperator optimus, atque idem philosophus tantus, ut hoc meruerit proprium cognomen, duodecim conscripsit de officio suo libros maxime pietatis, humanitatis, temperantiae, eruditionis, aliarum rerum praeclararum testes planissimos; & cum quibus multorum philosophorum operosa praecepta collata meritò sordere possint. Quare ea nemo, spero male collocatum tempus putabit, &c.

Cum plures abhinc annos collectionem locorum Antonini qui apud Suidam (non omnium sane, sed qui Lexicum ejus seu Collectanea pro re natâ versanti se obtulerant) fecerim, quae secundae Antonini Anglicae editioni praefixa est: eandem hic quoque multò magis exhibendam credidi: sed & locos integros ut apud Suidam hodie extant (quod tum factum non est) apponendos, ut ex collatione de fide & bonitate Codicis MS. quem Xylander expressit, & Antonimiani (saltem à Suidae usque aevo) textus integritate, contra eorum opinionem qui XII. hos libros amplioris & perfectioris operis Excerpta duntaxat Eclogasque censuerunt, Lectori constare possit. Hinc quoque haud pauca in Suidâ corrupta corrigere quivis poterit.

[illegible] φησι Μάρκος ὁ φιλόσοφος βασιλεύς. *Apud Diognetum didici consumptionem rerum inanium, & [illegible] parandarum rationem, ait Marcus imperator Philosophus.* Antonin. lib. I. cap. 6.

[illegible] ἐν τῷ Μάρκου Ἀντωνίνου συγγράμματι, κἂν τρισχίλια ἔτη βιώσεσθαι μέλλῃς, [illegible] ἀποβάλλει [illegible] ἀκαριαῖον [illegible]. *Ex Marci Antonini scripto. Etiamsi ter mille annos victurus esses, & totidem insuper myriadas, illud tamen meminisse debes, nec ullam aliam vitam ab eo, quam degis, amittere quenquam, vel aliam ab ea, quam amittit, degere. Eodem ergo redit longissimum aetatis spatium cum eo quod est brevissimum. Praesens siquidem tempus est omnibus aequale: & quod amittitur non est aequale omnibus, eadémque ratione id quod amittitur, momentaneum tantum esse constat. neque enim aut praeteritum, aut futurum amittere quis potest. nam quis cuiquam id, quod non habet, abstulerit?* Antonin. lib. II. cap. 14.

[illegible] ἐὰν αὐτό τις μόνον ἴδῃ, καὶ τῷ μερισμῷ τῆς ἐννοίας διαλύσῃ τὰ ἐμφανταζόμενα αὐτῷ, οὐκέτι ἄλλο τι ὑπολήψεται αὐτὸ εἶναι ἢ φύσεως ἔργον. φύσεως δὲ ἔργον εἴ τις φοβεῖται, παιδίον ἐστί. τοῦτο μέντοι οὐ μόνον φύσεως ἔργον ἐστίν, ἀλλὰ καὶ συμφέρον αὐτῇ. πῶς ἅπτεται θεοῦ ἄνθρωπος καὶ κατὰ τί ἑαυτοῦ μέρος. *Si quis rem ipsam per se intueatur, cogitationeque ab illa summoverit ea omnia, quibus tanquam larvis horrendis instructa imaginationi nostrae se objicit, nihil esse aliud comperiet quam opus naturae. Opus autem naturae ullum quisquis expaverit, puer est. Verum enim verò non est opus tantum naturae, sed quod idem & conducat. Ejusdem denique facultatis fuerit, considerare, homo Deum quomodo, & qua sui parte contingat.* Antonin lib. II. cap. 12.

Ἄσχολος [illegible]. *Negotiosus, qui non habet opportunam, commodámque negotiorum conficiendorum occasionem.* Σχολὴ *enim i.e. otium est ea, quae in consuetudine i.e. communiter & vulgo vocatur* εὐκαιρία *i.e. commodum rei gerendae*

tempus

tempus. *Neve si necessitate adactus, aut dicto aut scripto significem alicui, non vacare me: neve hoc modo sub negotiorum distinentium prætextu officia ea, quæ vitæ hujus necessitudo à nobis exigit, sæpius deseram.* Antonin. lib. I. cap. 10.

Ἀψικάρδιος. εἰ δὲ ἰδιωτικὸν παράγγελμα ἀψικάρδιον ἐθέλεις, ἐκεῖνο ... τῆς καρδίας ἀντιδότου. Ἀψικάρδιος. *Si autem vulgare vis pharmacum, quod cor tamen attingat, mox tibi dicet cor tangens.* Antonin. lib. IX. cap. 3.

Ἀψίκορος. ... ὁ ταχὺ καὶ ἅμα τοῦ ἅψασθαι κορεννύμενος. ... τῶν Νουμιδῶν, &c. καὶ αὖθις. συνεχὴς δεῖ εἶναι πρὸς τοὺς φίλους, καὶ μηδαμοῦ ἀψίκορος. Ἀψίκορος. *Qui facile mutatur, vel qui statim satiatur, simul ac cibum tetigit, qui statim rerum aliquarum fastidio afficitur. Cùm servisset Numidarum, &c. Et rursus. Oportet erga amicos constantem esse, nec ullo modo fastidiosum.* Antonin. lib. I. cap. 13. Vir doctus qui hæc Polybio adscribit, haud dubiè fallitur.

Γρᾶσος. γράσος. ἡ δυσωδία τῶν τράγων. καὶ γράσων ἄνθρωπος ὁ δυσώδης. τῷ γράσωνι μὴ ὀργίζου. Γρᾶσος. γράσος. *Hircorum malus odor. Et* γράσων ἄνθρωπος, *homo male olens, fœtidus. Hircoso olenti ne irascaris.* Antonin. l. v. cap. 28.

Δαίμων. ἡ ἑκάστου τύχη. Ἀριστοφάνης, &c. καὶ Σοφοκλῆς,

Γενναῖος ὡς ἰδεῖν πλὴν τοῦ δαίμονος.

τουτέστι τύχης. Οὐδὲν ἀθλιώτερον τοῦ πάντα κύκλῳ ἐκπεριερχομένου καὶ τὰ νέρθε γᾶς φησὶν ἐρευνῶντος, καὶ τὰ ἐν ταῖς ψυχαῖς τῶν πλησίον διὰ τεκμάρσεως ζητοῦντος, μὴ αἰσθανομένου δὲ ὅτι ἀρκεῖ πρὸς μόνῳ τῷ ἔνδον ἑαυτοῦ δαίμονι εἶναι, καὶ τοῦτον γνησίως θεραπεύειν. θεραπεία δὲ αὐτοῦ καθαρὸν πάθους διατηρεῖν καὶ εἰκαιότητος, καὶ δυσαρεστήσεως τῆς πρὸς τὰ ἐκ θεῶν καὶ ἀνθρώπων γινόμενα. τὰ μὲν γὰρ ἐκ θεῶν αἰδέσιμα δι᾽ ἀρετήν, τὰ δὲ ἐξ ἀνθρώπων φίλα διὰ συγγένειαν, ἔστι δὲ ὅτε καὶ τρόπον τινὰ ἐλεεινὰ δι᾽ ἄγνοιαν ἀγαθῶν καὶ κακῶν, οὐκ ἐλάττων ἡ πήρωσις αὕτη τῆς στερισκούσης τοῦ διακρίνειν τὰ λευκὰ καὶ μέλανα. Δαίμων. *Cujusque fortuna. Aristophanes, &c. & Sophocles,*

Generosus es, ut intueri conjicere licet, exceptâ fortunâ tuâ.

Τοῦ δαίμονος, τῆς τύχης i. *fortunæ.* *Nihil homine illo miserius est, qui omnia undique pervagatur, & cùm ea quæ subter terram sunt scrutatur, tum quæ in animis aliorum, conjecturâ nititur indagare, nec intelligit interim sufficere sibi, ut cum eo, quem intra se gerit, genio versetur, eúmque legitimè colat. Colet autem, si affectibus & vitiis immunem custodierit, nec offensum re aliquâ, quam vel dii vel homines egerint. Divina enim & humana facta, cognationis ratione sunt amica. Interdum autem hæc cæcitas quodam modo propter bonorum & malorum ignorationem est major illa, quæ alba & nigra internoscere prohibet.* Antonin. lib. II. cap. 13.

Ἐπιλαμβάνεσθαι. γενικῇ. μάρκ. φησί. μὴ ὀνειδιστικῶς ἐπιλαμβάνεσθαι τῶν βάρβαρόν τι ἢ σόλοικον ἢ ἀπηχές τι προενεγκαμένων. Ἐπιλαμβάνεσθαι. *Genitivo. corripere. Non protervè excipere, si quis barbarum quid, vel solœcum, vel absonum protulerit.* Antonin. lib. I. cap. 10.

Εὐανακλήτως. συμπαθῶς. καὶ πρὸς τοὺς χαλεπήναντας καὶ πλημμελήσαντας εὐανακλήτως ἔχειν. εὐδιαλλάκτως, ἐπειδὰν αὐτοὶ ἐπανελθεῖν ἐθέλωσι. Εὐανακλήτως. *Exorabiliter, placabiliter, cum commiseratione. Ut placabilis & reconciliatu facilis essem, adversus eos, qui offensionis causam dederint, aut deliquerint aliquid, simulátque illi in gratiam redire vellent.* Antonin. lib. I. cap. 7.

Εὔλυτος. Μάρκος Ἀντωνῖνος φησὶν ἐν ἀναμονῇ τοῦ ἀνακλητικοῦ ἐκ τοῦ βίου εὔλυτος, μήτε ὅρκου δεόμενος, μήτε ἀνθρώπου τινὸς μάρτυρος. Εὔλυτος. *Facilis solutu. Expeditus. Ut Marcus Antoninus dicit, expectet expeditus, donec e vita receptui canatur, nec jurejurando, nec ullo homine teste indigens.* Antonin. lib. III. cap. 5.

Εὐμάρεια. ἡ εὐκολία. λέγεται δὲ καὶ ἡ εὐκοσμία παρὰ Μάρκῳ Ἀντωνίνῳ καὶ ἐν ἐπιγράμμασι, &c. Εὐμάρεια. *Facilitas. Sic vocatur & modestia apud Marcum Antoninum & in epigrammate.* Antonin. lib. IV. cap. 3.

Ὀρθός. λέγεται καὶ ὀρθούμενος. Μάρκος. ὀρθὸν οὖν εἶναι, οὐχὶ ὀρθούμενον. Ὀρθὸς *dicitur &* ὀρθούμενος. *Rectus, Erectus. Marcus. Rectum, non correctum esse.* Antonin. lib. III. cap. 5.

Ὀρτυγοκόπος. παιδιά τις. ἐν ᾗ ὄρτυγας ἱστῶσιν ἐν γύρῳ ὧν τύπτουσι τὰς κεφαλάς. καὶ ὁ μὲν ἐν τῷ γύρῳ, &c. μήτε ὀρτυγοκοπεῖν, μήτε περὶ τὰ τοιαῦτα ἐπτοῆσθαι. Ὀρτυγοκόπος. *Ludus quidam est, in quo coturnices in orbem collocant, quarum capita feriunt. Qui autem in gyro, &c. Neque coturnices feriendas, neque hujusmodi rerum admiratione obstupescendum.* Antonin. lib. I. cap. 6.

Ὠθισμός. τὸ μὴ βίᾳ ἢ ὠθισμῷ. μηδὲ ἀνυστὸν καὶ μετὰ βίας πρὸς θάνατον ἰέναι. Ὠθισμός. *Pellendo, trudendo. Per vim & propulsionem. Nec impetu, nec per vim eundum est in mortem.* Antonin. lib. IX. cap. 3.

Παράγγελμα. κανών. καὶ εἶδός τι ὀργάνου ἀστρονομικοῦ. εἰ δὲ ἰδιωτικὸν παράγγελμα ἀψικάρδιον ἐθέλεις πρὸς τὸν θάνατον. Παράγγελμα. *Regula. Et quoddam instrumenti astronomici genus. Ut. Si vero vis plebejam regulam, quæ cor tangat, adversus mortem dicam.* Antonin. lib. IX. cap. 3.

Περιλαλεῖν. αἰτιατικῇ. ἀντὶ τοῦ περιττολογεῖν, φλυαρεῖν. μὴ περιλαλοῦσι μηδὲ ταχέως συγκατατίθεσθαι. Περιλαλεῖν. *Accusativo. Pro* περιττολογεῖν, *supra modum loquuntur, garriunt. Ut, ne celeriter assentirer quibuslibet garrulis.* Antonin. lib. I. cap. 7.

Πρασιανός. ἐν πρασιανοῖς λέγεται καὶ βενετιανοῖς, καὶ παλμουλάριος, καὶ σκουτάριος παρὰ Μάρκῳ Ἀντωνίνῳ. Πρασιανός. *Prasianus & Palmularius & Scutarius dicitur apud Marcum Antoninum.* Antonin. lib. I. cap. 5.

Πρασι-

[illegible] *Accurata victus ratio. Corporis curam probè attemperatam oportet gerere, ut nec vita avidus videaris, aut elegantiæ studiosus: nec neglectui tamen id habeas; sed per tuam ipsius diligentiam efficias, ut perparcè indigeas medicinâ, & pharmacis, & epithematibus internis & externis.* Antonin l. 1. cap. 16.

[illegible] *Consentientia, coagmentata.* Συμβαίνειν *dicimus, ut lapides quadratos in muribus aut pyramidibus convenire dicunt artifices, cùm sibi invicem scitè compositi coaptantur.* Antonin. lib. v. cap. 8.

[illegible] *Falsiloquium. Oratio portentosa, remota à communi mortalium opinione, qualis solet esse eorum, qui res prodigiosas dicunt, & præstigiatorum de incantationibus, & dæmonum averruncatione.* Antonin. lib. 1. cap. 6.

Haud pauca præterea voces & phrases, ut [illegible] *&c. in quarum explicatione Suidam ad certa Antonini loca respexisse verisimile puto: quia tamen affirmare non possum, cum neque nominet Antoninum, neque plura proferat, ex quibus certò liquere possit, labore colligendi libens supersedeo.*

Postremo *loco libet hic subjicere quod extat apud Suidam veteris cujusdam scriptoris de Theosebio philosopho testimonium, quod ad Antoninum nostrum, aut hos saltem ejus libros pertinere dudum est cùm peculiari commentatione Viro Clarissimo harum literarum studioso & intelligenti inscriptâ haud levibus argumentis adductus conjeci potiùs quàm asserui. Nunc autem ut asserere penè audeam, facit auctoritas Fragmentorum quorundam Antonini manu Davidis Hoeschelii, viri doctissimi, ex Augustana Bibliotheca veteri codice transcriptorum, nuper mihi visorum, quæ Epictetum præferunt auctorem. Unde* τῷ μακαρίτῃ *Hoeschelio, priusquam Antoninum vidisset, (nam viso illo postea sententiam mutavit) de Theosebio auctore primò suspicio, præfixis Fragmentis istis, ad prælum paratis, hoc titulo,* Epicteti Enchiridion II. sive, Theosebii Epictetææ doctrinæ Syntagma: ex Augustanâ Bibliothecâ Græcè nunc primùm à Davide Hœschelio Augustano editum. *Hanc commentatiunculam cum primum vacabit relegere & absolvere, publici juris faciam. Rem interim me doctioribus in medium propono, de quâ cogitent; non hic tantum, sed quacunque aliâ in re certiora docentibus herbam promptus alacrisque porrecturus. Hoc modo minus cautos & peritos in antecessum moneo; ne ex Latinâ Francisci Porti translatione ferant sententiam, quam longè à Græcis (quæ tamen ipsa semel iterumque mendosa) non uno loco hic abire* [illegible] *docturi sumus.*

[illegible]

Epictetus, ex Hierapoli Phrygiæ urbe, philosophus. Servus autem Epaphroditi, unius de satellitibus Imperatoris Neronis. Ob defluxionem autem altero crure mutilatus, in nova Epiri urbe Nicopoli habitavit. Et vitâ productâ usque ad Marcum Antoninum multa scripsit. Theosebius autem philosophus multa ex Epicteti scholis desumpta dixit. Alia verò & ipse excogitavit sententiarum enuntiandarum genera, quæ sunt Musæ mores formantis documenta, ad persuadendum apta, & ad animos non prorsus inexorabiles & indomitos flectendum & exornandum idonea. Amplecti verò meliora & sectari solebat, quantùm fieri poterat. Aversari verò, & fugere deteriora vitæ genera pro viribus consueverat. Quamobrem etiam suas admonitiones in libro oratione solutâ scripta reliquit quibusdam hujusmodi viris, qui tales erant, qualis fuerat ille prior & antiquus Epictetus. Et (ut unum cum uno conferamus) hic nostri temporis Epictetus mihi videtur fuisse manifestè talis, qualis fuit antiquus ille Epictetus, sine tamen Stoicis opinionibus. Theosebius enim nullius scriptoris opiniones tam amplectebatur, & admirabatur, quàm Platonis veritatem. Quintiam quendam libellum conscripsit de rebus in magna politia eleganter dictis, divinam sapientiam à diis venientem, verbis ex-

extollens. Hunc enim vehementer honorabat & colebat. Semper enim in moralibus philosophiæ studiis aperte versabatur. Nam bene natus erat ad bonam vitam colendam potius, quam ad scientiam sectandam, eamque non otiosam, nec in solis imaginibus exercentem: sed in ipsis rebus, & perpetua bonarum rerum actione satis viventem. Quamvis enim publicum illud vivendi genus, quod in rerum civilium administratione versatur, non fuerit sectatus: sed privatim vitæ genus coluerit, quod & ille Socrates, & Epictetus, & quilibet sana mente præditus tractat, suam & in seipso sitam politiam exercens, tamen hoc quidem privatum præclaræ vitæ genus exercebat primum, deinde verò & illud, quod in mutua consuetudine, & officiis erga singulos exercendis, & ad optimum vitæ finem homines deducentibus versatur.

MERICI CASAUBONI
ISAACI FILII
IN
MARCI ANTONINI
De ſcipſo & ad ſcipſum Libros,
NOTÆ.

NOTÆ IN LIBRUM I.

[illegible]

[illegible]

[illegible]

Pag. 12. lin. 5. [illegible]

[illegible]

Pag. 22. lin. 1. [illegible]

Ibid. lin. 9. [illegible]

[illegible]

Pag. 23. lin. 9. [illegible]

[illegible]

Pag. 27. lin. 5. [illegible]

Pag. 28. lin. 24. [illegible]

Pag. 29. lin. 1. [illegible]

[illegible]

NOTÆ IN LIBRUM II.

[illegible]

[illegible]

NOTÆ IN LIBRUM III.

[illegible]

NOTÆ IN LIBRUM IV.

[illegible]

[illegible]

NOTÆ IN LIBRUM V.

[illegible]

[illegible]

NOTÆ IN LIBRUM VI.

[illegible]

NOTÆ IN LIBRUM VII.

[illegible]

NOTÆ IN LIBRUM VIII

[illegible]

[illegible]

NOTÆ IN LIBRUM IX.

[illegible]

[illegible]

NOTÆ IN LIBRUM X

[illegible]

[illegible]

NOTÆ IN LIBRUM XI.

[illegible]

[illegible]

NOTÆ IN LIBRUM XII.

[illegible]

[illegible]

F I N I S.

ANNO-

ANNOTATIONES
GUILIELMI XYLANDRI
IN LIBROS
MARCI ANTONINI
De ſeipſo & ad ſeipſum.

ANNOTATIONES GUILIELMI XYLANDRI *IN LIBROS* MARCI ANTONINI De seipso & ad seipsum.

ANNOTATIONES IN LIBRUM I. & II.

[illegible]

ANNOTATIONES IN LIBRUM II.

[illegible]

[illegible]

ANNOTATIONES IN LIBRUM III.

[illegible]

ANNOTATIONES IN LIBRUM IV.

[illegible]

[illegible]

ANNOTATIONES IN LIBRUM V.

[illegible]

[illegible]

ANNOTATIONES IN LIBRUM VI.

[illegible]

ANNOTATIONES IN LIBRUM VII.

[illegible]

ANNOTATIONES IN LIBRUM X.

Pag. 304. lin. 7. [illegible]] Pro [illegible] in Graeco est [illegible] ; quod non quadrare puto. [illegible] Lectura.

Pag. 305. lin. 2. [illegible]] Alludit ad versus Euripidis, [illegible]

ANNOTATIONES IN LIBRUN XI.

Pag. 309. lin. 3. [illegible]] [illegible]

Pag. 312. lin. 4. [illegible]] [illegible]

Pag. 317. lin. 3. [illegible]] [illegible]

F I N I S.

IN-

INDEX

Locorum Sacræ Scripturæ, quæ in Commentariis his laudantur, explicantur, vel illustrantur.

[illegible]

Psalm.

[illegible]

[illegible]

[illegible]

v. 10. [illegible] p. 124. b. D.
cap. 11. v. 6. [illegible] p. 289. b. D.
v. 21. [illegible] p. 213. a. E. 337. a. F.
v. 32. [illegible] p. 116. b. D.
cap. 12. v. 4. [illegible]
v. 5. [illegible] p. 338. a. D.
v. 9. [illegible] p. 149. a. D.
v. 10. [illegible] p. 239. a. B. 313. b. A.
v. 22. [illegible] p. 83. a. A.
v. 28. [illegible] p. 190. a. F.
cap. 13. v. 17. [illegible] p. 239. b. E.
Jacob. cap. 1. v. 1. [illegible] p. 311. b. A.
v. 11. [illegible] p. 131. a. G.
v. 13. [illegible] p. 130. a. E.
v. 14. [illegible] p. 73. b. D.
v. 25. [illegible] p. 88. b. C.
v. 27. [illegible] p. 100. a. C.
cap. 2. v. 8. [illegible] p. 107. a. C. 392. a. H.
cap. 3. v. 2. [illegible] p. 130. a. E.
v. 12. [illegible] p. 248. b. E.
cap. 4. v. 1. [illegible] p. 83. a. E.
v. 17. [illegible] p. 214. a. B.
v. 19. [illegible] p. 116. a. D.
1 Petr. cap. 1. v. 16. [illegible] p. 190. a. D.
v. 21. [illegible] p. 228. a. E.
v. 22. [illegible] } p. 113. b.
v. 23. [illegible] } D.
cap. 2. v. 3. [illegible] p. 83. b. G.
v. 6. [illegible] p. 182. b. E.
v. 9. [illegible] p. 89. b. G.
v. 14. [illegible] p. 170. a. E.
v. 23. [illegible] p. 383. b. C.
v. 25. [illegible] p. 188. a. E.
cap. 3. v. 19. [illegible] p. 338. a. D.
cap. 4. v. 19. [illegible] p. 248. b. D.
v. 16. [illegible] p. 178. a. B. 192. b. D. 311. b. A.
v. 14. [illegible] p. 249. b. D.
v. 19. [illegible] p. 217. b. B.
cap. 5. v. 5. [illegible] p. 118. E.
2 Petr. cap. 1. v. 4. [illegible] p. 286. a. A.
v. 8. [illegible] p. 118. b. A.
v. 15. [illegible] p. 67. a. D.
cap. 2. v. 15. [illegible] p. 191. a. E.
v. 21. [illegible] p. 65. b. E.
cap. 3. v. 2. [illegible] p. 43. b. G.
1 Johan. cap. 2. v. 1. [illegible] p. 310. b. B.
cap. 3. v. 15. [illegible] p. 377. a. E.
cap. 4. v. 3. [illegible] p. 296. a. D.
v. 3. [illegible]
cap. 5. v. 13. [illegible] p. 363. b. F.
v. 16. [illegible] p. 113. b. D. 312. a. A.
cap. 5. v. 3. [illegible]
[illegible] p. 247. a. C.
v. 16. [illegible] p. 292. a. C.
3 Johan. v. 2. [illegible] p. 140. b. A.
v. 8. [illegible] p. 302. b. D.
Jud. v. 19. [illegible] p. 139. a. B.
Apocal. cap. 1. v. 5. [illegible] p. 88. b. C.
v. 6. [illegible] p. 89. b. G.
v. 17. [illegible] } p. 197.
cap. 2. v. 8. [illegible] } a. F.
cap. 3. v. 5. [illegible] p. 116. b. B.
v. 14. [illegible] p. 112. a. F.
v. 17. [illegible] p. 312. b. A.
cap. 5. v. 10. [illegible] p. 89. b. G.
cap. 6. v. 10. [illegible] p. 180. b. B.
cap. 9. v. 6. [illegible] p. 180. b. B.
cap. 12. v. 1. [illegible] p. 275. b. A.
v. 14. [illegible] p. 93. a. A.
cap. 14. v. 3. [illegible] } p. 265. a.
cap. 15. v. 10. [illegible] } E.
cap. 18. v. 14. [illegible] }
cap. 19. v. 10. [illegible] p. 260. b. B.
cap. 20. v. 6. [illegible] p. 226. a. E.
[illegible] p. 69. b. D.
v. 15. [illegible] p. 309. b. A.
v. 14. [illegible] p. 260. b. E.
cap. 22. v. 13. [illegible] p. 197. a. F.

INDEX

Auctorum, qi extra Sacros Scriptores in his commentariis notantur, explicantur, supplentur, emendantur, vindicantur. In qo *N.* notatorum, *Ex.* explicatorum, *Supp.* suppletorum, *Em.* emendatorum, *Vind.* vindicatorum nota est.

A[illegible] Ex. [illegible] p. 79. a. G.
Aelianus [illegible] p. 132. a. C.
Aesopus Em. [illegible] p. 218. G.
Alexander Aphrodisiensis [illegible] p. 137. a. C.
Aliquis [illegible] apud *Athenaeum* l. 10. Ex. [illegible] p. 85. a. B.
Ammianus Ex. [illegible] p. 213. b. B.
Anaxagoras apud *Aristotelem* [illegible] p. 78. a. B.
Antonius [illegible] Ex. [illegible] p. 213. a. B.
l. 2. c. 39. Em. & Supp. [illegible] p. 344. a. F.
Apollodorus in Adelphis Ex. [illegible] p. 282. a. F.
Apollonius Rhodius Argonaut. l. 2. v. [illegible] p. 91. b. B.
l. 2. v. 733. Ex. [illegible] p. 38. a. C. 248. C. D.
Apollonius Tyaneus Epist. [illegible] p. [illegible] b. G.
Apollodorus Em. [illegible] p. 34. b. B.
Appianus Alexandrinus Ex. [illegible] p. 231. B.
Apuleius Milesi l. 2. Em. & Ex. [illegible]
[illegible] p. 192. a. B.
Aristides Ex. [illegible] p. 77. b. D.
Orat. ad *Aesculapium*. [illegible] p. 201. D.
Aristophanes Ex. [illegible] p. 107. b. A.
[illegible] p. 137. b. D.
[illegible] p. 102. a. D.
Vesp. [illegible] p. 297. b. B.
Aristoteles Ex. Ethic. l. 3. c. 7. [illegible] p. 32. a. F.
Polit. l. 7. c. 10. [illegible] p. 292. b. C.
Topic. [illegible] p. 293. b. C.
Supp. [illegible] l. 4. c. 8. [illegible]

[illegible] p. [illegible]
[illegible] l. [illegible] } p. [illegible]
[illegible]
Hist. [illegible] l. [illegible] p. 172. [illegible]
[illegible] p. 125. b. A.
[illegible] } p. [illegible]
[illegible]
[illegible] p. 8. B. C.
[illegible] p. [illegible]
[illegible] p. 27. b. D.
[illegible] p. 128. a. E.
L. 13. [illegible] } p. 164. a. D. E.
L. 16. [illegible] p. 4. a. B.
[illegible] p. 4. a. B.
[illegible] Ex. [illegible] pro Christianis, p. 7. [illegible]
[illegible]
[illegible] p. [illegible]
Apollonius [illegible]
[illegible]
Cicero [illegible]
[illegible]

[illegible] p. 194. A.
Clemens Alexandrinus Ex Strom. l. 3. p. 450. A. [illegible] p. 505. A. B.
l. 5. pag. 481. C. [illegible] p. 82. a. C.
l. 6. pag. [illegible] p. 51. A. B.
l. 7. pag. 709. B. [illegible] p. 158. a. B. C.
Supp. [illegible] pag. [illegible] C. [illegible] p. 5. a. B.
Ejus [illegible] l. 4. c. 19. [illegible] p. [illegible]
Serm. l. 2. pag. 502. A. [illegible] p. [illegible]
l. 3. pag. 418. A. [illegible] p. 42. a. B.
l. 5. [illegible] p. 132. a. C.
pag. 536. B. [illegible] p. 174. a. C. D.
l. 7. pag. 757. B. [illegible] p. 172. a. D.
Cyprianus de morte [illegible] p. [illegible]
Cyrillus [illegible] Ex. l. [illegible] p. 206. B. [illegible] p. 196. a. B.
Curtius Ex. l. 7. c. 8. [illegible]
[illegible]
Dio Cassius Ex. l. 66. pag. 756. C. [illegible] p. 132. a. D.
Dio [illegible] Ex. Orat. 17. p. 248. [illegible]
[illegible]
Diogenes [illegible]
[illegible]
Epictetus [illegible]
[illegible]

[illegible] } p. 126. B.
[illegible]
[illegible]
[illegible] } p. [illegible]
[illegible]
Epiphanius Ex. [illegible]
Epistola ad [illegible] } p. 58. b. E.
[illegible]

I N D E X

Epigrammatarius Ep. [illegible] p. 119. b. D.

Epiphanius Ex. Hæref. [illegible] p. 193. b. F.

Eus. adversus Hæref. Tom. [illegible] p. 102. b. B.

Etymologus Ex. in Δίκαιος. [illegible] p. 9 [illegible]

Eunapius Ex. in Ædes. [illegible] p. [illegible]

Euripides Ex. Andromach. [illegible] p. [illegible]

Hippol. Coronat. [illegible] p. [illegible]

Iphigen. Taurid. [illegible] p. [illegible]

Troad. [illegible] p. [illegible]

Ion [illegible] p. [illegible]

apud Firmicum ad Apollon. p. [illegible]

Hecuba [illegible] p. [illegible]

Hypsipyle. [illegible] p. [illegible]

Soph. apud Clementem Strom. [illegible] p. [illegible]

Eus. apud Clementem Strom. [illegible] p. [illegible]

apud Theophilum [illegible] p. [illegible]

Eusebius N. in Chronico [illegible] p. [illegible]

Eustathius Ex. ad Iliad. [illegible] p. [illegible]

Eustathius [illegible] Od. [illegible] p. [illegible]

Eustathius Paraphrastes N. apud Suidam, [illegible]

Ezechiel Ex. apud Eusebium [illegible] p. [illegible]

Franciscus de Aquabellis Ep. [illegible] p. [illegible]

Galenus Ex. de affect. [illegible] p. [illegible]

Gellius Ex. N. [illegible] p. [illegible]

Gnomologus veteris Ex. [illegible] p. [illegible]

Heraclitus Ex. [illegible] p. [illegible]

Herodianus Ex. [illegible] p. [illegible]

Hesiodus Ex. Oper. [illegible] p. [illegible]

Hesychius Ex. in [illegible] p. [illegible]

Hierocles Ex. [illegible] p. [illegible]

Hippocrates Ex. in lib. [illegible] p. [illegible]

Homerus Ex. Iliad. [illegible] p. [illegible]

Horatius Ex. Od. [illegible] p. [illegible]

Iamblichus [illegible] p. [illegible]

Isidorus Pelusiota Ex. Epist. [illegible] p. [illegible]

Julianus Ex. Orat. [illegible] p. [illegible]

Julianus Ex. Epist. ad [illegible] p. [illegible]

Juvenalis Ex. Sat. [illegible] p. [illegible]

Lactantius Ex. [illegible] p. [illegible]

Libanius Ex. [illegible] p. [illegible]

Longus [illegible] p. [illegible]

Lucianus Ex. [illegible] p. [illegible]

Lucretius Ex. [illegible] p. [illegible]

Manilius Ex. [illegible] p. [illegible]

Martialis Ex. [illegible] p. [illegible]

Maximus Tyrius Ex. Dissert. [illegible] p. [illegible]

[illegible] p. 254. [illegible]

Menander [illegible]

Mnesimachus [illegible]

Naumachius [illegible]

Nicetas [illegible]

Nigidius [illegible]

Numenius [illegible]

Oppianus [illegible]

Origenes [illegible]

Ovidius [illegible]

Pacuvius [illegible]

Palaephatus [illegible]

Parmenides [illegible]

Persius [illegible]

Petronius [illegible]

Phaedrus [illegible]

Philo [illegible]

Pindarus [illegible]

Plato [illegible]

Plautus [illegible]

Plinius [illegible]

Plutarchus [illegible]

Polemo [illegible]

Pollux [illegible]

Porphyrius [illegible]

Posidippus [illegible]

Procopius [illegible]

Propertius [illegible]

Prudentius [illegible]

Quintilianus [illegible]

Sibyllae [illegible]

Scholiastes [illegible]

Secundus Philosophus [illegible]

INDEX

de Gladiatoribus Septimii cap. 10. [illegible] quoque [illegible] quidem [illegible] suppremenda [illegible] p. 412. A.

Epist. 8. [illegible] p. 284. A. C.

87. [illegible] Malum [illegible] p. 118. a. B.

98. [illegible] p. 127. b. F.

88. In [illegible] p. 85. b. C.

73. Nihil [illegible] p. 252. a. B. C.

[illegible] p. 378. a. B.

80. [illegible] p. 80. C.

91. [illegible] p. 42. 1. B.

106. [illegible] p. 135. a. A.

120. [illegible] p. 398. F. G.

115. [illegible] p. 135. b. F.

Nat. Quaest. l. 5. c. 12. [illegible] Tullius. A. i. a. 4. [illegible] p. 212. G.

l. 6. cap. 1. Pompejos, celebrem Campaniae urbem [illegible] } p. 392. b. E. C. D.
cap. 26. [illegible] Pompejos [illegible]

Tert. de an. l. 3. cap. 46. [illegible] p. 180. a. B.

de Tranquill. cap. 2. [illegible] p. 232. C.

cap. 12. [illegible] p. 122. a. B.

cap. 11. [illegible] p. 49. a. D.

de vita beata cap. 10. [illegible] p. 69. b. B.

de vita [illegible] cap. 1. [illegible] p. 168. b. C.

de beneficiis l. 4. cap. 11. [illegible] p. 165. b. B.

Epist. 24. [illegible] p. 206. a. C.

71. [illegible] p. 25. b. E.

91. [illegible] p. 122. a. H.

Severus [illegible] Epist. [illegible] p. 24. a. C.

[illegible] } p. 19. b. E.

Sext. Heroica Oratio n. 1267. [illegible] p. 18. a. F.

Silenus [illegible] p. 4. C. E.

11. [illegible] p. 335. b. D.

Cartes. 1. [illegible] p. 20. a. F.

Simplicius [illegible] p. 296. A.

Simplicius [illegible] in Epictetum p. 204. [illegible] p. 216. A.

Socrates [illegible] l. 4. [illegible]

[illegible]

[illegible]

Soli [illegible] p. 116. p. B.

Statius Lib. Sylvar. l. 2. carm. 2. [illegible] p. 82. b. A.

Thebaid. l. 2. v. 720. [illegible] p. 93. b. B. 94. a. A.

l. 2. [illegible] p. 22. b. A.

Stobaeus [illegible] p. 188. a. C.

Ecl. Trop. 2. cap. 24. [illegible] p. 24. b. B.

[illegible] p. 239. b. A.

[illegible] Pythagoricum, [illegible] p. 160. a. C.

Strabo lib. 4. [illegible] p. 295. a. B.

Suetonius in Jul. cap. 41. [illegible] p. 83. b. F.

August. c. 94. [illegible] p. 242. E.

cap. 94. [illegible] p. 372. a. C.

[illegible] p. 219. a. A.

Tiber. cap. 24. [illegible] p. 308. b. B.

cap. 57. [illegible] p. 234. b. B. 290. H.

cap. 61. [illegible] p. 281. a. E.

cap. 28. [illegible] p. 91. a. B.

Calig. cap. 25. [illegible] p. 4. a. C.

Claud. c. 3. [illegible] p. 280. b. B.

cap. 11. [illegible] } p. 23. b. A.
cap. 21. [illegible]

Galb. cap. 19. [illegible] p. 198. a. B.

Vitell. c. 2. [illegible] p. 7. b. A.

cap. 14. [illegible] p. 10. a. C. D.

Domit. cap. 10. [illegible] p. 5. b. A.

Ex. T. Bell. cap. 23. [illegible] p. 310. b. C.

Suidas [illegible]

[illegible]

Symmachus [illegible]

Synesius [illegible]

Tacitus lib. [illegible]

Ann. [illegible] p. 295. a. D.

[illegible]

[illegible]

[illegible]

Hist. [illegible] p. 28. A.

cap. 40. [illegible] p. 88. b. G.

Hist. l. 2. cap. 31. [illegible] p. 231. a. A. 251. b. B.

Hist. l. 4. cap. 8. [illegible] p. 409. b. D.

Hist. l. 5. [illegible] p. 119. b. C.

Agric. cap. 3. § 1. [illegible] p. 75. a. D.

cap. 9. § 4. [illegible] p. 15. a. F.

cap. 19. § 4. [illegible] p. 10. b. G.

cap. 26. § 1. [illegible] p. 106. a. E.

German. c. 43. § 3. [illegible] p. 91. b. D.

de caus. corr. eloq. cap. 35. § 1. [illegible] p. 28. a. G.

Ann. Hist. l. 3. [illegible] p. 439. b. H.

Tatianus lib. adversus Graecos cap. 41. [illegible] p. 118. a. B.

[illegible] p. 156. [illegible] p. 117. b. B.

Terentius [illegible] p. 309. b. D.

[illegible] p. 27. b. B.

[illegible] } p. 157. a. C.

[illegible] } p. 48. b. D.

Adelph. act. 3. scen. 3. [illegible] p. 42. D. G.

act. 4. scen. [illegible] p. 191. H.

[illegible] p. 298. H.

Phorm. act. 2. scen. 2. [illegible] p. 298. H.

Tertullianus lib. de pall. c. 3. [illegible] } p. 156. b. A.

adversus Hermog. c. 25. [illegible] } p. 224. a. C.

de pallio. cap. 6. [illegible] p. 118. a. F.

[illegible] Apologet. cap. 40. [illegible] p. 119. a. B.

[illegible] p. 136. b. A. B.

de idololatria cap. 15. [illegible] p. 375. b. C.

Scorpiac. cap. 3. [illegible] p. 218. a. C.

de pudicit. cap. 13. [illegible] p. 234. b. B.

adversus Marcion. l. 1. cap. 4. [illegible] p. 131. a. B. F.

de Idolol. cap. 10. [illegible] p. 368. b. B.

Themistius [illegible] Orat. [illegible]

[illegible] } p. 190. a. C.
[illegible] } p. 179. b. E.
[illegible]
Theodoretus Ex. Therap. Tom. iv. l. 5. pag. 519. C. [illegible] p. 108. a. C. D.
p. 517. C. [illegible]
Theognis N. [illegible]

Theophrastus Ex. de caus. plantar. l. 4. cap. 6. [illegible] p. 293. a. D.
l. 6. cap. 11. [illegible]
Idem de caus. plantar. l. 2. cap. 15. [illegible] p. 61. a. G.
Valentinus Ex. Gnosticus. [illegible] p. 7. b. B. C.
Varro Ex. apud Nonium in [illegible]
de Ling. Lat. l. 4. pag. 5. [illegible]

[illegible] p. 108. a. C.
p. 17. [illegible] p. 107. a. E.
Valerius Maximus Ex. l. 1. cap. 3. [illegible]
Virgilius Ex. Georg. l. 4. v. 211. [illegible] p. 131. a. D.
Æneid. l. 2. v. 163. [illegible] p. 170. b. H.
l. 7. v. 31. [illegible] p. 491. E.
l. 8. v. 427. [illegible]
l. 9. v. 319. [illegible]

I N D E X

Vocum Græcarum (Hebræis Latinisque paucis interstitis) quæ in his operibus explicantur.

[illegible]

I N D E X

[illegible]

[illegible]

INDEX

Rerum præcipuarum, quæ his commentariis continentur.

[illegible]

[illegible] p. 135. b. A. D.

Mens divinitus [illegible] p. 35. b. A. B. [illegible]

[illegible]

Modestus, *fumus* p. 176. a. A. B.

[illegible]

Natura [illegible]

[illegible]

Occasio [illegible]

[illegible]

Philosophia [illegible]

[illegible]

Principes [illegible]

[illegible]

Publicae [illegible]

[illegible]

[illegible]

THOMÆ GATAKERI
OPUSCULA PHILOLOGICA,
SIVE
DISSERTATIONES TRES,
In quarum I. disserit de
DIPHTHONGIS,
SIVE
BIVOCALIBUS.
II. DE
NOMINE TETRAGRAMMATO JEHOVAH.
III. DE
BAPTISMO INFANTIUM.

HENRICUS STEPHANUS

In EPISTOLA ad

JACOBUM GILLOTUM,

APOLOGIÆ pro

AULO GELLIO

PRÆFIXA.

Tyrannus potentissimus est Error communis ille *qi* jus facere *dici solet. Hinc fit, ut eorum qa ab illo recepta sunt, intacta manere plurima videamus. quum enim* ἀβασανίστως ea *receperis, postea* βασανίζεσθαι *non permittis.*

THOMÆ GATAKERI

D E

DIPHTHONGIS,

S I V E

BIVOCALIBUS;

Deqe Literarum qarundam sono germano, naturâ genuinâ, figurâ novâ, idoneâ, scripturâ veteri, veráqe;

DISSERTATIO PHILOLOGICA.

LECTORI CANDIDO.

Habes hîc alterum otii, per morbum nuper non indulti, sed indicti, foetum. *Tricas apinasqe semper?* forsan dixeris. Ignoscas, qæso. Inter medicorum [illegible] habetur, *infirmis, quæ animum remittant, leviora condonanda; quæ intendant, gravioribus abstinendos.* Quod autem de suis olim ille,

[a] *Hæc mihi charta nuces, hæc est mihi charta fritillus,*

& in morbo, & extra morbum, sola ferè. Sed nec usui nulli apinæ istæ, neqe enim inutile prorsus qicqam, qod veritati eruendæ, seive literariæ promovendæ qoqo modo conducat. Et gravioribus subseciva duntaxat fuisse, fieri potest, ut deinceps ratione aliqâ pateſiat. Illud unum à te auferre ambio, (nec iniqum autumo petere) ne qæ hîc dantur, qia [b] [illegible] videbuntur, idcircò [illegible] etiam habeantur. Ad rationis verò rectæ amussim obrussamqe ubi exigantur, ni probare se potuerint: non recuso, qui minùs, cum Augusti *Ajax*, [c] *in spongiam*

[a] Martial. lib. 13. Ep. 1.

[b] [illegible] Chamæleon apud Athen. l. 1, c. 1, [illegible] [illegible] [illegible] Ibid. l. 1. c. 17. [illegible] *mihi videntur esse verissima.* Ca. paral.

[c] Sueton. l. 2. c. 85.

LECTORI CANDIDO.

spongiam occumbant; & si [a] *litura multa* emendare neqiverit, *una expungat*. Me cerè mea etiam ipsum, lingvâ qoqe manûve propria, velut

> [b] *Lugdunensem rhetor ad aram*,

delere, nemo qisqam proclivior promptiórqe fuerit; sicubi à veritate (qæ mihi, nosqam non, nunqam non, [c] *orichalco* dicam? imò [d] *auro Uphaz cariora, non cara*) descivisse fuerint deprehensa. Ista interim si faventer habuisse te intellexero, otii hujusce fructus (modò ne per preli magistros, qos penes est, vel imprimendi, vel supprimendi, arbitrium, obstiterit) uberiores, utiliores qoqe (utpote qæ sacræ paginæ illustrandæ usui esse possint) posthac aliqando (in me cerè nihil est futurum, qo minus etiam propediem) cum Deo bono, expectaveris. *Vale.*

[a] *Non possunt nostros multæ Faustine liture Emendare jocos; una litura potest.* Mart. lib. 4. Epigr. 10.

[b] Juvenal. Sat. 1. vers. 44. de qo loco videndus Jos. Scalig. emend. temp. lib. 5.

[c] Plaut. Curcul. 5. 2.

[d] Dan. 10. 5.

THOMÆ GATAKERI
DE
DIPHTHONGIS,
SIVE
BIVOCALIBUS
DISSERTATIO.

DIphthongos nescio quas, sive (uti appellant, qui accuratius loqui amant) Bivocales, jam olim nobis procuderunt, suisque obtruserunt, uti Grammaticae Magistri. [illegible] Diphthongorum, sive bivocalium quoque portenta confinxerunt, quae tamen sunt ad[illegible] [illegible] hoc suum illis, aut probare, aut persuadere etiam, potuerunt. Caeterum in illorum dictata haec, tanquam dicta quaedam Pythagorea, citra disquisitionem (uti videtur) exquisitiorem ullam, non scholasticorum tantummodo turba imperita, sed eruditorum quoque literatorumque cohors [illegible] amplexa, tota fere, [illegible] pedibus iverit. Ita longe lateque diffusa & grassata [illegible] ista, cum nemine qui offenderet, qui vel impediret, vel obsisteret, vel ad examen etiam revocare sustineret, in scholas passim omnes penetraverit, & in singulis cujusque Institutionibus Grammaticis, locum, haud ultimum tum, aut ignobilem, occupavit: nec epidemicus, sed [illegible], jam error evasit.

C Adversus dogma vulgo solidum istud, illa tam longe lateque patens propalatum, probatum, propagatumque, primus (quod norim) solus etiam, (quod videam) seculo tandem hoc nostro (quo in priorum scita [illegible] acrius [illegible] inquiri) opponere se ausus est, Doctus quidam eruditus, Jacobus Matthias. Is in Tractatu, quem de Literarum [illegible] edidit, libro secundo, in quo de diversa [illegible] disserit, inter alia, quae attingit, hunc de Diphthongis errorem detexit, breviterque [illegible] ratione prostravit.

D Huic [illegible] [illegible] quod ille [illegible] paucis est [illegible], [illegible] paulo prolixius, Dissertatione illa institui.

Hoc est igitur, quod contendimus utrique, Diphthongos istiusmodi, sive Bivocales, nullas dari: non posse plures in eandem syllabam convenire ac coalescere vocales. [illegible] pro [illegible] habent vocales [illegible] quae sonum integrum, sive etiam integrum, ([illegible][a] cum nonnullis nullus

A dicerem, est enim syllaba, ubi nulla [illegible]?) praestat vocalis sola constituere, quod consona nec una, nec plures valent. At per vocalem istud censemus, quod possint hae plures in syllabam unam compingi, quam sic plures ad unam [illegible] constituendam concurrant [illegible].

Illud, quo clarius elucescat, duo comprimis praemittenda videntur [illegible] necessaria: alterum, ut [illegible] diversa [illegible] aperiatur; alterum, ut literarum [illegible], ex quibus bivocales istae illis constituuntur, vis atque potestas vera sit ac genuina constet.

B Primum illud quod attinet, literarum [illegible], ab Hebraeorum usu [illegible] videntur: apud quos literae י jod & ו vau, prout figura non [illegible]; (altera enim productior paulo facta alteram producit) sic [illegible] etiam [illegible]: unde earum, ut [illegible] [illegible] quod patet in [illegible] & [illegible] esse, [illegible] & [illegible], [illegible] & [illegible], aliisque non paucis: ita in hoc quoque conveniunt, quod nunc vocalis, nunc consonae munus utraque sustineat. Has autem etiam Graeci, qui ab illis literas suas (id quod elementorum nomina ipsa indicant) sunt mutuati, cum & Graecos, à **C** quibus totam fere linguam suam (quod alibi ostendimus) Latini, imitati sunt: utrique, I suum & Y illi, I suum & U illi, citra characterum varietatem ullam suppeterent, nunc pro vocalibus easdem, nunc pro consonis adhibuerunt. Inde factum, ut I & Y Graecorum, I & U Latinorum in literarum combinationibus illis αι, ει, οι, Graecis, & quae rariora tamen occurrunt, ae, ei, ui, Latinis; & rursus in illorum αυ, ευ, ου, ηυ, illorum au, eu, ou, ui, pro vocalibus, cum tamen revera consonae essent, à plerisque haberentur. Vidit hoc, nec adversus communem (quod ut sequentibus indicabitur) vir Cl. Joannes Vossius **D** cum suae Grammaticae l. 1. c. 15. sic scripsit, [illegible] quod I & V vocales & consonantes, idem sit nomen, figuraque eadem: adeo ut eodem modo scribi soleant, valui à volo & valui à valeo. Cui adjici potest, quod iisdem [illegible] (praeter [illegible][b] Gallico est observatum) per duo [illegible] scribuntur; quasi eadem figura, earum natura sonusque diversus sit, [illegible] consonantem esse [illegible] [illegible], inquit il-

a 3 le,

[a] [illegible] Charisius [illegible] Gram. l. 1. c. 1.

[b] [illegible] l. 1. c. 15.

[illegible] ... [illegible] sit, [illegible] quid [illegible] aperuerit.

Atque hoc [illegible], quod [illegible] hoc [illegible] propositum. [illegible] itaque, [illegible] in illis [illegible], [illegible] liquidò demonstrabit, si sonum eundem, in [illegible] vocibus, aliisque locis, in quibus [illegible] & hunc [illegible], non [illegible] vulgo usurpatum, sed germanum & [illegible], [illegible] advertemus. Etenim si sonum eundem [illegible] & [illegible] eandem, in illis [illegible], quam in illis obtinere, [illegible] fuerit, cur non [illegible] in illis quam in illis [illegible]? [illegible] non [illegible] in illis quam in illis [illegible], non pro [illegible], si [illegible] planè [illegible] percipiatur; [illegible] deprehendantur [illegible]?

Ut à primo ordiamur. In linguis tribus illis, Hebraicâ, Græcâ, Latinâ, ubi ex communi literatorum consensu [illegible] vim habere agnoscitur, [illegible] obtinet? Eam planè, quam y sive [illegible] nostrum; cujus quidem nomen germanum, non [illegible], [illegible], quod [illegible] visum refert Vossius art. gram. l. 1. c. 31. nec [illegible], [illegible], [illegible] nostri [illegible] nuncupant, sed [illegible] Hebræorum [illegible] (Judæis ipsis [illegible]) [illegible] proferunt. Nec [illegible] Latinorum I, consonantis ubi [illegible] naturam, de cujus tamen pronunciatione, mirum [illegible] videatur, tam [illegible] apud [illegible] illos, qui de illis tam accuratè egerunt (inter quos Justus Lipsius & Joannes Vossius) deprehendi silentium. [illegible] usus, [illegible] (nam apud nostros [illegible] corruptior [illegible]) id quod [illegible] aque [illegible]. Sic enim illi Hebraica [illegible] enunciant, ac si nostris literis jod, jah, jeshu, jochan [illegible], & Latina [illegible], jacio, jeci, jecur, jure, &c. ac si nostris characteribus yacio, yeci, yecur, yure, [illegible]. In illis planè [illegible] y in illis id [illegible], quod y [illegible], in [illegible], [illegible], [illegible], [illegible], [illegible], [illegible], [illegible].

[illegible] verò non [illegible] Græcum ut Græcis illis αι, ει, οι, tam & Latinorum I, in Latinis illis, ai, ei, oi, quam y eadem nobis, in [illegible], [illegible], [illegible], [illegible], [illegible], [illegible], precari, [illegible], præda, [illegible], [illegible], [illegible], [illegible], & similibus. In [illegible] autem, ubi syllabam [illegible] y, [illegible], [illegible] non [illegible] & in illis, quibus vocalem claudit, tamen ubi vocalem [illegible] quæ ubi eandem [illegible], eadem esse [illegible]; quis [illegible] [illegible] in [illegible], ut cum scribimus, [illegible], [illegible], & cum [illegible], [illegible], cum [illegible], [illegible], & cum [illegible], [illegible], cum [illegible], [illegible], & cum [illegible], [illegible], [illegible] si consolueris, [illegible] quod [illegible], nihil [illegible] deprehendes. [illegible] in Latinis (præter Belgarum [illegible]) vulgo [illegible], quid [illegible] nostrum foret, [illegible], [illegible], [illegible], [illegible], [illegible], [illegible], judex, [illegible] proferendaque [illegible]: id nobis [illegible] est familiare [illegible], qui & eandem eodem modo, [illegible] in [illegible] (v. g. in [illegible], [illegible], [illegible], [illegible], [illegible], [illegible]) passim pronunciamus; [illegible] est, in [illegible], [illegible], Janitor, [illegible], jacet, [illegible], [illegible], [illegible], & innumeris aliis. [illegible] autem [illegible] à [illegible] barbarorum, septentrionalium [illegible], [illegible] est traditum, Latinis [illegible] & [illegible] certè [illegible] agnovit. [illegible] consonanti y [illegible], [illegible] planè cum illo in eis, quæ pro [illegible], [illegible], [illegible] quam [illegible] conservat, [illegible]. Nec intelligo satis (quod [illegible]) [illegible]
* [illegible] Cl. [illegible] Grammaticæ [illegible], [illegible]

[illegible] Græcus superaret Latinos, F. [illegible] y nostrum [illegible] planè [illegible], in [illegible], qui in [illegible], in Τροία, qui in Troja, [illegible] syllabas percipiatur, ut Græcus hac in parte à Romanis superatus, [illegible] viro Cl. [illegible], nihil video; [illegible] ipse agnoscens * eundem esse [illegible] in [illegible] pronunciatione. [illegible] [illegible], id quam [illegible] nobis, id verò [illegible], mox docebitur.

Et [illegible] Hebræorum, & Y Græcorum, & U Latinorum, tam consonantis, quam & vocalis officio fungi, [illegible] est ut [illegible] possit. De Hebraico & Latino liquido patet. De Græco Salmasius (qui [illegible] supra Vossius) agnoscit [illegible] in Notis ad [illegible], [illegible], ubi de Digamma Æolico agit. Y Græcis, [illegible], interdum vocalis, interdum consonantis fuisse [illegible], [illegible] [illegible], [illegible], [illegible]. [illegible] de literæ [illegible] in tribus illis linguis officio [illegible], quod de consonanti [illegible] est. Ego planè, [illegible] consonanti Y nostri, ita U consonanti W nostri sonum ac potestatem in [illegible] tribuerim. At de [illegible] quidem Hebraico patrocinatorem habeo virum illustrissimum Josephum Scaligerum, qui in Annotatis ad [illegible] Chronica, literam cum W [illegible], qui etiam in loco V [illegible] & W [illegible] pro [illegible] habet, qui & [illegible] in [illegible], quam & in [illegible], [illegible], & [illegible], quoties & Hebraica, aut [illegible] linguarum vocabula, characteribus Latinis exprimere visum est, [illegible] [illegible] & similia, loco I Hebræorum W nostræ & Germanorum (est enim ea literæ genti utrique cum aliis quibusdam communis) figuram [illegible] scribendo, [illegible], [illegible], [illegible], [illegible], [illegible], [illegible], [illegible]. Id quod & virum doctissimum [illegible] in [illegible] suis [illegible] observasse deprehendi. De V Latinorum [illegible] complures. Et [illegible] quidem hîc ad [illegible] & Dionysium Halicarnassensem [illegible], qui Antiq. Rom. l. 1. p. 16. [illegible] Græci [illegible], [illegible] syllabam [illegible] sive characterem, [illegible] (id digamma est Æolicum, cui F figuram tribuit) [illegible] præfigere. [illegible] Latini [illegible], [illegible] Fenes & [illegible], [illegible] [illegible] [illegible], [illegible]. Cui [illegible] Græcorum [illegible]; qui pro Valerio, Virginio, [illegible], [illegible], [illegible], [illegible], [illegible], [illegible], nobis [illegible], ut ex Dionysio, [illegible] Græcis scriptoribus habemus F Æolicum & V Latinorum idem sonasse, (unde & Gellius noct. Attic. l. 14. c. 5. [illegible] sonum in [illegible], [illegible], [illegible], [illegible] literam, [illegible] appellabatur) [illegible] & [illegible] sonum [illegible], [illegible], Græci [illegible], id quem [illegible], [illegible], [illegible] vulgo [illegible], ab eadem longissimè recedit. Perperam autem inde colligit Dionysius Petavius in Animadv. ad Julian. V [illegible] consonantem esse non posse, [illegible] [illegible] esse [illegible], quam potius [illegible] [illegible], [illegible], sive digamma, consonantis vim esse, [illegible] vocalem [illegible] exprimi nequibat.

Verum antiquitate missâ, ad propiora nobis descendamus. Primum igitur (quod ego novim) ex nostri seculi scriptoribus, literæ hujus pronunciationem eam, quæ per [illegible] obtinuerat, & adhuc passim obtinet, [illegible] [illegible] esse [illegible], [illegible] ac [illegible] (sed [illegible], [illegible] probaret, cum [illegible] longè [illegible] esset, [illegible]) in lucem protulit, vir [illegible], Desiderius Erasmus. In [illegible] Dialogo de rectâ Latini Græcique sermonis pronunciatione, [illegible] se [illegible], [illegible] respondet; [illegible] [illegible] [illegible] [illegible] U consonante [illegible] apud Æoles digamma, id [illegible] [illegible] [illegible], id colligi ex vocabulis, quæ à Romanis accepta popu-

* [illegible] art. gram. l. 1. c. 1[illegible].

* [illegible] l. [illegible]

populorum sui adhuc nominant, Werck *Virus*, Wein *Vinum*, Gewelt, *violentia*, Wint. Windich, *ventus*, *ventosus*, Wachten *vigilare*, &c. Cunctari quidem videtur Desiderius noster. *Avionem rationem* ait se, & *propemodum*, dicit. At, qui huic succenturiabitur, criticum celeberrimus, Judecus en Justus Lipsius, in Dialogo *de recta pronunt. ling. lat.* c. 12. quid conclamant ille depictumque & propositum, sideribus adducam, variisque argumentis confirmatissimum dedit. *Literam*, inquit, *V cum pro consonante est, prisci quasi w proferebant. quod duo, tale est.* Vinum, vallum, *servum ita pronuntiabant, ut V illud consideant, sive digamma, sonum solum haberet, qualis est in* Quare, Quis, Quando, Suavis, Anguis, Aqua, *quo modo à Latinis integro simplici* [illegible] *Germani & Belgæ*. Vinum, Vallum, Vicum, Vannum, Ve, Wein, Wall, Wyck, Wan, Wel, *& infinita alia*. Eidem calculum dat suum, rei Grammaticæ [illegible], Joannes Vossius, *Artis Grammat.* l. 1. c. 26. *V*, inquit, *qui ejusdem credunt pronuntiationis esse ac b, falluntur. Valet enim* [illegible] *pronuntiari debeat, ut apud nos W, quod* [illegible] *comprobarem, nisi sufficere putarem, quæ de hac re scripsere Josephus Scaliger, & Justus Lipsius. Quippe ex nostra sententia V consonans, sive Vau, idem sonuit*, ac in Germanico Wein, [illegible] nec aliter initiale Latini Vinum, Ventus, quam Wienum, Wentus. Et ejusdem lib. c. 24. *Olim V efferebant, ut Germani W. nempe pronunciabant Winum, Wallum, Widere, Wacillare, &c. unde nostrum* Wein, Wall, [illegible], [illegible], &c. Denique ibidem c. 28. *At Vau* (quod v Latino nomen fecisse ex Grammaticis [illegible] haud uni [illegible]) *ut semel utrumque dicimus, sonuit ut W. neque hac parte tantum erratur in pronuntiando Latine & Græce, sed etiam Hebraice, apud quos* [illegible] [illegible], *debet pronuntiari*.

Hæc illi, quos, mirum mihi sit, non vidisse, quod [illegible] nobis [illegible] planè [illegible]. Cur enim Hebræorum [illegible] [illegible] [illegible] cum litera [illegible], tam in calce vocabuli, quam in capite, per pronsus exstillit, quæ nec figura discrepat. Sed quæ discrepationi huic lux clarior affulgeat, ad paradigmata descendamus. In [illegible] thematis, sive radice, *Vau* literam medicam consonam esse agnoscimus, pronunciandamque ergo [illegible] *Tsavah*. In futuro verò primo, sive imperandi formula, gravi [illegible] *Vau* eadem radicalis quam sit, *consona* probare est futura. Itaque enunciabimus *Tsav*. Jam quæro, requiro, scorum quid attinet, inter *Vau* [illegible] in [illegible] & illam in [illegible] (nam figuram literæ eandem esse oculus ipse indicabit) nisi quod vocalis subscripta in illo productior, in illâ contractior, tantùm; quod ad consonæ sonum nihil facit. aut si quamlibet proveniens, [illegible] *dedicavit*, notam quod literam significet, nunc [illegible] per *kamets*, sive longam vocalem, nunc [illegible] per *patach*, sive contractam, scribitur & effertur. Jam quæro, cum in [illegible] *mactare*, *Vau* per *w*, *kamets*, dicenda, enunciemus, cur in nomine [illegible] describitur, sive productum, sive correptam habeat subscriptam vocalem, non pronunciemus, *kow*, sed *kaw* (quasi literæ hic ab illis forent, aut figura etiam foret diversa) scribant, vel cum Judæis hac in parte [illegible] profertiunt. Denique Hebraicorum [illegible], quibus (in quibus est Petrus Martinius) magisteria habens, protonavit, quæ *Kamets* cum *Vau* magis quam *Patach* cum *Vau*, diphthongum sive bivocalem constituant: ubi quæ *Vau* aliter in [illegible] *ishav*, [illegible] *ravitar*, quam in [illegible] *pravitar*, [illegible] quod & à [illegible] *mari* est productum, sic proferendum, quanquam frustra quoque hic est Guillelmus, Coddæus, qui Martinium redarguendo, vocalem in illis *Vau* esse afferuit. Quum itaque nulla discrepantia statuenda, vel à scriptura, vel à prolatione, quam justè quis assignari, tam in illis quibusque quam in illis, nimique in elementis unitatis claudente, quam in Sectionem, *Vau consonam* esse, perstiterunque eandem obtinere, omninò evalescendum videtur.

De *Vau* & *Tseri* subjuncto eadem prorsus est ratio; [illegible] perinde [illegible], in [illegible] (immista id pa-

A ron) & [illegible] *tranquillus*: quod in [illegible] quoque confirmat forma pluralis [illegible] *sholavim* (quo modo à [illegible] *shlav*, *coturnix*, [illegible] *shlavim*, *coturnices*) & [illegible] *shalve* contractius, *tranquillis*: in quibus *Vau* cum syllaba sequenti ordinari, vocalis vim obtinere non valet. Nec dispar ratio ut *Va* in [illegible] *ishav* (vestitus & id genus) & in [illegible] *prosp.* nam Judæos hic quod pronuntiarent, qui tanquam V Latinum, vel Græcum enunciant, nihil est, cum ab eruditis quibusque id se jam dudum explosum. Hæc ubi maturis jam illexerim, animadverti paris in his mecum sentire, insignes duos ætatum Hebraicarum professores,

B Nicolaum Clenardum, & Johannem Drusium. Loquens ille in tractatu *de recta lect. ling. sanct.* cap. 29. [illegible]: *Mihi ego diphthongum propter ut* [illegible] *quo Jod aut Vau terminantur*: in deliberatione ea de re fui. Clenardum laudat probatque, qui scripserit, *Jod in fine post kamets, patach, holem, schurek, cum sit consonans, in præcedentem syllabam commiscere, ut* [illegible] *facies mea, dissyllabo,* [illegible] *mei, dissyllabo,* [illegible] *gaus, monosyllabo,* [illegible] *possessor, dissyllabo*. nihil ipse, *Vau similiter post kamets, tseri, aut segmente, & patach, ut* [illegible] *facies ejus, dissyllabo,* [illegible] *torquens, monosyllabo,* [illegible] [illegible] *monosyllabo,* [illegible]

C *nea, monosyllabo. non dubium*, inquit, *diphthongus hic esse, sed Jod & vau coalescere videri in præcedentem syllabam, tanquam vocalis in diphthongo*. hoc autem nihil verius esse concluda. rationes, quibus id confirmat, ab ipso, qui volet, petat licet. Adjicere his visum Cl. Joannem Buxtorfium Seniorem, qui *Thesauri Grammatici lib. 1. cap. 3. Diphthongum duas plures ve vocales in lingua Hebræa constituere negat*. Et cap. 4. concludit, *Diphthongos veras Hebræos non habere*. Verum vir ille præstantissimus (ut quod verum est fatear, & bonâ cum venia dictum velim) mihi in negotio hoc [illegible] esse videtur, funda-

D mentis certè quibusdam instruitur, quæ ipse minus probare posset. Alterum fundamentum peræ [illegible], quæ *Vau* tanquam *V* profiteantur, sive alterum statuit, quo consonam esse eam censet, etiam ubi [illegible] terminato, ut in [illegible] verbum ejus, quo modo etiam consona est, quæ non consonant? aut quomodo consonans, quæ quiescens omninò silensque nihil sonat?

Anseris interim dabit istud viri Cl. placitum, objectioni dicet occurrendi, quæ à diphthongis sive Bivocalibus, quas appellamus, impropriis desumptæ, adversus nos torqueri possit. In *ae* & *oe* scilicet, quæ hoc in censu ponuntur; utramque illam, quæ neutra tamen sit consona, eandem in syllabam coalescere, in *Musa* præsertim, & similibus. Quibus verbulo uno responderi poterit. Ista si

E prisco modo, sed posterioribus ætatibus obsoleto enunciarentur, ut et Græcorum in altero, et in altero exprimerent, tali conjunctione id fieri, ut *Musæ* [illegible], [illegible] (quod in Flavii Menach. Martyris observat *vau. lect.* l. 4. c. 4.) proferuntur, & tunc alteram, aut utique, consonam fuerit, ut est supra demonstratum: vel dividitur, ut *Musæ* trisyllaborum Ennio, & [illegible] quadrisyllabum, juxta quosdam, Plauto: ita vocales planè utraque fuerit, nec bivocalis nomen ullum locum, sive etiam [illegible]

F classicis, quæ Bivocales [illegible] utique [illegible] proferrentur, utrumque utramque quoque (meo saltem judicio) vocalem esse tenuit [*] Justus Rutgersius. hoc est, ut *a* simplex: (medium autem inter horum utrumque quidem dedit, per sese Phyllida [illegible] habeat) Bivocalis nulla prorsus est ratio statuenda. quum in altera *a*, *e* in altera; muta plane, nihil sonat; sicut & *Vau* Hebræorum, ubi penitus quiescit. quomodo enim Bivocalis fuerit, ubi altera nec vocalis est? aut quiescit quomodo, quæ [illegible] nulla concidit? neque enim magis auditur *a* in *Æneas*, *o* in *Œnone*;

G licet ita describuntur, quo utriusque origo à Græcis Atticis & Doricis indicetur; quàm in nostro *a*, in [illegible] *e*, etiamsi post [illegible] de certa scriptura tempora utramque repræsentent: Bivocales utraque prorsus nulla.

Hic pedem de Hebræorum *Vau* habebus consistit, ad Græcorum *V* transilieramus. Hanc illi respondere & [illegible] esse, vix quisquam opinor negaturum. Quum igitur *Vau* Hebræorum *consonam* esse, in iis, quæ diphthongi

sive

[*] *Var. lect.* l. 3. c. 4.

sive *[illegible]* [illegible] vulgo [illegible] habita, ideoque valeat, quod nobis *ov* nostrum, [illegible] demonstrasimus, [illegible] quid obstat quo minus & *v* Graecum in *αυ*, *ευ*, *ου*, quae bivocales esse pariter existimantur, eundem [illegible] utrinque obtinere [illegible]? [illegible] sonis illis exprimendis, [illegible] est illud docere [illegible]. Proinde *αυ*, in [illegible], [illegible], [illegible], [illegible], &c. quid aliud sonat, quam *av* Latinorum, in *avidus*, *avis*, *avena*, *clavis*, *pavo*, & similibus? id quod Gessio [illegible], [illegible] soni [illegible], *av* in [illegible], & *ausus* [illegible], [a] Ciceronis [illegible], [b] [illegible] Graecorum esse existimavit. Et quid autem [illegible] *v* sonus in Latinis [illegible] sono [illegible] ejusdem in *fluidus*, *fruor*, *fra-tris*; imo (pronunciatione [illegible] quam diximus, [illegible]) in [illegible], [illegible], *valor*, *validus*, &c. nisi quod *v* in istis vocalis *a* praeit, cui illic subjungitur? Apud nos [illegible] sonum agnoscis, [illegible] [illegible], [illegible] *[illegible]*, [illegible] [illegible], [illegible] [illegible], [illegible] *[illegible]*, [illegible] [illegible], [illegible] [illegible], [illegible] [illegible] *[illegible]*; quam [illegible] [illegible] [illegible], [illegible] [illegible], [illegible] [illegible], [illegible] [illegible]; aut cum Latinas [illegible] illa, [illegible], [illegible], [illegible], &c. Charactere quidem, uti videre est, in his diverso usi [illegible]; sed quem vocis ipsius [illegible] [illegible] (ut [illegible] dicam) [illegible] [illegible], in non [illegible], [illegible] [illegible], [illegible] [illegible], pro *[illegible]*, [illegible] [illegible], [illegible] [illegible], pro *[illegible]*, [illegible] [illegible], [illegible] [illegible], pro [illegible], sive *[illegible]*, [illegible], [illegible] [illegible]. [illegible] do & in [illegible], qui à Latinis [illegible], quod illi *per v*, nos *per w*, scribimus, uti in [illegible] à *fluidus*, unde [illegible], in [illegible] à *fravis*, videre est; quam tamen [illegible] utrobique idem existit. Qui nec [illegible] [illegible], [illegible] [illegible] *[illegible]*, [illegible] [illegible], [illegible] [illegible], [illegible] [illegible], [illegible] [illegible], ab eo qui in [illegible], [illegible], (qui [illegible] [illegible] [illegible] [illegible]) [illegible] [illegible], [illegible] [illegible], [illegible] [illegible], [illegible] *[illegible]*, (quod à Gallis [illegible] [illegible]) [illegible], [illegible] [illegible] [illegible]. Proinde haud [illegible] [c] vir doctissimus Hebraeam *Vav* (consonam) à Graecis in *U* vocale, [illegible], in Eva sive Chava [illegible], [illegible], [illegible], Levi [illegible], David [illegible]. [illegible] idem plane est in [illegible] [illegible] [illegible], [illegible], [illegible] [illegible], quo vel ipse [illegible], [illegible], h. e. tanquam *W* nostrum, [illegible] [illegible] [illegible], [illegible] [illegible] [illegible], [illegible] [illegible] Hebraicam [illegible] [illegible] [illegible]. Hebraicum est [illegible] quod [illegible] [illegible] [illegible] [illegible], non *Chava*, sed *Chavva* [illegible], & [illegible] [illegible] doctissimi [illegible], tanquam si *Chawwa* esset, [illegible], et qui [illegible] [illegible] [illegible] *Vav* in *Chav* [illegible], quam [illegible] in *α*, ubi idem [illegible], quod [illegible] nostris in [illegible] *[illegible]*? in novissimo [illegible], *Aavid* [illegible], [illegible] [illegible] [illegible] [illegible], quod in [illegible], [illegible] [illegible] [illegible]; ubi [illegible] esse ex V. Cl. Salmasio ibidem ostendemus. [illegible] hic [illegible] ratio [illegible]: [illegible] in Graecis, quam in Hebraeis ut Latinis [illegible] illis [illegible] [illegible] [illegible] [illegible] [illegible], cum [illegible] in [illegible] [illegible] [illegible] [illegible] habeat. [illegible] [illegible] [illegible], quo eundem plane [illegible] *v* in *αυ* Graeco, & *v* [illegible] apud Romanos fuisse, [illegible] *w* nostrum [illegible], [illegible] [illegible]. [illegible] [illegible] est Cariae; cujus [illegible] Strabo Geogr. l. 14. [illegible] [illegible] [illegible] [illegible] [illegible]: [illegible] qui [illegible] [illegible], cum *Cauneas* [illegible], ad [illegible] [illegible] Crasso [illegible] [illegible] [illegible] [illegible], quod *Cave ne eas*, [illegible] [illegible] [illegible] Cicero de divinat. l. 2. Atqui non [illegible] [illegible], nisi *v* in *caveo* idem quod in *Caunus* [illegible]. In [illegible] [illegible] [illegible] [illegible], [illegible] [illegible]. In *Caunus* igitur pariter [illegible], [illegible] est, quam idem [illegible] [illegible] utrobique. Tum in *Caveo*, tum Graecis, quam & Latinis idem prorsus quod *w* nostrum valet, & in *caveo* itaque, ubi *consonam* esse pro comperto [illegible] habetur, [illegible]

A plane, nec aliud quicquam, & [illegible], & [illegible].

Proinde nec [illegible] [illegible] [a] Vir doctissimus *v* [illegible] [illegible] [illegible] [illegible] [illegible], [illegible] à *[illegible]*, vel [illegible] [illegible], à *caveo* vel [illegible], [illegible], quem [illegible] idem utrobique tam in verbo, quam in nomine, nec in *[illegible]* aliud quam in *Caveo* existat. [illegible] [illegible] [illegible], qui [illegible] [b] vir [illegible] [illegible] Germanus [illegible], [illegible] haud [illegible] [illegible] [illegible], qui *[illegible]*, [illegible], [illegible] [illegible] per [illegible] [illegible] proferant, quam tamen in *[illegible]* *v* [illegible] ipse *ad consonam* [illegible] [illegible] [illegible]. [illegible] Graecis [illegible] *αυ* & *ευ* [illegible] [illegible], à [illegible]

B [illegible] [illegible] [illegible], [illegible] [illegible] [illegible] [illegible] [illegible] [illegible]. [illegible] [illegible], cum in Hebraeorum *Vav*, & [illegible] *W* [illegible] [illegible] (quod [illegible] [illegible], vir [illegible] [illegible] [illegible] [illegible] [illegible] [illegible]) [illegible] [illegible] [illegible] & [illegible] [illegible].

Ov autem [illegible] [illegible], [illegible] & Latinum *v* [illegible] [illegible] [illegible] in [illegible], [illegible], [illegible], [illegible], &c. nec ex Hebraeis [illegible] [illegible] fuit, & Latinis [illegible] [illegible] [illegible] [illegible]. [illegible] [illegible] in Hebraicis [illegible] & [illegible], aut [illegible] in [illegible] [illegible] [illegible]. Latini vero [illegible] [illegible] [illegible] ac

C [illegible] [illegible]; unde in [illegible] [illegible] *[illegible]*, [illegible], [illegible], [illegible], *Orfeus*, *Orfantius*, &c. [illegible] [illegible], [illegible] [illegible] [illegible], [illegible], quae [illegible] [illegible] [illegible], [illegible] [illegible] [illegible] [illegible]. quod [illegible] [illegible] [illegible] [illegible] [illegible], [illegible] [illegible] [illegible] [illegible]. Denique *v* Graecum illud ad *w* nostri [illegible], quam & [illegible] [illegible] [illegible] [illegible] [illegible] [illegible]. [illegible] nihil aliud [illegible] *v* Graecum [illegible] *v* quam [illegible] [illegible]; *v* ipsum, quam *ov* nostrum, nec [illegible] [illegible] in Graecorum [illegible] [illegible], *[illegible]* [illegible], *[illegible]* [illegible], &c.

D [illegible] [illegible], quam in [illegible] [illegible] *[illegible]*, [illegible] *[illegible]*, [illegible] [illegible], [illegible] *[illegible]*, [illegible] [illegible] [illegible].

Restat *v* Graecorum, quam [illegible] [illegible] [illegible] [illegible] pariter. Unde & [c] Vossius inter [illegible] Latinas, *v*, *u*, tam in Graecis, quae civitate Romana [illegible] [illegible], [illegible] *[illegible]*, [illegible], [illegible], quam & in [illegible], [illegible] [illegible], quando [illegible] [illegible], adversus [illegible] Charisium, quam [illegible] [illegible] [illegible], [illegible] & Servium, [illegible] [illegible] [illegible] [illegible], [illegible] esse [illegible] [illegible]. Ego vero [illegible] Charisio [illegible] [illegible], [d] qui in *v* Graeco [illegible] [illegible] [illegible] [illegible]

E [illegible] [illegible], (neque enim, quod Vossio [illegible], [illegible] [illegible] [illegible]) & *ad [illegible] [illegible] [illegible]* [illegible]; nec vivo [illegible] Cl. [illegible] [illegible], aut *v* Graecum in [illegible] & [illegible], aut *v* etiam in Latinis illis [illegible] & [illegible] prolatis, [illegible] [illegible] [illegible] [illegible]. Adversus plane [illegible] [illegible] illa, [illegible] aliud [illegible] *ov*, vel *ov* potius, [illegible] [illegible] [illegible], quam *Qr*? quod ex Fabio [illegible] [illegible] [e] Angelus Bassus. in *Q* vero quod [illegible] *v*, quam *w* nostrum? quod est [illegible] [illegible] [illegible]. Nam quod de [illegible] [illegible] [illegible] vocales ibi *v* esse, qui *v*

F *consonum [illegible]*. primo [illegible] [illegible], cur *v* Latinam [illegible] [illegible], Graecum [illegible], cum [illegible] [illegible] [illegible] [illegible] illa, *[illegible]*; quam [illegible] [illegible] illa, *v* [illegible] [illegible], [illegible] [illegible] [illegible] [illegible] [illegible]. [illegible] [illegible] [illegible] [illegible] vir Cl. hic ipse [illegible]. Nihilo [illegible] [illegible], [illegible] [illegible] [illegible], [illegible] [illegible] [illegible] [illegible] Scioppium [illegible], qui in [illegible]. Grammaticus [illegible], *ai*, *ei*, *oi*, *ui*, *au*, *eu*, *ou*, in [illegible] [illegible] [illegible] [illegible], in *[illegible]*, *[illegible]*,

G *[illegible]*, *[illegible]*, [illegible], [illegible], & in *[illegible]*, *[illegible]*, [illegible], [illegible], [illegible]; (quod in [illegible] & Scioppio [illegible]) quo [illegible] [illegible], [f] Thomas Smithus [illegible], [illegible] in *[illegible]*, Pet. [illegible] [illegible], [illegible] [illegible], [illegible] *[illegible]*.

a In Orat. b [illegible] Arm. l. 1. c. 2. c Voss. art. gram. lib. 1. cap. 12.

a Voss. de analog. l. 1. c. 5. b Jul. Scalig. de caus. ling. Lat. l. 1. c. [illegible] c Art. l. 1. c. [illegible] d [illegible] gram. l. 1. e [illegible] l. [illegible] f [illegible] [illegible] ling. Angl. [illegible] l. 9.

[illegible] , & in [illegible] , [illegible] , [illegible] , [illegible] lana , quæ per *u* is pingit , diphthongos [illegible] fingunt [illegible] , [illegible] . quod [illegible] j. & v in illis *consonantes* esse concedis , ([illegible]) id [illegible] utrique , [illegible] ; [illegible] quam v Romano [illegible] , nec [illegible] discrimen inter v in illis , sed & in *quis* , *quor* , [illegible] , *quum* , *equs* , & [illegible] . [illegible] , & [illegible] monosyllabo [illegible] ; [illegible] in nostro [illegible] producat , nec vero sic argumentaretur , ut diceret , ideo V *vocalem in ipsis esse* , qui *eundem habet sonum , ac in Græco* [illegible] in Græco [illegible] nostri , (quod & à Suecho nostro [illegible]) planissime deprehenditur. Idem utique prorsus , quem in nostris [illegible] , [illegible] , [illegible] , [illegible] , [illegible] , [illegible] , [illegible] , [illegible] , &c. [illegible] [illegible] , quod aspirationem , quam illi [illegible] figunt , non [illegible] (quod [illegible]) [illegible] , quo modo & Latini in literis [illegible] quæ Græci [illegible] , [illegible] , alii [illegible] . Certe [illegible] in [illegible] & [illegible] , quam in [illegible] , in quibus idem prorsus valere agnoscitur , [illegible] spiritum asperum habet in eadem syllaba præeuntem : nec secus ac [illegible] , quemadmodum nobis in nostris [illegible] , [illegible] , [illegible] , [illegible] , [illegible] , [illegible] , idem [illegible] in [illegible] atque in [illegible] : ubi [illegible] . Accedit quod vir doctissimus [illegible] in nomine reprehendit , quod in *pituita* , quando fit trisyllabum , ut Flacco ; [illegible] , quando disyllabum , ut Lucilio ; [illegible] [illegible] . [illegible] , in [illegible] ; in [illegible] , ut [illegible] . [illegible] , [illegible] , [illegible] , [illegible] , [illegible] . [illegible] , [illegible] D , ut in [illegible] , ([illegible]) [illegible] , [illegible] in [illegible] . [illegible] , [illegible] , in [illegible] , [illegible] , [illegible] , in [illegible] , ut in [illegible] , [illegible] , in [illegible] , ut in [illegible] . Quid & [illegible] , sive in vocali , post [illegible] , [illegible] , [illegible] , [illegible] , in antiqua illa , [illegible] , [illegible] pro [illegible] , quod pro [illegible] , & quod [illegible] pro [illegible] , (quod idem [illegible]) [illegible] , [illegible] , &c. [illegible] dem hoc [illegible] . [illegible] V in illis *consonans* [illegible] . Adjicere poterat [illegible] , [illegible] , [illegible] , perinde ac [illegible] illis [illegible] esse. Nec ego quidem capio , quid voluerit [illegible] , [illegible] , quod [illegible] [illegible] , [illegible] . [illegible] , *inquit* , *ibi V vera vocalis* , [illegible] *consonante* , [illegible] . Ut enim de veteri semper [illegible] nihil dicam , qui eo loco Q [illegible] ; quod ex Nonio constitit [illegible] . [illegible] & [illegible] , pro [illegible] & [illegible] , nec [illegible] . [illegible] , [illegible] quomodo & in Q [illegible] , quorum [illegible] (ipse [illegible]) [illegible] , [illegible] in Maroniano illo , Eclog. 4.

— *qui non risere parentes.*

Etiamsi in *cui* disyllabo *u* vocalis vere existat , & in hoc exemplo proinde lapsus fuerit Erasmus : at , (in *cui* , sive syllabam unam [illegible] , sive in duas dividas , [illegible] [illegible] esse , [illegible] , non video. [illegible] idem hoc [illegible] cap. 12. [illegible] , [illegible] . [illegible] , *non solum* , [illegible] *syllaba* , [illegible] , [illegible] , [illegible] in [illegible] , Pompejum , [illegible] ; [illegible] . Nihil verius , nihil [illegible] ; ad [illegible] , [illegible] , [illegible] : quod in nostris [illegible] , [illegible] , [illegible] , [illegible] , [illegible] . Si enim utraque in illis consonans fuerit , sonum certe in utraque syllaba eundem sortiatur oportet. idem sonabit ; in [illegible] , quod nos potius [illegible] dicimus , & in [illegible] , quod nostri [illegible] scriberent idem in [illegible] , quod nos [illegible] scribimus , (sic enim Pompejum , [illegible] habitat [illegible] ; quomodo & [illegible] Flacco [illegible] ,

Pompej , meorum prime sodalium ,

appellatur) & in [illegible] ; quo repetitio nihil est opus. nequi autem aliud sonat , vel in [illegible] , ubi [illegible] , quam in [illegible] , vel in [illegible] , ubi [illegible] , quam in [illegible] , vel in [illegible] nostro , sive [illegible] in *Majum* , sive [illegible] ? [illegible] , [illegible] , [illegible] , [illegible] . Sed [illegible] in [illegible] . [illegible] , *inquit* , at *supra dictum est* , [illegible] . Si [illegible] ([illegible]) [illegible] , [illegible] , [illegible] , [illegible] . Audiamus tamen , qui hic afferat , [illegible] . [illegible] , *inquit* , [illegible] *consonante* , [illegible] , [illegible] . [illegible] , [illegible] , [illegible] ; [illegible] , [illegible] , [illegible] , [illegible] , [illegible] , [illegible] . Sed quæ neque ipse esse *diphthongum* [illegible] . [illegible] , [illegible] , [illegible] , [illegible] , [illegible] , [illegible] , [illegible] , [illegible] , [illegible] in Virgiliano illo Bucol. Eclog. 6.

Huic aliud debetur ,

[illegible] , [illegible] . Nam quod monosyllabum esse [illegible] & de *ij* in [illegible] , [illegible] , & [illegible] perpetuo , aut in *huic* , aut in *cui* , ad vero [illegible] . [illegible] , [illegible] vocalis , vel in consonante ? [illegible] . [illegible] , [illegible] . Verum *idem est* i in *huic* , [illegible] , [illegible] . [illegible] . Cur enim non ex [illegible] ? *Idem est* v *in cui* , [illegible] ; [illegible] Q ([illegible]) [illegible] , [illegible] , ut est [illegible] , [illegible] . Cæterum [illegible] vere sic habet. Nec v nec j in [illegible] , [illegible] . Atque hoc est , quod [illegible] , [illegible] . [illegible] , [illegible] , [illegible] . Tam in *huic* ergo , quam in *cui* , [illegible]) sicut in [illegible] illo ,

a *De ling. Græc. pronunt.* l. 2. & *de ling. Aug.* [illegible] b *Ibid.* c *Jul. Scalig. de caus. ling. Lat.* l. 1. c. [illegible] d [illegible] l. 2. c. 18. e *Ibid.* lit. [illegible]

a *Carm.* l. 2. *ode* 7. b *Ibid.* l. 1. c. 7. c *De [illegible]* d [illegible] l. 2. [illegible] e [illegible] f *Lib. 1. Ep.* [illegible]

Qui servant, sub [illegible] lumen.

(quæ & primigenios videtur fuisse vocium earum prolatio) [illegible] tum & i vocalis esse, quod nemo inficiari potest. [illegible] enim consequitur & coalescunt, [illegible] vocalis altera, & v quidem [illegible], i vocalis, in adeundem [illegible] naturam, quam in Q. ad eandem illa, quam [illegible] nullo [illegible] modo [illegible], altera quo in [illegible] monosyllabo, [illegible] disyllabo, utraque quo in [illegible], ubi [illegible] ubi una [illegible]; quod apud Comicos haud semel fit, in quibus omnibus, quo v consonans fit, [illegible] priusquam, quod [illegible] in [illegible], [illegible], [illegible], [illegible] potest.

[illegible] j consonat, quam & v [illegible] verum ac germanum argumentum [illegible] [illegible], quibus nunc [illegible] à syllabarum [illegible] [illegible] in vocibus aliæ compositæ in [illegible] [illegible] & vocalibus [illegible]. Harum [illegible] exempla passim sunt obvia, quod [illegible], [illegible], [illegible] Maronis, Æneid. l. 2.

—— *[illegible] lapsis [illegible] arvis.*

ejusdem in Eclog. 3.

—— *rejice capellas.*

(sic enim [illegible], inter quos & Servius, qui [illegible] hic [illegible]; [illegible] & in illo Æn. l. 2.

—— *[illegible] abjecit [illegible].*

& l. 11.

—— *[illegible] abjecit [illegible].*)

Lucretii, l. 3.

—— *[illegible] [illegible].*

Dissenserit, in illis, Maronis Æn. l. 9.

—— *[illegible], & [illegible].*

Senecæ in Hippolyt. 2. 3.

[illegible] [illegible] [illegible].

Martialis, lib. 9. Ep. 94.

[illegible] plumis [illegible] [illegible].

TÒ U, atque V quod attinet;

[illegible], in illis Flacci, Epod. 13.

[illegible], [illegible] [illegible].

Plauti, Cistell. Act. 2. Sc. 1.

Quod [illegible], [illegible] non [illegible]; quod [illegible], non [illegible].

Lucretii, lib. 1.

—— *[illegible] [illegible]*

—— *[illegible] [illegible] [illegible].*

Nasonis, Epist. 12.

[illegible] [illegible] [illegible].

Tibulli, lib. 1. Eleg. 7.

[illegible] [illegible] [illegible] Dea.

[illegible]: in illis, Maronis, Æn. l. 5.

[illegible] [illegible]. ——

Plauti, Captiv. Prolog.

[illegible] [illegible] [illegible].

Lucretii, l. 2.

—— *[illegible] [illegible] [illegible].*

Ausonii, [illegible], 1. 2.

[illegible] [illegible] Olympiadas.

Epidicus Epist. 13.

[illegible] [illegible] [illegible].

Lucilii, l. 4. apud Nonium;

[illegible] [illegible] [illegible] [illegible].

Flacci, lib. 1. Epist. 1.

—— *[illegible] [illegible] [illegible] est.*

Ennii denique apud Ciceronem de divinat. l. 1.

[illegible] de [illegible] [illegible] [illegible]

[illegible]. ——

de quo loco videndus Vossius noster Gram. l. 2. c. 43. qui & idem [illegible] l. 2. c. 14. in [illegible] apud Maronem Eclog. 7. [illegible] legitur,

[illegible] [illegible] [illegible] [illegible] [illegible]

v sonare, ut [illegible] in [illegible] disyllabo, sed [illegible], [illegible], non [illegible] [illegible] quoque censere, sonum [illegible], [illegible]. [illegible] Anglus [illegible], [illegible] [illegible], [illegible] [illegible].

Verum [illegible] esse [illegible] [illegible] Vir doctissimus, quo diphthongum [illegible] in [illegible] disyllabo [illegible], quam in [illegible] & [illegible] pro [illegible] pariter disyllabis, (de quibus [illegible] videri poterit, Ibid. c. 19.) [illegible] disyllabo; quam enim eadem utriusque [illegible], sonus idem [illegible] [illegible]. Verum [illegible] [illegible]; [illegible] [illegible] [illegible] [illegible] consistit, non [illegible] intelligo, in [illegible] [illegible] & [illegible] [illegible], [illegible] consonanti [illegible] j [illegible], [illegible] [illegible], [illegible] [illegible] [illegible] à vocali ad consonam, & [illegible] [illegible] ad [illegible], [illegible] [illegible] (quam asperior multò duriorque ac difficilior [illegible] [illegible] [illegible] [illegible], [illegible], [illegible] [illegible], barbarus [illegible] [illegible], quantum [illegible] est [illegible] V [illegible]; [illegible] [illegible] [illegible]. Ex [illegible] quæ dicta sunt, liquidò patet. [illegible] [illegible] [illegible] ac [illegible] vel exemplo, vel [illegible] id [illegible] [illegible] litterarum I & U, ubi [illegible] [illegible], [illegible] [illegible] in [illegible] illis linguis [illegible] [illegible] [illegible] [illegible] [illegible], [illegible] [illegible] [illegible], [illegible] [illegible], [illegible] [illegible], [illegible] & [illegible] [illegible] [illegible], [illegible] hoc [illegible] argumentum [illegible] [illegible] ut nihil amplius ad [illegible] [illegible] [illegible] [illegible] [illegible] videatur.

Cæterum ex occasione istâ, quæstio [illegible], quæ à nonnullis fuit proposita, quid responderim [illegible] paucis exponam.

[illegible] est de vocum earum [illegible] ac [illegible], in quibus, [illegible], quæ & nostris, [illegible] illæ [illegible]. [illegible] [illegible] [illegible] de [illegible] [illegible] nuper [illegible], vocis [illegible] [illegible] [illegible], & [illegible] [illegible] [illegible], [illegible] est à quibusdam, qui id [illegible], [illegible] [illegible] [illegible], pronunciandum [illegible], [illegible] [illegible], neque [illegible] [illegible] [illegible] [illegible] [illegible] [illegible] videri [illegible], hoc [illegible] [illegible] [illegible] [illegible] [illegible] [illegible], [illegible] [illegible], quæ in nomine illo præcipua [illegible], (de [illegible] [illegible] [illegible] in [illegible] [illegible] [illegible].) [illegible] vulgari [illegible] [illegible], tanquam [illegible] & genuinam, [illegible].

Quæsita illa quò plenius [illegible], [illegible] [illegible] [illegible] [illegible], [illegible] & distinctionem [illegible] [illegible] [illegible] adhibendam [illegible]. [illegible] in [illegible] [illegible], [illegible], [illegible] [illegible], [illegible] [illegible].

Ac primò linguarum, de quibus quæritur, [illegible] diversa est. [illegible] [illegible], quæ in usu vulgari esse desierunt; aliæ, quæ adhuc [illegible]. Ad classem priorem pertinent, Hebraica, Græca, Latina. [illegible] [illegible], [illegible] [illegible] jam olim [illegible] ac [illegible] [illegible]; nec nisi apud studiosos ac literatos [illegible] in usu sunt, ad [illegible] & primigeniam, [illegible] potest, [illegible], quæ [illegible] [illegible] [illegible] [illegible] vigerent, [illegible], ut [illegible] [illegible] accedatur, [illegible] videtur: [illegible] ad [illegible], quæ certissima [illegible] est [illegible]; [illegible] [illegible] [illegible] [illegible], [illegible] [illegible] [illegible], est [illegible] [illegible]. [illegible] [illegible] [illegible] [illegible] [illegible] illud [illegible] [illegible], [illegible] [illegible] [illegible], non quæ à [illegible], [illegible], [illegible] [illegible] [illegible] [illegible], [illegible] [illegible] monumentorum [illegible] [illegible] [illegible], (quamquam & ab his [illegible] ad [illegible] illam quæ in [illegible] est, [illegible] [illegible], sed [illegible] [illegible], nec [illegible], accedere queat) sed quæ ab [illegible] [illegible] [illegible] [illegible], quanti ad nos opera [illegible] [illegible] [illegible], [illegible] ac [illegible] [illegible], [illegible] in eis habetur, quæ [illegible] [illegible] [illegible] [illegible]. [illegible] [illegible] [illegible] [illegible], [illegible] [illegible] [illegible], literarumque [illegible] [illegible], vel scripturæ [illegible], figuris [illegible], [illegible] [illegible]. [illegible] [illegible] [illegible], quod [illegible] [illegible] [illegible] [illegible] videbantur, in vocum [illegible], syllabarumque [illegible] [illegible], [illegible] [illegible] [illegible], [illegible] [illegible] [illegible]; [illegible] est, per [illegible] [illegible] [illegible], ut sonus duplex, sed alter alteri [illegible], [illegible] alter in [illegible] [illegible] cre-

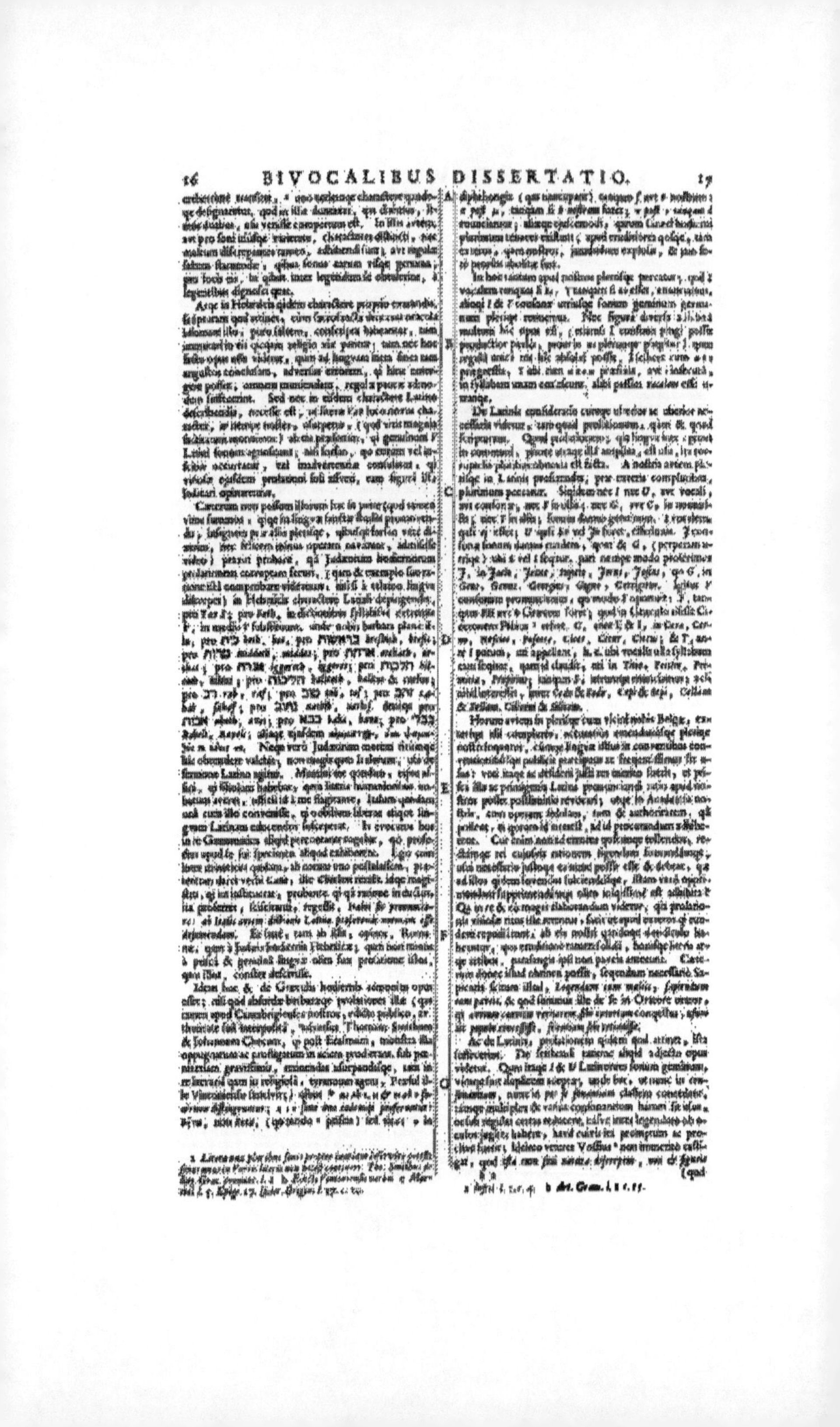

[illegible]

(quod facile proderet) diversæ species. [illegible] cum ex indigenis compendium; tum & legentium commoditati consuleretur, ad accuratius illa mutandum proclive est, usuque fere jam receptum, ut distinctionis justæ causa, literæ illæ, sicut sonis dispescuntur, ita characteribus diversis quoque repræsentarentur. Unde notam i, ut consona J j, v v; vocalis, I i, U u, pingimus.

Ceterum non inconcinnè requireret quispiam, quare non constanter, ubicunque sonus idem deprehenditur, figuras ibi his easdem usurpemus. hoc enim si eveniret observaretur, [illegible] commentatio illud [illegible], & ipsam per se [illegible]. quare in [illegible], quam vocali designandæ [illegible], characterem [illegible], in quibus aliud quam consonans esse non possit. v. g. cur [illegible], [illegible], quæ, quare, quum, [illegible] scribant, cum non a vocali illi ita præfixa, ut in eandem cum ea syllabam coalescat, posset esse vocalis ipsa: (neque enim, apud Latinos [illegible], [illegible] Vossius) nec eandem cum u vocali in vocabulis illis (quorum in [illegible] utraque etiam reperitur) sonum edere [illegible] compertissimum. quare in *equus*, *equum*, *antiquum*, *relinquunt*, *[illegible]*, *[illegible]*, charactere vocalis peculiari, [illegible], in *ervum*, *[illegible]*, *servum*, *[illegible]* figurâ consonantis [illegible], ad literam [illegible] abutimur; cum tam in illis, quam in illis mera consonans extiterit, [illegible], non consonans [illegible] sonum non unum [illegible]. quare non, [illegible], characterem quoque diversum habeat assignatum. quæ [illegible] *haud*, *[illegible]*, *audio*, *auris*, & similibus, non eodem, quo in *vace*, *vado*, *vago*, *volo*, [illegible] charactere, cum eundem utrobique, [illegible] nostro, sonum agnoscam. verum hoc typothetis operisque typographicis præstandum videtur. [illegible], in suis editionibus, prout ipsis visum, [illegible]. Nos ad reliqua, quæ [illegible] propositum, pergemus.

Hactenus longè de linguis [illegible] & dispunctione, quæ in vulgari [illegible] desiderent, [illegible] ut de ea aliquid adjiciamus, quæ in usu vulgari adhuc perstant, quæ & vernaculæ appellamus. In [illegible], præliminarem quod attinet, [illegible], quod usus probat. [illegible], quod [illegible], [illegible]. l, k, r, m, [illegible] consonantibus liquidis magistra [illegible] plane [illegible], ut [illegible], [illegible] est. Proinde si vox Jehovah quomodo enuncianda sit, quæratur, considerationem [illegible] ad [illegible], [illegible] [illegible]. Si enim de voce hac, quæ Hebraica est, quæritur, pronuncianda erit, ut si characteribus nostris [illegible] scriberetur, cum enim Hebraica elementi rationem [illegible] genuinam esse, [illegible] est demonstratum. ut si pro Anglicanis, quæ Hebraicæ illi respondeant, habentur, non [illegible], sed [illegible] planè proferretur, eo utique proclivi sono, quo J & V literas consonantes apud nostros sonare, siquidem quibus illorum Jod & Vav sonos exprimamus, alios habemus distinctos ac peculiares characteres, quibus illic non abutimur. neque est necesse, ut vocabula Anglicana, quæ Hebraicis interpretandis sive lingvâ nostrâ exprimendis adhibentur, ad illorum prolatum, [illegible] exigantur. hoc est enim lingvæ cujusque prærogativa, ut [illegible] ad morem proprium [illegible]. Exempla aliquot, quid velimus, dilucidius [illegible]. Si quis Hebraicè pertinax, [illegible] periculum aliquod recitaret, nomina illa ישראל יעקב דוד ירושלם [illegible] prolatum [illegible]) proferret, utique ut si [illegible], [illegible], [illegible], [illegible], literis nostris pingerentur. at [illegible], si [illegible] lingvâ nostrâ enunciaret, nomina eadem aliquo citra [illegible] Israel, [illegible] Jacob, David, Jerusalem, prout vulgo efferuntur, enunciaret. Aliud adjiciemus. Christi domini nostri nomen Hebraicum idem omninò fuit, quod & ducis illius Judæi, qui in terræ olim promissæ possessionem Dei populum induxit, יהושע utique, sive Jehoshua, inde ישוע *Jeshua* contractum, Syrum magis quam Hebræum (utpote & Syriaca quandoque ᵇ Hebraice dicitur, qui lingua tradita, [illegible], [illegible], corrupte [illegible]) nec nisi a populo e Babylone [illegible], ubi lingua Syriaca (ᶜ ea enim est, [illegible], quam Chaldaicam nos dicimus) [illegible], [illegible]. hinc in Græcam lingvam transferendo, nomen genuinum [illegible], siquidem Græcis [illegible], [illegible] [illegible]. Nos Hebraice [illegible], de reliquis, in quibus discrepantia vix quicquam [illegible] videtur, videamus, [illegible] *Jesu*, quomodo enunciandum sit, si qui [illegible], hoc si me [illegible] fore. Græcis quidem vox [illegible] ita erit proferenda, ac si esset nostro depicta charactere [illegible], quia I Græcis hic vocalis, Y consonans est. *Jesus* vero Latinis, ac si *Jesus* scriberetur, quia J consonans, (quæ illis [illegible] nostrum sonabat) a vocali [illegible]. Anglicanis vero Jesus, prout nos J consonam nostram proferre consuevimus. Nec de altera illa, hac utriusque [illegible], [illegible]. [illegible] Græca [illegible] prolata nostris figuris esset [illegible], quia I in eo vocalis est; Latina *Jesus*, [illegible] (posterior enim discrepat hic nihilominus) nostro charactere, [illegible]; quia [illegible] nobis sonus quod J consonans Latinis: Anglicana vero [illegible], eadem plane modo [illegible], quia J nostrum illud consonans est, [illegible], quod & in [illegible] eodem loco [illegible] ab [illegible] observantur. Nec est igitur necesse, ut a nomine Jehovah pronunciatione vulgari, (prout nec a Jacob vel David, vel Jesus, vel [illegible]) in sermone vernaculo discedatur.

Illud potius illic expendendum venit, ut prolationem, quæ obtinet, scriptura sequatur. Rectissime Smithus noster, ᵈ *Æquum est, scripturam sonos sequi, ut picturam corpus; restrictèque scriptura sonum exactè, ut arbor formas refert.* Quorsum namque elementorum figuræ, aut sunt primitus excogitatæ, aut [illegible] adhibentur, nisi ut quam in sermone communi sonus quisque sonum edant, eum [illegible] designaret? Contrà & [illegible] nostris, & lingvæ nostræ [illegible] peregrinis, [illegible] non [illegible], si & figuras sono cuique distincto exprimendo destinatas, easdemque ad sonum proprium accommodatas & restrictas haberemus. Hoc est enim, quod [illegible], [illegible] ad [illegible], de quo & externos audivi, non [illegible] (quod Gallis utique, inter alios, quæ nolo dicere, [illegible]) aliter legere nos quam scribimus, aliter pingere quam proloquimur. Nec tamen [illegible] (nisi [illegible] & [illegible] [illegible]) culpâ omni hac in parte immunes præstare poterimus [illegible]: quin literas [illegible] [illegible] vel [illegible], vel [illegible], illas, quæ proferri debent, ordine disponimus, elementis à sonis suo [illegible] plane tribuimus, uno eodemque charactere sonos à se plurimum discrepantes pingimus, & [illegible], sonum eundem non [illegible], nec [illegible]. Ex. gr. Cur in [illegible] scribendo, & [illegible], quod [illegible], & [illegible], [illegible], [illegible] proferimus? Cur [illegible], & [illegible] literâ eadem depingimus, cum & potior quam & sonum [illegible]? [illegible] & [illegible] ad [illegible] [illegible] Saxones [illegible] exprimebant. Cur [illegible] per [illegible] [illegible] cum [illegible], [illegible] [illegible]? Cur [illegible] ipsum [illegible] sive [illegible] [illegible], cum in *gate*, *get*, *give*, [illegible] aliter proferimus? Cur & [illegible] sive & nominamus, cum tamen si [illegible] esset (prius

ᵃ *Extra [illegible]* [illegible] ל [illegible] א [illegible] ע [illegible] ש [illegible] ע [illegible]

ᵃ Act. 21. 40. ᵇ Esr. 4. 7. Dan. 2. 4. ᶜ Act. 17. 5. & Rom. 16. 11. ᵈ De recta & emend. ling. Angl. scriptione, c. 5.

(prout est [illegible]; de aliorum itaque superstitione) [illegible], in tare, [illegible], [illegible]? Cur non eisdem elementis [illegible] scribimus, cum idem in utroque sonus percipiatur? Cur [illegible], [illegible], [illegible], [illegible], cum [illegible], [illegible], [illegible] legimus? [illegible] si quis originem attenderit; in promptu est responsio. In Latinis quidem [illegible], [illegible], [illegible], cum scriptio recta ac legitima cautat, nihil est immutandum; sed ad scripturam, quæ probe ac probata sit, prolationem esse accommodandam. [illegible] vocem vernaculam, [illegible] [illegible] plane diversa [illegible] [illegible] [illegible] facta fuerit detractio; ad vocabuli sonum accommodandam esse scripturam; neque enim id est in [illegible] aut [illegible] necessarium, [illegible] etiam, ut [illegible] cum sono [illegible]. [illegible] vero non id ipsi constanter observamus. v. gr. à voce Latina [illegible] derivata gemina habemus; [illegible] vocabulum utrinque; [illegible], [illegible], Grammaticæ peculiare [illegible], [illegible], [illegible] autem [illegible], qui minus, [illegible] Latin, [illegible] utrinque vox per [illegible] scribatur, & utroque potuerit, non per [illegible] tamen [illegible] illa quam illa describitur; cum hujus in utraque lingua [illegible], [illegible] in [illegible]? Ergo etiam Gallis [illegible] [illegible], quod [illegible] & [illegible] pronunciant, cum illa [illegible] tamen Latinis ea vox descendat, aut illa quod [illegible], nostrum quod [illegible], (nec [illegible]; quod aliud utrinque designat) cum Latinorum tamen vocabulo [illegible] [illegible] fieri debeat utrinque? Ergo Latinos [illegible], qui [illegible], non [illegible] scribunt, cum Græcis ea [illegible] sit; quod [illegible], non [illegible], quum Græcis sit [illegible]; quod [illegible], non [illegible], quum Græcum sit [illegible]; [illegible], non [illegible], cum Græcis [illegible]; [illegible] [illegible], non [illegible], quod Græcis est [illegible]; [illegible], non [illegible], quod [illegible] Græci; & alia ultra censum [illegible]? Certè, quum nulla non lingua in vocabulis aliunde derivandis transformandisque libertatem sibi sumat, nostræ nullo jure, [illegible], à [illegible] [illegible] [illegible].

Illis autem [illegible] prius [illegible] nos [illegible], ad alterum [illegible]. De Q litera itaque, ejusdemque potestate ac usu à [illegible] [illegible] occasione [illegible], [illegible] est quæstio. Convenit in nobis Latinè scriptis, ac in publicum [illegible]; [illegible], ac [illegible], hoc [illegible] [illegible], [illegible] [illegible] [illegible] à viris doctis [illegible], [illegible], qui rationem [illegible] [illegible], [illegible] [illegible], [illegible] novitiam introductam esse.

Et ratio quidem, quæ nondum [illegible] [illegible] est [illegible], [illegible] [illegible] compendiis [illegible], ad id primum [illegible], [illegible] [illegible] [illegible] fuerit, quod [illegible] plane [illegible] vulgo [illegible] illa [illegible] quam [illegible], quæ duplex [illegible], [illegible] ea per se ipsa includeret. Siquidem non Q, [illegible] Latinum, [illegible] Græcum, non simplex litera, sed composita est. Constat enim ex C & V, quod Capella [illegible] de nupt. philolog. l. 3. c. p. ex C, [illegible], & V, [illegible] [illegible], quod Scaliger confirmat de caus. ling. Lat. l. 1. c. 7. [illegible]) [illegible] (quod ex Velii [illegible] notat Vossius lib. 1. cap. 12.) [illegible] [illegible], [illegible], [illegible], [illegible], [illegible]. [illegible] [illegible] Cv, sive Qv, i. e. juxta [illegible] vulgarem Qu, quod Vossio [illegible] l. 1. c. 32. placuisse video, est [illegible] literæ [illegible] nomen, sed CVV, sive QV, (quod [illegible]) sicut ECS vel KS; non [illegible], quæ utrobique [illegible] est, sed quæ [illegible] [illegible] utraque, necessariò, in altero prælata, in altero subjecta, vocali illa, quæ consonas [illegible] exprimendas conferre adhiberi. Ergo quo modo X ex C & S, Ψ ex Π & Σ; ita Q ex C & V est conflata & constata. [illegible] idcirco, cum Julius pater, de caus. ling. Lat. l. 1. c. 10. [illegible] [illegible], qui Q nam C [illegible] esse [illegible]; [illegible] & Josephus filius, in diatriba de vet. liter. pronunciatione, [illegible], qui nullam aiat esse inter Q & C differentiam, cum [illegible] [illegible] in voce hac Quis ad Cuis, quæ est in Linguas & Linguis ad Lingas & Lingis. [illegible] [illegible] literæ [illegible] in Q [illegible] [illegible] [illegible].

Unde & notat Vossius l. 1. c. 32. eam, qui semper post Q subscriptum esset V, eatenus hoc [illegible] nihil [illegible] præter C simplex. quod de Q sentire Scaliger [illegible] [illegible], [illegible] alter censuit. Proinde sicut [illegible] τῷ X ut S subjungeremus, ut [illegible], [illegible], [illegible], [illegible], [illegible], pro [illegible], [illegible], [illegible], [illegible], [illegible]; [illegible]: alia enim est ratio, cum à [illegible] [illegible] potius quam [illegible], [illegible] à [illegible] esset compositum, Grammatici; (quod Fabius l. 1. c. 7. docet) scribent non [illegible], [illegible] [illegible] non est præpositionis, sed verbi [illegible]; sicut [illegible] in [illegible], [illegible] [illegible], & nominis verbi [illegible] [illegible] & [illegible], ut [illegible] Vossius. Ita [illegible] [illegible] [illegible] [illegible] [illegible] [illegible] [illegible] [illegible] [illegible]. [illegible], quod [illegible] [illegible] K; [illegible] [illegible], nomina, in quibus K secunda esset [illegible], per K esse scribenda putârit, quæ [illegible] [illegible] vocalem illam, nullam [illegible] vocalem [illegible] [illegible]. Et [illegible] quidem de [illegible] priscos observat Vossius l. 1. c. 27. a post K [illegible] [illegible], cum scriberent Kalendæ, Kaninia, [illegible], Karthago, pro Calendæ, Calumnia, Carus, Carthago, quia K [illegible] C & a in se contineret. [illegible] certè [illegible] [illegible] V post Q, quam & S post X, est [illegible] supervacanea, cum compositi [illegible] utraque illa, & quidem integra, [illegible] [illegible] comprehendat.

Ratio igitur [illegible] satis suppetit, cur vel Q [illegible] sive U, sive V, nihil sit opus. Nec desunt qui patrocinium hac in causa sua sponte [illegible], viri cum literati, tum & inter literatos [illegible] [illegible] haud infimi. In hisce est, quem & superius partè adduximus; Vir Cl. Scaliger filius. Is loco [illegible] designato: V post Q nullum habet sonum, sed [illegible] [illegible] [illegible], [illegible] [illegible] [illegible], [illegible] [illegible] V [illegible] [illegible]. Accedit huic, sed [illegible] [illegible], [illegible], [illegible] Autor haud ignobilis, licet de nomine ignotus, cujus de Lingua Gothica commentariolum [illegible] Bonaventura Vulcanius; in quo ista habentur. Q [illegible] est [illegible] [illegible], [illegible] [illegible] V [illegible], [illegible] [illegible] [illegible] [illegible], superflua est. Male igitur scribunt Latini. Quisquis, Quis, Quia, Quoniam, [illegible] Gothi, qui u [illegible], scribentes Quiske, Qis, Qia, Qoniam. [illegible] [illegible] Q [illegible] u, [illegible] [illegible], [illegible] [illegible] [illegible], [illegible] [illegible] [illegible], [illegible] [illegible] [illegible] [illegible]. [illegible] [illegible] [illegible] [illegible], [illegible] [illegible] [illegible], [illegible] Græci faciunt, qui [illegible] [illegible] [illegible], [illegible] [illegible] [illegible] Quinus. [illegible] [illegible], [illegible] [illegible] [illegible], [illegible] [illegible] [illegible] [illegible], [illegible] [illegible] [illegible] [illegible]. Hæc ille [illegible]. Cæterum ne Gentis Gothicæ, gentis barbaræ, Latinæ vel scripturæ vel linguæ magistros facere videamur, Virum clarissimum, antiquitatis omnis indagatorem sagacissimum, rerumque illarum peritissimum, Joannem Vossium [illegible]. Is, (neque enim in partes hic vocatus comparere recusabit) Artis Grammaticæ l. 1. c. 22. Cujus inter alia [illegible]; Veteres scripsisse, Aequ. Equo. Qis, & similia, absque V. [illegible] [illegible], [illegible] [illegible] & potestatis ratione Q [illegible] [illegible] [illegible], (quod Capella ac Diomedis [illegible] [illegible], qui ex C & V constare affirmant) sed etiam [illegible], [illegible], [illegible] & [illegible] [illegible] [illegible], [illegible] [illegible], [illegible] [illegible] C & V pariter [illegible] in se [illegible]. Atque inde est, quod in [illegible] [illegible] [illegible] V, [illegible] in Q [illegible], [illegible]. [illegible] [illegible] [illegible] est Equo pro Equus, ac in [illegible] [illegible] [illegible] [illegible] [illegible] [illegible] [illegible] modus. [illegible] verba quæ vir Cl. [illegible], hæc sunt. [illegible] Q literam [illegible], quoniam nihil aliud est quam C & V; & non minus posse scribi Quis per C & V & I & S, [illegible] [illegible] Quis, & Quæ, & Qid, per Q & I & S scripserunt, & per Qæ, & Qid; quoniam [illegible] in Q esse C & V. [illegible] [illegible] [illegible] [illegible] Vossium, [illegible] [illegible], [illegible] [illegible], qui [illegible] [illegible] [illegible] [illegible], [illegible] [illegible] [illegible] [illegible], aut [illegible] ab [illegible]. [illegible] in [illegible] [illegible] [illegible], [illegible] C [illegible] [illegible] [illegible] [illegible]; [illegible] [illegible] [illegible] in [illegible] [illegible] [illegible], aut nomine [illegible], & [illegible]. Quibus adjici

b 3

a Art. Gram. l. 1. c. 43. b Jul. Scalig. de caus. ling. Lat. l. 1. c. 10.

ponendi, quod & ipse paulò post, ex eodem auctore suggeris, *V consonam in his esse, cujus vox ut postulas* Q *literæ includitur*, non prorsus in alterutro illis, vocalem quod & Vossius ipse contra Diomedem, *Velicianum*, aliosque Fabium ipsum [illegible] sustinuit. Idem denique libri ejusdem c. 19. *Consuetudo [illegible] à [illegible], imo & penè omnibus [illegible], post* Q *scribitur* V, *cum* Q *nihil aliud sit quam* C *junctum ad sequens* V. *Iam si post* Q *geminum* [illegible] *scribere visum, nihil fortasse* Q *[illegible] opus erat. Sit* Q *ad [illegible] [illegible] [illegible] plenis,* V *[illegible] in* Q *intelligatur; sic* Q *erit una duplicis literæ* C *&* V. *Rectius igitur aliqui*, Qa, Qi, Qo *scripsere, quam alii quo, qua, quo; cum ea sit* V *post* Q *redundet, et [illegible] [illegible] [illegible], quo nihil fiat frustra.* Hunc [illegible] illi ex quibus [illegible] [illegible] [illegible], scriptorum [illegible], qui V post Q [illegible], nec [illegible] [illegible] [illegible], sed Latinæ [illegible] [illegible], nec verò ut [illegible] [illegible] esse, ut [illegible] [illegible] [illegible].

Et ad quæstionem geminam illud [illegible] [illegible]. Diffinitio reliqua [illegible] [illegible] sic [illegible]. *Diphthongi*, sive *bivocales*, sunt, in quibus vocales duæ in *syllabam* [illegible]

A [illegible]. Hæ vel sunt *impropriè*, vel *propriè* sic dictæ. *Impropriæ* sunt, in quibus, *cùm duæ jungantur, altera tantùm proferatur*. hujusmodi sunt apud Græcos, ᾳ, ῃ, ῳ, quibus iota est subscriptum, in Latinis *æ* & *œ* in *Æneas*, Omnes, &c. de [illegible] [illegible] [illegible], qui *[illegible] [illegible] [illegible]* [illegible] [illegible] dicuntur. h. e. dicuntur, & non sunt. *Propriæ* sunt, in quibus *vocalis utraque profertur*. hujusmodi [illegible] habentur, in quibus *i* & *u* (qu[illegible] [illegible] [illegible] [illegible]) vel *aliis vocalibus adjuncta*, vel *[illegible] invicem [illegible]*, [illegible] [illegible]; i, in *ai*, *ei*, *oi*; *u*, in *au*, *eu*, *ou*. [illegible] verò *i* & *u consonas esse*, [illegible] vocales, [illegible]

B [illegible] [illegible] [illegible] [illegible] plane, qui *j* & *v* consonantium geminum esse, vel agnoscunt, vel [illegible], *i* [illegible] vel *y*, *v* [illegible] vel *w* nostri [illegible]. [illegible] [illegible] in [illegible] vocalem esse, cum vocalis altera nulla sit, [illegible], in quibus, *[illegible] invicem [illegible]*, *u* Græcorum, in [illegible] [illegible], *ui* Latinorum, quæ [illegible] [illegible] [illegible], in [illegible] [illegible] monosyllabis. in his vix [illegible] *i consonam*, *u* vocalem esse [illegible], ergo [illegible] *u consonam*, *i* vocalem, bivocalem [illegible], [illegible] [illegible].

[illegible] ergò Bivocales.

THOMÆ GATAKERI

DE

NOMINE TETRAGRAMMATO

DISSERTATIO,

QUA VOCIS

JEHOVAH,

APUD

Nostros receptæ usus defenditur, & à qorundam cavillationibus iniqis pariter atqe inanibus vindicatur.

LECTORI CANDIDO.

Notum est [a] Censoris gravissimi dictum, Tam otii qam negotii rationem esse reddendam. Hoc ipse qo ex parte aliqâ [b] præstem, paucis hisce te conventum velim. Cum morbo, qi me nuper habuit, (habuit enim magis me ille, qam illum ipse) necdum penitus reliqit, domi conclusus, lecto etiam partem maximam affixus, distinerer, dum otii tædio (qod mihi nunqam non grave) ex libris levamen aliqod reqiro, in Viri cujusdam clarissimi de Nomine Tetragrammato Orationem apud suos habitam incidi, ad cujus oram in codice meo (pro more mihi non insolenti) nonnulla olim adnotaram. Ea jam repetita & relecta, animum impulere, ut de argumento hoc molirer aliqid; qo vocis Jehovah usum apud nos ([c] nec solos tamen) receptum, qem acrius pavlò avtor ille impugnat, & insectatur acerbius, qà possem, tutarer, & ab illius cum cavillis, tum & calumniis vindicarem; idqe eo magis, qia ab altero qoqe notæ etiam primariæ viro, Anglos nostros, hoc eodem nomine, qasi crimini graviori affines, nominatim perstrictos offenderem. Hoc intra pavcos dies ubi absolveram, juris publici facere visum est. Qæ si cui forsan otiosa ac supervacanea videbuntur; ut aliud nihil dicam; illud primò habeat, esse hunc otii, nec ultrò accersiti, sed necessitatis lege qadam imperati, fœtum. tum veteris dicti meminerit, qo pronunciatur, satius esse, otiosum esse, qam nihil agere. Cogitet deniqe ista, qaliacunqe fuerint, viros etiam summos exercitos habuisse. Tu sicubi lapsum deprehenderis (qod cum à morbo, tum & ab ætate, [d] qi morbus alter est, laboranti proclive fuerit) manum si porrexeris, amice feceris, gratiamqe apud me eo nomine ampliorem inieris, qam paria te mecum sentire professus: siqidem hac ratione forsan confirmatiorem, illà (qod est optandum magis) emendatiorem reddideris. *Vale.*

[a] Catonis majoris, ex Origin. l. 1. [illegible] Cicero Orat. pro Planc. ([illegible] & ad Attic. l. 5. Ep. 10.) & Columell. l. 1. c. 22.

[b] Liber tum animus otii, quam negotii præstare rationem, Symmach. l. 1. Epist. 1.

[c] Videntur Drusii ipsius [illegible] ad [illegible] scripti hujus prope finem adscriptam.

[d] [illegible] Apollodorus. Itaque Philemon. [illegible] Terent. Phorm. 4. 1. Senec. Ep. 108.

THOMÆ GATAKERI
DE
NOMINE TETRAGRAMMATO
DISSERTATIO.

[illegible]

[illegible]

[illegible]

* [illegible]

controversiam nobis [illegible] nomen datur [illegible] in Ecclesia Vaticinio extremo. Quorum autem personis locisve nomina, nisi quæ eis in sermone scripturaque, pro occasione, designentur? In sermone vero communi qui id potest ab iis, qui profitentur ea aut nesciunt, aut negarunt? Accedit solemnis illa juramentorum concipiendi formula [illegible] quod quadragies minimum in sacra pagina reperitur: quum in eadem vix nomen illud bis [illegible] semel [illegible] tantum, occurrat. Quin nec exteris etiam ethnicisque ignotum prorsus fuisse Dei nomen hoc, ex codicibus sacris clarissime patet. Ipsum enim bis proferunt, cum Laban & Bethuel [illegible] Abrahami famulo, Gen. c. 24. v. 50. tum & Pharao Rex Ægypti, Exod. c. 5. v. 2. & regis sui nomine non semel Rabsake Ezechiæ, Esai. c. 36. v. 7. 10. Nec certe in usu vulgari esse videtur desiisse, quamdiu apud Dei populum prophetiæ series continua perstiterat, aut Spiritus sancti [illegible] ulli extiterant, qui oracula [illegible] in populi illius usum communem, seu pro concionibus, [illegible] illi [illegible] communem, aut viva voce ederent, aut scripto proderent, quod ab eis, quorum in gratiam propalabantur, aut auribus quidem percipi, aut proferri, aut legi etiam, nedum ut intelligi, valerent? aut qui cuiquam dicti scripti ve usus, quem nec audire percipere possit, nec proferre ipse noverit? Proinde nullo pacto esse potest rationi consentaneum, ut existimemus, Vates sacros in vaticiniis suis id nominis major inculcasse, quod proferre tamen lectoribus ab eis nollent, quibus ea tradidere. Imo quamdiu ordo sacerdotalis suo [illegible] habuit, qui extant legis divinæ observandæ insignioli, non potest nominis illius prolatio infuper haberi, nedum ut penitus intermitti, aut in nihil tandem etiam devenire. Cum enim formulâ a Deo in lege per Mosen præscriptâ Num. c. 6. v. 24.-27. populo publicitus benedicere tenerentur, fieri non poterat, quin eam quotidie usurparent, qui & nomen hoc proferrent ipsi, & in populum simul quoque propalarent. Porro si in benedictione solenni illa & sacerdoti proloqui, & populo auribus percipere liberum licitumque fuerat, eoque abstinerit, cur non & aliis quoque, vel in sacris scripturis legendis, vel in supplicis publicis concipiendis idem faciendi pariter, sive libertas, sive licentia, extiterat?

Nam quod Judæuli inepti, horumque vestigiis insistentes, [a] ex verbis illis novissimis, Num. c. 6. v. 27. *Et ponent autem nomen meum super filios Israel*, [b] eliciunt, non dignum fuisse nomen illud efferi, quin benedictionem illam pronunciarent, sed & ex verbis illis, Exod. c. 3. v. 15. quæ scriptura sacrosancta [illegible] hoc est nomen meum ad occultandum, cum textus ipse לעלם in æternum, habeat, nomen illud supprimendum, nec in religionis usum colligunt. At profecto [c] *sacerdotum in benedictione illis conferenda, in capitis & fulminis voce* (per constitutionem quandam [d] unquam non abstinuere, qui in nullis suis sacris abutuntur hodie Pontificii) ejusdem verba illa prorsus, ut se prolatio hujus nominis à quoquam exerceri possit. Denique [e] *Mosis etiam tempore prolationem ejus interdictam fuisse verbis illis*, Lev. c. 24. v. 15, 16. *Quisquis maledixerit Deo suo, ille feret iniquitatem suam*, [f] *at qui pronunciaverit nomen* יהוה *morte morietur*, quibus verbis Deus mortem [illegible] videatur, non illi modo, qui Deo maledixerit, sed & illi (à vulgo maxime) qui nomen illud effatus fuerit. Hac tamen nec hic aliquid quicquam est certius, quum sint tenuiora fallaciæ, sed [illegible] etiam absolutis viliora argumenta, itaque mirum nobis valde sit virum insignissimum tam puerile commentum [g] *veri speciem saltem aliquam tribuisse* vel voluisse. Cum primum enim nihil fundi à sacro textu habeant, neque enim sequitur, ut, qui in solenni benedictione illud [illegible], ideo aliis sacris interdicitur, quum in aliis illud hymnodiis, votivis, professionibus, juramentorum formulis crebrius usurpatum occurrat; imò

a. Ludovicus Cappellus *Orat. de Tetragram. pag.* 312. b. *Idem ibid. p.* 311. c *Ibid. p.* 312. d *Exod.* 3. 19. e *Idem* 318. 303. f Hebræi & Junius supra. g *Ibidem* 320.

in nonnullis, aut potius ejusdem illis, præceptum etiam ac præscriptum reperitur. videamus Deut. c. 21. v. 8. & c. 36. v. 7. 10. Jer. 4. 2. Secundum ille textus codicis sacrosancti depravationem manifestissimam, negari non potest. Tertium tum Judæis doctoribus etiam quibusdam agnoscunt ipsi, [a] *mandato divino adversari*: & ex Maimonidis autoritate discimus, præceptum esse, ut aliâ voce [illegible] *sacerdotali illa benedictio*. In quarto, affirmatum verum esse nescire neminem illud, à vulgo [illegible], quod si sustulerit, admissa interpretatione ista, nec sacerdoti nomen illud efferi liceret, [illegible], cum legis ejusdem dux [illegible] incertitudo fuit gemina, quorum alterum alterius [illegible], supplicii speciem ac rationem explicatius designans, plerique censent; priori etiam inciso [illegible] abstinendum, ita alios quoque è plebe & populi fæce lectum fuerit, quo modo nomen illud venerandum proloqui, ita & nomini maledicerent. Nec interpretum, optimi, [illegible] ac solidorum quisquam, nisi in execrationis significatione verbum נקב in interdicto illo unquam sumendum pronunciavit. Verum illis ut maxime, quid quod inveniatur nihil fit satis clarum videtur, & sane Mosem, & sub Mose, & à Mose temporibus per secula quæ plurima, nominis hujus prolationem in altercatione [illegible]: imò ex Discipulis mandans (à Judæorum Magistris primariis quoque ipsis id agnoscentibus) solennem ejusdem prolationem, populi turbâ tota astante, & quorum per luctum intervalla poterant, auribus percipientem, clara voce facta fuisset, ex qua solà occasione, etiamsi nihil aliud accessisset, per hot secula ille fieri non poterat, ut non esset ea in vulgus etiam hominum notissima.

Tertio, ex superstitione quâdam, seculis inferioris, & sequioribus illis, cum Spiritus sancti monitoria illi à populo illo jam defecerant, nec ordo sacerdotalis cultus sinceri ritusque priscis tenax extiterat: (quamdiu enim illis abstinere, aut præstiterant cessare, vel abolere non poterat) à nomine isto proloquendo abstineri, tenerent esse eoque tandem devenitum, ut pro piaculo immani haberetur, nomen illud effari; cum à Magistris scilicet denunciatum jam esset, [b] *partem non habituram in futuro seculo, quisquis nomen illud pronunciare præsumeret*: quod tamen per aliquam moram ab orbe tandem [illegible] prodiretur, non scilicet tantummodo, sed & piaculo haud dignum habebatur.

Ex superstitione, inquam, usurpatum hoc, & merâ quidem: nam quid enim aliud subesse poterat? Obtenditur religio, & nominis sacrosancti veneratio; respectu; cui ut honos illibatus conservaretur, necnon ejus prolatio tenerioribus evilesceret, aut extincti etiam, qui abuterentur polluerent, innuerent, vel est [c] vulgi ipsius tractatu *rationi subjicerent*, vel magis Spiritus sanctus [illegible] ut nomine isto proloquendo deinceps abstineretur.

Speciosi sunt quidem prætextus isti, sed superstitionem cordis suspicor plane. Siquidem, si, cur de illo potius nomine, quam de altero illo, quod ejusdem esse valoris alternatim, ut de cæteris nihil dicam, tam solliciti sacrilegi extiterunt? an ejus alterius illius quam illius sanctitas? simplex itaque religione hujus quam alterius illius major, illis? [illegible] ipsissimum ac majestatem tribuere, est insignis plane superstitio, atque pariter, quam nos Pontificiis de nomine *Jesu*, circa quod illi pari modo sibi habent, non immerito objicimus. an quis nomen *יה* aliave Dei nomina, etiamsi vel a suis, vel ab exteris, profane, leviusculè, impiè haberentur, non id neutiquam futurum foret? Atqui nihil absurdius, quam hoc animum inducere, Dei majestatem non penitus à nominibus, quæque à sacris, quantum in ipsis est, Iædi, violari, polluis, sed quæque tandem nomine divino designatum sit fuerit, quo Deus, ubi *nomen suum* lege sanâ *temerandum* prohibuit, Exod. c. 20. v. 7. aut ubi

C 2 san-

a. *Ibid.* 312. b Ex lib. Sanhedrin Drusius *Tetragr.* c. 9. & Galatinus *de arcan. cathol. verit. lib.* 2. *cap.* 10. c Ludovicus Cappellus *de tetragr. p.* 319.

A sanctitate horrenda, tremendum insuper ac venerandum intendisse, Deut. c. 28. v. 58–61. ac hoc solo, vel nec aliquo nomine religiose [illegible], religiose habenda, [illegible] voluerit. Tum ita non illud, non superstitionis [illegible] dico mera, sed praesumptionis [illegible], [illegible] Mose, Prophetis, [illegible] quoque, imo Deo quoque ipso, [illegible] cujus ex afflatu omnique [illegible] oracula [illegible], cum ore edita, tum & scripto sunt prodita, prudentiores pioque magis censent se? ut quod illi palam omnibus [illegible] [illegible], nec cunctos [illegible] voluerint, illum ipsum isti, [illegible] hos esset, quodque ad honorem divinum conduceret magis, [illegible] ac [illegible] dum [illegible] [illegible].

B Cavillum vero est frigidum, ac calumnia mera. Ideo nos [a] *superstitionem Judaicam accusare Patres antiquos & ex Evangelistis doctissimos* [illegible] nominis hujus loco solent aliud aliquid substituere, qui à mera superstitione [illegible] apud Judaeos [illegible] [illegible], cum hoc ab illis [illegible] [illegible] [illegible], cum [illegible] [illegible] [illegible], aut nescirent ipsi [illegible] aut non [illegible] haberent, aut à plerisque non advertí admitterent, observarunt, [illegible] jam [illegible], [illegible] [illegible] [illegible] [illegible] [illegible] [illegible] [illegible] [illegible] in superstitione mera [illegible] [illegible], (cujusmodi [illegible] [illegible] [illegible], à plurimis, [illegible] [illegible] à [illegible] [illegible] [illegible] appellationes,) [illegible] [illegible] [illegible] [illegible] à plerisque usurpant.

C Quare, [illegible] [illegible] factum est tandem, ut nominis illius genuina & primigenia prolatio in oblivionem & ignorationem plane devenerit. Nec in hoc firmando multis [illegible] est opus, quum & Judaei ipsi hanc hic [illegible] agnoscant: nec qui [illegible] [illegible] praestare pollicentur, hactenus [illegible] [illegible] [illegible].

D Quod, [illegible] (ut appellant) vocalia, quae hujus nominis [illegible] in textus [illegible] codicibus Hebraicis appinguntur, esse revera vocis vel *Adonai*, vel [illegible] propria, quae Masorethae [illegible], Judaeorum [illegible] [illegible] [illegible] [illegible], qui loco nominis Tetragrammati, cujus prolationem jam vel dubiam, vel ignotam etiam existimarent, illorum alterutrum substituere solebant, literis illis adponere, ex id quidem [illegible] [illegible] negandum videtur.

E Constans certe punctorum vocis אדני adscriptio, nisi ubi hanc ipsam conjunctam τῷ יהוה haberet, vocis אלהים tibi id [illegible], ac אדני usque [illegible] [illegible], istud [illegible] [illegible] [illegible] [illegible].

Sexto, vocabulum Jehovah, quod ex punctis illis vocalibus, quae sunt vocis *Adonaj* genuina, cum nominis istius consonantibus commixtis est conflatum, [illegible] non posse pro vero praestari, [illegible] [illegible] יהוה [illegible] [illegible] [illegible] [illegible] [illegible], nec tamen hanc [illegible] [illegible], [illegible] [illegible] facile probarunt [illegible], aut etiam [illegible] [illegible] [illegible] [illegible] prope, negari probabiliter posse videtur.

F Non [illegible], [illegible], duas esse hasce vocis אדני puncta vocalia, [illegible] τῷ יהוה quoque non esse, quum vocabulorum [illegible] se invicem [illegible] [illegible] discrepantium, eadem tamen possint esse, [illegible] [illegible] vocalis, ut [illegible] [illegible] [illegible], quod à [illegible] [illegible] [illegible] [illegible] [illegible], posterius tamen illud inde non necessario consequitur; nec [illegible] itaque quod [illegible] [illegible] [illegible] [illegible], non esse ista nominis tetragrammati puncta genuina.

G [illegible] ad veram germanamque nominis hujusce formam propius accedere, non [illegible] [illegible], sed [illegible], [illegible] [illegible], [illegible] mihi quidem videtur, in nominibus propriis, (horum etenim in [illegible] [illegible] [illegible] [illegible] [illegible]) quae ex hoc ipso nomine cum aliis vocibus commixto conflata sunt, [illegible] adhuc clara [illegible] ejusdem vestigia. Hujus generis sunt

A [illegible] [illegible] [illegible] [illegible] [illegible] [illegible] [illegible] [illegible] aliaque ejusdem modi, quae & contracte paulo forma quandoque leguntur יהו [illegible] [illegible] [illegible] [illegible] [illegible] & de caeteris pariter. quomodo filius Manassis [illegible], nunc [illegible], nunc [illegible], nunc [illegible], & Josaphi filius [illegible] [illegible], nunc [illegible] nunc [illegible] qui eadem ratione & quod [illegible] [illegible], aliis est *Jora*, (prout Juda nobis, quod Hebraeis Jehuda) ad quod proxime accedit Romanorum *Jovis*.

B Hoc autem eludere viri docti quidam, qui ex adverso nobis hac parte consistunt, student conantur, negando nomina illa à nomine tetragrammato sumere quicquam; ac qui & ex eadem parte existunt, [illegible] [illegible] [illegible], [b] Sixtinus Amama, veritatis [illegible] [illegible] [illegible] [illegible] [illegible] [illegible], ingenue agnoscit; nam & qui in illis [illegible] [illegible], ipse Johannes Drusius, [illegible] [illegible], qui ut solent, ita [illegible] esse solent, [c] *ex nomine contracto Jova hujusmodi nomina videri composita, mutata syllaba, ut fit, elisa & extrita*, concedit.

C Nec desunt qui hac in parte eis nobiscum suffragentur, ex ipsis quoque [d] Magistris Judaeis. Et certe qui in [illegible] [illegible] [illegible] [illegible] [illegible] [illegible] [illegible] [illegible] [illegible] [illegible] ex nomine tetragrammato [illegible] [illegible] יה sive י illud esse negaverit; idem in [illegible] [illegible] [illegible] [illegible] [illegible] [illegible] [illegible] [illegible] [illegible] [illegible] [illegible] illud אל; in [illegible] [illegible] [illegible] [illegible] [illegible] [illegible] [illegible] illud, ex nominibus Dei esse (quum idem plane cum illis nomina ista pollent) pari jure inficias iverit. Imo qui, [illegible] [illegible] ac [illegible], [illegible] [illegible] perpenderit, quam frequens ac familiare priscis illis fuerit, tanquam pietatis tesseras aut pignora quaedam, è divinis nominibus aliquid sibi, suorum appellationibus inserere, (quod in אל & יה tam [illegible], [illegible] [illegible] est, ut [illegible] [illegible] [illegible] [illegible] [illegible] [illegible] [illegible] [illegible] nihil adjiciam, quae sunt עזריאל & עזריהו idem pollent) [illegible] [illegible] [illegible] [illegible], (ut ne dicam, etiam [illegible] [illegible] [illegible]) videantur; [illegible] haud facile animum inducet ut credat, nomen illud, quod utroque illo temporibus illis non minus in usu communi ac quotidiano constat extitisse, in negotio isto [illegible] & [illegible] [illegible] fuisse.

E Illis [illegible] [illegible], [illegible] [illegible], accedere videtur à [illegible], quem dicimus, *Jova*: quod & ad Hebraeorum יהוה [illegible], [illegible] non [illegible] qui & [illegible] [illegible], & [illegible] [illegible] [illegible], [illegible] & [illegible] [illegible] [illegible], in quibus [e] per [illegible], Hugo [illegible] & Joannes Selderus, [illegible] [illegible], constans est opinio.

F Nihili enim sunt plane, quae ex adverso opponuntur, utpote [f] quod *Jupiter* à *juvando* juxta Varronem, *quasi juvans pater*, sit dictus, [illegible] [illegible] [illegible] [illegible], ut [illegible] [illegible] [illegible] [illegible] [illegible], sed יהוה [illegible] [illegible] [illegible] [illegible], [illegible] [illegible] [illegible] [illegible] *Jova*, [illegible] *Jovis*, in obliquis *Jova* & *Jovem* [illegible].

[illegible], primò notae sunt eruditis Varronis in [illegible] hallucinationes. Tum neque est necesse, ut *Jupiter* quasi [illegible] pater nobis [illegible] [illegible], [illegible] *Jovis* nomen à יהוה [illegible] [illegible], est enim revera nihil aliud *Jupiter*, [illegible] [illegible] *Jovispiter*, ut *Marspiter*, *Diespiter*, [illegible]; [illegible] [illegible], prout [illegible] [illegible], *Jupater*; denuum *Jupiter*, [illegible], [illegible] [illegible] [illegible] *Jovis* [illegible], (unde [illegible] [illegible] [illegible]

G [illegible]) ex Varrone discere [illegible] [illegible] poterat. [illegible] [illegible] *Jovis* [illegible], quam [illegible] *Jove*, [illegible]. Porro neque

[a] De Tetragram. p. 744. [b] Annotat. ad Tetragram. [illegible] c. 12. [c] [illegible] Joannes Drusius de nomine Dei [illegible] sect. 14. [d] Vide Jacobum [illegible] de Nomine Dei [illegible] Thes. 50. [e] [illegible] [illegible] [illegible] [illegible] [illegible] [illegible] [illegible] [illegible]. [f] Ludovicus Cappellus p. [illegible]. [g] Vide Gellium Noct. Attic. l. 5. c. 12.

[a] Ludovicus Cappellus p. 315.

neque consequitur idcirco à יהוה descendisse, quia prima correpta sit; unde poetæ, quo metro consulatur, in Ioppiter, sic Jupiter dicunt. Neque enim aut primam in Jupiter correptam esse doctissimum facile probabit, & in contrariam sufficit auctoritates, quas facile foret plures manu exhibere. Nec ut declinanda, sola etiam, quantitatem semper observant Latini, quum à duco ducem corripiunt, & à rego contra regem producunt: & in peregrinis multo minus, habent namque à ἀγκυλη, ancile, [illegible], crepida, vocali prima correpta; [illegible], & aliud, à [illegible], [illegible], à [illegible], [illegible], [illegible], [illegible], o producto; à [illegible], lagenam; ab [illegible], [illegible]; ab [illegible], [illegible], [illegible], [illegible]; ab [illegible], [illegible], [illegible], [illegible], [illegible], [illegible], [illegible], [illegible], utraque producta; [illegible], [illegible], [illegible], [illegible], brevi ultima; & ejusmodi innumera, ut & ex [Hebrew] Hannibal, ex שׁפט sufes, ex חנה Anna, ultima brevi utraque; ex [Hebrew] [illegible], [illegible], unde [illegible], [illegible], quod à [illegible] [illegible] [illegible], aliaque haud pauca. Denique cur Jovis potius, quam Jova diceretur, causa in promptu est, cum Latinis scilicet quam & Græcis, in usu fuerit, nominibus advenis eas terminationes dare, quæ apud suos maxime familiares essent; hac ratione Græcis [Hebrew] [illegible], [Hebrew] [illegible], [Hebrew] [illegible], [Hebrew] [illegible], [Hebrew] [illegible], [Hebrew] [illegible]. Latinis [Hebrew] [illegible], [illegible], Sichæus, [Hebrew] Solon; & sicut [Hebrew] Adonis, ita יהוה Jovis.

De quo ex ipso etiam Varrone luculentum habemus, Augustino exhibente, testimonium. Varro,[a] inquit, Deum Judæorum Jovem putavit. Et mox: Nam qui nihil superius solent colere Romani quam Jovem, eumque Deorum omnium regem arbitrantur, cum animadverteret Judæos summum Deum colere, nihil aliud potuit suspicari quam Jovem. Ex quibus constat, Jovem à Judæis pariter atque à Romanis coli, Varronem credidisse. Et verum ex nominis affinitate, aut identitate, (ut cum [illegible] loquamur) potius, quam ex eo, quam Augustinus putat, [illegible], id illum verisimile est [illegible].

Verum urget vehementer, quod Vir Cl.[b] non facile sibi persuaderi posse profitetur, Deum voluisse eunsdem honore Satorem habenas, ut sacrosanctum illud nomen, quod unico in Scriptura sacra est Dei proprium, spoliata illa sibi usurparent. Quod tamen nullius ponderis momentive esse deprehendetur, si accuratius perpendatur. Siquidem primò, Dei proprium nomen unicum esse hoc, non probatur, sed nec potest probari. Nam enim יה quæ יהוה est ex propriis nominis divini nominibus. Tum autem, quæso, est firmissimus & venerabilius, Dei nomen an unicum, [illegible] ad honorem & cultum, appellationem unam aliquam, ut potissimum [illegible] [illegible] [illegible] integrum, sibimet quempiam arrogare? [illegible] [illegible] Satoris habenas Deum honorare, illa [illegible] [illegible] [illegible] usurpet & arrogare, præter sacras scripturas, gentium omnium monumenta, & omnis ejusdem experientia tam clarè testatur, ut nemo id vel negare, vel ambigere etiam possit, nisi qui sole, mero meridie, cœlo sudo ac sereno, radios undique diffundente, [illegible] [illegible] tenebrasque Cimmerias universa occupare affirmare sustineat. De hoc autem, quod est [illegible] tanto detestabilius, qui haud difficulter sibi persuaderi passus fuerit, nisi ad illud hæserit, nihil nulla comparet. Denique Vir Cl. ipse eadem in dissertatione affirmat, universe hujus ipsius sacrosancti[c] notitiam à Judæis ad vicinos Tyrios & Sidonios, ab illis ad Græcos (& quidni ab his etiam ad Romanos?) manasse, sub nomine Ἰαω, quod ex[d] Diodoro Siculo confirmat. De hoc autem[e] oraculum ex Macrobio citat, quo consultum Apollo respondebat, Deum summum (quem tamen ipsum se Apollinem sive Solem esse volebat) unum

A verè eundemque esse, eisdem pro variis anni temporibus, quem is pro arbitrio suo regat & moderetur, variis sortitum appellationes; dum vere Ζεύς, æstate Ἥλιος, [illegible] Ἀδης, Ἄδης; æstate Ἥλιος, & Sol; autumno Ἰαω, unde &[a] Ἰακχον dictum volunt; hyeme Ἄδης, sive Ἀιδωνεύς, ut alibi; (quid ab Ἄδωνι Adonis; [illegible] nemo non videt) quæ & idem Latinis ait appellationem quod[b] ad Bacchum, tanquam à Jove aut Apolline ipso alium, nomen id translatum. [illegible] [illegible], existimasse videtur à [illegible]; in eo certè utraque errare, aut non cepit, aut non rite dedit quod & à Macrobio ipso discere poterat, qui[c] eodem loco in Orphei sacris (quo in appellat) versibus Solem inter cætera ait Ἰαω vocari. Ad quod probandum etiam oraculi verba ista producit; ex quibus Labeonem quoque colligere, Liberum patrem & Solem, utpote qui idem sint, in voce significari; & Orphei etiam versum aliquem illum, qui eodem faciat, εἷς Ζεύς, εἷς Ἀΐδης, εἷς Ἥλιος, εἷς Διόνυσος, quo posteriorem [illegible]. Et Apolline eidem attributum, εἷς Ζεύς, εἷς Ἀΐδης, εἷς Ἥλιός ἐστι Διόνυσος, [illegible] [illegible] & [illegible], unum esse plane Solem Jovisque potestatem,

C hoc est, unum eundemque utrumque Deum esse; Julianum confirmatum &, oratione in Regem Solem. Verum de hoc non laboramus: nec quod maxime agimus, est opus. Ex iis ipsis quæ hic protulit Vir Cl. ipse, clarum satis apertumque habemus illud, ut ipsius, quam vegrè adeo persuasum sibi esse professus est, non contrarium [illegible] [illegible], aut [illegible] [illegible], sed professionem [illegible], Deum utpote Solem eiusque aliquando habenas honori voluisse (quod etiam fecisse allegando, & voluisse [illegible] [illegible]) ut sibi, ut et cognominibus suis aliena, (eiusmodi [illegible] [illegible], nec eorum [illegible]) nomen illud sacrosanctum attribuerint. Nihil ergo est à viro

D doctissimo hactenus objectum, quo minus asserere liceat, quod per Phœnices ad Græcos pervenerit in Ἰαω se prodierit, per Græcos etiam ad Romanos transierit, in nomen Jovis se extenderit. Tamque nobis pro Jehovah nostro à Romanorum Jove, quam & viro doctissimo[d] pro Jahveh suo à Græcorum Ἰαω (hoc est ex[illegible], quod præsentem habet, conveniens sit præsidium) argumentum petere licebit. Sed nominibus iis, quæ sacra pagina suggerit, nos hac in causa præcipuè nitimur, licet accessiones ista non respuimus prorsus nec spernimus etiam: ex his nomen nominis hujus partem aliquam (etiam, qui vim absolutam hanc oppugnant nominis, & primariam quidem illis, non

E differentibus) exstare habemus; יה Jeho scilicet in nominibus illis diserte repræsentatum.

Hic autem si sisteremus gradum, nec de clausula extrema quicquam subjiceremus, fatis tamen satis comprobatam dedisse videremur, (nisi sepius in adversam partem nihil ulterius ultra obstinarit) non longe à nominis יהוה germana lectione, hoc de quo nunc agitur, vocabulum discedere. At verò de syllaba extrema, sive terminatione, quam appellant, minus fortasse laborabimus. Siquidem nomen יהוה ab verbo היה descen-

F dere, habemus extra controversiam. A verbis autem in ה exeuntibus deducta, quæque passim feruntur nomina, aut per Segol, ut à עלה ascendere עלה [illegible], à קנה possidere, מקנה possessio; aut per Kamets, quo modo à עלה ascendere עלוה ascensus & עולה [illegible], à חיה vivere חיה animal, à [Hebrew] [Hebrew] [illegible], proferuntur uniuersis. Et à [illegible] his alterutra [illegible] genuina sit ה [Hebrew] terminatio, cumque illa longe frequentior occurrat; probabile est, hanc quam illam potius esse germanam, ut ita scilicet non in ה nomen hoc exeat. Nam quod vir doctissimus[e] יהוה Jahveh aut יהוה

G Jahveh, (ad formam verbi ה [Hebrew] sive [Hebrew]) quam יהוה Jehovah mavult; est ab analogia omni Grammatica prorsus alienum, etiamsi certe iis nominibus, quæ à verbis analogia atque integris deducuntur, ea forma non sit insolens; secus iis, quæ ab contractis ac deficientibus,

a Augustinus de consens. Evang. l. 1. c. 22. b Ludovicus Cappellus p. 325. quod & Stephanus [illegible] sua [illegible] [illegible] [illegible] p. 119. c Ludovicus Cappellus ibidem p. 339. d Ibidem p. 329. e Ibidem.

a Videatur H. Sandi. de descens. ad infer. l. 1. Sect. 17. b Ludovicus Cappellus pag. 331. c Saturnal. l. 1. cap. 18. d Ludovicus Cappellus p. 329. e Ludovicus Cappellus p. 329.

in ה [illegible], [illegible], [illegible] in [illegible] [illegible] esse [illegible] (quod sciam) [illegible], qu[illegible] eo [illegible], nulla [illegible] comparent. [illegible] nulla plane [illegible] apparet, quae [illegible] illud vir doctissimus nostro [illegible] praeteriit; [illegible]

Cuivis placere [illegible] solet.

Quod autem adversus haec ex Abrahami Ezraide objicitur, & apud Virum clarissimum, Hebraicarum literarum in Academia Basileensi professorem celeberrimum, *Joannem Buxtorfium*, [illegible], reperio, in [illegible] illo *de Nominibus Dei Hebraeis* [illegible], quae ad manus meas non prius pervenerant, quam ista ad umbilicum jam fere produxissem: *Nihil esse [illegible] majestate divina, [illegible] formationis*; quam levitatem & [illegible] haec [illegible], facile foret ostendere, [illegible] in sacro codice [illegible] congerie, ut paginam totam implere possit haud paucam. [illegible] advertisse, cum haec scriberet, virum doctissimum, nominis יה quod hinc adeo est [illegible], ut [illegible], [illegible], qui alterius [illegible] abbreviaturam esse [illegible], hanc ipsam eandem esse, quam in hoc rejicis, [illegible] magis probabile sit, hanc esse [illegible] plane nominis יהוה [illegible], qui [illegible] esse constat; ut [illegible], sic [illegible] vocali, [illegible] fuerit conclusa. [illegible] videtur, a nominis יהוה prolatione germana nostrum illud haud [illegible], (quod forsan jure possim [illegible]) [illegible] ipsam fuisse, a [illegible] aliqua non [illegible]. Et mihi quidem [illegible] serio [illegible] magis [illegible], [illegible] minime, haud impossibile videtur, [illegible] (hominum [illegible] divina quadam sic moderante providentia) contingere, ut per superstitionem, [illegible] in legem [illegible], in [illegible], cum aliud vellent, [illegible] vocalia [illegible], qui hanc [illegible], quae [illegible]; [illegible] prolationem [illegible], [illegible] substantiam [illegible].

Septimo, necessarium plane videtur, ut vocabulum [illegible] aliquod nomini huic designando habeamus, [illegible] quo modo aut [illegible] legi, aut [illegible] loca illa, in quibus nomen hoc ipsum, [illegible] publica [illegible], [illegible] & [illegible]; [illegible] quovisque modo [illegible]? In his enim, nisi [illegible] aliquid, aut si quid aliud Dei appellationem [illegible], nec id [illegible], quod lectio [illegible], & [illegible] ipse aut [illegible], aut falsus est futurus. V. gr. Hymno 83. v. 19. Sive cum Judaeis *Adonaj* substitutum legeris; sive cum Graecis, *[illegible]*; aut cum Vulgato, *Ut cognoscant, quia nomen tibi Dominus*, [illegible] quod verum est, [illegible]; non tamen id quod Vates, sed aliud quid, dicis. At vero Exod. c. 6. v. 3. in Dei ipsius Mosem alloquentis verbis illis, ושמי יהוה לא נודעתי להם si pro יהוה Judaeorum more אדני substitueris; aut si cum Graeco [illegible], aut [illegible] *Adonaj* non indicavi illis: non illud [illegible], quod Deus non dixit; sed illud etiam, quod vero non est [illegible]. Proinde [illegible] esse videtur, quod hanc [illegible] respondens, vocabulo, nisi si velimus illius [illegible], nec [illegible], nec [illegible] quas Hebraici [illegible], [illegible] potius [illegible], quam [illegible], aut [illegible].

Denique cum necessario vocabulum ejusmodi aliquod [illegible], quo nomen illud exprimatur, illud mihi [illegible] admittendum videtur, quod nec

a nominis ipsius germana [illegible], & apud populum Christianum [illegible] ipso jam diu [illegible] sit. Nomen autem *Jehovah*, quo ejusmodi, & [illegible], cui utrumque haec competat, [illegible], non video.

Verum ex adverso haec [illegible], magnoque se [illegible] Vir praestantissimus. [b] *Quis, inquit, [illegible] Adonaj [illegible], [illegible] Tetragrammati [illegible], [illegible], aut [illegible], si [illegible] Jehova, [illegible] Adonaj, non Tetragrammati [illegible], & [illegible] Jehova, [illegible] Barbarismus. Et rursus*, [b] *Et certe [illegible] Tetragrammati vocales, [illegible] Judaeorum [illegible] Adonaj, [illegible] barbarismum, [illegible] commaculare & deturpasse.*

Dicta sunt acria, sed rigida forsan [illegible] nimis, ab animi [illegible] excussa, sententia. Siquidem primo, quod & supra monuimus; non est necesse, ut qui puncta, quae in codicibus nostris a Massorethis habemus, esse vocis *Adonaj* agnoscis, & hujus etiam, qui a Massorethis, qui hoc legi voluerunt, [illegible], ut non illius haberentur; [illegible] eas vocis יהוה esse [illegible]; quae & utrumque [illegible], ut & vocis אדני germana sint, & vocis יהוה [illegible], & utrumque hanc [illegible] opinari & credere. [illegible] Vir Cl. quod non est [illegible], [illegible], & quae [illegible].

Secundo, dato non esse has [illegible], quibus nomen illud primitus efferebatur, nec de eis etiam constare [illegible]: [illegible], quaeso etiamsi? [illegible] crassus ac [illegible] barbarismus, si [illegible] vocali aliqua vocali [illegible], aut [illegible] etiam, [illegible]? An quia [illegible] vis [illegible], [illegible] haud certo [illegible], [illegible] Hebraica [illegible], quam [illegible] barbaramque prolationem dicta [illegible] deturpasse? Ut in Dei ipsius appellationem aliqua, & quidem in [illegible], [illegible] יה [illegible] prima [illegible], [illegible], [illegible] Jehovah [illegible], [illegible] ita [illegible] conscius [illegible]; & esse [illegible] aut nomine illo [illegible] & introducatur? aut si [illegible] illo, qui [illegible] non sit, [illegible] tamen [illegible], & in sacris, apud nostros [illegible], ubique fere [illegible], prolatum fuerit, non ideo *[illegible] & deturpatum* dicetur sacrosanctum Dei nomen? non qui [illegible] magis illud [illegible] sit, ego [illegible] video. Vocalis autem quod attinet; quas illa in nominibus ex Hebraico sermone in linguas ceteras transferendis mutare consueverunt, qui vel [illegible] cognitione [illegible], [illegible] plane [illegible]. Hinc חוה *Eva*, יצחק *Isaac*, נח *Noa*, מלכי צדק *Melchisedek*, כרש *Kores*, [illegible] *Zophonias*, עזרא *Esra*, & alia [illegible]. Ecquis tamen, quaeso, [illegible] sit, qui *crassi* [illegible] barbarismi [illegible] qui ista [illegible], quae Hebraeis [illegible]: qui vitio [illegible] quod Domini [illegible] (Evangelistis [illegible]) *Mariam*, non cum Mose sororis *Mirjam* appellat? quam idem tamen [illegible] nomen fuerit? qui Evangelistis, aut Apostolo, quod Mosis in populi [illegible] *Jesum*, non *Jeshuam*, aut *Jehoshuam* cum illud [illegible] Hebraeis? De Do-

a Joannes Buxtorfius *de Nom. Dei* [illegible] 1. n. 4.

b Ludovicus Cappellus *p.* 317. b *Ibidem*.

mini Christi appellationem peculiari [illegible] ... Esaiæ c. 7. v. 14. hoc Evangelista commemorantem, Matth. c. 1. v. 23. [illegible] ... [illegible]

[illegible] ... Jehovah ... Jehovah ... [illegible] ... [illegible]

At [illegible] ... Adonaj [illegible]

[illegible] ... Exodi c. 6. v. 3. ... [illegible]

Ego verò, ut [illegible] ... Jave ... Epiphanio adv. Ærianos, hæres. 40. & Theodoreto in Exod. quæst. 15. ... Diodoro Siculo lib. 1. ... Macrobio, Saturn. l. 1. c. 18. & Origen. Adv. Cels. l. 6. ... Clemente Alexandrino ... Irenæo ... Philone Byblienfi ... Porphyrius ... Eusebius præpar. Evang. l. 1. c. 9. & Theodoret. therapeut. lib. 2. ... Petro Galatino ... de arcan. cathol. verit. l. 2. c. 10. [illegible]

[illegible] ... Jehovah & Jova idem fuit præstat ... Jehuda & Juda ... Adonaj ... [illegible]

[illegible] ... Adonaj ... Dominum ... [illegible]

Sed [illegible] Adonaj loco Tetragrammati Rabbinorum ... [illegible] ... Apostolorum sequitur vestigia.

De Judæis superstitiosis satis superius est dictum, [illegible] ... Hebræorum literarum ... Græcas ... [illegible] ... Christianos ... [illegible]

Denique quærunt hic, non qui ob tantillum jam dictum ab aliis factum fuerit, aut etiam qui alia in locis, vel [illegible]

a Ludovicus Cappellus p. 325. b Ludovicus Cappellus p. 327. [illegible] ... Drusius ad Exod. cap. 5. ... Amama ad Tetragr. l. 5. ... Ludovicus Cappellus p. 322. ... [illegible] ... Drusius Tetragr. c. 13.

a Amama ad Tetragr. c. 11. b Ludovicus Cappellus p. 326.

vertendo, vel legendo, (absit modò superstitio) vel lecturis, vel cuicunque licet: sed quod in textu sit, quod sunt semper illud, sit necessario legendum, quo veritatis asserendae ratio habeatur. Dei autem, quem voluerit ipse, sinceri exprimatur, Scriptura sacra sensum illibatum asservemus, nec glossematum suppositione obscuretur, falso etiam corrumpatur. quod ni fiat, necessario rejiciendum hic esse illum vel [illegible] sophisticationem, cum eo non [illegible] res ipsa. Aliquid dixisset, eximiè certè, vir doctissimus, si Apostolos probasset, locutos illum, aut ipsos eo modo cavisse, aut sic conceptum calculo suo comprobasse. quod nec fecisse eorum legem, nec sufficere etiam fuisse, quisquis eo quo dicuntur scripto perpenderit, quisquis [illegible], opinor, facilè judicare queat.

Nam quod vir celeberrimus, cujus supra meminimus, [a] Christum ipsum hunc nominis confessionem [illegible] & [illegible] adfirmat, quod nullà tamen alià ratione confirmatum it, nisi quod Evangelista sic Domini verba Mosis Psalmorumque citanti exhibuerint.

Nec si dicetur, cavisse quam non hic tantum, [illegible] magis, quam Apostolorum, de qui dicimus, praxis. & [illegible] est [illegible], qui habitur, definita, quam ex eo quo Graecè scripserunt Evangelistae, non magis pateat, quid Christus Syriacè aut Hebraicè

A locutum fuerit, quam quid Moses aut Psalmi Hebraicè scriptum exstent.

Verùm ut lectori tandem planius esse voluisse dicamus: secumque notam, quam hactenus dicta sunt, haec rodis: Quum vocabulo aliquo opus esse videatur, quo nomen τετραγράμματον יהוה exprimatur, atque absque eo sacra pagina loca quaedam, nec commodè, vere rè, aut vero, aut proferri possint; nostro usum Jehova, sive Jova etiam, (utcunque enim dixeris, parum haud interest) cuicunque ejusdem prolationi priscae exactè respondens non constat, ad eum tamen propè maximè accedere, sit perspicuum,

B idque, à quocunque primò prodierit, jam sit cum [b] à viris doctis in versiones, commentationes, dissertationes, complexionem suas admissum, tum & à piis plerisque, qui psalmodiam, qui & preces suas loquuntur [illegible], nihil cavilli videri, qui non possit eximi, & multo etiam minus, cur tanquam crassi [illegible] barbarismi nomine, explodi sibilisque debeat.

[a] Johannes Buxtorfius de nomin. Dei Sect. 10. rat. 2.

[b] Primum in hunc errorem induxit Galatinum, quem secutus est Fagius; & deinde alii multi haud pauci: Capnion, Lypomanus, Hieronymus ab Oleastro, Marinus

C Victorinus, Marcus Marinus, omnes ferè ac cuncti ferè Theologi reformati [illegible]; ut quos Tremellius & Beza. Drusius in Tetragram. c. 15. & annot. [illegible] eo addendus est, [illegible]; [illegible] Drusius [illegible].

THO.

THOMÆ GATAKERI DISSERTATIONIS

DE

NOMINE TETRAGRAMMATO SUÆ,

A

D. LUDOVICI CAPPELLI,

In Diatribæ de eodem suæ Defensione nuperâ, adversus eandem objectis, Vindicatio.

[illegible]

[illegible]

D

Jehova legunt, male legere, quum hi duo esse queant; id vero nemo nostrum hactenus probavit; nec etiamsi in adversum mihi contendendo ingenii nervos rumperit, probatum unquam (opinor) est dominus Vir Doctissimus.

Secundum proinde illius caput, partim à nobis [illegible] dicto, partim ab eo, quod ad rem, quâ de agitur, nihil facit, constat. Probatum est, inquit, a puncta illa non esse nominis [illegible] genuina; neque verò ea esse vera Tetragrammati puncta.

Probavit [illegible], quod nemo est inficiatur, Shevah simplex non esse, prout legendo [illegible] Adonaj postulare [illegible]. Sed puncta ea, quæ nomini Tetragrammato supposita habentur, Shevah utrumque simplex, Cholem, Kametz, non esse Tetragrammati puncta genuina, non probavit, nec quo id firmetur ratio probabilis, nedum [illegible] demonstratio, est ab ipso ulla adducta. Siquidem quicquid vel ab b ipso, vel à Drusio, cujus argumenta in Orationem suam transtulit, & in c Defensione sua ibi denuo reponit, est ab iis vel particularum præfixarum, vel vocabulorum [illegible] affectionibus ductum, quæ eorum, qui Adonaj loco יהוה vel legebant, vel legi volebant, [illegible] postquam est introductus, cum ab initio non fuisset, juxta receptas leges regulasque Grammaticales, exigere videbatur; quod tamen cum [illegible], vel [illegible] etiam [illegible] propositur & vendatur, ut imperitia, aut stupiditatis, aut [illegible] [illegible] [illegible] his in hac parte rationibus adductis, in [illegible] [illegible] Jehovah non [illegible] [illegible] [illegible] concedatur, hoc tamen, inquam, ad id, quod est in manibus, nihil quicquam omnino facit. Evincit quidem, quod non quærimus, nec quisquam, quod ipse norim, est unquam inficiatus, per secula aliquot jam proxime [illegible], nomen Adonaj loco Jehovah lectitatum fuisse; at non evincet vocalis illa non esse Tetragrammati genuina, aut non fuisse illam [illegible] [illegible] [illegible] [illegible], quæ [illegible] [illegible], superstitionis [illegible] ac [illegible] [illegible], [illegible] [illegible] [illegible] [illegible] illa secula multis posteriores esse agnoscimus ipsi, [illegible] ac in lucem edendum obtinuerit. Hic itaque quod [illegible] ille olim dixerat, [illegible], [illegible] [illegible].

Sed ad rationes accedit Vir Clarissimus quibus addictus existimetis, [illegible] hinc, ad verum germanumque nominis hujus sonum [illegible] [illegible] accedere. Prima [illegible] à [illegible] [illegible], [illegible] [illegible] [illegible] hoc [illegible], altera, quam hanc [illegible] dixeram, à [illegible] [illegible] appellatione.

His Viro Doctissimo visum est [illegible] [illegible] [illegible]. d [illegible] ergo huic [illegible] [illegible] in Dissertatione sua, in qua dicta quæ [illegible], ea quæ adversus [illegible] [illegible] propugnanda denuò proponit.

Ego verò (ne longiùs longitudine Lectorem detineam, [illegible] illa minus necessariò denuò repetenda omnino) quæ de Jovis Latini etymo atque origine, vel fuse illic varieque disputata, vel alibi etiam adjecta, citra [illegible] [illegible] [illegible] [illegible] [illegible], iis [illegible] [illegible], qui de illis [illegible] [illegible] [illegible] [illegible] [illegible], [illegible] [illegible] [illegible], [illegible] ei, per [illegible] [illegible], in [illegible] hæc [illegible] [illegible] [illegible], & probabiliora [illegible] [illegible] [illegible]. Ex [illegible] non minus [illegible] [illegible] Jupiter quasi juvans Pater, quam Varroniana videntur illa, canis à canendo, & cælum à celando. Sed nec hybrida vox est Jovispater, magis quam Pejovis, aut Marspiter, aut Diespiter. [illegible] enim minùs (quod hic objicitur) est vox Latina Jovis, quam aut Mars, aut Dis, [illegible], aut [illegible]. [illegible] à lingua peregrina [illegible] [illegible] [illegible] illa deducta sint. Quod autem Vir Doctissimus [illegible] [illegible], [illegible] [illegible] adductis [illegible] [illegible], quos adversarios [illegible], Jovem Latinorum à Judæorum יהוה profluxisse [illegible], [illegible] al-

A nemo nostrum Virum [illegible] D. Joannem Seldenum, in scripto illo de Diis Syris accuratissimo, eruditionisque [illegible] [illegible] primis [illegible], Syntagm. 2. cap. 1. à pag. 209. ad pag. 2[illegible]. [illegible] semel & [illegible] [illegible], quamquam demonstrationes Mathematicas in illis non expectat (opinor) Vir Doctissimus ut nec productiones Dialecticas [illegible] ipse.

Cæterum quod Vir Doctissimus urget, a [illegible] [illegible] [illegible] [illegible], [illegible] Deum [illegible] [illegible] [illegible] habuisse, at Sacrosanctum illud nomen, quo [illegible] in Scriptura sacra est Deo proprium, [illegible] [illegible] sibi [illegible], adversus ista, duo excepimus.

B Primò, non esse [illegible] hoc Dei proprium nomen. Ad quod regerit hic Vir Doctissimus 1. b [illegible] varia sunt in Scriptura Dei nomina, decem Judæi numerant; (de quo [illegible] cum aliis [illegible] [illegible], nihil illic adjecto [illegible] est opus) [illegible] hoc esse proprium, [illegible] esse appellativa. id quod [illegible] [illegible], quia Jod [illegible] proprium non solet nisi ad nomina proprie.

Atqui 2. [illegible] illic interjectio opus [illegible]. Subjicit enim statim Vir ipse Doctissimus appellativa quidam, quæ characteristicon hoc ipsum in fronte præfixum gerant: nec proprium ergò esse necessariò hinc probatur. Tum si

C proprium esse detur, (quod nemo opinor, negaverit, nec [illegible] tamen [illegible] [illegible]) ecquid hoc ad id quod agitur, quodque Vir Doctissimus tam [illegible] asseverat, nempe hoc nomen esse Dei nomen proprium, reliqua (quotquot fuerint, neque enim de numero constat) appellativa esse universa? Qualis enim est argumentatio ista, יהוה est nomen proprium Dei: ergo [illegible] sunt appellativa. An sic rationem instituemus, [illegible] [illegible] Esau est nomen proprium filii Isaaci majoris: ergo Edom nomen proprium ejusdem non est. aut, Jacob minoris nomen

D proprium est: ergo Israel non est. aut, Domini Christi servatoris nostri Jesus est nomen proprium: ergo Emmanuel non est.

Adhæc cum [illegible] plane & vere [illegible] indiginus est [illegible] illa c אל [illegible] [illegible] d [illegible] habent Jod [illegible] præfixum: ergo non sunt propria nomina. Ergo nec Adam, nec Enoch, nec Noach, nec Moses, nec Aaron, nec Benjamin, nec alia quæ passim occurrunt innumera, nomina propria fuerint. d Hæc tamen ratione Vir Doctissimus deinde in Jod [illegible]. Jod in יה non est [illegible]: ergo non habet formam nominis proprii;

E (ipsa [illegible] propria cujusque ex propria sit [illegible], ut Jod [illegible] in fronte præfixa) nec est verè proprium ut יהוה. Et rursus, quod sæpius inculcando id [illegible] [illegible], est quidem, inquit, Dei nomen יה Psal. 68. 5. non tamen proprium nomen, quo modo nomina propria ab appellativis distingui solent.

At verò, ô Vir [illegible], ex Grammaticorum [illegible] [illegible] atque [illegible] [illegible] [illegible], quæso, ecquid illud in יה sit, quod prohibeat, quo minùs pro nomine proprio propriè sic dictum habeatur. Cùm & יהוה nomen esse Dei ex Exod. c. 3. v. 14. [illegible] constet, (assentiente id quoque [illegible] [illegible], [illegible] verò etiam

F adversus [illegible] Drusio) proprium. Et hoc quo [illegible] [illegible] quid obstet? Sed non est, inquit, proprium ut יהוה. At quid interest, proprii nominis rationem quod attinet, inter duo ista nomina, nullus dicit. quod dictum tamen & [illegible], si [illegible] [illegible] [illegible] [illegible], omnino oportuerat. [illegible] certè [illegible] in [illegible] [illegible] [illegible] dictum, [illegible] [illegible] [illegible], (à Drusio [illegible] Tetragr. c. 3. ex [illegible] & à [illegible] [illegible] [illegible], de Nomin. Dei §. 12. ex [illegible], [illegible] [illegible] & [illegible]) [illegible] inter [illegible] [illegible] sive nomen proprium, quod [illegible]

G [illegible] appellatur, & [illegible] [illegible] [illegible] [illegible], appellativum, quod formule indiget, in Hebræis distinguitur, primum est, quod ab illo verbum formari nequeat, [illegible], alterum, quod illud possit pluraliter efferri, illud non possit. cujus loco tamen [illegible] [illegible], quod pronomina affixa non recipiat, tertium, quod illi [illegible]

jam

a p. 717. b Tetragr. cap. 14. p. 316. 317. c p. 715. 716. d p. 717.

a Diat. pag. 325. b Defens. pag. 719. c p. 719. d p. 719.

lato præfigi insolens sit, istis scilicet, quorum, quæ [illegible] gionem respicit illud, istud admittat; hæc autem, quibus nomen proprium dignosci vult, omnis est יה cum primis convenient, quod & ideo nomen proprium esse (Dubio licet hic eiusdem calculum adjectius te [illegible]) in summa, ì omnino concludit. Et sanè aliquibus forte q̃ in illis esse ambiunt, meliore forsan jure contenderet, יה & שדי esse potius pro nominibus propriis quam יהוה habenda. Siquidem יהוה æquè ac אלהי appellativè usurpatum quandoque deprehendi, nempe Deut. cap. 6. v. 4. verbis illis, יהוה אלהינו יהוה אחד. Quemadmodum enim vocabulum שם constituit nunc esse שם עצם nomen substantiæ, sive proprium, nunc verò שם דבר nomen rei, sive appellativum: ita יהוה eo loci, priore vice nominis proprii, alterâ appellativi rationem potioremque obtinere videtur: quomodo & in Zachariæ verbis illis cap. 14. v. 9. יהוה rex futurus est super terram universam: in die illa יהוה unus erit, ut sensus sit, de quo & illic disseritur, יהוה Deus noster, est יהוה unus, h. e. unicus solusque à se & in se verè existens Deus. qui & in Synodi est, qui tam frequenter occurrit, יהוה צבאות de quo deinceps dicendi erunt. locos denuo dabimus, ea enim יהוה cum regimine obtineat, appellativè usurpari. Criticus celeberrimus ille Magister Judæus agnovit. At nec יה saltem, nec שדי forsan, usquam (opinor) sic usurpata deprehendetis. (nonnisi nomen שדי semper esse שם תואר nomen. יהוה autem שם עצם mine שם תואר esse Magister ille ad hunc ipsum de quo agimus locum docerat) ut illud alienum fulcieri, si non dicatur, potius quà יהוה pro Dei nomine proprio habendum videri possit, si argumentis istiusmodi agere liberet. quæ tamen solidiores forent, veriusque nexu majores obtinerent, quam commentaria illa, quæ Vir Doctissimus illic prominet subjungit.

Quum mitto argumenta alata, quin à parte adversa eadem, Virum Clarissimum destinatur, ad Allegorias se conferre, & mysteriosa, quæ è singulis nominis hujus literalis elicit. Quibus ego quidem tantum tribuo, quantum infulsa ac infidelia Manassis Israelidæ de hoc ipso nomine magamenta, quæ in Conciliatore suo [illegible] loquitur, quod ajunt, ad nauseam usque congessit: atque liberè loqui, vanissima facio, ut nec redarguere, neduo refutatione, digna existimem. quæ eodem plane loco habenda, cum Judæis impiis impiisque stropha praudicque commentis eis, quæ ex commentario in Mosem, inepto, insincero, insipido illo, cui Zohar titulum dedit, interpretanda atque explicanda Vir Doctissimus scripto pe- culiari suscepit. Ea autem, quum figmenta mera sint & pigmenta fucata, palpat vero sacra detorsionem & depravationem tam manifestam, ut lectori pio cuivis stomachum possint merito movere, mirum mihi, nec solis, sed aliis illic haud paucis fit, potuisse Virum Doctissimum animum suum inducere, ut delirla [illegible] et, quibus Scripturæ sacræ veritas, non illustratur, sed obfuscatur, simpliciores corrumpitur, Orbi Christiano exponendis, inculcandis etiam, operæ curarum impenderet. Utinam in sacris, non solum nominis, ludere desinerent aliquando, homines fidem pietatemque Christianam professi, nec Judæorum impurus atque infectos Oracula sacra interpretantes atque maligniosè deturbantes, illam in sublime alienum absurdoque variae distrahione, hac in parte imitandam sibi proponerent, nedum ut aliis insuper commendandos censerent.

Sed, Deus ipse, inquit, ᵃ sibi facit nomen illud יהוה proprium ac singulare, quum Mosi dicit, Nomen meum יהוה non manifestavi illis, &c. Hoc erit nomen meum לעלם in æternum, &c. in benedictione Sacerdotali, Ponentque, inquit, nomen meum super populum meum Israel, quid de hoc nomine intelligitur, quid tot ibi ponuntur. Denique in lamina Sacerdotali inscriptum erat hoc nomen, quo satis aperte significabatur, nomen hoc proprium esse Dei nomen; non enim aliud ei inscriptum erat. ᵇ Concludit tandem,

A ex his videre est unum hoc pra cæteris esse singulariter Dei proprium.

At ista omnia numquid evincunt, hoc unicum esse Dei proprium nomen, reliqua omnia esse appellativa? hoc est enim, quod Vir Doctissimus asseveraverat, probandumque sibi susceperat. Verum istius illius confirmatione paululum, ut quid grave inde exsculpi queat, videamus. Primum illud Exod. c. 6. v. 3. ושמי יהוה לא נודעתי להם quod attinet; appello Viri Doctissimi conscientiam, an non sit vitiosa verborum istorum, quam lectori obtrudit, versio, Nomen meum יהוה non manifestavi illis. Loci verba αὐτολεξεὶ sic habent, Apparui Abrahæ, & Isaaco, & Jacobo in El Shaddai (h. e. nomine, sive notione, El Shaddai, Dei Omnipotentis, vel Omnisufficientis, si ita loqui liceat) &c. sive, sed, nomine meo יהוה non sum notus factus eis. Ubi נודעתי esse formam passivamque passivæ, nec posse pro verbum sua ratione in שם transfere, negat ipse Vir Doctissimus, non quo sine veniet sui sibi fuerit, proindè cuique obscurum esse, qui ad superiora à Viro Doctissimo posita, animum adjecerit. Ea verò verba quomodo intelligant exponantque interpretes orthodoxi plerique apud Autores ipsos, in Commen- C tariis, qui passim prostant, cuivis adventer promptum est. Vix repperiamur, opinor, qui inde traxit, quod Vir Doctissimus supra, quasi ambigendo suggessit; tamen Dei illud ante Mosis tempora Dei populo non innotuisse. Adjicere possem non paucorum errare, ᵃ qui verba Mosis novissima illa, non enunciativè, sed interrogativè proferenda existimant, rationibus etiam variis, quibus id firment, adductis in qu. sensum quod attinet. & Judæis quoque nominatis celeberrimi ᵇ Magistris habet sibi consentientes, qui quamvis enunciative legant, tamen vocem לכם subaudiendam esse censent: quo modo Gen. c. 32. v. 28. D Non amplius vocabitur Jacob [tantummodo, utique] sed nomen tuum erit etiam Israel. Verum de hoc alioque mutis passim locis aliàs disserendi occasio dabitur: nunc id, quod hic sufficit, agimus. Secundò itaque, ex hoc ipso loco patet, cum אל שדי quam יהוה nomen esse Dei, ipse autem proprium dicatur, excepto, quæso, obstat? Deinde, si nomen יהוה sit unicum Dei proprium nomen, nec ante Mosem innotuerit, sequitur hinc, Deum ab Orbe condito ad Mosem usque nullo nomine proprio cuiquam innotuisse.

Sequitur locus secundus ex Exod. c. 3. v. 15. Eum tum E à Græcis, quam & à Latino Interprete Vulgatæ editionis autore, ea in priore illo, sicut vitio non immunes, fuerunt est, sed & ab aliis emendata, quæ ego hodiernum oculis usurpari, discederas, Vir Doctissimus sic vertit, Hoc erit nomen meum in æternum, quasi antè non fuisse insinuaverit. Verba sic habent, יהוה Deus patrum vestrorum, Deus Abrahæ, Deus Isaaki, & Deus Jacobi, misit me ad vos: hoc [est] (ita supplent Interpretes docti) nomen meum in æternum; & hoc memoriale meum per generationes quasque. Mitto, quod in Oratione ᶜ ex imperitis Rabbinorum chaeia monet, scribi לעלם defectiva sine Vau; quasi legendum esset לעלם ad occultan- F dum, ut ne enunciaretur, nomen hoc ipse occultandum, ut legaret, scilicet prout fictitium: quæ est integritatis Scripturæ depravatio textusque corruptela turpissima. Exigit hic dicere, prout & ipse reddidit, quod de יה & שדי Dei negabit? nisi si eum Judæorum Magistellis interpretibus, locumque Zach. c. 14. v. 9. illum ubi dicitur, יהוה unum fore, nomenque ejus, hos tradentibus, alteratum, ista cum reliquis Dei nominibus absque יהוה universè, seculo futuro, vel sub Messia ibi, esse supprimenda, & vel cessaturas vel cessatura. Tum, an non hoc posito eo loci verbisque ita minuerentur, fore G quamquam, ut Deum verum patrum ipsorum, Abrahæ, Isaaci, Jacobi Deum parentibus, per secula omnia innotesceret, idque prædictum sic prædixerit? Denique, si hoc nomen suum esse Deus ipse profitetur, quo per secula

a Jo. Georgius Dorschæus, disser. de Nom. Jehovah. §. 7. b Sam. Maresius, Abr. Ebraeu. & Heb. Aben. c p. 280.

a p. 719. b p. 702.

[illegible] confisunt, [illegible], quam perverse, quam impie egerint agantque, qui [illegible] partes [illegible] persequuntur, [illegible] à suo populo vocari (verba Viri Doctissimi ipsius habes) nominis id, quoniam in se est, [illegible] ac [illegible] illorum [illegible], nec [illegible] eum.

Quod de populo Dei à Viro Doctissimo [illegible] dixi, idem de exteris quoque, non concessum [illegible], sed [illegible] asserentem, [illegible], [illegible] ab eodem ipso exhibebimus. In Epistolâ ad D. [illegible], quam Defensioni suæ ille attexuit, hæc habet: [a] *Non possum rursum ferre, nomine illius pronunciationem ad Gentes [illegible]. Nec puto veteres Hebræos ante tempora captivitatis eadem, qua posteriores Judæi, religione, vel, si mavis superstitione, circa nominis illius pronunciationem fuisse obligatos, ut fas sibi esse non crediderint nomen illud efferre. Imo forte vulgaris et promiscua fuit inter eos ejus pronunciatio. Nempe hoc nomen Deus sibi proprium esse voluit, quo, uti homines alii ab aliis proprio sui nomine distingui solent, sic ipse augusto hoc nomine ab omnibus falsis Diis et commentitiis Numinibus discerneretur, proprioque nomine à populo suo in votis et precibus compellaretur, ac [illegible] Gentem illam Judaicam, quam sibi in peculium ex omnibus terræ populis delegerat, voluit esse supra reliquas Orbis terrarum Gentes celebrem atque illustrem, ita et Nomen, quod ab ea colebatur, supra omnia falsa Numina voluit esse celeberrimum,* [illegible] *ut sic hominibus tanti Numinis celebritate excitati, ad ejus cultum et notitiam pelliciantur* [illegible] *si ejusdem [illegible] excitati, de Numine ipso penitius inquirere negligerent. Sic voluit Templi à Salomone extructi famam per omnes terrarum partes divulgari, propterea* [illegible] *ut magnificentissimis et [illegible]* [illegible] *splendore et magnificentiâ structuræ omnia [illegible] Gentilium delubra longè superaret. Cur, nisi ut Numinis illic culti fama ad omnes perveniret? Ecquæ itaque vera [illegible] Deum verum suum illis innotescere, qui sui famâ et celebritate voluit esse perfusus? Quid si liberum et solutum fuit populo Judaico nominis illius divini pronunciatio, potuitne esse ignota Gentibus vicinis* [illegible] *Judæorum commercium, indeque ad remotissimas quasque dimanare?* Hæc [illegible] verbis tradidit Vir Doctissimus, quæ prolixiora licet, transcribere visum est, quo liquidò pateat, tum quo jure eorundem [illegible] impia illorum [illegible], qui Dei populum id [illegible] commendarint; quod exteris quoque Deus ipse (Viro Doctissimo [illegible]) innotescere voluerit; tum & Virum ipsum Doctissimum tam in Oratione, quam & in Defensione illâ, quæ dissident, non ex animi sententiâ, sed [illegible], profari; cum aut [illegible] à vero videre, vestigia speciem saltem aliquam habere sibi [illegible], quæ in [illegible], illic multis redarguit.

Verum (ut ne diutius in istis hærendo, Lectori sim tædio) nec ista, de quibus vidimus, nec quæ istis fere à Viro Doctissimo [illegible], de Nominis hujusce [illegible] in [illegible], [illegible] in [illegible], aut singula aut juncta omnia, eatenus sunt visum, ut ex omnibus proprietatem aliorum appellationum Dei reliqua omnia expungant; quod Viro Doctissimo demonstrandum incumbebat.

Atque hæc dicta quæ respexit Vir Doctissimus adversus id, quod negaveram [illegible] esse, non quidem nomen, sed proprium omnino. (Atque [illegible] hic alterum [illegible]) Sed [illegible] hoc nomen proprium esse, quod Vir Doctissimus solet, quod sciam, [illegible] in eo [illegible] quod [illegible], [illegible] judicium esto.

Ad illud progredimur, quo [b] *haud facile persuasum sibi patitur, Deum unquam voluisse fuisse Rectoris Lunæ, ut nomen Dei proprium istud sibi usurparet.*

Ad illud excipiendo visum est quærere; [b] *utrum* [illegible] *et* [illegible] *Dei nomen et numen,* [illegible] *ad hominem et vultum, appellationem* [illegible] *ad potestatem majestatemque* [illegible] *atque* [illegible] *quam arrogare, atque eamque* [illegible] *ut ista omnia sibi assumat et arroget. At tu, quid est aliud ille tanto detestabilius, quo haud* [illegible] *persuaderi possis fuisse, ad illud* [illegible]. His quo occurrat Vir Doctissimus à me quærit vicissim; [b] *an* [illegible] *sibi, inter homines olim fuisse, et* [illegible] *esse, qui Regum et Principum gradu et* [illegible] *vel* [illegible] *ad Regnum* [illegible], [illegible] *regiam potestatem et dignitatem sibi usurpent, atque ita se gerant, ac si revera Reges essent, omnia [illegible] pro libitu administrarent, et pro arbitrio [illegible] atque imperarent, (contenti ad hoc atque dissimulante Rege vel populo, sive ex metu, sive ex ignaviâ atque imbecillitate) qui tamen à Regis nomine, titulo, throno, diademate abstinent.* [illegible] *plane fiat ex gratiâ et indulgentiâ, vel ex metu et imbecillitate, non raro fieri, ut aliqui rerum ad se trahant et usurpent regiam potestatem et auctoritatem, abstineant tamen à nomine et titulo ac diademate, et [illegible] regia dignitas illi [illegible], nomen tamen et titulos non concedatur.* Tum quæ quæstioni à me propositæ hac in adversis opposita [illegible], & [illegible] propter [illegible], [illegible], ut [illegible], [illegible]. *Cur ergo mirum mihi videatur, quod Deus, non [illegible], [illegible], [illegible], [illegible]* [illegible] *sed certa et arcana consilii sui sapientia, passus sit et patiatur Satanam inter homines, qui non [illegible] vinciatur, sed [illegible] et* [illegible]*, ita [illegible] in hoc mundo, esse Deus cogit, et ab illis velut [illegible] Dei ipsius instar, atque tamen patiatur, ut ille [illegible] cultum, et nomen illud Dei veri proprium, singulare et* [illegible] *sibi assumat.*

Quæ omnia quàm nullius planè momenti existant, [illegible] ego [illegible] [illegible], quæ argumentationis cum re propositâ tam parum convenientes [illegible] [illegible] quam [illegible], quam [illegible] (donum planè [illegible]) in [illegible] [illegible] nec ea posse in nomen divinum competere agnoscet ipse, illa quibus addacti, vel adacti etiam, Reges terrenæ [illegible], cum ista, forsan quæ nec [illegible], nec [illegible] etiam, non concessisset; nec [illegible] [illegible] videri possit, si Deus, quæ [illegible] illis [illegible] est [illegible], quod minus est [illegible] & detestabile permiserit, cum illud quod est longè detestabilius & permiserit & permittat. Exceptio [illegible] dari poterit, cur non tam illud quam istud permiserit, (præsertim cum ad illos adversus [illegible] [illegible] [illegible] & in [illegible] [illegible] [illegible]) nisi si [illegible] prodigiosa illa admittere libeat, quæ de nomine isto confingunt & fabulantur Talmudistæ & Cabalistæ Judæi, quorum [illegible] est Viri Doctissimi Oratio, eisque [illegible], sed [illegible] illa, ut [illegible]; quum tamen [c] *non esse se hac in parte perstitutum, vel superstitiosum Judæum, vel Cabbalistam, aut, ut [illegible], Magum, qui* [illegible] *externis [illegible] et [illegible] aliquam tribuat, qua ab hominum lapsu et errore* [illegible]. Cæterum ex iis quæ sunt dicta, clarè satis [illegible] [illegible], [illegible] meo Virum Doctissimum [illegible] respondisse, nec [illegible] ex adverso propositâ, quod Lectori eandem facultatem possit, [illegible].

Sed [illegible] ego [illegible] ulteriùs, [illegible] [illegible], id [illegible], quod Vir Doctissimus licet ([illegible]) [illegible]

a p. 716. b p. 718. c Orat. p. 325.

a Dissert. p. 56. 57. b p. 720. c p. 724.

ac [illegible] , post [illegible] ubi ad rem [illegible] , [illegible] & agnoscit ipse ? [illegible] , nam in [a] *Oratione* [illegible] & in [b] *Epistola ad D.* [illegible] , [illegible] Tetragrammati [illegible] à *Judaeis ad* [illegible] , [illegible] & Diodori [illegible] , [illegible] Tamen [illegible] Apollinis Clarii Oraculum, [illegible] , [illegible] respondere , non [illegible] , qui [illegible] , [illegible] (quod [illegible]) [illegible] , Vir Doctissimus [illegible] , sed [illegible] (hoc est , [illegible]) [illegible] , [illegible] pro variis anni temporibus , [illegible] , [illegible] Graecos [illegible] , quibus [illegible] , [illegible] , varias [illegible] appellationes , [illegible] respectu *Ades* , [illegible] , [illegible] , [illegible] dicatur. [illegible] Apollo , qui [illegible] ([illegible] sub Sole , quem pro Deo summo Gentes Orientales habebant [illegible] , [illegible] , divinus illi cultus [illegible] & [illegible]) ipsum hoc nomen , quod esse Judaeorum Tetragrammatum [illegible] Vir Doctissimus [illegible] , [illegible] ipse sibi , vel , ut Viri Doctissimi [illegible] , [illegible] ([illegible]) [illegible] . [illegible] , [illegible] , Viro Doctissimo [illegible] , [illegible] *Deum* [illegible] . [illegible] Vir Clarissimus [illegible] , [illegible] , [illegible] , [illegible] .

Quod autem Vir Doctissimus [illegible] , [c] *in* [illegible] *nomen ab Hebraico nomine* [illegible] *Jehovah* [illegible] *Jahve* [illegible] , *cur* [illegible] *à Jovis nomine &* [illegible] .

Ut nihil dicam , [illegible] Viri Clarissimi [illegible] , Ego vero [illegible] , [illegible] , [illegible] , [illegible] . [illegible] , [illegible] Tetragrammati nomen , [illegible] , [illegible] , [illegible] Viro Doctissimo [illegible] , [illegible]

A [illegible] , [illegible] , [illegible] , [illegible] . At Vir ipse Clarissimus [illegible] , cur [illegible] , [illegible] , [illegible] , [illegible] conjecturis.

B [a] De *Nominibus in Sacra pagina* [illegible] , [illegible] *Tetragrammati* [illegible] , [illegible] , quod [b] *Fullerus* [illegible] , [illegible] , & [illegible] , [c] [illegible] de *Deus & Deitas* ; in quo [illegible] , ut [illegible] , [d] à Drusio suo [illegible] . [illegible] Fullerus noster , à quo [illegible] , [illegible] . [illegible] Amamam [illegible] , [illegible] , in ipsa *Dissertationis* [illegible] . *Nicolaus* , [illegible] ,

C *Fullerus* , *vir extra controversiam* [illegible] , *Miscell. lib. 2. & 4.* [illegible] *de Nomine Tetragrammato* [illegible] . *Idem* [illegible] *Miscell.* [illegible] *Drusium* [illegible] . [illegible] Viro Doctissimo [illegible] , [illegible] . [illegible] Fullerus [illegible] ,

D [illegible] , [illegible] , [illegible] , [illegible] , [illegible] . [illegible] Fullerum [illegible] , [illegible] Drusius aut Amamus ipse , [illegible] Fullerum [illegible] , [illegible] , [illegible] Magistri Judaei , [illegible] , [illegible] . Ego vero [illegible] , [illegible] , [illegible] *Nomen Dei Tetragrammaton* [illegible]

E [illegible] , [illegible] , [illegible] *Jehovah D. Cappello* [illegible] , *Drusius &* [illegible] , [illegible] *Cappellus* , [illegible] ? [illegible] , [illegible] . Vir Doctissimus [illegible] , [e] *Nomina Jaakob* , *Judah* , *Joseph* , *Joram* , *Josua* , [illegible] Tetragrammaton , *sed à*

F *verbis* [illegible] , [illegible] *Jehoachaz* , *Jehoiakim* , *Jehojada* , *Jehojakin* , *Jehojarib* , *Jehonadab* , *Jehonathan* , *Jehosadak* , *Jehoshua* , *Jehoshaphat* , [illegible] . [illegible] Vir Magnus , [illegible] , [illegible] , [illegible] Vir Clarissimus [illegible] , [illegible] .

G Tum , quod [illegible] , [illegible] *Tetragrammato* , [illegible] , [illegible] , [illegible] , [illegible]

a p. 339. b p. 717. c p. 718.

a p. [illegible] . b p. 712. c Drusius p. [illegible] . d [illegible] . e p. 722.

dem p. 721 Nihil ego certè amplius dixi, quam adeo mihi istud facile videri, ut nec compositionem tam inconcinnae exemplum possit reperire, nec amicius cuiquam (αὐτόθεν ἀκέραιον) commentum hoc probatum iri existimem. Fatendum & illud fuerit, librum illum manifestissimum, ne ingenium judicio diffidere, ubi futurum suspicaver, ut Vir Doctissimus promptè sit, uti ille apud Theodoretum loquitur, τὸν σκοπὸν μὴ συγχέειν [illegible] perturbare.

Concludit tandem, [a] ex dictis satis pro comperto probasse sibi videor contra me, nomen Jehovah veram Tetragrammati pronunciationem non repraesentare, nec ab eam proprie accedere quam Judaei faciunt.

Atqui illud nec tu probavit, nec probare unquam poterit, quum incertum & temporarium esse professus non femel fuerit; nec illud quod secundo loco contra me probasse dicis, in superioribus ego usquam arripuerim. Affirmaveram dumtaxat, [b] ad Jehova nomini illius genuinam propius (pro quo posuisse Vir Clarissimus mihi supponitur) accedere, h. e. ab eo haud ita longè abscedere (positivum comparativa pro absoluto vulgò usurpari, monet Fabius. [c]) nam de Viri Doctissimi commento novitio illo nihil hactenus dicendum, nedum ut collationem aliquam altero illius institutam, id quod Viro Doctissimo [d] vocalium nullam fere rationem haberi in his possitur, [e] cum tantum nunc omnia circa inacinationem ancientis alii ad rem ista, nulli ratione diffitendum videtur, propter verò, quam ipsius Jehovah, quod ego tamen nullis diversum, accedat necne, hoc que ab ipso ipsis in praemissis probatum dedere, alio ego ejusdem ad [illegible] ad determinandum dimisero. Caeterum id quod Doctissimi dicere solent, Conclusionem partem sequitur fere, Viri Clarissimi conclusionem praemissa, ut [illegible], ita videntur mutuò existunt plerumque, ut si praemissis veris addere potius, quàm ab eis sequitur, nata essent.

Atque hinc de secundo dissertationis capite discessum fuerat, ad tertium transit Vir Doctissimus. [f] Dein, inquit, post 12 Drusium, vocem Jehovah esse barbaram & sui usum [illegible] vocalitur; quisquis quum si qui Latine diceret Deum pro Deo, sumeretque verba vocis Dominus cum literis sed tamen vocis Deus. Non possi V. D. id concoquere, ut nos [illegible] ferre, ejusdem vocis praecipitimque [illegible] [illegible].

Imò, O Vir Magne, [g] ego modis possitis illis vocalibus Tetragrammaton literis annexum legamus Jehovah, asserere affirmat voluptas, perperitam, incongruam, & [illegible] vocalium consonantium [illegible] insolutam, quae tunc legendum puto barbarissimum tantum, foedum, [illegible], [illegible], usque quia [illegible] Nomen Dei quod commaculatur & dehonestatur. Atqui verum iam notitiae ingenio homo aeque animo illud accipere possit? cum barbarismo crasso, foedo, tolerando commaculati ac dehonestati nomen divini culpam criminis ad eum tenerit, ejusdemque ut Vir Doctissimi [h] censurae [illegible] sectoribus nostra peragi legunt, quantum est fere per Ecclesias Christi reformatas eruditorum hominum verbique divini administrorum ipsorum, universos atque (quod confidentiam admiratum usque sapit) nullo prorsus aliquo argumento, ut vel incongruentia, vel inconcinnitatis, vel falsitatis, vel barbarismi, vitam intelligi, ac demum crassi, foedi atque intolerandi vocabulum illud arguatur.

Nam de Deo legendi pro Deus, qui vox Dominus eas vocales tribuit, sane est facile & imprimis, ut Virum Doctissimum in eo sibi vel placere vel satisfacere potuisse, superaddam sic planè. Dicas enim ea cum barbarissimum non loquitur, imo poti; non qui sunt ut illas voces Dominus propter, sed quae Deus est vox nihil, nomenque sola exstitit vocalibus sibi propriis esse sed contra alioque barbarissimi & scribitur & legitur, eiusdem sua tunc vocabuli Dominus vocales. Hoc est autem

apud commendatione, (nec id nescius esse poterit Vir Doctissimus) quoque Viri Doctissimi fabricam omninò ex parte deest totum, non sequi, ut puncta illa, Sheva, Cholem, Kametz, sint verò Adonai puncta, (quod tamen propius legendi esse jam nequit) ergò non esse Tetragrammati puncta, Atqui cum utraque corpus sic argumentationem militerent, tantum simplex, Cholem, Kametz sunt vocis יהוה quia ipsa dicatur, puncta genuina, ergò non sunt vocis יהוה quia sunt propria, puncta genuina? Neque idcircò perperam dixi (quod Vir Clarissimus [a] sibi tamen nullà ratione coincidit) Dissertationis meae pag. 2000 cet. sed si. Verum Doctissimum perperam, quod non est inconsistens, tamquam sit ejusdem, praesumeret, & quae sunt disjungenda conjungeret: quando usque perfectior, idea non possit ipsa esse à יהוה puncta, quia à Adonai existunt; eaque secum invicem componit, quae à se invicem quam longissimè distant.

[b] Tum, sic, inquit, prima ejus responsio concidit.

At quorum est tandem, O Vir Eximie, responsio illa, quam sic concidisse affirmas? Ecquidem responsionis meae, aut attuleram, aut arriperas, nisi quod tractatum singulatim, sententiae praecipuum, sive Drusianam, sive tuam, non sine causâ justâ, conquestus sum? Sed quâ ratione, ut concluderis, factum est? Quia, inquit, [c] posuit, quod nondum probavit. At ego, Vir Clarissime, existimaveram hactenus, respondenti non incumbere onus probandi, nec poterit esse nescius Vir αὐτοδίδακτος dicti Rabbinici, על המוציא מחבירו הראיה. Sit itaque confirmandi argumenti ad Virum Doctissimum pertinere pervinadum.

[d] Sed quod jam, verum non esse demonstratum. Quid illud? Puncta nunquam illa non esse Tetragrammati propria, neque adeo esse posse, sive verò adversus ne observatis supra dixeras. Ego verò non Tetragrammati propria sive peculiaria, aut dico, aut dixi unquam, ut non sint vel esse possint, vocabulorum aliorum quae consonantia verum genuinae esse posse vocabulorum plurima consonantia, quemadmodum vocalia e a à Dominus & à Camina, dictionis utriusque genuinae sunt vocales; & puncta haec eadem, de quibus agimus, sunt tam יהוה, quam & לכבוד uti superius est dictum, genuina puncta vocalia, non posse autem esse dictionis utriusque & יהוה & אדני quod quaeritur, consonantia & genuina puncta vocalia, nec ostendit hactenus Vir Doctissimus neduim aut demonstravit, aut est unquam demonstraturus.

Tum quod quaero, [e] quam verae retineri, quanto crassiorem ac foedius barbarismum arguat, dum vocalis sibi non ipse easdem, sibi nomen id primitus assentiatur, nec do rix constare facta, si in vocali aliqui notali unde sit ab eo etiam aberrantur. Respondet Vir Clarissimus [f] non crimen id esse, barbarismum dumtaxat esse dictum à lingua Hebraica genio & ingenio alienum, tum inter crimina & barbarismos quid intersit, pluribus ostendere conatur, & de Deus & Dominus quod dixeras, deinde incolcat, quod barbarismi vitetur.

Atqui primò exhibeat similitudinem, pro vocis origine à Graecorum χολὴ lascivitate sumptae, dicam, sive errorem ipsum quamlibet compositam, notamque satis. Tum Nomen Dei sacrosanctum, cum fascibus barbarismo crasso, foedo, intolerando dehonestatum & commaculatum ire velis; [g] quum ille dicam de nominibus literatur, si puncta illa vocalia vocis Adonai propria esse non dissentiar, & Jehovah tamen legatur, ut non crimine, sit etiam etiam, intolerando tamque, ab eo ab ipso habeamus, ubi videmus. De Deus & Deus verò facile illud quod minor, in quo tamen tempore sibi placuit, ut terra vix jam, in [illegible] irrati, in Dialog. [h] his, superior [illegible] manifeste debuerat, aliud esse linguae alicujus vocabulum, de cujus literis nostrae, linguam illam, ut propterea profuerit, aliud idem linguâ alienâ exprimeret, in quo genere circa notam alioquandum mutationes integrum facit [i] Vir Doctissimus egregiè; aut alia genuina prolato in-

a p. 721. b p. 727. c Institut. l. 9. c. 3. d Ibid. p. 728. e Dissert. p. 721. f p. 729. g Ibid. p. 726, 727, 728. h Vide Drusii Drusium in ann. ad Tetragramm. c. 12.

a p. 723. b Ibid. c ibid. d p. 82. e p. 729. f Ibid. p. 727. g p. 727. h p. 723. i p. 728.

ceera est, ad eum, quam conjecturâ proxime accedi posse, etiam si non exacte attingatur, experiri.

Sed, *barbarismum in eo non esse*, inquit, *& probat Vir Doctus?* Imò, *esse* inquam ego, *approbat Vir Doctissimus?* alteri scilicet, sive accensendi ac delendi, quod prius dixeram, probandi nunc incumbit. Hoc autem Vir Clarissimus nisi simpliciter affirmando, & semper inculcando, nec probare hactenus conatus est, nedum ut probaverit.

Miror, *qui de Vocabulis quibusdam Deique nominibus aliter longè vel scriptis vel prolatis adjiceretur, quam Hebraica lingua receptis jam locutis, vel ratio Grammatica illorum admittat, dum ad linguae suae ingenium, formandique vocandi leges vitiosè, vocabula peregrina, aut Graecè, vel Latinè, vel alii aliqua* [illegible] *fingunt; ipsis* [illegible] *scriptores fuerit, non* [illegible] *barbarismi hujusmodi arcessendi, nec* [illegible] *ut* [illegible] *scripta sacra barbarismis* [illegible]. Hoc est utique in campum illum cum Viro Doctissimo descendere, (in quo hinc spirituum, an

Ludit [illegible]

ut ᵃ ille loquitur; *Horum* [illegible] *partim justa expectari, partim expectans alterius*) ᵇ *de variis antiquis vocabulorum* [illegible], aut per [illegible] pronunciationibus; quâ ille [illegible] barbarismi [illegible].

Illud dum [illegible], quod hunc [illegible], *vocabulorum* [illegible], *Hebraica* [illegible] *ut in* [illegible] *Grammatica legis admittit*; [illegible] *Jam non puto incertum & dubium esse, an bene Grammaticè & congruè linguae Hebraicae genio & proprietati dicatur Jehovah, nisi illi, qui* [illegible]. Nunquid [illegible] [illegible] ut [illegible] ratiocinatione valentiori expeditâ, utrum [illegible], in [illegible] conscientia utrumque defendare?

Verum subjunxit ex Oratione sua nonnulla, libertius (uti videre volo) in hanc verba conceptis: ᵈ *Nulli tamen praescribo, tamen de vero pronunciationis illius ratione.* [illegible] inquit, [illegible]?

Imò, inquam ego, [illegible] *quam non esse certo* [illegible] *magis* [illegible] *pronunciari* [illegible] *quid aperiat?* neque vero in hac ipsa tam [illegible], nisi [illegible] (certè [illegible] dicam?) [illegible] *Tetragrammati* [illegible], *Jehovah*, [illegible] *Nulli tamen*, inquit, *praescribo; tamen de vero pronunciationis* [illegible]. [illegible] Viri Clarissimi [illegible] Ceterum nullo [illegible], illud [illegible] D. Ludovico Capello [illegible] linguae Hebraeae [illegible], [illegible] in [illegible], credo, si tam [illegible] in eo barbarismum adversarius, ut Viro Doctissimo tam solenne videri nequaquam debeat, si tibi usque familiaris sit in linguis scribere, nondum illud tam clarum fuerit. Nam quid in [illegible] haud [illegible], ᵉ de nominibus aliter in textu Hebraico, aliter in linguis exteris, ut Scriptura sacra per conseqentes Versionibus legendis; nihil amplius dicit, quam quod in *Dissertatione de Nomine* [illegible] qua una ferè cum illa *de Tetragrammato* prodiit, est à me prius observatum.

Quod dicemus inter illum *Jehovah & Jehova* [illegible] quidem, ubi ille loquitur, [illegible]) *haud* [illegible], *& barbarismum* [illegible] *nisi* [illegible]: [illegible], inquit, F. D. [illegible] pronunciatione. Tum, *Vetus* [illegible], inquit, ᶠ *si aeque* [illegible] *esse, an quia Latinè dicas Jupiter, an vero Jovis; vel Jupiter, an vero Jovis, vel Jupiter? qui* [illegible] *in Latinitatis* [illegible] *pronunciationem?*

Et qui, inquam, [illegible]? Nisi enim *Jehovah* [illegible] (jam, [illegible] appello, an [illegible]) genuinam exhiberi (quod praeter nullius erit) nominis Tetragrammati pronunciationem probaverit, quomodo de *Jupiter* Latino constat, (nisi quod *Jupiter* in *Oratione* [illegible] voluerit, quod in ᵍ *Dissertatione* nunc simplici *p* pingit) nunc plane sunt hae verborum ampullae, (uti gemina quae de *Deus* & *Deus* supra saepius appellantur) & quae in acrem abeunt evanescuntque. Hoc autem ubi [illegible], [illegible] (opinor) plus prudentiae hoc [illegible] esse; Jam, cum [illegible] *de Vocabulis* [illegible], quis [illegible], de quo agitur, [illegible] animadvertere? Interim ut Gallum cum Gallo componam, inter Viri Clarissimi D. Cappelli *Jove*, & Viri Illustrissimi D. Fischeri[illegible] *Jova*, quam [illegible] videntur, [illegible] *barbarismum*, vero [illegible] barbarismo illud haud longè recedere, nec hoc [illegible] illud *tolerandum* [illegible].

Sed ad quartum tandem *Disputationis* titulum devenimus; in quo verum de re [illegible] agitur, ad quem *Dissertationis* [illegible] collimabat. *Cùm de Vocabulis*, ᵃ inquit Vir Clarissimus, [illegible] *substantiae?* Hic ego quaero, [illegible] enim Ex. c. 6. v. 3. ubi *Mosi Deus*, [illegible] quod ego [illegible] verum Vir Doctissimus ille, [illegible] reddidit, nunc [illegible] significat illi.

Confidentius hic [illegible]. Respondet itaque, ᵇ [illegible] *singularis rationem alicuius* [illegible], *hoc nomen hoc singulare* [illegible], (*quid Deus quis* [illegible] *&* [illegible] *vocari*) [illegible] ut [illegible] *sit* [illegible] *pronunciationem* [illegible] *ut* [illegible] *Tetragrammaton* [illegible] *illius* יהוה. *Hoc* [illegible] *Judaeorum* [illegible] *superstitione* [illegible] *vocalibus* [illegible].

Atque, ut [illegible], quae de [illegible], scholae in illa [illegible] יהוה [illegible], reprehendam ab illo; [illegible] pro יהוה [illegible] hic positum [illegible] ea etiam praetereas, quae adversus id quod demonstrant hoc non

ᵃ Fischer [illegible] lib. 3. c. 11. [illegible] ᵇ p. 725. ᶜ p. 724. ᵈ p. 727. ᵉ p. 726. ᶠ p. 727.

ᵃ p. 725. ᵇ p. 725, 726. ᶜ p. 725. ᵈ *Deut.* p. 727. ᵉ *Dissert.* p. 726.

non nisi novellum hic demum invehitur, in [a] Diatribe A
mea fusius disserui; quæ Vir Doctissimus in Defensione silentio sua transmittit plane; ut incertis linguæ ejusdem Lectores eruditis. Ecquid hoc est aliud, quæso, quam quod ipse [illegible]? [b] Malleme, inquit, vocis sit licet, aut [illegible] Jave, aut [illegible] Iao, aut Clementis Iao, sive Jaoh, aut [illegible] Jehovah, aut Jehovah usitatum, sive Castellioni Jova, aut Viri Doctissimi Jaoh, sive Jehovah, quam Adonaj; quum illud dici [illegible], Scripturam sacram depravare & corrumpere sit [illegible], a quo nomen [illegible] sit, [illegible] legem, [illegible] vocabuli [illegible], aut [illegible] partem, aut nomini [illegible] dederit, quam de sensu demutet nihil. Aut B
quid aliud ex parte præcipua ab his abit, quod Vir Doctissimus ipse ad tanta ista subjicit? Neque vero ego, inquit, [c] vocalibus Adonaicam attuerim, (ubi tamen fuerit, admoneat, scripserat; sed de nomine constat) in loco Exod. 6. 3. propter rationem modo traditam; ubi tamen mallem Jahvoh vel Jehovah, quam reliqua à V. D. addita; & Jahveh quidem, quia illud videtur vel ipsum Tetragrammaton recte exprimere, vel propius videtur ad illud accedere: Jehovah vero, propter vocales illas et à multis seculis per Masorethas additas, & ob receptum usum & inolitam apud multos sic pronunciandi consuetudinem. At C
qui aliud insistis, constitisse in pronunciasse fatetur Vir Clarissimus videtur, [d] ubi Hieronymum Græcosque probat, quorum ille Adonaj, illi Κύριος apud Mosem hic reddiderunt.

Sed hæc loco excepto, de aliis haud itidem statuit.

At primo, in locis aliis haud paucis nomina ejusmodi illiusmodi usurpandi pro pietate necessitas. [e] Certe & Exod. cap. 15. v. 3. Adonaj nomen ejus, legerit, aut Hymn. 83. v. 18. ut sciant te, cujus nomen est Adonaj, aut Esaiæ c. 42. v. 8. Ego sum Adonaj, hoc est nomen D
meum. aut aliis locorum, ubi de hoc ipso Dei nomine agitur, in haud sensum diserte pervertit, non sensum eum quem Deus voluerat reddit. Adverterat hoc Vir Doctissimus ipse. Proinde etiamsi hoc in loco, ac in quantum nostrum aut pœnitus concessisse, aut penitus confessisse videamur, haud aliam potestatem & alias rationem hac in parte habendam censerem: ut post partio [illegible] aliquanto nobilicum ago. Concessit enim, alterdque agnoscit, Tamen aliud (quod pag. 96. dixeram) verum esse locorum habere, ubi nomen & notionem significari ipsum nomen ipsum exprimere, & quo sit dicere & indicare, id quod locis aliis, cum aliis haud E
paucis, comperit plane.

Denique, si necessitate justa ad id adigente, vocabulum illiusmodi in locis illis adhibeatur sua fuerit, quid, rogo, obstiterit, quo minus idem aliis passim, ubicumque occurrerit, cum fundamento jam sic facium, adhibere æque usurpare licuerit, quo nomen Dei sacrosanctum à plebe etiam imperitiore distingui clarius à se invicem possint? Illud interea cum Vir Doctissimus nobis concesserit, etiamsi in loco illo Mosaico Jehovah lumini suo Jehovah malit, nolim ego cum illo contentionis serram hac in parte reciprocando, vel ipsi vel lectori etiam, ulterius molestus esse; nec suam hoc videns, ubi obtinuerit, si id unquam contigerit, quod ipse etiam, opinor, vix sperare potest, respondendum ego censuerim. F

Proinde quæ in hoc quarto Dissertat capite Vir Clarissimus fusius prosequitur, cum id quod principio volebam obtinuerim, & vel volens exurserim, vel ultro concessum haberem, non ipsum exigere, ut vocabulum aliquod ejusmodi, quod & Jehovah esse possit, eis in locis usurpetur, ubi Spiritus Sancti mens est nomen illud ipsum Tetragrammaton exprimere, possim magnam ex parte penitus transilire; neque ipse libentissime concesserim, nisi quod ex silentio [illegible] pronunciaturus Vir Doctissimus videretur, sicque tacitus præteriissem. G

Ea singulatim autem monstra, & horrendum illud atrocita, de præpostera, corrupta, depravata, barbara, monstrosa, absona pronunciatione, si de & crassi quanta hagra Hebraica leges, naturam, genium, ingenium, proprietatem, barbarissimo peccatis denique adversas ut ajunt, quod in homine Seavate [illegible] quod nullo si qui nihil fecisset & fuisset contentiosi, sit illa (suis [illegible] Viri V. D.) inserens, horridas, insipidas, inanias, quamvis [illegible], non invenio. Hæc, inquit, quæ Viro Doctissimo huic splendida suggessisse videtur, quæque ipse pro [illegible] habet, nihil mihi cumque [illegible] pollicitatio, ut ad ea jam occallucriut, [illegible] suam [illegible], quo circa rationem illam, modum justum aliquem, agnosceremur.

[a] Nec certe majoris est momenti, quod ex hypothesi facta subtexuit; ubi hoc usque dum, Romanos Romuli Conditoris sui nomine suppresso, Quirinum ejus loco dici jussisse, nomen vero ipsum potius, Patriis literis sola, &c. expositum, in Tabulis publicis inscriptisque suis consonantibus ROMLS scribendum [illegible]; hoc, inquit, supposito, à me quæro, nonne satius ac convenientius putem, apud Livium aliosque legere nomen illud quantum per quascunque vocales, [illegible] vel Romilis, vel Remulus, vel Rumulus, vel Rumlus, &c. quam Quirini nomine usurpare, ubicunque ROMLS scriptum occurrerit, appellare.

Quod quidem commentum geminum plane est illi, de Deior, & Jupiter, &c. supra haud [illegible] ultimum. Cui ego (etiamsi sua ipsius superius [h] adducta Viro Doctissimo objicere possim) tunc respondendum censuerim, ubi eos prodiderit, ut pueros eos de sacris Oraculis legendis sanciendi, quam illi de Conditoris sui nomine vel eloquendo, vel scribendo, sanctionem pari obtinuerint. Interim à Viro Doctissimo ego vicissim quæsierim, cum D
ex ipsius placito incertum sit, utrum Nebuchadnezzar, prout Codices Hebræi nunc habent, an Nabuchodonosor, quod Græci exhibent, sit vera & genuina appellationis illius pronunciatio, num idem satius ac convenientius existimet, aliis aliqua ratio [illegible], quod nomina illa Regem illum Babylonium, ubicunque nomen illius literis illis נבוכדנאצר exaratum occurrit, designare. Hic interim, quod Vir Doctissimus ipse postulat, [e] judicium sit penes æquum, non morosum, scrupulosum, aut superstitiosum lectorem.

Sed, quod [d] Scriptura corrupta, falsum adversus Mosem divinum testimonium eos dixisse, qui in loco illo Mosaico vel cum Judæis ac Latinis Adonaj, vel cum Græcis Κύριος legendo Deum nomine Κύριος vel Adonaj, eumque ipso eo loci sensu loquentem, posita illis [illegible] fecisse, aut ipsi negaverint, aut Deum ipsum negantem fecerint. E

Illa [e] sui potius pronunciatur V. Cl. nimio rigoris, & præcipitis atque prostrata sine justa causa sententia asserere & insimulare posse. At cujus? quia, inquit, qui enuntiat [illegible] Ἐγὼ εἰμὶ κύριος? Ecquid enim falsum dicetur, illud ut fuerit? negare atque, Deumque ipsum in Oraculis etiam sacrosanctis suis negantem introducere, nomine suo Adonaj prisca illa nunquam. Verum ecquod etiam tam manifestum à Viro Doctissimo non tam modeste adhibeat, quam [illegible] obducitur? F

Neque S. Hieronymus, inquit, [f] neque LXX hoc [illegible] dicere, quod fingit V. D. Deum non fuisse cognitum Patribus per nomen Κύριος sive Adonaj, aut vero Κύριος vel Adonaj esse nomen illud Dei singulare, quod proprium Deus sibi esse [illegible], quodque ante hominibus non revelaverat: neque tamen verba ad sensum, nisi vexata, & contra mentem verum accepta.

Mitto, quæ frustra nimis inculcata, de nomine יהוה prisca illa [illegible], adversus testimonia à [illegible] G
pro sacro [illegible] in Dissertatione a me in contrarium allata, ad quæ nihil respondit, hic demum ingerit. An non ignotum hoc [illegible] [illegible] illum, sonans hoc, quod [illegible] syllabis binis [illegible] loquerentur. Nomen autem Adonaj non indicare cui, Deum proprie illius, de [illegible]

Ita-

[a] p. 11-12. [b] Dissert. p. 92, 94. [c] p. 727. [d] Orat. p. 729. [e] p. 727. seqq. [illegible]

[a] p. 728. [b] Ex p. 728. [c] p. 728. [d] p. 99. [illegible] [e] p. 729. [f] p. Ibid.

loquitur, per nomen Adonai ingenium non fuisse? Aut quibus tandem præstigiis nos [illegible], effectumque daturum sperat se Vir Peritissimus ut eccet nobis id quod videmus ne videamus, auribus id quod audimus ne audiamus, mentes ea quæ percipiunt ne percipiant etiam?

Sed, [illegible] inquit Vir Doctissimus illa ipsissima Dei verba Hebraica, [illegible] ad Mosem prolata, sed sunt verum interpretationum ab illis hominibus ad usum & ingenium [illegible] Judæorum sui temporis accommodatarum. ac si qui Cæsaris Commentarios in vernaculam nostram Gallicam converteret, & Gallos, Celticam, Allobroges, Æduos, Sequanos, Arvernos, &c. non veteribus illis, sed hodiernis eorum nominibus appellaret; an jam qui illi falsi & mendacii crimen impingeret, ideo quod loci & populi illi eam illis nominibus tempore Cæsaris appellarentur? qui illum hominem non videret? Videat V. D. ut jactare se videndum præbeat, cum falsi & mendacii crimen impingit S. Hieronymo & LXX interpretibus, nequaque versionem falsi arguit. Adeo quod nomen Adonai & Kyrios [illegible] ipsum nomen Tetragrammaton, quo Deus se appellaret, quam illi [illegible]. Quæ [illegible] & [illegible] [illegible], quod sibi velim, [illegible] verba, [illegible], verba illa Adonai & Kyrios [illegible] illis locis & vice nominis illius Dei, quod Judæi sibi [illegible] appellationibus [illegible]?

At, inquit ego, videat Vir Eruditissimus an non videndum se præbeat, qui [illegible], ut in oculos [illegible] sese ingerat, quo obvelet, [illegible]. Non sunt, inquit, ipsissima Dei verba Hebraica e [illegible] ad Mosem prolata. Et [illegible] illud, non [illegible], dico, sed vel [illegible] Nec sunt Hebraica; Adonai [illegible], quis nescit? Sed non e [illegible] ad Mosem a Deo prolata. Sunt illa Exod. cap. 3. v. 16. [illegible], de quibus agitur, Exod. cap. 6. v. 3. [illegible] torqueat nimis ipsum, [illegible]. Verum [illegible] hoc fuerit potius. Sed quid sunt tandem, si ipsissima Dei verba, [illegible], [illegible] non sunt? [illegible] interpretationum, inquit; hoc est, [illegible] Viri Magni verba [illegible], in linguam exoticam ex Hebraica versio. Versio autem an non debet Textui Originali, ut archetypo apographum, [illegible] respondere? [illegible] verbo [illegible] qui non [illegible], interpretis tamen fidi [illegible] est [illegible]: at qui [illegible] verbis adversam plane [illegible], [illegible] non est, [illegible] interpretis quidem nomen, qui sic agit, [illegible]; sed [illegible]. Maledicta, [illegible], [illegible], quæ [illegible], [illegible] interpretatio, sive verbo, quæ [illegible]?

Sed, qui Cæsaris Commentarios in vernaculam linguam Gallicam verteret, [illegible] falsi aut mendacii accusandus, si [illegible] populos appellaverit, quam qui [illegible] per Cæsaris ætatem appellabantur.

Et quænam illic parilis ratio? Cæterum, O Vir Eximie, [illegible] Cæsarem qui vertendo, sive ipsis [illegible], ubi de Britannis, qui nunc [illegible], agere, [illegible], Britones, qui nunc dicuntur, & [illegible] aliquot [illegible] nuncupati; ut priscis Gallis Armoricorum nomine [illegible]; aut de Burgundionibus, qui [illegible] Burgundionum [illegible] per [illegible] aliquot [illegible] nomen [illegible]; hodiernæ vero nomine non [illegible]. [illegible] Vir Doctissimus si in [illegible] appellationibus [illegible] aut de [illegible] verba faciens, diceret, Anglorum quidem nomine [illegible], Britannorum haud [illegible], aut ad paginas [illegible] Historiam nos [illegible], si quis de [illegible] apud [illegible], diceret; [illegible] quidem [illegible] [illegible] nomine [illegible] [illegible] ab illis diversam [illegible], qui Deum [illegible], [illegible] nomine [illegible] pro illis [illegible]; [illegible] non est [illegible],

aut periculo multo, aut [illegible] opus, opus est curæ artificio haud mediocri, quo falsi crimen a nominibus splendida illa abstergatur, qui [illegible] superstitiosi, nominque divini (V. D. ipso, [illegible] hic [illegible] vult, ita [illegible] ea [illegible] [illegible], non illud [illegible], quod Deus ipse [illegible], sed adversum plane [illegible] divinum [illegible] in [illegible] interseruerunt. Audias, quæso, Vir Eximie, [illegible] in Adnotationes ad Tetragrammaton [illegible], de LXX interpretatione loci hujus Mosaici [illegible], Τὸ ὄνομά μου Κύριος [illegible] ἐδήλωσα αὐτοῖς, his ipsis verbis [illegible]: Quæ interpretatio quamvis falsa est; [illegible] per Κύριος intelligas nomen [illegible], quo modo Philonem [illegible], [illegible] οὐκ ἐδήλωσα αὐτοῖς, h. e. ut ille vertit, Nomen meum proprium non indicavi eis, quamquam ne sic quidem falsi notæ liberabitur, quod [illegible] pagina est a me [illegible], ad quæ me [illegible], quod ipsum, Vir Doctissimus, [illegible]. Cæterum [illegible] Pontificiis, Scripturæque sacrarum versionibus [illegible], vel introducendum [illegible] speciosamque [illegible], vel admittit ubi jam fuerint, excusandis [illegible] speciosos [illegible], [illegible] ratione [illegible] non tollendos, sed [illegible].

Mirum proinde est verborum [illegible] Conclusio illa, [b] Nullam hic ergo falsi crimen, nullum splendidum mendacium, nulla Sacra Scriptura corruptio aut depravatio; sed mera V. D. hallucinatio, & in pravum atque alienum sensum conversio, quo homines ingenuos & candidos non decet, sed [illegible], [illegible], [illegible], quibusdam [illegible] nullius est [illegible].

An non, Lector candide, quispiam, quasi e plaustro, quod dicitur, convitia fundantem Virum videris? [illegible] utique, [illegible], moneret illi Mosis locus ille, adversus id quod definierat ipse, interior; quo locum aliter non potuit, nisi ut [illegible] in partis adversæ faciem [illegible], atque hinc ipsum ipsi [illegible], [illegible], interdicit, interdicit ipse.

In eo quod sequitur, verba mea, [illegible] satis adverteris, [illegible] solens prudensque volens. Quid ego, inquit, [illegible], de Judæorum, Paraphr. Chald. Apostolorum, de S. Hieronymi [illegible], (qui pro יהוה Adonai usurparunt, vel [illegible] V. D. [illegible], & constat [illegible], non in [illegible], [illegible] illum sequantur.

Aut ego [illegible] [illegible], qui Adonai aut Dominum hodie legerit [illegible] יהוה reperitur, [illegible] de locis eis dumtaxat loquor, in quibus ex Viri Doctissimi ipsius sententia [illegible] vocabulum aliud aliquod requiritur, quod יהוה respondeat, [illegible] dumtaxat eo loci [illegible]. [illegible] Patres quod attinet, excusari [illegible] cum [illegible] Hebraicarum plurimum essent ignari, versiones [illegible] sunt [illegible], quid [illegible] (de quibus agebatur) Textus Hebraicus exigeret. Subjungo tamen, si eum adverterent, [illegible], quid [illegible] Apostoli [illegible], non intelligere. De Apostoli [illegible] ratione [illegible], qui [illegible] morem [illegible] in versiones Græcas [illegible] retinuerint, adjecto dumtaxat, [illegible] verba, [illegible], [illegible] fuerit. Denique, [illegible], [illegible] [illegible] [illegible] [illegible] [illegible], aut etiam quid [illegible], vel vertendo, vel legendo, [illegible]; (tum de Judæis [illegible] et ea quæ [illegible] [illegible] me, ubi Vir Doctissimus & novit & agnoscit hic ipse, sicut mox videbitur) vel [illegible], vel [illegible] liceat; sed quid in actis, quæ sunt supra allata, [illegible] legendum, quo [illegible] [illegible], [illegible] Dei verum, quam voluerat ipse, [illegible] exprimatur, Scriptura [illegible] illibatus afferimus, non [illegible] corrumpatur. Atque hæc nescire [illegible] Vir Doctissimus an calumniæ [illegible] potuit

[a] Vide verba ipsius ex Epist. ad [illegible] p. 64. [b] p. 730.
[c] p. 727. [d] p. 730.

nomen hic designare possit, ipse viderit. Mirum interim, cum distinctionem hoc loco ita instituerit suam, et ubi Apostolorum etiam mentionem fecerat, quibus Hieronymum (quem Sancti tamen titulo ornat, quem Apostolis nullius tribuit, [illegible]) subjungeret, [illegible], non [illegible], qui [illegible] (nam & Apostolis, eum hoc præcisè debuerit) sequatur. Siquidem Hieronymum sequi, nisi ubi errore [illegible] præstari possit, culpâ sanè non caret. de Apostolis, quam non [illegible] tantum, sed [illegible] sunt, eorum istiusmodi immunes esse præsumitur. Verum conscientiæ propriæ monitu sollicitatum hanc suam distinctionem sic concinnasse Vir Doctissimus videtur, cum hoc animum esset sibi, monuisse, illud in distinctione illa subjecisse me; Aliquid deerisset, [illegible], si Apostolus [illegible] (Ex. 6. 5.) [illegible] ipsos [illegible], [illegible] conceptum calculo suo comprobasse. Ea itaque Vir Doctissimus hic attribuit & affingit mihi, quæ nec volueram ipse, sed nec voluisse me ignorare esse non potuerat.

Verum ista transmittam, & ad accedendum arripuit, quod in periocha illius vestibulo dixeram, *De superstitiosis Judæis satis superius est dictum.* *Quid autem illud est?* inquit? Tum vertitur quidem è notis quædam, sed sequentia demtaxat, malignè detorta. *Nempe*, inquit, (p. 27.) *diaa, ex superstitione quadam [illegible] & [illegible], illæ à nomine ipso [illegible] abstinens [illegible] est.* Et, (pag. 29.) *Ex superstitione, inquam, abstinent hoc. & merà quidem, [illegible] enim aliud fabere potuit?* Et hæc ego dixi quidem, sed nec sola, nec solitaria. neque enim superstitiosi solùm, sed [illegible] extremâ Judæos [illegible] Magistros: non id nudè affirmo, sed rationibus aliunde confirmo, (quas [illegible] de Vir Clarissimus cum illis, tum & illic transilit) [a]*quod nomen [illegible] illud [illegible] sint, quo Deus apud suos innotescere, quove apud eos insigniri, appellari, compellari voluit.* adeò jam, ut Viri Clarissimi ipsius sententiâ, qui [illegible] etiam [illegible] valuit, [illegible] & celebritate perfusas esse voluit.

Sed quid ad ista parte contractè & repulsa jam Vir Clarissimus? *ut Religionis*, [b]inquit, *sic & Superstitionis, & [illegible] etiam vocabulum, modo in bonam, modo in malam partem usurpatur. est enim Superstitio [illegible] quidem ex reverentia & veneratione [illegible] damnanda. [illegible] etiam [illegible] videtur [illegible] & spontanea à proloquendo nomine ipso in vulgari usu & sermone, [illegible] non videtur fuisse [illegible] damnanda. [illegible] est [illegible] & grande nefas esse, [illegible] illud [illegible] ista [illegible] in superstitionem [illegible] prohendam, [illegible] religione [illegible]; [illegible] reverentiâ & [illegible], [illegible] Tetragrammati pronunciatione, [illegible] omnibus [illegible] pie & [illegible], illud efferre, maximè sub N. T. sub quo major est per Christum ad Patrem accedendi & eum compellandi libertas & fiducia, quam sub V. ad cujus [illegible] pertinere [illegible] spontanea illa à vulgari & communi nominis illius prolatione abstinentia [illegible] reverentiâ, honore & veneratione [illegible] profecta.*

Hæc adversarius meus pro Judæis, quorum causam agit hic, V. C. ego verò, quod idem Vir Doctissimus [illegible] vocabulum in partem modò [illegible] superstitionem [illegible], [illegible] Libri mei [illegible], & [illegible] inscripti, in quo & aliud est à me [illegible], non ignoro. Sed & Religionis nomen in partem sequiorem capi observatum in Lucretiano illo,

Tantum religio potuit suadere malorum; quin & in illo apud Gellium,

Religentem esse oportet, religiosum nefas. Superstitio ubi in partem probam usurpetur, nondum comperi. Cicero certè Latinitatis arbiter optimus, *de Natura Deor. lib. 1. Horum sententiæ, non modò superstitionem tollunt, in qua inest timor inanis Deorum, sed etiam religionem, quæ Deorum*

cultu pio continetur. Idemque l. 2. *Non philosophi tantùm, verum etiam majores nostri superstitionem à religione separaverunt.* (quæ verba ex eodem citat Augustinus *de Civit. Dei l. 4. c. 30.*) Et mox, *Ita factum est in superstitioso & religioso, alterum vitii nomen, alterum laudis.* Idemque *de Divinat. l. 2.* *Nec tollitur religio superstitione tollendâ.* Verum missis istis criticis hisce, observet Lector hic, quisquis est, Lector mordacis, quam Judæorum superstitionum ac præsumptionum fautorem ac fotorem sedulum, patronum ac propugnatorem strenuum, Vir Doctissimus se exhibeat. Quod in [a]Oratione, *Invadentes superstitione*, in Epist. ad D. Fuller. [b]*religione*; vel *si mavis superstitione*, dixerat; id quasi vel imprudenti excidisset, vel invitus concessisset, sublatâ illic, quasi sic bello rejecto, caveat, ne vox ea, cum nota aliquâ minùs probæ habeatur, in partem sequiorem accipiatur. [illegible] vult intelligi non ipsi [illegible] damnandam, utpote quæ ad jugi illam partem aliquam fortè pertineat, sub quo peteret illi continebantur, quâ verò à [illegible] per Mosen populo illi divinitus indictorum, (quos jugi appellatione designant Apostoli, Act. c. 15. v. 10. Galat. c. 5. v. 1.) numero & illud fuerit; & interdictio ejusdem nisi à Deo ipso lege latâ aliquâ sit sancita: quod & [illegible] à vero videri possit. [c]In Oratione dixeram. Quid de, ut [illegible], verum in vero [illegible], plebem [illegible] istud [illegible], ut magistros suos [illegible] & doctores hac in parte sectatam. Ubi à plebe [illegible], *ex veteri quidem ab hoc nomine proferendo abstinere*. Lubens ego à Viro Clarissimo quærerem, an non superstitiosorum istius venerationem singularem istiusmodi nomini ipsi hisce potiùs quam nominibus יה אל שדי אלהים aliisque Dei ejusdem appellationibus exhibere; & an non genuinum sit hoc Viri [illegible] utriusque [illegible] fundamentum, quem de nomine *Jesu* usurpant Pontificii, quibus eo nomine superstitionis notam jure merito nos impingimus. Certè, quod de Cicerone Augustinus loco superiùs indicato, *Quis non intelligat eum conari religionem laudare majorum, eamque à superstitione velle sejungere?* idem liceat de Viro Doctissimo dicere. Quis non animadvertat eum, hanc quam hic prædicat, Judæorum nescio quorum [illegible] (uti ipse indigetat) probare, eamque à superstitionis notâ velle sejungere? Atqui dudum Vir Clarissimus popularem suum per æternam D. Joannem Calvinum de Judæorum circa illud [illegible] [illegible], in Comment. ad Exod. 6. Certè, inquit, *quod Judæi non proferre, nec scribere audent, sed substituunt nomen Adonaj, putida est superstitio.*

Sed ad ulteriora pergamus. Tandem ergò, post distinctionem illius [illegible] prædictam, quasi incertus planè ubi pedem figat, *Male*, [a]inquit, *& satis dicis, cum Judæis, non Judæis superstitiosis, sed cum veteribus illis [illegible], qui [illegible] à nominis illius pronunciatione abstinebant; (nisi non ex eadem cum illis [illegible]) cum veteribus interpretibus Biblicorum, (nisi non eadem cum illis de causa) cum Apostolis denique ipsis, ab ejus prolatione abstinere, & ejus loco Adonaj legere, potius quàm pravè & perperam & [illegible] illud efferre.*

Ita cum *Judæis antiquis* [illegible] illis nescio quibus, qui quinam fuerint, nec ipse (puto) novit, & cum veteribus Biblicorum interpretibus, convenire, nec convenire se, Vir Doctissimus profitetur. quod idem & de Apostolis subjungere potuerat, cur non adjecerit, ipse viderit. Certè autem, ut eisdem cum aliis inibilimus vestigiis, nec eadem tamen cum illis de causa semitam eandem terunt, nec culpâ absolvi quandoque possunt, qui innoxiam tamen illi fuerint, nec eandem contraxere semper necesse est, etiamsi illi aliquâ non vacaverint. Ubi novissimis & nobilissimis jam illis, quibus tanquam coelestibus spectris, [b]*Ecce pandamus atque eructemus [illegible]*, subinde interdum, suam paginas excurrat distinctionem, eam passim occurrat. Lectoris [illegible] ego consultum, necatè adjicere [illegible] supersedebo.

a Ep. ad Fulle. p. 738. b p. 7. c p. 731.

a p. 319. b p. 738. c p. 310. d p. 731.

Caeterum finem jam demum concludit, illud admonitus, quod de Judaeis illis, qui Judaeos hic appellat, ceterisque praecedentibus dixeram, (a *specie quidem praetextus esse, sed superstitionem olere impietate plane*) verbis hisce: *Non speciosa modo praetextu, sed & legitima causa hac nostra aequi & candidi Lectori videbitur abunde omnis de superstitione suspicione*, contra quam V. D. (p. 33.) videtur. Itaque qui V. D. inde ad p. 35. *habet adversus superstitiosam nominis illius abstinentiam contra, tamquam criminis, nec usque ad nos, sed ad superstitiosos Judaeos attinentia*.

Atque, primo ergo quidem, Vir eximie, cuiusquam dicti, speciosae illorum praetextae, qui cum Apostolis mallent a nomine יהוה pronuntiando abstinere, quam prave, perperam & barbare illud efferre, esse superstitionem olere [illegible]. Hoc dico duntaxat (quod & ipse facis nosti) de speciosa Judaeorum illorum, quos nullus adductus historici alicujus testimonio, e verbis tuis ipse consequens videris, praetextibus, qui primi nomen superstitiosa [illegible] obnubilarunt; idque [illegible], quibus respondere, officii est, qui patrocinium eorum susceperas, ego quidem fateor [illegible].

2. Considerasti enim rationem non male agere videris, cum ea, quae a me afferuntur, quo praetextum speciosorum illorum hac in parte [illegible] per paginas aliquot evincere conatus, quasi ille pronuncias, [illegible] ad nos, sed ad superstitiosos Judaeos attinentia.

Siquidem 1. hoc dicto calumniae crimen a me tibi objectum agnoscis, eaque te indicio, sociis istius illius, qui in diverbio habentur, [illegible].

1. Superstitiosos Judaeos hic nuncupando, superstitionem [illegible], quos [illegible] modo nuncupari & haberi videbam, quique porro illa [illegible] super [illegible].

3. Postremo, tamquam criminis, nec usque ad nos, sed ad superstitiosos Judaeos attinentia, [illegible] te dicis, quam ea quae illorum superstitionem [illegible], non ad ipsos solos attinent, sed ad illos etiam, qui eorundem superstitionis [illegible], patrocinium [illegible], quorum e numero si te, qui [illegible], [illegible] (quod ex superioribus liquet satis) [illegible], mentio existimabis, quod diversum [illegible], *Artem pudere proloqui quam facitis*.

3. Quod tam fidenter praefaris, ubique [illegible] forsan vel adblandiendo, vel [illegible], non praetextum tantum speciosum, sed & causam legitimam habendam [illegible] superstitione suspicione aequi atque & candidi Lectori visam iri. Lecto, rogo hoc est, quod tam efficax videri debeat, & necesse sit esse? num, si mallent Judaei illos [illegible], interpretibus, Apostolis, a nomini hujus pronuntiatione abstinere potius, quam prave, perperam, & barbare illud efferre?

At 1. meminisse debueras, quibus de locis hoc loco agatur, de iis utrisque, in quibus consilium & animus scribentis est nomen hoc exprimere, quod & pag. 727. agnoveras ipse.

2. Probandum adhuc superest Apostolos ut dicere perperam his in locis habere.

3. Barbaram pronuntiandi, qua nunc voces Jehovah [illegible], [illegible], pronuntiationem, ejusmodi esse, qualem ipse quale e cathedra esse pronuncias, demonstrari tibi aequus quisque & candidus Lector postulabit, priusquam ad [illegible] accedat.

Denique, Lectorem sperare & praesumere necesse est, vel praejudicio obstrictum, vel [illegible] considerantem, quos pro te hac in parte [illegible] pronuntiatione, [illegible] Apostolos [illegible], [illegible], [illegible], tamquam sub [illegible], [illegible] superstitionis nomine in hac parte [illegible], qui facti [illegible] superstitiosae suspicionem [illegible], cur doctissimos & sic Caveus [illegible].

quibus illi Judaei idem fecerunt, quae tibi in hac causa laudandus proponis, quorumque exemplis atque auctoritate penitus liceat a superstitione, ejusdemque suspicione rerum immunem pronuntiandi, postulat?

4. Displicet secundo [illegible] Vir Doctissimus [illegible], an qui sequens istic commentum satis.

2. *Malle hic profitetur cum veteribus Interpretibus, a nominis illius prolatione abstinere, ejusque loco Adonai legere potius, quam prave & perperam atque barbare illud proferre*. Atque Vir idem Clarissimus p. 726. *non absurde profitetur, in Exod. 6. 3. nomen illud per consonas suas efferendum, adjectis vocalibus [illegible] solum, ut Lectori constet, quibus literis, sive consonis scribatur*, inter, quod Dissertationis meae p. 42. dixeram, *Malle me ejusmodi quilibet, quam Adonai in loco illo Mosaico*; ratione quae id [illegible]. *Verum aliud verum esse [illegible] habere agnoscit, ubi animus & consilium scribentis est, nomen ipsum exprimere, & quale sit [illegible] & indicare*, quod [illegible] interpretibus illis, quibuscum tamen in hoc sibi convenire istic praefatus.

Ad haec, quod tamquam pravum barbarumque cum illis tum & alibi passim explodit, tamen est ubi post Jehovah certe omnibus praefert; unde proxime [illegible] illis Jahveh vel Jehovah, quam [illegible] a me additum; in quibus literis & [illegible] Samaritarum, quod Drusius germanum esse [illegible], & [illegible] omnibus praefert. Ergo ergo aequi & candidi Lectoris pro Viro Clarissimo hac causa sola [illegible], hic pronuntiabit, cujus infirmitatem agnoscentem ipsum [illegible]?

Sed pergit Vir Doctissimus ad superiora reversus, quod p. 34. dixeram, [illegible] reducere atque [illegible]. Dixeram, *scribam esse Jehovah, & calumniam dicens, idem nos superstitionis Judaicae accusare Patres antiquos, & ex Evangelicis doctissimos quosque, qui nominis hujus loco solere aliud aliquod substituere, qua a vera superstitionis [illegible] apud Judaeos primitus ortum affirmamus, cum hoc ab illis aliis rationibus usurpari potuerit*.

Ad hoc quod Vir Clarissimus? *Esse*, inquit, *Itaque a nobis etiam id ex superstitione Judaica fieri, sed propter rationes supra explicatas. non possit itaque nos superstitionis Judaicae insimulare, quae & illos & Apostolos etiam ad fu[illegible] invitat*.

Propter rationes, inquit, supra explicatas. At illae quaenam? quae non sint, ubique supra docetur; quae sint verba, nec verbulo meminit, nedum ut explicanda duxerit, nisi de prolatione barbara quod dixeram, [illegible] sit causa [illegible], ut ipsum concessit liquido satis ostendimus.

Verum utrum hic acrius, redargui [illegible] intelligit, & quid habetis vel [illegible] vel [illegible], liberius intelligent atque [illegible]. Malignitatis utrisque nos vel stuporis [illegible], & hoc quidem ego quam aliud [illegible]. Videntur tamen an utrisque [illegible] praestare [illegible].

Aut maligne, aut stupide, inquit, *non [illegible] V. D. me [illegible] argumentari, sed [illegible], quae ipsius similes solent gravare sententiam; nam post Drusium & alios qui tuetur. Factum nostrum saltem [illegible] Judaico superstitionis, quod aliunde esse non possit, quod quae a pronuntiatione vocis Jehovah abstineat. Si illud verum est; ut ego praesupponunt adversus me, ergo, inquam, accusandi etiam superstitionis Judaicae Apostoli, Patres antiqui, & multi doctissimi viri, qui ab illa pronuntiatione abstinent*.

Atqui, O Vir disertissime, stupor, quaeso, [illegible] meo, si non similes quos hic dicis, sive iis, qui vulgatam & veterem (uti tibi [illegible]) illam nominis Tetragrammati pronuntiationem [illegible], (propterea [illegible] locutus es) quid velim aut censeam, non sine satis assecutus. Aliorum hanc a voce יהוה pronuntiando abstinendi, & ut Adonai ejus loco substituendi, non nisi a superstitione primitus profluxisse contendebam. At vero ubi superstitionis Judaicae eos omnes insimulans, qui nomen istud ejus loco usurpant, aut qui pronuntiatione Jehovah non utuntur.

a p. 33. b p. 731.

a p. 727. b p. 728. c ibid. d p. 315.

itant; [illegible] ergo apud [illegible] usitatum hactenus comperi. Tu qui illis hoc affingis, nisi [illegible] tabulis egeris, verbaque vel unum, vel veri similiter dictum huncin sensum produxeris, nondum me [illegible] [illegible] super obiecisse, qui severè mim [illegible] argumentari quam [illegible] illis intelligam. Hoc cum certè nisi poteris, calumnia manifesta fuerit. Caeterum aliquid Viro Doctissimo communicandum fuit, de scandalo à nobis quibus posito, ubi in ª Orationis vestibulo profiteretur, qui nomen Tetragrammaton aliter quam Jehovah efferendum non sustinerent; cujus occasione, sub poena [illegible], tanquam Legi divinae desiciendo [illegible] (pro quibus me uncique similes habet) vel non ponendo, vel [illegible] non [illegible], [illegible], in nomen illud usurpantem [illegible] grassaretur, & [illegible], [illegible], intolerando barbarismo nominis divini dehonestati et [illegible] rem agens. Calumniam autem hanc (sic merito dixerim, donec notam meam meliùs, quam est hactenus aggressus etiam, absterserit) quod attinet, tantum abest ut ea liberari se se Dissertatione istâ, ut amplius etiam dilataret. Siquidem Dissertationis hujus pag. 726. Hoc est, inquit, [illegible], ne dicam nominum ferme novum, qui Tetragrammaton efferant per Jehovah semivocalis, ut deputant hanc esse veram & legitimam ejus pronunciationem, praeter quam nefas sit aliam usurpare; nec alios ferre possunt aliter illud efferentes, aut Adonaj illius loco proferentes, nec patiantur, & sine indignatione ardere eos possunt sic loquentes. At tu, Vir praestantissime, aliquot saltem, quaeso, ex his omnibus, quos tam acriter oppugnas, tam graviter infimulas, nominatim nobis exhibere, qui vel superstitionis Judaicae nos insimulasse arcessunt, vel nomine ferendum esse censuerint, quicunque illis in locis ullibi decretum nomen Adonaj loco יהוה usurparunt, vel nomen Jehovah non admiserint. Ex iis, qui de voce istâ è parte alterâ consistunt, ut Pontificios siveam, quibus tu hac in lite velificaris, te possim sic affectum nominare, qui hanc retinendam esse vocabuli Jehovah usum pronunciam, commodissimum esse existimarit, tam variis, tam gravibus quamque occasione [illegible], hoc ut studio dumtaxat habuisse videaris, ut nemini ferendum, quantum in te est, faceres. Cui adjungere liceret ᵇ Drusium tuum, qui (ex Viri Clarissimi D. Durhei fide loquor) eo est lapsus, ut existimaret, salvâ conscientiâ nomen istum Deique [illegible] non posse.

Caeterum quaeso ego de aliis, quos hoc nomine bellaveris, istem tibi [illegible], & calumniae notam aspergere contendam, [illegible] tibi dicam indicere, quem severitate (uti appellas) et [illegible] hujusce arcessis, pag. 735. Qui eos, inquis, de [illegible] verba habens, superstitionis Judaicae, & [illegible] [illegible], quoque Jehovah nomine pro Tetragrammate genuino receperit. Haec tu de me ipse; & qui doctiori forma facerem, quasi [illegible] ipsissima verba mea retulisses, [illegible] in [illegible] materiam quae continebant, diverso à [illegible] charactere typographi procuraverim. Mea verum illa [illegible] deprehendi in lucem aliquando prodeunt, [illegible] potero, ut eodem [illegible] ab aliis, quorum imperitiam [illegible] [illegible], admisisse. Ne [illegible] hic calumniam certus sum, idque [illegible] vetare possim: [illegible] ipse videris.

Calumniam itaque non injuriâ, & [illegible] quidem satis, hanc dixerim. [illegible] autem haud frigidam minùs, quod ex hoc mosaicâ de [illegible] illius origine [illegible], vir omnes eos à [illegible] superstitionis [illegible], [illegible] usurpaverit. Sapiendum fuit ut non [illegible] me, utpote cui unà cum corporeis vinculis exhaustis fere, animi quoque facultatem mentisque vigor plurimùm emarcuerunt: ut nondum ergo undique [illegible], per Dei gratiam, nihil adeò [illegible], quae ut ab illo ad illud, à [illegible] usque [illegible] verae superstitionis, ad nomen eundem alia de causa usurpantem, ratiocinari, sive in argumentum proxime intorte, sive in [illegible] id fiat, ineptum & invalidum planè sententia existere, quod & variis rationibus atque illustrantur ostendo, eo ipso quem Vir Doctissimus indicet simul & impetit, loco, idemque ipso in singulatim agnoscit, & [illegible] etiam, opera [illegible] hic necessaria, (quorsum enim?) confirmat. Itaque quaeris fructus, [illegible] (quod aiunt) divagatus sit, quam [illegible] limites subjecti in loco praesenti controversiae consistere [illegible] esse [illegible], quae de Patribus & Apostolis stylo solito exponente & [illegible] deserit, in quibus severitatis supercilium & [illegible] rigide [illegible] mihi [illegible] simillimus & [illegible], ut dicam sibi [illegible] sine causâ justâ dictum. [illegible]; eo tamen Lectorem ubi diutius detinuit, tandem ad id quod agitur, cujus hactenus oblitus planè videri poterat, quasi [illegible], [illegible], denuo regressus, concludit, ᵃ nullam in loci Mosaici Exod. 6. 3. versione [illegible], aut corruptionem, aut depravationem, aut mendacium haberi, uti à se demonstratum est. de quo ad ea quae sunt ab illo hoc sunt proposita, & à me contra reposita, Lectorem ego lubentissimè remitto.

Conclusio mea sic habuerat: Quùm [illegible] aliqui quae [illegible], quae nomen יהוה exprimuntur, [illegible] usque quo sacra pagina loca quaedam nec commodè, nec verè, nec verum, aut proferri possint; nomen autem Jehova, sive Java etiam, etiamsi ejusdem prolationi prisca exactè respondere non censet, ad eam tamen propè admodum accedere sit persuasum; idque, à quocunque primo productum, jam sic tum [illegible] in versiones, commentationes, disputationes, [illegible] sunt [illegible], tum & à piis [illegible], qui [illegible], [illegible] esse longe latèque patente receptum; [illegible] causa video, quod non possit retineri, & multo etiam minùs, cur tanquam [illegible] barbarismi nominis explodi [illegible] debeat.

Ad hanc Vir Doctissimus haec reponit: ᵇ Primò, si de verâ Tetragrammati nominis pronunciatione constaret, non interesse, quod minùs ubicunque occurrerit, in versionibus vernaculis illic [illegible]. Cum autem (Deo sic [illegible] pro suo arbitrio) nos lateat, non incongruum [illegible], [illegible] minus necessarium esse putare, ut aliquod nomen ejus [illegible], sive [illegible] vocabulis, [illegible], in ejus locum [illegible], cum [illegible] Scriptura loca commodè satis & verè etiam verti & pronunciari possint.

Atqui, Vir Clarissime, [illegible] commodè verèque se verti & pronunciari possent? hoc est enim, de quo quaeritur, nisi ego si contrariè & contradicere volebas, Negativa Particulari, ex legibus Dialecticis, Affirmativa Universalem opponi debuerat. In hac autem parte, ad ea quae sunt superius utrinque dicta & [illegible] me refero; [illegible] inclinationem in hac lite Virum Doctissimum habuimus.

ᶜ Sed Anglicanam versionem [illegible] hic appellat; in quâ vocabulum LORD loco Tetragrammati ubique, [illegible] Ex. 6. 3. comperes, literis majusculis distinctum, quo indicatur illic in Hebraeo textu esse nomen Tetragrammaton.

At verò, 1. haud diligenter satis Biblia nostratia Vir Clarissimus evolvit, in aliis enim comperisset, exemplum [illegible], locis, nomen Jehovah [illegible] nostrates repraesentasse, nempe Genes. c. 22. v. 17. Exod. c. 17. v. 15. Hymn. 83. v. 18. In loco autem Mosaico illo, unanimi quasi consensu conspirantes, editiones, versionesque, quae prostant, universae, Tindalianâ antiquissimâ, Episcopali, quae dicitur & Genevensi, intermediis, Jacobaea recentissima, non nec testimonium adversus Virum Doctissimum exhibent: ut quos patronos sive fautores advocabat, sententiae sacrae [illegible] contra se habeat. cum praesumi meritò possit, versionum harum Auctores, à recepto prius more non fuisse recessuros, si verè commodèque sic verti potuisse loco illo, [illegible] illis, [illegible], existimassent.

Tum videat Vir Clarissimus [illegible], quem in hac [illegible] praedicetur, quam ex adverso hic [illegible] habeat. Is in Exod. Commentar. c. 13. ubi nomen hoc [illegible] (cui nimium [illegible] indulget) pronunciaverit. Circa hoc [illegible] graviter peccari ab iis qui Jehova legunt; qui [illegible], inquit, [illegible] est, [illegible] [illegible]

ª p. 314. ᵇ De Nomine Jehova §. 12.

ª p. 41. ᵇ p. 734. ᶜ p. 734. 738.

strum perstitiosos; *Quorum minor*, inquit, *Anglus*, qui eo usi sunt interdum. quid vero Angli soli ad [illegible] hujus tam gravis sive rei, cum nescius ipse non esset, imò diserte agnosceret ad Tetragrammati cap. 14. *Fagium*, *Cajetanum*, *Reuchlinum*, *Oleastrum*, alios sine numero, usque ad unum fere Theologos religionis reformatæ; in quis *Tremellium & Bezam*, (nam *Junium* per affinitatem sequiorem non nominare sustinuit; Calvinum vero cur omiserit, cum Bezam posuerit, ambiam nego) vocem illam Tetragrammati loco usurpasse. Sed magisterialiter satis, *Nolim factum*, inquit. Nec erat quod Interpretes multi vellet nonum Vir Clarissimus multitu[illegible], cum ad illius tribunal nec [illegible] jure provocarint, nec se sisteri necesse haberent. Cæterum vestra quam illic Vir Doctissimus rationem [illegible] D. Drusius [illegible]. *An genuina est lectio*, inquit, *aut corrupta: si genuina, cur non semper munitur? si corrupta, cur aliquando? nam quod corruptionem habet, oculare puncta debet à literis mysticis. Fore nolebant nomen prophanare, quod sanctum esse putabant, nimium prophanant. Ego sic sentio, tam ne [illegible] proprias vocales, aut posse legi suis vocalibus.*

Atqui, O Vir eximie, qui nostros tam acriter perstringis, & dilemmate tuo tam arctè constrictos tenere te existimas; ego à te primo loco quæsierim, genuina an corrupta sit pronunciatio, legere, pro עזיה *Ozias*, pro ישעיה *Esajas*, pro [illegible] *Gentrisse*, pro [illegible] *Elisabeth*, pro עזה *Gaza*, pro [illegible] *[illegible]*. quod si genuina esse negaveris, & corruptionis quadam[illegible] falsum arcessiveris; *quod autem corruptionem habet*, à literis mysticis *oculare puncta debet*; cum à scriptis Evangelistis tradendo fuerint illa, quæ à genuina vocum Hebraicarum, quibus exprimendis usurpantur, absidunt longiùs pleraque, quàm à יהוה penitùs *Jehovah*. Imò cur non è scriptis voluminibus expungi postulas, nomina illa, *Bohar*, *Bosor*, *Achaz*, *[illegible]* aliaque haud pauca, quæ in Commentarijs ad [illegible] N. T. corruptionem aliquam habere agnoscis ipse? Illa, inquam, quamvis à primigeniis verè genuinis, de quibus in pluribus similis satis, discedant, si sicut tamen usurpari queant; ecquid obstat, quo minus illud etiamsi punctis genuinis non exactè repræsentetur, (quod tamen nec probas, nec probari omnes poterit) ubi de genuina ipsa prolatione non constat, non parem vel licentiam vel libertatem obtineat.

Tum eundem Virum Clarissimum libens percontarer, si in scriptis foret, una gravior se habendi corruptio, vocabuli antiquitas, at est similis corruptio (uti est supra demonstratum) eo loci, quem commentatur in, id legere, cum Vulgata, quod ipse poterit; vocem [illegible], quod nostri representant, nam de Græca V LXX quid ipse censuerit, supra vidimus.

Illud interim observatum velim, quàm nomine non unius Magni isti à se invicem abeant. Admiserat D. Capellus locis quibusdam *vocem aliquam ex nominis* יהוה *consono suo vocibus licet alienis confictam*. At D. Drusius, qui *corruptionem habeat*, vocem illiusmodi à contextu sacro penitùs *oculare* debere contendit. Tum D. Cappellus Anglos probat, quod illo duntaxat loco (in quo saltem tamen ostendimus) exhibuerint, aliud alibi passim substituerint, at D. Drusius vitio vertit eadem, quod genuinum cum avanerint, non ubique exhibuerint, quin & superstitionis tacitorie hic reos facit, quasi unâ nominis hujus repetitione probarent hi nomen illud verumrise, cum aliis esse opinarentur, efficiat id ecverò contrariis manis, superstitione non [illegible], eidem, siquidem ratione nomen illud ipsum prophanasse Vates facit, cum in Versionis concionibusque suis ipsum identidem tam frequenter inculcarent. Sed Drusio dimisso, ad Defensorem revertamur.

* Quod de Gallis suis subjicit Vir Doctissimus, qui alterum nomine, tum apud Mosem, tum & alibi passim nomen illud exprimunt.

Ut alia mittam; illud dumtaxat respondeo; minimè quidem [illegible] hic ex parte quia Anglus, populares suos

A egisse, cum antiquitus nominis proprii loco substituerint: in hoc tamen suo cum nostris consentire, quod secundam crassitatemque loci Mosaici illius perversionem devitarint, quam in Græcis & Latinis Veteris Vir Doctissimus probam.

Sed ᵇ *si vocabula ejusmodi aliqua opus esset, ad exprimendum Tetragrammaton*, ad id, inquit Vir Doctissimus *non magis convenire Jehovah*, quam quodlibet aliud *Javeh*, *Jeveh*, *Jaoh*, *Jehveh*, vel *Jaou*.

An magis conveniat propiùsve accedat, ex prius dictis colligere licet Lector eruditus. Imò si non conveniat magis, ecquid, quæso, in causa fuerit, quare, ubi ego *Javeh* quodlibet malle quam *Adonai* in loco Mosaico illo dixeram, Vir ipse Doctissimus ᶜ *Jehovah malle se pronunciavit*, *quam reliqua à me adducta*? Cur enim hoc quam reliqua illa mallebat, si malle sui rationem nullam saltem haberet? Verum perpendat Lector considerans, quem [illegible] passim Vir Clarissimus exhibuit, quam parum pensi habeat, [illegible], quid nolle, vel nec malle profiteatur, modò parti adversæ adversum aliquid proferat. Rationes ab ipso redditas illic videat Lector, ubi quæ id tuto mallentis, quod citra rationem aliquam assignatam nunc illic contendat,

C ᵈ *Extra Scripturam tamen, qui multis in virorum Doctorum Commentariis, Dissertationibus, Exercitationibus usurpetur Jehovah, (quo modo usu receptum est) non ad exprimendam verum & genuinam* יהוה *pronunciationem, sed duntaxat docendi causa, ad indicandum qualecunque nomen illud, quam [illegible] postulat, non intercedere sic, ut; nec quin sit [illegible] quæque, prout voluerit, hic vel ille aliquid vocabulo utat. neque enim tanti esse usque adeo magni momenti, ut propterea acrius decertari à quoquam oporteat.*

Quod est idem prorsus ac si quis diceret de nomine *Esajæ*;

D *Extra Scripturam, si non usurpetur ad exprimendam veram & genuinam* ישעיה *pronunciationem; sed duntaxat docendi causa, ad indicandum qualecumque nomen illud, quod antiquitus postulat non intercedere qui minus in Virorum doctorum commentariis locum habeat.* Hoc autem qui diceret, ab non se frequenter contra consentiret, non probare se, si nomen *Esajæ* in Versionibus vel Græcis, vel Latinis, vel aliis quibusvis usurparetur? Ecquis autem, excepto Viro Doctissimo de nomine illo illud diceret? At, quo alio sanè nomine hoc Evangelista ac Apostoli utuntur, quàm quo *Jehovah* nostri, sive in versionibus,

E sive in aliis linguis? quam tamen longiùs multo à genuina יהוה pronunciatione abscedat *Esajas*, quàm à יהוה *Jehovah* vel abscedit, vel abscedere etiam potest.

Quod subjungit denique ᵉ *de usu magno vocis Jehovah, à plerisque qui posteriorem, est probabilis receptus, non fuerit, quod nimirum illa pronunciatio sit juxta linguæ Hebrææ naturam genium & proprietatem, sicubi & crasses barbarismus.*

Cur non & ᶠ *intolerandum*, quod ibidem dixerat, adjecit? Ecquid verum obstiterit, quo minus de nomine *Esajæ* idem pronunciaret? eademque adversus nomen illud usurpantium intonaret, quæ de pietate adversus et

F [illegible] contra nomen *Jehovah* adhiberemus, sigua ᶠ detrimendo intonabat? *quæ [illegible] si quis nihili faciat, & securè contemnat*, (dum *Jehovah* usque legere pergit) *sic ille inscitiæ, socordiæ, hispidus, incultus, generatim habendus, non mirandus.* Certe nisi adversus [illegible] in illa tangit quin in illo peccati ostenderit, quo minus genera de utrumque usurpantibus pronunciet pereadenque, ego quid obstet nihil video. Verum tota repetitam habuimus [illegible] cautionem hanc, passim inculcatam, nusquam demonstratam, ut ad eam plane nunc obsurdescatur.

G Cæterum post Conciliarium sic utrinque definitam, non est visum Viro Doctissimo V. D. ... sic dimittere. Ad superiora itaque [illegible] indicat passimis repetitis [illegible], *Ad [illegible]*, inquit, ᵍ *controversias dissensioni, quæ inter me & V. D. intercessit.* Dixerat utique in [illegible], ex [illegible] (quam contra se mi-nus

ᵃ *p.* 735.

ᵃ *Ibid.* ᵇ *p.* 737. ᶜ *p.* 735. ᵈ *Ibid.* ᵉ *Ibid. p.* 326. ᶠ *p.* 738. ᵍ *p.* 735.

nisi avero advertisse supra ostendimus) Iunio, & Iremal. Jacob, videri, primum, antiquam & genuinam ׳ [illegible] cum punctationem, tum pronunciationem esse, [illegible] Jahvoh, ad formam nominis proprii [illegible].

Hoc, regessi ego inde ideo minus probabile videri, quia sit ab omni analogia Grammatica prorsus alienum, etiamsi entur in nominibus propriis, de quo Vir Doctissimus nescio quo fine, [illegible] ... quae a verbis analogis atque integris deducuntur, ea forma non sit inferenda; sed in eis quae ab anomalis & defectivis, in ה desinentibus, desinunt, quae eo modo finiantur, nulla penitus comparent.

Vidi ergo, inquit, & putat V. D. nomina quae fiant & deducuntur a verbis quiescentibus in ה, ה terminari quidem in Segol vel Camets, ut in exemplis ab ea in p. [illegible] adductis; at nulla inveniri quae in Holem finiantur, quia ... esse [illegible] sed proclamata fallitur V. D. Possum enim objicere [illegible] pro [illegible] propheta, nomen a [illegible] [illegible]. Longum enim texere catalogum nominum propriorum, cum locorum, tum hominum in Bibliis occurrentium: quorum tamen cum plerique (quod in propriis usu saepius venit) origines sint incertae; quaedam nec pauca haec, aliunde potius deducta videantur, in quibus sunt [illegible] & [illegible] (quo utroque intulit, cum istic, tum & in ad D. [illegible] epistola) & [illegible] etiam illud, quod in acie prima hic collocat, quam a [illegible] natum habuisse potius, verisimile sit, demptis his, pauca, quae restabunt illa, pro anomalis non immerito haberi poterunt. praesertim cum terminationem a me positae, tam in appellativis, in quibus analogia quam maxime compareret, quam in propriis, in quibus saepenumero negligitur, tam frequenter passim occurrant? ecquid est enim anomalia, quam a formula plerumque usitata defectio? Nec vero, aut e Grammaticae Magistris deprehendi posse existimo, qui analogiam aliquam in verbalibus istiusmodi fines posuerit; quin quae a me designatur Vir Clarissimus agnoscit, aut appellativi cujusmodi alicujus, cujus de origine constet, sic ut singula vel excepta, exemplum posse produci. Si quod extiterit, nec tamen diligentissimam atque in istis versatissimum (opinor) fugiet; nec quod sedulo quaesiverit suspendo ipsum deprehendisse, vacuorum fuisse, aliquem (puto) crediderim. Verum haec de re (cum [illegible] non sit) malo ego cum Viro Doctissimo contentionis funem diutius protrahere. Adversus Jahvoh ipsius exceptio ista (si credere minus probabitur) invalida per ea, licet proclamationem habemus. Jam de Jahvoh hoc illi concesserim, ubi viris eruditis (de nullo siquidem hactenus id compertum habeo) comprobatum intellexerim; tum etiam agnoscam, quod [illegible] [illegible] dictum esse[b] cavillatus, non ideo tamen Jahvoh fuum sibi arridere, qui

Cujus placere numine favore fides: sed rationem (ut ipse affirmat) manifestam (quae mihi ob oculis laborantis forsan nondum tam liquido patet) apparere[c] impone: quae aliam etiam compendiamenta habeat, cur Jahvoh jam Jehovah nostro praeualuerit.

Adversus terminationem vocis Jehovah quod objecerat Vir Clarissimus Joannes Buxtorfius, quod Majestati divinae minus conveniat, ut nomen hoc ipsius ad formam suam feminiam, hoc, inquam ego, quam levicula & nugatoriam sit plane, facile fuerit ostendere, at terminationem masculinam tam amplo ea [illegible] forma [illegible] [illegible], ut paginas totas implere possis haud paucas.

Huc autem adversus exceptionem istam repositis cum sufficere adverterem, nec posset id nescius esse Vir Doctissimus, silentio tamen supprimens, illud [illegible] eruditum latuit, quod ad [illegible] objecerat; [illegible] non advertisse, cum hoc scriberet, Virum Doctissimum, nominis Jah, quod hinc natum est utique, hunc ipsum omnino esse, quem in hac re prior assereram.

Atque hic Vir Doctissimus[a] hic inquit, (quod D. B. utique exceperat) si leve & nugatorium videtur, nec minus leve & facile est id, quod ille objicit & reponit. At ecquid illud? nam quod de nominibus masculinis [illegible] feminam cum terminationibus regesseram? imo, illud cum rebellis negative non posse probe scires, eo tacitus, cui quaestionem excutiam illam innixe maxime videant, id admonitionibus arripis, quod de nomine Jah subjunxeram. An nescit V. D. inquit, nominum femininorum in ה terminationem ה esse quiescens, non vero mobile? in ה autem esse mobile, utpote mappicatum, non vero quiescens; ac propterea formam habere eorum illud masculinam, ut אב pater, ab [illegible] ita ut jure illo repono possis suo ipsius verba, illum hoc non advertisse, cum hoc scriberet, Virum Doctissimum. Tum repetitio, justius multo levicula & nugatoria dici possit hoc minus; An non, inquit, meliori jure concludere possem, quia ה terminatur ה mappicato, sic & [illegible] debere terminari? quod an clarissimus sit V. D. viz puta, secus quid dicaris (quod scriam) nemo est.

Ego vero, ut de ה mobili & mora nihil dicam; quod etiamsi mappicatum validius sonare agnoscam, ea certe tamen ubique quiescit mere, minimeque sit planius, adhuc ambigo. Mirum mihi, Virum Doctissimum aut non meminisse, aut non advertisse, etiam ה mappicatum in formae foemineae proponitur, sed & in appellatione muliebri [illegible] Reg. lib. 4. cap. 21. vers. 1. & Esaiae cap. 62. vers. 4. perinde ac in nomine [illegible] reperio, cum utrisque interim productum, aut producere etiam (opinor) poterit (hoc excepto de quo agimus) nomen masculinum, quod in ה mappicatum Kamets praeeunte exeat, minimeque mihi imaginer, quid in mentem Viro Doctissimo venerit ut in אב ab [illegible] inferret illud, quasi aut ה aut mappik etiam אב nomen haberet.

Quod autem vix admissurum putat me, (ut enim Viri Clarissimi verba, licet alii nescio qua formula concepta, capio) ut in ה mappicatum terminetur Tetragrammaton, omnia fieri potuisse ut ignarus fuerit, certe (sic scio) esse non potuit, ut... certe si quis haec de re latius monere voluerit, non deessent fortasse rationes, quibus hoc haud ita minus probabile, atque Vir Clarissimus censet, sequeretur. nam in adversum quid posset adduci, via absque, & reliqua vero quibus concipi posset illud, hoc unum fuerit, quia in formula illa [illegible] [illegible] in qua nominum appellativum (quod saepius mentionem) inducere (Judaeis Magistris etiam idem consentientibus) habetur, quem in regimine casitat, ab interpretibus plerisque agnoscitur; formam tamen non mutat, prout illa solent, ubi regimen ubi... quae in Kamets He non mappicato terminantur, ipsius Kamets in Patach, He in Tav mutatis, ut non sic mutasse vel cum Judaeis Magistris nominalis [illegible] vel cum nostris quibusdam [illegible] effigie fuerit, ubicunque ea formula occurrit. Quod si objecerit quis velit, [illegible] verbum, unde Tetragrammaton deduci convenit, ה mappicatum non habere, prout & quidem illis qui vocem [illegible] vel ab [illegible] Hebr. jamare, adjuvare, vel ab [illegible] Arab. videre, adjuvare deducunt, opponit Vir Clarissimus[a] de Nominibus propriis in pagina sacra repertis sententiam peculiarem evulgavit, neutrum horum verborum ה mappicatum habere, cum [illegible] habeat. in promptu fuerit reponere, ה cum ה mappicato scribentur, a [illegible] verbo deduci, in quo tamen mappik nullum agnoscitur. Verum nos est mihi animus eis insistere, in quibus solutionem fortasse contingeret accedere, aut quae animo penitius nondum infixerit. Praeterito cum ad exceptionem, quam Vir Clarissimus adducere, Rabbinicam imperfectiones, attendendum, abdendum, approximationum, perfecta abunde sufficeret, sequentium copiosa nominum propriorum, quae in Kamets He absque puncto illo terminantur. Illis itaque, quod supra dicimus de [illegible] adjecta sunt, quibus praestandis ego obstrictum me nolim.

De punctatione Masoretica, in eaque designanda disfensiones

a p. 735. b p. 736. c p. 736.

a Greg. Fran.

[illegible]

a p. 737. b p. 737. c Orat. p. 324. d p. 314.

a p. 119. b Praefat. ad Lectorem Tetragram. c. 13. & 19. c p. 105.

nam, si litera יהוה legeretur [illegible] efferendum erat; sicut se Deus ad Mosem appellat [illegible] (subjungitur statim). Verum hæc in re sciam cuique liberum judicium relinquendum est. tum, ubi de mysteriis, quæ quamplurima in hoc nomine posuisse Judæos, memorant, conclusiones ducuntur à superstitione oriundas. Nisi si allentius [illegible] Vir Clarissimus, multa nobis cum ipso in illis [illegible] intercessisset. Tremellius denique, & Schindlerus quem novissimo loco laudat, nomen Jehovah usurpant ipsi; ille in versione, Drusio ipso [a] testante, hic in Lexico Pentaglotto, radic. הוה p. 439. in interpretatione verborum Dei Exod. 3. 15. [illegible] parum illi de nomine Jehovah improbato, Viro Clarissimo suffragantur, quorum nominibus ille abutitur, nonnulli fateor, liquido satis comperi.

Alterum, quod cum Viro Clarissimo aliis etiam perpendendum proposuerim, hoc est. In Oratione ejusdem, sive Diatriba [illegible], ut [illegible], sive statum quæstionis controversæ constituendo, [illegible], inquit, a nobis probandum; Nomen Dei Tetragrammaton proprium efferri Jehova, nullum esse, si per Adonai proferatur; id quod duplici argumentorum genere à se ita jam demonstratum [b], veteri Antiquitatis perpetuâ grassi ac consuetudine jam [illegible], primò ex Grammatica & lingua hujus proprietate, deinde ex historia petitis.

Atqui primò, ut [illegible] illud veterà ex parte antiquitati veræ ac antiquissimæ [illegible] comprobavit, quid si qui versiones & interpretationes Judaicas, quas nunc ipse præstare aiebat, nec possis citasset, admiserit, adversus quos, quemadmodum adversus Pontificios antiquitatem, pro primatu, novellam asserentes, Septemvirum in Præfatione adversus Henr. illud regerimus. Quod primo traditum, Dominicum & verum; quod posterius immissum extraneum & falsum. imò, quod Drusius in hac causa ipse, [c] Vetustissimum quod est, verissimum. Sed & quod Baronius antea, nobis iisdem in hac causa adversus, [d] Eam solam esse veram antiquitatem, quæ prima: cætera omnia, etiam vetustissima, esse nova, si non sint prima. Ad Antiquitatem veram provocamus, ad eam, quam proximè possumus, accedere contendimus. Antiquitatem verò contra se facere, in eo quod hic nobis est contentio, & antiquitati veteri, testimonio atque auctoritate, prout ac consuetudine, demonstraturum se pollicetur, ipsimet se agnoscituros habemus. Et quis enim aliud [illegible] Viri Clarissimi illa in [e] Epistola ad D. [illegible] de negotio hoc data & ab ipso edita? Nos vero nomen Hebræi ante tempora Captivitatis Babylonicæ, eadem, qua posteriores Judæi, religione, vel, si mavis, superstitione, circa nominis illius pronuntiationem fuisse obligatos, ut satis esse non crediderint nomen illud efferri, nisi forte vulgaris & promiscua sui inter eos ejus pronuntiatio. Illud autem antiquius, quod dicunt, quod Auctor ille, pro antiquissimo ipse vellimus, quam ab antiquitate primævâ sit longè distinctum cujus non intelligat? Antiquitate ergo præcipue hic nostra; demonstrationis, nec possibile, nedum probabile, argumentatio.

Tum de Historiâ, quam loquitur, ut nihil dicam, quæ similiter, quam talis Auctor ille, aliter non potest; & Grammatica linguæque proprietate, qui, quæso, [illegible] per nomen, aut Diatriban illam, aut Defensionem illi jam, vel probavit, (nisi si affirmare dumtaxat, & identidem inculcare demonstrationis loco habeamus) vel probare etiam conatus est, יהוה Jehova perperam efferri, sive per Adonai melius efferri? quod & ex Grammatica regula posse demonstrare, nunc ego sanè nunquam potuerit persuadere.

Audiat interim Vir Clarissimus Sixtinum Amamam, quem nostrarum utique partium in hac controversia [illegible], sed qui in ea modestiâ & moderatione longè, quam aut Drusius aut ipse, [illegible] quamvis etiam paulò [illegible], dum Drusio Præceptori suo addictior, se gerit. [illegible] de hoc subjecto [illegible] verbis claudit. Aliud est dicere potest legi; aliud, debet legi. Certè si ipsam vocem יהוה nudè pro more considerare, nec vocalium, nec consonantium [illegible], nec ulla Grammaticorum regula illi lectioni Jehovah adversatur; nec nova vocum est; [illegible] per Scheva efferri; nec insolens est, nomen proprium masculini generis in ה desinere, cum vivum exemplum sit יהודה Jehudah.

Cæterum utrum genino illa Argumentorum acie, qua instructum se prædicat, utrumque hoc, quod demonstrandum suscepit, præstiterit, sibi [illegible] vel in Scripto priore, vel in posteriore, vel in utroque etiam junctim præstiterit, (quod & ni facere [illegible] causa atque [illegible] rationibus, quibus in hoc negotio exigit [a] ipse, causâ, quæ tuetur ipso etiam arbitrante, concedere necesse est) sed & an solida Demonstrationis, qua Dissertationem suam in Oratione sua habitam titulo [b] insignivit, nomen ea mereatur, ipsis Lectori candido, nec partibus addicto, cujus, ex iis, quæ utrinque illic & hic dicta & disceptata sunt, æstimandum relinquo.

a Tetragram. c. 17. & ad c. 14. b p. 324. 325. c Præfat. ad Lect. d Baron. de Con. Dom. [illegible] e p. 738.

a p. 737. b p. 321

FINIS.

DE

BAPTISMATIS INFANTILIS
VI ET EFFICACIA

DISCEPTATIO,

Privatim habita,

Inter Virum Celeberrimum

D[num] SAMUELEM WARDUM,

Theologiæ Sacræ DOCTOREM, ejusdémque in Academiâ *Cantabrigiensi* PROFESSOREM,

ET

THOMAM GATAKERUM,

Th. S. B. Ecclesiæque *Londinensis* propter *Rotherhithensis* PASTOREM.

Ea qibus partibus constet, pagina aversa sigillatim indicabit.

Exbibentur istic, uno qasi fasciculo comprehensa & colligata,

I.

D^{ni} D^{ris} SAMUELIS WARDI
Thesis,

II.

THOMÆ GATAKERI
ad eandem Exceptiones,

III.

D^{ni} SAMUELIS WARDI
ad eas Responsio,

IV.

THOMÆ GATAKERI
ad hanc Replicatio.

LECTORI PIO,

ΚΑΙ

ΦΙΛΑΛΗΘΕΙ

Salutem in CHRISTO.

NOli, qæso, gravatim ferre, qod ad limen, sive in vestibulo, præter moris boni usum, te pavlisper detineo; dum scripti hujusce, qod apud me ultra annos jam viginti delituit, in publicum tandem extrudendi rationem tibi redditurus eo. Intercesserat antiqitus inter me Virumqe celeberrimum *D. Samuelem Wardum* necessitudo ac familiaritas mutua; coætanei ferè cum essemus, & per studii Theologici tyrocinia prima, in Academiâ eadem Cantabrigiensi, licèt Collegiis discreti, conveniendi invicem occasiones freqentes satis haberemus. Arctior ea arctiorqe facta est, postqam ad Collegii illius præfecturam est evectus, in qo Socius ipse pridem extiteram. Illud, dum filii occasione, qi studiis ibidem operam navabat, inviso, qum Virum amicissimum convenissem, de *Thesi* suâ, qam jam typis excusam & emissam video, verba mecum habuit, eamqe assidenti integram perlegit ipse. Sensum autem de eâ meum sciscitanti, cum mihi nondum liqere, liberè profiterer; rogabat, ut per otium cogitationem de eâ seriam ulteriùs instituerem, & qod visum foret, scripto sibi significarem. Eo insuper fine *Theseos* suæ exemplar, per filium, cui describendum tradiderat, ad me transmittendum procurabat. Qin & per filii Tutorem *D. Richardum Dugardum*, cujus adhuc penes me literas habeo, ne officii id detrectarem, cum cunctantiorem animadverteret, perurgebat. *Thesin* itaqe cum impulsione istiusmodi acceptam, ubi diligentiùs pavlò excusseram, *Exceptiones*, sive *Animadversiones* qasdam subitaneas qidem illas ac tumultariè congestas, cum ultra privatos parietes nunqam prodituras sperabam, qas sub *Censuræ* titulo nunc prostare comperio, ad Virum Clarissimum unà cum literis retuleram; in qibus veniam præfatus sum, qod onus istiusmodi, ipso licet perpellente, alioqi vix ausurus, in me suscepissem. Eas is gratanter accipere se per literas Februarii 13. 1619. ad me datas his verbis respondit: *Animadversiones tuas* solutas (sic ipse nuncupaveram) *ego non reputo. Verùm opportunitatem, qam reverâ ex qo acceperim nondum habeo, habiturum spero considerationis perlustrandi, idqe animo veritati cedere parato.* Anno interim elapso, ad *Exceptiones* meas *Responsionem*, qam & in publicum nunc prodiisse video, ad me transmisit, cum *Censuræ* titulo meis præfixo; de qo apud ipsum per literas conqestus sum, offensionem utiqe aliqam apud eum, qem tanti semper habueram, utpote qi in eo censuram agere virgulamqe censoriam arripuisse existimarer, ex opere isthoc suscepto contraxisse subveritus. Ad qas ille ingenii Vir candidissimi, qo offensionis suspicionem omnem amoliretur, in suis Martii 2. 1620.

ista regessit; *Nihil causa est cur hac de re anxius existas. id quod egisti, & me poscente, nec absque libertati meâ gestum est. ansamque præbuit in dogma istud accuratius paulo quam feceram inquirendi. Quamvis autem* Censuræ *vocabulum usurpem, velim tamen illud in acceptione mollissimâ sumi; neque enim aliter ipse sumpseram. Animadversiones vero tuæ (pro certo habeas) tam mihi gratæ futuræ sunt, quam & approbatio foret; cum ad veritatem eruendam institui, semper persuasum habeam.* De nonnullis simul monuit, qæ in *Thesi* suâ, vel interserenda vel expungenda etiam ex secundis cogitationibus postulabat; de qibus suis in locis dicetur. His ego receptis, Viriqe Præstantissimi candore ac moderatione perspectis, aliquantulum denuò recreatus, ulteriusqe animatus, ad *Replicationem* concinnandam me protinus accingebam. Cumqe Virum Clarissimum *Scriptorum* cum antiqorum, tum & recentiorum *testimoniis* in *Responsionis* suæ firmamentum adscivisse animadverterem; eadem & mihi in hoc negotio methodo insistendi necessitatem justam incumbere aestimabam: eoqe id magis, ne solitarius incederem, & in congressu tam impari cum notæ tam meritò insignis Viro, ingenii proprii priviqe viriculis nudis fretus, in certamen temerè nimis descendisse censerer. Hanc ubi confectam ad Virum Clarissimum dederam, is per literas accepisse agnito; etiam adjecit *impræsentiarum non suppetere scriptum illud alterum priore modo jam prolixius factum evolvendi: facultatem (Deo favente) quamprimum facultas data foret: interim spem alere se, futurum, ut ex Reverendi Episcopi ad se datâ* (qam per filium exscriptam ante communicaveram) *Epistolâ serio perlectâ sedulòque perpensâ, de eis satisfieret, in qibus adhuc hæsitarem.* Qum autem ad *Replicationem* meam nihil amplius deinceps repositum daret, disceptatio nostra non est ulteriùs protracta. Mihi intereà cum *Reverendi Episcopi Epistola*, & sæpius relecta & accuratiùs pensitata, nihil minùs, qam qod Vir Clarissimus sperabat, effectum dedisset; visum est à capite ad calcem armatim an articulatim dissectam, disqisitioni atqe examini justo subjicere; in qod etiam tempus operamqe, otium nactus, impendi. Scriptum verò utrumqe, & hoc & illud, cum negotium hoc privatim inter nos agitatum fuisset, apud me, ne foras emanarent, continui. Qia postqam Viro Doctissimo *D^no Ruddo* qi in *D. Wardi* viciniâ gregem dominicum pascebat, ea qæ inter nos agitata fuerant, ex familiarium qorundam relatione à Viro Clarissimo communicata resciveram; vix uni & alteri idem à me flagitantibus hactenùs duntaxat annueram, ut utrinqe disceptatorum capita qædam indicarem, nec ulteriùs eo superstite unqam processeram. Ab illius obitu, è *Theologis illis* qi in *Conventu* publico à Regni Proceribus evocati consederant, uni, uniqe soli, cujus judicium plurimi faciebam, evolvendum censendumqe tradidi. Is ut ederem, instigabat, sed in formam contractiorem redactum, cum Testimoniorum numerositas prolixitatem pepererisset qæ Lectori tædium procreatura videbatur. urgebant idem & qibus ratione aliqâ res inter nos agitata innotuerat. Mihi aliter visum; cum controversiam eam jam sopitam ἀναζωπυρεῖν, ætate præsertim istâ, qâ *Baptismus Infantilis* à Sectariis novellis molimine tanto oppugnatur, ex usu neutiqam fore existimarem. Proinde in scriniis privatis conclusum distinere, qam in publicum emittere, satius & consultius ducebam. In hoc proposito persistenti, rumor en aures perculit, prodiisse typis excusa de subjecto hoc *D. Wardi* ac *D. Davenantii* nonnulla. Id itaqe negotii genero meo erudito *D. Fr. Taylero*, qi apud me tunc temporis agebat, dedi, ut codicem in qo ea haberentur, mihi qamprimum compararet. Is per officinas frustra scrutatus, nihil inventum renunciabat. Ab illius verò discessu contigit, ut familiaris meus qidam Vir doctus in *D. Baxteri de Baptismo Infantili* scriptum qoddam incidisse se moneret, in qo is ab alterâ se parte Anabaptistis, qi eum penitùs tollunt, opponit; ab alterâ verò *Bedfordo* cuidam, qi efficaciam eidem nimiam,

miam, uti ipsi videbatur, attribuit. Ego protinus, cum *D. Baxtonum* illum, licet de facie ignotum, ex iis tamen ipsius quæ jam videram scriptis, & eruditionis & pietatis nomine insignem admodum haberem, cum amico agebam, ut ipsius operâ scriptum utrunque obtinerem: quod & ab illo haud ita multò post est præstitum. Ita libri Bedfordiani compos factus, deprehendi statim *Exceptiones*, an *Animadversiones* illas in *D. Wardi Theses* ad ipsum à me datas, sub *Censuræ* titulo, quem Vir Præclarissimus ipse reverà præfixerat, me inscio prorsus, evulgatas. Eas itaque unà cum Viri Præstantissimi ad easdem *Responsione* quum in publicum jam erupisse conspicarer, officii mei esse ratus sum, ne veritatis patrocinio deesse meritò censerer, *Replicationem* hanc, quæ eatenus apud me in tenebris hactenùs delituerat, in lucem clariorem emittere. Quo autem controversiæ totius status dilucidiùs se proderet, & disceptationis utrinque habitæ series clariùs compareret, nec Lector studiosus quicquam desideraret, quod alibi quærendo, molestiam minùs necessariam, frustraneam etiam forsan, ubi codex alter non habebatur, subire cogeretur; visum est *Thesi* ipsâ in particulas discerptâ, & cum particulis illis *Exceptionibus*, *Responsione* & *Replicatione* in unum quasi *σῶμα* successivè coagmentatis sibique invicem intersitis, dissertationem integram per membra singula filo perpetuo simul contextam exhibere. Numeros quos Vir Clarissimus adscripserat, ideò retinui, quia ad eosdem ipse se sæpe rejecerat. Sectiones tamen, quas ex usu magis fore opinabar, adjeci, quia numeri illi haud commodè satis distincti videbantur. *Testimonia* nonnulla, amicorum consulta secutus, vel decurtavi vel resecui, ubi luxuriari forsitan existimarentur. nec deerunt fortean, qui recisionis falcem non ulteriùs adhibitam conquerantur. Sed nostrorum consensum unanimem indicari eo necessarium magis ducebam, quia eorum toties autoritate hac in causâ urgemur & premimur. Ista verò, qualiacunque fuerint, si ad *veritatem* in hoc *Dogmate*, vel explicandam, vel illustrandam, vel firmandam contulisse quicquam intellexerim, fieri poterit, ut quas ad Viri Illustrissimi *D. Drs Davenantii Propositiones novellas* (ita nuncupo, quia novâ methodo, notionibusque ante, credo, inauditis, rem gerit) penes me habeo, *Exceptiones* juris publici facere (venerabilibus Symmystis meis, quorum fidem judiciumque compertum habeo, id consilii probantibus) his quæ nunc edo succenturiaturas, non sim gravaturus. Deus Opt. Max. nos suosque omnes in *fide veritatisque Evangelicâ* intra terminos in *Verbo* suo *Scripto* defixos contineat, in eademque indies ampliùs confirmet. Votum hoc juge assiduumque

Tui in Domino communi conservi
immeriti emeritique

THOMÆ GATAKERI.

D. SAMUELIS WARDI THESIS.

Omnes baptizati Infantes sine dubio justificantur.

SECTIO I.

Quaeritur in praesenti de effectu quodam Baptismi in parvulis, scilicet an hunc effectum sine dubio habeat in parvulis, ut valeat ad peccati originalis reatus solutionem.

Num. 1. & 2.

Ubi primò asserimus, Certum esse, Christum Sacramentum Baptismi instituisse in remedium originalis peccati, & ad reatus ejusdem veram solutionem.

THOMÆ GATAKERI Exceptio. Num. 1.

Quod pro certo asseritur, *Christum Sacramentum Baptismi instituisse in remedium originalis peccati, & ad reatus ejusdem solutionem;*

1. De sensu quaero, quo id vel dicatur, vel dici queat. Siquidem primo remedium propriè loquendo id dicitur, quod adversus morbum, & ad eundem vel corrigendum, vel tollendum adhibetur. Morbus autem originalis peccati, non justificatione, sed sanctificatione demum tollitur. At sanctificationem in Baptismo dari *Thesis* ipsa non asserat.

SAMUELIS WARDI Responsio.

Etsi remedium strictè sumptum sit remedium alicujus morbi, tamen remedium etiam aliud dici potest, quod malum quodvis tollit; sive illud fuerit culpa, sive poena, sive etiam obligationis ad poenam, quae reatus dicitur. Sic Theologi dicunt, Christum venisse in remedium peccati, tam reatum per satisfactionem in cruce, quam culpam per gratiam sanantem tollendo. Sic Augustinus de peccat. merit. & remiss. lib. 1. cap. 5. Tales itaque nos Doctrina sanctus [*peccatores*] providens, quaedam salubria remedia contra reatum & maculam peccatorum, etiam post Baptismum dare ac valere dignatus est, opera scilicet misericordiae. *Baptismus ergo juxta Augustinum, inter salubria remedia contra reatum & maculam peccatorum ordinatus est.* Et lib. 3. cap. 4. ait, Parvulos per medicinam Sacramentorum suorum (peccati) ipsius sanari. *Idem est Sacramentum Baptismi dici medicinam & remedium. Sic Hypognost.* 5. *Sed & videndus* Tertullianus lib. de Bapt. c. 5. *sub finem. Fulgentius* de Verit. Praedestin. lib. 1. Unum parvulo vitale remedium largitur medicum. *Avitus* de spir. & animâ, (illo enim Augustino adscribitur) *saepius Baptismum remedium, & remedium salutare appellat*; etiam, quod vinculum reatus solvit, & ex quo peccatum originale. cap. 41. 42. *Beda*, Homil. de Circumcis. Dom. sic habet; Masculus, cujus praeputii caro circumcisa non fuerit, — qui pactum vitae in Paradiso hominibus mandatum Adam praevaricatione transgressus est, in quo omnes peccaverunt, periculo de coetu Sanctorum, si non ei fuerit remedio salutari subventum. Utrumque ergò purificatio, & Circumcisionis in Lege, & in Evangelio Baptismatis, tollendae praevaricationis primae gratiâ posita est. *Ubi Beda vult Circumcisionem in Vet. Testamento fuisse remedium salutare institutum ad tollendum reatum praevaricationis primae; similiter & Baptismum in N. Testamento. Hoc sensu remedii sumitur apud Bernardum*, Epist. 77. *Hugonem de S. Vict. Lombardum, & passim apud Scholasticos. Atque hoc sensu rectè dici Sacramentum infantium fuisse in remedium originalis peccati, quatenus ejus reatum tollit.*

Sed nec inficias eo Baptismum in remedium ejus morbi ordinatum esse. Sed non necesse habui, ut de remedio eo sensu quoque dicerem, cum Thesis ad alterum sensum attineret.

THOMÆ GATAKERI Replicatio.

In remedium, &c., ad solutionem, existimaveram duo à se invicem distincta designare potuisse; praesertim, cum tanquam duo distinctionis ejusdem membra à se invicem discreta proponi viderentur. Itaque quo sensu utrumque tu explicatum expositumque haberem, praescriptionem tuam adhibui. Quanquam nec efficax satis adversus maculam illud innatam remedium videtur, quod non reatum ipsum unà cum ea removeat. Verum rectè Whitakerus *de Bapt. quaest. 4. c. 3. ad 3um, Remedium est Christus, non Baptismus.*

THOMÆ GATAKERI Exceptio. Num. 2.

Solutio tamen vera, nisi ex pretio justo repraesentato non videtur haberi; quae in Baptismo ipso non intervenit.

SAMUELIS WARDI Responsio.

In *Baptismo est pretii justi, sanguinis Christi repraesentatio, oblatio, exhibitio & applicatio ex parte Dei, cum abluitur baptizatus: et in parvulis (quibus originalis reatus condonatus est remissus) cum nullum respondeatur ex parte suscipientis interveniat, Spiritu adjuvante, applicatio ejusdem [illegible] ministri sit ex ordinatione divina ad veram reatus originalis solutionem.*

THOMÆ GATAKERI Exceptio.

Nusquam reperitur in sacrâ paginâ, Sacramenta esse eo fine instituta, ut meritum illud morisque, apprehendentes applicarent, sed ut applicanda vel applicandorum obsignatorum.

SAMUELIS WARDI Responsio.

At contra; 1. Omnis parvulus in peccato conceptus & natus est (ordinariè) quod de sese fatetur David, Psal. 51. 7. ex omnibus sumus, Joh. 3. 4. filii iræ, Eph. 2. 3. (i. e.) reatu originali implicatus.

At parvulis baptizandis, ubi Sacramento Baptismatis initiantur fuerit, promissio sit remissionis peccatorum. Act. 2. 38. 39. Baptizantur [illegible] in remissionem peccatorum [illegible] [illegible] facta est promissio. *(remissionis scilicet peccatorum:) Ubi similiter Israelitarum baptizatis promissio sit remissionis peccatorum; & similiter parvulis circumcisis praestitum singularis, sub qua continetur promissio remissionis peccatorum, Gen. 17. 7.* Ero Deus tuus & seminis tui. *& v. 10.* Hoc est [illegible] [illegible] [illegible] & te & semen tuum; Circumcidetur in vobis omnis masculus.

Ergo Sacramentum initiationis affert, porrigit, exhibet, & applicat ex parte Dei rem ipsam promissam, scilicet remissionem originalis reatus, juxta promissionem divinam, [illegible] applicatam. Subjectum autem parvulus nihil apponit, quo susceptivum est, & sibi per rem ipsam exhibitam & applicatam.

Ergo Sacramentum ipsum meritum Christi nondum apprehensum, absque quo nulla facta est [illegible] remissio peccatorum, hoc exhibet & applicat, ut ipsa [illegible] parvulis [illegible] applicetur.

THOMÆ GATAKERI Replicatio.

Ad tuendam tamen illud varia proponuntur Argumenta; quæ singillatim ordine suo discutientur.

Argumentum primum à Sacramentis initiatoriis deductum, sic videtur sumpsit:

Ubi ex parte Dei exhibetur atque applicatur Christi sanguis, ad veram peccatorum reatus solutionem, nec obicem ex parte suscipientis interveniat impedimentum, ibi vera reatus solutio existit.

At in Sacramentis initiatoriis, Baptismo nempe & Circumcisione sanguis Christi, tanquam justum pretium, ad veram peccatorum reatus solutionem, ex parte Dei, [illegible] promissi, Act. 2. 38. 39. & Gen. 17. 7. 10. exhibetur & applicatur; nec ullum in infante baptizato aut circumciso parte intervenit impedimentum.

Ergo in talium baptismo ac circumcisione vera solutio reatus existit.

Propositionem quod attinet, ego certè ipsam simpliciter consideratam, verissimam & certissimam esse, libens concessero, etiamsi exceptio illa, de impedimento non interveniente abesset. Nusquam enim ex Dei parte reipsâ exhiberi atque applicari cuiquam Christi sanguinem existimo, quin verè [illegible] necessariò consequatur; cum sanguis ille divinitùs applicatus, nulla [illegible] impedimentis possit intercedere, [illegible] efficax evadat. Thomas Bradwardinus, de causa Dei, l. 2. c. 32. [illegible] Dices, quod Deus offert cuilibet gratiam, & [illegible] non ponunt obicem gratiæ, [illegible] [illegible] tollunt. & [illegible] [illegible] gratiam eis oblatam, [illegible] [illegible] [illegible] [illegible], [illegible] ipsi [illegible] eam [illegible]. Sed [illegible] [illegible], nullus potest [illegible] [illegible] [illegible] Deus; & si ipse eum voluerit tollere, [illegible] [illegible].

2. Exceptionem illam quod attinet, [illegible] illud Scholasticorum respicere videtur, ut Sacramenta efficiant ex opere operato non ponentibus obicem: [illegible] [illegible]. De quo etiam aliquid [illegible] [illegible] Reverendus Episcopus Robertus [illegible], advers. Thomson. diatrib. c. 7. Nescio qui [illegible], [illegible] Catholica [illegible] dogmata, proponat, Papisticum illud Scholasticorum pronunciatum, quod operis operati fundamentum est. Sacramenta semper conferre suum effectum non ponenti obicem. Et Calvinus, Instit. l. 4. c. 14. §. 14. Scholastica schola tradiderunt, Sacramenta Novæ Legis justificare & conferre gratiam, modò non ponamus obicem peccati mortalis. Ea sententia dici non potest, quam sit exitialis & pestilens; planè [illegible] diabolica est. nam dum justificationem citra fidem pollicetur, animas in exitium præcipitat agit. Nec multo minus Whitakerus noster [illegible] [illegible] & ipse, de Sacram. q. 4. c. 1. [illegible] dogmatis appellat; imperitum Scholasticorum [illegible], [illegible] [illegible] Ecclesia eruditam, quod [illegible] [illegible], quam sententia ipsius [illegible] [illegible] intolerabilem. Ego tamen de axiomate ipso nolim contendere, si Sacramentorum effectus is tantum intelligatur, ad quem à Deo instituta sunt, [illegible] [illegible] [illegible] accipitur, pro eo omni, quicquid tandem fuerit; quod effectum illum, [illegible] [illegible] Sacramentum, impedimento esse possit.

2. Assumptionis membra, & fundamenta, quod attinet.

1. Nego constare, in Baptismo rite percipiendo Christi sanguinem exhiberi atque applicari semper ex parte Dei ad veram peccatorum reatus solutionem. Davenant. advers. Bellarm. de Bapt. [illegible] *[illegible] applicationem [illegible] Christi & [illegible] fieri per signum aquæ quod [illegible] tantum applicatum est [illegible].* Nec aliter sentiendum, quod Bucanus, in Instit. Theolog. loc. 13. quæst. 24. *Quomodo nobis applicatur Passio Christi? Verbo, Fide, & Sacramentis, [illegible] [illegible] Dei, [illegible] fide, [illegible] manu humana, accipimus; Sacramentis obsignatur.*

Negationis ratio, partim ex iis, quæ ad propositionem primo loco responsa sunt, partim hinc constare poterit; quod eis, quorum prius sunt remissa peccata, quam ad Sacramentum hoc accesserint, non possit propriè loquendo dici in Baptismo applicari sanguis ille ad solutionem, quæ eousque [illegible], consequendam; sed [illegible] [illegible] [illegible], vel solutionis, quæ jam collata sit, obsignandam.

Adjiciatur [illegible] illud Calvini, in Instit. l. 4. c. 14. §. 14. *Tenendum [illegible] [illegible], ut ipse [illegible] Sacramentorum [illegible], [illegible] [illegible] [illegible]; [illegible] [illegible] [illegible] [illegible] [illegible] [illegible] [illegible] Sacramentum [illegible], [illegible] [illegible] à Deo [illegible] [illegible].* Tum, [illegible] de [illegible] [illegible], [illegible], [illegible], [illegible], *non [illegible] ex Sacramentis perceptione salutis fiduciam, nisi justificatio illis sita foret, quam in uno Christo repositam, nobis minùs Evangelii prædicatione, quàm Sacramentis obsignatione nobis communicari scimus, ac sine hac posse in solidum [illegible] [illegible].* Et ibidem §. 17. *[illegible] [illegible] [illegible], non esse aliud Sacramentorum, quàm Verbi Dei partes, qui sunt offerre nobis & proponere Christum, & in eo cœlestis gratiæ thesauros: nihil autem conferunt aut prosunt, nisi fide accepta. [illegible] Cavendum [illegible] ne in errorem hujus affinem nos abducant, quæ ad amplificandum Sacramentorum dignitatem paulo magnificentiùs à Veteribus scripta sunt; ut scilicet putemus, latentem aliquam virtutem Sacramentis adnexam affixamque esse, qua ipsa per se Spiritus Sancti gratiam nobis conferant, [illegible] [illegible] [illegible] in [illegible] [illegible]: quum hoc tantum illis divinitùs injunctum sit munus, testificari nobis ac sancire Dei erga nos benevolentiam; nec ulterius proficiunt, nisi accesserit Spiritus Sanctus, qui mentes & corda nostra aperiat, nosque hujus testimonii capaces reddat. Sacramentis enim id fiunt nobis à Deo, quod ab hominibus rerum lætarum nuncii, vel arrha in pactis sanciendis; utpote quæ non à se ipsis [illegible] aliquid gratiæ, sed [illegible] & [illegible], quæ divinâ largitate nobis data sunt.* Quibus pauca [illegible] [illegible] Martyr, [illegible] ad Rom. 4. pag. 124. ubi dic. [illegible] [illegible]; *illud [illegible] & [illegible] [illegible] [illegible], nihil Sacramentum plus [illegible] esse, quàm ad salutem faciat, quàm Verbum Dei.* Idemque ad Rom. 10. *Profitemur, nullis Sacramenta conferre gratiam, [illegible] [illegible] [illegible]; sed [illegible] [illegible], non in Sacramentis, & verbis. & [illegible]*

 signis

signis propositae nobis promissio Dei per Christum facta: quam si fide apprehendimus, & gratiam consequimur majorem, quam ea fuit, quam ante habuimus, & donum, quod fide complexi fuimus, sigillo Sacramentorum obsignamus. Whitakerus contra, *de Sacram.* [illegible] Bellarm. controversi, [illegible] *operari Verbum & Sacramenta.* Atqui nec Verbum ipsum est eo fine institutum, ut moraliter proferatur, Absolutionis Papisticae more, peccata remittat, aut [illegible] Christi sanguinem applicet; sed ut corda nobis Spiritu cooperante renovet, fidemque in nobis producat, quae Christi sanguinem ad remissionem peccatorum apprehendat, eamque nobis ea ratione, vel apprehensionem, vel apprehendendi [illegible] confirmet. ut nec illud ipsum Sacramentum [illegible] efficiat, nec obsignet etiam, nisi cum demum ratam fecerint, cum Spiritus Sancti operâ corda nobis fuerint [illegible], cujus operatio [illegible] in parvulis ad Baptismi momentum non videtur restringenda. Quo & Danaeus, *adv. Bell.* tom. 2. l. 1. c. 4. prope fin. *Christum fide à nobis apprehensum justificat; non autem fides ipsa nostra. nam illa Christum donatum (nostram justitiam, nostrumque justificatorem, Rom. 4. 25. 1 Cor. 1. 30.) nobis applicat. non autem causas & efficit in nobis justitiam,* [illegible] *aut gratiam Dei spiritualem, in nobis efficiunt Sacramenta, quae non sunt* [illegible], *sed* [illegible], *non* [illegible], *sed* [illegible] *Christi nobis applicandi & applicati signa. Verùm fides est & immediatum & proximum Christum percipiendi Christique fruendi medium, organum & instrumentum.* Qui idem videndus & alibi *adv.* 3. *arg.* 1. quod infra exhibebitur. Idem [illegible] c. 4. p. 314. *Baptismum aqua, neque ut causa efficiens, neque ut instrumentalis requirit, sed tantum ut obsignatorium sigillum. Evangelium denique* [illegible], [illegible] *de pecc. orig. pag.* 181. *Peccatum originale solo Christi sanguine tollitur: & Lavacro Baptismi tolli negat.* Et tamen, Baptismi lavacro, nullum peccatum tollitur, perinde fecisset loquendo.

2. Quod nullum ex Infante parte impedimentum [illegible] [illegible]; certè quo minus efficiatur, quod parvulos à Deo destinatum, servatur Sacramentum, nullum planè intervenit.

Verùm reatus solummodo quod attinet,

1. Quo minus reatus solutio obtineatur, si Christi sanguinem baptizatum tempore, sive non baptizato, parvulo ut [illegible] applicare Deus dignatus fuerit, impedimentum nullum poterit intervenire.

2. Quo minus ex vero Baptismi vi obtineatur reatus solutio, [illegible], quam ille conferri [illegible], ubi obex non intervenerit; [illegible] docere cum Calvino, *in Antid. Conc. Trident. sess.* 7. *can. de Sacr.* *Quid verò non ipsa per se satis magnum obstaculum sit infidelitas.* Videtur [illegible] esse, quod Walaeus, *de Bapt. thes.* 26. *Externa haec signa gratiam conferre volunt ex opere operato, i. e. ex ipsa re actione externa, modo non ponatur obex mortalis peccati, quae tollit* [illegible], *vel ex aliorum hypothesi, neque* [illegible]; *quae & infantes* [illegible] *sunt* [illegible], *peccata mortalia* [illegible] *sunt obnoxii, & adulti* [illegible], *necessariò adhuc sub peccatis* [illegible] *sunt; nisi dicant, aut peccatum originale, aut peccati reatum in homine, mortale non esse, contra principia sua.* Reverendus Episcopus Gregorius [illegible] *de perfect.* c. 12. §. 5. [illegible] *& ipse Pontificii Sacramenta gratiam non conferre, ut reatus mortalis* [illegible] *ad Sacramentum percipiendum accedunt, vel* [illegible], *ponunt obicem mortalis peccati. Sed omnes qui ad Baptismum accedunt percipiendum* [illegible], *nisi prius fuerint justificati, mortalis peccati; non adulti tantummodo qui originali peccato transgressiones personales suas adjecerunt, sed infantes etiam qui praeterquam quod originalis non* [illegible] *sunt naturâ in peccato mortalis.* [illegible] *transgressionem illam Adami gravissima* [illegible], *quod peccatum* [illegible] *erat mortale.*

3. De *Sacramenti innovatio*, deque promissione divina [illegible] - quod asseritur, probatione eget,

1. De *Baptismo*, tum de Circumcisione.

De Baptismo, *transgressionem reatus originalis parvulis baptizatis praestitit*, probatum datum, ex Act. 2. 38. 39.

Verùm 1. de Infantium baptismo nihil quicquam eo loci reperitur.

2. Quod jubentur, *resipiscere & baptizari in remissionem peccatorum*, generatim est personis illi Doctrinae Christi [illegible]. *Qui crediderit & baptizatus fuerit, salvus* [illegible] *est.* Marc. 16. 16. Et credentes [illegible] & resipiscentibus remissio fuit, praeditis ad lavacrum accesserit, peccata; ut [illegible] illud [illegible] reatus remissionem peccatorum exhibitum obsignet, non sanguinem Christi eo fine applicet, quo solutio, jam habita, confirmetur. Scharpius [illegible], in Rom. 4. 25. *Lavacrum Act.* 2. 38. & 22. 16. *simul hoc est recipiendum Baptismum, tamquam sigillum, ut verae certitudinis amplectioris. Antea enim Judaei crediderant, &* [illegible] *responderant, priusquam baptizarentur? Quae autem necesse ad credentes* [illegible] [illegible] *remissionem ex promissione divina percepere? Quare ergò sunt baptizandi? ad confirmationem ampliorem, dum Sacramentum accipient, tanquam testimonium reconciliationis suae cum Deo.* Calvinus, in Act. 2. *Tametsi in contextu verborum Baptismi* [illegible] *peccatorum hic praecedit, ordine tamen sequitur; quia nihil aliud est quam bonorum quae per Christum consequimur, obsignatio, ut in Conscientiis nostris rata sint. Quia autem Baptismus sigillum est, quo Deus hoc nobis confirmat, ideoque verba & signa adoptionis nostrae, meritò datur in remissionem peccatorum dicitur.* Quae Calvini verba ubi refert verus Chamierus, *Panstrat.* tom. 4. lib. 2. c. 3. §. 17. *Sic*, inquit, *Calvinus. & cur non ex vera perpetuaque natura Baptismi, hoc interpretaretur Apostoli verba, quae Papistae sua* [illegible] [illegible] *aliò?* Piscator, in Act. 2. [illegible] *i. e. in testimonium remissionis peccatorum ut haberetur scilicet testimonium divinum, quod Deus vobis remiserit peccata propter Christum, in quem creditis.* Metonymia subjecti, [illegible] *autem ad consequendam remissionem peccatorum per hoc medium sive instrumentum.* [illegible]: *Non eodem modo* [illegible] *sunt haec verba, In remissionem peccatorum, in verbis Apostoli, Baptizetur unusquisque vestrum in remissionem peccatorum, quo in verbis Domini, Hic est sanguis meus, qui pro multis effunditur in remissionem peccatorum. nam sensus est utrobique* [illegible] [illegible], *at* [illegible] [illegible] *est, alium esse finem effusionis sanguinis Christi, alium verò Baptismi* [illegible] [illegible] [illegible]. *nam sanguis quidem Christi effusus est ad remissionem peccatorum promerendam; at Sacramenta instituta sunt, ad memoriam illud nobis* [illegible], *atque ita fidem nostram confirmandam.* Maldonatus, in Act. 2. *Baptizetur unusquisque vestrum in remissionem peccatorum, i. e. accipere Baptismum, signum remissionis peccatorum, sigillum* [illegible] *in sanguine Christi.* Petrus denique Martyr, in ad Rom. 11. *de Justificat.* pag. 608. *De Sacramentis non* [illegible] *dicimus, quomodo illis attribuenda est Justificatio. Ea enim ita se ad illam habent, ut praedicatio Evangelii & promissio de Christo, quae nobis offerunt ad salutem. Baptismum verò in Sacramentis, id quod est rei, adscribunt Sacramentis. Et quoniam Baptismo remissionem peccatorum praestant per Christum, eamque significat, & in illo qui* [illegible] [illegible], *obsignat, ideirco Hieronymus ex omnibus aliis Sacramentis illi soli hoc attribuit.*

3. Donum Spiritus Sancti, de quo Apostolus ibi, non tam remissio peccatorum, quàm diversitatis spiritualium talium, ex baptismo obtinenda, nonnullis videtur, prout & frequenter eo tempore contigisse legimus. Ita Calvinus, *Quoniam admirabantur illud* [illegible], *quam videbant Apostolos aliarum Linguarum* [illegible] [illegible]; *Petrus ejusdem donis ipsos fore compotes dicit, si ad Christum transferant.* — *Neque enim de Sanctificationis gratiâ, quae generaliter per omnibus conferretur, debet hic locus intelligi.* Denique ergò *Spiritus illic promittitur, cujus specimen in Linguarum diversitate* [illegible], *ideo hoc propriè ad* [illegible] [illegible].

4. Promissio itidem, non idem [illegible], quam Scriptura praedicanda, [illegible] quibus [illegible], non esse de peccati remissione, sed de donis illis spiritualibus conferendis, de quo ex Joel. 2. 29. Sapientia v. 17. 18 [illegible], Ita Piscator; [illegible], haec promissio, [illegible] [illegible] à me allata ex Joele supra v. 17.

3 Et [illegible]

5. Etiamsi latius extendatur promissio illa, ut & remissionem peccatorum comprehendat, & ad universalitatem insuper fidelium progeniem pertingat; non tamen beneficium hoc eis aliter ulteriusve promittitur, quam prout in foedere gratiae illud conditionis cujuscunque promissis perhibetur. quo foederis continentiam, qui Baptismi incommodum ubique denegaverint, foederum infantes, nostrum filiorum gratiae negaverit, ut ad Baptismi perceptionem restringenda [illegible] videatur. Nec revera *semen baptizatorum*, quod hic dicitur, sed *semen fidelium* [illegible], sive baptizati illi fuerint, sive etiam sine baptismo decesserint, nullâ hic factâ distinctione, *promissio*, quacunque ea tandem fuerit, facta dicitur.

6. Ad *promissionem* adeo pervenire, cum *respicientia*, quam *baptismo* praecepta, hoc saltem loco exigitur, ut non possit hanc *promissionem* infantibus, ubi baptizati omnes fuerint, *remissionem peccatorum* facta probari, nisi [illegible] reliquum.

8. De Circumcisione quod observatur, ex Gen. 17. 7. 10. *seminis circumcisi promissionem* praeter *semen*, *remissionem peccatorum*; ex contrario verborum [illegible], de sensu verborum illorum, *Ero Deus tuus, & Deus seminis tui*; concessum hoc id quod controvertitur, non evincit.

Siquidem, 1. posset semini circumciso promitti, quod tamen circumcisionis ratione, quasi medium sic quoddam, quo Christi meritum ad id consequendum applicetur, non promitteretur. Verbi gratiâ. *Pauperibus regnum coelorum promittitur*; Luc. 6. 20. nec tamen hoc ex *paupertatis ratione* promittitur, quasi medium sit quoddam, quo Christi meritum ad id adipiscendum applicetur. Potest circumciso remissio peccatorum promitti, ut tamen circumcisioni non promittatur.

2. *Semini circumciso*, quâ circumciso, ex promissio non datur; sed cum semine universo foedus initur. Foederis summa est, *fore se illis Deum*. *alias*, *promissionem singulari*; *alias*, *peccatorum remissione*. Foederi sub hac pollicitatione concepto adjungitur sigillum, non quo, aut protectio singularis, aut peccatorum remissio, ex quo medio sive instrumento conferatur; sed quo veritas promissionis divinae de beneficiis istis conferendis obsignatur, ideo *signum & sigillum foederis* nuncupatur, Gen. 17. 11. Rom. 4. 11.

Non ex vi *circumcisi seminis*, quâ circumcisio promissio, patet.

1. Quia pactum ipsum principale, non cum gente universa Judaeorum, cui soli circumcisio est imperata, sed cum eis etiam, quos Abraham [illegible] Pater futurus, pangebatur. Gen. 17. 4. 5. 7. h. e. cum *semine* [illegible], quod etiam ex Hebraeis, tum & ex Ethnicis Evangelium amplexis constitit. Rom. 3. 29. 30. & 4. 11.—16. 17. Gal. 3. 7. 14. 16. quo modo & ipse illud accepit, Act. 2. 39. Paulus Fagius, in Gen. 17. *Docet itaque manifestat hanc promissionem foederis pertinere, non ad unam tantum gentem Judaicam, sed ad totam universalem Ecclesiam ex omnibus gentibus, & esse universalem illam promissionem per pactum, de gratuita justificatione sive benedictione per semen promissum J. C.* Et mox: *Hanc promissionem Evangelicam vocat hic Dominus foedus seu pactum suum cum Abraha & omnibus fidelibus.* — *& in promissione Abrahae datum notat, ut ipsam notam promissionis universalitatem confirmet.* Denique, diligenter [illegible] est, nomen Abrahae mutatum esse ante institutionem Circumcisionis, ut liquido constaret, pactum promissionis, non tantum ad unam gentem circumcisam, sed ad multas gentes pertinere, — ad totam universam Ecclesiam.

3. Quod ad Hebraeos sive Israelitas attinet, quibus ritus ille tunc imperabatur;

1. Quia quarta parte *feminae* [illegible], quae femineae familiae etiam continebantur, ad quos tamen Sacramentum illud non pertingebat. Musculus, in Gen. 17. part. 2. *quaest.* 1. *Sic etiam sentiendum est de feminis, quae licet circumcisae non sint, nihilo tamen minus sunt in foedere & populo Dei. Participant enim signum foederis vacuae, non signum, sed gratiae capaces Dei, qui dixit, Ego sum Deus* tuus, & seminis post te, &c. Ponam foedus meum inter me & te & semen tuum post te. *Hoc sunt generalia, & tam feminas quam masculos, de semine Abrahae descendentes, foederis & populi Dei participes reddunt, circumcisio vero propriae non est generalis, sed specialis, & populi masculis tantum & non feminis imposita.* Idem & Justinus [illegible], *dialog. cum Tryph. p. 42.* [illegible].

2. Nec masculis ante diem octavum, qui Circumcisioni destinabatur, decedentibus, promissio illa negabatur [illegible], aut etiam praestari negabatur, quam dum aliorum circumcisi nisi [illegible] conditione usum [illegible], quare & Messias ipse suscepit gestiret; quod [illegible] conferendum fuerit? Itaque volumus: ut masculus, qui statim ab ortu, vel abortu etiam expiraverit, à promissionis beneficio exclusus sit, cum femella interim eo gaudeat, licet ab utero ad urnam confestim transierit; Calvinus, in Gen. 17. 7. *Nihil certius est, quam Deum foedus suum pacisci cum filiis Abrahae, qui naturaliter gignendi erant. Ad omnes enim erat* [illegible] *promissio.* Et, *ad vers.* 14. *Colligimus nihil infantibus nocuisse fuisse praeproperam. Salus enim ad eorum salutem efficax erat nuda Dei promissio. neque sic eam obsignavit externo sigillo, ut ipsa vitricem suam adstringeret.* Accipimus ergo salutem generis Abrahae in illo verbo fuisse inclusam, Ero Deus seminis tui. — Quamvis autem Circumcisio vice confirmationis accesserit, non tamen fecisse, quin vi & effectus verbi constaret. Ursinus, Tract. Theolog. de Sacr. c. 2. p. 490. *Infantes eum olim, nisi prius morerentur, quam circumcisi, aut nunc antequam eis baptismus posuerint, non minus quam circumcisi & baptizati, promissione illâ comprehensi sunt,* Ero Deus tuus, & seminis tui; *ac circumcisi & baptizati sunt Christi* [illegible]. Wolfius, *ad Capit.* 4. 2. c. 3. *arg.* 1. *Sicut omnes Abrahae liberi erant in foedere, sic nostri omnes: & sicut Deus* [illegible] *liberis suis, etiam ante octavum diem, mox ut primum nati sunt,* [illegible]. Ero Deus tuus, & seminis tui; *sic & nostris liberis ante baptismum. Et cum illa promissio, teste* Bellarmino, *sit remissionis peccatorum & vitae aeternae: ergo promissio haec ad omnes Christianorum liberos, quoscunque Deus elegerit, in foedere pertinet.* Amesius, *adv. Bellar. tom. 3. disput. 12. de Bapt. quaest. 2. thes. 5. Filii eorum, qui participes sunt benedictionis Abrahae, sunt filii Dei, etiam quamprimum nascuntur.* Et mox; *Baptizamus propter foedus, quo per fidem Dei habemus non ut infantes esse filios, alioquin nulla esset, quam filiis* [illegible] *baptizatoris, ac filiis fidelium.*

3. Nec eos omnes, qui per tot annos in eremo oberrabant, circumcisionis expertes, vel à foedere alienos, vel beneficiorum illorum exsortes, de quibus lis jam agitur, aut ratio, aut religio opinari suspicarive patitur: non magis quam quod & Pascha celebrationem per totum illud tempus omiserunt; de quo utroque recte monet Willetus noster, ad Gen. 17. 14. Videatur & Chrysostomus, apud Rom. Orat. 6.

4. Nec circumcisi omnes statim ejusmodi in Sacramento unitatem fuere. Quod de se Reverendi Episcopi Roberti Sarisburiensis verbis potius, redeas velim quam meis, *Praelect. Tempor. Acad.* 6. 2. hac habet; *at vero Circumcisionis diligenter animadversa ratio promissionem justitiae invisibilem.* Jacob & Esau gemelli ab Isaaco nati, utrumque circumcisus, *sed alterum dilexit Deus, alterum odio: & quem odit, non justificavit, non sanctificavit, non renovavit; ut manifestum sit, justificationem cum circumcisione non semper fuisse conjunctam.* Et Chamierus, *Panstrat. tom. 3. lib. 13. cap. 21. §. 34. Negamus eorum infantes remissa peccata esse, si non pertinerent ad* [illegible], *quamvis* [illegible] *fuerint, nisi ii* [illegible] *fuerint, nempe quia electi erant Deo, jam antequam nascerentur.*

SAMUELIS WARDI *Responsio.*

2. *Deus jussit parvulos fidelium baptizari. jussumi an-*

[illegible]

THOMÆ GATAKERI Responsio.

[illegible]

[illegible] quod aiunt; [illegible]

A. 2. Nulla [illegible] Deus Sacramentorum [illegible] nullum, qui [illegible] habeat, hoc est, qui [illegible] signo aliquo [illegible], [illegible] vel fidem, qui [illegible] habeat, qui [illegible] inter Deum [illegible] & [illegible] gentes. Ad Bellarmini [illegible] illud, de [illegible] l. 2. c. 3. ad arg. 1. resp. [illegible] [illegible] ad [illegible] peccata, [illegible] offerre jubebatur, [illegible] justus [illegible]; [illegible] Whitakerus, de Sacr. q. 5. c. 3. p. 130. Si justus, [illegible] remissionem peccatorum; ergo non Sacramentis remissionem [illegible]. [illegible] non [illegible] remissione, tamen [illegible] [illegible] & majorem [illegible], ut hac [illegible] [illegible], si [illegible], nihil [illegible] sacrificium, [illegible] fidem ex animo [illegible], & peccata sua [illegible], [illegible] illum [illegible], sacrificium ejus acceptum fuit, & illi remissionem peccatorum [illegible]. Verum Bellarminus hoc [illegible] referamus. Si justus fuerit, qui [illegible] Sacramenta [illegible], [illegible] peccatorum, & sic [illegible] Sacramentis, [illegible] ad Eucharistiam accedunt, [illegible] hoc est contradicere Christo, qui [illegible]. [illegible] baptizatus, [illegible] 16. 16. & sic Apostolus Petrus [illegible] Cornelium jam justum baptizari, Act. 10. v. 47. [illegible] Christus [illegible], Luc. 22. 19. [illegible] Augustinus ait, super Levit. q. 84. Cornelius & qui cum eo erant, cum jam invisibiliter sanctificati essent, tamen baptizati sunt; nec superflua judicata est visibilis sanctificatio, quam invisibilis jam praecesserat. Et [illegible] * . In Cornelio praecessit [illegible] in dono Spiritus Sancti, & accessit Sacramentum regenerationis in lavacro Baptismi. [illegible] [illegible], qui ad Eucharistiam [illegible] accedit, si Sacramenta non prodessent ad justificationem & remissionem peccatorum, [illegible] Theologus dicere, Sacramenta [illegible] justitiam ei qui [illegible] possidet.

3. Verum [illegible] Deus [illegible] justis, qui non indigent [illegible], [illegible] in Sacramento illo designata. Adultus enim fidelis [illegible] [illegible], [illegible] vero [illegible] [illegible] & [illegible] internam jam [illegible], [illegible] nec illam, quod peccata [illegible], [illegible], [illegible] factus est, indiget. Nec obstat, quod nondum plene & perfecte [illegible], quo tamen [illegible] dicatur, quod [illegible] Baptismi [illegible], ut regenerationem [illegible]. [illegible] est; [illegible] regeneratio, [illegible], cum [illegible] vitae [illegible], [illegible] [illegible], ut [illegible], [illegible].

[illegible] Baptismum [illegible], [illegible] regenerationis [illegible], [illegible], [illegible] & regenerationem jam [illegible], signo quasi publico [illegible], & sigillo solenni obsignatam habent. Chamierus, Panstrat. tom. 4. l. 3. c. 4. §. 8. Justificati [illegible] & [illegible], [illegible] sunt perfecti. Et, l. 2. c. 6. §. 1. Sacramentum non [illegible] justificationem in eo, qui jam ante justificatus est. [illegible], [illegible] de Sacram. [illegible] 2. Sacramenta non conferunt gratiam; [illegible] [illegible] sunt sacramenta. Petrus Martyr, ad 1 Reg. 8. fol. 74. Justificatio [illegible] baptismo [illegible], sed antecedit. [illegible] post; [illegible], [illegible] [illegible]

B [illegible], [illegible] Deo [illegible], qui baptismo [illegible]. [illegible] & [illegible], [illegible]. [illegible] a Spiritu Sancto per [illegible] & [illegible] confirmantur. Et [illegible], [illegible] Dei [illegible] Adam, qui [illegible] divina promissa, atque [illegible] justificatio [illegible], dum fides in credentibus [illegible]. [illegible] signa a se [illegible], non [illegible] sunt profana [illegible] signa. [illegible] Whitakerus, de Sacr. q. 2. c. 1. arg. 3. ad obj. 3. [illegible] in [illegible] sancti sunt, ut Joannes Baptista & Jeremias. Et, ad obj. 4. [illegible] filii Dei, ut Jacob, Joannes Baptista, Jeremias, & alii [illegible]. Et, cap. 3. arg. 2. [illegible] est, [illegible] sanctitate. [illegible] q. 4. c. 1. arg. 3. [illegible] fidem & justitiam & primam gratiam habet [illegible] gratiam, quomodo ergo [illegible] Sacramenta gratiam, [illegible] dare, [illegible] habet? Et [illegible] fidem habet, is gratiam & justitiam habet; quomodo [illegible] per Sacramenta [illegible]? Et, [illegible]

C c. 3. §. [illegible]. [illegible] Abraham justificatus est, [illegible] Sacramentis justificari.

6. [illegible] esse ad [illegible] per baptismalem [illegible], quod [illegible];

1. Ex [illegible], non [illegible], sed [illegible], [illegible] ad [illegible], [illegible] designatur. Ad [illegible] sunt justificati [illegible], quod [illegible] divino [illegible], [illegible], ut eleganter Tertullianus, de [illegible]. & ex Tertulliano Hieronymus, ad Ocean. de

D Epist. [illegible].

2. Baptismalis [illegible], [illegible], sed [illegible], [illegible] designatur, ut ex Reverendo Episcopo [illegible].

7. [illegible] Sacramenta esse signa gratiae, quam designant, [illegible], & [illegible] applicatoria ex parte Dei, quod [illegible];

1. [illegible] esse signa gratiae, [illegible] designata eodem ipso, quo [illegible], [illegible]. Christi [illegible] pascha, & [illegible], verum exhibenda suo tempore [illegible]: [illegible] & de gratia [illegible]. Chamierus, Panstrat. tom. 4. l. 2. c. 11 §. 25. [illegible] signa [illegible], [illegible], [illegible] futura. Sigilla in rebus [illegible] confirmant, [illegible] jam [illegible], [illegible] in futurum.

2. [illegible] Sacramenta non exhibent re ipsa quod designant, nec ut exhibeant, [illegible], [illegible] est.

1. Eucharistiae participatio [illegible] videtur [illegible] Christo in Regno Caelorum, de [illegible] Luc. 22. 15. & [illegible] Matth. 26. 29. Unde forsan & Tertullianus in Apologet. dixit, [illegible] [illegible], [illegible].

2. [illegible] in Baptismo, [illegible] peccati, sed & [illegible], [illegible] corporis [illegible], [illegible], ut [illegible], non [illegible]. Verba sunt Reverendi Episcopi Sarisburiensis in Col. 2. 12. Qui tamen adultus, [illegible] quam fieri potest [illegible] & religiosissime dispositus ad Sacramentum hoc percipiendum accesserit, gratiam illam [illegible] consequitur, [illegible] [illegible] ex parte Dei exhibitur, [illegible], [illegible], in [illegible], desiderium [illegible] [illegible] consequatur? [illegible], de Bapt. [illegible] p. 324. Novi Testamenti Sacramenta [illegible] per Christum [illegible]; & [illegible] Sacramenta Veteris Testamenti [illegible], sed [illegible]

* Conc. Dam. l. 4. c. 24

bant, sicut Sacramenta N. Test. [illegible] in regeneratione [illegible] promissionis [illegible], non exhibentur. Sacramenta symbola [illegible] sunt. [illegible] Zuinglius, ad Luther. confess. [illegible] fol. 437 [illegible] Sacramentorum [illegible] quod illud [illegible] possit; [illegible] per illud significatur: sed [illegible] Sacramentum [illegible] ut illud quod donatur, [illegible] significet [illegible]. [illegible] V. Test. [illegible] juxta promissionem [illegible] circumcisionem, [illegible] filios Dei non [illegible] filii Dei [illegible] filiorum Dei [illegible] recipiunt.

3. Exhiberi res signata duobus modis dici potest;

1. Quoad actualem collationem: & ita Sacramenta quæ significant, non eadem semper morem exhibent.

2. Quoad vel collationem jam factam, vel de collatione futura promissionem, sive absolutam, sive conditionatam, confirmationem, & hoc modo exhibentia dicere solent nostri rei significatæ Sacramenta universa. Chamierus, Panstrat. tom. 4. l. 2. c. 9. § 18. *Consentiunt Sacramenta esse signa exhibentia id quod significant. Quid est autem exhibere [illegible] præcedentis, nisi [illegible] confirmare quæ [illegible]? Est enim in significatione [illegible] in membranis sunt, sunt efficacia, [illegible] plenitudine.* Gregorius de Valentia, t. 4. disp. 3. quæst. 3. punct. 1. *Dupliciter intelligi potest, Sacramenta illa vetera [illegible] exhibuisse gratiam; uno modo [illegible], quatenus fuerunt [illegible] signa [illegible] divinæ promissionis, [illegible] gratia propter passionem Christi futuram [illegible] principio [illegible] exhibuisse [illegible]* [illegible] Sacramentis [illegible].

R. *[illegible] in baptismo infantium non esse [illegible] & obsignationem remissionis originalis [illegible] applicanda parvulo, [illegible], & per [illegible] conversus fuerit, [illegible];*

1. *[illegible] in Baptismo [illegible], sive infantis, sive adulti, est [illegible] omnia, [illegible]* [illegible] Calvinus, Instit. lib. 4. cap. 15. § 30. *[illegible] Christi [illegible], ut sunt perfecta, [illegible] perficitur, vel [illegible]. [illegible] Baptismi [illegible] ad mortem usque [illegible] ad [illegible] temporis articulum.* Whitakerus, de Sacr. q. 4. cap. 7. *[illegible] in Baptismo duplicem gratiam [illegible]: 1. est remissio peccatorum. 2. est regeneratio [illegible]. [illegible] Ex post, Baptismus [illegible]; sed has [illegible] statim perficiunt, ut baptizamur, sed aliquando perficiuntur.*

2. Obsignatur remissio, vel jam collata baptizato, vel [illegible] deinceps, [illegible] conversio [illegible], si [illegible]. Neque enim necessarium est, ut eo usque [illegible], [illegible] ipso baptismi momento [illegible]. Reverendus Robertus Episcopus Sarisburiensis [illegible] Thomson. cap. 7. *Sacramenta, [illegible] sunt gratiæ & promissionis divinæ, [illegible] formaliter [illegible], [illegible] gratia. —— Quamquam neque [illegible] Sacramenta [illegible] efficacia, sed [illegible] Baptismum, [illegible] sit, [illegible] est. —— Neque [illegible] Christi [illegible] per gratiam [illegible];*

A *& revelaret in eo Filium suum, [illegible], non litera, sed Spiritus, non carnis, [illegible] & [illegible] circumcisionem [illegible] est. [illegible] & Jeremiam ad [illegible] sanctificatos, & inter Jacob & Esau in ipso utero [illegible], & [illegible] Spiritus Sancti [illegible] & gratiæ, [illegible] ad regenerationem [illegible] negat.*

B 9. [illegible], applicationem [illegible] in ipsa ablutione sacramentali peragi, quod [illegible];

1. At si fœdere id fiat, [illegible] ablutionem non sacramentalem; nec ab illa pendet illius efficacia, non magis quam a sigillo [illegible] donationis [illegible].

2. Sin [illegible] pendere efficaciam hanc; [illegible], [illegible] ad quod in actu [illegible] existit, [illegible].

C

SAMUELIS WARDI Responsio.

3. *Ipse ritus circumcidendi præputium [illegible] in V. T. a Deo præscriptus Gen. 17. 10. [illegible], ubi [illegible] & [illegible], [illegible] originalem [illegible] & parvulo imputari, & post circumcisionem [illegible] & non imputari, id quod pariter [illegible] de Baptismali ablutione; [illegible] originalem [illegible] & imputari parvulo, post ablutionem [illegible].*

D *Ergo ipsum Sacramentum ad remissionem reatus originalis [illegible] Christi [illegible] applicat [illegible]. Cum [illegible] Sacramentis [illegible] quod significant,* ut testis Calvinus in Ep. [illegible].

THOMÆ GATAKERI Responsio.

Respondeo. 1. *Ritus circumcidendi præputium [illegible], [illegible] & [illegible], [illegible] circumcisionem [illegible].*

E Bucerus, ad Rom. [illegible] *pag. [illegible] in carne [illegible], [illegible] significabat, naturam [illegible] & [illegible], [illegible] fœderis divini & [illegible] per Deum de integro [illegible], [illegible] a primis generationis.*

2. Calvini sententiam quod attinet, quâ [illegible] membrum, in quo vis Argumenti præcipua consistit, [illegible], quæ Calvini sententiam [illegible];

F 3. Quod *efficere Sacramenta* quæ *significant* dicis; [illegible] [illegible] perspicue loquentes [illegible], cum prisci patres, tum nostri recentiores, de Sacramentis ubi agunt, ut interpretatione commoda opus habeant; quam & ipsi sibi [illegible] adhibent, [illegible] exhibent, [illegible] Chamierus, [illegible] explicite [illegible], [illegible] tom. 4 l. 3. c. 4. § 9. *Sententia nostra est, utrique hinc parti (tam [illegible], [illegible]) [illegible] Sacramentum (baptismum [illegible]) significandi atque efficiendi, [illegible]*

G *[illegible] est efficacitas Sacramentorum.* Calvinus [illegible] in Catechismo, *Quid est Baptismi significatio? [illegible] habet. [illegible] remissio peccatorum, deinde spiritualis regeneratio figuratur. [illegible] figura esse [illegible], ut [illegible] veritas. [illegible] Proinde & peccatorum [illegible] & [illegible] in Baptismo [illegible] est.* [illegible] lib. 5. cap. [illegible]

[illegible]

[illegible]

A [illegible]

B [illegible]

C [illegible] ... Ex secunda ipsi [illegible] pernegant.

2. Calvinus, loco [illegible], non in rite [illegible], sed in electis tantum, Sacramenta dicit id quod figurant efficere. Sic enim [illegible]. Neque enim [illegible] est Dei [illegible] gratia, [illegible] libera [illegible] vult. [illegible]

D loco à Chamiero alibi [illegible]; de quibus etiam Apostolus in ea pericopa quam explicandam susceperat, agit, si Calvini [illegible] interpretationem admiserimus, [illegible] ad [illegible] baptismum [illegible] nihil facit, [illegible] Pontificii. [illegible] Calvinus idem habet in Commentariis ad Rom. 6. 4. & Gal. 3. 27. Sed ad [illegible] plura [illegible], abunde sufficerent.

E

SAMUELIS WARDI *Responsio.*

4. *Meritum Christi non est applicatum Davidi parvulo ab aeterno ante Circumcisionem, [illegible]*

[illegible]

F *[illegible]*

THOMÆ GATAKERI Replicatio.

Ad 4. [illegible]

Nam 1. ex gratia speciali, [illegible]

G [illegible] Psal. 22. 10. & 71. 6. [illegible] Chamierum de Bapt. l. 5. c. 10. §. 9. [illegible] in Psal. 51. [illegible]

[illegible]

[illegible] sanctificationem non esse [illegible] ad [illegible] parvulis.

2. Ex lege ordinaria non fuit necesse, ut per Circumcisionem [illegible]. Neque enim magis applicatam [illegible], quod [illegible] Reverendus Robertus Episcopus Sarisburiensis [illegible] *Et verè Circumcisionis [illegible] (in Circumcisione remissionem peccatorum & justificantis gratiæ* [illegible]) [illegible] *Circumcisionem accepit Abraham, signum justitiæ fidei,* [illegible] *Ismaël,* [illegible] *Non est* [illegible] *Quod si* [illegible] *Circumcisione* [illegible] *Esau* [illegible] *Deus, dicetur odit,* Mal. 1. 2, 3. Rom. 9. 13. [illegible] *justificare, non* [illegible] *circumcisione non semper fuisse conjunctam.* [illegible] Jer. 9. 26. [illegible] *Paulus* [illegible] *sed non justificatus;* [illegible] *credidit in Christum,* [illegible] *justificationem* [illegible] *in circumcisione perceptam, sed ut justificaretur per fidem Christi,* Gal. 2. 16. [illegible] Itaque ex lege ordinaria, nec Paulo magis quam Ismaeli circumcisionis ipsius tempore applicabatur meritum Christi ad præsentem efficaciam; nec Davidi magis quam Paulo applicatum tunc fuisse, necesse, quod tuque credere.

3. *Sacramenta esse media divinitus ordinata ad applicandum Christi meritum,* quoad res promissas, eas obsignando [illegible], vel de datis jam, vel de dandis etiam, concedimus. Verum [illegible] *ad applicandum Christi meritum* [illegible] *vel applicantia, vel apprehensionem instrumenta* [illegible], hoc est ipsum [illegible], quod [illegible] propositio, [illegible].

4. *Circumcisione figurabatur,* [illegible] *corpus peccati* [illegible] *solutio à peccati reatu,* Deut. 10. 16 & 30. 6. Jer. 4. 4. & 9. 25. 26. Ezech. 44. 7. 9. Rom. 2. 28. 29. Col. 2. 11. 13. [illegible] David Psal. 32. 5. [illegible], quia illa reatus solutio, promissionem divinam continens. [illegible] Circumcisionis Sacramentum, [illegible] Bucerus, ad Rom. 4. [illegible] *Et jam Paulo dicuntur circumcisi, qui Christo per baptismum insiti sunt, qui baptismate consecrati sunt expoliationem corporis peccatorum,* [illegible] *Apostolo non modo circumcisionis* [illegible] *sed etiam* [illegible] *verè tamen circumcisionem* [illegible] *sacramentis* [illegible] Ex post multa in eandem sententiam adjecta; Deut. 30. 6. [illegible], quid Dominus circumcisionis [illegible] *voluit.*

5. Promissiones hic, quæritur, [illegible] (*nempe eorum Sacramentorum meritum Christi obsignare aut applicare* [illegible] *ad promissa consequenda,* [illegible]. & hic etiam quærimus promissiones [illegible]) [illegible] dicantur, qui fundere [illegible], etiam ad non circumcisam sobolem, feminas puta, [illegible] circumcisam, [illegible] haredes mares, pertingebant, harumque beneficio fruebantur illarum [illegible] soboles, sive [illegible] circumcisa, sive nunquam circumcidenda, sive ex [illegible] conditione, sive mortis [illegible] necessitate exclusa. [illegible] nihil promissum conferebat [illegible] circumcisionis Sacramentum, quod non prius [illegible]; obsignabat tantum, & quasi ratum faciebat, quod origine [illegible], non circumcisionis, promissum habebat. [illegible] *Spiritusque divini gratiæ in Christum inserendo,* promissiones factæ, [illegible], & vel sic jam affectis, vel [illegible] tempore afficiendis, (de [illegible] & insitione in Christum) promissiones absolutè obsignabat & obsignando exhibebat circumcisio. Reverendus Episcopus Sarisburiensis ubi supra: *Neque verò gratia* [illegible] *promissionis* [illegible] *Abraha & seminis ejus, & utique Sacramento circumcisionis obsignata. Quod si de semine Abrahæ quæratur, respondet Apostolus,* [illegible] *Israël, qui sunt ex Israël;* [illegible] *semen sunt Abrahæ,* [illegible] *in Isaac,* [illegible] *semen; hoc est, inquit, non qui filii carnis, hi sunt filii Dei, sed filii promissionis censentur in semine.* [illegible] *Dei* [illegible] *ad numerum* [illegible] *hæreditatis,* [illegible] *sed propter* [illegible] *in populum Dei* [illegible] *justificationi* [illegible] *Sacramenti,* [illegible] *promissiones* [illegible] *Baptismi* [illegible] *gratiam,* [illegible] *Deus in Abraha* [illegible].

6. [illegible] quod attinet, [illegible] promissionis remissionis peccatorum jam præstitæ est, [illegible] obsignandi tantum. Petrus Martyr, ad 1 Reg. 8. *fol.* 73. *col.* 20. [illegible] Idemque ad 2 Reg. [illegible] *Justificatio* [illegible] *non consistit,* [illegible] *sed* [illegible] *Baptismus est obsignatio* [illegible] *promissionis* [illegible].

Sic de parvulis [illegible], in [illegible] & [illegible], quod Augustinus [illegible], quam & eorum [illegible] promissiones [illegible] illis [illegible].

SAMUELIS WARDI Responsio.

5. *Media ordinaria applicandi meritum Christi,* [illegible] *Sacramenta* [illegible].

[illegible] *Christi meritum* [illegible] *Baptismus.*

[illegible] *Christi* [illegible] *Dei* [illegible] *Baptismati* [illegible].

THOMÆ GATAKERI Replicatio.

[illegible]

1. Par-

[illegible]

SAMUELIS WARDI Responsio.

[illegible]

THOMÆ GATAKERI Replicatio.

[illegible]

A [illegible]

B [illegible]

C [illegible]

D [illegible]

E [illegible]

F [illegible]

G [illegible]

SAMUELIS WARDI Responsio.

[illegible]

a Conveyed. b Conveyed & assured.

At parvulo baptizato in infantia naturali baptismus non obsignat meritum Christi actu applicatum, neque ei unquam [illegible] ad [illegible] obsignationem.

Ergò si alio modo efficax fuerit ejusmodi parvulo, solummodo ei applicat meritum Christi ante non applicatum. Quod si nihil aut applicet, aut obsignet, respectu talis parvuli, non [illegible] & nudum signum, neque ei nihil prodest.

THOMÆ GATAKERI Replicatio.

1. Non est [illegible] obsignationis [illegible]; [illegible] [illegible] obsignari, aut a [illegible] obsignandi sibi [illegible] [illegible] [illegible]. Ubi qui sibi [illegible] [illegible] [illegible], [illegible] [illegible] comparaverit, [illegible] [illegible] [illegible] conditionibus [illegible] Dominus vendiderit, pactum scripto [illegible] [illegible] appenso obsignaverit, [illegible] [illegible] in [illegible] [illegible] confirmationem [illegible] ea [illegible] [illegible] in [illegible] [illegible] [illegible] placuerit, an non [illegible] [illegible] [illegible] [illegible] ista obsignatio, etiamsi de eâ nihil [illegible] [illegible], [illegible] nihil?

2. Consequentiæ [illegible] haud sufficiens videtur. Potest enim alio modo efficax esse quam illic ponitur; meritum Christi [illegible] [illegible] applicatum obsignando; quem in Baptismo locum habuisse circumcisionem ego omnè [illegible] [illegible]. [illegible] [illegible] [illegible] [illegible] ordinarium; [illegible] [illegible] [illegible] [illegible], si [illegible] [illegible] fuerit, obsignabit Christi meritum [illegible] applicandum, cum ad [illegible] [illegible] [illegible] applicatur. Neque enim [illegible] [illegible] [illegible], [illegible] [illegible] & individua esse, [illegible] [illegible] [illegible] [illegible], [illegible] [illegible] [illegible]. Neque [illegible] tamen [illegible] [illegible] [illegible], [illegible] [illegible], quod etiam in ipso actu baptizandi Christi meritum ad [illegible] beneficium possit applicari, aut quod unquam applicatur; verùm [illegible] [illegible] [illegible] [illegible] esse Sacramentum illud, ut [illegible] [illegible] applicandi ordinarie [illegible], hoc est quod mihi [illegible] [illegible] [illegible].

SAMUELIS WARDI Responsio.

8. *Sacramenta adultis, ex [illegible] confessa in actu ipso applicant meritum Christi ad gratiæ prius donatæ augmentum & incrementum, aut etiam obsignationem.*

Ergò Sacramentum [illegible] parvulo [illegible] initiale [illegible] gratiam [illegible], [illegible] [illegible] originalis reatum applicat, quod est primum beneficium cujus capax est.

Consequentia probatur. [illegible] Sacramentorum [illegible] [illegible] [illegible] habet conferendi & applicandi gratiam [illegible] [illegible] originalis reatum parvulo, [illegible] [illegible]; atque [illegible] Sacramentum habet [illegible] conferendi & applicandi meritum Christi ad gratiæ prius donatæ augmentum & incrementum, aut etiam obsignationem.

THOMÆ GATAKERI Replicatio.

1. *Sacramenta in adultis*, nisi jam renatis & renovatis, *non applicant Christi meritum, aut ad gratiæ incrementum, aut ad reatus remissi obsignationem.*

2. Non valet consequentia; nec probatio, quæ adducitur, satis firma videtur. Efficacia [illegible] Sacramentorum, quâ valent adultis ad gratiæ incrementum, & obsignationem, quod ipsos actu [illegible] [illegible] de reatu remisso, non pendet à promissione speciali, quæ utrisque tam parvulis, tam adultis communis sit; sed partim à naturâ ipsius instituti, quâ aptum est fidem excitare & fovere, ut Chemnitius, [illegible] 4. l. 2. c. 3. §. 43. & alibi sæpe; partim à ratione [illegible], fideique [illegible], cujus beneficio ad hunc finem [illegible] [illegible] illud facultas tribuitur. de quo videri potest Petrus Martyr, *ad Rom.* 4. 11. adde [illegible] [illegible] in [illegible], *ad* [illegible] *Arg.* 1. *[illegible]. membr.* 1. Ejus [illegible] [illegible] [illegible] in infantibus impedimentum est, quo minus Sacramentis ad finem [illegible] [illegible] [illegible]. de quo videndus Reverendus Sarisburiensis *ad Coloss.* 2. 12. [illegible] [illegible] *ad Arg.* 2. *conter.* 3. *membr.* 1. *art.* 1.

3. Si valeret consequentia à gratiæ incremento ad inchoationem ejusdem; gratiam initialem eam potius concluderet, quæ in adultis ex Sacramenti usu augetur. Ea verò peccatorum remissio non est, in ista saltem non [illegible] gradus.

4. Concludi potius sic [illegible] [illegible];

Sacramenta, ex [illegible] [illegible] confessio, gratiam non inchoare, sed confirmare [illegible] [illegible].

Ergò initialis nulla in Baptismo confertur.

Vel; Sacramenta, ex [illegible] [illegible] confessio, ex opere operato gratiam non inchoare.

Ergò in parvulis nullam inchoant.

SAMUELIS WARDI Responsio.

9. *Eucharistia meritum Christi ad incrementum [illegible] Christo arctiorem, arctiorem & firmiorem unionem habitam, & ad totam [illegible] animæ & corpori affert, porrigit, præbet, applicat.*

Ergò, [illegible] Baptismus pariter meritum Christi applicat ad reatum originalis in parvulo [illegible] [illegible] [illegible]; [illegible] [illegible] [illegible] [illegible] aut communionem cum Christo habere potest?

Consequentia patet. Ut enim se habet Eucharistia ad [illegible] communionem arctioris & arctioris & firmioris, & nova [illegible]; ita se habet Baptismus parvulorum ad gratiam [illegible], [illegible] [illegible] [illegible] [illegible] & impedimentum primum [illegible] [illegible] Christum [illegible] & [illegible] [illegible] [illegible] [illegible] parvulo.

THOMÆ GATAKERI Replicatio.

1. *Eucharistia non applicat* cuiquam *meritum Christi ante non applicatum*, sed nec communionem nunc [illegible] habitam exhibet; sed prius habitam amplius provehit.

2. Quo minùs id efficere possit in parvulis baptismus, nihil prohibet, si eo fine illud Sacramentum Deus instituisset. Verùm de hoc quæritur, nec adhuc constare videtur.

3. Sine [illegible] [illegible] à vitio ipso, nulla [illegible] cum Christo unio aut communio habetur. Neque enim nisi Spiritu [illegible] habitur; nec Spiritus Sanctus nisi [illegible] [illegible] & [illegible], [illegible] posse videtur.

4. Non pariter se habet Baptismus quoad infantes, atque Eucharistia quoad adultos fideles, qui fidei opus id præstare possunt, quod infantes nequeunt. Whitakerus, *de Sacr.* q. 1. c. 3. *vol.* 1. *Sacramenta non [illegible] [illegible], ut [illegible] de Christo, sed fidem nostram ad Christum apprehendendum, [illegible] [illegible] [illegible], ut in Christum [illegible] [illegible], ab [illegible] [illegible] [illegible].* Quo & illud Bonaventuræ, *ad* 4. d. 1. q. 2. [illegible] 21. *Medicina corporalis non prodest, nisi [illegible] percipiatur: sic [illegible] est fieri spiritualiter, fidei [illegible] [illegible], ut ex [illegible] [illegible] sacramenta, & [illegible] fides excitatur per exhibitionem signi, ut [illegible] signatum: ac per hoc [illegible] [illegible] ad sacramentum.* Proinde quoad significationem & obsignationem, licet pariter se habeat Baptismus ad gratiam initialem, atque se habet Eucharistia ad auctionem eandem; tamen nec Baptismus ipse idem in parvulis, quod in adultis operatur; nec in illis etiam gratiam illam initialem producit, sed productam jam firmat, corroborat, & provehit.

SAMUELIS WARDI Responsio.

10. *Idem probatur ex Analogiâ sacramentali. Sacramentum enim [illegible] institutum est tam ad exhibitionem quam ad obsignationem rei signatæ. Ut enim aqua & ejus aspersio vel immersio abluit sordes corporis; ita sanguis Christi & ejus aspersio in baptismo abluit reatum originalem. Nam [illegible] analogia, & [illegible] [illegible] [illegible], [illegible] [illegible]. Ut aqua vel aquæ aspersio obsignat ablutionem sordium, ita sanguis Christi & ejus aspersio in baptismo verè obsignat ablu-*

tionem

[illegible] reatus originalis. Ergo etiam res signata in Baptismo *[illegible] est* [illegible] *obsignata, præsertim in parvulis, quæ est ablatio & remissio [illegible].*

Vel aliter sic. *Idem probatur ex analogia Sacramentali, seu similitudine elementi externi ad rem spiritualem, quæ non* [illegible] *ex subjectis* [illegible] *externum elementum,* [illegible] *institutionem divinam. Ut enim aqua vel ejus aspersio vel immersio abluit sordes* [illegible] *sordibus* [illegible]*; sic sanguinis Christi aspersio abluit reatum originalem* [illegible] *Sacramenti, quales sunt parvuli* [illegible] *Baptismum.*

Ergo vi Sacramenti ex institutione divina meritum Christi [illegible] *apprehensum parvulis applicatur.*

THOMÆ GATAKERI Replicatio.

1. Sacramenta non sunt eo fine instituta, ut rem signatam semper actu exhibeant. Vide *ad Arg. 2. num. 7.*

2. *Res signata in Baptismo* est potius interna animæ purificatio per Spiritum Christi, Joan. 3. 5. Ephes. 5. 26. Tit. 3. 5. *Res obsignata* est reatus remissio per sanguinem Christi. Marc. 1. 4. Act. 2. 38. Licet à cruce Christi [illegible] virtus utraque dimanet, & utraque simul juncta sit, 1 Cor. 6. 11. Possunt enim Sacramentorum esse vel alterius signum, [illegible] quemadmodum [illegible] diploma regis [illegible], regisque imagine insignita, est symbolum sive typus personæ ipsius regiæ, est sigillum regiæ donationis; illam repræsentat, illam obsignat. Pari modo in Eucharistiæ Sacramento, panis & poculum, cum [illegible] utraque adhibitum, Christi [illegible] repræsentant, [illegible] Christi [illegible], [illegible] communionem obsignant. De Baptismo [illegible] idem dici poterit; repræsentatur in eo [illegible], obsignatur reatus [illegible]. De Circumcisione Pareus, ad Rom. 4. 11. [illegible] *Circumcisionem signum, ergo significabat, quod* [illegible] *per Spiritum Christi. Erat & sigillum;* [illegible] *justitiam fidei, &c.* De Circumcisione & Baptismo pariter Calvinus, *Instit. l. 4. c. 16. § 4.* [illegible] *Dominum,* [illegible] *&c.* [illegible] *Baptismus est, & signum* [illegible] *gratiæ, & sigillum, quo fœdus obsignatur: sic etiam Cœna,* [illegible] *panis & vini* [illegible] *signum est* [illegible] *communionis; & similiter etiam sigillum est, quo fœdus* [illegible] *justitiæ fidei.*

3. Non videtur justa analogia illa; *Ut aqua abluit sordes, ita sanguis Christi in baptismo abluit reatum.*

Nam, 1. confundere videtur Sacramentum cum re Sacramenti, restringitque ad signum efficaciam sanguinis Christi, [illegible] ut mihi videtur, [illegible] cum significatio (propter [illegible] efficaciam [illegible] Sacramentorum [illegible]) generalior [illegible] sit, hæc scilicet. *Sicut aqua abluit corporis sordes; ita Christi sanguis aspersus* (ubicunque aut quandocunque [illegible] applicetur) *animæ sordes eluit.*

2. Non est [illegible] vera: neque enim sanguis Christi, in baptismo abluit reatum [illegible], (nisi repræsentative & Sacramentaliter [illegible]) [illegible] jam justificatis ad [illegible] accedunt.

4. Nemo, opinor, analogiam hujusmodi [illegible] confirmat, *Ut aqua aspersa obsignat ablutionem sordium, ita sanguis Christi obsignat ablutionem reatus.* Neque enim cum baptismum dicimus [illegible] [illegible] aut sanguinis spiritualis [illegible]. Verum, aqua corporis aspersa ex institutione divina, obsignari dicimus fœdus Dei de reatus remissione. De analogia cum aqua, repræsentationem attendimus, qua Sacramentis [illegible] Augustinus habent similitudinem quandam earum rerum, quarum sunt Sacramenta. Aliud in Sacra Cœna, etiamsi eorum [illegible] obsignentur, [illegible] *mentum, quod ad repræsentandum, requiritur.* Rivetus, *de Sacr. thes. 22. Forma Sacramentorum* [illegible] *& propria est Sacramentalis analogia &* [illegible] *signi ad rem signatam & mutua unius ad alterum relatio: illa in* [illegible] *& similitudine* [illegible]*; hæc in* [illegible] *signi ad rem signatam consistit.* Vide Whitakerum, *de Bapt. q. 1. c. 2.* [illegible] *aqua Christi sanguinem significat; & congruit analogia, nam ut sordes* [illegible] *aqua abluuntur, sic peccata Christi sanguine aspersa.* In Baptismo itaque analogia statuenda, ex altera parte aqua & corporis ablutio [illegible], ex altera Christi sive sanguis, sive spiritus, sive [illegible] [illegible], & ablutio animæ interna: non aqua aspersio obsignans corporis ablutionem, hoc enim esset signum ipsum secum committere, neque Christi sanguis aspersus obsignans reatus solutionem, hoc enim esset rei significatæ, quod est signi tribuere. Sed aqua aspersa, quæ corporis abluit, repræsentans Christi sanguinem aspersum, qui animæ [illegible] expurgat, [illegible], dum exterius purgitur, obsignans fœdus divinum, de peccatorum remissione per Christi sanguinem, [illegible] quibus meritum Christi applicatum fuerit, tum Sacramentum illud percipiant, ubi hoc in ipso peractum fuerit.

SAMUELIS WARDI Responsio.

11. *Sacramentales locutiones docent Sacramenta aliqua meritum* [illegible] *apprehensum applicare.*

Ergo Sacramenta aliqua ex sua institutione sunt, ut meritum Christi [illegible] *apprehensum applicantur.*

Antecedens probatur. [illegible] *locutiones.* Circumcisio est fœdus; Baptismus est lavacrum regenerationis; Baptismus abluit peccata; *docent rem signatam in usu legitimo cum signo* [illegible] *ex institutione divina.* [illegible] *enim dona Dei* [illegible] *rem signatam significat,* [illegible] *significantur* [illegible] *& exhibentur* [illegible], [illegible] *quæ dat, rei signatæ nomine appellat; ut vult Ursinus.*

Ergo res signata sacris beneficium à merito Christi [illegible] *apprehensum,* [illegible] *beneficium in usu legitimo* [illegible] *cum signo ex institutione divina.*

At tale beneficium est ablutio originalis reatus in parvulis, qui [illegible] *baptizantur & baptizantur,* [illegible] *hominis non* [illegible].

Ergo Baptismus parvulis administratus est Sacramentum ex sua institutione, ut meritum Christi [illegible] *apprehensum applicaret,* [illegible].

Vel aliter sic, Sacramentales locutiones [illegible] *cum conjunctam exhibitionem & collationem rei signatæ cum signo in usu legitimo ex institutione Christi.*

Ergo Sacramenta aliqua ex sua institutione sunt, ut meritum Christi [illegible] *apprehensum applicatur.*

Consequentia patet; [illegible] *locutiones* [illegible]*, quæ* [illegible] *exhibitionem rei signatæ cum signo* [illegible] *apprehensam rem signatam, ut* [illegible] *applicetur* [illegible]. Circumcisio est fœdus; Baptismus est lavacrum regenerationis; Baptismus abluit peccata. *Hæc enim* [illegible] *Circumcisionem esse fœdus etiam* [illegible] [illegible] *beneficium fœderis conferre* [illegible] [illegible]*; Et baptismum esse lavacrum regenerationis,* [illegible] *baptismum* [illegible] *est* [illegible]*, & baptismum abluere peccata* [illegible] *est; quales sunt parvuli, qui* [illegible] *sunt, & nunc baptizantur.*

Antecedens patet, quia tales locutiones non [illegible] *in sola & nuda significatione, analogia & repræsentatione;* [illegible] *ut* [illegible] *illa,* Panis est corpus; Panis est communio corporis Christi; *sed* [illegible] *in collatione rei signatæ cum signo* [illegible] *ex institutione Christi.*

THOMÆ GATAKERI Replicatio.

1. *Signa, rem signatam* [illegible]*,* [illegible] *sæpius est,* [illegible] *obsignata exhibent.* Verùm alia

actu exhibeant [illegible], sive eo ipso tempore [illegible], seu obsignatae, sive obligationem designatam & firmatam, qua obligatio ipsa sigillo affixo [illegible] peragitur. [illegible] est aut necessarium, aut pri[illegible] sigilli officium. Pacto sive foederi sigillum adjungitur, pactique formam respicit; nec amplius aut ulterius [illegible] esse, nisi quam [illegible] exhibendam [illegible] quam [illegible]. Chamierus, tom. 4. l. 2. c. 9. §. 13. Consentiunt, Sacramenta esse signa exhibentia id quod significant. Quid autem est exhibere promissionem praedentem, nisi eandem [illegible] confirmare, ut [illegible] etiam fide verbis [illegible]? Est enim ea sigillorum natura, ut quae diplomata [illegible] [illegible] sunt, fiant efficacia, firmioremque efficaciam [illegible]. Idem, ibidem c. 5. §. 42. Significant est certe reddere tantum significando, non etiam efficiendo, patet de Iride, Gen. 9. de [illegible], Esai. 38. [illegible] generale [illegible] est [illegible] signata [illegible] promissionibus. Ibidem cap. 9. §. 5. Omne sigillum est signum. Omne Sacramentum est sigillum. Ergo omne Sacramentum est signum. Aliter habetur in Rom. 4. 11. ubi [illegible] ponderanda, qua illud signaculum [illegible] exprimit [illegible] da circumcisionis, [illegible] [illegible]. [illegible] §. 6. [illegible] Thomas, [illegible], Circumcisionem non fuisse [illegible], sed signum justitiae. Et mox; [illegible] signaculum [illegible], quod signat. Ita Sacramenta sunt signacula gratiae. Ergo nulla Sacramenta efficiunt ipsam gratiam. Ibidem c. 5. §. 17. de circumcisione; Conferebatur circumcisio etiam legitime, non [illegible] & tamen significabat tantum. i. e. non operabatur in anima sanctificationem [illegible], sed tantum significabat. Et de Baptismo, ibidem c. 7. §. 23. Baptismum sanctificationem non efficit eodem momento in infantibus, [illegible] est [illegible]. — sed in eo sanctificationis efficacia differtur in id tempus, cum acceperint usum liberi arbitrii. Augustinus de bapt. cont. Donat. lib. 4. cap. 24. In baptizatis infantibus praecedit regenerationis sacramentum, & si Christianam pietatem [illegible], sequitur etiam in corde conversio, cujus mysterium praecessit in corpore. Bucerus, ad Rom. 6. de Bapt. p. 348. Hoc est ingenium nostrum, ut cum res insensibiles vel [illegible], vel exhibemus [illegible], faciamus id sensibilibus signis. — [illegible] apud omnes gentes videmus observari in [illegible] magni momenti contractibus. Ad hunc modum jungimus foedera, inauguramus principes, contrahuntur matrimonia, perficiuntur venditiones. [illegible] [illegible] ad hunc usum Symbolorum attinet, quo [illegible] nostro [illegible] Deus, [illegible] foedus, quod nobiscum init. & [illegible] fidem nostram [illegible] [illegible], quod [illegible] [illegible], [illegible] peccata nostra condonet, [illegible] fidem hujus condonationis [illegible] [illegible] & excitatur. In eandem sententiam multa etiam habet ad Rom. 3. p. 149. Whitakerus, de Sacr. q. 4. c. 2. ad class. 6. Dicit Bellarminus signa esse duplicia, quaedam tantum significantia & theorica, quaedam efficientia & practica, quae praeterquam quod significant aliquid, efficaciam etiam aliquam habent, ut sigillum. [illegible] Sacramenta esse posterioris generis signa. Sed ab [illegible] [illegible]. Nos enim fatemur, Sacramenta non tantum significare, sed & efficere quod significant docemus; & esse signa talia, qualia sigilla sunt, sicut Apostolus Circumcisionem vocat sigillum justitiae fidei. Efficere [illegible] obsignando confirmandoque verbum illud promissionis, cui adjunguntur, uti supra Chamierus.

1. Locutiones Sacramentales, in quibus [illegible] quod [illegible];

1. Circumcisionem esse foedus, qua ratione dicitur [illegible] [illegible] ipse [illegible] foederis auctor. [illegible] & [illegible] ipsius [illegible], quia signum sit foederis, Gen. 17. 11. Sed & sigillum, uti clarius [illegible] Apostolus, Rom. 4. 11. Consentiunt multi. Calvinus, in Gen. 17. Sicut alia foedera non modo in publicas tabulas referebantur, sed in aes incisa, vel in lapidibus inscripta solebant, quo magis rata & celebris esset eorum memoria: ita nunc Deus in carne Abrahae foedus suum inscripsit. Fuit autem circumcisio quasi solenne monumentum ejus adoptionis, qua genus Abrahae electum fuerat in peculiarem Dei populum. Et mox, Denominat foedus notam, more Symboli genere obsignat. Et rursus; Cum foedus Dei a Mose vocatur circumcisio, inde colligimus [illegible] in ea fuisse promissionem gratiae. — quod foedus ratum aliter non est, quam dum ille respondet fides, atque id commune est omnibus sacramentis, ut verbum Dei annexum habeant — nihil aliud est Sacramentum, quam verbum visibile, vel sculptura & effigies gratiae Dei, quam verbum melius illustret. Whitakerus, de Sacram. q. 2. c. 4. ad 1mo resp. 1. Circumcisio vocatur foedus, quia non nisi signum foederis divini fuit. Et mox; Sic baptismus vocari potest [illegible], i. e. renascentia, seu regeneratio. Zwinglius, [illegible] de pecc. orig. fol. 120. Primo videmus hic pactum, sive testamentum appellari symbolum testamenti, circumcisionem. 2. videmus idem signum vocari signum foederis, quod jamjam pactum appellatum erat. 3. est signum ejus foederis, quod erat inter Deum & Abrahamum. ergo infantes [illegible] in foedere, dabatur eorum signum, ut esset indicium, eos perinde esse in foedere atque Abrahamum. Denique [illegible] [illegible], de Eccles. l. 7. §. 6. Circumcisio non fuit foedus cum Deo, sed foedus obsignat. Vatablus & Musculus in Gen. 17. part. 2. observ. 3. §. 4. & Procopius Gaz. in Gen. 17. infra ad sect. 9. 23. resp. 3. Optime Petrus Martyr, in Rom. 4. [illegible] [illegible] [illegible], ex quo brevius, & [illegible] explicata natura Sacramentorum proponitur, quam his Pauli verbis [illegible] circumcisio appellatur signaculum. Et mox; Nos [illegible] in Sacramentis [illegible] [illegible] negamus, sed [illegible] & firmamus eorum significationem in hoc ponimus quod obsignent nobis Dei dona & promissiones, [illegible] fide apprehendendas. Pareus ad Rom. 4. 11. Omnia Sacramenta significant & obsignant justitiam fidei per sanguinem & Spiritum Christi. Et mox; Observandum igitur non est, significare & obsignare gratiam, esse de Sacramentorum forma [illegible], unde praecipuus eorum effectus [illegible], atque hoc est, quod dicitur, Sacramentis principale fine esse fidem confirmare.

1. Nec abnuerim tamen etiam aliud quoddam pactum, sive foedus circumcisionem dici posse, quo nimirum de ipsa quoque circumcisione observanda icta est inter Deum Abrahamque cum semine ipsius stipulatio. Duplex enim pactum unum videtur: generale unum de adsciscendo Abraham cum posteris ejus in populum Deo peculiarem; alterum de ritu isto deinceps ab eis observando, quo pactum prius illud obsignatum. id quod pactum circumcisionis Stephanus dixit, Act. 7. 8. i. e. pactum de circumcisione observanda. [illegible] locum illum exponere, cum [illegible] [illegible], theol. pag. 578. [illegible] [illegible] [illegible], dato [illegible] [illegible] [illegible] praeceptum, quod [illegible] faciunt, i. e. non [illegible], qui circumcisionem [illegible], quam [illegible], foedus gratiae, quod in circumcisione obsignari. Vorbat de hoc vide & Paulum Fagium in Gen. 17. sap. ad Arg. 2. [illegible] [illegible].

2. Baptismum dici lavacrum regenerationis, ab Apostolo, [illegible], ut ad Tit. 3. 5.

Ad 2. dubitari potest non immerito, baptismusne Sacramentum, an internam ablutionem, hoc in loco designetur. Atque ego certe, etiamsi ad baptismi internum externum respectum aliquem haberi nullus negaverim, de interna tamen ablutione diserte dictum existimem, quae interna illa corporis lotione designatur: ut ex clausula [illegible] sequentia verba illa exponantur. Ita Piscator: Ad [illegible] [illegible], [illegible] [illegible], i. e. per regenerationem & renovationem sp. s. tanquam per lavacrum. Similis phrasis est in illo, Rom. 4. 11. Et accepit signum circumcisionis, i. e. accepit circumcisionem tanquam signum. Idemque, Thes. theolog. vol. 1. loc. 23. §. 20. Per lavacrum regenerationis non videtur Apostolus significare baptismum, sed ipsam regenerationem, quam lavacro comparat. Quo & Sch[illegible]rus noster, in Rom. 2. 23. Dubium est, utrum Tit. 3. 5. aliter sermo fiat de Sacramento, an vero de Spiritus dono. Whitakerus, de bapt. q. 2. cap. 3. Regenerationem

per

per fidem. & sacramentum regenerationis est baptismus. Qui autem externum baptismum regenerationem esse dixerit? externus baptismus non nisi ablutio est in aqua. at regeneratio est interna quædam gratia, atque invisibilis.

3. [illegible], de baptismo ipso [illegible] ac [illegible].

1. Non hinc tamen colligendum, inter baptismi sacramentum percipientem aliter non signum obsignationem exhiberi, quam sigilli ratio postulat. Whitakerus, de Sacram. q. 4. c. 2. ad 3. resp. 1. Aqua in baptismo est sacramentum regenerationis & renovationis nostræ; & sic aqua renascimur, sed sacramentaliter tantum, quia aqua significat & obsignat internam nostram nativitatem, quam à nobis Spiritus operatur. Vide & eundem sup. [illegible] 1. sed & adv. [illegible] 2. [illegible] 2. Mart. [illegible] in Gen. 17. p. 70. Nam hic sunt universales propositiones admittendæ, tam de circumcisione, tum de baptismo, ut dicamus, Omnis qui ista symbola recipit, regeneratur. Et paulo ante; [illegible] non [illegible] illum, etsi [illegible], aut retulisse ex vi [illegible], sive ex opere operato, regenerationem afferre. Malcolmus ad Act. 7. 8. Vocatur Circumcisio [illegible] Gen. 17. quod sit signum fœderis, & sigillum ejus justitiæ, quæ est fidei, Rom. 4. Phrasis Scripturæ notanda de Sacramentis: sæpe tribuitur rei significatæ appellatio signo; ut Tit. 3. baptismus dicitur regeneratio, cum sit signum regenerationis nostræ. Davenant, adv. Bellar. tom. [illegible] c. 14. ad arg. 2. Quod Bellarminus primarium atque [illegible] sive efficacissimum vocat. Sacra Scriptura [illegible] verba sacramentorum esse instrumenta & causas nostræ justificationis, non autem obsignationes Dei promissionum. Ergo Sacramenta efficiunt in nobis justificationem. ait enim Scriptura nos per baptismum nasci, Joan. 3. 5. Ecclesiam per eum purgari, Eph. 5. 26. Baptismum esse lavacrum regenerationis, Tit. 3. 5. qui manducat carnem Christi, vivet in æternum, Joan. 6. 58. Respondeo: Instrumenta & signa, etiam mere obsignantia & testantia, dicuntur per tropum & metonymiam id facere quod obsignant. nam & [illegible], ubi solum est signum [illegible], dicitur [illegible] & obligare [illegible], [illegible] instrumentum, quod [illegible] signum, [illegible] contractionem, [illegible] & [illegible] N. [illegible]. Qui [illegible], efficere ea ipsa dicuntur, propter [illegible] in [illegible], in quibus ab eis [illegible]. [illegible] est [illegible], [illegible], vel signis, vel instrumentis [illegible] tribuunt, [illegible]; ut [illegible] signa, vel instrumenta esse causas [illegible], vel effectus, vel fructus [illegible]. [illegible] autem, aut efficere dicuntur, illa efficere, sive tantum modo, [illegible] per modum [illegible] signi, quatenus obsignant & [illegible] eam [illegible] vel [illegible], sive per modum instrumenti, quatenus ad [illegible] adhibentur. Multum enim signa & vera instrumenta inter se propriè differunt. [illegible] verò nihil [illegible] ad [illegible] conferunt, quia sunt Sacramenta; sed efficaciam Sp. S. & opus illius in nobis, [illegible] & [illegible] testantur & consignant; [illegible], [illegible] ad [illegible]. Quod à Theologis [illegible] est, & [illegible] nihil abest. [illegible] enim [illegible], quæ [illegible] Tit. 3. Eph. 5. de mundatione aquæ per verbum, & lavacro regenerationis, [illegible], non intelligunt [illegible] esse, i. e. [illegible], vel [illegible], ut [illegible] solet; [illegible], quæ illa significant [illegible].

2. [illegible], eo ipso temporis momento, quo baptismus administratur, exhibere eam signatam; ex hac phrasi non constare, certissimum videtur.

Nam 1. [illegible] alloquitur Apostolus, sive vere fideles, sive [illegible] ad [illegible], [illegible] baptizandum ut gratia collata est. Siquidem enim fideles fuerunt, nihil quod ipsos efficiebat [illegible] fideles, non poterat eis regenerationem baptismus conferre gratiam. [illegible] regenerati [illegible] qui poterant? Reverendus Episcopus Sarisburiensis Epist. part. poster. propos. 2. memb. 2. Non recipit idem

A subjectum plures accidentis ejusdem species. Thomas, summ. part. 3. quæst. 66. art. 9. Unde non est nisi una generatio, & ideo non potest baptismus iterari; sicut nec carnalis generatio. Et Augustinus dicit super illud Joan. 3. Numquid potest in ventrem matris suæ iterum introire & renasci? Sic tu, inquit, intellige nativitatem spiritus, quomodo intellexit Nicodemus nativitatem carnis. Eadem habet & Tilenus, syntag. part. post. disp. 60. thes. 43. Qui & Augustinus, loco citato, in Joan. tract. 11. & in Prosperi sent. 331. Ipsæ duæ nativitates singulæ sunt; nec illa potest repeti, nec illa. quomodo uterus non potest

B repeti, sic nec baptismus. ut Adamus non potest bis generare, sic nec Christus. Et Walæus, de bapt. thes. 31. Sicut semel tantum nascimur; ita semel renascimur. Vide etiam sect. 2. ad Num. 3. memb. 2. resp. 3. resp. 1.

Si baptismus itaque lavacrum regenerationis verè hisce dici possit [illegible], quibus ille tamen regenerationem non contulerat, sed jam collatam obsignabat, vel confirmandam etiam ubi vera fide [illegible] [illegible]; [illegible] patet ex hac enunciatione concludi, gratiam ipsam signatam in baptismo, etiam tum cum participabatur necessariò tribui. Whitakerus, de Sacr. q. 4. cap. 2.

C ad Bellar. rat. 1. Sacramenta vere justificant [illegible] efficiendi sanctitatem. Si hoc sit vere justificare, (quod non est) efficere sanctitatem, tamen ipsi suscipiunt sacramenta, antea justi. i. e. sancti non sunt ut justi & sancti (de peractis [illegible]) fiunt, antequam ad sacramenta admittantur: nam in adultis sanctitas anteà requiritur, ubi fides requiritur, & fidem semper sanctitas sequitur: ipsa enim fides sanctitas est, & sanctos efficit, qui eo præditi sunt. Quod Philippus [illegible]; hoc semper adhibendum est in baptismo adultorum, [illegible], priusquam baptizentur.

2. Negant nostrum plerique, qui seniores fidem habentur, in baptismo infantium regenerationem illam

D ipsam, de qua hoc loco Apostolus (neque [illegible] dicunt) [illegible] baptismum communicari. Reverendus Episcopus Sarisburiensis propos. 2. memb. 2. [illegible]; regenerationem illam, quam in baptismo [illegible] effici opinantur, non esse eam novæ creaturæ & spiritualis renascentiæ ejusdem speciei. Calvinus Instit. l. 4. cap. 16. §. 20. Verè circumcidebantur infantes, in naturæ suæ corruptæ mortificationem, quam adulti postea meditarentur. — baptizantur in futuram fidem & pœnitentiam. Et §. 21. Quos electione sua dignatus est Dominus, si accepto regenerationis signo, præsenti vita ante decedunt, quam adolevissent,

E [illegible] Spiritus sui [illegible] renovat, quomodo ipse solus providet expedire. Beza, ad Act. collat. Mompelg. pag. 121. Nec enim baptismi efficaciam ad id momentum restringimus, quo praestatur. [illegible] Christi beneficium ut eo ablui [illegible] ipsam præcedere, interdum subsequi affirmamus, ut in iis, qui fidem non habent, sed suo tempore habebunt, quam profitentur cum baptizantur. — Infantes, putamus, absurdum esse dicere, renovari, ut vel eo ipso tempore quo baptizantur, vel etiam ante non

F modo nomina [illegible], vel [illegible] & per fidem apprehensi Christi [illegible], [illegible] hominis, non sunt homines. Ibidem pag. 101. Ad infantes quidem quod attinet in Ecclesia natos & divinitus electos, (confitendi non temere dicunt [illegible]) & quosdam ipsos [illegible] nati fuerint, [illegible], fœdere [illegible] Dei promissione fretus, [illegible] sinus Christi, [illegible] de [illegible] qui aliter [illegible], nisi [illegible] possumus, quam hic [illegible] regenerari, cum vera fide nec audito Dominum? nisi [illegible] extraordinarium [illegible] aliis [illegible] sua [illegible] hoc vero tempus quo [illegible]

G Ibidem p. 102. [illegible] & adolescunt, idem & aliud [illegible], [illegible] non esse ad baptismum, sive in infantia, sive in adolescentia, [illegible] restringendum; sed ab eo divino tempore, quo [illegible] fide [illegible] Christum apprehenderunt. Et pag. 100. Quem [illegible] infantem, adolescentis ætate factum Christianum, nisi verbo, quod ante generabat, & quod nec caro nec sanguis dicit, adductum? Whitakerus, de bapt. q. 4. c. 6. Augustinus ait, in infantibus præcedere sacramentum regenerationis [illegible], & [illegible] Christianorum [illegible] [illegible] infundi eam gratiam in baptismo, qua infantes justificantur, procedere enim ait Sacramentum regenerationis, quod hoc est, [illegible], [illegible] baptizantur, non nisi Sacramentum regenerationis [illegible]? [illegible] justitiam [illegible]. Ibidem p. 291. [illegible] gratiam in baptismo, [illegible] esse, [illegible] docet, [illegible] [illegible], post Sacramento [illegible] gratiam infusam. Idem, de Sacr. 3. 1. c. 2. vol. 4. [illegible] in [illegible] fidem & poenitentiam & [illegible] baptizantur. Et quae [illegible] ex Calvino. Et, de bapt. [illegible] c. 5. Si pater baptizatus [illegible] ad Turcas aut paganos, ubi de Christo nihil audiret, [illegible], etiam [illegible] impedimenta, quia [illegible] habitum habuisse, nam si habuisset, [illegible] verum, ut fidei [illegible] aliquem fidei actum in illo habitu [illegible]. Amesius, adv. Bell. tom. 3. disp. 14. q. 3. thes. 2. Bellarminum, Infantes non justificantur sine ulla fide. Pocco[illegible] [illegible] hoc est, si intelligatur de gratia illa, [illegible] est principium fidei, & eandem relationem ad Deum in Christo constituit cum fide actuali. Idem, thes. 2. §. 1. Omnibus baptizatis [illegible] esse infundi, experientia [illegible], quia Christianorum [illegible] [illegible] ut [illegible] alium nullum [illegible] aut dispositionem [illegible] ad fidei actum, quam [illegible]. Et, §. 3. Deum tamen [illegible], dum baptizantur, [illegible] principium gratiae infundere non negamus. §. 4. Verum potest Deus, vel ante, vel post baptismum gratiam eandem [illegible]. His autem ego [illegible] [illegible].

3. Baptismum abluere peccata, ut Act. 22. 16. quid [illegible];

1. Possim cum Chamiero, tom. 4. l. 2. c. 3. §. 13. [illegible]. Non esse [illegible], [illegible] baptismo [illegible] [illegible] remissionem peccatorum. Tria sunt, inquit, [illegible], & baptizare, & ablui peccata tua. [illegible] baptismo, remissio [illegible] [illegible] baptismo [illegible] baptizandi, [illegible] necessario. [illegible] [illegible] consequentia: & hic phrasis [illegible] [illegible], quod [illegible] [illegible] vim tribuere, [illegible] baptismum.

2. Sed respondeat Whitakerus, de Sacr. q. 4. c. 2. ad 4tum, Tribuitur baptismo ablutio & remissio peccatorum, [illegible] vi ipsius baptismi, sed quia baptismus est signum remissionis peccatorum, & quia baptismo obsignatur nobis remissio peccatorum, ideo in baptismo [illegible] [illegible] peccata. Ex [illegible] [illegible] [illegible] est, [illegible] [illegible], quod [illegible] [illegible]. Calvinum [illegible], ad Act. 22. Quoniam [illegible] adjungit baptismum [illegible] remissionem peccatorum [illegible], ex solo Christi sanguine, [illegible] [illegible]. [illegible], [illegible] causam designat, sed ad [illegible] Pauli [illegible], ut symbolo accepto, peccata sua expiata esse, [illegible]. — Jam enim remissa erant Paulo peccata, non quia baptismo demum ablata est, sed [illegible] gratia, quam adeptus erat, [illegible] accepit. Malcolmus, [illegible] eandem. Ut hoc Sacramento [illegible] [illegible], [illegible] sanguinis Christi [illegible] [illegible]. [illegible], thes. Theolog. vol. 2. loc. 23. §. 13. Non quod [illegible] esset, ut baptismum [illegible] ipsum peccata, [illegible] nisi sanguine Christi [illegible] possunt; sed quod baptismus et [illegible] esset divinum & infallibile testimonium, quod peccata ipsi remissa essent, propter Christum, in quem crederet, [illegible]. Petrus denique Mart. c. ad 1 Reg. 8. [illegible] Scriptura divina remissionem peccatorum & salutem [illegible] tribuere videatur, id per metonymiam [illegible], qua signis ea [illegible] quae sunt rerum significatarum, & [illegible] symbolorum [illegible]. [illegible] Petrus Ep. 1. c. 3. [illegible] [illegible] per aquam servatam, ad baptismum alludens, Verum per aquam non externam [illegible], sed eam [illegible], quae [illegible] Christi [illegible] [illegible] baptizatum comprehendit: quod ipse postea manifeste declarat, cum ait, Non qua deponuntur sordes carnis, &c. Videri possunt quoque Fulco & Cartwright, uterque, adv. Rhemens. in locum.

3. Quod phrases istae fundari dicuntur, non in nuda vel significatione, vel obsignatione, sed in exhibitione [illegible] rei signatae, sicut & illa, Panis est corpus, Panis est communio corporis Christi;

1. Sufficit ad phrases istiusmodi verificandas, quod res signatae symbolis designentur & obsignentur, quod & superius satis demonstratum videmus. Petrus Martyr, ad Rom. 4. 11. pag. 114. Hic locus apertissime declarat, quod & Augustinus tradiderit ad Bonifacium, Sacramenta habere nomina rerum quas significant. [illegible] probavit [illegible], [illegible] Eucharistiam [illegible] [illegible], quod eam appellamus corpus Christi, cum sit [illegible] Sacramentum: & nos docemus, panem in sacris mysteriis [illegible] esse corpus Christi, quia sit illius signum. [illegible] [illegible] [illegible], sed [illegible] [illegible] in Libro Genesis, Circumcisionem foedus Domini appellari, quae nihil est aliud, quam promissio justitiae & condonationis peccatorum per Christum. Atque hoc foedus Dominus jussit ut Judaei gestarent in carne sua. Ad nos Paulus [illegible] [illegible] signum ejus, [illegible], [illegible], & [illegible]. Quod apparet [illegible] [illegible] ab Apostolo [illegible], & [illegible], [illegible] [illegible] Apostolicis [illegible]. Videatur & Calvinus, Instit. l. 4. c. 17. §. 21.

2. Non negatur etiam collationis, sive exhibitionis rationem insuper haberi; [illegible], quae sigillis competit, quo [illegible] respondeat, utque ad tempus [illegible] ipsius etiam [illegible] administrati non necessario semper restringitur. Davenant, adv. Bell. tom. 1. l. 2. [illegible], [illegible] Act. 2. 38. & 22. 16. Remissio peccatorum sacramentalis, [illegible], tribuitur baptismo. Est enim baptismus remissionis peccatorum, & [illegible] poenitentiae, sigillum, signum, & Sacramentum, fide suscipiendi. [illegible] in [illegible] significatione harum rerum. Accipere remissionem peccatorum. Accipimus enim eam à Deo, tanquam à [illegible]; accipimus à [illegible], ut à ministro; accipimus à Baptismo, tanquam à sacro signo illius & sigillo, [illegible] [illegible] gratiae [illegible], [illegible] accipit à Rege, [illegible] [illegible] gratia [illegible]; [illegible] [illegible]; accipit a Cancellario regio, [illegible] [illegible] Principis beneficia. Idem, Ibidem ad l. 4. [illegible] S. eadem ratione Sacramentorum signum, ut fides, [illegible] illa dicuntur nos salvos facere, Luc. 7. 1 Petri 3. justificare & sanctificare, Act. 15. Eph. 5. Tit. 3. Rom. 5. [illegible] justificat, sanctificat, [illegible]; [illegible] Sacramentum nos justificare & sanctificare [illegible], [illegible]. [illegible], ista justificare, sanctificare, salvare, & Deo [illegible], [illegible] efficienti; & Christo, [illegible]; & fidei, [illegible]; & baptismo, [illegible] [illegible]. [illegible], [illegible] [illegible] [illegible]; [illegible], [illegible], [illegible] [illegible] [illegible] & Cancellaria regia, [illegible] [illegible], [illegible] [illegible] illius beneficii.

4. Quod ad formulas illas, Panis est corpus, &c., communio corporis Christi;

Respondeo, de priore, 1. Quod panis corpus dicitur, in hoc fundatur, quod corporis sit typus, typos autem de archetypo, locutione licet impropria, praedicari solenne sit.

2. Panis iste in Eucharistia traditur, non alia ratione corpus Christi nobis confert & exhibet, nisi quatenus obsignat nobis [illegible] [illegible] Christum [illegible]. Hanc est [illegible] Sacramentorum propria, nec id quisquam [illegible], [illegible] [illegible] corporis [illegible].

De posteriore, 1. Quod panis communio dicitur corporis Christi, 1 Cor. 10. 16. [illegible] [illegible] nostrum [illegible], Panis nonne communio corporis Christi est? i. e. [illegible] [illegible] [illegible] [illegible] illa panis [illegible].

[illegible], est communio participatio mortis Christi? i. e. externum & sensibile signum internæ & spiritualis nostræ participationis Christi, qua in mortis conformitate designamur, & alii præparamur, non verò sola Christi participes fieri? Et de parvulis adhuc clarius. Quid igitur? an putabo [illegible] conferre Christum? [illegible] hinc constituitur & consistit internum solum, qui Christum habemus participationem magis [illegible]. Ergo parvulis non est participatio Christi, sed externum signum internæ participationis, vel externo [illegible], qui [illegible], nec cum [illegible] Christi participes jam prius factos esse. Petrus Martyr, in 2 Reg. 8. [illegible] ad complectendum est, signa externa [illegible] Christo, sed [illegible] non [illegible], sed jam [illegible] & [illegible], non prius ex bonis [illegible]. Et sicut enim Abrahamo [illegible] est, prius credidit, & imputatum est illi ad justitiam: deinde Circumcisionem accepit [illegible] justitiæ fidei, qui [illegible] in præputio: [illegible] Deus [illegible]; sed ex fonte est justificationem. [illegible] ad Galatas inquit, Quotquot baptizati estis, Christum induistis; ita respondeam [illegible], ut si [illegible], induere Christum, pro eo quod est, [illegible] fieri, baptismum id antecedit. [illegible] Dei [illegible], id post baptismum acceptum [illegible]. — Et si quis objecerit, in 1 Cor. 12. haberi, nos esse baptizatos in unum corpus, id non sic exponendum est, quod per externum baptismum in corpus Christi primùm transferamur, cùm prius in corpore Christi fuerimus, [illegible] & [illegible] baptizamur, & [illegible] est, per Spiritum [illegible] baptizati. [illegible] Spiritus Sancti opera, [illegible] Christi, deinde baptismo adjungitur. [illegible], ad Art. 6. [illegible]. Participationem verò panis sacramentalis, non esse causam, sed signum [illegible] fidelium [illegible]. — Sancta Cœna non [illegible]; sed Spiritus Sanctus in Christo id facit. 1 Cor. 12. 13. 1 Joan. 1. 3. [illegible] verò Domini Carnem & panis [illegible] (qui fideles sumus) [illegible], [illegible] & [illegible], [illegible] & [illegible], [illegible].

2. Quod [illegible] hoc pacto cum Christo communionem [illegible], id non simpliciter ex Sacramentali [illegible] efficacia [illegible], sed ex fidei operis exercitio, quod in parvulis non habetur.

3. Quod dicitur, formalem [illegible]. Circumcisio est fœdus, [illegible]. Circumcisionem esse fœdus etiam [illegible], tum circumciditur, i. e. beneficia fœderis conferre [illegible], cum circumciditur;

1. Inde fœderi contribuebantur nondum circumcisi; alioqui nec circumcidendus, qui circumcidebatur, prius quam circumcideretur. Ideò autem circumcidebantur, non [illegible] ad fœdus haberetur, sed [illegible] ad fœdus jam habitum sibi [illegible]. Ita, de baptismo Whitakerus, 1. 4. c. 3. Non baptizantur infantes, ut fiant sancti; sed, qui sancti sunt, ideo baptizantur. [illegible]. De utroque [illegible], cum Baptismi, tum Circumcisionis, Martyr, ad Gen. 17. [illegible], pueros [illegible] Christianorum, in fœdere Domini nasci, & [illegible] baptizandos, ut illi [illegible] circumcidendi. [illegible] de statu infantium [illegible] verba fecerunt; Jam cum nascuntur ex fidelibus, ad Deum pertinent, [illegible] & [illegible], [illegible] manifestum, [illegible] circumcidi, sed [illegible] à Deo, [illegible] ad illum pertinerent. Id quod ex Christianorum [illegible], [illegible] à [illegible] hominis [illegible], [illegible], ubi [illegible], [illegible] esse [illegible]. Pareus, ad Rom. 4. dub. 5. [illegible] infantes comprehensi sunt fœdere Dei in parentibus, juxta promissionem: Ero Deus tuus, & seminis tui. Sunt ergo confœderati Dei. [illegible] nunc est baptismus; [illegible], [illegible] baptismus [illegible] ordinatione successit. Vide Zuinglium supra adductum. De Circumcisione denique clarissimè Calvinus, Instit. l. 4. c. 16. [illegible]. Nec Dominus, cum Abrahamum [illegible], à [illegible] sancti [illegible], verbum [illegible] cum eo fœdus [illegible] post [illegible] promissionem [illegible], Sacramenti factus particeps. Cur in Abrahamo fidem Sacramentum sequitur, in Isaaco [illegible] præcedit? [illegible], qui adultæ [illegible] ætatis in fœderis [illegible], quo fuerat hactenus alienus, [illegible] anteà [illegible] est: infantem verò ex eo progenitum non item, qui hæreditario jure à matris utero in fœdere continebatur. & quæ sequuntur. Idemque de Baptismo, Epist. 229. Si quis baptismum illis (fidelium infantibus) neget, [illegible] est responsio, jam esse ex grege Christi & ex Dei familia, quoniam fœdus salutis, quod Deus cum fidelibus pepigit, filiis etiam commune est, [illegible] verba sonant: Ero Deus tuus, & seminis tui. [illegible] hac promissione, [illegible] liberos [illegible], [illegible] illis baptismum conferri, certum est.

6. Baptismum partim esse regenerationis lavacrum, & peccata abluere infanti nondum regenito, & adhuc libero, quod dicimus;

[illegible] supra [illegible] videntur;

1. Nec hæc in Baptismi ipsius momento [illegible], [illegible], [illegible]; sed, tum prius [illegible], [illegible] tantùm in illis, de quibus [illegible].

2. Nec illa, [illegible] sententià, in Baptismo [illegible] ipso infantibus conferri ex lege ordinariâ. [illegible] de formula baptizandi usus est, ad Art. Collog. Mompelg. Argum. 1. & 3. de Bapt. p. 115. [illegible], significatione mundari Ecclesiam aquâ; [illegible] baptismo Spiritus, directe; Contrarium autem, inquit, dogma in scholis [illegible] est, qui ut [illegible], confirmant, ut loquuntur, [illegible] gratiæ, [illegible] Deo, instrumentalem autem [illegible]? [illegible], in [illegible], [illegible], [illegible] sententia; [illegible] in signis [illegible], quod est solius Spiritus Sancti opus; sed ut [illegible] & [illegible] commendarent, [illegible] de signis [illegible], in quibus [illegible] divina [illegible], [illegible], [illegible], ut [illegible] volunt, instrumentalis, [illegible]. [illegible] panem, quem frangimus, [illegible], corporis Christi, & calicem, quem bibimus, sanguinis Christi, [illegible]. Sic baptismum [illegible] vocat lavacrum regenerationis. — Et [illegible] ipsi, & Patres etiam qui fuerunt, cum Christus ipse, ut sacramentalem significationem [illegible] esse ostenderet, [illegible] pani, & illi vino, ipsius sui corporis & sanguinis appellationes tribuerit?

SAMUELIS WARDI Responsio.

12. Denique certissimum est, efficaciam spiritualem Sacramentis à Deo institutis in [illegible] usu [illegible]. [illegible] igitur absque [illegible] in baptismo infantium, [illegible] efficere in infantibus quæ signat. Confert ergò baptismus remissionem peccati infantibus applicando meritum Christi.

[illegible] non potest ex parte [illegible], sed nec ex parte administrantis, [illegible] Dei voluntatem baptizari parvulos [illegible], [illegible]. [illegible] Calvinus passim docet, Sacramenta non esse [illegible] & [illegible] signa [illegible], sed Deum [illegible] præstare illud, quod in Sacramentis promittit & figurat. [illegible] ad parvulos fidelium, quam ad ipsos fideles pertinet.

[illegible] igitur, [illegible] baptismum in [illegible] parvulorum, [illegible] divina efficere in infantibus quod repræsentat & significat.

Ergò baptizatur in illis [illegible].

THO-

THOMÆ GATAKERI Replicatio.

1. *Efficatiae quidem Sacramentis à Deo tributae in ipso baptismo* [illegible]. Verum hanc esse baptismi sacramento à Deo tributam efficaciam, ut parvulo adhibitum, Christi meritum tandem applicatum applicet ad remissionem reatus originalis, imo ad ea omnia quae figurat, in parvulo efficienda; id verò probandum adhuc superesse videtur, nec (ut ipse reor) unquam probabitur.

2. Calvinum quod attinet, *[illegible] verò posuit, non esse nuda & inania signa gratiae sacramenta*, quod certè pius quisquam, vel id ipse unquam dixerit, vel sine horrore ab alio prolatum ad aures suas admiserit. Sed neque, qui foederis divini verè obsignatoria affirmarit, & ex animo [illegible] fuerit, hoc unquam se [illegible] obstricturum; nec ideò *nuda & inania signa* haberi debere, si non id perpetuò & praesentaneè, quod obsignant, [illegible] exhibeant praestentque; nisi hunc Baptismum in jam renatis & justificatis esse [illegible] qui dixerit, vel in eis etiam [illegible], qui postquam tincti fuerint, deinceps suo tempore regenerati fuerint. Certè sic Calvinus, *ad Act. 3. 38. Quanquam Baptismus non est inanis figura, sed verum & efficax testimonium*, cum tamen hunc dixisset, *nihil est aliud, quam lavacrum, quo per Christum consequimur, obsignatio*. Idem, ad Act. 7. 8. evidenter concludit, *Sacramenta, non esse inanes figuras: quia Deus, qui verax est, nihil alio figurat, quod non praestet*, tamen idem, *Judam tamen propriam fuisse*, ostendit, *si ut externo symbolo foederis sui insignitus fuisset, cum prius Abraham vocatus sit. & promissa ejus seminis redemptio ac terra, quam circumciderentur, & tamen ei tradita fuerit Circumcisio, ut gratiae symbolum*, (non certum, nam & hoc videtur) *esset, cum tamen ordine & tempore adeptus praecesserit.* Idem, Instit. l. 4. c. 14. §. 18. *Deus cum Adae & Evae arborem vitae in arrhabonem immortalitatis dedit, ut eam securè sibi promitterent, quamdiu ederent ex illius fructu; & cum coelestem arcum Noa & ejus posteris in monumentum statuit, posthac se diluvio non dissipaturum terram: hoc Adam & Noa pro Sacramentis habuerunt; non quod arbor praestaret illis immortalitatem, quam sibi ipsa dare non poterat; aut arcus coercendis aquis foret efficax, quae solaris duntaxat radio repercussio est in oppositis nubibus; sed quia notam à Verbo Dei insculptam habebant, ut documenta essent testamentorum ejus & sigilla.*

Verum Calvinus de Sacramenti hujus in parvulis efficacia quid senserit, ex iis quae hic adjiciuntur, abunde (opinor) patebit. Primo *Sacramenti rationem* [illegible], *ubi definitionem accuratiorem & plenam complecti se velle significat*, his eam verbis concipit; *Instit. l. 4. c. 14. §. 1. Sacramentum est symbolum, quo benevolentiae erga nos suae promissiones conscientiis nostris Dominus obsignat, ad sustinendam fidei nostrae imbecillitatem; & nos vicissim pietatem erga eum nostram, tam coram eo & angelis, quam apud homines testamur.* Quae Sacramenti definitio videtur Whitakero, *de Sacr. q. 1. c. 3.* longè optima, & aliis omnibus praeferenda. Addit mox majoris compendii causa alteram; *Divinae in nos gratiae testimonium externum, signo confirmatum, cum mutua nostra erga ipsum pietatis testificatione.* Tum de Baptismo speciatim eodem eodem tenore, *ibidem c. 15. §. 2. In hoc etiam solidam Baptismi veritatem, ut atque substantiam, utrumque ut naturam constituit, qui Scriptura ostendit peccatorum purgationem, quam à Christo sanguine obtinemus, hic primo demonstrari. Deinde carnis mortificationem, quae mortis ejus participatione constat, per quam in vita novitatem regeneramur fidelis; atque etiam adeò Christo societatem. Ad hanc summam referri posse, quicquid in Scripturis de Baptismo traditum est: nisi quod etiam praeterea testandae apud homines religionis est symbolum.* Denique de Paedobaptismo agens, *ibidem §. 4. Nostram, sanctificationis signa quae tum habuerunt, consultius, infantibus etiam administrari Baptismum, ut quo ideo debeatur. Non enim Dominus olim Circumcisionem dignatus est, quin eorum omnium participes fecerit, quae per circumcisionem figurata tunc fuerunt. alioqui merum praestigiis ludificatus esset populum suum, si fallacibus signis eis lactasset: quod sola auditu horrendum est. desertè namque pronunciat, Circumcisionem infantuli loco sigilli futuram ad obsignationem foederis promissionem. Quod si foedus firmum & fixum manet, Christianorum liberis non minus hodie competit, quam sub veteri Testamento ad Judaeorum infantes spectabat.* Quod & idem rursus ibidem §. 9. quem percontanti conferendum totum istud licuerit. Denique clarissimè planissiméque ibidem §. 22. *Quare nihil plus ex Paedobaptismo praesentis efficaciae requirendum est, quam ut foedus cum illis à Domino percussum obsignet & sanciat. reliqua ejus Sacramenti significatio, quo tempore Deus ipse providerit, postea consequatur.*

THOMÆ GATAKERI Exceptio Num. 3.

Ad haec saltem, vel alterutrum horum, consequendum, Baptismum nulla ratione institutum videtur; quem in institutione ipsa eis primariò administrandum ordinatur, qui ex praedicatione Evangelii fide in Christum imbuti, & disciplinam Christianam jam amplecti fuerant, Marc. 16. 15. 16. Mat. 28. 18. At hi & Gentiles ex parte, & etiam omnis credenti, ad Baptismum suscipiendum accedebant, ut ejusmodi saltem esse praesumebantur antequam ad Baptismum admitterentur.

Qui & Joannis Baptismum ejusdem fuisse efficaciae cum illo qui ab Apostolis ex Christi institutio administrabatur, adversus Pontificios nostri omnes tuentur. At in Joannis Baptismo prava exigebatur poenitentia, quam peccatorum remissio & inseparabiliter consequitur.

SAMUELIS WARDI Responsio.

Ad primum talisandum, ubi [illegible] antea non fuit, institutum fuisse Baptismum, satis (ut spero) ostensum est, ad Centur. praeced. Num. 2. *In secundum etiam merito admittitur esse Baptismum, quatenus exhibet gratiam sanatem vere credentibus, ejusque exhibitionem obsignat,* vix dubitari quit. *Sacramentum saltem Baptismatis adultis credentibus & aliud suscipientibus exhibet quod signat: alioqui [illegible] verax, qui fallax esset signum. signat enim ablutionem plenariam sordium peccatorum, & [illegible] alterutrum quam illum, quam illi tam, qui in gradu convers[...] accepta est, eamque pariter obsignat.*

Ad rationem, quam subjungit, respondeo; tunc cum in prima institutione Baptismus iis primariò administrandus erat, qui ex praedicatione Evangelii ad fidem Christi conversi sunt; *tunc, inquam, erat, qui adulti primò ad fidem Christi convertendi erant, antequam parvuli eorum baptizandi erant. non enim nisi baptizatorum parvuli baptizandi erant ordinariè. Lege enim de baptizandis parvulis exemplo Circumcisionis ex Christo institutione semel statuta, postea ordinarie soli infantes solebant baptizari; quomodo post primam latam legem Circumcisionis Abraha adultus jam tunc credenti, non amplius nisi infantes olim circumcidendi erant.*

Non ergo de fine adaequato, aut etiam tantum principali Baptismi, judicandum est duntaxat ex fine, quem habuit in Ecclesia primum conficienda in prima institutione; sed potius ex ordinaria praxi subsequente, & ex finibus, quos habiturus erat & habuit in parvulorum Baptismo in Ecclesia constituta. In finibus autem hujus is erat, ut esset organum aut medium exhibitivum remissionis originalis reatus parvulis, & ejusdem remissionis & aliorum actualium obsignatorium infantem credentibus, quum ad adultam aetatem perventum esset.

De Joannis baptismo praeparatorio aliquid pariter dictum esto: ante cujus susceptionem poenitentia prava exigebatur ob eandem rationem, ob quam do[...] in nova Ministerio apostolico fidem a baptizandis exigi solere; adultis scilicet duntaxat poenitentia praedicata est.

THO-

THOMÆ GATAKERI Replicatio.

Atq; primum illud quod attinet;

1. *Ad remissionem peccatorum jam remissorum*, nisi obsignandam, adhibere non potest. & hanc tantum figurasse prolimitur. Lombardus, *sent. l. 4. d. 4. G. Si quaeritur, cujus rei Baptismus ille sit Sacramentum, qui datur jam justo; dicimus Sacramentum esse rei quae praecessit, i. e. remissionis ante per fidem datae.*

2. Nec ad *morbum directe sanandum* adhibebitur, nisi quatenus obsignationem eorum fidem fovendo excitandoque vires iisdem addidit ad concupiscentiam debellandam. Hoc autem efficit, non eo tempore tantum, quo administratur & suscipitur, licet plenius forsan tunc temporis & validius, verum & deinceps, quoties ejusdem memoria serio apud nos in animis nostris renovatur. Videatur Whitakerus, *de bapt. q. 4. c. 6. p. 293.* & *de Sacram. q. 1. c. 3. rat. 4.* allatus supra, Num. 2. ad Arg. 11. Membr. 2. locum 1. resp. 1. §. 1.

3. *Regenerationem* ipsius Sacramentum Baptismus dicitur. at ei jam praecessit, nec repeti potest. Contraremonstrantes, in Collat. Hag. de thes. 5. Arg. 10. edit. Brand. p. 348. *Semel tantum regeneramur, sicut semel tantum nascimur. quare & semel tantum baptizamur in regenerationis nostrae obsignationem.* Videatur & Amesius, in Coronid. ad art. 5. c. 11. p. 356. 357. & quae supra addita sunt, Num. 2. ad Arg. 11. Memb. 2. locum 1.

4. Non plenior tantum, sed plenissima etiam, *sordium ablutio*, in Baptismo figuratur, quae nisi ad vitae terminum non exhibetur. Lutherus, tom. *de bapt.* tom. 1. edit. Jenensi fol. 337. *Porro illa peccatorum demersio & mortificatio, (quam Baptismus figurat) non perficitur in hac vita absolute, donec hoc mortale corpus pereat, & totum in pulverem abeat. Sacramentum vel signum Baptismi, ad quod videmus, brevi perficitur; verum significatio ejus spiritualis per totam hanc vitam durat, & non nisi in morte perficitur. tunc enim vere demergitur homo in Baptismum, & vere hoc fit, quod Baptismus significat.* Et mox; *Quantum igitur ad signum & signandi actum, semel tota vita nostra cum hominibus sunt peracta, & perfecta in homine. Verum quantum ad opus attinet, sacramenti effectus nondum perfectus est absolutus. h. e. mors & resurrectio in novissimo die, nondum sunt facta, sed fient.* quae & ibidem latius persequitur.

5. *Signum* tunc est *ancillarius fallax*, cum nec ostensurum exhibetur id, quod figurat. satis est, quod signum illud veram credatur, si vel jam exhibitum, vel exhibendum obsignet; imo si nec exhibendum etiam, nisi sub certa conditione rei obsignatae promissione. nisi enim conditio illa praestita fuerit, nec tum signum est fallax, qui culpa sua re obsignata caruerint. Ursinus, *traduct. Theolog. p. 570. Universaliter in omni stipulatione, tum ab una parte violata conditione, etiam promissio alterius partis fit irrita; quae ad eam praestandam non amplius obligatur. promissio usque conditionalis rata esse debet posita conditione.* Vide & Petrum Martyrem ad Rom. 4. supra, ad Arg. 6. replic. 4. & Calvinum, *Instit. l. 4. c. 15. §. 17.* ad Arg. 11. de locut. 2. & ad Rom. 4. 11. infra. ad Num. 30. de Calvin. Recte Heerbrandus. *Compend. Theolog. p. 619. Sacramenti veritatem incredulitas hominum non evacuat.*

6. *Baptismum*, nec in infantibus, nec in adultis, *ea omnia quae figurat reipsa statim exhibere*, pro concesso, opinor, apud omnes, ac Pontificiis quidem ipsis exceptis, habetur. ut si signum fallax censeatur, quod non actu exhibeat id quod figurat, Baptismus sacramentum ex parte saltem fallax, tam in adultis, quam in parvulis universis appareat fore.

Secundum quod attinet; *tacitum* agnosco, *cur adulti prius quam parvuli fuerunt baptizandi.*

Verum 1. *praecipua effecta*, imo principalibus effectis, carnisse Baptismum in eis omnibus, quibus in primis institutum primario destinabatur, id mihi certe minus verisimile, & probationem diserte indigere videtur. *Praecipua effecta, regenerationem dico & remissionem peccatorum*, si Baptismo praesentaneum effectum esse.

2. Si quem in parvulo aliam statuere libuerit *effectum*, quem in adultis obtineat, id mentem valde S. S. indigam intimandis. nec de eo certi quicquam constituere potuerit, quo hactenus innotuerit, donec verbulo saltem divino aliquo illud nobis imponatur.

SECTIO II.

SAMUELIS WARDI Thesis Num. 4. & 5.

ID Scripturae docet, Act. 2. 38. Baptizetur unusquisque vestrum in remissionem peccatorum. Act. 16. 16. Baptizare & ablue peccata tua. Ephes. 5. 26. Mundans eam lavacro aquae per verbum. Tit. 3. 5. Salvos nos fecit per lavacrum regenerationis. 1 Cor. 6. 11. Sed abluti estis, sed sanctificati estis; sed justificati estis. Coloss. 2. 12. Consepulti cum eo per Baptismum. *Ex quibus locis satis constat, ordinatum fuisse Baptismum, in remissionem, in ablutionem, in mundationem a peccatis; quae verba denotant solutionem reatus omnium peccatorum, etiam originalis, quibus antea transfixus non est.*

THOMÆ GATAKERI Exceptio.

Quod ad Testimonia & firmamenta attinet e Scriptura petita; Quaedam dicta ad eos destinantur & diriguntur, a quibus resipiscentiam prius exigunt, ut Act. 2. 38. vel eo quibus eam praesumuntur, ut Act. 22. 16. cum 9. 11. quo nec de infantibus baptizandis; eis ergo cum fuerint atque resipiscerent, remissa fuerint peccata, nec potest Baptismus remissionem illam solutionemque efficere, qui jam antea soluti fuerant.

SAMUELIS WARDI Responsio.

De testimoniis & firmamentis meis e Scriptura petitis accommodatam responsionem, ea digerens in quatuor classes.

1. Quaedam, inquis, dicta ad eos dirigi censentur, a quibus resipiscentia prius exigitur, ut Act. 2. 38. vel in quibus ea praesumitur, ut Act. 22. 16. cum 9. 11.

Ubi supponis adultos ante Baptismum semper fuisse, aut saltem praesumptos fuisse, vera poenitentia praeditos, ac proinde ab omni reatu peccatorum fuisse absolutos, unde inferri, Baptismum ad solutionem reatus in talibus non esse institutum.

Hoc mihi non videntur adeo firma & explorata, ut sine ulla exceptione admitti debeant. Concedo nonnullorum adultorum ad Baptismum admitti debere absque professione fidei & poenitentiae. Concedo eadem saltem poenitentia conjunctam cum vera & viva fide in Mediatorem, obtinere praesentaneam peccatorum remissionem apud Deum.

Sed nego poenitentiam aut fidem initialem, quae judicio Apostolorum sufficiebat ad eundem Baptismum desiderantibus, semper eorum judicio aut praesumptione sufficisse ad tales ponendos in statu adepta reconciliationis, remissionis peccatorum, regenerationis aut salutis. Act. 2. 37. Qui professione vero compuncti cordis ob peccata sua, qui professione desiderant ex animo liberationem a peccatis, qui instruuntur, ut quaerant liberationem hanc ex meritis Christi, idonei jam judicantur ad accipiendum Baptismum, & in Baptismo remissionem peccatorum, dicitur, vers. 38. sed non professione ante Baptismum obtinuisse hanc remissionem.

THOMÆ GATAKERI Replicatio.

Ad 1. Ego quidem si fidei illa ac poenitentia initialis, non intelligo qui praedictam uthe qui ad Baptismum admittere, quos tamen vera utraque in Mediatorem fide *tam credimus, hanc fidem & promissionem. Baptismus significat, non vero Baptismus efficit fidem & vitam aeternam, sed confirmat, quae ante promissa esse dicit vitae aeterna.* &. ibidem 4. 4. c. 3. p. 84. col. 2. *Christus non ait, hoc est, non baptizatus damnationem efficere, sed non credens.* [illegible] *nam Christus nullam aliam causam condemnationis [illegible] ponat, nisi non credere; [illegible] est, non baptizatos non esse [illegible] damnationis; & sic justitiam non esse in Sacramento, sed in fide.* [illegible] *ergo Christus cum fide Baptismum in prima [illegible] conjungat, non tamen ut simpliciter necessarium conjungit; sed ut symbolum & sigillum, quod cum simpliciter necessarium est, [illegible] signatur est in [illegible], non omnino necessarium ex parte ejus [illegible]; sed tantum ex ejus parte [illegible] in [illegible], hoc est, in posteriore membro, nulla [illegible] fit, [illegible] sola [illegible] damnationis est, sed fide, quae Christus apprehendi debet.* Idem, [illegible] p. [illegible]. [illegible] ait. Qui habet Sacramentum, & [illegible] vult recipere, damnatur. *Verissimum hoc est, unde constat Sacramenta non propter & vi sua nos justificare, aut servare, sine fide nihil valent.* Porro ait, si quis habet fidem, & non vult Sacramentum percipere damnatur. Resp. *Qui habet veram fidem, non potest non habere [illegible] sacramentum.* [illegible] Bellarminus hominem habere fidem, & tamen nolle uti sacramentis, [illegible] [illegible] argumentum [illegible], [illegible] se [illegible] qui non credere, si sacramenta [illegible] sacramentis [illegible] fidem non habere. Ibidem § 3. c. 8. ad cap. 4. *Nostra sacramenta dicuntur haec omnia praestare (salvare, regenerare, justificare) non quod ipsa proprie & per se haec praestent; sed quia nostram salutem & justificationem a Christo jam peractam credentibus [illegible], & hoc ratione etiam sacramenta servant.* Idem [illegible] quaest. 4. c. 2. ad sect. 3. resp. 3. pag. 66. *Postremo, fidei sola [illegible] [illegible] fides [illegible].* Jam. 3. 25. [illegible] *ergo credere per se ad salutem sufficit.*

5. Quod fidem praemissam verbo nisi dicitur. Id autem quando [illegible], Confirmatur & baptismus [illegible], [illegible]:

Respondeo. [illegible] fidei patrum, qui ante Christum incarnatum vixerunt, eandem plane cum nostra, ex [illegible] [illegible], Act. 15. 10. 11. 2 Cor. 4. 13. Heb. 11. [illegible] [illegible] promissio per fidem in Messiam [illegible], quod [illegible] apud utrosque eadem [illegible] [illegible] verborum, [illegible], [illegible], [illegible] Sacramentorum sive sigillorum eidem [illegible] [illegible] [illegible] temporibus [illegible] [illegible] diversum. [illegible] [illegible] [illegible] [illegible]; [illegible], [illegible] [illegible]. Augustinus, ad Ep. Pelag. l. 1. c. 21. *Antiqui justos non fecit justos nisi fides mediatoris.* & l. 3. c. 4. *Antiqui omnes justi, & ipsi [illegible] testamenti [illegible] veteris [illegible], ex fide, qua nos vivimus, [illegible].* & de pecc. mer. & rem. lib. 2. cap. 29. *Una ergo fides est, quae [illegible] salvos facit, [illegible] in [illegible] generatione in spiritualem [illegible] salvavit. — sed [illegible] pro significationis [illegible] per varia tempora Sacramenta variata sunt.* Idem, confess. l. 10. c. 44. *Salvi per fidem [illegible], sicut nos per fidem [illegible].* &. Epist. 11. cap. 7. *[illegible] fide salutiferrima etiam illi justi salvi sunt, qui [illegible] [illegible] in carne, crediderunt in carne [illegible] [illegible] fides est, & nostra & illorum, quoniam hoc illi crediderunt futurum, quod nos credimus factum.* &, in Joan. tract. 45. *Tempora variata sunt, non fides. — [illegible], & [illegible] est, [illegible] sunt tempora; sed eadem est fides, — in [illegible] diversis eadem est fides. [illegible] in signis diversis, quando in verbis diversis, quia [illegible] [illegible] [illegible] quam signa, — [illegible] signa variata [illegible].* [illegible] [illegible]. Epist. 57. *Quod [illegible] antiqui [illegible] [illegible] [illegible], quid [illegible], qui [illegible] [illegible] esset, [illegible], [illegible] [illegible] fide?* Whitakerum, de sacr. q. 4. c. 3. [illegible] 4. ad [illegible]. *Justitia una eademque fuit in Patriarchis, in Prophetis, in Apostolis, in omnibus denique piis, qui ab origine mundi fuerunt.* [illegible] & videndus infra, ad resp. 4. respons. 3. de fervand.

4. *[illegible] baptizatorum in Deum fieri, ut remissionem peccatorum [illegible] sanguinem Christi non illis applicari, quorum [illegible] ante & usque ad [illegible] [illegible] [illegible].*

Respondeo, *fidem baptizatorum in Deum ferri*, si [illegible] in [illegible] [illegible] [illegible], ut [illegible] promissionem, quam fidei & resipiscentiae [illegible] dedit, Act. 10. 43. [illegible] [illegible], cum fide vero [illegible] conjunctam, [illegible] [illegible] ipse [illegible] baptismo obligationem, qui obligationem [illegible] [illegible], si [illegible] & stabiliatur [illegible] & [illegible] [illegible] [illegible] & [illegible], ex fidei [illegible] [illegible] [illegible], [illegible] [illegible] [illegible] perspicue apprehendat. [illegible] Sacramentorum [illegible], quae per Christum consequimur, [illegible] sit, ut in [illegible] nostri [illegible] [illegible], ut Calvinus, in Act. 2. 38. verum illi, de quibus hic agitur, vel vera vivaque fide imbuti jam fuerant, & [illegible] ex [illegible] remissa habebant peccata, [illegible] ad Baptismum accederent, vel si vera vivaque fide destituti Sacramentum fidei illius [illegible], [illegible], non veram, opinor, sed falsam, ac [illegible] fallacem, a fide non vere [illegible], conscientiae suae a [illegible] externo hoc consecuti.

5. Idem de spe illis dictum sit, qui [illegible] Christi [illegible] ad Baptismum [illegible] [illegible]. [illegible] [illegible], [illegible] [illegible], [illegible], [illegible] [illegible] [illegible]: [illegible] [illegible] [illegible] [illegible], [illegible] in Baptismo, nec [illegible] Baptismum [illegible] [illegible] [illegible]; hinc autem etiam circa Baptismum [illegible] eandem [illegible].

6. *[illegible], quid [illegible] ante Baptismum Deus fecerit, [illegible] Baptismus [illegible] & [illegible] peccatorum [illegible] sanguinis Christi & [illegible] & [illegible]*, dicitur.

[illegible] *Dei [illegible]*, ex [illegible] [illegible] & [illegible], [illegible] [illegible] peccatorum, (quod [illegible] ipse supra [illegible], [illegible], [illegible], [illegible]) non [illegible] Baptismum [illegible] conferre [illegible]. [illegible] Deus [illegible], [illegible] fidem exigens & resipiscentiam, [illegible] [illegible], [illegible] [illegible] [illegible], Act. 2. 38. & 3. 19. & 8. 12. 13. [illegible] 37. & 16. 14. 15. fidei justificationis & peccatorum remissionis [illegible] [illegible], [illegible] Christi in [illegible] [illegible] semper applicat, Act. 16. 30. 31. Rom. 3. 22. 23. 25. 28. 30. & 4. 3. 10. 11. 23. 24. & 5. 1. 9. Gal. 2. 16. & 3. 14. efficaciam ipsius hac in parte, [illegible] [illegible], nusquam docent, nec ipse id [illegible] [illegible], modo vera [illegible].

7. De [illegible] illis, *baptizari in remissionem peccatorum, & in [illegible] [illegible]*, [illegible], opinor, est supra dictum, Sect. 1. Num. 2. ad Arg. 1. [illegible] [illegible] &. ad Arg. 12. [illegible] 2. [illegible] [illegible] [illegible], [illegible] [illegible] [illegible], Augustus noster, & [illegible]. [illegible], ad Marc. 1. 4. [illegible], *in remissionem peccatorum, [illegible], ad [illegible] remissionem per [illegible], [illegible] [illegible], quod Scriptura [illegible], [illegible] [illegible], de quibus [illegible] [illegible] est, non [illegible] remissionem peccatorum, aliter quam per fidem in Christum, ac [illegible] [illegible] per fidem [illegible] [illegible] [illegible], [illegible] per [illegible] [illegible], [illegible], quod [illegible] baptizare [illegible], nisi [illegible] fidem in Christum, ac [illegible] [illegible], [illegible] per [illegible] [illegible] [illegible] [illegible]. [illegible] [illegible], quod [illegible] [illegible] per [illegible]. [illegible] est [illegible] [illegible] [illegible], non [illegible] [illegible], [illegible] a natura Sacramentorum, quae [illegible] esse sigilla justitiae fidei*, Rom. 4. 11. [illegible], Thes. [illegible] [illegible]

dic.

Luc. 3. & 1. 3. Prædicabat Baptismum pœnitentiæ in remissionem peccatorum, *i.e. prædicabat resipiscendum esse, & credendum in Christum*, *Act.* 19. 4. *testificans atque resipiscentibus atque credentibus in Christum, peccata eis sua remissa esse propter Christum.* Amesius, *adv. Bell. tom.* 3. *disp.* 5. *c.* 1. *thes.* 1. Bellarminum. *In his locis refertur Baptismo remissio peccatorum.* Pennsylvanus. *Remissio peccatorum in sententia Dei absoluta consistit, neque potest ullum externum aliud ceremoniæ, nisi sub ratione signi aut sigilli sententiam illam testatam reddendi.* Bellarminum. *Qui non mireatur eorum ipsam trapum, quo abluere peccata significat, accipere sigillum justificationis acceptæ?* Pareus. *Justificationem ante sumptam ab illis acceptam non potest negare, cujus haec est confessio, c.* 23. Adulti per fidem & conversionem veram justificantur antequam ad sacramentum accedant. 2. *Trapum, quem me in istiusmodi phrasi dicimus, est, ablue peccata tua, i.e. accipe obsignationem ac sigillum remissionis peccatorum, sive accepta, sive accipienda, per conjunctam certificationem. hic autem tropum non est adeo novus aut mirus, ut Magistri illi magni, qui eum et approbat Remonstr. in 4. d. 2. q. 1. eundem jam dudum approbarint.*

8. *In eum sensum Veteres loca illa intellexisse, quod docetur:*

1. Fortasse minus certo ambiguèque illi sæpe locuti fuerint, prout & occasio ferebat, etiam illi qui à sensu tamen illo, ubi sermonem accuratius instituunt, quam longissime recedunt. Certe Donaeus veterum nobiscum sensisse affirmat, *adv. Bell. de Bapt. c.* 23. *In Sacra Scriptura, quidam ab aliis tolli, vel remitti dicitur, vel tanquam à causa; sic Deus remittit peccata, sic Christus ea tollit. Mat.* 9. 6. *Luc.* 5. 21. *Joan.* 1. 29. *vel tanquam ab ejus remissionis & deletionis signo & sacramento, sic Baptismus peccata tollit & lavat, Marc.* 1. 4. *Eph.* 5. 26. *Scriptura & Patres hoc posteriori significatu canendum Baptismum peccata tollere.* Denique contemnatur phrases illæ, *baptizari in resipiscentiam, ut pœnitentiam, Mat.* 3. 11. & *baptizari in remissionem*, sive, *ablutionem peccatorum*; & altera ut altera intelligatur. non est illud, *baptizari ad resipiscentiam consequendam, sed ad testandam & obsignandam*; *in resipiscendum, i.e. in testimonium resipiscentiæ.* Et pari modo, *in remissionem*, & *in ablutionem peccatorum, i.e. in testimonium & obsignationem, vel remissionis jam obtentæ, vel consequendæ & obtinendæ.*

Verum, 2. Respondeo.

1. Quod Joannes Sarisburiensis in *Metalog. prolog.* *Non dedignans fuit, inque, modernorum proferre sententias, quos antiquis in plurimis præferre non dubito.* Doctorosque, qui fuerunt, ut perspicaciores fuisse in Scriptura exponenda, tamen nemo è Pontificiis inquiit, Cajetanus, præsertim in pœnitentiali. Dom. Bannes, in secundam secundæ. Sedmenom, in Rom. l. 1. disp. 51. ut recte possit hic obtinere Philosophi illud, *Polit. l.* 3. *c.* 8. [illegible]

2. Baptismo nimium tribuisse è veteribus nonnullos, non est [illegible] aut [illegible] à doctis observatum. Centuriatores Magdeburgenses id crebrius inculcarunt. Ambrosius certè, *de initiat. c.* 4. *Credit etiam catechumenus in crucem Domini Jesu, qua & signatur; sed nisi baptizatus fuerit in nomine Patris & Filii & Spiritus Sancti, remissionem non potest accipere peccatorum, nec spiritualis gratiæ munus haurire.* Et, Augustinus, *de nupt. & concup. l.* 1. *c.* 33. *Quid prodesset, vel ante Baptismum pœnitentia, nisi Baptismus sequeretur, vel postea, nisi præcederet?* quasi à Baptismo penderet fidei pœnitentiæque efficacia, quum ab illius utriusque existentia pendeat potius illius fructus & effectus. Utrum in hoc mihi vel Ambrosio, vel Augustino calculum dare religio est. Ne adjiciam, de infantibus circa Baptismum decedentibus, hanc etiam Pontificiis mitiorem protulisse sententiam.

SAMUELIS WARDI Responsio.

Sed ubi, illo loco Act. 2. 38. *resipiscentia primo exigitur à baptizandis; atque adeo ubi locum proprie intelligatur de adultis resipiscentibus, qui jam Petrus compellaverat: tamen verba illa, Baptizetur unusquisque vestrûm in remissionem peccatorum; simul etiam designant finem, in quem Baptismus adhibetur, qui licet adultis vere resipiscentibus non adhibeatur nisi ad testandam & obsignandam remissionem peccatorum jam partam, parvulis tamen, quibus nihil in præsenti obsignat, nec obsignare potest, pro illo statu, signum est visibile gratiæ illius invisibilis, quam Deus mediante Baptismo porrigit & præbet parvulis inter baptizandum. Est autem illa remissio peccati originalis, quo solo implicantur parvuli. non enim alio modo prodest parvulo ad remissionem peccatorum. Hortatur enim Petrus Judæos ad pœnitentiam & Baptismi susceptionem, hac ratione, quod promissio facta sit illis & eorum liberis, illis scilicet vere jam credentibus & resipiscentibus, obsignationem remissionis peccatorum per Baptismum, liberis vero, quibus nondum remissum erat peccatum originale, exhibitionem illius remissionis, quam Baptismalis ablutio repræsentat & significat; cum obsignationem remissionis nondum facta capaces sint infantes. Nam, ut habet Calvinus in locum, Baptismo semper connexa est Spiritus gratia, nisi à nobis impedimentum occurrat, à parvulis autem impedimentum occurrere non potest. Ergo in his Baptismi Sacramentum præbet & confert quod significat.*

THOMÆ GATAKERI Replicatio.

Ut omnium locorum huic abunde satisfactum esse videri, *Sect.* 1. *Num.* 2. *ad Arg.* 3. *Assumpt. §.* 2. quo remittere itaque necessarium fuerit, ut eadem sæpius repetita nauseam pariant, pauca tantum hic adjicio.

1. Etiamsi *Baptismi finis ille quod parvulos recipit esse*, non posse tamen ex hoc loco elici, quo de Baptismo eo solo agitur, quem resipiscentia præcesserit.

2. Haud verum videri quod præsumitur, *per Baptismum infanti obsignari nihil posse*, quum sæpius obsignet eum fœdus etiam initum; nec eum fœdus baptizato baptizandum, aut qui baptizatur, sed eum fœdus simpliciter, etiamsi non baptizato, etiam non baptizando, quod extra Baptismum deficeretur. Quin &, *parvulis obsignari posse*, ex cogitationibus secundis agnoscit ipse Vir Clarissimus, uti supra monuimus, *Sect.* 1. *Num.* 2. sub calcem *Resp. ad Arg.* 6.

3. *Deum gratiam in Baptismo parvulis porrigere*, non posse nisi valde dubiè dici. Porrigitur aliquid, ut accipiatur, i.e. ut is cui porrigitur, si velit, sumat, si nolit, respuat. Ita Satyricus,

Porrigis irato puero cum poma, recusat.

Neque res usitata dicitur aquam negante, aut prodentem fœnum porrigere dicitur. Parvulis ergo electionis liberæ usu destitutis, gratiam præberi aliquid, porrigi tamen proprie non potest, tradere, vel, indere, quo pateat in manum infantuli, instrumentum aliquod sigillo communitum, vel virgultum, quo haeredi jus obsignet, ut percipere, aut afferre videtur ad rationem jam illius beneficii, vel quod traditionis illius [illegible] designatur, vox quiqunque optima, dixeris; nisi forte ab infantuli illius acceptione aut rejectione (sicut à pullorum actu consimili in augurio de rerum futurarum eventu conjectabantur) jus illud absolute penderet. Verum infans tantum abest, ut gratiam in Baptismo porrectam an oblatam dixeris, ut nec sacramentum ipsum ex libero electionis usu vel admittat vel respuat. Unde non minus parvulorum illiusmodi, cum ad sacrum fontem ablutionis gratia sistuntur, eo quicquam obesse credere. Quod & Augustinus non semel docuit, *Epist.* 57. *de Bapt. l.* 4. *c.* 23. *de pecc. mer. & remiss. l.* 1. *c.* 25.

4. Calvinus non dixisse, *Non proponi in Baptismo nudam figuram, sed rei quoque exhibitionem simul annexam esse.* dictis rationem illam istam subjungit; *quia nihil fallaciter Deus promittit, sed vere complet, quod sub figuris significat.* cujus contrarium, ut nemo pius asseruerit, ita nec docere quenquam necesse est, qui cum Reverendo Episcopo Joanne Sarisburiensi negaverit, gratiam cum sacramento,

virtute, ad Christi remissionem [illegible], infantes parvulos in ipso actu [illegible] quem in Baptismo [illegible], cujus [illegible]?

SAMUELIS WARDI Responsio.

Objectio. [illegible] Baptismus [illegible] remissionem peccatorum, [illegible] in hoc [illegible] Baptismo [illegible] [illegible] remissionem [illegible] non est remissum.

Responsio. 1. Certum est, quod dicit Pater, [illegible] in remissionem peccatorum, [illegible] remissionem [illegible] [illegible], sed [illegible] non remissionem [illegible].

2. [illegible] Judaeos ad [illegible] Baptismi [illegible], quod promissio facta sit [illegible] liberi remissionis peccatorum [illegible] Judaeorum promissio remissionis non [illegible] est [illegible] Baptismum remissionem [illegible]. [illegible] remissionem [illegible] Baptismi [illegible] non [illegible].

3. Calvinus [illegible] in locum, ubi explicat hac verba, Baptizetur [illegible] in remissionem peccatorum. [illegible] remissionem peccatorum [illegible] Christus [illegible] remissionem [illegible] [illegible] remissionem [illegible].

THOMAE GATAKERI Replicatio.

1. Ego sane de [illegible] nihil ejusmodi objectum, [illegible] Apostolus in [illegible] parvulis [illegible] illo loco [illegible].

2. Remissionem [illegible] Baptismus [illegible] remissionem [illegible] Apostolus [illegible] remissio vera habetur [illegible].

3. Hac [illegible] Baptismum [illegible], quod ipse promissio facta sit. [illegible] Calvinus [illegible] Ero Deus tuus, & seminis tui, [illegible] Judaeorum [illegible] ad Christianos [illegible] Ero Deus tuus, & seminis tui [illegible].

[illegible] Deus, [illegible], Gen. 17. [illegible] Judaeorum [illegible]. Nec [illegible] Judaei [illegible] Christianorum [illegible], ad [illegible] Ero Deus tuus, & seminis tui. [illegible] foedere Dei [illegible].

4. Fatetur, quod [illegible] non [illegible] remissionem peccatorum, [illegible] remissionem [illegible] Baptismo [illegible] Doctores Apostolus [illegible] Baptismi [illegible].

5. Promissionem de remissione [illegible], [illegible] parvulis [illegible] Baptismum [illegible].

6. Nec Calvinus, nec [illegible] remissionem [illegible] Calvinus remissionem [illegible] Baptismum [illegible] promissio [illegible] remissionis [illegible] Calvinus [illegible] Baptismi [illegible] Catechismo [illegible].

SAMUELIS WARDI Responsio.

Sed esto, [illegible] remissionem [illegible] per Baptismum, [illegible] *intervenientibus fide & resipiscentia ipsius remissionem priorum [illegible] quam baptizati essent; tamen parvulis certum, etiam ante Baptismum peccatum non esse remissum, promissio si ex[illegible] ipsius remissionis & solutionis originalis reatus per Baptismum; quomodo jubemur resipiscere in remissionem peccatorum, i. e. ad impetrandam remissionem, atque hoc [illegible] nostra satis erat.*

THOMÆ GATAKERI Replicatio.

De parvulis, vers. 38. ne per quidem capitur, promissio [illegible], qui vers. 39. nominatim [illegible], sed & liberis ipsorum facta dicitur; cujus promissionis, si ea generalis illa de consideratione intelligatur (sicut communiter, [illegible] & Baptismus [illegible] (sermo est de signo, neque eum longius, opinor, aliquo Scriptura progreditur) [illegible] quatenus ad parvulos pertinere videatur, jamdudum abunde dictum est.

SAMUELIS WARDI Responsio.

Hac nostra interpretatio inde confirmatur, quod apud Patres parvuli olim dicebantur baptizari in remissionem peccatorum, i. ad reatus originalis solutionem. Origenes, Homil. 8. in Levit. quaeri, Quaeri solet, cum Baptisma Ecclesiae in remissionem peccatorum detur, cur secundum Ecclesiae observantiam etiam parvulis Baptismus detur. *respondet*, cum utique si nihil esset in parvulis quod ad remissionem deberet & indulgentiam pertinere, gratia Baptismi superflua videretur. Et, Homil. 14. in Luc. Parvuli baptizantur in remissionem peccatorum. Quorum peccatorum? vel quo tempore peccaverunt? aut quomodo potest ulla lavacri in parvulis ratio subsistere? nisi juxta illum sensum de quo paulo ante diximus, *Nullus mundus a sorde, nec si unius diei quidem fuerit vita ejus super terram.* Et quia per Baptismi sacramentum nativitatis sordes deponuntur, propterea baptizantur parvuli. *Nisi enim quis renatus fuerit ex aqua & spiritu, non poterit intrare in regnum caelorum.* Vide eundem, lib. 5. in cap. 6. ad Rom. *Cyprianus*, Epist. 59. ad Fidum. Parvulus ad accipiendam remissionem peccatorum hoc ipso facilius accedit, quod illi remittuntur non propria, sed aliena peccata. Concil. Milevitan. c. 2. Item placuit, ut quicunque parvulos recentes ab uteris matrum baptizandos negat, aut dicit, in remissionem quidem peccatorum eos baptizari, sed nihil ex Adam trahere originalis peccati, quod regenerationis lavacro expietur, unde sit consequens, ut in eis forma baptismatis, *in remissionem peccatorum*, non vera, sed falsa intelligatur, Anathema sit. Propter hanc enim regulam fidei, etiam parvuli, qui nihil peccatorum in seipsis adhuc committere potuerunt, ideo in remissionem peccatorum veraciter baptizantur, ut in eis regeneratione mundetur, quod generatione traxerunt.

THOMÆ GATAKERI Replicatio.

Pauca quaedam hic adjicere quod attinet;

1. Eos oppugnant, qui parvulos peccati omnino expertes prorsus esse contendebant. Id enim si verum sit, *in remissionem peccatorum baptizari parvulos* vere non posse. At hoc nihil impedit, quo minus in remissionem peccatorum [illegible] baptizentur; nec [illegible] qui in ipso actu baptizandi remissionem hanc dari [illegible] [illegible].

2. Non est insolens, vel apud priscos Patres, vel apud sacrae etiam paginae scriptores, ut Sacramentis per locutionem *figuratam* tribuantur, quae ad rem Sacramento designatam pertinent. Atque haec nostris ad Testimonia [illegible] a Pontificiis deprompta, ad dogmata sua confirmandum, [illegible]. Quo & Augustinus ipse [illegible], Epist. 23. *Nempe saepe ita loquimur, ut Pascha propinquante dicamus*, crastinam vel perendinam Domini passionem, *cum ille ante tam multos annos passus sit, nec omnino nisi semel illa passio facta sit.* Nempe ipso die Dominico dicimus, Hodie Dominus resurrexit; *cum ex quo resurrexit tot anni transierunt.* Cur nemo tam ineptus est, *ut nos ita loquentes arguat esse mentitos? nisi quia istos dies secundum illorum, quibus haec gesta sunt, similitudinem nuncupamus, ut dicatur ipse dies, qui non est ipse, sed revolutione temporis similis ejus; & dicatur illo die fieri, propter sacramenti celebrationem, quod non illo die, sed jam olim factum est. Nonne semel immolatus est Christus in seipso? & tamen in Sacramento non solum per omnes Paschae solemnitates, sed omni die populis immolatur, nec utique mentitur, qui interrogatus eum responderit immolari. Si enim Sacramenta quandam similitudinem earum rerum, quarum sacramenta sunt, non haberent, omnino sacramenta non essent. Sicut ergo secundum quendam modum, Sacramentum corporis Christi, corpus Christi est, sacramentum sanguinis Christi, sanguis Christi est: ita sacramentum fidei, fides est.* [illegible] *de ipso Baptismo Apostolus,* Consepulti, inquit, sumus per Baptismum in mortem, *non ait*, sepulturam significavimus, *sed prorsus ait*, consepulti sumus. *Sacramentum ergo tantae rei non nisi ejusdem rei vocabulo nuncupavit.* Quae & Mornaeus adducit, de Sacr. Euchar. l. 4. c. 1. rep. 4. Calvinus, Inst. l. 4. c. 17. §. 21. Petrus Martyr, ad Rom. 4. & 6. & alii.

3. Patres illi, qui tempore remissionem dari, eodem etiam [illegible] sordes deponi, censent, quae sententia [illegible] [illegible] facile fuerit. At hoc si in Baptismo adeo fieri voluerint, [illegible] e Pontificiis forsan plerique, e nostris pauci, suffragatores pauci habituri sunt.

4. Quod Cypriano, *parvuli non propria, sed aliena, ad Baptismum afferre peccata*, dicuntur; ego quid sit, non satis [illegible], nisi si de actu [illegible] intelligatur; quo modo Concilio Milevitano, aut Carthaginensi potius, Patres loqui videntur. Certe enim vitium originale, etiamsi sit a parentibus traductum & contractum, ipsorum est tamen, itaque ipsis inhaerens.

5. Origenes, in Rom. 6. l. 5. quid habeat, quod hoc dogma stabiliat, non reperio, quod oppugnare potius videatur. [illegible], inter alia, quae & Sedulius in collectaneis suis transtulit, hoc habet; *Docet per hoc, quod si qui prius mortuus peccato est, is necessario in Baptismo consepultus est Christo. Si vero non ante quis moritur peccato, non potest sepeliri cum Christo, nemo enim vivus aliquando sepelitur. Quod si non sepelitur cum Christo, non legitime baptizatur.* Et postea; *Hoc est quod videbatur ex his Apostoli dictis, per absurdam intelligentiam, quod sicut nemo vivus potest sepeliri cum mortuo; ita nemo, qui adhuc vivit in peccato, potest in Baptismo consepeliri Christo, qui mortuus est peccato. Et ideo, qui festinant ad Baptismum, hoc prius curare debent, ut moriantur ante peccato, ut sic possint consepeliri Christo per Baptismum.* Caeterum quid sani [illegible] ab eis expectes, quibus pagina sacra [illegible] sic loquitur?

6. Non tam de dogmate, quam de loci interpretatione [illegible] quaeritur, cujus illorum in Testimoniis adductis nemo vel meminit.

SAMUELIS WARDI Responsio.

Ex his & aliis antiquorum Testimoniis satis constat, ab Apostolorum temporibus hanc formulam baptizandi parvulos semper usu receptam fuisse in Ecclesia, ut baptizentur in remissionem peccatorum; quod [illegible] Ecclesia, ut veraciter per Sacramentum Baptismatis abluatur sordes originalis [illegible] in parvulis.

THOMÆ GATAKERI Replicatio.

Formulam quod attinet, baptizandi parvulos in remissionem peccatorum usu semper receptam;

1. Constat revera, antiquitus receptum, ut baptizari dicerentur, [illegible] in remissionem peccatorum; quod & de paedobaptismo [illegible] usurparunt. Formulam tamen in Baptismatis ritu administrando, per Ecclesiam priscam communicatam, aut usquam usurpa-

vene etiam, eadem ab Apostolorum temporibus in usu fuisse, ut Baptismum administrantes, inter tingendum dicerent, *Ego te baptizo in remissionem peccatorum*, nusquam reperio, nec in ritualibus antiquioribus exstare existimo.

2. In remissionem peccatorum Baptismum dari, (quod [illegible]) non admodum, si sano accipiatur; nempe si eodem modo, quo in Apostoli verbis illud accipiatur, i. e. ut etiam obsignet, (ut enim Baptismus generalis est) sive donans, sive [illegible], vel (si ita expeditius loquendum) ubi resipiscentia accesserit exhibendam: ea enim dei, non fidei nomine, [illegible]. Petrus Martyr, ad Rom. 6. p. 129. *In hanc promissionem (remissionis peccatorum) [illegible] in Baptismo obsignatur.* Et iterum, *Nobis in praesenti satis est, quod in elementis et verbo Dei [illegible] habemus, testimonium regenerationis et salutis.* denique; *Remissionem peccatorum per sanguinem Christi propositam habemus in verbo promissionis, et aqua corpori extrinsecus admota, hac parte [illegible] et [illegible] et roboratur fides nostra.* Whitakerus, de Sacr. q. 4. c. 4. sect. [illegible] 4. 8. 3. [illegible] Patres) multum Baptismo, et merito quidem, remissionem peccatorum, gratiam, vivificationem, regenerationem, etc. — *Quae ergo Sacramentis haec tribuunt, hoc modo sunt intelligenda*, (quo modo? quo scilicet ex Basilio docuerat, *Baptismum significare spiritualem depositionem operum carnis. quod quid aliud est, inquit, quam esse symbolum et Sacramentum purgationis, et esse quasi purgationem animae.* (i. e. quasi vim habere purgandi animam.) *a prudentia carnis. quod vocabulum* [quasi] *indicat Baptismum externum non purgare, sed esse signum vel symbolum purgationis.* De justificatione pariter, c. 3. *Sacramenta [illegible] justificant, — sed justitiam tantum confirmant. — Christus per se justificat, nec communicat hanc vim aliis rebus, tantum docet, ut eius apprehendamus merita. quod per fidem fieri potest sine sacramentis et extra Sacramenta.* Et rursus, *Qui credit Evangelio, [illegible] baptizatus, salvus erit. et credere qui potest sine Sacramentis; ut de Eunucho constat, qui credidit Evangelio antequam baptizaretur, et [illegible] Evangelium, cum credidit, fuisse ei potentia Dei ad salutem, ergo non baptizatum omnino fuisse, sed baptismum hoc ei salutem obsignavit.* Concludit denique; *Si antequam circumcisus erat Abraham justificatus est, non potest ex sacramentis justificari.* De peccatorum remissione pariter sic dictum; Cui credenti & resipiscenti ante Baptismum praecedentem remissa sunt peccata, non possunt ei (proprie loquendo) dici in Baptismo remissa.

3. In peccatorum remissionem recenti tantum [illegible], si [illegible] intelligantur, omnia proprie dicta [illegible] nulla haberent: quod & Origenes observavit. de [illegible] [illegible], ubi nullam intelligendi rationem [illegible] [illegible], [illegible], sub conditione [illegible] [illegible], ut [illegible].

4. *De remissione vero baptizandum confitendo [illegible] antiqui illud omnino*; apud quos solennis ea formula, eadem vis [illegible], ut intellexerint nonnulli, fieri potest; tum id ipse obscurius, adjicio tamen, & [illegible] [illegible] simul [illegible] [illegible]; quamquam in parte ab illis dissideant, ut suggerit hoc ratum.

SAMUELIS WARDI *Responsio.*

Hanc ortam formam baptizandi parvulos ex hoc ipso loco. Act. 2. 38, 39. possibile est, [illegible] probabile est.

THOMÆ GATAKERI *Replicatio.*

1. Formulam hanc ab hoc loco desumptam, non est [illegible], possit etiam & aliunde desumi: puta ex [illegible]. 1. 4. ubi *Baptismum poenitentiae praedicasse* dicitur Joannes *in remissionem peccatorum*. Verum de hac re contendere, non est operae pretium; cum ad rem praesentem parum intersit.

2. Porro est notasse, ut si *formulam illam ex hoc loco desumpserint*, illos locum ipsum *de parvulis baptizandis* ad reatus originalis [illegible] intelligendum esse [illegible], potest formula sumpta ex loco illius voluntas, ut dixerim [illegible], ad quos, [illegible] ad quos, formula illa accommodabatur & applicabatur, nihil habeo. V. G. de Apostolo nempe recordo Paulus loquitur Rom. 10. 18. ex Psalm. 19. 4. [illegible] [illegible] nemo non videt, qui tamen loco de Apostolis nihil a Psalte Rege dicitur.

SAMUELIS WARDI *Responsio.*

Negamus ergo haec verba, Baptizetur unusquisque vestrum in remissionem peccatorum, de iis duntaxat intelligi, a quibus resipiscentia prius exigitur: qui de iis etiam intelligi et intelligi debere, quibus reatus originalis tantum [illegible] est.

THOMÆ GATAKERI *Replicatio.*

Atqui, 1. quod negatur, *de iis duntaxat intelligi, a quibus resipiscentia prius exigitur*: mirum mihi valde, ut id possit negari: nisi si quis illorum, quos tum temporis alloquebatur Apostolus, absque eo, quam exigebat, resipiscentia, ad Baptismum admissum se eo loci scire velit. Certe si nullus sentiam ab iis omnibus, quos hoc loco alloquitur exigit: de aliis, quam a quibus resipiscentia exigitur, locum nulla ratione intelligi potest.

2. *Sed nec ex praemissis necessario infertur, de iis etiam intelligi, ac intelligi debere, quibus reatus originalis [illegible] [illegible] est.*

Nam et etiamsi Patres antiqui nonnulli ita exposuissent, (quod nec liquet videtur) non tamen inde sequitur, *sic intelligi debere*: nec si hic conveniret alteram, aliter [illegible] consequerentur, quam nihil in textu, quod [illegible], inde [illegible] possit, [illegible], qui de [illegible] hoc [illegible] exstitit, Apostolum [illegible] [illegible] [illegible].

2. Adhuc in Baptismate administrando antiqui illi parvulis etiam, ut ad [illegible] [illegible] [illegible] [illegible], (quidam a [illegible] & [illegible]) praemittebant, quasi processio in Baptismo [illegible] in nomen eorum cum [illegible] esse [illegible], ut [illegible] [illegible] compotes haberet. Bonifacius apud Augustinum, Epist. 23. [illegible], *a quibus affirmetur, et dicitur, Credit in Deum? de illa aetate, quae nescit si Deus sit*, respondetur, Credit. Et Augustinus epistola [illegible]. *Cum respondetur, parvulum credere, qui fidei nondum habet affectum, respondetur, fidem habere, propter fidei Sacramentum, qui de ipsis resipiscentia pertinet ad celebrationem Sacramenti.* [illegible], fateor, cum [illegible] illa sacramentalis [illegible] [illegible]. Melchior Canus, de Sacr. Baptism. l. 4. c. 4. [illegible]. 3. *Quod [illegible] [illegible] in Sacramentis [illegible], verba sive sanctificationis, [illegible] est, [illegible] et [illegible] sive fide.* Post, ubi [illegible] illud Domini Marc. 16. 16. & Apostolicum illud Act. 2. 38. *Et infantes, inquit, nec pro eis parentes respondere solent.* Credit. In Liturgia [illegible] [illegible] *promissio et responsio*, tum de promissione divina [illegible], [illegible] de pacto a baptizato praestando. In Catechesi vero, Q. *Quid a baptizandis requiritur?* R. *Poenitentia et fides.* Q. *Cur ergo baptizantur infantes, cum per aetatem neutram ista praestare non possint?* R. *Quia praestant per sponsores quae ipsorum nomine utrumque spondent, quod et ipsi, cum adoleverint, praestare tenentur.* Itaque Calvinus, Instit. l. 4. c. 16. §. 20. *Baptizari parvulos asserit, in futuram poenitentiam et fidem: quae modo et nondum [illegible], cum tamen [illegible] [illegible] fidei [illegible] Sacramento [illegible] Dei [illegible].* Videatur & Reverendus Episcopus [illegible] [illegible], ad Num. 6.

SAMUELIS WARDI *Responsio.*

Ad locum Act. 22. 16. Baptizare, & ablue peccata tua, etc. [illegible] [illegible] Pauli [illegible].

[illegible]. *[illegible] Paulum ipsum poenitentiam [illegible] ab*

 [illegible]

Ananio audiverat. Surge, & baptizare, & ablue peccata tua. Illud tamen contendo, *hoc formula loquendi indicari integrum finem, sive potius effectum Baptismi. Evidenter illa praedicatur.* Baptismus abluit peccata, *locutio est sacramentalis, ubi proprietas rei signatae tribuitur signo propter conjunctionem signi & signati in vero usu, ejusque exhibitionem certissimam juxta promissionem divinam. Hac formula enim loquendi volens Spiritus Sanctus significare, Baptismum instrumentum esse, tum ad ablutionem spiritualem exhibendam, tum ad hujus ablutionis certiorationem & obsignationem. Quod si contingat, ut quis sit a reatu ablutus mediante poenitentia & fide, (quod Paulo contigit) ejusmodi Baptismus non proprie abluit peccata, sed eorum ablutionem obsignat. Sin baptizandus infans, qui poenitentiae, aut fidei, aut actualis obsignationis capax non fuerit, sed tantum ablutionis realis capax sit, quales sunt omnes parvuli in Ecclesia nati; dicimus hanc formulam loquendi tunc indicari, Baptismum abluere peccata eorum prius non remissa; praesertim quum res significata hic Sacramento sit tum ipsa realis ablutio & ablatio reatus, tum ablutionis obsignatio; unde magis efficere videtur (certe potest) hoc Sacramentum ipsam realem ablutionem, quam solam ablutionis obsignationem.*

THOMÆ GATAKERI Replicatio.

At 1. posito, quod hic asseritur, ex hoc ipso loco dogmatis propositi contrarium evinci posse videtur.

Nam 1. si *finem integrum, sive potius effectum Baptismi* eo loco designari concedatur; nihil autem amplius hic in loco Baptismo tribuitur, nec ab eo ibi subsequente expectandum proponitur, nisi ablutionis obsignatio; liqui videtur, finem integrum, sive effectum Baptismi hunc esse, ut peccatorum ablutionem ductis ea obsignet.

2. Nihil amplius ex hoc loco elici aut concludi potest, quam quod in Paulo eo tempore gestum praesumitur. Verum ut Paulo jam contritio, & ex concessione tua peccatorum veniam jam obtinuerat, Baptismus (agnoscente te) condonationem obsignare tantum potuit. Nihil magis amplius ex eo loco potest necessario concludi.

3. *Sacramentalis locutionis*, & *vocis* [illegible] quod attinet; de utroque satis, opinor, est actum superius, *Sect. 1. Num. 2. ad Arg. 21. cap. 2. & 3.*

SAMUELIS WARDI Responsio.

In Baptismo (*inquit Calvinus*) signum est aqua, per aquam ablutio animae per sanguinem Christi, & carnis mortificatio. *In Comment. in 1 Pet. 3.* Et in Catechismo: *Opusc. p. 44. 6.* Peccatorum remissio species est lavacri, quo animae suae maculis abstergantur non secus atque abluuntur corporis sordes. *quod non sit nuda obsignatio.* Et in Formula Baptismi administrandi in Opusc. p. 56. In hoc Sacramento aquae signum nobis ostendit & significat, quamquam aquam observamus, quemadmodum ea abstergimus maculas corporis eliminantur, eo modo velle se animos nostros purgare atque expiare, ne ulla amplius labes aut macula appareat.

THOMÆ GATAKERI Replicatio.

Calvini loca adducta nihil exhibent, quod probet nisi significationem, (quam & animae mortificationis esse vere asserit) in ipsa rem externi actus exhibitionem praesentaneam.

Haec tantummodo dicit docetque, de quibus utrinque convenit:

1. *Aquam in Baptismo significare ablutionem animae per sanguinem Christi, & mortificationem carnis.*

2. *Remissionem peccatorum speciem esse lavacri, quo animae abstergantur eo modo quo aqua corporis sordes abluuntur.*

3. *Deum hic signo ostendere, velle se animos nostros purgare & expiare, ut nulla amplius labes aut macula appareat.* Id, opinor, subjiciens, quod Ephes. 5. 26. 27. dicitur, quodque in hac vita impleri, nondum in ipso ablutionis articulo, cum Augustino, (*ad 2. Ep. Pelag. l. 4. c. 2. & l. 7. retract. l. 2. c. 18. de Doctr. Christ. l. 1. c. 18. Epist. 57. de nupt. & concup. l. 1. c. 34.*) negamus universi.

THOMÆ GATAKERI Exceptio. Num. 4.

Pleraque de eis, si non solis, ut compertis loquuntur, quibus pari modo peccata ante Baptismum susceptum remissa fuisse praesumuntur, ut Tit. 3. 5. 1 Cor. 6. 11. Col. 2. 12. Aut enim prius crediderant & resipuerant illi quam Baptismum susceperant: atque ita peccata jam condonata habebant; nec efficere Baptismus vel opus habuit, vel etiam potuit, quod jamdudum confectum fuerit. Aut fidei salutaris & resipiscentiae expertes prorsus ad Sacramentum suscipiendum accesserunt. quod si detur, necesse est, inter baptizandum dona illa adeptos fuisse, quo ad realem solutionem Baptismum efficacem reddentur. Atqui vel fidem in Baptismo dari, vel Baptismum eo fine institutum, ut per eum dona illa exhiberentur, nec legere, nec in Thesi affirmas.

SAMUELIS WARDI Responsio.

Esto, haec tria loca comprimis loquuntur de illis, quibus peccata ante Baptismum remissa fuisse praesumuntur per fidem & poenitentiam praeviam, tamen ipsis in locis de hisce solis non agitur; sed etiam de parvulis, quibus ante Baptismum originale peccatum, nec remissum erat, nec remissum fuisse praesumebatur, quod solis erat ad nostram conclusionem stabiliendam.

THOMÆ GATAKERI Replicatio.

At 1. de iis solis agi, in dubitet, 1 Cor. 6. 11. & Col. 2. 12. manifestum satis videtur; nec de tertio secus unquam liquet.

2. Sufficit ad institutum, si de eis saltem, etiamsi non solis. si enim in illis saltem vere potest enunciari, quicquid de Baptismo illic dicitur, utcunque gratiam divinam, vel jam collatam, vel deinceps conferendam obsignet tantum; non eo ipso tempore conferat; etiam in parvulis idem, quicquid est, quod illic asseritur, vere fidelium enunciari poterit, etiamsi neutrum eorum statim in ipso baptizandi actu realiter mox conferatur. Vel sic habeas; si de eis saltem, nihil amplius inde concluditur, nisi quod illis est collatum. Optime Walaeus, *de bapt. thes. 28. Nec tales purgare quemadmodum emerpem, qui Baptismum adulti tantum ita distinguunt a Baptismo infantium, ut Baptismum adultorum signum & signaculum regenerationis antea acceptae, sed Baptismum infantium instrumentum regenerationis inchoandae esse velint; nam praeterquam quod nulla differentia in tota Scriptura ullum extat fundamentum, qui Baptismum non nisi pro oneri generis agnoscit, etiam illi ipsi loci, Rom. 6. Gal. 3. Eph. 5. Tit. 3. &c. qui pro hac sua sententia proferunt, de iis proprie & immediate agunt, qui jam adulti erant, & qui in adultis demum aetate sacrati baptizati; quemadmodum ex ipsa loca manifestum est.* Quo de Reverendus Episcopus Sarisburiensis in 1. el. 2. 12. utitur verbis, per fidem. Non frustra est, quod fidem exigitur ab Apostolo, ut beneficium spiritualis resurrectionis obtineamus. Nam ut in Baptismo adultorum requirunt fidei praevia, Marc. 16. 16. sic ab illis, qui baptizantur, cum jam infantes sunt, requiritur fides subsequens; quam si non praestiterint postea, certum est eos tantum externam sanctificationem, internae sanctificationis effectum non habent. Unde Augustinus, *quaest. Nov. Test. q. 59. Si Baptismum putas naturali ratione consistere, hic non est spiritualis, aut domum tibi caelestis patris conferri, qui se per aquam, non per fidem commutari credit.*

SAMUELIS WARDI Responsio.

Sed singula loca inspiciamus.

Locum Tit. 3. 5. non necesse est, ut ad solos adultos restringamus. Nam, 1. non solum adultos [illegible], sed & homines parvulos secundum misericordiam suam salvos facit Deus per lavacrum regenerationis. 2. Lavacrum regenerationis non efficaciter operatur solum in adultis sed & in parvulis. 3. Non solum adultos, sed & [illegible] parvulos justificatione sua capaces & haeredes efficiendos vitae aeternae. Cum autem hac omnia sint communia parvulis cum adultis, non est quod contendamus hoc in loco Apostolum solos adultos, exclusis parvulis respexisse. Quod autem hic in loco Apostolus de Baptismo agit, admittit Calvinus in locum; sed & Calvinus [illegible] adversus Anabaptistas, parvulos ab Apostolo [illegible] non excludit, sed potius includit, non obscure innuit, ubi retorquet argumentum Anabaptistarum contra Paedobaptismum ex hoc loco petitum, ubi ejusmodi infantes non esse capaces regenerationis & renovationis, ac proinde non baptizandos esse. Sed enim (inquit Calvinus) nobis ex adverso excipiere licet, neque [illegible] illis quam regenerationis [illegible] conferendam, quae regenerationem designat; neque ita Dei institutum a nobis contaminabitur. Haec ille, Instit. l. 4. c. 16. §. 20. ubi argumentum contra ex hoc loco petitum, contra Paedobaptismum, atque posse retorqueri ostendit contra Catabaptistas parvulorum, quos tamen Deus expresse instituit. Interim, in Reformat. [illegible] [illegible] Eccles. Anglic. Confitemur & docemus sacrum Baptismum, quem [illegible] praeceptum Domini datur & accipitur, in adultis pariter & infantibus, vere esse lavacrum regenerationis & renovationis Spiritus Sancti, per quod baptizati omnibus abluuntur peccatis, &c. in Operibus Anglic. p. 578. Ursinus, in Explicat. Catechet. Edit. Cantabr. p. 690. Argumentum (inquit) [illegible] [illegible], quibus probatur, infantes esse baptizandos, 1. Baptismus est symbolum ingressus in Ecclesiam, quo recte infantes baptizari, juxta illud, Baptismus est lavacrum regenerationis. Tit. 3. 5.

THOMÆ GATAKERI Responsio.

1. De adultis solis agi, non est exceptio mea, sed de iis comprimis, si non solis, ut res ipsa mihi suadet, si de iis solum, quod non negatur.

2. Rationes adductae, quibus hoc probatum, non de solis agi, haud necessario id evincunt. neque enim [illegible]. Ex quo hunc locum habet Apostolus, parvulos etiam comprehendunt. Ergo de parvulis Apostolus hoc loco agit, non magis quam si sic ratiocinemur; Apostolus 1 Thess. 2. 13. Thessalonicenses dicit sermonem a se praedicatum, non ut sermonem hominum, sed ut divinum excepisse; at hoc idem Corinthii, Galatae, Ephesii & Philippenses fecerunt. Ergo de illis omnibus Apostolus eo loco loquutus est.

3. Non tam lavacrum regenerationis, quam Spiritus ipse renovans & regenerans, super eos, de quibus loquitur, copiose effusus praedicatur. Quod, si Reverendi Episcopi Jonaeum [illegible] illustrissimi Professoris admittimus, de parvulis enunciari nequaquam potest. Ut ne adjiciam, verba illa praecedentia, vers. 3. Eramus & nos, &c. (illa gemina, 1 Cor. 6. 11. Talis eratis) &, non ex operibus, quae fecerimus, vers. 5. quae opera aliqua praecessisse praesumunt, de adultis solis dissertationem Apostolicam institui innuere satis videntur. Ea sane continuans [illegible] diligenter perpendas, de his solis agi aperte satis indicavisse. Verum quilibet resolvendo & retexendo tempus in cassum conterere, quum de solis agi non sit necesse, ad exceptionem meam sustinendam, quae de solis concepta non fit.

4. De Baptismo hic agi, quod ex Autoribus illis confirmatum.

1. Calvinus [illegible], & in adversam potius partem propendere. [illegible], inquit, quin saltem ad Baptismum alludat, non sane pariter de Baptismo locum exponi [illegible] quia portam a Christo salutem Baptismus [illegible]. Et post, [illegible] lavacrum quo Spiritus [illegible] posse [illegible], (cum illud [illegible] satis dici videatur) ut, A quem lavacrum, inquit, effusum dicit, non una de signo, quam de re signata [illegible]. Nam quod Anabaptistae huic loco argumentis respondent, satis habent illorum argumentum [illegible] ratione [illegible], [illegible] de loci interpretatione [illegible].

2. Baronius, hoc sacramentum esse tam in parvulis quam in adultis, quod hic [illegible] Apostolum de utrisque hic agere, non assertit. Nec aliud [illegible], quam illud probare esse symbolum ingressus in Ecclesiam, quod nemo negaverit. Sed nec alterum [illegible] ratione infantibus quae [illegible] lavacrum dici regenerationis affirmat, nisi quam ipsi Calvinus supra.

B

3. De interna renovatione, allusione demum ad Baptismi ritum habita, videtur recte intelligendus Apostolus, neque ita alii non contemnendi eruditi. clarissimus Piscator, in Tit. 3. Videtur alludere ad certum quendam Sacramentalem, quo Spiritus Sanctus nitens ad regenerationem nobis testificandam, obsignandam atque augendam. Is, ad Baptismum, inquit. Docens se esse nos per lavacrum regenerationis & renovationis Spiritus Sancti. i. e. per regenerationem & renovationem Spiritus Sancti tanquam per lavacrum quoddam, quo scilicet abluimur a sordibus peccati, cujus sigillum sit Baptismus. Idemque, Thes. Theolog. vol. 1. loc. 25. §. 20. apparet Apostolum hac metaphora ad Baptismum alludere atque respicere.

C

4. Ut de Baptismo agi concedamus: nihil tamen hinc efficitur, quod remissionem peccatorum in ipso actu tingendi dari, confirmet. Calvinus, Instit. l. 4. c. 15. §. 5. Alterum fructum Baptismus affert, quia nostram in Christo mortificationem nobis ostendit, & novam in eo vitam, — ad hoc sensu ut quod [illegible], lavacrum regenerationis & renovationis. de quo & idem, ibidem c. 14. sect. 2. supra adductus. Petrus Martyr, in Rom. 6. p. 218. Quod Baptismus adhibetur, sicut exprimatur, cum signum regenerationis appellatur. Nam Christus aperte dicit, Joan. 3. nisi quis renatus fuerit, [illegible]. Hujus etiam regenerationis Baptismum esse signum Paulus docet. Tit. 3. Idem p. 215. Per verbum Dei & symbolum externum significatur nobis reconciliatio nobis cum Deo per Christum facta, quam si fide apprehendamus, & justificamur & sanctificamur. — In infantibus autem, qui adhuc per aetatem credere non possunt, Spiritus Sanctus in eorum [illegible] fidei vices agit. [illegible] quoque Spiritus Sancti promissione in Baptismo, ut Tit. 3. 5. [illegible] [illegible]. Neque ista dona sunt nobis asserimus in Baptismo, quasi ea ante Baptismum nullo modo habeamus. Negari enim non potest adultos credentes justificationem habere, etiam antequam baptizentur. — Neque parvulis baptizandis [illegible] ad Ecclesiam & Christum [illegible] [illegible]. Whitakerus, de Sacr. q. 4. c. 2. §. ad Tit. 3. Joan. 3. 5. Aqua in Baptismo est sacramentum regenerationis & renovationis nostrae, & sic ex aqua renascimur, sed sacramentaliter tantum, quia aqua significat & obsignat interiorem nostram [illegible]. Piscator, Thes. Theolog. ubi supra, §. 20. Sed posito atque concesso, ipsum Baptismum hoc loco lavacrum regenerationis appellari, dicendum erit, id hoc sensu fieri, quod regeneratio per Baptismum [illegible] efficiatur; sed quod Baptismus sit divinum atque efficax testimonium, quo Deus electis baptizatis efficaciter testatur, se illos per Spiritum Sanctum regenerare ac renovare coepisse, & deinceps amplius regenerare velle indies, donec in die illa [illegible] plene ac perfecte regenerentur atque renoventur. Amesius denique, ad illud Bellarmini de Sacram. l. 1. c. 14. de part. 2. arg. 2. Quis ferret eum, qui sic diceret, Baptismus regenerat. i. e. dat testimonium divinae voluntatis? respondet: Omnes illi, qui Sacramenta intelligunt & sentiunt, & sentient omnes, qui ita dicunt: Baptismus regenerat. i. e. dat testimonium regenerationis a Deo promissae.

D
E
F
G

SAMUELIS WARDI Responsio.

Locus Coloss. 2. 12. est comprimendo (uti ea loquor) de iis agit, qui consepulti erant una Christo in Baptismo. quoniam designabat Colossensibus credentibus ablutionem istam pro-

externam & veteris hominis mortificationem: tamen parvulos hic non excludi, [illegible] inde constare potest, quod illi sint modo cum Christo [illegible] sunt, quemadmodum & ipsi eam [illegible], [illegible] sacro lavacro atque à peccato [illegible], [illegible], & eo modo circumcisi sunt Circumcisione non manufacta sive modo, in corporis [illegible] per Circumcisionem Christi. Hunc [illegible] [illegible] Calvinus contra Anabaptistas, qui ex hoc loco Paedobaptismum [illegible], ut videre est, Instit. lib. 4. c. 16. [illegible] in Catechismo edit. Cantabrigiensis [illegible] hunc ipsum (*Baptizari infantes*) [illegible] [illegible] esse circumcisos in Christo, & cum [illegible] per Baptismum, substitutus ergo est Baptismus Circumcisioni, quae substitutio Baptismi est loco [illegible]. *Neque enim Paedobaptismus mandatur juxta Ursinum, tamen satis ille erui de [illegible] agit, quam ante Baptismum infantibus necessaria fuisse praesumamus* [illegible] [illegible] [illegible] Ursinum velimus omnibus parvulis ante Baptismum susceptum remissum fuisse originalem peccatum [illegible] ex mente Apostoli. Idem in Tractat. Theolog. p. 198. num. 5. *ut Apostolum ostendere*, Col. 2. 11. 12. 1. Quod Baptismus eundem usum habeat, quem habuit Circumcisio. 2. Ita opponere Circumcisioni Baptismum, ut nobis Circumcisione non opus esse probet. Quod si igitur Baptismum non aeque ac Circumcisionem infantibus convenire [illegible] tollit, argumentum Apostoli [illegible] de adultis [illegible], quod absurdum est, & à mente Pauli alienum. Idem ibidem, p. 612. Sic argumentatur Apostolus ab absurdo: Si Baptismus tantum adultis competat, sequeretur ex mente Pauli non [illegible] ejus usurpationem ad removendam Circumcisionem ab infantibus; atque ita tantum ex dimidia parte [illegible] [illegible]. Judicium ab Apostolo, quod est falsissimum. *Haec ille adversus Anabaptistas [illegible]. Si Apostoli locus intelligendus sit, tam de parvulis quam adultis ex mente Ursini, tum non de solis* [illegible] *agit, quam ante Baptismum susceptum* [illegible] *remissa fuisse praesumamus.*

THOMÆ GATAKERI Replicatio.

At 1. de parvulorum conditione ergo nihil sit cur [illegible], qui ad [illegible] [illegible] inde [illegible] [illegible], praesertim cum illo nihil opus sit; tamen apertissimum videtur, nihil de illis ibi agi: cum de eis duntaxat Apostolus qui [illegible], loquatur. Nec si in parvulis illud [illegible], quod de Colossensibus adultis Apostolus hic perhibet, ideo sequitur de parvulis hic sermonem institui; aut de parvulis aliud quid concludi posse, quam quod de adultis hic dicatur.

2. Testimoniis illisque quod adducit:

1. Calvinus, locus citatus haec tantum habet, *Paulus cum docet nos per Baptismum Christo consepultos, non ea intelligit, consepultum cum Christo eum prius oportere, qui Baptismo sit initiandus; sed quae Baptismo subest doctrina, simpliciter declarat; idque jam baptizatis, ut ne infantes quidem Baptismo praeire ex hoc loco [illegible] sint.* Quibus verbis Apostolum de parvulis sermonem instituere nullus dicit. Imo clare praedicat, illis verbis Apostolum declarare [illegible], qui [illegible] illo [illegible] [illegible] baptizatos, ut mortificationis [illegible] [illegible] [illegible]. Libet adjicere Martyris verba in locum hunc [illegible]. In ad Rom. 6. p. 220. haec habens *[illegible] Sacramentis in Christum & Ecclesiam, declaramus ex hoc loco. — [illegible] Sacramento [illegible], quando animo & spiritu, [illegible] justificati, re ipsa inserimur Christo & Ecclesiae.* Idemque, in 2 Reg. 8. *Non diffiteor, quaedam significasse Baptismum, quae non [illegible], sed significare externam [illegible], ut mortificatio & poenitentia, atque secundum hanc analogiam, quod ad [illegible] habeat intelligo, [illegible] non [illegible] Christo, & [illegible] eo sepeliri: quod [illegible] [illegible] [illegible], [illegible] suis [illegible] [illegible] sunt [illegible]. quod alii [illegible], [illegible] [illegible]; sed contrà ut [illegible] fiat.*

2. [illegible] aliud nihil hinc colligis, quam Baptismum

A circumcisioni succedere, quoque jam vice ejus. Id quod ex Apostoli verbis luculentissime demonstratur, inde etiam Argumentum petit, (nec ab absurdo Apostolum argumentari, ait, sed Paedobaptismi adversarios impetit & impugnat ipse) ad parvulorum Baptismum comprobandum, quod [illegible] illud sacramentum, cujus in locum successit, ex divina institutione [illegible] olim conferebatur. At non hinc sequitur, Ursinum asserere, de parvulis ibi Apostolum verba facere. A Dei verbis ad Mosen in Mose Exod. 3. 6. habitis, argumentum petit Christus, ad resurrectionis dogma stabiliendum, & Saducaeorum

B errorem refellendum, Matth. 22. 31. 32. Nemo tamen, opinor, inde concluserit, de resurrectione Deum ibi verbis locutum. Ursinus ipse Tract. Theolog. p. 567. *Sepeliri & suscitare & circumcidere nos fere manibus per Baptismum, est significari per Baptismum externum, quod internè ipse, qui hoc significat, nos baptizet, circumcidat, sepeliat, vivificet.*

SAMUELIS WARDI Responsio.

Locus autem 1 Cor. 6. 11. esse de adultis Corinthiis

C *intelligatur, qui* [illegible] *fortasse proprie* [illegible]: *tamen ad* [illegible] [illegible] [illegible] *videtur referre Baptismatum ablutionem, ut Martyr in locum, quae dare* [illegible] *fidelibus adulta aetate baptizatis, ablutionem sive remissionem peccatorum non nisi designabat, hac tamen formula loquendi indicare volunt integrum finem sive partem effectum Baptismi. Est enim ille non sola designatio ablutionis prius factae, sed & ipsa ablutio in iis quibus ante Baptismum peccata manebant non ablutum, atque adeo parvulis ipsorum Baptismum ipsum justificationem & remissionem suo modo exhibere. Hoc formula loquendi omnino Patribus credibile est, quando & sopra*

D *obser*[illegible] *ad similem loquendi formulam, Act. 22. 16. Num. 3.*

THOMÆ GATAKERI Replicatio.

Nihil amplius hic regeri necesse est, quam quod prius dictum est de loco Act. 22. 16. Num. 3. ad Respons. num. 3. Replic. 1. & 2. & eis locis supra novissime adductis: de adultis scilicet dictum, subjicere, nec aliud aliquid hinc concludi posse, quam quod de eis illic verum exstiterit. Illud tamen adjicio, praeterea subinde fuisse effectionem Baptismi illum ipsum, qui à statu peccatorum esse,

E hoc est enim ut [illegible], utcunque ille sit, Baptismi finis effectusque, ut etiam ecto [illegible] [illegible] in esse peccatis, locos illos proponis, ut confirmes Apostolum finem illum effectumque locis illis [illegible], eundem asserere ad Baptismi finem effectumque integrum respexisse. de hoc ergo illud abunde constare prius necesse est, quam probari illos saepe illum respexisse, qui Baptismi finem integrum respexerit.

F THOMÆ GATAKERI Exceptio. Num. 7.

Quidam ablutionis nomine sanctificationem solam designant, ut Eph. 5. 26. Col. 2. 11. Quidam tam sanctificationem quam justificationem comprehendunt; ut 1 Cor. 6. 11. nec omnis liquido de illis quin de illis loquantur; quae tamen minime convenit videtur.

SAMUELIS WARDI Responsio.

Solutio. Esto quidam ablutionis nomine sanctificationem solam designent, sed tamen ablutionis nomen largo sensu G *quandam utpote quae complectitur tum remissionem peccatorum, tum regenerationem spiritus,* [illegible] [illegible] [illegible] [illegible], *est purgare enim per remissionem peccati & sanctificationem* [illegible], *& non solum sanctificationem quae contradistinguitur justificationi, denotat.*

THOMÆ GATAKERI Replicatio.

1. Quod nomen alteri datur, alteri sensim aliud ex parte

que

qu videntur, in toto [illegible] in quibus agitur, sanctificationem solam designare, concedimus, [illegible] tamen subjungimus, ablutionem nostram eis utique in locis large sumptam [illegible] esse, ut tam remissionem [illegible], quam Spiritus regenerationis donationem, quæ ambo quidem [illegible] [illegible] videntur, nam [illegible] alterum [illegible] nititur.

2. [illegible] formulæ illius [illegible] [illegible], suo loco non videbatur.

SAMUELIS WARDI *Responsio.*

Ad loca singula pertractamus.

Locus Eph. 5. 26. *agit de sanctificatione large sumpta*, ut recte Calvinus in locum. Zanchius in locum, Docet [*Apostolus*] modum quo hanc perficiat sanctificationem, nempe mundando nos à peccatis, id quod sit primo remissione peccatorum, in qua præcipuè consistit justificatio, & deinde sit repurgatione à sordibus peccatorum, mortificatione pravorum affectuum, & quotidiana cordis purificatione ac regeneratione. Rursus, Fides, inquit, idcirco hoc loco non exprimitur, quia de Baptismo, quo parvuli, licet actuali fide destituti, in corpus Ecclesiæ inferuntur, verba facit Apostolus dicendo, *Mundans eam lavacro aquæ.* Paulo post: Substantia Baptismi, quo Christo incorporamur, consistit in ablutione à peccatis, seu in remissione peccatorum & regeneratione. Medium autem efficax ex parte eorum qui mundantur, est fides, ut in adultis, vel saltem Spiritus fidei, ut in pueris. Spiritus enim ipse applicat sanguinem Christi mundantem. *Manifestum in locum*; Ablutio hæc nihil aliud est, quam peccatorum remissio, peccatorum autem remissio omnino est per Christi sanguinem. *Rursus inquit*, *vult hanc purgationem per lavacrum aquæ factam per fidem additam verbo promissionis.* Ergo *hunc locum non intelligit de purgatione quæ fit per infusionem sanctitatis, sed per ablutionem reatus.* Ursinus Tract. Theolog. p. 809. Totam Ecclesiam sanctificat lavacro aquæ per verbum. Ergò & infantes. *Ablutio ergò hic in loco non denotat sanctificationem* strictè & [illegible] sumptam ex horum Theologorum sententia.

THOMÆ GATAKERI *Replicatio.*

Duas ablutionis notionem Eph. 5. 26. etiam peccatorum remissionem comprehendi, nulla prorsus adversus me Ecclesiæ [illegible], quoniam [illegible], cum sanctificationem [illegible] Apostolus se loqui aperte ostendat; quam à justificatione nostri passim [illegible] distinguant; illud tamen [illegible] digniùs Pontificiis [illegible] objicientes, quod illi [illegible] confundunt, [illegible] possimque, (si id opus esset) prestare, Calvini, Zanchii, Musculi, (nam Beza & Ursinus revera quid hic faciat, nihil docent) Hieronymum in Eph. Chrysostomum, Theophylactum, Oecumenium, Hugonem, Aquinatem, Cajetanum, Herveum, Fabrum, Bucerum, Rolloccum, Wollebium, &c. illorum opponere, Verùm ut detur hoc;

1. Nihil in loco hoc de Baptismo in parvulis asseritur, quod non in adultis verum sit,

2. Si remissionem peccatorum pergitis in Baptismo conferri, etiam sanctificationem eadem in eundem, ut ratione pari, ex hoc loco concluditur.

3. De loco hoc Danæus, *adv. Bellar.* tom. 2. l. 2. c. 4. *arg.* 7. ex Eph. 5. 26. *Ostendit Deum, seu Christum, non autem Baptismum mundare nos: sed Deum postea adhibere ipsius mundationis spiritualis externum signum & symbolum, atque Baptismum, ut quod contestetur & confirmet scripsit & sensit Calvinus.* Et sic revera Calvinus, *Instit.* l. 4. c. 15. §. 1. *Quod primum est in Baptismo, hoc est, quod à nobis accipiendum est cum hac promissione, Quicunque crediderint & baptizati fuerint, salvi fore*, §. 2. *In hunc sensum intelligendum quod à Paulo scribitur, Ecclesiam à sponso Christo sanctificatam esse, & mundatam lavacro aquæ in verbo vitæ.* Et alibi, *non sanctificari nos* [illegible] *salvos factos esse per lavacrum regenerationis & renovationis Spiritus Sancti.* Et à Petro, *quod Baptismus nos salvos faciat.* Non enim significare voluit Ille, ablutionem & salutem nostram aqua perfici, [illegible] neque hic salutis causam, sed denotat tantum, doctrinam cognitionem & certitudinem in hoc sacramento percipi. *Nam verbum vitæ & Baptismum aquæ simul connectit Paulus, ac si diceret, per Evangelium salutis nostræ ablutionem & sanctificationem nuncium afferri, per Baptismum nuncium hujusmodi obsignari.* Et quæ sequuntur. Idem in c. 26. §. 22. de loco illo; *Testimonium Baptismi vult Christus ablutionem, qua Ecclesiam suam mundat.* Unde & concludit; *Testimonium hoc peccatum non esse sacramentum, quam in Ecclesia parte sorte consignantur.* Beza, ad Act. Collat. Monspelg. ad argum. 1. & 2. de bapt. *Et sanctificare mundatam Ecclesiam baptismo aquæ, & tribuitur Baptismo Spiritui.* Petrus Martyr, ad 1 Reg. 8. cum illud premisisset, *per metonymiam signis ea dari, quæ sunt rerum significatarum, & significata nomine symbolorum efferri*, subjungit, *ad eundem modum capiendi debere, quod ad Ephesios habemus, Christum semetipsum pro Ecclesia dedisse, ut eam aquæ lavacro sanctificaret per verbum*, &c. *Causa sanctificationis est ipse Christus, qui se pro nobis dedit, & ad causam lavacrum adhibuit, ut sanctificatio ejus per verbum & sacramentum testificata esset.* Bucerus, ad illud Eph. 5. *mundans eam lavacro.* *Si administratione Baptismatis mundatur, quid opus fuit ergò sanctificatione?* [illegible] *verbis restituit, ministerium [illegible] sanctificationem [illegible] asserere.* Paulus exteriora *symbola addit [illegible], quæ Dei verbo sit mundatio nostra, cujusque est externum lavacrum [illegible] quædam confirmatio.* Deus quidem [illegible] [illegible], qui cum habeamus externa signa, eamque fidei [illegible] occurrere [illegible], [illegible] præsentem [illegible] externa figura. Piscator, 1 Thess. Theol. vol. 2. loc. 29. §. 29. Ephes. 5. 26. *Per lavacrum aquæ non necessariò intelligitur Baptismus, quum metaphorice possit sanguis lavacro aquæ comparari, concesso tamen hoc, Ecclesiæ lavacro aquæ, h. e. Baptismo purgari dicenda est; non quod à peccatis purgetur per ipsum Baptismum: quum illud sanguinis Christi proprium sit.* 1 Joan. 1. 7. *sed quod Ecclesia Baptismum habeat, ut divinum atque efficax signum purgationis per sanguinem Christi factum testimonium*, &c. Whitakerus denique, de Sacr. q. 4. c. 3. ad arg. 4. ex Act. 2. 38. & 22. 16. *Familiariter Baptismi modus est ut fieri dicatur, quod factum obsignatur.* Itidem ad 7. ex Eph. 5. 26. Tit. 3. 5. *In Baptismo mundari & salvari dicimur, quia Baptismus pignus & arrha est nostræ salutis, [illegible] & virtus signis tribuuntur in illa.* Ex istis: *Baptismum nobis obsignat ablutionem à peccatis & salutem, ut adhæreamus ad ista sermonibus, quibus Scriptura utitur.* Lavat nos Deus per Baptismum, vel ut Apostolus loquitur per lavacrum regenerationis, & lavacro aquæ per verbum, i. e. in Baptismo & per Baptismum, non quod efficacia sit in Baptismo, sed quod hoc organo Deus utatur, & quod ipse in usu hujus organi sit efficax, & hic externis signis spiritualem gratiam nobis obsignari.* Ibidem ad Test. 8. ex 1 Pet. 3. 21. *Baptismo vim purgandi & servandi quadam sensu tribuimus, nempe ut declaret & obsignet tanquam pignus, nostram salutem.* Ibidem ad Test. 3. [illegible] *Non aliter dicantur* [Sacramenta] *in Scriptura purgare & salvare, nisi quod fidei nostræ repræsentant atque obsignant nostram purgationem atque ablutionem, atque ita nobis sint pignora salutis.*

SAMUELIS WARDI *Responsio.*

Col. 2. 12. *Per ablutionem non [illegible]*, [illegible] Apostolus, consepulti sumus cum eo per Baptismum. *Sed* Baptismum ibi [illegible], inde Pelikanus, cum recentioribus, ipsum Sacramentum Baptismi pro ipsâ summum designat. Baptismum autem tam respicit salutem nostram, quam sanctificationem. Ursinus, in Tract. Theol. p. 558. [illegible] hunc locum, Hic circumcisionem [illegible], qui per Christum exhibitam inquitur quod significavit illa Circumcisio, [illegible] quod [illegible] peccatorum; quod sit [illegible] & [illegible] justitiam. Ibidem p. 367. Docent [Apostolus] una consepelici, resuscitari, condonatis nobis peccatis, circumcisi sine manibus per Baptismum. [illegible] [illegible] sed [illegible] [illegible]: atque adeo non solam sanctificationem: neque enim unquam sanctificatio habetur absque hac probatione.

THOMÆ GATAKERI Replicatio.

1. Ablutionis vero vox ea loci non habetur. Memoria itaque ut [illegible] lapsus esto. Hoc interim volebam, lucidum hunc ex eâ esse, in quibus sanctificationis opus diserte a Baptismo attribuitur.

2. Consepulturae illa mentione [illegible], qua Baptismus, de quo ibi agitur, [illegible] respicit, non sequitur. Siquidem non [illegible] est, ut Apostolus ea omnia, quae in Baptismo designantur, ubicunque de eo verba agit, beneficia recenseret. Nec illud mihi animo adhuc insidere penitus potest, cum hanc illam remissionem [illegible] sua includere, certe [illegible] adjecta, quia est hac probabilita [illegible] habeatur; (ut omittam quod de [illegible] hujus veritate jam ambigi possit) illud nec [illegible] [illegible] non magis quam absolutam notionem sed justificationis includere, quae nisi illa [illegible]. Mihi, qui minus [illegible], [illegible], tum quod [illegible] hoc, ostendunt, quae videtur interpretum consensu ad Rom. 6. 4. mortificationem internam designat, quae ad sanctificationem pertinet; ad quam persuadendam transeat eo capite Apostolus, relictâ, de qua prius prolixe egerat, justificationis negotio: (ut de vivificatione huic opposita nihil hoc nunc dicam) tum quod illa veteris hominis, sive corporis peccati abolendum sanctificationis actum ubique designare videatur, Eph. 4. 22. Col. 3. 9. quod & ex membro altero itidem opposito colligunt, ut alios Whitakerum, de Sacr. q. 4. c. 3. ad rat. 2. Verum justificare non est sanctificare, etsi haec duo conjuncta sint. & Calvinus, Antid. ad Concil. Trident. sess. 6. de justif. c. 7. Neque tamen unquam negandum est, quin perpetuo conjuncta sint ac cohaereant haec duo res, justificatio & sanctificatio: sed perperam inde inferetur unam & eandem esse. Beza certe, in locum; Circumcisionem cordis, de qua hic agitur, certum est ad sanctificationem potius, quam ad peccatorum remissionem pertinere. [illegible] igitur his verbis declarant alterum Christi beneficium, nempe nostra sanctificatio, &c. Quo modo & [illegible] [illegible] illam, ex Rom. 6. 6. & Col. 3. 9. de sanctificatione interpretatur.

3. Verum utcunque de hoc fuerit, neque enim multum ad rem ipsam facit, de qua praecipue agitur; idem de testimonio isto dici poterit, quod de superiore dictum est. Quin & videri poterant, quae de hoc dicto sunt supra dicta, Num. 6. de Sac. 2. sed & quae mox, Num. 8. dicentur.

SAMUELIS WARDI Responsio.

1 Cor. 6. 11. Calvinus per vox abluti estis, vult sibi [illegible] justificationis designari; vix distincte justificationem & ablutionem, nisi ut simplex & [illegible].

THOMÆ GATAKERI Replicatio.

De sensu isto loci illius, ego cum Calvino convenire nolim. Multo tamen interpretum nostrorum sequi, qui, quae prius in una [illegible] verbo involuta erant, ea post distincte proponi, monent: (in quo & Musculum castratis praeeuntem habent) eo quod ista nostri expositio convenit Apostolicae rationi (in qua utriusque & sanctificationis, quae prima quoque loco ponitur, & justificationis distincta fit mentio) multo magis convenientem nobis [illegible] videtur. Inclinat eodem & Petrus Martyr: etsi si de sanctificatione sola potius acceperit, qua sanctificati estis, immediate quasi [illegible] subjicitur. Verum non in hoc controversia [illegible] tenetur.

SAMUELIS WARDI Responsio.

Thesis, quam tum probandam suscepi, de sola justificatione agebat: ut non necesse sit [illegible] de sanctificatione quicquam dicere.

THOMÆ GATAKERI Replicatio.

Etiamsi in Thesi de sanctificatione nihil dicatur, nisi tamen de illa pariter in Baptismo data [illegible], locis istis vis utriusque consulit demum justificationis in eodem datae [illegible].

THOMÆ GATAKERI Exceptio. Num. 8.

Quoties non tam de Baptismi Sacramento, quam de operatione spirituali, quae in eodem; non designatur, tum & obsignatur, intelligenda videntur, ut Tit. 3. 5. Coloss. 2. 12. ubi id de quo agitur, per fidem esse dicitur, quae in Baptismi externi susceptore praerequiritur, Act. 8. 37.

SAMUELIS WARDI Responsio.

1. Negamus; de sola spirituali operatione, quae in Baptismo tum delineatur, tum obsignatur, intelligenda esse loca Tit. 3. 5. & Coloss. 2. 12. exclusis Baptismi Sacramento.

De loco Tit. 3. 5. Calvinus in locum sic; Facile patiar de Baptismo locum exponi. Beza in locum; Argumentatur a Baptismi Sacramento, re scil. cum signo conjuncta. Ursinus, Tract. Theol. p. 593. Non dubitant omnes veteres & recentes Orthodoxi Interpretes ea loca Eph. 5. 26. Tit. 3. 5. 1 Pet. 3. 21. de Baptismo exponere.

De loco Coloss. 2. 12. existimo neminem interpretum de sola operatione spirituali, quae in Baptismo tum delineatur, tum & obsignatur, seclusis ipsis Sacramentis, intelligere hunc locum; cum locus iste sit palmarius, quo contra Anabaptistas evincitur Baptismum successisse Circumcisioni. Calvinus in locum; Paulus, sublata Baptismi mentione, Circumcisionem, inquit, spiritualem peragit in nobis Christus, non intercedente veteri illo signo, quod sub Mose valuit, sed Baptismo. Beza in loco; [illegible] signum est Baptismus, quam absentem significabat Circumcisio. Vide eundem, Instit. l. 4. c. 16. §. 11. Zanchius in locum; Ac primum ostendit Apostolus Baptismum successisse Circumcisioni, & hoc esse Sacramentum initiationis in N. T. Ursinus in Catechesi, edit. Cantabr. p. 609. Baptismus in N. T. successit Circumcisioni; & quoniam successisse, ut habeat eundem usum, quem habuit in veteri foedere Circumcisio. Idque probat ex hoc loco, Coloss. 2. 11, 12. Vide eundem in Tract. Theolog. p. 611. 612.

THOMÆ GATAKERI Replicatio.

1. De sola operatione spirituali, seclusis Baptismo intelligenda loca illa, non dixi; sed non tam de Baptismo, quam de operatione illa spirituali, quae in Baptismo delineatur & obsignatur. quod qui dicit, utrumque aboli, ut Baptismum a disceptatione Apostolica penitus excludat, ut de operatione spirituali illa, quae Baptismi [illegible] delineatur quasi & depingitur, Apostolum agere [illegible]. Verum aliud est de Baptismo ipso, hoc est externo, disserere, ac primaria [illegible] agere; aliud de gratia ipsa divina & operatione, cum allusione habita ad ritum externum illum, quo gratia operatioque illa repraesentatur. e. g. ubi dicit Apostolus, 1 Cor. 5. 7. Pascha nostrum Christus immolatus est. De Christo agit, non de Paschate: nec de Christo tamen, Paschate penitus excluso; sed de Christo, quatenus Paschate praefigurabatur. Hoc ipso in loco, verum de quibus hic agitur, altero, Coloss. 2. 11. In quo circumcisi estis circumcisione non manu facta, &c. de interna

interna cordis renovatione, non de externo Circumcisionis ritu agit: nec de illa tamen ista penitus exclusa, sed de illa quatenus ista repræsentabatur, aliquî nec posset ex eo loco probari, *Baptismum circumcisioni succedere*. Whitakerus, *de Sacram. q. 5. c. 3. arg. 4. ad 4um.* *Bellarminus: an Pastorem tribuere expoliationem à corpore peccatorum, — non circumcisionem Judaicam, sed Christianam, i. e. Baptismum.* Resp. *si per Baptismum intelligat externum signum, falsum est quod ait, non enim hoc magis Baptismo quam circumcisioni tribuatur. sed si signum & gratiam simul intelligat, verum est.* Sed & de loco isto videatur supra, Num. 6. ex Augustino dictis.

Ita & Tit. 3. 5. ex Piscatoris prima exhibita interpretatione, de renovatione interna & regeneratione agitur; allusione tamen ad Baptismum habita, quo renovatio illa & regeneratio figuratur; ut sc. [illegible] ille memoratam regenerationem [illegible], non Baptismum, quo in eis, quorum [illegible] rationem habet, ante Baptismum susceptum obtigerat. De quo videndus Zwinglius, *respons. ad Luther. confess.* [illegible], *sect. 1. num. 4. ad Arg. 3. contin. 7. vers. 2. 156. 1.* & in *declar. de pecc. orig. ad Arg. 12. de Inns. 1.* Itaque quod Ursinus, *non dubitare se, omnes tam veteres, quam recentes orthodoxos, de Baptismo hunc locum exponere*; non sine restrictione aliqua sensum intelligi debet, præsertim cum nec Calvinus ex eo ipse solo [illegible] id faciat, *similes*, inquit, *potius de Baptismo [illegible]*, qui illum potius quemdam expositionem probaverat; ut aliorum impetuositas aliò impelleret; verba sunt enim alii concedentem aliquid potius, quam [illegible] sui sensum [illegible], sed nec Beza expositionem eam definitè & absolutè proponit, sed prælatâ [illegible], cum alteram ante concedere visus esset; & de regeneratione ipsa interpretatur, *vel argumentatur à Baptismi sacramento*, &c. Adduntur his, quæ Vorstius in *Antibellarm. ad tom. 3. contr. 2. thes. 3. & 4. ad rat. 2. ex Eph. 5. Tit. 3.* *Respondent nostri, — [illegible] Testimonia citari, quæ vel quidem ut Sacramentis significatur metaphoricè declarant: nos autem de Sacramentis propriè dictis nunc agimus.* Et thes. 6. ad eadem loca, sed & Marth. 3. Joan. 3. *Act. 2. & 22.* Resp. Evangelici, — *Fallaciam esse homonymiæ simul & figuræ dictionis; quod Baptismus sæpe non pro signo Sacramentali, & quidem seorsim accepto, sed pro interna mentis purgatione sive animæ ablutione vel sola, vel etiam una cum suo signo considerata in sacris literis accipiatur, quemadmodum Baptismo, vel per Baptismum, — id recte fieri dicatur, quod per aliud symbolum jam factum esse declaratur, vel quod per verbum illum annunciatur & sibimetur [illegible] & veritate [illegible] sæpius in Veteri Sacramento accipitur. Lev. 12. & 13. & 14. & 16.* &c. Hisdem *ad contrar. 2. thes. 5.* de locis iisdem. *In [illegible], de re significata potius quam de Sacramentis ipsis agitur.* Denique thes. 6. & 7. rat. 3. de iisdem; *Evangelici respondent, Principium petit, quatenus ad externum aquæ Baptismum referuntur ea effecta, quæ in locis citatis ad ipsum Christum ejusque sanguinem & Spiritum Sanctum [illegible] Evangelio concepta, &c. diserte [illegible].* Pari ratione de Coloss. 2. 12. de mortificatione & sepultura spirituali agitur, ad Baptismi etiam allusione facta, quo ea delineabatur, atque eadem planè ratione, quâ & de Circumcisione, de cujus tamen ritu externo Apostolum ibi agere, seu id tantum efficaciter tribuere, quod in fidelium cordibus peragi ex locis [illegible], vix puto interpretem orthodoxum reperiri aliquem. Quinetiam & de *Baptismo* externo magis ibi eum agere [illegible], [illegible] ut, quod *Videntur tamen, explicari accurrat, quæ opponi poterat, à circumcisione vel sanguinis sigillum salutis: Etiamsi latus per Christi Spiritum circumcisi essent, tamen externam quoque circumcisionem, tanquam internæ illius symbolum ac testimonium suscipiendam esse; sicut olim sanctis Patres (Abraham exemplum, Rom. 4. 11.) susceperant, Hoc utilem Apostolus minime necessarium esse contendit, quod jam loco Circumcisionis externa Baptismum habeant, internam illius renovationem efficacem ac sigillum esse [illegible].*

4. Verum in istis diutius immorari non est necesse; quia quocunque modo in locis illis se res habeat, Exceptiones priores hic quoque obtinent, tum quod de jam fidelibus baptizatis ibi agatur, tum quod nihil dicatur, quo in ipso Baptismo [illegible] conferri, quæ hic recensentur, probetur. denique quod tam sanctificatio quam justificatio pari ratione utrumque Baptismo, sive in interior, sive exterior, sive utrumque, pro modo suo consideretur, utrique designatur, in Apostoli verbis tribuatur.

SAMUELIS WARDI *Responsio*.

2. *Quod subjungitur, ut ratio hujus quarta substituitur, non probat; supra evincimus supra ad Num. 6. nisi hæc loca loquuntur communiter de adultis ante Baptismum conversis; tamen non de iis solis intelligi, sed & de parvulis. unde parvulos evincitur in ipsis locis ab iis quæ aguntur, non effici, dum tamen per fidem, nisi per fidem intelligi simul ejus inclinationem etiam ad fidem, cum Ursino.*

THOMÆ GATAKERI *Replicatio*.

1. Ratio de *fide adjuncta* hoc probat; Fidei vi & efficacia Christi sanguinem apprehendentis atque applicantis, consepultos fuisse Christo Colossenses illos quos Apostolus alloquitur, & cum eodem etiam conresurrexisse; (hoc enim Apostolus diserte affirmat) itaque & de fidelibus adultis agi, & hos ante fuisse Christo consepultos, & ante cum Christo conresurrexisse, quam Baptismum susciperent, quia fideles jam ad sacrum lavacrum accesserant, quod & idem de peccatorum remissione dictum sit, quam vivificationi annexuit Apostolus eodem vers. 13. Audiatur tamen ulterius Ursinum Tract. *Theol. p.* [illegible]. *De mundatis [illegible] ante Baptismum, jam dictum est, hoc de adultis loqui. talia sunt etiam exempla & loca fidem & resipiscentiam in Baptismo requirentia, quæcunque proferre [illegible].*

2. Locum illum Act. 8. 37. illud adduxi, ut ostenderem, fidem veram vivamque, aut illius saltem professionem exegisse populi Dei [illegible] tunc temporis ab illis qui ad Baptismum admittebantur; quam ab infantibus ipsis quis exigit? Rectè Amesius, *adv. Bellar. tom. 3. disp.* 14. 4. 5. *thes. 5.* *Scriptura fidem justificantem antecedere docet Baptismum, Act. 15. 9.* Et thes. 1. *antecedere docetur Baptismum, non in eo infundi.*

3. Quod ad Num. 6. dicta sunt, iisdem eâ & responsum est.

4. *Inclinationem ad fidem*, quam Ursinus dicit p. 411. [illegible], *Sanctificationem esse baptizandis requirunt. Nisi quis, inquit, fidem nominare velit etiam renovationem & inclinationem ad fidem, quam Spiritus Sanctus efficit in infantibus, — & credentes intelligat, qui Ecclesia pro fidelibus & sanctis censere debet.* hanc inquam, renovationem, in qua & fidei semen aliquod delitescat, libenter agnosco, in infantibus [illegible] per infantiam ad salutem hinc abreptis. Verum vel ad Baptismum eandem universos adducere, vel in Baptismo eandem universos percipere, nec Ursinum docuerit, neque [illegible] (opinor) probaturus fuerit.

SAMUELIS WARDI *Responsio*.

3. *Resp. Me nullam operationem spiritualem in Baptismo parvulorum dubitare aut obsignari his in locis agnoscere, quæ etiam in eodem Baptismo non prius exhibeantur quam obsignentur.*

THOMÆ GATAKERI *Replicatio*.

1. Præsumitur hic de *Baptismo parvulorum* eâ his locis agi; quod nondum constat. quanquam ista etiam de quibus in locis illis Apostolus, in *parvulorum Baptismo & delineari & obsignari* etiam, puto, negaverit.

2. *Hæc omnia in ipso eorundem Baptismo prius exhiberi quam obsignari*, non asserendum, sed probandum fuisse videtur,

videtur, hoc est [illegible] parte [illegible], & quidem principale, & ex his locis [illegible]. Ut [illegible], [illegible], necessario [illegible] videri, quod Concilium Tridentinum ait [illegible] in parvulorum Baptismo contineri [illegible], (quod [illegible] in parte a nostris [illegible] oppugnatur) id [illegible] & indubitabiliter constare. Legatur Reverendus Episcopus Sarisburiensis locum illum Coloss. 2. exponens; [illegible] plus tribuere Baptismo Concilium illud [illegible] hujus efficaciam [illegible], quam ille verba illa [illegible].

THOMÆ GATAKERI Exceptio. Num. 9.

Non videtur [illegible] argumentatio ab his locis deducta, *[illegible] per lavacrum regenerationem, justificari & sanctificari, & cum Christo per Baptismum consepeliri, quibus ante Baptismum susceptum peccata remissa praesumuntur*. (de hoc enim [illegible] liquidò constat) *Ergo in ipso Sacramento suscipiendo, vel per illud Sacramentum susceptum, [illegible], quibus [illegible] sunt remissa*.

SAMUELIS WARDI Responsio.

Nego [illegible] Argumentationem ex dictis locis petitam, [illegible] formalem aut validam esse. [illegible] ergo in [illegible] modum formetur.

Probo Christum instituisse sacramentum Baptismi ad [illegible] originalis reatum [illegible]. [illegible];

1. *Ex Act. 2. 38. 39. Baptizandi sunt parvuli Judaeorum ad fidem conversorum in peccatorum remissionem. Ergo baptizandi sunt ad reatum [illegible] originalis [illegible]. Consequentia patet, quia [illegible] reatu [illegible]; [illegible] promissio remissionis peccatorum ad parvulos etiam [illegible], & non solum ad adultos Judaeos, Act. 2. 39. Vide Ussurium Tract. Theolog. p. [illegible].*

2. *Ex Act. 22. 16.* Baptizare & ablue peccata tua. *Est formula [illegible] sacramentalis, & [illegible] reatum originalis [illegible]. Ergo [illegible] parvulis [illegible] reatum originalis ablutionem. Consequentia patet, quia [illegible] formula [illegible] sacramentalis [illegible] parvulis, quibus ante Baptismum reatum originalis [illegible], [illegible], quibus ante Baptismum remissum est.*

3. *Baptismus est parvulis lavacrum regenerationis* Tit. 3. 5. *Parvuli mundantur aqua lavacro per verbum*, Ephes. 5. 26. Consepulti sunt Christo per Baptismum. *Coloss. 2. 12. ut supra probatum est. Ergo parvulis in Baptismo originalis reatum [illegible]. Consequentia patet, quia [illegible] baptizandi, originalis [illegible] est [illegible], post Baptismum est remissum; ut supra probatum est.*

THOMÆ GATAKERI Replicatio.

1. Non est [illegible] propositio, [illegible], argumentationis [illegible] formula, sed [illegible] Exceptionibus illis, quae [illegible] videbantur, quicquid ex locis [illegible] colligi [illegible], quod ad praesentem controversiam faceret.

2. Ad Argumenta [illegible] proposita, quae [illegible] locis illis [illegible], [illegible] videtur [illegible] quae [illegible] regerere, cum nihil hic de novo prolatum [illegible], quod non supra [illegible] & [illegible].

SAMUELIS WARDI Responsio.

Illud [illegible] hic addendum. [illegible] nobis [illegible] Scripturae, quae [illegible] & demonstrarent Christum instituisse Baptismum in remissionem originalis peccati & ejus reatus solutionem; tamen probationes à [illegible] ex natura Sacramentorum & eorum effectis, ex [illegible] Theologicis [illegible] ad hujus nostrae assertionis demonstrationem. Quae [illegible] & [illegible], quae Paedobaptismum oppugnant, ex communibus Theologicis in Scriptura fundatis refellimus: [illegible] exempla & [illegible] pro Paedobaptismo [illegible]. Vide enim Ussurium Tract. Theol. p. 618. Probationes [illegible] ex [illegible] probationem esse [illegible] exemplis — & [illegible], & [illegible] doctrinae Apostolicae nobis [illegible] esse probationem [illegible]. *Videatur [illegible] Augustinum*, l. 4. c. 25. de Baptismo contra Donatistas.

THOMÆ GATAKERI Replicatio.

Illud facilè concedo, sed subjungo [illegible], [illegible], *de Sacramentorum natura [illegible] Theologiae*, quibus [illegible] probationes istae, Verbo divino [illegible] stabiliri debere, quam ad alia [illegible] ipsa [illegible] adhiberi. Rectè Cyrillus, [illegible] Hierosolymitanus Catech. 4. [illegible]. Et [illegible], in [illegible] p. 461. *De Sacramentis [illegible] ex verbis Scripturae judicandum est.* Quin & Bellarminus, (quod ipse cum suis [illegible] observarem) *de Sacram. L. 1. c. 14. [illegible] & natura Sacramentorum non potest [illegible] intelligi, quam ex verbis [illegible] instituta.* Et Lutherus, contr. [illegible], (à Bellarmino [illegible] adductus) *In rebus [illegible] Sacramentorum [illegible], argumentum ab autoritate [illegible].* [illegible] in [illegible], ad [illegible] thes. 1. & 2. *de natur. Sacram.* Quaeritur, an Sacramenta sint signa [illegible] & sigilla foederis gratiae, sive externa Symbola & [illegible] foederis gratiae [illegible], ad hoc divinitus instituta, ut gratiam Dei salutarem in foedere promissam [illegible] significent, [illegible], [illegible] suo modo confirment, & [illegible] reddant: quod communis est Evangelicorum sententia; an praeterea sint causae efficientes hujus salutaris & justificantis gratiae; sive an sint efficacia gratiae ejusdem organa, [illegible] ad hoc divinitus instituta, ut eam realiter in se contineant, & [illegible] conferant, quae Pontificiorum communis opinio est. Et, ad thes. 6. *de Sacram. effectis, virtute & efficacia*, de opere operato; *Nostri hoc dogma de opere operato, seu de actione externa & sacramentali, quod quae per se, absque fide & bono motu [illegible], justificare [illegible] possit, &c. plane falsum & perniciosum esse judicant: & [illegible] Sacramenta ex ipsius Dei ordinatione, [illegible] signa [illegible] & obsignandi, non [illegible] ipsam Evangelii gratiam conferendi, habere docent. Denique, ad [illegible] thes. 6. & 7. de bapt. effect. & efficac. Evangelici [illegible] Baptismi [illegible] efficaciam, — [illegible], [illegible] obsignationem gratiae [illegible] salutaris in Evangelio promissae, de remissione [illegible] & [illegible] peccatorum per Sanguinem & Spiritum Christi.* Et [illegible]: *Negamus autem Baptismum per se & ex opere operato, ipsa peccata [illegible] posse, seu quempiam justificare, & perfectè, sive [illegible] sanctificare, &c.* [illegible], [illegible], quae [illegible], apertè repugnant.

SAMUELIS WARDI Thes. Num. 10.

[illegible] Symboli Constantinopolitani, Credo unum Baptisma in remissionem peccatorum.

THOMÆ GATAKERI Replicatio.

Illud ex *Symbolo Constantinopolitano de uno Baptismo*, ad remissionem peccatorum, tam ad obsignationem quam ad conferendam [illegible] intelligi.

SAMUELIS WARDI *Responsio.*

Ego parvuli jure negotare possim, tam ad conferendam, quam ad obsignandam remissionem peccatorum, [illegible] *temporis, temporibus scilicet Ecclesiae* [illegible], [illegible] *tam ad conferendum*, [illegible], *quam ad obsignandam remissionem Baptismus* [illegible] *esse*. [illegible] *parvuli fere baptizati sunt*, [illegible]. *Vide quae supra annotavimus ad* Num. 4. 5.

THOMÆ GATAKERI *Replicatio.*

1. An hoc posteri jure negotare possis, ambigi potest.

2. Quae allata, sive affirmanti intendit probatio, mihi itaque interpretationem quae commode dari posse videbantur, dedisse; vel certe etiam quae à te adducebatur, [illegible], sicut fecerat; ubi vero vel mea tollendis, vel tua firmandi causa [illegible] videbam.

3. Quae Scripturae fundo, ex qua phrasis illa [illegible], te etiam autore, videtur, illud convenit, tamen illud non certo. Sic Davenant. *adv. Bellar.* tom. 2. cap. 4. c. 5. *ad obj.* 2. *Ubi dicimur baptizari in remissionem peccatorum. Finis Baptismi hic* [illegible], *ut Marc.* 1. 4. *Act.* 2. 38. — *Et praecipuum Sacramentorum finem* [illegible] *esse hanc obsignationem.* Et paulo ante, *ad obj.* 1. ex *Concil. Vienn.* [illegible] *in aqua* [illegible] *qui baptizantur*, respondet, *Sacramentaliter, non causaliter, quatenus propter promissionem Dei, signum aquae* [illegible] *obsignat baptizatorum regenerationem, non autem* [illegible], *confert, aut producit.* Videantur & quae Cameraria [illegible], 2. supra Sect. 1. Num. 2. *ad Arg.* 1. *assumpt.*

4. *At conferendam tunc temporis* [illegible] *concludere, qui parvuli fere tunc baptizabantur*; est id petere quod controvertitur, parvulis eum Baptismum conferre.

5. Quod [illegible] Baptismum significare dicitur, patet de Baptismo non [illegible] intelligi. Sic Whitakerus, *de Sacr.* q. 4. c. 4. *Catechismus Romanus* (*Ephes.* 4. 5. Unum Baptisma) *demonstrat Baptismum non esse iterandum. Et hoc videtur voluisse Synodus Nicena in Symbol.* Confitetur unum Baptisma in remissionem peccatorum, quod si admittatur, è vocula illa nihil potest concludi, quod ad rem praesentem faciat.

6. Si omnes illi Baptismum agnoscunt, tam qui parvulis, tam qui adultis datur, [illegible] in eundem finem, *remissionem scilicet peccatorum*; adultis autem eam non confert, sed obsignat tantum, sive fidelis, sive fidelis accesserint: [illegible], [illegible] jure possumus, concludi hinc, [illegible] *Baptismum etiam in parvulis remissionem duntaxat obsignare*, qui hoc tantum in adultis facit: illud [illegible], non posse hinc peti, ut [illegible], *Baptismum parvulis remissionem peccatorum conferre.* Audi Whitakerum, *de Sacr.* q. 4. c. 1. *ad thes.* 3. *resp.* 2. *ex Concil. Constant.* 1. *in Symbol.* Credimus unum Baptisma in remissionem peccatorum. *In Baptismo remitti peccata quis dubitat? aut hoc saltem.* [illegible] *ex opere operato, & vi elementi externi, peccata remitti in Baptismo.* At [illegible], Whitakerus [illegible]. Ipse [illegible] explicat, [illegible], [illegible] praegressis. *Ad resp.* 1. *ex Concil. Nic.* 2. [illegible] *intelligi volumus Patres, non* [illegible] *qui Baptismus* [illegible] *designat.* [illegible] q. 6. c. 4. p. 193. *Neque aliter remittitur peccatum originale in Baptismo quam in Eucharistia*: *in utroque enim Sacramento obsignatur nobis remissio omnium peccatorum.* Et *de Sacr.* q. 2. c. 3. *arg.* 5. *Bellarminus negat Baptismum esse* [illegible] *gratiae*, *sed* [illegible] *instrumentum conferens gratiam; quod à nobis supra refutatum est.* Idem denique, *de Sacr.* q. 4. c. 3. (prout & Vossius supra) hanc tanquam communem nostrorum sententiam proponit, *Sacramenta non ex se justificare*, [illegible] *ex opere operato, sed justitiam* [illegible] *obsignare.* Et in hunc cap.

[illegible] *illi Bernardi* [illegible]; [illegible] *hereditatem, sed obsignat tantum: ita Sacramenta gratiam obsignant tantum, non tradunt.*

SECTIO III.

SAMUELIS WARDI *Thesis.* Num. 11–16.

11. **A**ssertionis Baptismum recte parvulis administrari: *quemadmodum & Circumcisio olim in Vetere Testamento parvulis* [illegible], *ex* [illegible] *consensu Theologorum, & perpetua Ecclesiae traditione.* *Unde recte dicimus cum Augustino*, de Baptismo contra Donatist. l. 4. c. 23. Si quisquam in hac re autoritatem divinam quaerat, quanquam quod universa tenet Ecclesia, nec Conciliis institutum, sed semper retentum est, non nisi autoritate Apostolica traditum rectissime creditur, tamen veraciter conjicere possumus quid valeat parvulis Baptismi Sacramentum ex Circumcisione carnis, quam prior populus Israëliticus accepit. *Hac Augustinus.* *Et recte hoc* [illegible] *exemplum Circumcisionis, in cujus locum Baptismus successit.*

Hinc 1. *affirmamus*, Cum Baptismus in Novo Testamento Circumcisioni *succedat ex Christi institutione, & recte parvulis administretur, eundem valere ad originalis peccati reatum, quo sola implicantur parvuli*, [illegible].

Haec tota nostra Catholicae [illegible].

Sed adhuc quaeritur, an omnes infantes rite baptizati sint [illegible] *justificentur. Hic habent* [illegible] *Theologi, qui* [illegible] *justificandi ab originali peccato ad solos electos restringunt.* [illegible]:

Primum est, Omnes parvulos rite baptizatos in infantia morientes fore [illegible] *justificari.*

THOMÆ GATAKERI *Exceptio.* Num. 11.

Ratio ab ea Analogia deducta, quam Baptismus cum Circumcisione obtinet, cassitas ipsum, ad quam [illegible] adducitur, infirmare [illegible] magis quam confirmare videtur. De Circumcisione siquidem quod ad effectum illum attinet reatus tollendi, res multo magis in incerto est, quam de Baptismo.

Exceptioni illi duo nunc adjecta volumus:

1. Quod via illa [illegible] *nostrum Catholicum* [illegible] *praedicentur*; *Catholicorum* [illegible] *numerus*, [illegible] dicitur, [illegible], si non universos plane Theologos Evangelicos excludit, qui adversus Pontificiorum errores ex professo scripserunt, [illegible] hac in parte [illegible] [illegible] quod asserimus, erroris [illegible] perstringit, nec potuit [illegible] Pontificis gratiam magis [illegible], quam [illegible] ex Ecclesiae Catholicae diptychis expungendo.

2. Quod [illegible] hic habete, & Baptismus [illegible]. [illegible], [illegible], quod ex Testimoniis supra [illegible]. Unus & [illegible], [illegible] [illegible], [illegible] ad [illegible] [illegible], [illegible] [illegible] concessimus.

SAMUELIS WARDI *Responsio.*

Ex Analogia inter Baptismum & Circumcisionem Argumentum deducimus ad Paedobaptismi [illegible], *non autem ad* [illegible] *in Baptismo* [illegible]. [illegible] *ad Argumentum* [illegible]. [illegible] *duntaxat* [illegible], *ut* [illegible] *magis elucerent.*

THOMÆ GATAKERI Replicatio.

1. Restant (si quis hac in parte fuerit) ursum duo [illegible]:

1. Quod ex Augustino pro fundamento substernitur, [illegible] Circumcisionis [illegible] parvulis [illegible].

2. Quod, item, [illegible] asserimus, cum Baptismus in N.T. Circumcisioni succedat, ex Christi institutione, & [illegible] parvulis administretur, [illegible] ad originalis [illegible] peccati [illegible], qui [illegible] parvulis [illegible] Baptismum [illegible] & Circumcisioni succedere, & parvulis [illegible], ut ex [illegible] in parvulis [illegible], hujus [illegible] ex Augustini [illegible] vere [illegible], ad [illegible] illud [illegible] ad [illegible], quod, nisi de Circumcisione [illegible], non [illegible] ex [illegible] concludit.

2. [illegible] Argumentis [illegible] opinionis, [illegible] Scriptura sacra [illegible] producta, [illegible] Baptismo [illegible] Circumcisionis [illegible]. Et certè [illegible] ab initio tota ferè disceptatio [illegible] Argumentis, [illegible] agitata, [illegible] & [illegible], quod [illegible], tanquam [illegible] nihil dictum, [illegible] sit, [illegible] vel [illegible] primitus [illegible], revocante [illegible].

Verum [illegible] ipsa [illegible] imprudenter [illegible] sponte [illegible] pariter [illegible] suspectum. [illegible] Augustinum [illegible] videar, [illegible] Rom. 4. 9—12. Gal. 5. 3—6. quod & Bellarminus [illegible] Sacram. l. 2. c. 14. [illegible] Apostolus, [illegible] non in Circumcisione [illegible] justificatum; [illegible] Circumcisionem [illegible] justificaret. [illegible] l. 4. 1. 30. [illegible] Num. 13.

THOMÆ GATAKERI Exceptio. Num. 12.

Primò [illegible] externam [illegible] per [illegible] & quod [illegible], cui Circumcisio successerit.

SAMUELIS WARDI Responsio.

[illegible] Augustinus, l. 5. contra Julian. c. 9. [illegible] Circumcisionem. [illegible] Circumcisio, [illegible] Deus [illegible] Baptismum [illegible] & [illegible], [illegible] justitiâ [illegible].

THOMÆ GATAKERI Replicatio.

Sufficit [illegible], si id [illegible]. Veruntamen.

1. Si per [illegible] vel [illegible] Circumcisio [illegible] per [illegible] quod [illegible] [illegible] id, quod [illegible]. Whitakerus, de Sacr. q. 4. c. 3. [illegible] 1. p. 88. [illegible] Baptismum [illegible] habet, Circumcisio [illegible] Baptismum [illegible] gratiam ex opere [illegible], sed Baptismum [illegible], & gratiam [illegible].

2. Non [illegible] per [illegible] Sacramentum [illegible] aliquid, quo [illegible] Dei cum populo suo [illegible], quod [illegible], paginæ divinæ [illegible] videntur. [illegible] externi, (ut [illegible] illam [illegible] Circumcisionem [illegible], Gen. 15. 9—18. [illegible] Jer. 34. 18.) [illegible] Genes. 4. 3. 4. & 9. 20. & 12. 7. 8. & 26. 24. 25. & 28. 18. 22. & 33. 20. & 35. 1. 7. 14. quibus [illegible] obsignabantur, [illegible] Psalmes [illegible], Psalm. 50. 5.

THOMÆ GATAKERI Exceptio. Num. 13.

1. De Circumcisione ipsa [illegible] reperiri videtur, unde hoc [illegible] esse, [illegible] possit. [illegible] designatum [illegible] Circumcisionem cordis spiritualem. Deut. 10. 16. & 30. 6. Jer. 4. 4. & 9. 26. Esai. 52. 1. Ezek. 44. 9. Rom. 2. 28. 29. Phil. 3. 3. Col. 2. 11. [illegible] Circumcisione [illegible] semper, [illegible] fuisse, [illegible] ex [illegible] necessario concludi.

SAMUELIS WARDI Responsio.

Sed contra. 1. Ipse ritus circumcidendi praeputium parvulorum Gen. 17. 12. [illegible] Circumcisione, [illegible] & [illegible] Circumcisionem [illegible] genitali Circumcisio [illegible] Christi [illegible] Augustino. Circumcisio [illegible] per Christum [illegible] peccatum [illegible] omnis homo [illegible] peccato. [illegible] Augustinum de Nupt. & Concupisc. l. 2. c. 11.

THOMÆ GATAKERI Replicatio.

[illegible] hic multa, [illegible].

1. [illegible] ad Circumcisionem [illegible] Gen. 17. 10. non dicitur.

2. [illegible] ad [illegible] designandum, non sufficere, id [illegible], vel ad id designandum institutum fuisse, probandum est.

3. [illegible] genitali [illegible], quod dicitur, cur non potius, [illegible] Scriptura [illegible] post [illegible]. Quod Athanasius, Serm. de Sabbat. & Circumcis. [illegible] Vide Bucanum, [illegible] 2. ad Arg. 4. 5. 4. [illegible] Petrus Martyr, ad Rom. 2. [illegible] Christus [illegible] Calvinus, ad Gen. 17. 11. [illegible] probabile est. [illegible] [illegible] &, [illegible] hominis [illegible] tur.

rat, deinde *salutem ex benedictione Abrahae semini promissam*. *Praemium ergo*, *quoniam ex sua generatione propriam habent hominis*, *Deus in Circumcisione damnavit*, *ut abscissa natura corruptio illa ad carnem mortificandam adduceret*. *unde etiam conditione poenitentiae fuisse symbolum*. Augustinum, adv. *Faust*. l. 6. c. 3. *In qua etiam membro circumciditur exspoliandi carnalis & mortalis concupiscentiae figuratur*, *quam unde carnalis & mortalis fieret tractatur?* Musculus denique, in Gen. 17. *Circumcidebatur caro*, *pro libidine*, *ut anima*, &c. *sed praeputii*, *in signum repurgandae concupiscentiae operis*, *qua tota est humani generis natura ac ipsa semina & conceptu contaminata*.

4. *Parvuli sanguinis Christi sanguine abluebantur*, ego certe nullus dixerim. quicquid id ad rem ipsam, de qua agitur, parum interest utrum *ἀνάλογον* illud, non nostrum hic, nobis collatum, non concessum nobis tamen, aut à nobis praesectum.

5. *Significatum hoc Sacramento*, *per Christum regenerationis effectum*, *tolli originale peccatum*, ego cum Augustino & Prospero libenter concessero.

6. Verum *sanguinem in Circumcisione eo fine effusum esse*, *ut per hunc etiam Christi sanguis ejusdemque meritum ad reatum originalem tollendum applicaretur*; hoc est quod sumitur nec probatur, estque id ipsum quod quaeritur. Ego cum Tertulliano *adversus Judaeos*, habens agnovero, Circumcisionem populo *Israeli datam*, *in signum*, non *in salutem*. vel, *in salutis signum*, non *in salutis medelam*, uti idem *Judaeos* loquitur; sive, *ut aliud*, *in signum*, *spirituale*, *in salutem*, prout & idem *ibidem* distinguit.

SAMUELIS WARDI *Responsio*.

2. Deut. 30. 6. Circumcidet Dominus cor tuum, & cor seminis tui. *Promissio haec facta est Judaeorum semini*, *non adultis tantum*, *sed & parvulis maribus*; *ut patet ex institutione Circumcisionis*, *ubi* (*propter promissionem illam*, *Ero Deus tuus & seminis tui*) *illi etiam jubentur circumcidi*. *Nullum autem ordinarium medium dabatur*, *quo cor parvulorum circumcidi possit*, *aut conferri*, *quam Sacramentum Circumcisionis*, *id quod vox Circumcisionis innuere videtur*. *Ergo hoc Sacramento circumcisum erat cor parvulorum*. *At nulla Circumcisio cordis parvulis fieri potest absque solutione originalis reatus*: *cum haec sit primum salutare beneficium*, *cujus parvulus est capax*. *Ergo hoc Sacramento solutio facta est originalis reatus*. *Quod autem hoc beneficium collatum erat parvulo una cum Circumcisione externa*, *& semper exhibitum*, *ex eo probatur*, *quod Sacramentum semper est efficax parvulis*, *ubi nullum obstaculum parte ejus impedimentum*; *quoniam sunt Sacramenta signa salutaria*, *sed in re illa ipsa ordinatio*, *& vere rei signatae exhibitiva*.

THOMÆ GATAKERI *Replicatio*.

1. Sufficiunt & illis, qui non prohibentur.

2. *Promissionis illius executionem ad Circumcisionis tempus restringendam*.

3. *Necessario requiri medium aliquod externum*, quod Deus exegerit, quod non necesse esse, ex Scholasticis & medicalis, [illegible] in [illegible] Spiritu potestate, nostri ad voluntatem divinam se accommodantes, de illo, hunc illic, non illic velle, eo tempore aliquo exercitare debet.

4. *Quod media etiam parvulis promisit*, dicitur, non obvium, sed & intrinsecus [illegible] mentis.

5. Quod *in parvulis quandoque circumcisio cordis interna una cum externa semper collata dicitur*, res subinde patet ut à nullis exinde id probatur, vel ut etiam probari possit. Quin & Reverendus Episcopus Saresburiensis id ubivis videtur, ut controversum per magis adhuc controversum hic probari videatur.

4. De *Sacramentorum veritate & efficacitate* quod subjungitur, in praecedentibus non semel, & dissertum est, & excussum etiam, ut nobis quidem videtur. Vide *Sect.* 1, Num. 2. ad Arg. 12. resp. 2. Athanasius *Serm. de Circumcis. & Sabb.* [illegible], eoque ritu illos praedocuit ussiem [illegible]. quod & in Baptismo multo magis fiat. Adjiciantur verba Reverendi Episcopi Saresburiensis ad Col. 2. 11. *Summum Circumcisionis Christi effectum est ipsa depositio corporis peccatorum totius*. *vel depravatae naturae Adami cum affectibus suis*, *vel corruptae imaginis à parentibus nostris peccato infectis ad nos derivatae*, *vel* (*ut Origenes*) *est purgatio animae & abjectio vitiorum*, *non corporalis signi impressio*. Et post, dicuntur. 3. *Sed hic dubitatur de hoc effectu circumcisionis internae*. *videtur enim*, *quod nemo illud corpus peccatorum exuerit à Christiano regeneratus*, &c. Solutio. *Ad omnibus renatis totum corpus peccatorum totaliter exutum & abolitum*, 1. *quoad reatum*, 2. *quoad dominium*, 3. *quoad ipsum Sacramentum regenerationis*, *nam in eo omnia peccata nostra abluuntur & mortificantur*. nec tamen, ut ipse mox addidit, non dico, in Sacramenti perceptione, sed non in illa vita, quamdiu hic degimus, peccatum habitet quod absum exuimus. Et, *de Justit. actual. c.* 52. *Non est eadem ratio Circumcisionis carnalis & cordialis*. *praeputium carnis simul & semel exscinditur*: *at praeputium cordis paulatim & sensim*, *prout infusa charitas crescendo potest & emergere cupiditatem*. *Hac igitur Circumcisio cordis in hanc sensim initiatur*, *atque tandem eo perducitur*, *ut tandem ex toto corde Deum diligant*. *sed illud tandem tunc reddet ut adultum*, *cum mortale hoc induerit immortalitatem*. *Male ergo cohaeret haec Bellarmini argumentatio*, Deus circumcidet cor eorum, ut toto corde ab illis diligatur. Ergo simul ac incipit circumcidere, illi possunt illico Deum toto corde diligere. Praestabit id omnino Deus: *sed prout sapientia sua ordinavit*, non prout Bellarminus ille addidit.

SAMUELIS WARDI *Responsio*.

3. *Parvuli Judaeorum circumcisi fuerunt veri Judaei*, & *eorum circumcisio fuit vera Circumcisio ex mente Apostoli*, Rom. 2. 28, 29. *Siquidem illi ex praecepto Dei circumcidebantur*, *ergo vere erant circumcisi*: *& circumcisionis autem annexa erat promissio gratiae condonationis originalis reatus*, *ergo & exhibitio ejusdem effectum ab ea non poterit ire*. *Absque hoc Deo ob circumcisionem praeceptam parvulis potius aut nihil essent*, *quod aliquo modo detrimenti merito haberentur*, *atque praecipiens cordis sub externa circumcisione celebrar signalem habuerint*, *quod non videtur consonum veritati divinae*, *aut ejus institutioni*, *ut apparet ex ejus ordinatione*, *quod non fuit vacua*.

THOMÆ GATAKERI *Replicatio*.

1. *Parvuli Judaeorum*, etiam nondum circumcisi, erant veri Judaei, quod ad foedus illud attinet, quo una cum Parentibus comprehendebantur. Gal. 3. 13. Verum ut mente Apostolica, qui Judaeum definire videtur ex *Circumcisione interna*, poterat non ille verus Judaeus pervenire etiam circumcisus. De quo videndus Reverendissimus Episcopus Robertus Saresburiensis *adv. Thoms.* supra adductus, *Sect.* 1. *Num.* 1. *ad Arg.* 3. *resp.* § 7 *membr.* 1. & *ad Arg.* 4. *resp.* § 2. Aboqui ex interna circumcisione, & per consequens ex semine incorruptibili regeneratio fieri nunquam perpeluit, eo deinde demum perinde: quod Scripturae facere nonnunquam videtur, 1 Pet. 1. 23. 1 Joan. 3. & 9.

2. *Circumcisio verum ex Dei praecepto collata*, externa vera sit, non est idcirco tamen ea, de qua hic Apostolus, quae Deo gratum sui acceptum facias. Martyr, ad Rom. 2. *Non agit hic Apostolus de natura vel praestantia Sacramenti*, *verum de ejus fructu atque utilitate*. eodem modo loquitur Apostolum eo loco, qui 1 Cor. 7. 19. & Gal. 5. 6. & 6. 15. Itaque Martyr, ibidem, *Disputabis ex hoc loco*, *res externae per se parum ad salutem proficere*, *nisi interius vel fides fuerit*, *sed dum usurpantur*, *per spiritum fides in animis nostris*. Et Chrysostomus, in Rom. homil. 6.

 At

[illegible] circumcisio [illegible] *sed* [illegible] *circumcisionem haberet.*

3. *Circumcisione autem non videtur annexa promissio gratiae*, sed gratiae promissioni potius adjecta circumcisio, [illegible]. Videatur Calvinus, in Antidot. Concil. Trident. ad Sess. [illegible] Censur. [illegible] Paris. [illegible] Num. [illegible] Baptismi Melanchthon [illegible] Num. 30. [illegible] Calvinus, ad Num. 31. [illegible] 3.

4. *A* [illegible] *parvulis* [illegible] *Judaeorum liberi*, [illegible] circumcisi, tam mares, quam foeminae, qui [illegible] divino [illegible] comprehensi.

5. Non ideo deteriores [illegible] habebantur, *qui parvuli* [illegible] *circumcisionem externam sine interna habebant*, [illegible] mediorum [illegible] capaces existerent, [illegible].

6. *Non voluit Deus in infantibus* [illegible] *quod non* [illegible], [illegible] circumcisi, sed voluit [illegible] Deo [illegible]; quod in hoc ritu [illegible], vel ipse testari, quid in [illegible] tempore esset operaturus, & ad salutem pertineret, vel illos saltem, ubi adolevissent, monere, ad quid [illegible] deberent, quod de Baptismo Calvinus supra. Chrysostomus, in Rom. homil. 8. *Hac de causa signum accepisti*, [illegible] *signum habes.* Ambrosius, de Abra. l. 2. c. 11. *Egregie autem infantia in* [illegible] *circumcidi mares jubentur*; [illegible] *ab infantia circumcisio*, [illegible]. [illegible] *esse debet* [illegible], &c.

SAMUELIS WARDI *Responsio.*

4. *Circumcisio* [illegible] *judicanda est*, *qua laudem habet non ex hominibus*, *sed ex Deo*, *teste Apostolo* Rom. 2. 29. [illegible] circumcisio [illegible] Deus [illegible]. *At talis est circumcisio parvulorum* [illegible], *dicente Mose*, Deut. 30. 6. Circumcidet Dominus cor tuum [illegible]. *Ergo cum Deus promiserit se circumcisurum cor parvulorum* [illegible] *externa circumcisione*, [illegible] *Circumcisio* [illegible] *parvulo* [illegible].

THOMÆ GATAKERI *Replicatio.*

1. Non probatur ex Deut. 30. 6. *circumcidi parvulorum* [illegible], non magis quam Spiritus [illegible] ex Esaia 59. 21. [illegible] p. 179. [illegible], *etiam* [illegible] *fuisse.* Imo eo loco potius [illegible] videtur, non parvulos [illegible] corde circumcisos [illegible].

2. Non sequitur ex praemissis conclusio quae poni debuit. [illegible] parvulis Dominum promisisse, non sequeretur tamen hoc [illegible] circumcisionis [illegible] semper [illegible] id fieri, [illegible] id si promisisset, tam [illegible] in carne circumcisos, [illegible] circumcidendos, [illegible] circumcisione [illegible] fuisset promissio illa.

3. Contra [illegible] posse videtur, [illegible], [illegible] in conclusione, [illegible]. *Circumcisionem salutarem*, [illegible] *circumcisi* [illegible] *circumcisi* [illegible]. Verum [illegible] circumcisi [illegible], [illegible] vero [illegible] posse videtur.

In [illegible] Scriptura [illegible] [*esse*] [illegible] [*etiam*] [illegible], quod si fuerit, [illegible] *prima*; [illegible] promissio illa, quibus & [illegible] Jer. 31. 33. 34. & 32. 38.—40. & Ezech. 11. 19. & 36. 25.—27.

SAMUELIS WARDI *Responsio.*

5. [illegible] *parvuli* [illegible] *à reatu originali per gratiam Dei, mediante Baptismo, ordinario* [illegible] *originalis reatus mediante N. T. ut Judaeorum parvuli in V. T. mediante Circumcisione.*

B *At Apostolus Petrus* [illegible], *Judaeorum parvulos, mediante Circumcisione*, [illegible] *à reatu originali per gratiam Dei servatos fuisse.* Dicit enim, Credimus nos per gratiam Dei servari [illegible], quo illi. Act. 15. 11. *At salus illa* [illegible] *salutem originalis reatus*; [illegible] *modo agit*, *sed & de parvulis* [illegible] *Circumcisione* [illegible] *per gratiam Dei salutem originalis reatus.* [illegible] *Circumcisionis ordinario* [illegible] *originalis reatus Judaeorum parvulis.*

THOMÆ GATAKERI *Replicatio.*

C *Parvulis pro concesso id sumitur*, negatur; nec ex verbis illius hoc patet, sed nec ex ratione subjuncta, quae hoc [illegible] fundamento, *medium aliquod* [illegible] *necessarium requiri*, quo salus illa parvulis exhibeatur: quod est supra negatum, & negandum videtur.

SAMUELIS WARDI *Responsio.*

D 6. *Gentium parvuli dicantur fuisse absque Christo*, & [illegible] *à pactis promissionis*, [illegible] *Circumcisionis*, *ordinario* [illegible] *& remedio*, [illegible] *Christum*, [illegible] *beneficio in V. T.* [illegible] *communicabantur*:

Ergo parvuli Judaeorum qui Circumcisionis [illegible] *sunt*, [illegible] *Christus &* [illegible] *beneficia* (*in quibus erat salutis originalis reatus*) [illegible] *communicabantur.*

THOMÆ GATAKERI *Replicatio.*

1. Quin, quamvis à pactis extranei fuerint Gentium E parvuli, [illegible] *gratia* [illegible], ut infra dicimus Num. 31.

2. Gentium parvuli non ideo dicuntur extranei à pactis, quia Circumcisione carebant, etiamsi hinc, tanquam à posteriori, [illegible], [illegible] circumcisio, quod est [illegible] nunquam [illegible], sed quod foedere divino non fuerint comprehensi. Qui [illegible] Gentium Circumcisionis [illegible], non ideo à pactis extranei non erant: quod & Petrus Martyr, ad Gen. 17. observat. Re[illegible] Bellarminus, de Sacr. effect. l. 2. c. 17. [illegible] F [illegible] Ephes. 2. *non quia carebant Circumcisione*, *sed quia carebant vera fide & notitia veri Dei.* [illegible] *etiam inter Gentiles*, *qui verum Deum agnoscebant*, *inquit*, *ut Job*, *& postea Cornelius*, *&* [illegible], [illegible] *circumcisi.*

3. Antecedens pro concesso sumitur, quod probandum fuerat, [illegible] Circumcisionem [illegible] ejusmodi, quale hic dicitur.

SAMUELIS WARDI *Responsio.*

G 1. [illegible] *Circumcisionem* [illegible] *fuisse*, [illegible] *originalem* [illegible].

THOMÆ GATAKERI *Replicatio.*

At ex his locis illud [illegible] & [illegible] concludi, quod in [illegible] non-[illegible]

SAMUELIS WARDI Responsio.

34. [illegible] Circumcisionis [illegible] Chrysostomi, Hieronymi [illegible] Circumcisionem [illegible] B [illegible] peccatorum [illegible] Calvinus, in Rom. 4. 11. [illegible] Circumcisionis [illegible] Deut. 10. 16. [illegible] C [illegible] Deut. 30. [illegible] D [illegible] Circumcisionis [illegible] Deum [illegible] Gen. 17. [illegible] Deo [illegible] E [illegible] Deum, [illegible] Circumcisionis [illegible] F [illegible] Calvinus [illegible]

THOMAE GATAKERI Replicatio.

1. [illegible] Deut. 10. 16. [illegible] Circumcisionem [illegible] Calvinus, Instit. l. 4. c. 16. [illegible]

[illegible] Gen. 17. 11. [illegible] Gen. 17. [illegible] Deut. 10. 16. [illegible] Circumcisionis [illegible] B [illegible] Circumcisionem [illegible] Augustinus [illegible] C [illegible] Circumcisionem [illegible] Theodoretus [illegible] Deut. [illegible] D [illegible] Circumcisionis [illegible] Jer. 4. 4. [illegible] Tremellius & Junius [illegible] Calvinus, Zwinglius, Oecolampadius [illegible] Vatablus [illegible] Circumcisionis [illegible] E [illegible] F [illegible] Colos. 2. 11. [illegible] Chrysostomus [illegible] Calvinus [illegible] G

[illegible]

SAMUELIS WARDI Responsio.

[illegible] Circumcisionem [illegible]

cum circumcisione externa tollatam fuisse parvulis, & per eam tolli tam semper, [illegible] *quod Circumcisio erat Sacramentum minimè fallax aut ludificatorium, sed verè & infallibiliter [illegible] parvulis*, [illegible] *aut apparere videretur*.

THOMÆ GATAKERI Responsio.

1. Quod tum in calce præcedentis, quam & in præsentis paragraphi corpore, [illegible], colligi & confirmari dicitur,

2. *In Circumcisione cordis spirituali contineri originalis reatus remissionem.*

3. *Hanc semper una cum Circumcisione externa parvulis collatam.*

De superioris enunciati veritate, ex locis illis constat; etiamsi hoc dicerent, quod in illis vix dixisse constiterit dentur aut hoc ab illis esse dictum, quod recitatur.

Cæterum de priore, diximus nostrum, nolim cum illis rem disceptare: quomodo nec cum Pontificiis, quod *Justificationis* nomine, tam *renovationem animi*, quam remissionem peccati comprehendere consueverunt, cum de re ipsa utrobique conveniat, utramque [illegible] in *justificatione*, sic & in interiori circumcisione utrumque concurrere, nec alteram usquam ab altera dissitam esse: quamquam de vocabuli notione ab utrisque dissentiam, & in eo sic sentienda errare existimem.

De posteriori, etiamsi illi dicerent, quod tamen nec Calvinus, nec Chrysostomus dicit, non possem illis assentiri; cum & rem ipsam veritati, & rationem adjectam pietati, [illegible] consentaneam existimem. Supponit, *cum cordis circumcisionem, qua in Spiritu renovatio & reatus remissio* [illegible], (hanc utramque vocem illi comprehendi diximus, & de illa compertum liquido constat) *cum externa circumcisione in parvulis semper fuisse* [illegible], *qui alioqui signum fallax esset ac ludificatorium*; quicquid Ursinus vel alterat, vel afferre videatur, consequentiam justam nullam pietatis habet. Potest enim signum verum esse, quod pactum de beneficio aliquo in posterum vel *absolutè*, vel sub conditione præstando rite obsignet, ut sæpius jam dictum est. Videatur Reverendus Episcopus Sarisburiensis, supra *Sect.* 2. *Num.* 1. *ad Arg.* 1. *annot.* 3. *contrà.* 1. *art.* 1. & Chamierus *distinct.* 7. *art.* 1. Certe non *ludificatur*, aut *instrumentum* [illegible], sed veraciter agit, qui de beneficio futuro, sive absolutè promisso, sive sub conditione præstando, pactum aliquod bona fide obsignat, etiamsi [illegible] pactoque nihil adhuc præstetur aut exhibeatur. Nemo sigillum regium de beneficio [illegible] in futurum conferendo, signum fallax, *instrumentum* & *ludificatorium*, sive regiæ majestatis contumelia [illegible] dixerit, quo [illegible] nihil exhibeatur, [illegible] etiamsi conditionem à parte alterá non præstitam [illegible] nihil unquam exhibeatur. Videantur quæ supra, *Sect.* 1. *Num.* 1. *ad Arg.* 6. *Resp.* 2. *replic.* 4. habentur. Videatur & quid Ursinus ipse supra, Sect. 1. Num. 3. ad resp. 1. replic. 3. afferat. Hæc forsan docuerat Ursinus hic voluit, *Signum verum* [illegible] [illegible], *quod nec ipsis*, nec ordinandum (puto) quisquam negaverit. Cæterum ut hæc habeant in actu ipso infantium circumcidendi, [illegible], ut ipse concedit, [illegible], *verum Deum & verdicum esse*, *indere & instrumentum agere* qui [illegible], impœnitentia, ac blasphemiæ [illegible] jure merito censeantur. Nec à nostris illis immensis agitur, etiamsi se judicet, Ursinus ipse, hæc si dicerent, qui eodem loco contenderit, non omnes qui *circumcidebantur fuisse*, [illegible] à Deo circumcisos fuisse, sed & in veritate ipsâ à re adductis, à beneficio hoc excludat reprobos omnes: ut in istis saltem circumcisio hoc nequaquam præstiterit. Ecquis tamen ut horum circumcisionem *inanem esse* [illegible] negaverit? ecquis aut Circumcisionem, aut Baptismum in talibus *signum fallax*, *instrumentum*, *ludificatorium* [illegible] impietatis [illegible] [illegible]

A dixerit? Ursinum itaque animum aut considerationi attentiorem fuisse, aut sententiam suam plenius planiusque explicasse.

2. De Circumcisionis efficacia nostri plerique quid sentiant, ostendum est supra, *Sect.* 1. *Num.* 2. *ad Arg.* 11. *replic.* 2. *de sacram.* 1. & *replic.* 3. *de sacram.* eadem, quam & veterum consensum hac in parte non alio re fuerit. Purgandi itaque justificandique vim ac virtutem illam Patres utrique Circumcisioni passim derogant, distinguendo, designandi, obsignandi [illegible] tribuunt. Justinus, *dispat. cum Tryph. Abraham* [illegible] *justificatus est ex fide*; *circumcisionem autem in signum*, *non in*

B *justitiam accepit*; *quemadmodum & Scripturæ & res ipsa agnoscere nos cogunt*. Irenæus, *adv. Valent.* l. 4. c. 30. *Quoniam circumcisionem*, *non tanquam consummatricem justitiæ*, *sed in signum eam dedit Deus*, — *ut cognoscibile perseveret genus Abrahæ*, *ex ipsa Scriptura discimus*. Gen. 17. 11. *Hæc idem & de Sabbati ad Mosem Deus* Exo. 31. 13. & Ezechiel 20. 12. *In signum ergò data sunt*, *non autem sine symbolo erant signa*, *i. sine argumento*, *neque otiosa*. — *sed carnalis circumcisio præfigurabat spiritualem*. Jer. 4. Col. 2. Et mox; *Quia per hæc non justificabatur homo*, *ostendit*, *quod*

C *Abraham sine circumcisione credidit Deo*, *& reputatum est illi ad justitiam*. Tertullianus, *adv. Jud. Circumcisionem purgare*, haud semel negat: *datam in signum*, *non in salutem*; *in salutis signum*, *non instrumentum*, *asserit* haud semel. Athanasius, *synops. sacr. Scr. Circumcisionem Abraham postquam est justificatus accepit in carne*, *ut signum esset posteris ex ipso secundum carnem nascentis*, *quod disparata* [illegible], *quando genus* [illegible] *Abraham*, *incipientque* [illegible] *secundum fidem Abraham*, *ex qua ille justificatus est cum in præputio adhuc existeret*. Idem, *serm. de sab. & circ. Ubi jam crediderat*, *circumcisionem accepit*, *pro nota regenerationis ejus*, *quæ per Baptismum* [illegible]. Et mox: *Erat*

D *Circumcisio signum*, *lavacrum regenerationis illud*, *quod eo signo designabatur*. Hieronymus, *in Gal.* 3. *Abraham circumcisionem Deo placitis*, *& circumcisionem in signum fidei prioris accepit*. Et mox: *Gentes* [illegible] *circumcisionis* [illegible], *ut* [illegible] *Ægyptios & Assyrios hoc signaculo designarentur*. Tum, *de circumcisione à Jesu Naviddi* [illegible], *Significat à D. N. J. C. spiritualem circumcisionem credentibus esse mandandam*. Chrysostomus, in Gen. hom. 40. *Ne gratiam circumcisionem* [illegible] — *circumcisionem signi gratiâ justo præcepit*. Et mox: *Num-*

E *quid ad animi libertatem confert carnis depositio? non attendunt Deum manifestè docentem*, *erit in signum fœderis?* — *Ex rebus ipsis discamus*, *nihil ad animæ* [illegible], *sed signi gratia fieri*, [illegible], *quod ægrotare ignari*, *quam nulla in animam suam utilitatem accepere poterant?* Et consequ.; *Ut doceat & illos & nos omnes*, *quare ut esset agnitionis signum peculiaris populus*, *Erit*, *inquit*, *in signum pacti inter* [illegible] *& vos*. Idem, *in Rom. hom.* 8. *In præputiato adhuc justificatus est*, *qua causa introducta est circumcisio? Signum*, *inquit*, *accepit & sigillum justitiæ fidei*, *quæ illi*

F *erat in præputio*. Et post: *Donec fides accesserat*, *non est justificatus*. [illegible] *non abstulisse*, *qui cum præputiatus adhuc justificaretur*, *fide igitur posterior est circumcisio*, — *& ipsa etiam longè inferior*, *quam signum re ipsa cujus est signum inferius est*. Ibidem, *Non verè enim quidam est circumcisio*, *quæ justitiam* [illegible]. Chrysostomi vestigia insistit Theodoretus, *in Gen. quæst.* 67. & *in Rom.* 4. Theophylactus ibidem & Oecumenius, ibidem. Procopius, in Gen. 17. *Ne quis arbitretur Circumcisionem esse fœdus ipsum*, *sed signum fœderis & sigillum*,

G *ut Apostolus docet*. *Quod est illud fœdus? quod fecit Abraham & semini ejus Deus*, *illud fœdus sive testamentum hoc* [illegible] *sigillo confirmatum & obsignatum erat*. Ambrosius, sive quisquis is est, in Rom. 4. *Circumcisio signum est tantum*, *quod acciperent filii Abrahæ*, *ut scirentur ejus filii esse*, & [illegible] *esset paterna fides*. Et mox: *Neque enim adhuc erat circumcisio*, *cum promissio facta est Abrahæ credenti*. Idem, in Rom. 15. *Circumcisio carnis data est in signum circumcisionis cordis*, — *cujus minister Christus est*. Videatur idem, *præfat. ad Gal.* Disertè Augustinus,

ad

[illegible]

THOMÆ GATAKERI Exceptio, Num. 14.

[illegible]

SAMUELIS WARDI Responsio.

[illegible]

THOMÆ GATAKERI Replicatio.

[illegible]

THOMÆ GATAKERI Exceptio, Num. 15.

[illegible]

SAMUE-

SAMUELIS WARDI *Responsio.*

Respondeo 1. [illegible] *fuisse originale peccatum* [illegible] *fuisse.*

THOMÆ GATAKERI Replicatio.

1. [illegible] quam in[illegible] fuerit?

2. *Obsignationis rationem aliquam extraordinariam*, [illegible] *Circumcisionis* [illegible] *infantibus suppleret*, per ea tempora fuisse, nec ego aliam agnosco, nec video quicquam à te positum, quod id possit concludere. Obsignationem [illegible] [illegible] [illegible] Gen. 15. 1. 5.-20. Jer. 34. 18. 19. Joan. 3. 14. 15. 1 Cor. 10. 1.-4. [illegible] [illegible].

SAMUELIS WARDI *Responsio.*

4. *Non tamen dicimus*, [illegible] *peccatum non est remissum in infantia, sed in aetate adulta* [illegible] *in Christum venientium, remissum fuisse extraordinario modo; sed modo ordinario.* [illegible] *remissum fuisse peccatum originale, quibus ante fidem* [illegible] *remissio non est.*

THOMÆ GATAKERI Replicatio.

Adultos quod attinet; [illegible] [illegible] ordinarium, certè extraordinario modo condonabatur, ubi medium abfuerit.

SAMUELIS WARDI *Responsio.*

5. *Dicimus, probabile esse* [illegible] *parvulis*, [illegible] *& fidem Ecclesiae*, [illegible] *parvulis* [illegible] *per illud tempus ad peccati originalis remissionem* [illegible] *Jos.* 5. 5. 7. [illegible]

THOMÆ GATAKERI Replicatio.

[illegible]

[illegible] *dicitur*, [illegible] *ordinarium* [illegible] *fuisse.*

THOMÆ GATAKERI Replicatio. Num. 16.

Assertum itaque primum [illegible]. *Parvulos omnes baptizatos, in infantia morientes*, [illegible] *justificari*, [illegible] *satis videtur.*

SAMUELIS WARDI *Responsio.*

Antequam ad assertum primum [illegible] *demonstrationem*, [illegible] [illegible] *Tria lemmata erant,*

1. *Baptismum institutum fuisse in remedium originalis* [illegible]

2. *Baptismum parvulis* [illegible] *administrari.*

3. *Baptismum* [illegible] *fuisse in remedium originalis* [illegible] *parvulis.*

Istis praemissis jam [illegible] *an Baptismus institutus fuerit in remedium originalis* [illegible]

1. *Omnes parvulos* [illegible] *baptizatos, in infantia morientes, sine dubio justificari.*

2. *Omnes parvulos* [illegible] *in infantia* [illegible], *à reatu originalis peccati* [illegible] *Baptismo liberari.* [illegible]

THOMÆ GATAKERI Replicatio.

1. Verum esse id, quod dicis, fateor, [illegible] propositis [illegible].

2. Verumtamen, in postulatis istis, & in primo praecipuè, [illegible] Scripturae sacrae testimoniis, quibus id confirmatur, [illegible] [illegible] consistere [illegible]

3. Needum satis probatum, quod dixi, [illegible] nihil praejudicat.

4. In disceptatione sequenti (exclusis testimoniis humanis) [illegible] [illegible] (ut mihi quidem videtur) disceptatum est.

SECTIO IV.

SAMUELIS WARDI *Thesis.* Num. 17.-23.

Sit Ecclesia *Anglicana*, in Rituali suo in Rubrica, ubi agitur de *Administratione Confirmationis*; Ne quisquam putet ex dilatione Confirmationis quicquam detrimenti parvulis accessurum, [illegible] certo sciat ex Dei verbo clarum & perspicuum esse, Infantes baptizatos omnia habere ad salutem necessaria, & sine dubio salvari. [illegible] *dicitur*, Infantes omnia habere ad salutem necessaria, *intellige*, [illegible] [illegible] *Anno* 1552. [illegible] *Anno* 1549. [illegible] Anglicanis [illegible] p. 410. [illegible] verbo Dei, [illegible]

[illegible] ... Confirmationem ... [illegible] ... in Libro Synodali, ... Cleri Anglicani, 1571. ... Christiani ... Cap. de Sacramentis Confirmationis. ... Sacramentorum ... [illegible] ... Confirmationem ... Baptismi ... [illegible] ... Christiani ... Anno 1547. 1. Edv. 6. sic habetur. Tanta est ... Christi ... baptizati, & in infantia ... [illegible] ... Dei ... Dei ... [illegible] ... Ecclesiae Anglicanae ... [illegible] ... Verbo Dei ... [illegible]

THOMÆ GATAKERI Exceptio, Nota 17.

[illegible] ... Baptismi ... Confirmationis ... [illegible]

SAMUELIS WARDI Responsio.

[illegible] ... Confirmationem ... [illegible] ... Confirmationes ... [illegible]

THOMÆ GATAKERI Replicatio.

1. [illegible] ... Baptismum ... Calvinus ... [illegible]

2. [illegible] ... Baptismum ... [illegible]

THOMÆ GATAKERI Exceptio.

Neque enim ex vi Baptismi ... [illegible] ... Confirmationi ... [illegible]

SAMUELIS WARDI Responsio.

[illegible] ... Ecclesiae nostrae ... [illegible] ... Baptismo ... Calvinus ... Theologi in hanc materiam ... Calvinum in Antid. Sess. 7. Concil. Trident. ... de Sacramentis ... Cap. de Baptismo ... Can. 5. ... [illegible]

THOMÆ GATAKERI Replicatio.

1. [illegible]

2. [illegible] ... Sacrae Scripturae ... [illegible]

3. [illegible]

4. [illegible] ... Calvinus ... [illegible] ... Baptismum ... [illegible] ... Baptismi ... [illegible]

esse; ad nos abluendos, renovandos, salutem nobis communicandam; ista necessitate obsignande? quod si in parvulis hoc dumtaxat modo, in adultis quanto magis, qui regeniti jam, fideque imbuti ad ritum illum percipiendum accedunt? Vis adhuc clariora? Idem in *Antidot. adv. Concil. Tridentin. Sess.* [illegible] *1. Certa & firma fide credendum est, Baptismo omnibus, etiam parvulis, ad salutem necessarium; & per ipsum dari gratiam spiritus, &c. Antidot. Offerri nobis in Baptismo ac exhiberi tam remissionem peccatorum, tum Spiritus Sancti gratiam pii omnes confitentur. Eo quoque agnoscunt opus habere infantes, non tanquam adjumento ad salutem necessario, sed tanquam sigillo, ad obsignandam in illis adoptionis gratiam, divinitus ordinato. Sanctos enim fidelium liberos nasci, tradit Paulus. Et sane nunquam illis conveniret Baptismus, nisi jam in hac promissione salus eorum inclusa esset,* Ero Deus tuus, & Deus seminis tui. *Non enim filii Dei per Baptismum fiunt; sed quia promissionis beneficio haeredes sunt adoptionis, ideo ad Baptismum eos admittit Ecclesia. Et sicut olim Israelitarum liberis, si ante diem octavum mortui essent, nihil nocebat, quod Circumcisionis sacramento carerent: ita hodie modo nulla sit contemptus parentum, aut negligentia intercedat, sufficit infantibus ad salutem sola promissio, qua in societatem Ecclesiae ab utero adoptantur. Fit enim Christo injuria, si imminutam esse Dei gratiam ejus adventu putemus. Atqui filios suos vocabat Deus olim, quicunque ex Israele nascebantur.* Hinc Maldonat. *adv. Synod. Dordrac. c. 2. sect. 1. art. 17. [illegible] Notus est is error in nostri temporis haereticis, ut Baptismo non tribuant efficaciam sanctificationis, sed tantum significationem, instar sigilli confirmationem prius adeptae. Sic volunt foedere cum Abrahamo & semine ejus inito jam justificatos, non nisi in confirmationem & obsignationem beneficii jam prius accepti baptizari;* Calvinus *Instit. l. 4. c. 15.* Verum malignè nimis Calvini nostrorumque sententiam exponit, qui etiam in futuram fidem poenitentiamque baptizari parvulos, gratiamque Sacramenti, nonnunquam jam collatam, sed etiam postea conferendam obsignare contendunt; ut recte Vorstius, *adv. Bell. tom. 3. contr. 2. thes. 6. & contr. 2. thes. 5.* quod & alibi ostendimus. Quin & noster Maldonatus idem ibidem. *Qui patrios & quod unde* [illegible] *rent in necessitate baptizandi non permittunt.* Calvinus in Epistola quadam: *Atque infanti ita praeceptum signum salutis, Baptismo nempe. Neque tamen illum condemnare coram Deo debuisset esse. quoniae Baptismus sigillum sit adoptionis nostrae, inscripti sumus tamen in libro vitae, tum intra gratiae Dei nostri, tum illius promissione. Nulla enim quo minus filii nostri serventur, nisi ex illa verba,* Ego sum Deus seminis tui. *At nisi illud verbum ad eos pertineret, ne ad Baptismum quidem admittendi essent.* Atque haec quidem ego prolixius paullo, quo Calvini mentem ex suis ipsius scriptis clarius & dilucidius explicatam & expositam daretur, ipsumque per memoriae virum insignem in partem sequentem hac in causa declinandi suspicione liberarem.

Caeterum de *libro Synodali anno* 1537. *edito*, ex quo nonnulla illic urgentur, quod suggesseram, de interpretatione moderatiore admittenda, praesumptione subjecta, *Synodi illius Patres, qui temporibus minus repurgatis vixerunt, si in vivis forent, sententiam suam interpretatione commoda aliqua forsan leniturus,* id jam revocare me, in neque secus sentire fateor, quoniam hic illo doctissimi [illegible] eundem postquam librum illum, qui in tantum scitum ludeciderat, inspexeram, *Pontificum* illum [illegible] Pontificiis, eisque erudiendis, scriptum ac totum deprehendi; ut non magis autoritatem apud nos ullam obtinere debeat, quam vel Doctoris Papicolae cujusvis scriptum, vel Concilii alicujus Papistici decreta.

THOMÆ GATAKERI Exceptio. Num. 18.

Tertio tamen non idem dici potest de parvulis iis, qui fidelibus orti parentibus, vel in utero, vel ab utero statim, prius expirant quam Baptismus commode haberi possit? Nolo enim jam de illis commemorare, [illegible] qui parentum neglectu locupletis experimentum hujus earum, quibus tamen fatalem esse futuram negligentiam istiusmodi vix persuaserim.

SAMUELIS WARDI Responsio.

Sed nec ego quicquam dubitavi perquam praemunitare de parvulis iis, qui fidelibus orti parentibus vel in utero, vel ab utero primo expirant, quam Baptismus commode haberi possit: cum hoc tamen discrimine, quod istis in casu necessitatis, in quo usum Sacramenti, non contemptus religionis, sed articulus necessitatis excludit, quomodo loquitur *Augustinus de adulterinis conjugiis, l. 4. de bapt. contr. Donatist. c. 22.* [illegible] *& fides parentum & fides matris Ecclesiae parvulum Deo consecrantium & ejus Baptismo destinantium, ad reatus originalis remissionem acceptatur a Deo, & voluntas eorum pro facto reputatur; cum tamen parvulis baptizatis ordinario modo in medio hujus reatus solutio impertiatur. Id quod pariter dicendum puto de parvulis, quibus parentum neglectus imperitus sunt [illegible]. Illic vero extraordinaria fidem matris Ecclesiae ad hujus reatus solutionem sufficere pie credendum est, cum extra Ecclesiam nascantur.*

THOMÆ GATAKERI Replicatio.

Ad 1. De hac sufficientia parentum matrisque Ecclesiae votis fideique ad reatus alieni solutionem, nihil mihi videtur in scriptis sacris occurrere, unde possit id liquere. Petrus Martyr, *in Rom. 1. p. 68. Augustinus putat ex observatione in Ecclesia fide salutem illis contingere. Scio quidem fidem posse impetrare aliquibus gratiam, conversionem, & praeclara dona spiritualia. Sed salus non contingit adultis nisi per propriam fidem, & parvulis per spiritum & gratiam, qua laventur in eis operante regenerationem, cujus Baptismus est externa obsignatio.* Quod si in baptizatis verum est, in non baptizatis multo magis. Beza, *quaest. & resp. part. 2. f. 126. Vis ergo alienae, i. parentum fide infantes servari? Resp. Alienam fidem & Sanctorum preces, multis quoque infidelibus ad mitigandas poenas prodesse; imo etiam fieri posse aliquibus fidei donum impetrari docent Pauli conversio, si vera est eorum sententia, qui hoc donum esse scripserunt Stephani precibus. Neque enim tamen fuisse donum quempiam aliena fide servari, — quod non minus falsum & absurdum esset, quam si aliorum quempiam posse alienis animis vivere, aut aliena sapientia sapere. Sed hoc quidem vere dixerimus, interveniente parentum fide fieri, ut nati vel nascituri infantes sancti sint, i. e. foedere censeantur, ac proinde serventur.*

2. Nituntur hinc fundamento illo, *Baptismum esse medium ordinarium, a Deo ex fine institutum;* quod mihi certe necdum probatum videtur.

THOMÆ GATAKERI Exceptio.

Certe Synodus Dordrechtana *Cap. 1. de Praedestin. art. 17. Deos parentes de tallam electione ad salutem natos dubitare, ut quod foedere eodem cum parentibus comprehenduntur.*

SAMUELIS WARDI Responsio.

Illud Synodi Dordracenae rectissime dicitur, si recte intelligatur, Cap. 17. Quandoquidem de voluntate Dei ex verbo ipsius nobis est judicandum, quod testatur liberos fidelium esse sanctos, non quidem natura, sed beneficio foederis gratuiti in quo illi cum parentibus comprehenduntur, pii parentes de electione & salute suorum liberorum, quos Deus ex hac vita evocat, dubitare non debent. *Liberos fidelium sanctos appellat Apostolus:* sanctos autem dicuntur (interpretante Synodo) non natura, sed beneficio foederis gratuiti, in quo illi cum parentibus comprehenduntur. *Sed hoc bifariam intelligi potest: vel ratione actualis admissionis in foedus, ut quod ex talibus nascantur parentibus, statim ac concepti sunt, in originalis reatus remittatur, & ex lege foederis beneficia impertiantur, vel ratione fidei, propositi, votive parentum, ut Baptismo initiarentur*

A *nario modo parvulorum saluti instituto abluendos destinatum. Priori modo liberi fidelium non dicuntur sancti sensu Paulino: non enim omnes sunt Israel, qui sunt ex Israele; nec omnes filii fidelium statim beneficiorum foederis sunt participes. Posteriori modo sancti dici possunt & sunt liberi fidelium, quatenus Deus fidem & votum parentum pro summa sua misericordia imputat parvulo, & pro parvulo acceptat, ubi inevitabili aliqua necessitate à Baptismo suscipiendo impeditur.*

Dici etiam potest liberos fidelium dici sanctos, tum jure natalium, quod jus & aditum ad suscipiendum Baptismum; tum ratione fidei & voti parentum, tanquam ordinario medio B *parvulorum saluti instituto abluendos destinantium. Priore ratione distinguuntur à filiis infidelium sensu Apostoli. Vid. Bonk. l. 5. sect. 60. p. 318. Posteriore computantur in numerum Ecclesiae, & beneficiorum foederis participes fiunt, si quando necessitate inevitabili à Baptismo excludantur. Neque alio modo sancti sunt beneficio foederis gratiae, aut in eo cum parentibus comprehenduntur.*

THOMÆ GATAKERI Replicatio.

C Ut omittam; 1. illud de modo ordinario, quod non concedimus, istic passim supponi.

2. Non tam Baptismum à foedere, quam foedus à Baptismo hac ratione pendere.

Respondeo breviter; (quæ eadem saepius iterata inculcavimus) *alio modo* quam hic ponitur *sanctos* dici, *foederique una cum parentibus comprehensos*: eosdem scilicet quos & pietatem prolem ante legem de circumcisione datam, sed & post eam latam sobolem *sanctam* fuisse *eodemque cum parentibus foedere comprehensam*, nec ideò *sanctos* dici, *foederatosque*, quia jus ad Baptismum habeant, sed ideò jus ad Baptismum habere, quia *sancti* jam *foederatique* habentur. D Id quod Zwinglius, Calvinus, aliique nostri saepius ante citatis, alibique passim inculcant, quibus Bezam adjicio, *ad Act. Coll. Mompelg. loqu. 11. p. 108. Non putam infantibus primum ad salutem adesse Baptismum, sed ipsa ex jam parentibus propagatione, & illius foederis obsignatio per Baptismum, non aliunde quam ex vi fidei parentum, ex foederis formulâ intervenientia oritura.* Et Whitakerum, *de Sacram. q. 4. c. 2. ad rat. 2. resp. 2. Baptizantur infantes, quia Baptismus est signum foederis, & ii sunt in foedere, docet enim illos servari, qui sunt baptizati, nullo fundamento nititur.*

E
THOMÆ GATAKERI [illegible]

Nam quod ad salutem necessaria omnia parvuli baptizati dicuntur habere, unde & per consequens pro justificatis habeantur, eorum salus sine justificatione nulla existat;

1. Id eo sine tantùm dictum videtur, ne ad salutem sic decedentium *Confirmatio* necessaria censeatur.

SAMUELIS WARDI Responsio.

F *Negamus eo tantùm fine id dictum videri; sed potiùs Baptismo sufficientia pro illo statu simpliciter & absolutè asseritur, Vid. supra Resp. Num. 17.*

THOMÆ GATAKERI Replicatio.

Ei ab eo nimio, ut eadem denuò repetantur, pro replicatione habenda, remittendum ducimus.

THOMÆ GATAKERI Exceptio. Num. 21.

G 2. Baptismus necessarius nostris dicitur, necessitate mandati seu *praecepti*, non *necessitate medii*. Necessitate itaque mandati deesse aliquid necessarium, ubi deest Baptismus, si commodè possit haberi: at necessitate medii nihil ad salutem necessarium infantulo deesse, sicubi divino comprehenso, etiamsi sine tinctione abierit.

SAMUELIS WARDI Responsio.

A *Baptismus juxta Ecclesiam Anglicanam non solum necessarius est necessitate praecepti, sed & necessitate medii ordinarii parvulis ad abluendam originalis reatum: unde baptizati infantes dicuntur in Rubrica omnia habere ad salutem necessaria; intellige necessitate tam praecepti, tam medii. Non baptizati etiam fidelium filii non habent omnia media ex ordinatione divina necessaria ordinaria, sed extraordinariè & in casu damnatur; Deo in casu necessitatis supplectente, qui absque culpa parentum deest, pro sua* B *summa benignitate. Cum dicimus ergo, necessitate medii nihil ad salutem necessarium infantulo deesse sicubi divino comprehenso, etiamsi sine tinctione abierit; ipsi, in fœderali sanctitate divina comprehenso, ratione voti parentum & fidei Ecclesiae, nihil deesse necessarium in eo casu, ubi medium haberi non potest, haec tamen non impedit, quo omnia ordinaria jure Baptismus dicendus sit necessarium necessitate medii ordinarie requisiti ad tollendum originalem reatum, ubi haberi potest; atque ita deesse tali parvulo aliquid necessarium necessitate medii ordinarie requisiti.*

C
THOMÆ GATAKERI Replicatio.

At, 1. hinc utrumque tergiversatur; &, *Baptismum esse reatum solvendo institutum medium ordinarium*; &, *Votum fidemque, sive Ecclesiae, sive parentum, ad reatum solutionem accepari*.

2. Sed nec intelligo, quorsum sit ibi *necessitas medii*, ubi sine medio illo salutem etiam haberi possit salusque, ad quod consequendum medium id necessarium perhibetur.

D
THOMÆ GATAKERI Exceptio. Num. 22.

3. Ad salutem necessaria sunt etiam, quæ non sunt *reatus tollendi media*; ut resipiscentia, vitæ sanctimonia, rituum sacrorum observatio religiosa, &c. quorum quædam tamen non sunt pari modo, parive gradu necessaria. quod de fide fideique fructibus observat Cajetanus in *Jac. 2.*

SAMUELIS WARDI Responsio.

Ait, ad salutem etiam necessaria sunt, quæ non sunt reatus tollendi media, ut resipiscentia, &c. *Ego ergo* E *resipiscentiam non esse medium necessarium ad reatum tollendum in adultis. Est enim medium absolutè necessarium ad [illegible] ad veniam suscipiendam & remissionem peccatorum. Id patet ex Act. 2. 38. & 3. 19. & 8. Nam David egit poenitentiam, quam Nathan dixit*, Transtulit Dominus peccatum tuum. *Usque peccatum fidelis lapsi non remittitur ante novum actum poenitentiae: ut nec peccata prima non remittuntur nondum justificato, nisi antecesserit novi hominis poenitentia. i. e. dolor de offensâ ob peccata, cum proposito in posterum ab iisdem abstinendi. Non ergo omnia ad salutem etiam necessaria esse, quæ non sunt reatus* F *tollendi media; sed dico inter ea quæ ad salutem dicuntur necessaria in Rubrica, intelligi debere ea quæ tollunt reatum originalem, & ponunt parvulos in statu justificationis; hæc enim sunt absolutè ad salutem necessaria.*

THOMÆ GATAKERI Replicatio.

1. Non sequitur, *resipiscentiam esse medium reatus tollendi*, etiamsi sit medium necessarium, quo *disponatur homo ad remissionem suscipiendam.* Idem enim de cognitione doctrinæ Evangelicæ, idem de fide dogmatica, idem G de renovatione interna, de spe salutari, de timore tam libero quam & servo, de virtutibus theologicis universis, quæ simul inter se connexæ, possit enunciari. neque enim absque pravitis istis, peccata adulto cuiquam aut remissa sunt unquam, aut unquam etiam remitterentur. Fidei solius illud mihi munus proprium videtur, cum in Christum recumbere, tum sanguinis ipsius à se apprehensi &

applicari, virtute justificandi, remittendique salvandi [illegible] exiliere. Apostolum audio dicentem, *justificari* [illegible] *fide*: [illegible], *respersione nostra justificamur*, [illegible] [illegible], quod est [illegible] justificandi [illegible], illud [illegible] est [illegible] [illegible] [illegible] propter se dictum, cum [illegible] sit justificationis efficacia consequens [illegible]. Recte Calvinus *Instit. l. 3. c. 3. f. 20.* *Ubi tamen admonendum est, non eam conditionem [illegible], quasi [illegible] [illegible] fundamentum nostra [illegible]; [illegible] (quia hunc [illegible] [illegible] [illegible] Dei [illegible]) [illegible] [illegible] [illegible], [illegible] [illegible] [illegible].* Et c. 21. *Quicunque [illegible] [illegible] Deum ab [illegible], hos [illegible] [illegible] [illegible], non quod [illegible] sit salute certa; sed qui jam [illegible] est, [illegible] esse à fide & misericordia Dei.* Et [illegible], [illegible] c. 1. *Sola fide & [illegible] [illegible] justificatur homo.* Optimè [illegible] [illegible] [illegible] hujus, [illegible] [illegible] [illegible], [illegible] in hoc salutis negotio [illegible] [illegible] [illegible], *Respons.* Num. 14. Verum [illegible] [illegible] [illegible] [illegible] [illegible] (puto) [illegible], de re ipsa [illegible] [illegible].

2. De *[illegible]* [illegible] [illegible], [illegible] [illegible] [illegible] controversiam, cum ad [illegible] [illegible] parum facere videatur, [illegible] nihil [illegible]. Illud [illegible] [illegible] [illegible] velim, inter [illegible] [illegible] [illegible], & [illegible] [illegible] [illegible] [illegible] [illegible] interesse, quod fortasse [illegible] [illegible], & [illegible] [illegible], ad Pontificiorum [illegible] [illegible] de [illegible] [illegible] à Deo [illegible], [illegible] [illegible] [illegible] [illegible], [illegible], [illegible] [illegible] quae est à [illegible] [illegible] [illegible] observatum, [illegible].

3. Si *absolutè ad salutem necessaria in Ecclesia intelligatur*, & in his *Baptismus* etiam [illegible], ut Baptismum in parvulis [illegible] [illegible] [illegible], [illegible] [illegible] [illegible] [illegible]; [illegible] [illegible] Baptismi ad salutem [illegible] est [illegible], [illegible] [illegible] [illegible] est, [illegible] [illegible] [illegible] [illegible] parvulis [illegible] [illegible], [illegible] [illegible] [illegible] [illegible] [illegible] [illegible].

THOMÆ GATAKERI Exceptio. Num. 15.

4. De *Justificatione* quod dicitur, idem & de Sanctificatione dici possit. 2 Thess. 2. 13. quae tamen in Baptismo data non afferitur.

SAMUELIS WARDI Responsio.

Agnosco, quae de Justificatione parvuli dicuntur, pro modo parvuli intelligi posse de Sanctificatione, sed non necesse habeo de Sanctificatione quoque dicere, & quando sit illa parvulorum Sanctificatio [illegible] [illegible] à Scholasticis.

THOMÆ GATAKERI Replicatio.

At, 1. Si pro modo parvuli eadem de *Sanctificatione* intelligendi copia [illegible], detur mihi eadem & quae de *Justificatione* ac *remissione* [illegible] in baptizatis parvulis dicuntur, *pro suo modo intelligendi*, eo [illegible] modo, quo *panem esse suo modo corpus Christi*, & *Sacramentum fidei, suo modo fidem*, Augustinus olim dixerat.

2. Ex locis Scripturae [illegible] pro confirmatione Theseos adductis, vera illam [illegible] illam [illegible] [illegible] fuerat.

3. *Scholastici* pro [illegible] [illegible] suo de [illegible] [illegible] [illegible] [illegible]. At [illegible] ex sit *sanctificatio*, regeneratio, interna spiritus renovatio, quam Spiritum Sanctum Baptismo designari [illegible], nulla (opinor) inter [illegible] Theologos est quaestio.

SECTIO V.

SAMUELIS WARDI Thesis. Num. 14.

FUndamentum *certum hujus Justificationis parvulorum [illegible] in [illegible] [illegible] [illegible] [illegible] [illegible].*

THOMÆ GATAKERI Exceptio.

Et *[illegible]* [illegible], & ut mihi quidem videtur, *certiora*, probabiliora saltem [illegible] *fundamenta*, quibus [illegible] parvulorum *justificatio*, sive [illegible] [illegible], sive [illegible] [illegible].

SAMUELIS WARDI Responsio.

Quaenam sint illa, sive certiora, aut probabiliora fundamenta justificandi parvulos, aequum [illegible] [illegible] explicentur, [illegible] [illegible] [illegible] [illegible] [illegible] [illegible].

THOMÆ GATAKERI Replicatio.

Fundamentum [illegible] [illegible] [illegible] [illegible] principium est foederis ratio; quo ex pacto divino una cum parentibus etiam per [illegible] [illegible], Gen. 17. 7. Hoc fundamentum [illegible] nostri [illegible], [illegible] [illegible], Theologi. Vide Calvinum, Bezam, &c. sup. Num. 17. 18. Sed ut [illegible] [illegible] syllabam [illegible] [illegible] Scripturam [illegible] [illegible] videar. [illegible] ipsi *Dordrechtanae Synodi Patres*, Cap. 1. art. 17. Atque hinc illae de Baptismo, si non *certiora*, probabiliora saltem [illegible] [illegible].

1. Quia verbo divino [illegible] illud, in quo [illegible] [illegible] [illegible] [illegible] expressa, *sive Deum se illis et Deum*, [illegible] [illegible] [illegible], sive [illegible], vel ad circumcisionem, vel ad Baptismi perceptionem.

2. Quia foederis illius virtute, fidelium liberos salvos evasisse [illegible] [illegible] est, [illegible] [illegible] [illegible] fidelium infideliumque propaginem nullum [illegible] [illegible] [illegible] [illegible] [illegible] [illegible] illud cum Abrahà [illegible] [illegible].

3. Quia foederis illius virtute [illegible] [illegible] [illegible] [illegible] [illegible] [illegible] [illegible], [illegible] [illegible] [illegible] [illegible].

4. Quia foederis illius virtutem apud nostros [illegible] in [illegible] est, [illegible] [illegible] [illegible] olim [illegible], [illegible] & qui [illegible] [illegible] [illegible] [illegible], *salutem [illegible]*. Calvinus Epist. 229. *In summa, [illegible] [illegible] [illegible] [illegible] [illegible], [illegible] [illegible] est, non esse fundamentum Baptismo infantis salutem, sed Baptismo [illegible] obsignari.*

SAMUELIS WARDI Responsio.

Certè illa sententia, quae statuit parvulos justificari ordinariè vi solius foederis absque Sacramento, non videtur admittenda. *Aut enim per foedus intelligis*

1. Illam promissionem, Gen. 17. 7. Ero Deus tuus, & seminis tui.

2. *Illam Heb. 8. 12. ex Jer. 31. 33. 34.* [illegible] [illegible] [illegible] [illegible] [illegible], & cordi eorum [illegible], — & [illegible] propitius iniquitatibus eorum.

3. *Illam*, quae Christo promissum, [illegible] [illegible], Esa. 53. 10. *quae non aliud est quam arcanum Dei propositum de quibusdam efficaciter per specialem misericordiam regenerandis, sanctificandis & salvandis.*

Sed ex nullius horum foederum absque Sacramento ordinariè justificantur parvuli.

1. *Si haec formulam [illegible] [illegible]* [Ero Deus tuus & seminis tui.] *ergo justificationem cujuscunque singularis infantis [illegible] [illegible] in hoc foedere posse fundari.*

2. *Quia [illegible] verbis non [illegible] hac [illegible]*, Fidei [illegible] [illegible] sive Christianorum [illegible] justificari, *sed*, Fideli [illegible] [illegible], sive confoederatorum [illegible] ejusdem foederis participes. *Jus habebant confoederatorum liberi ad eandem confoederationem & beneficia inde provenientia, sed eo modo & iis conditionibus, quibus Deo visum est ea [illegible] [illegible].*

THOMÆ GATAKERI Replicatio.

Nihil ferè possis explicatius dici, nisi quod *ad confoederationem* [illegible] Deus [illegible] revera [illegible] generaliter promissiones [illegible] Circumcisionem [illegible] parvuli [illegible] Messiam [illegible] per internam Spiritus Sancti operationem, si parvuli [illegible].

SAMUELIS WARDI Responsio.

2. Constat ex [illegible] veri fidelium [illegible] justificatio [illegible] parvulos [illegible] liberos [illegible] foederis [illegible] justificatos non [illegible].

THOMÆ GATAKERI Responsio.

1. Excipi poterat, [illegible] hic posse fieri posse, ut justificati qui fuerint, reprobi tamen sint; itaque [illegible] contingentiam, [illegible] reprobi sunt, justificatos non [illegible]. De quo videndus Molinæus, [illegible] Synodi [illegible], [illegible] ipsi voluerint [illegible], adv. Synod. Dordrech. c. 2. §. 3.

2. Sed respondeo, eos, si postquam adoleverint, in Messiam non crediderint, foederis beneficio semper excidere; nec vero justificatos omnino unquam fuisse.

SAMUELIS WARDI Responsio.

3. [illegible] justificationem parvulorum [illegible] foedere [illegible] Baptismum [illegible] foederis efficaciam [illegible] in foedere.

THOMÆ GATAKERI Responsio.

1. [illegible] Deus in foedere [illegible] in infantia [illegible].

2. [illegible] beneficio [illegible] foedere [illegible].

SAMUELIS WARDI Responsio.

4. Promissio illa Gen. 17.7. Ero Deus tuus, & seminis tui; non est absoluta, sed conditionalis, facta sub conditione observatæ Circumcisionis [illegible] vers. 10. [illegible] Hoc est pactum meum, quod observabitis inter me & te & semen tuum post te; Circumcidetur ex vobis omnis masculus. [illegible] promissionis, [illegible] Sacramenta [illegible] foederum.

THOMÆ GATAKERI Responsio.

1. Aliud est promissio, [illegible] foederis [illegible] & obligationum. [illegible] per Christum [illegible] Foederis [illegible] obligationum & sigilla, per singulas [illegible] justificabantur & servabantur [illegible]

[illegible] ex conditione [illegible] beneficiis, Act. 15. 11. [illegible] obligationum [illegible] Justinus, [illegible] Tryph. p. 54. Irenæus, adv. Valent. l. 4. c. 30. Tertullianus, adv. Jud. c. 3. & c. 6. Cyprianus, adv. Jud. l. 1. c. 8. Chrysostomus, ad Rom. Homil. 8. [illegible] Synod. Dordrech. c. 1. de c. 1. art. 17. [illegible] in Circumcisione [illegible]

6. Verum [illegible] Circumcisionis [illegible] foederis [illegible] Circumcisionis [illegible] in foedere [illegible] Circumcisionem [illegible].

5. Circumcisio [illegible] Rom. 2. ad Art. 21. [illegible] ad Gen. 17. [illegible] & Whitakerus, de bapt. q. 2. c. 3. [illegible] Baptismus [illegible] Abraham [illegible] Gen. 15. 1. 5. [illegible] Abraham [illegible] vers. 6. Ad [illegible] Vers. 9.-17. [illegible] Vers. 18. [illegible] Abraham [illegible] Rom. 4. 3. 10. 11. 13. 16. 22. 23. Ad hæc [illegible] Exod. 19. 5. & 24. 8. & 34. 10. [illegible] Exod. 12. 19. Lev. 7. 20. 21. 25. 27. Num. 7. 13. & 19. 13. 20. [illegible] Exod. 34. 27. [illegible] Lev. 2. 13. [illegible]

Messiam exhibendum [illegible] suspensa, donec omnia ista cum Deo pacta ad extremum usque apicem præstita fuissent? nullus, credo, nisi si Judæus forsan aliquis, hoc dixerit. De Sabbato ipso quid Dominus ipse? Exod. 31. 13–18. Pro signo dari, quò ipse sanctificet populum [illegible], ex pacto perpetuo, ab omni ([illegible]) [illegible], sub [illegible] pœna, præcise observanda. de quo videatur Irenæus, l. 4. c. 30. [illegible], sect. 3. ubi supra Num. 13. Ecquid simpliciter de Circumcisione avi dictum est, avi dici potuit? Nemo tamen, opinor, avi Sabbati observatione virtute populum illum sanctificatum, avi etiam populi illius sanctificationem ad dici [illegible] usque [illegible] tempore tunc exhibendam sanctificationem suspensam fuisse dixerit. Christus denique Marc. 16. 16. Quicunque crediderit & baptizatus fuerit, servabitur. En promissionem conditionatam, [illegible] sub conditione Baptismi percipiendi. Num ergò in Christum jam credentis justificatio suspendetur, donec aqua tinctus fuerit, qui jam verè crediderit? non opinor. At verè credens, dices, Baptismi percipiendi votum saltem habet. habet revera, si probè saltem edoctus fuerit de ritus illius, [illegible] præcepto, necessitate percipiendi. Veritas habet & Eucharistiæ, cujus [illegible] quoque [illegible] ipsum dicitur, Luc. 22. 21. ubi commendatur [illegible], percipiendi. habet & novæ obedientiæ per vitam totam præstandæ. Nemo tamen, puto, Theologus, [illegible], avi fidelis justificationem, usque ad Eucharistiam perceptam, obedientiamque illam præstitam suspendi, avi hanc vel utrasque, vel alterutras etiam, ut non fidei [illegible] qui solùm vi atque virtute [illegible] peccatorum [illegible] ipsam afferuerit. Proinde parum valere videtur sequela hæc, Circumcisione [illegible] est fœderis [illegible]: ergò [illegible] ea perceptam [illegible] [illegible]; avi, [illegible] ea perceptà promissio [illegible] [illegible]; avi etiam, hujus, [illegible] fœderis ac promissionum [illegible] [illegible] justificationem [illegible].

4. Nam quod adjicitur, [illegible] de vita ipsa perdendo ex suo fœdere [illegible], [illegible] ordinarium [illegible] [illegible] [illegible] [illegible], id aut in [illegible] reperitur, aut [illegible] videtur, cum hæc [illegible] [illegible] [illegible]. In sententiam nostram hæc Beza, ad [illegible] Coll. Mompelg. [illegible]. 11. p. 131. Duo magnum esse discrimen inter ipsam salutis [illegible], & sigilla ejus fœderis ad ejus promissionem [illegible] [illegible] [illegible] fide [illegible] adjuncta — Fœderis enim ipsam pactum [illegible] est, [illegible] [illegible], & vel ea comprehendi, vel [illegible] necesse sit, extra [illegible] vel personarum, vel locorum, vel temporum [illegible]. Nam extra Christum, qui [illegible] [illegible] est ipsius fœderis, nulla prorsus est salus. Christus autem ex fœderis formula [illegible] [illegible]. Itaque stat illud Christi dictum, [illegible] [illegible] [illegible] [illegible], Qui non crediderit, damnabitur. — Sacramenta verò [illegible] [illegible] [illegible] fœderis [illegible], quibus propter [illegible] Deus sese ad [illegible] [illegible] [illegible], [illegible] [illegible]; sed fides nostra [illegible] fuit & apud [illegible] & apud Ecclesiam [illegible], cum [illegible] jam [illegible] Deus sese obligaverit, & [illegible] ejus gratiam receperimus, [illegible] fide, [illegible] [illegible]: Consequitur, [illegible], ut de fœdere ipso [illegible], [illegible] [illegible] & [illegible] [illegible], sed [illegible] ejus [illegible] [illegible] [illegible] & [illegible] [illegible] Deus, [illegible] in contractibus [illegible] [illegible] [illegible] [illegible]. [illegible] verò [illegible]: [illegible] [illegible], [illegible], sigilli publici [illegible], [illegible] [illegible], [illegible] [illegible] [illegible], [illegible] [illegible] [illegible] [illegible] [illegible]; vel [illegible] [illegible] [illegible] [illegible] [illegible] [nam] [illegible], si [illegible] [illegible] [illegible] & [illegible] [illegible] [illegible]. & qui [illegible].

SAMUELIS WARDI Responsio.

5. Ex hac promissione, Ero Deus tuus, & seminis tui, factâ posteris Abrahæ & semini suo, hortatur Petrus Judæos credentes, Act. 2. 39. ut liberos suos sistant baptizandos. Ergò supponit Petrus parvulos eorum ante Baptismum in ipso susceptum non fuisse in fœdere actu comprehensos, nec peccata habuisse remissa ex prima conceptione, sed tum demum, cum baptizati essent ad remissionem peccatorum.

THOMÆ GATAKERI Replicatio.

Exiensi de loco isto supra satis dictum videatur; Sect. 1. Num. 2. ad Arg. 1. Assump. [illegible], [illegible]. 1. & Sect. 2. Num. 4. ad Lat. 2. [illegible] tamen denuò sic respondeo.

1. Hortari Apostolum, ex hac promissione, ut liberos sistant baptizandos, non legitur.

2. Exensi daretur, consequentia tamen infirma esset; ergò in fœdere actu non comprehensos fuisse ante Baptismum. Cum verò potius (quod ex Calvino supra addiximus) baptizandi sint, qui fœdere sunt comprehensi.

3. Fœdere actu comprehendi fidelium liberos, non video, qui possit ab eo negari, qui cum toto genere humano [illegible] fœderis gratiam supponit. Num. 31.

4. Ex prima conceptione peccata remissa habuisse, non necesse est afferere eos, qui fœdere etiam tum comprehendi existimant. Peccatorum condonatio suo tempore salvandis quibusque exhibenda apud Deum ab æternitate [illegible] decernebatur, apud homines ipsos salvandos tum demum [illegible], applicatur, cujus merito id effectum datur, Christi sanguine, ubi Spiritus ope operaque vel fides ipsa in adultis, vel quod fidei est analogum in infantibus producitur. Justificatio siquidem & renovatio [illegible] perpetuò sunt ex dispositione divina sibi invicem connexa.

SAMUELIS WARDI Responsio.

11. Si per fœdus intelligant cum fidelibus initum fœdus de semine illorum efficaciter regenerando, sanctificando, & salvando, ad quod alludit Apostolus Hebr. 8. 10. ex Jer. 31. 33. 34. [illegible] aliud valet ad prædictam sententiam stabiliendam. Nam

1. Si fœderis vocabulum propriè sumatur, duo tantum sunt fœdera, sub quibus salus offertur, Legale, & Evangelicum.

Legale hac formula concipitur, Fac hoc, vel, si feceris hoc, vives. Evangelicum hac, Crede in Mediatorem, vel, si credideris in Mediatorem, justificaberis & salvus eris. Ex neutro horum deduci potest, omnes filios fidelium & justificatorum ordinariò vi solius fœderis justificari ante susceptum Sacramentum & absque Sacramento. Ex legali non posse deduci, jam pro concesso supponimus; utpote quod justificationem gratuitam non agnoscit: sed nec ex Evangelico deduci potest. nam 1. vere fidelium parvuli sæpe ad [illegible] non perveniunt, non salvantur. 2. infidelium parvuli sæpe salvantur.

Dices, esse justificatos non semper vi solius fœderis cum parentibus initi: tamen infallibiliter semper aliis conjunctio est cum prædestinatione divinâ.

Solutio. Ergò juxta hanc sententiam tota ratio justificationis pendebit ex sola prædestinatione, nullo modo ex fœdere: quæ frustrà conjunguntur ut causa partialis. Si lignum [illegible] & non [illegible] juxta ponantur, tota ratio calefaciendi [illegible] erit ex ligno accenso; nullo modo causabitur ex ligno non accenso.

2. Hæc Propositio, Hic est Filius prædestinati & prædestinatorum. v. g. Isaac. non est idoneum fundamentum ex se [illegible] hanc conclusionem; Ergò, Hic in infantia ante Sacramentum susceptum fuit justificatus. Licet enim hæc electionis conjuncta cum verbis fœderis inferat talem personam justificandam & salvandam; non infert illam justificandam illa ætate designatâ, aut illo tempore certo: sufficit si sit ante exitum vitæ ad implendam decretum electionis, & ad verificandam illam promissionem, Ero Deus tuus & seminis tui.

Dices,

Dicet, iudicibus? Jer. 31. 34. & Heb. 8. 12. Remissionem peccati recenseri inter primaria beneficia foederis gratiae, ac proinde ad solos electos parvulos pertinere: unde sequitur, non electis parvulis non posse originalis reatus remissionem communicari.

1. Respondeo; agere Prophetam eo in loco de plenaria remissione omnium peccatorum mediante fide & poenitentia. Hæc autem ad solos electos pertinet.

2. Dico, esse remissio reatus peccati originalis infanti baptizato in infantia morienti sit effectus praedestinationis, tamen non necesse est ut sit in omnibus infantibus baptizatis superadditus effectus praedestinationis. Nam etiam parvulum non electum in eo statu ponat, ut sufficienter ordinet [illegible] ad vitam aeternam pro eo statu; tamen cum idem parvulus adoleverit, haec sola remissio originalis reatus non sufficit, ut idem sufficienter ordinetur ad vitam pro statu adulti: Nisi enim impleverit votum Baptismi credendo, abrenunciando, & praecepta adimplendo, non justificatur [illegible] pro modo adulti. Cum igitur multi rite baptizati infantes in adulta aetate, nunquam ista impleant vota Baptismi, ac proinde nunquam ad salutem pertingant; sequitur ipsammodo remissionem originalis peccati esse effectum communis providentiae divinae supernaturalis, & non effectum praedestinationis.

3. Non magis incongruum est ut non electus parvulus per remissionem originalis reatus sit eo tempore in eo statu, in quo si mortuus fuisset, salutem consequeretur aeternam, quam ut Paulus electus cum adhuc blasphemus esset, aut David & Petrus electi & tamen [illegible] reatu aeternum peccaverunt, in eo statu & conditione essent ad tempus, in quo si mortui fuissent, in aeternum perirent; quae est sententia gravissimorum Theologorum, Bezae, Zanchii, Perkinsii, & aliorum: & ita se habere, res ipsa loquitur.

4. Certum est Deum in Sacramento Baptismatis rite administrato omnibus parvulis offerre, porrigere, exhibere meritum Christi ad remissionem originalis reatus; alioqui Deus verax non esset in Sacramentis, qui (quod absit) Sacramentis efficit fallacia signa. Cum ergo nullus infans obicem ponere possit, & inter tales sint nonnulli, qui apostatizant finaliter; necesse est, ut ille effectus remittendi originale peccatum communicetur quibusdam non electis, adeoque non sit semper effectus praedestinationis.

5. Si Angelis non-electis indultum fuerit donum originalis justitiae, atque adeo ipsi in eo statu positi fuerint, ut nihil in eis esset, quod impediret eorum perpetuam beatitudinem, nisi quod liberos actus virtutum nondum produxissent, absque quorum interventu Deus non solet, ut beatifica visione fruerentur: Nemo [illegible] quandam ordinationem ad vitam aeternam parvulis nonnullis per remissionem originalis reatus, priorum parentum inobedientia introducti posse competere, quae non sit ex donatione praedestinationis, sed communi supernaturali providentia duntaxat.

III. Si foedus intelligat verbis nomine promissionem, qua Christo promittitur semen longaevum, non vi hujus foederis absque Sacramento ordinario justificantur parvuli. Nam

1. Hoc foedus peragitur inter Deum Patrem & Christum mediatorem foederis, non inter Deum & alias personas singulares.

2. Quamvis Christo promissum sit semen longaevum, si vitam suam posuerit, Esa. 53. 10. atque hoc foedus impleatur, dum Christo semen spirituale quotidie excitatur: hoc tamen foedus nemini particulari praedicari potest sub hac formula, Si tu verè fidelis extiteris, Deus omnes tuos filios justificabit; idque ante Baptismum susceptum. Ubi vestigium talis foederis in verbo Dei?

3. Si justificatio parvulorum niteretur tali foedere, non [illegible] posset eis illa, nisi etiam ex hominum sententia praedestinationis nomine [illegible]. At quis docere velit numerum fidelium de praedestinatorum liberis esse praedestinatos?

4. Utcunque hac sententia Christo semen vindicatur superstructo justificationem parvulorum ante Baptismum foederi cum parentibus stabilito: eversa tamen illud superstruit sub praedestinatione praeelectionis particularium. Si aliquos fue-

A rint ex praedestinatis, nunquam dicetur eos nasci justificatos, nec unquam nascuntur ex parentibus justificatis: & e contra, si fuerint à numero praedestinatorum, affirmabimus eos justificatos fuisse ante Baptismum, nec unquam nascuntur ex impiis parentibus. Nunc igitur redis illorum sententia, Infantes praedestinatos ante Baptismum justificari: ut foederis possint fideles parentes colligere suos liberos esse praedestinatos. Ergo ut foederis possunt certiores fieri de justificatione eorundem ante Baptismum administratum. Qui non videt utramque propositionem omni certitudine carere? Nam licet certissimum sit, infantes praedestinatos suo tempore justificandos

B & glorificandos fore; tamen hanc justificationem illis ordinariè tempore ante susceptum Baptismum, conferri nisi, non charitatis, judicium est. Vel scimus (quod tamen unius probabilitatis deficitur) electos infantes, ut saltem ordinarie justificari ante Baptismum: nunquid vi ejusdem foederis constabit ullis fidelibus suos liberos esse electos? Nullo modo. Electio singulorum parvulorum pendet ab arcana & absoluta voluntate Dei, non ab ullo foedere aut conditionato pacto cum parentibus eorundem stabilito, aut illis revelato. Dicendum igitur ex Baptismo parvulorum habere nos rationem bene fundatam, quod justificentur expiato reatu pec-

C cati originalis. Nam ex Dei constitutione Sacramentum rite susceptum efficax est ad abluendum illud peccatum. Dicendum etiam ex migratione habeat dum sunt in statu parvulorum, habere nos fundamentum, unde à posteriori colligamus eos fuisse à numero electorum: Nam soli electi moriuntur liberati à damnabili reatu omnium peccatorum. E contra argumentum est à foedere cum parentibus stabilito habere nos ullam certitudinem, quod liberi eorundem statim atque nascuntur habeant beneficium justificationis sibi applicatum. Respondeo etiam quod à foedere cum parentibus in verbo Dei stabilito exiri posse certitudo aliqua de electione libe-

D rorum à fidelibus parentibus oriundorum, cui soli tamen superstruunt hanc quam supponunt ante Baptismum susceptum parvulorum justificationem. Nullum extat foedus divinum de justificandis filiis justificatorum statim atque conciperentur, aut nascuntur, multo minus de praedestinandis. Nullum foedus extat de gratia spirituali & salutifera à parentibus vi foederis ad filios infantes ordinarie transmittenda.

THOMÆ GATAKERI Replicatio.

Eam quae sequitur de locis aliis [illegible] dis-

E sertationem praetereo: partim quia illis ipse quibusdam in hac causa non innitor; partim etiam quia locorum illorum de quo jam agimus, sufficere mihi videtur ad sententiam [illegible] stabiliendam; ad illam saltem confirmandum, probabiliora videri quae hic pro ea dici, quam quae illa contra dicta hactenus videntur.

THOMÆ GATAKERI Exceptio.

Eum primò ad applicandum Christi meritum hunc in

F finem [illegible] instrumentum, hoc comprobare constare videntur. Idque mihi eo minus verisimile videtur, quod in adultis nullum praestat concipere medium externum hujusmodi. Nec Baptismus siquidem, nec Eucharistia hunc usum in adultis habent; tantum non solvunt, sed aut jam solutum, aut solvendum obsignant.

SAMUELIS WARDI Responsio.

1. Capacibus subjectis verbum Dei est ordinarium medium externum ex parte Dei, adhibitum ad ingenerandam

G poenitentiam & fidem, quae ex parte nostra necessaria sunt adultis ad applicandum meritum Christi ad salutem aeternam: per verbum enim annunciatum Deus operatur resipiscentiam, qua peccatorem proximè disponit ad conversionem, & fidem qua apprehendit & applicat meritum Christi ad salutem aeternam non prius dixisse, sed parvulis, verbi [illegible] incapacibus aliud instrumentum ex parte Dei necessarium erat; nec aliud est, quam Sacramentum initiationis & ob-

signationis

fidelis in Baptismo ex parte Dei. Est enim externum medium ordinarium unicum, quo parvulorum justificationi institutum est, & est remedium sufficiens, nec aliud medium ex parte Dei infirmum est parvulis: sed ex parte parvuli Spiritus supplet quod illis deest.

THOMÆ GATAKERI Replicatio.

1. Nodum istum mihi minimè solvere videntur, cum Sacramenta non eodem fine in parvulis instituta, quo in adultis prætendant: hoc autem id ipsum sit, quod minùs probabilem illam sententiam facere videtur.

2. Si illud medium aliquod externum sit infantibus necessarium, qui non sunt capaces verbi divini, quo fides & pœnitentia ingenerentur, ergò medium illud eo fine necessarium fuerit, ut ista eadem, aut saltem quæ sunt istis analoga, puta cordis renovationem, & imaginis divinæ instaurationem, cujus etiam capacem esse Infantem Baptistæ docet exemplum, in parvulorum animis ingeneret; quod tamen medio isti externo negare videtur, qui hoc dogma tenet etiam, Reverendus Episcopus Sarisburiensis.

3. Non necessariò requiritur instrumentum aliquod externum ex parte Dei, quod idem præstet in parvulis, quod verbum solet in adultis, vel quod id præstet, quod est ei vel analogum, quem in adultis verbum producere est natum.

4. Ubi Spiritus Dei ex parte parvuli supplet, quod ei deest, interius renovando & regenerando, quod in parvulis salvi destinatis est necessarium; utpote sine quo ad Dei regnum introitus non datur; tum verò damnari parvulos actu justificatus esse incipit, verum hoc aut Baptismi aut Circumcisionis tempore fieri, nihil est quod cogat credere.

SAMUELIS WARDI Responsio.

2. Porrò Baptismus parvulis adhibitus non potest veniam foederalem obsignare nisi credenti, cum parvulus impleat rationem Baptismi. Ergo quod parvulus est idem & eadem signum, cum nihil pro statu parvuli obsignat, nec hunc moralem usum obsignandi parvulo præstet.

THOMÆ GATAKERI Replicatio.

1. Si non potest obsignare, non potest conferre: esse enim sigillum in confesso est; nec nisi sub fidei conditione datur vel jam habitæ vel habendæ. Miror, quod prius interrogatur infans an credat, quàm ad Baptismum admittatur, in fidem, pœnitentiamque futuram baptizari infantes, cum Calvino, statuere malim revereor.

2. Non saepius nuda in loco sit hæc signorum; etenim si pro præsenti statu parvuli nihil obsignarent, Ecclesiæ non sunt nuda & inania signa sive sigilla, quibus de futuro conceptu pacti conventa obsignantur. Non fuit ejusmodi signum Abrahæ datum de prole futura deque terra Canaan à posteris ejus post annos 400. possidenda, Gen. 15.

3. Obsignatur aliquid pro statu parvuli præsente, scilicet esse Deo fœderatum.

SAMUELIS WARDI Responsio.

3. Sed nec verè dicitur in adultis nullum prorsus apparere medium externum ejusmodi, nisi Baptismum hunc usum solvendi veniam habere [in iis, scilicet adultis.] Nam satis constat formulam baptizandi tam adultos quam parvulos eandem esse factam. Ego baptizo te in remissionem peccatorum, quæ verba intelligere de ipsa actuali remissione peccatorum in adultis quam in parvulis, & non de sola obsignatione remissionis.

THOMÆ GATAKERI Replicatio.

1. Non constituere in adultis medium externum ejusmodi comparere: enim illud [in iis, scilicet adultis] quod tollit, aut quæ saltem ille excutiantur, non assequor. Ratio clarissima est; aut enim adulti verè credunt, nec sine remissione potest esse fides salvifica; remissa ergò jam peccata habent, priusquam ad Baptismum percipiendum accesserint: aut non credunt, sed ficti ad Baptismum accedunt; nec Baptismum ergò remissionem illis solvere potest, cum fidem ingenerare posse negamus.

2. Formula ut ea baptizandi fuerit, nescio, haud contenderim, licet id mihi planè compertum non sit, nec in Rituali ullo aut usquam aut recentioris etiam ævi repertum. In remissionem peccatorum dari, passim dici fatetur, eaque dicendi formula Spiritus Sanctus ipse usus est. Verùm formula illa in Scripturis usurpata, quomodo intelligenda sit, & nostri fatentur quique priùs adductis docent, & ratio ipsa quam supra attuli, evidentissimè evincit. Eadem autem formula antiquos illos usurpasse, quo Spiritus Sanctus usurpavit, probabile fuerit, nisi si contrarium aliunde certò constiterit: aut si secùs usurpatur, veniam jure petituram ab antiquis illis dissentiendi; neque enim fidei canonem nobis illi figunt, aut sibi fore unicè voluerunt. quod de re, quod Augustinus noctu incubuit, notum est, quam et desiderandis opus.

SAMUELIS WARDI Thesis Num. 15.

Certius est ex promissis voluisse Deum parvulos aquâ baptizari jam atque olim voluit circumcidi. Quæsivo autem rationem, ut illi baptizarentur, qui morituri sunt in infantia, nisi ipsis tum eadem velit meritum Christi applicari, quod abluitionem originalis peccati, pro cujus expiatione sanguinem effudit? Sanguis enim Christi purgat ab omni peccato. Si quæsivi obligari parvulos voluit ad participationem signi; sic non vult pariter admitteri ad participationem signati?

THOMÆ GATAKERI Exceptio.

Et baptizari, & circumcidi, infantes voluit Deum ad obsignandum fœdus (quo & fidelium prolem complectitur) de remissione peccatorum, à quo nec infantes excludunt illi, qui non Circumcisionem cum Baptismo vim illam mutuo tribuendi negant; nec debent excludi, etiamsi fruendi copia non sit, non magis quàm Judæorum fœminæ, qui Circumcisionis capax non erat.

SAMUELIS WARDI Responsio.

Solutio. Quorsùm baptizari & circumcidi infantes in infantia morituros voluit Deus ad obsignandam remissionem peccatorum? 1. Dico

1. Moralis usus obsignandi remissionem non capax sit aut parvulorum.

Nec 2. extra Baptismum ullum aliud ordinarium medium assignari potest ex parte Dei, quo remissio collatam in ejusmodi parvulis.

Nec 3. probabile est Deum velle præscribere ordinaria media ad obsignandam remissionem, nec tamen præscribere de ordinariis medium ad exhibendam veniam & exhibendam ipsam remissionem; quam tamen absolutionis aqua analogia Sacramentalis ab oculos patet videre. Quorsum enim parvulum ablui voluit, si non tum ad exhibendam ablutionem veram, quàm ad ejus veritate abluendi obsignationem? unde præsertim ablutionem per aquam iterum ablutionem publicè obsignat, quam ablutionis eandem obsignationem.

Porrò nec nos excludimus parvulos, quibus sacrorum copia non datur, à beneficio ablutionis veram sumptionem. Siquidem Deus supplet ex misericordia necessitatem, quod alioquin ordinariò jam per Baptismum dispensare voluit.

Denique nec Judæorum fœminas fugiendum, cùm circumcisionem ait minimè capacem, ab absolutam [illegible], vel à beneficio aliqui [illegible] excludendum censemus; cum in populo Dei non minus censebantur quam masculi. Vid. supr. annot. ad Resp. num. 14.

THOMÆ GATAKERI Replicatio.

1. Sacramentum omne sigilli rationem habere nostri omnes adversus Pontificios [illegible] ex Rom. 4. 11. Gen. 17. 11. vide Vorstium supra num. 9. membr. 3. ex Amebell. tom. 3. cont. 1. Thes. 1. & 2. sigilli autem usus illi obsignare, qui tandem est? Si ergo de essentia Sacramenti sit, ut sigillum existat, de essentia sigilli ut hanc aliam obtineat; negans Baptismum hunc usum in parvulis obtinere, eâ negare esse sigillum, & per consequens Sacramentum.

2. Non est æquè probabile Deum proposuisse de medio [illegible] remissionem parvulis conferendi, quàm de medio hujusmodi pacti obsignandi. 1. quia de hoc constat ex diserta Scriptura verbis Gen. 17. 11. Rom. 4. 11. de illo non item. 2. quia symbolum æternum hujusmodi, hoc ipsum scilicet de quo agitur, in adultis dari constat, illiusmodi non item. De *designatione & obsignatione* quæ afferuntur, superius satis discussa videntur, num. 2. ad arg. 10. Sed & quæ de infantibus illatis & Judæorum sunt sequentia subjunguntur, ita supra discoperta sunt, ut eadem denuo repetere, nimis ex usu videatur.

SAMUELIS WARDI Thesis. Num. 16.

3. *Deus per Sacramenta sua semper efficax est, ubi ex parte suscipientis impedimentum non ponitur; ab infantibus autem ponitur [illegible], non consensum præbere [illegible].* Unde Augustinus ait, Infantes Sacramentum (*fidei*, scilicet) id est Baptismum salubriter percipere, si fidei obicem contrariæ cogitationis non opponant. Epist. 23. in fine. *[illegible] infantes non baptizatos [illegible] [illegible], [illegible], cum [illegible] [illegible], nec cogitare, nec animo libere [illegible] possit.*

Ergo in iis Baptismus efficaciam suam sortitur quoad originalis reatus solutionem.

THOMÆ GATAKERI Exceptio.

Efficax procul dubio est Sacramentum quodvis, ubicunque obex non opponitur, ad id propter quod [illegible] institutum est; at hoc fine institutum esse Sacramentum istud, ut ad originalis reatus solutionem valeat, nondum evictum videtur.

SAMUELIS WARDI Responsio.

Nos (uti spero) omnia hæc satis evicisse videmur. Respondemus ad Num. 2.

THOMÆ GATAKERI Replicatio.

Et eò nos quoque lectorem regredimur.

SECTIO VI.

SAMUELIS WARDI Thesis. Num. 17. 18.

M*ittimus alias rationes.* Videamus quid hac de re senserint antiqui. Concilium Carthaginiense, Epist. ad [illegible] apud Augustinum. Quicunque negat parvulos per Baptismum Christi a perditione liberari, & salutem percipere sempiternam, Anathema sit. *Ad quod intelligis spectabat de his infantibus, qui in infantia ex hac vita decedunt.* Augustinus Epist. 23. Hoc Sacramentum (*scilicet Baptismatis*) tantum valet, ut si ante rationis usum ex hac vita [illegible] [illegible] parvuli, per ipsum Sacramentum commendante Ecclesiæ charitate, ab illa condemnatione quæ per unum hominem intravit in mundum, Christiano adjutorio liberentur. Hic [illegible] [illegible] [illegible] [illegible] non posse ambiguum, pro hoc habendum esse, nisi hæc [illegible] Sacramenti. Et alibi. Quicunque [illegible] [illegible] [illegible], baptismi [illegible] [illegible] [illegible] Christianæ gratiæ Sacramentis, non [illegible] [illegible] [illegible] æternam regnumque cœlorum [illegible] [illegible] [illegible] [illegible] [illegible], [illegible] [illegible], [illegible] [illegible] Apostolus [illegible] [illegible] de peccato, morte, & [illegible] [illegible]. Sacramenti [illegible] [illegible] [illegible] [illegible], [illegible] [illegible], quod [illegible] [illegible], [illegible] [illegible] [illegible]. *Fulgentius de fide, [illegible].* L. [illegible]. Parvulos parentibus infantibus [illegible] [illegible] [illegible] [illegible], si ad [illegible] Baptismi [illegible] [illegible] per [illegible] [illegible], & [illegible] in baptismo [illegible], de hac vita discedat, salvum esse hæredem Dei & cohæredem Christi.

THOMÆ GATAKERI Exceptio.

Adversus Antiquos, qui hic adducuntur, exceptio duplex occurrit.

1. Quod sine [illegible] [illegible] [illegible] in infernalibus [illegible], quod Theologi nostri omnes ut minus sanum rejiciunt.

SAMUELIS WARDI Responsio.

Respondeo, 1. *Ista quæ in una doctrina per alium errarunt, non sequitur, illico in aliis dogmatibus non rectè sensisse. Nestorius [illegible] de hypostatica unione haeresis [illegible], non illico [illegible] de Spiritus Sancti persona [illegible] [illegible].* Viri etiam aliqui Catholici in nonnullis non fundamentalibus [illegible] fidei compage [illegible], sed ideo non damnanda dogmata, in quibus Catholicè senserunt.

THOMÆ GATAKERI Replicatio.

1. Fateor non sequi, ut qui una aut altera doctrina erravit, non in aliis rectè sentire posse. Verum qui circa eam, de qua quæritur, materiam [illegible] [illegible] [illegible], quam [illegible] peccati [illegible] [illegible] Baptismo alligant, ut hoc eo [illegible] [illegible] parvulos [illegible] damnaverit, cum [illegible] hac in lite suspectam habeat, si [illegible] qui in eo, ad quod [illegible] adhibetur, non id tantum asserit, quod [illegible], [illegible] [illegible], [illegible] [illegible] [illegible] [illegible] [illegible] quid non [illegible] [illegible], [illegible] [illegible] [illegible] [illegible] [illegible] opinor, admittitur, [illegible] [illegible] [illegible] [illegible] [illegible] [illegible] ex communi omnium judicio prohibuit. Ratio autem [illegible] his verbis [illegible]; Quæ Baptismo [illegible] [illegible] in confesso est, in hac [illegible] [illegible] minus competentes videri. De Augustino autem (cujus autoritate in controversia ista imprimis urgemur) ita Petrus Martyr. ad 4 Regum. c. 8. in Append. *[illegible] [illegible] Augustinum graviter hallucinatum, quod [illegible] Baptismo tribuerit. Nam enim [illegible] illum esse regenerationis externum symbolum; sed ipse [illegible] [illegible] [illegible] regenerari & adoptari, atque in familiam Christi transire. Qui ante illam [illegible] ad familiam Diaboli pertinebant, atque [illegible] [illegible].* Quæ & postea de [illegible] [illegible] [illegible]: *Sed caput [illegible] illud est, quod [illegible] Baptismo [illegible] primum condonat peccata. Sed vehementer fallimur.* Ex Victorio [illegible]: *[illegible] [illegible] caput erroris fuit, quod reputans est [illegible] Sacramentis tribui: qua in re Augustinus perspicacior [illegible] [illegible] & doctrina incomparabilis, [illegible] falsus est.* Whitakerus [illegible] de Sacr. [illegible] q. 1. c. 4. ad arg. 1. *Ego semper Patres [illegible] [illegible] Baptismo tribuisse; imprimis Augustinum.* Adde quod [illegible] [illegible] [illegible], in hoc ipso, de quo nunc agitur, dogmate [illegible], quod [illegible] [illegible] [illegible] [illegible] [illegible] [illegible]. Whitakerus [illegible] [illegible] q. 2. c. 3. arg. 2. ad [illegible]. *Respondeo me non [illegible] [illegible]*

S gustinum

gustini testimonium adducere in hac parte, qui hic multa [illegible] *de hac re, & praebuit* [illegible] *de Baptismo.*

2. Nec illud [illegible] agnosco, [illegible] *quod* [illegible] *sentio.* Verùm hoc ipsum de quo [illegible], sit Catholicorum [illegible].

3. Cum Whitakero nostro respondeo [illegible], *de* [illegible] *Bapt. q. 2. c. 2. ad arg. 1.* [illegible] *Consensum* [illegible] *Patrum esse in Theologia probabile tantum argumentum, non necessarium.*

4. Ex Calvino illud [illegible] observatu non indignum [illegible], *Instit. l. 4. c. 14. §. 26. Immodicus ille, qui apud veteres, Augustinum inter caeteros, legentur Sacramentorum* [illegible], *hyperbolicus esse dicendi figuras.* Itaque etiam Whitakerus, *de Sacram. q. 5. c. 3. ad arg. 2. resp. 1. Respondeo cum Calvino has dicendi formulas esse hyperbolicas, & non esse rigidè urgendas.* Et, *ibidem q. 3. c. 3. ad* [illegible] *& 6. Tribuunt Patres multum Baptismo, —— Et forsan aliquid nimium tribuunt; quamquam (sicut posset ut) nihil* [illegible] *dicant, quod non satis commode exponi possit.*

Verùm ex dicendi formulis hyperbolicis aut figuratis [illegible], hyperbolica, ut & Calvinus [illegible], dogmata vel [illegible] sensu proprio [illegible], non dialecticum, sed sophisticum fuerit. Certè [illegible] tropum [illegible] essent intelligenda quocunque genere [illegible] rhetoricum, de Sacramentis [illegible] antiqui, [illegible] de Sacramentorum virtute & efficacia [illegible] & [illegible] nobis dogmata. Velim itaque, si id [illegible] admittant, hic [illegible], quod [illegible] noster, *adv. Bell. tom. 3. contr. 4. c. 6. & 7. Patres & de Baptismo & Eucharistia* [illegible] *ut qui* [illegible] *Sacramentis signata* [illegible], [illegible] *metonymice, —— at Patrum* [illegible] *Sacramentales* [illegible], *sacramentaliter* [illegible] *intelligenda, non* [illegible]. *Ex quo fiat, ut* [illegible] *testimonia, nullam vim efficaciam signis Sacramentorum tribuant,* [illegible]. Id quod [illegible] *verum est.* Et sic [illegible], [illegible] dictis illorum [illegible] nullam [illegible].

SAMUELIS WARDI Responsio.

1. *Illud urgebant dogma antiqui, imprimis Augustinus contra Pelagianos; qui infantes* [illegible] *peccatorum non indigere* [illegible], *eosque baptizari non in remissionem peccatorum, sed in regnum Dei* [illegible]. *Contra verò Ecclesia Catholica, & imprimis Augustinus,* [illegible] *infantibus Baptismum ad remissionem originalis reatus* [illegible]. *Id quod probarunt ex forma Baptismi,* [illegible] *Baptismus* [illegible] *in remissionem peccatorum. Quae forma baptizandi* [illegible] *& supervacanea, si non* [illegible] *infantibus* [illegible] *originalis peccati, & inde contractus reatus, qui Baptismo* [illegible]. [illegible] *Theologorum* [illegible] *Augustino* [illegible] *Augustinus* [illegible] *in parvulis esse peccatum originale generatione* [illegible]. [illegible] *ad regnum Dei* [illegible] *ad peccatorum remissionem* [illegible]. [illegible] *Baptismi* [illegible] *in parvulis* [illegible] *Baptismum* [illegible] *ad originalis reatus* [illegible]. *Augustinus* [illegible] *Theologi* [illegible] *de poena* [illegible] *Baptismo* [illegible] *Dei* [illegible] *parvulis* [illegible] *Baptismum* [illegible] *Patres* [illegible].

A tenus, ubi Sacramentum haberi non possit, non magis gratiam remissionis originalis reatus à Baptismi Sacramento avelli in parvulis, quàm eo qui fide Christi praeditus adultus [illegible] Baptismi Sacramentum [illegible], si necessitate ab eo excludantur à Baptismi gratia non excluduntur; cùm utrique Baptismi [illegible] capaces sint, & fidem suam [illegible] propria, illi parentum & [illegible] [illegible]; [illegible] ad Baptismum [illegible] aqua requiritur; & Spiritus, [illegible] praecipua partis fuit, quamvis ex Christi institutione per aquam ordinariè operetur, tamen non ita [illegible] externo signo alligatus est, ut sine eo [illegible] non possit operari. [illegible] [illegible] aqua & externo ablutio [illegible] dicenda est, quàm [illegible], [illegible], [illegible] & [illegible] cum fide conjunctam [illegible] Deo [illegible] [illegible]; ut [illegible] hanc sententiam hoc modo explicatam [illegible] Ecclesiae sententiae minimè [illegible], [illegible] Augustinum [illegible]. [illegible] rigidior [illegible] cum parvulis [illegible] peccato [illegible] implicatis, quam cum adultis suis actualibus peccatis etiam contaminatis. Ut [illegible] dicere possim rigidiores antiquorum sententias [illegible] fuisse [illegible] in disputationibus cum Pelagianis [illegible] ad [illegible] Scholasticorum quorundam & nostrorum Theologorum. Addo me hoc [illegible] asserere posse, quam [illegible] verba [illegible] supra citata Num. 27. posita fuisse [illegible] ad [illegible] necessitatem [illegible] Confirmationis.

THOMÆ GATAKERI Replicatio.

1. Quemque aut fundamento aut [illegible] illud [illegible] fuerit, [illegible] nequaquam [illegible], ut exceptio [illegible] justa sit.

2. Actum [illegible] parvulos baptizandi, cum in remissionem peccatorum sive [illegible] sive [illegible], [illegible] tandem [illegible] conceptione, [illegible] apud Pelagianos [illegible], non est tamen apud illos [illegible], qui [illegible] originale non [illegible] sed proprio [illegible], [illegible] universalis, agnoscunt.

3. Quod [illegible] Augustinum de parvulorum [illegible], si Scholasticorum [illegible] rationes [illegible], [illegible], sententiam [illegible] quos [illegible] patres posset & in hac parte, si Calvini [illegible] nostrorum [illegible] accepisset, [illegible] de Baptismi [illegible] & efficacia, [illegible] suam [illegible] in?

4. De Ecclesia veteri in genere, ut nihil dicam, [illegible] Ecclesiae [illegible] in multis [illegible] fuerit [illegible]. Nec [illegible] hic [illegible] illud Vossii, *adv. Bell. tom. 3. contr. 2.* [illegible] *Augustinus* [illegible] *Ecclesiae* [illegible], Quo [illegible] quod [illegible], *adv. Bell. de Bapt. c. 4. Patres, qui ante Pelagianam* [illegible] *Baptismi parvulis necessitate ut* [illegible] *quidem.* At verò Augustinum cum [illegible] de Baptismi [illegible] necessitate non [illegible], [illegible] à [illegible], [illegible] de Adultis quod [illegible], [illegible] de parvulis [illegible] *de Bapt. l. 4. c. 25.* quod & Bernardus [illegible], *Epist. 77.* [illegible], *ut adultis* [illegible], *qui Baptismo* [illegible] cum in parvulis [illegible].

5. [illegible] non [illegible] & [illegible], [illegible] de [illegible], [illegible] ubi fidei [illegible] figura. [illegible] Africanum [illegible] Bonifacius [illegible] 77. Augustinus ex [illegible] *Concil. Carthag. Epist.* 90. & *Concil. Milev. Epist.* 91. & *totius Ecclesiae, Epist.* 28. & *ad Marcel. Epist.* [illegible] *de pecc. & remiss. l. 1. c. 20.* [illegible]

[illegible]

[illegible]

THOMÆ GATAKERI Exceptio. Num. 18.

[illegible]

SAMUELIS WARDI Responsio.

[illegible]

THOMÆ GATAKERI Replicatio.

[illegible]

SAMUELIS WARDI Responsio.

[illegible]

THOMÆ GATAKERI Replicatio.

[illegible]

A [illegible]

B [illegible]

2. [illegible]

C [illegible]

SAMUELIS WARDI Responsio.

[illegible]

D [illegible]

THOMÆ GATAKERI Replicatio.

E [illegible]

F [illegible]

SAMUELIS WARDI Responsio.

G [illegible]

THOMÆ GATAKERI Replicatio.

[illegible]

eundem [illegible] [illegible], quemadmodum & de adultis eorum justificationem fruuntur.

SAMUELIS WARDI Responsio.

4. *An sint ulla habitualis vere qualitates & supra, fidei, spei, charitatis, aut alterius virtutis, quae infunduntur parvulis in Baptismo, ex sententia veterum Patrum, qui indubitato asserunt peccati originalis reatum tolli in Baptismo, [illegible] in dubium vocari posse assero. Unde visus es mihi [illegible] [illegible] [illegible], cum [illegible] veterum [illegible], [illegible] [illegible] tam sanctificari quam justificari.*

THOMÆ GATAKERI Replicatio.

1. De qualitatibus fidei, spei, charitatis vere [illegible] & [illegible] &c. nihil dixi, aut de iis, aut veterum etiam illorum sententia: de sanctificatione tantum locutus sum. Audi tamen quid Augustinus Epist. 57. *Dicimus ergo in baptizatis parvulis, quamvis id nesciant, habitare Spiritum Sanctum: sic enim eum nesciunt, quamvis sit in eis, quemadmodum & nesciunt mentem suam; cujus in eis ratio, qua uti nondum possunt, velut quaedam scintilla sopita est, excitanda aetatis accessu.* Et paulo: *Habitare etiam [illegible] [illegible] [illegible] dicitur, qui in eis occulte agit, ut sint templum ejus, idque in proficientibus, & proficiendo perseverantibus perficit.* Et mox: *Illa sanctificatio, qua efficimur templum Dei, — non est nisi renatorum, quod nisi renati homines esse non possunt.*

2. [Omnia veteris] Ego certe nihil dixi, nullus [illegible]. [illegible] enim? [illegible] adversus eos [illegible] [*qui [illegible] [illegible] [illegible]*] exceptionem illam adhiberi [illegible]. *[illegible] omnibus, sitae*; dixi, utramque in Baptismo [illegible] [illegible]. Caeterum de parvulorum hac in re sententia, ex iis, quae ad *Reverendi Praesulis Sarisburiensis* [illegible] [illegible] [illegible] conveniri, testimonia clarissima hoc de [illegible] [illegible], e quibus pauca [illegible] [illegible]. [illegible] [illegible] [illegible] [illegible] [illegible].

SAMUELIS WARDI Responsio.

Nam 1. ubi tu ex *veteribus unum aliquem, habitum, aut fidei, aut spei, aut charitatis, in quibus praecipue sanctificatio consistit, infundi parvulis in Baptismo?*

THOMÆ GATAKERI Replicatio.

1. Nondum [illegible] in habitibus [illegible] [illegible] [illegible] [illegible] consistere, [illegible] [illegible] [illegible] [illegible], & [illegible] [illegible] voluntatisque, quae [illegible] utraque efficiunt ad [illegible] se conformem voluntati divinae [illegible], prout occasio se obtulerit, & pro objectorum, circa quae versari contigerit, varietate diversis. Itaque & de renovatione sanctitateque probare possim, variam esse, quae de virtutibus illis [illegible], [illegible] satis mihi videtur liberasse [illegible]. Ea ergo quibus illud probari posse videntur, quae de illis [illegible] [illegible] [illegible], sed & de illis etiam non paucis. Clemens Romanus [illegible] [illegible]. Ep. 4. *Quid confert aqua Baptismi ad Dei cultum? 1. quia quod Deo placitum, impletur, 2. quia regeneratus ex aqua & Deo renatus, fragilitas primae nativitatis amputatur.* Clemens Alexandrinus [illegible] [illegible], [illegible] l. 1. c. 6. *Baptizati illuminamur, illuminati adoptamur, adoptati perficimur, perfecti immortales reddimur.* Et mox: *multis modis vocatur hoc opus: gratia, illuminatio, perfectum, lavacrum, lavacrum quidem per quod peccata abstergimus, gratia autem, [illegible] [illegible], quo peccata [illegible]; illuminatio autem, per quam sanctum illud & salutare [illegible] [illegible]; perfectum autem, cui nihil deest.* Et mox: *Qui regeneratus est, [illegible] quod & nomen ipsum docet, illuminatus & statim [illegible] liberatur; & [illegible], [illegible] [illegible] [illegible] [illegible] [illegible], vel parum. [illegible] [illegible] [illegible] [illegible] [illegible], — [illegible] [illegible] [illegible] [illegible] [illegible] [illegible]: ita & baptizatores,* peccata, quae veluti instar [illegible] divino [illegible] obduxerant, [illegible], liberum expeditumque, ac [illegible] [illegible] [illegible]. Dionysius, Hierarch. Eccles. part. 1. c. 3. *[illegible] divinae regenerationis Sacramentum, quia primi [illegible] [illegible] [illegible], animamque [illegible] [illegible] principium est, ex effectu [illegible] [illegible], illud [illegible] nomine nuncupamus. [illegible] enim alia Sacramenta [illegible] [illegible] est, [illegible] [illegible] [illegible] dare, illud tamen [illegible] [illegible] [illegible] [illegible] [illegible], [illegible] [illegible] [illegible] ad alia [illegible] Sacramenta [illegible] [illegible] [illegible].* Origenes, in Luc. Hom. 14. *Quia per Baptismi Sacramentum nativitatis sordes deponuntur, propterea baptizantur & parvuli.* Gregorius Nyssenus de bapt. *Baptismus peccatorum expiatio est, remissio delictorum, renovationis & regenerationis causa: regenerationem autem intelligere eam, quae cogitatione cernitur, [illegible] non videtur.* Et mox: *Ad propositam quaestionem, quo ratione [illegible] [illegible] [illegible], aqua, qua [illegible], purgat & illuminat hominem.* Gregorius Nazianzenus de bapt. *Generatio, quae est ex baptismate, est divina, libera, quae a passionibus liberat, [illegible] [illegible] [illegible] [illegible] amputat, & ad vitam superiorem reducat.* Et mox: *Illuminatio ista est animarum splendor, vitae transmutatio, conscientiae stipulatio, creaturae [illegible], peccati inundatio, lucis participatio, tenebrarum dissolutio.* Basilius Concio. hortat. ad bapt. *Baptismus est captivorum [illegible] [illegible] remissio, peccati mors, animae regeneratio, amictus splendens, &c.* Chrysostomus in 1 Cor. Hom. 40. *In lavacro regenerationis ipsam animam [illegible] gratia, & illius peccatum [illegible] [illegible]; — [illegible] [illegible] [illegible], [illegible] ejus, qui est baptizatus, [illegible] [illegible], sed ipsius solis radiis [illegible], & [illegible] [illegible] [illegible] ad nitorem; [illegible] [illegible] illa [illegible] [illegible]: spiritus enim [illegible], [illegible] [illegible] [illegible] [illegible] [illegible], & [illegible] [illegible]. [illegible] [illegible] aurum & argentum [illegible] [illegible] [illegible] [illegible] [illegible] [illegible]; sic [illegible] in Baptismo tanquam in [illegible] [illegible], & [illegible] [illegible], [illegible], [illegible] [illegible] [illegible].* Idem in 2 Cor. Hom. 6. *Baptismus peccata [illegible], prima [illegible], [illegible] [illegible], [illegible] [illegible] gratiae in ipsius [illegible], tanquam in tabulis [illegible].* Et, in Philipp. Hom. 11. *[illegible] [illegible], [illegible] [illegible] [illegible]; [illegible] [illegible] [illegible] [illegible].* Idem in Hom. ad Neophyt. *Vides quot sunt Baptismatis largitates? Sed multi quidem putant caelestem gratiam in peccatorum tantum remissione consistere; nos autem honores computavimus decem. Hac de causa etiam infantes baptizamus, et non sint coinquinati peccato, ut eis [illegible] sanctitas, justitia, adoptio, haereditas.* Et, ad baptizandos, [illegible], [illegible] [illegible], non [illegible] vocabulo, sed variis [illegible] nuncupatur, dicitur Sacramentum regenerationis Tit. 3. 5. Illuminatio Heb. 6. 4. & 10. 32. Baptismus Gal. 3. 27. Sepultura Rom. 6. 3. Circumcisio Col. 2. 11. Crux Rom. 6. 6. — *Sordes corporis Judaeorum lavacrum [illegible], divina autem gratiae lavacrum non corporis sed animae maculam sordesque [illegible] [illegible]: — qui [illegible] ad [illegible] [illegible] [illegible], & [illegible] [illegible] [illegible] [illegible] [illegible], [illegible] [illegible] [illegible] [illegible]. [illegible] [illegible] [illegible] [illegible], sed & sanctos & justos. 1 Cor. 6. 11. non dixit lavati estis tantum, sed & sanctificati & justificati.* Cyrillus, in Joan. l. 2. c. 42. *Quemadmodum viribus ignis [illegible] [illegible] [illegible] non aliter [illegible] quam ipse ignis: sic spiritus sancti operatione aqua baptismi corpus [illegible], reformat ad divinam virtutem & potentiam.* Leo 1 Epist. 86. c. 4. *A [illegible] [illegible] [illegible] [illegible] usque ad decrepitum senem, sicut nullus prohibendus est a Baptismo: ita nullus est peccato non [illegible] in Baptismo. Sed parvuli tantum originali, majores autem [illegible] [illegible] [illegible] peccatis, quorumque [illegible] [illegible] addiderunt ad illud, quod nascendo traxerunt.* Quae ex Augustini Enchirid. [illegible] [illegible]. [illegible] [illegible] ad Augustinum accedo, eorum qui illic adducuntur [illegible], praeter hunc etiam Patres Carthaginenses, quorum ipse pars magna fuit, & Fulgentius, qui [illegible] [illegible] [illegible] accurate, [illegible] [illegible]. [illegible] [illegible] [illegible] [illegible], quod ex Augustino Epist. 57. paulo supra posui, ut & mihi denuo describendo, de

[illegible] modestissime [illegible]. *Habitare Spiritum in infantibus dici*, quomodo etenim Spiritus Sanctus in talibus habitat, nisi significanter eo gratiam, gratiam, inquam, gratum [illegible]? [illegible] [illegible], non de operationem; (quod è nostris non nemo, quo gratiam [illegible] quam [illegible] in Baptismo collatam, commemorare videtur) hoc enim modo & in [illegible], [illegible], & [illegible] [illegible]; neque etiam [illegible] gratiarum [illegible] collationem, quæ [illegible] [illegible] quàm [illegible] [illegible]: hæc enim [illegible], opinor, [illegible]. Restat ergo, nisi quis aliquo modo possit assignari, quod facturum vix credo, sanctificationis & regenerationis gratiam [illegible], quod & Augustinum etiam disertis verbis [illegible] afferit. Deinde dicitur *Spiritus Sanctus habitare in parvulis illis* [illegible] *ad infantes* [illegible] *in* [illegible] *habitat*. At eo, opinor, ita in parvulis habitat, ut rationali facultate parvulorum, in quo habitat, [illegible], non ut alii [illegible] [illegible], [illegible], quæ [illegible] non [illegible], [illegible] opus habeat, quo rationalis evadat. Denique ita habitare in eis dicitur, *ut occultè in eis hoc agat, ut templum sint ejus, quod in proficientibus* [illegible] *& perseverantibus* non inchoet, *sed promoveat & perficiat*. Idem *de pecc. mer. & rem. l. 1. c. 19.* *Originalis* [illegible] *agnitionis* [illegible], *in ejus gratia, qua salvus factus per lavacrum regenerationis*. Et l. 1. c. 28. *Renasci in Christo, quod per Baptismum fieri solet.* Et l. c. 30. *Cur* [illegible], *nisi renascendus? unde renascendus, nisi à vetustate? qua vetustate, nisi in qua vetus noster homo simul crucifixus est cum illo, ut evacuaretur corpus peccati?* Et l. 1. c. 7. *Non enim advertunt* [illegible] *fieri filios Dei, qui esse incipiunt in novitate Spiritus, & renovari interiorem hominem secundum imaginem ejus qui creavit eum.* Idem, *de Trinit. l. 5. c. 16.* *Pater noster esse incipit, cum per ejus gratiam regeneramur, quoniam dedit nobis potestatem filios Dei fieri. Substantia itaque nostra mutatur in melius, cum filii ejus efficimur*, &c. Idem *Epist. 23.* [illegible] *Sacramentorum gratia, & Spiritus* [illegible] [illegible] *gratia, solvens vinculum culpæ*, [illegible] *natura, regenerat hominem in uno Christo ex uno* [illegible] *generatum*. Et post: *Ideò parvulus* [illegible] [illegible] *Dei gratiam non amittit, nisi propria impietate, si* [illegible] [illegible] *cum malis* [illegible]. *Tunc enim etiam propria incipiet habere peccata, quæ non regeneratione auferantur,* [illegible] [illegible]. [illegible] *sua sanctificatione invisibili, visibilia Sacramenta quid prosunt?* Idem *de nupt. & conc. l. 1. c. 33.* *Sic accipiendum est*, (quod Ephes. 5. 26.) *ut eodem lavacro regenerationis & verbo sanctificationis omnia penitus mala hominum regeneratorum mundentur atque sanentur.* Habes in his locis [illegible], habes *sanctificationem*, habes *mundationem*; habes *sanationem*; habes [illegible] [illegible]; habes *transformationem & regenerationem*; habes *renovationem hominis interioris ad imaginem creatoris, in qua postea progressus secundus fit*; habes *Spiritus in anima, quasi in corpore, inhabitationem*; habes *veteris hominis crucifixionem, corporis peccati evacuationem*; habes denique *substantiam in melius mutatam*, & *naturæ humanæ renovationem*. Hæc mihi clara satis esse videntur.

SAMUELIS WARDI Responsio.

Sed Augustinus sibi adversari videtur, Retract. l. 1. c. 13. *ubi sic habet*: Gratia Dei non solùm reatum omnium peccatorum præteritorum solvitur in omnibus, [illegible] in Christo, quod fit Spiritu regenerationis: verùm etiam in grandibus voluntas ipsa sanatur, & præparatur à Domino, quod fit Spiritu fidei & charitatis. *Hic agnoscit Augustinus in omnibus parvulis, qui in Christo baptizantur, fieri reatum peccatorum solutionem regenerationis: at non nisi in grandibus seu adultis voluntatis sanationem, quam vult fieri Spiritu fidei & charitatis:* per Spiritum regenerationis non intelligit Augustinus aliud quam Spiritum Christi, è stirpe veteri, in qua nati sumus [illegible] *generantem, in stirpem regenerationis per peccati originalis remissionem transferentem.* *Vide Augustinum de* pecc. merit. & remiss. l. 2. c. 9. & 27. Et, de Trinit. l. 14. c. 17. Sanè ista renovatio (quæ fit ad imaginem Dei) non momento uno fit, [illegible] momento uno fit illa in Baptismo renovatio remissione omnium peccatorum; neque enim vel unum quantulumcunque remanet, quod non remittatur. Sed quemadmodum aliud est carere febribus, aliud ab infirmitate, quæ febribus facta sunt, revalescere: itemque aliud est infixum telum è corpore detrahere, aliud vulnus quod eo factum est secundâ curatione sanare: ita prima curatio est caussam removere languoris, quod per omnium fit remissionem peccatorum; secunda, ipsum sanare languorem, quod fit paulatim proficiendo in renovatione hujus imaginis. *Ubi docet Augustinus, aliam esse renovationem Baptismalem, quæ fit remissione omnium peccatorum non* [illegible], [illegible] *ad ipsa conversione cordis, quæ non facta est* [illegible] *adultam ætatem*. *Vide Augustinum* l. 4. de Bapt. contra Donatist. c. 24. 25. *Si juxta Augustinum renovatio ad imaginem Dei* [illegible] *conversione cordis, tum nullo habetur* [illegible] *in parvulis in Baptismo ex ejus sententia.*

Idem de pecc. merit. & remiss. l. 1. c. 17. Oportet igitur, ut Sacramento regenerationis, ex [illegible] illo male de hac vita exeat, etiam parvulus imbuatur; Quod non fit nisi in remissionem peccatorum. *Et postea* — Fit ex parentibus [illegible] vetustate [illegible] in peccati carne propagati, [illegible] veteri homini debitam, Sacramento spiritualis regenerationis & renovationis evadunt. Illud autem præcipuè propter quæstiones, quæ de hac re [illegible] sunt, vel moveri adhuc possunt, attendere ac meminisse debemus, [illegible] peccatorum omnium plenam perfectamque remissionem Baptismo fieri; hominis verò ipsius qualitatem non totam continuò commutari, sed spiritualis primitias in bene proficientibus de die in diem novitate crescente commutare in se, quod carnaliter vetus est, donec totum ita renovetur, ut animalis etiam infirmitas corporis ad firmitatem spiritualem incorruptionem perveniat. *Ex hoc loco constat etiam juxta Augustinum primam renovationem habere parvulos à remissione peccatorum in Baptismo, ipsam verò renovationem, quæ gradatim perficitur, & sanctificationem* [illegible], vid. & c. 7. epist. l. 5. Certè videtur *Augustinus* [illegible] [illegible] *Baptismi effectum in parvulis effectivam remissionem, quæ fit solo remissione originalis peccati; alteram vero illam renovationem, quæ fit ad imaginem Dei, non incipere nisi ex eo tempore, quo* [illegible] [illegible] *conversio*.

THOMÆ GATAKERI Replicatio.

Augustinum quod adversari dicitur: Quod si adversetur, sibi ipsi adversabitur, cujus ea sunt, quæ supra posuerim, [illegible] respondeo, 1. Non esse mirum, omnia Augustini dicta dogmaticè præstare, quò nimis inter se quandoque dissentiant. 2. Non adversari prorsus videntur, quæ adducuntur illic, eis, quæ superiùs allata fuerunt. Siquidem primus locus ille ex Retract. l. 1. c. 13. explicari potest ex illo Epist. 23. supra adducto, ut de sanationis gradibus intelligatur, quæ non regeneratione, sed alia [illegible] perficiuntur; nec sanationem omnem Baptismo negari, quam eidem alibi disertè tribuit, de pecc. mer. & rem. l. 1. c. 19. sed ejusdemodi curationem, qualem ipse describit, cum ibidem tum & Epist. 23. quæ fide charitateque actuali peragitur. Quemadmodum &, de adulter. conjug. l. 2. c. 16. Idem afferens, baptizatum à Catechumeno factum baptizatum abire, à baptizato penitentio & reconciliationem [illegible], cum tamen penitentiam vera, & quod sententiam ipsam eadem ab utroque [illegible] [illegible]. Math. 3. 6. 8.

2. Quod locum illum ex l. 1. de pecc. mer. & rem. c. 9. & 27. Unde probari contenderis per Spiritum re-

generationem [illegible] intelligere [illegible] Augustinum, [illegible] Christi [illegible], in qua non [illegible] carnali generatione, in [illegible] regeneratione, per originalis peccati [illegible] transferentem. Respondeo: 1. Regenerationem [illegible] quid esse possit non intelligo, nisi internam [illegible] renovationem, quam & in Baptismo collatam asserit Augustinus de [illegible] & rem. pecc. l. 2. c. 27. Cum Augustinus [illegible] c. 27. [illegible]: Sacramentum [illegible] regenerationis est, ad loca [illegible], ad Tit. 3. 5. Joan. 3. 3. 5. [illegible]. Regenerationem [illegible] utroque loco, tum Apostolus, tum & Christus, [illegible] nisi de [illegible] renovatione? [illegible] regenerationis itaque nomine [illegible] Augustinum id comprehendere concludam, quod [illegible] universi, [illegible] id quod [illegible], [illegible] pro [illegible] fundamentis [illegible] constitutis? [illegible] regenerationis vocabulo utrumque comprehendisse Augustinum, [illegible] renovationem [illegible], quam [illegible] sanctificationem nomine Eph. 5. 26. [illegible] circumcisionem, Col 2. 11. Apostolum [illegible] Augustino [illegible] fidei, nec justificationem [illegible] sanctificatione [illegible], quod Augustinus [illegible] est in Apostolo [illegible] utrumque designasse. 2. Nihil ego [illegible] in hoc [illegible], quod a parvulorum Baptismo sanctificationem & renovationem internam excludat.

[illegible] 2. c. 27. hoc tantum [illegible], quod [illegible] posse hoc [illegible] regenerationis per remissionem [illegible] renovetur [illegible] videatur. Sed dein [illegible]

3. Spiritus renovationem [illegible] in [illegible], quod [illegible] velit, docet [illegible] Apostolus ipse Tit. 3. 5.

4. Merito, inquis, [illegible] & [illegible] nostra; haec enim verba [illegible] habent: & [illegible] illi [illegible], non solo [illegible] remissione, sed [illegible] opus est renovatione.

5. Cap. 2. quod dicitur: Sacramentum regenerationis non [illegible] in remissione [illegible] [illegible] nihil aliud [illegible] [illegible] [illegible] Christus [illegible] Quid [illegible] Joan. 3. 5. quod longe [illegible] vel Augustino ipso interprete) cum [illegible] fieri, [illegible] Moyses [illegible] serpentis [illegible] & [illegible] remedium.) Cum itaque per Baptismi Sacramentum, mortis Christi conformantur infantes, [illegible] serpentis [illegible] liberari [illegible], si a fide Christiana regula nolumus aberrare. Quos tamen [illegible] non in sua vita propria, sed in illo, [illegible] acceperunt. Quid [illegible] (mortis Christi conformes fieri) nisi [illegible] mortificationem, [illegible] & efficacia habere? [illegible] serpentis, [illegible] illud naturam, quod a Protoplasto [illegible] per [illegible], nec [illegible] in Christo [illegible], propagationis naturalis [illegible] usque infirmatur?

5. Quod vero ex iis sequitur ex de Trinit. l. 14. c. 17. & ex hoc [illegible], de quo jam [illegible] est, sequitur, [illegible] renovationem [illegible] ad [illegible] imaginem [illegible] c. 7. loco supra citato, Baptismo [illegible] idem [illegible] in Baptismo dari, [illegible] vero [illegible] ibi datam [illegible]; [illegible] tamen [illegible] ad [illegible] illud [illegible] c. 14. illo 7. [illegible] & ipse [illegible]? [illegible] peccatorum [illegible] nondum [illegible] Baptismo fieri, hominis novi ipsius plenitudinem [illegible] (in [illegible] l. 3. c. 26.) sed spiritales primitias (in Baptismo [illegible] collatas) in [illegible] proficientibus de die in diem veritate (nunc [illegible] scilicet) [illegible] in se, quod carnaliter [illegible] est, donec [illegible].

4. Quod autem [illegible] ad Augustinum: de bapt. l. 4. c. 24. 25. [illegible], [illegible] ex Augustini [illegible] illam ad imaginem Dei, [illegible] nec [illegible] Augustinum [illegible] illam [illegible] ad [illegible] Spiritus [illegible] appellare placuerit) ad annos illos [illegible] dicat; nec magis a parvulis, quam vel [illegible] credatur ad justitiam, vel ore [illegible] ad salutem.

SAMUELIS WARDI Responsio.

1. Si infantes [illegible] Augustini in Baptismo [illegible] fidei habitu infuso, [illegible] fideles [illegible] ab illo habitu infuso, [illegible] & [illegible] sapientes [illegible] temperantes [illegible] infunditur [illegible] [illegible] Ipse tamen Augustinus [illegible] in eo, quod fidei habitu, [illegible] fidelem [illegible] ita [illegible]. Epist. 23. ait, Parvulum esse [illegible] fidei illa, [illegible] credendi voluntate constitit, jam tamen ipsius fidei Sacramentum fidelem facit. Et, de peccat. merit. & remiss. l. 1. c. 19. ait, Parvulos recte fideles vocari, quod fidem per verba gestantium quodammodo profitentur. Et c. 33. Ubi parvulos ponimus baptizatos nisi inter fideles? Sicut universa [illegible] Ecclesia clamat [illegible] [illegible]. Ergo inter eos, qui crediderunt; hoc enim eis acquiritur per virtutem Sacramenti & offerentium responsionem. [illegible] de fide [illegible] [illegible], [illegible] fidei habitu [illegible] in parvulis infusi [illegible]. Et, Serm. 14. de verbis Apostoli: Absit ut ergo dicam non credentem infantem. credit in altero qui peccavit in altero. Et paulo [illegible] Credunt & infantes [illegible] credunt? quomodo credunt? fide parentum, si fide parentum purgantur, peccato parentum polluti sunt. Corpus mortis in primis parentibus generavit eos peccatores, Spiritus vitae in posterioribus parentibus regeneravit eos fideles. [illegible] ad fidem alienam confugit. Vide etiam Serm. 10. de verbis Apostoli. Et, contr. duas Epist. Pelag. l. 1. c. 22. Idem Augustinus, Epist. 57. ad Dardanum, ait: Ad templum Dei pertinere [illegible] sanctificati Sacramento Christi, regenerati Spiritu Sancto. Et paulo, Dicimus in baptizatis parvulis, quamvis id nesciant, habitare Spiritum Sanctum. [illegible] habitare per fidei habitum infusum.

THOMÆ GATAKERI Responsio.

[illegible] in Augustinianis illis, quae obviam [illegible] afferuntur, [illegible] solida forsan deprehendentur. Ad ea, quae causam praesentem spectant, sic paucis respondeo. 1. Infantes [illegible] ex Augustini fundamentis, tum fidelis (si [illegible] fidei habitum [illegible] infusum [illegible]) tum [illegible] (sive [illegible] de illo fuerit) dici possunt: non [illegible], [illegible] fidei [illegible] fidem habere [illegible] ipsa habitu, [illegible] facultate [illegible] dicuntur. Vide quae supra ex [illegible] 37.

2. Fideles denominari solent homines, & [illegible], quae, Augustinus accepit, non [illegible] ab habitu cordis, quod [illegible] habendi promissionibus divinis, ut in Christum recumbendi ad salutem, juxta illius conditionem, quam ab [illegible] [illegible] [illegible] fonte Baptismi [illegible] & [illegible], [illegible] facultate id praestandi, [illegible], [illegible], fideles tamen [illegible] possunt. Vide infra Responsi. num. 3.

SAMUE-

SAMUELIS WARDI *Responsio.*

3. *Si veteres, imprimis Augustinus, aut certò omnes parvulos tinctos tam sanctificari quam justificari censuissent, aut similiter de utrisque pronunciassent. At justificationem parvulorum fide catholica credendam esse veteres pronunciarunt, ut patet ex Conciliorum definitionibus à me prolatis.* Concil. Carthag. Epist. 90. apud Augustinum. Concilium Milevitan. c. 2. Concilium Valent. c. 5. Ex Augustino etiam locis à me productis Epist. 23. de pecc. merit. & remiss. l. 3. c. 5. &c. Enchirid. c. 42. *Et passim alibi; Patet enim hoc pro indubitato dogmate habuisse; cui etiam innititur Prosper in lectis adductis ad capit. Gall. object. 2. & in secunda sententia super illud caput: Quibus adde Fulgentium de fide ad Petr. Diaconum c. 30. At de sanctificatione parvulorum nihil est in definitionibus Conciliorum, aut antiquitate Patrum, nihil tale occurrit. Hinc est quod antiquiores Scholastici negabant parvulis in Baptismo gratiam habitualem, aut virtutes infundi.* Ut monstraverunt Halens. par. 4. membr. 8. art. 3. Sect. 2. Et Thomas 3. part. q. 69. art. 6. Et Gerson in compendio Theolog. *ubi de fide parvulorum agit. Sed & Estius ingenue agnoscit de hac infusione inhaerente justitiae habitualis problematicè disputatum fuisse apud Schola Doctores.* Unde Magister (ait Estius) (quaestionem) in textu propositam non determinat, ac magis in negantem partem propendere videtur. — Sed & (inquit) Innocentii tertii temporibus hac ipsa de re dubitatum. Et *postea: In Concilio Viennensi sub Clemente 5.* Licèt virtutes infundi in Baptismo parvulorum definitum est; non tamen ut dogma de fide, sed ut opinio magis probabilis. Durandus vero in 4. distinct. 4. q. 1. art. 1. sic habet: Igitur qui sensit intelligere capit, quomodo Sacramenta gratiam conferant, ad ponendum constituat oportet, fingendo nullam qualitatem (habitualem) esse necessariam. Nam profectò parvus nunquam de illa disputatur cogitavit, unquam nisi nunc ideò semper. *Hac ille ibi, & plura hoc facientia.* Et, de nat. & gratia l. 2. c. 10. Illi habitus infusi parvulis non sunt tamen antiqua tamque certitudine in Ecclesia cogniti, quam est fides Catholica, quoniam neque Concilium Viennense illos probat, nisi tanquam opinionem probabilissimam. *Ex his adaequatum videre possis, quòd veteres non contendant pari certitudine omnes tinctos tam sanctificari quam justificari.*

THOMÆ GATAKERI Replicatio.

1. In testimoniis reperitur, quae ad utrumque respiciunt, nimirum illud, quam illud praesumere videmur. Sequitur in eis quae ex Concilio *Arausic. 2. c. 25.* superius allata sunt; nec nunc opponi denuo necesse est: sed & ex illis ex *Concil. Valent. c. 5. Firmissimè tenendum credimus, quod omnis multitudo fidelium ex aqua & Spiritu regenerata ac in Christi morte baptizata, in ejus sanguine sit à peccatis suis abluta: quia nec in eis potuit esse vera regeneratio, nisi fieret & vera redemptio, cum in Ecclesiae Sacramentis nihil sit cassum, nihil ludificatorium, sed prorsus totum verum, & ipsa sui veritate & sinceritate subnixum. Ex ipsa tamen multitudine fidelium & redemptorum, alios salvari, quia per gratiam Dei in redemptione sua fideliter permanent, — alios, quia noluerunt permanere in salute fidei, quam initio acceperunt redemptionis, ad plenitudinem salutis nullo modo pervenire.* In utraque Epistolae doctrinam sic Doctoris habemus, quicunque baptizati sumus in Christo Jesu, in morte ipsius baptizati sumus. — Et iterum: *accedamus cum vero corde in plenitudine fidei aspersi corde à conscientia mala & abluti corpus aqua munda, &c.*

Nam in Epist. *Augustini illa 90. habemus utrumque, negare Pelagianos parvulos propter salutem, quae per Christum datur, baptizandos, vitam que illis, etiamsi non baptizentur, polliceri; nihil esse in eis mundum, aut sub Diaboli potestate captivum, nec pro eis fusum Christi sanguinem esse, qui fusus sit in remissionem peccatorum.*

Halensis itidem part. 4. quaest. 21. membr. 1. art. 2. hunc affirmat esse opinionem communem, *quòd gratia & virtutes conferuntur parvulis in Baptismo; quantum ad habitus, sed non quantum ad actus.* In quam & ipse concedit: ex Augustino confirmat, & objectionibus ex Augustino [illegible] inter alios respondet. Nec aliud quicquam Thomas, qui quid *quidam antiqui* (Scholastici ut ubi nullus dicit) *posuerunt, quòd pueris in Baptismo non dantur gratia & virtutes:* quorum sententiam oppugnat ipse. Nec amplius dicunt quos hic advocas, aut Halensis, aut Gerson, quam, *dicunt aliqui, alii; dicunt quidam, alii;* (quomodo ipse non [illegible]) nempe illos unicè damnare Magistrum nescio quem, sed ne vel in superiori nullus monet, qui *Opus à nonnullis super Decretum.* Hoc autem in dogmatis conveniunt Alexandrum Halensem nostrum, Albertum Magnum, Thomam Aquinatem & Joannem Scotum, (licet in aliis haud parùm à se invicem dissentientes) Estium, Bonaventuram, Franciscum Majronis, Alexandrum Alensem, Robertum Holcot, Petrum Alliacensem, Joannem Gersonem, ut alios omittam, locis indicatis, alibi ostendimus.

Sed nec verum est, quod Estius, *Magistrum in negantem partem propendere*, cùm extrema conclusio haec inclinet, l. 4. dist. 4. &c. Et regula juris sit, referente Alberico Gentili jurid. l. 2. c. 3. *Ubi lex non respondet quaestioni propositae, decernimur pro ea parte videtur, quae ultimò ponitur.* Certè Concilium Viennense illam non solùm tanquam *probabiliorem* admittit, sed tanquam *dictis sanctorum atque magis consonam ac concordem.* Unde etiam Whitakerus noster disertè pronunciat, de bapt. q. 4. c. 5. *In Concilio Viennensi & Tridentino definitum esse, habitus bonos virtutum infundi in Baptismo.* Quod & idem: *Haec Concilii Tridentini, Ecclesiaeque Papisticae sententiam est.*

2. Ideo forsan crebriores de remissione definitiones, quia de ea tum pluribus quaerebatur. Pelagiani siquidem Baptismi percepturos quidem concedebant ad regnum Dei, sed peccata, quae nulla essent in parvulis, solvi negabant, (ubi Augustinus *de haeres. c. 88.* & alibi) vel realiter vel sacramentaliter etiam; utrumque contra hostem cum illorum hypothesibus consistit, quae & alterum aequè alterum pariter tollit.

3. Veteres illi, si *sanctificationem* etiam in Baptismo dari, etiamsi non pari certitudine assererent (quanquam ubi dubitaverit de illa locum fuerit, ego nusquam reperio) sufficere videtur ad illud, quod ego volebam, aut in hac parte recipiendos esse, aut ne illa quidem pro testibus admittendos. Quae autem quaerere locum sunt ex testimoniis supra allatis facile consultà: quibus & in veritatem scripta quae ecclesiae diligentiùs versans, cui cura ad id amplius supponit, plura multo clarioraque forsan adjicere potuisset; cujusmodi etiam haud pauca in animadversionibus meis ad Reverend. Episcopi superius dictum Epist. hinc congesta licebit reponere.

4. Denique si Patrum sententiae fundatae fuerit, non illi sanctificationem, sive renovationem internam, & regenerationem eam, quam Scriptura sacra loquitur, sed transitivam scilicet duntaxat, in Baptismo dari asserunt; certè eludemus planè cum argumenta illa, à locis ex Scriptura ducta, quibus sanctificatio, mortificatio, vivificatio, regeneratio, veteris hominis crucifixio, Baptismo tribui videntur; cum illa etiam à Sacramentorum natura & efficacia perpetuò mutuata, quae ea semper ex ipsis conferre praesumantur, quae figurant: illa enim Baptismo designari, nemo est, qui inficias ierit.

SAMUELIS WARDI *Responsio.*

4. *Dico gratiam, quam Scholastici similiter vocant, quae plenariè sanctificat & purgat animam ab omni peccati macula, & ad videndum Deum idoneam reddit animam, non conferri parvulo in Baptismo, sed in ipso egressu animae à corpore. Hoc non obscurè docet Calvinus Institut. l. 4. c. 16. §. 17.*

§. 17. Infantes qui servandi sunt (ut certè ex eâ aetate [illegible] aliqui servantur) antè à Domino regenerari [illegible] obscurum est. Nam si ingenitam sibi corruptionem à matris utero secum afferunt, eos repurgatos esse oportet, antequam in regnum Dei admittantur, quò nihil ingreditur pollutum aut inquinatum. Non tollitur tamen à parvulis omnis pollutio, nec omnis inquinamentum tollit in tota hujus vita, ut sanctificatio consummetur. Constans etiam est nostrarum Theologorum sententia, plenariam animae sanctificationem ab omni labe peccati fieri in tota hujus vita, nec ante exitum templum. Gerson in compendio Theologiae, ubi de 3. virtutibus Theologicis, de fide dispositio quaerit, utrum parvuli baptizati habeant fidem. Respondet: Dicunt quidem, quod nec fidem habeant nec caeteras virtutes, eò quòd hae non conferuntur iis in Baptismo, sed tantùm purgantur ab originali peccato. Dicunt tamen, quod si animae parvuli post Baptismum separentur, in illa separatione illi infundi solent dictae virtutes immediatè ab ipso Deo. De hac (inquit) opinione est Hugo quidem, qui fecit Apparatum super Decretum. Alexander de Hales, part. 4. q. 65. membr. 3. art. 3. §. 5. Dicunt aliqui, quod triplex sit gratia,

1. Baptismalis, quae dominatur in animâ ex virtute Sacramenti, & omnino omne genus peccati tollit.

2. Poenitentialis, quae dominatur in animâ ex subjectione & conformitate liberi arbitrii ad ipsius gratiam; & haec tollit omne mortale, non autem omne veniale.

3. Finalis, quae dominatur in animâ perfectâ subjectione & conformitate omnium virium animae ad ipsam gratiam, & haec tollit omne veniale. Cum enim anima jam separatur à carne, jam praeuntes & pertinentiones, quae inerant animae, ex carne recedunt; & potentiae animae tranquillantur, & gratiae subjiciuntur; & per hoc venialia delentur, sive sint in parte rationali, sive sensuali. Et ita nullum veniale dimittitur post hanc vitam, sed in illo instanti, in quo dici potest, haec finalis gratia dominium sibi vindicat, & omnem expellit culpam. Hanc sententiam in sequentibus non explicat solùm, sed approbat.

THOMAE GATAKERI Replicatio.

1. At si in Baptismo ex Dei parte exhibetur, quicquid ritu ipso externo figuratur, non video quid impedire possit, quò minus gratia illa secundùm totam baptizatorum conferatur.

2. Verùm in hoc libenter calculum tibi do meum, nec aliquo simul novum scrupulum mihi videri, quod ex eo ipsum confirmandi eo usque suspendi, dum gratiâ sanctificante illa vel inchoatâ donetur, etsi inchoatâ simul & consummatâ, regeneratio ac renovatio ista fuerit interior.

SAMUELIS WARDI Responsio.

3. Ista, Parvos aliquando meruisse aliquam spiritualem sapientiam & quosdam infusa in Baptismo parvulorum, certè ista gratia gradum omnium minimum, qui in hac vita recipiuntur, puta, prima dispositio ad futuram vitae novitatem, ut vult Hookerus noster Lib. 5. Sect. 60. vel ut alibi ait: Primus gradus spiritualis motionis ad habitum fidei, &c. tamen sufficere desinit ad sanctificationem ejusdem parvuli, cum ad aetatem maturam advenerit. Ut enim ad justificationem adulti non sufficit fides, nisi permanens habitualis, sed requiritur habere actus poenitentiae & fidei, ut etiam in Baptismo susceptam adimpleverint: sic ut ad sanctificationem adultis sufficit illa, supra & quosdam gradus, sive illa prima dispositio ad habitum fidei, aut aliarum virtutum, sed requirit etiam eundem virtutum habitum infusum, qui ad alios virtutum facultates, & animam principem ad regenerationem tradant.

Hanc etiam est, quod nostra professione Theologi dissidere inter confirmationem parvulorum & adultorum, Bezae ad 7. Argum. D. Wuertemb. in Colloq. Mompelg. habetur in Responsione Bezae ad Acta Colloq. Mompelg. p. 121. Infantes putamus absurdum esse dicere renovari, ut vel eo ipso tempore, quo baptizantur, vel etiam post cognitis, & per fidem apprehensis Christi promissis, veterem exuisse hominem, novi facti homines. Vid. etiam ad Acta Colloq. p. 118. & in Resp. ad eadem Acta p. 150. Nascuntur ergo infantes, etiam electorum propter alienum, simul & suum ex Adamo propagatum peccatum corrupti & rei; sed nullis adhuc illius vitii amarissimis fructibus coram Dei facie contaminati. Sufficit igitur illo admirabili quidem & stabilem & infrustrabile, certissimum tamen, illud Sancti Spiritus in ipsis opus adhuc possidere, quo fit ut Christi membra esse censeantur, cujus ad mortem usque crucis obedientia ipsis imputata à mortis reatu ipsos absolvit, & aeterna vita per imputatam eandem Christi justitiam in ipso dignos efficit. Quod ad corruptionem autem, cui obnoxii nascuntur, ipsorum spiritus prius ex hac vita in illam beatam evocantur, quàm corruptionis illius fructibus contaminentur, illi certè specie renovationis non indigent, unde in adultis certamen illud inter spiritum & carnem exoritur, sed ad illum ipsum regenerationis gradum absorpta mortis & faelicitate caelesti transferuntur, in quem apud Deum in Christo evehuntur, quamque in Domino moriuntur, scilicet per finalem gratiam. Vid. Calvin. Instit. l. 4. c. 16. Sect. 21. Sic idem Beza libro aliaque part. 2. p. 153. Renovari quidem eos illos (parvulos in infantia morientes) ut quo ita tamen, ut ii, qui hanc vitam etiam vivant, intelligentiâ quoque & ratione utuntur. Quorsum enim illis illuminationes mentis ad discernendum secundum Spiritum Dei veritatem verbo Dei comprehensam, quod nunquam sint audituri ad dispensationem apprehensionem aliarum per fidem? ad affectus secundum Spiritum adversus carnem componendos? denique ad omnes illas animi facultates ad rectam scopum dirigendas, quae per sensus & phantasiam exercentur? Haec enim ergo tangere & negotii istius infantibus illam adultis propriam Regenerationem convenire, non illam, sine qua nemo videbit Deum. Haec Beza. Constat ergo hoc sanctificationis parvulorum ex Patrum sententia, nulla ratione videtur nostra dissensio aut laesa, aut inimica.

THOMAE GATAKERI Replicatio.

1. Qui gradus iste primus spiritualis motionis ad habitum fidei, quae prima illa ad futuram vitae novitatem dispositio, quam Hookerus noster in Baptismo dari vult, aut unde etiam hanc hausta sint, nisi regenerationem illam, de qua Dominus Joan. 3. 3. 5. & Apostolus Tit. 3. 5. eorum ipsum intelligere, qui Sacramentis parere ac verbo vitae virtutemque generativam tribuit Epist. 30. ego nequaquam assequor.

2. Quod ea sufficere desinere dicitur, ad parvuli sanctificationem cum ad adultam aetatem advenerit; nec hoc quid velit satis assequor. Sufficere siquidem aliquid ad sanctificationem duplici ratione dici posse videtur. 1. quod verè sanctum licet imperfectè, constituat; atque hac ratione dispositam illa animae, si sancta verè fuerit, etiam et subjectum verè sanctum constituit, & ad id constituendum omninò sufficerit. 2. quod non solùm sanctum constituat, sed eo etiam modo sanctum, tum quod sanctitatis gradum, tum quod operatione interveniunt, qui à subjecto in hoc vel illo statu exigitur; atque hac ratione certè sanctificatio illa in adultis non sufficerit, quia amplius aliquid ab eis exigitur, quam ab parvulis in Christo, etiam adultis majora exiguntur, quam ab eisdem aliis etiam in eodem adultis; atque hac ratione Calvinus in Catechismo; Fidem in nobis semel inchoatam esse neque sufficit, nisi continuetur alatur, & magis indies magisque augescat. Quam tamen fides habitualis, semel principio debitas, & justum sanctumque statim atque inchoatam, constituat.

3. Nam quod ad justificationem adulti non sufficere fidem

[illegible] [illegible], [illegible], *sed ad [illegible] in Baptismo* [illegible] *liberos actus* [illegible] *requiri* ut illud [illegible], [illegible] ad [illegible] Baptismale [illegible] requiri, qui ad justificationem [illegible] requiruntur; [illegible] fidei & poenitentiae habitualis [illegible], quemadmodum sese [illegible] ad [illegible] liberos necessariò [illegible]: quippe [illegible] hoc [illegible] dogma illud, *Verum fidem ab opere nunquam esse separandam*: [illegible] Capitulum recte in *Jacobi* 2. qui ab hac agendi efficacia fidem veram vivamque [illegible], quae nunquam operari, fidem veram non esse.

4. Quod *dispositionem illam ad habitum fidei* [illegible] virtutum, sive quatenus illam *sapientiam & perfectionem* ad adulti [illegible] sufficere negatur; sed requiri etiam [illegible] virtutum habitum *infusionem* [illegible], &c. Si dispositio illa vere sancta fuerit, certè sanctitatis infusio nova nulla requiritur, sed nec revera esse potest, [illegible] *accidentia ejusdem speciei subjectum* [illegible] *tempore*: sin minus, [illegible] sanctificaverit dispositio illa, cum nec ipsa sancta extiterit?

5. *Habituum infusionem* illam haud satis capio: habitus siquidem nomine duo possunt intelligi; 1. Facultas simpliciter aliquid agendi, quales sunt δυνάμεις illae naturales, videndi, audiendi, corporis membra movendi agendique, &c. quas Philosophus observat actus omnes inde eliciendi antecedere. 2. Facultas dexteritate [illegible] artificio & facilitate [illegible] aliquid [illegible] exercendi, quae usu ac praxi comparata sit: quales sunt, quas nomine proprio [illegible] indigitant. Priore genere videtur *dispositio illa sancta*, quam Spiritus Sanctus in anima, sive parvuli sive adulti, [illegible] operatur, cum mortiferum ejusdem affectionem [illegible], vel [illegible] vivificat, ac vivificando renovat, & ad imaginem, in qua [illegible], ex parte [illegible]. [illegible] ([illegible]) non [illegible] virtutem [illegible], sed [illegible] voluntatemque [illegible] & [illegible] restituendo, quae [illegible], sive vivificantur, vel ad fidei, vel ad spei, vel ad charitatis, vel ad [illegible] actus eliciendos exercendosque jam habiles atque idoneas reddiderunt. Posteriore genere videntur esse habitus, ut ita dicam, illi fidei, spei, justitiae, charitatis, caeterarumque virtutum, quibus [illegible], qui [illegible] atque [illegible] renovati, longo jam usu praxique [illegible], [illegible] frequentia agendi, [illegible] afferri, [illegible] denique [illegible] spiritualium [illegible], [illegible], Spiritu Sancto illis cooperante, [illegible] gradum [illegible] fuerint, ut ad actus [illegible] (prout [illegible]) [illegible], possintque jam promptius atque expeditius [illegible], quae sine molestia prius haud [illegible]. *Si* [illegible] *dispositionem*, si *habituum infusionem* nomine intelligere placuerit; illa vero nisi in vere regenito esse non poterit; sed nec ea, [illegible] semen [illegible] porrio, de quo 1 Pet. 1. 23. [illegible], [illegible] semen vitale sit, [illegible] esse poterit, ubi [illegible] agendi facultatem nacta fuerit. Vereque sanctum necesse est ea praeditum constituere, sive parvulus, sive adultus is fuerit, ut infusione secundaria nihil adulto sit opus, ad eum prorsus sanctificandum, qui ea parvulus imbutus fuerit. Nam posterioris generis habitus non [illegible] infundi, quam usu [illegible] Spiritus Sancti opere conjunctione, acquiri videntur; nec specie, sed gradu [illegible] ac progressu à priori illa differentiam. [illegible] [illegible] fidei habitum [illegible] videtur D[illegible] adv. Bellarm. de bapt. c. 1. ubi negat ipsum etiam *Spiritum* [illegible] *fidei habitum infundere*, qui ea scilicet *sed & virtute alia* [illegible] *per* [illegible], [illegible] Verum is de habitu plene consummato, opinor, locutus est. Videatur Halensis part. 4. q. 22. membr. 2. art. 2. *ad object.* 18. & 19.

6. [illegible] quod [illegible], id forsan voluit, non eandem esse parvuli ac adulti renovationem, quod actus ab illis, non utrinque ab illis vel exercendos, vel exigendos, certis scilicet [illegible], [illegible] in fidei dogmatibus exercendi, &c. [illegible] voluntatisque renovationem, ut ad divinam imaginem [illegible] consistere cum iustitia, opinor, [illegible], aut neque etiam [illegible], qui in ea *sanctitate* (quod est aliud?) consistunt, *sine qua nemo Deum visurus est*. Certe cum Apostolus ab adultis hanc exigat Hebr. 12. 14. eandem parvulis qui tribuat sanctitatem, in specie eandem in utrisque agnoscat, necesse est. Recte Whitakerus de bapt. q. 4. c. 6. *Infantes à Spiritu Sancto purgari docemus & fieri novas creaturas, qui carne & sanguine regnum caelorum non possidebunt, & nisi ex aqua & spiritu Sancto renati fuerint, non possunt intrare in regnum caelorum.*

7. Concessio ergo hanc ex Patrum sententia parvulis in Baptismo dari; contendo cum eandem specie parvulis dari in Baptismo sanctitatem, quae in adultis reperitur, aut saltem si ea non sit, quae in adultis requiritur, non esse eam, quam Apostolus vult, ubi renovationem hominis & regenerationem Baptismo tribuere videtur: nec posse ergo inde argumentum deferri, ad sanctitatem eam in Baptismo dari probandam, de qua Apostolus in eo loco non loquitur.

SECTIO VII.

SAMUELIS WARDI Thesis. Num. 19.

S*[illegible] nostram assertum est; Omnes parvulos* [illegible] *& [illegible] in infantia* [illegible] *baptizatos à reatu originalis peccati ex Baptismo liberari.*

Fundamenta hujus assertionis sunt; Primo natura Sacramentorum, quae sunt ex institutione divina efficacia signa, & eorum efficacia, ut ubi ex parte suscipientis nullum impedimentum ponatur, ita suam vim, & efficaciam exserant pro capacitate suscipientium. Cum ergo infantes ex eo quod liberi arbitrii usu prorsus destituantur, nihil impedimenti opponere possint (ut supra ex Augustino docuimus) quod vim & efficaciam Sacramenti retardet & obstet; cumque Baptismus praesertim institutus sit ad solutionem reatus originalis peccati; ergo omnino dicendum Baptismum Sacramentum in parvulis omnibus hanc suam vim & efficaciam exserere.

THOMÆ GATAKERI Exceptio. Num. 19.

Quod ad 1. Assero (*à reatu scilicet liberari baptizatos omnes, qui in infantia* [illegible] *sunt*) fundamentum hic jactum: Primum [illegible] illo dogmate, de *sua institutione*: [illegible] itaque quod nondum firmatum videtur.

SAMUELIS WARDI Responsio.

Respondeo: [illegible] Baptismum, satis, ut spero, supra demonstratum, Num. 1.

THOMÆ GATAKERI Replicatio.

Ibidemque respondimus, quod nobis tunc satis videbatur; & adhuc videtur.

SAMUELIS WARDI Thesis. Num. 20.

2. *Idem* [illegible] *ex verbis operationis, quae in professione inter baptizandum* [illegible] *pronunciat, ubi ait*, Ego te tingo, Ego te abluo, Ego te baptizo, In nomine Patris, Filii, & Spiritus Sancti; *Ex quibus satis constat, Baptismum revera illud efficere operari, quod Minister pronunciat.*

THOMÆ GATAKERI Exceptio.

Baptismi Minister id dicit quod facit, Sacramentum adeo administrat, ritumque sacrum peragit à Deo institutum.

SAMUELIS WARDI Responsio.

Respondeo. *Verum est illum dicere quod facit: at id infantes abluit, quod tunc per illum facit, scilicet.* Ego te tingo, Ego te abluo, Ego te baptizo in remissionem peccatorum, in nomine Patris, Filii, & Spiritus Sancti; *& simul Deus verè facit, quod Minister dicit, remittendo peccata. Cum Minister abluit parvulum, & verbo pronunciat, Christus ipse manu sua invisibili demissa, parvulum sanguine suo in remissionem peccatorum aspergit*, vel, ut habet Hieronymus exponens illud Matt. 3. 11. Homo tantùm aquam tribuit, Deus autem Spiritum Sanctum.

THOMÆ GATAKERI Replicatio.

Minister dicendo, *Ego te baptizo*, &c. nihil dicit amplius, quam quod ipse facit, quemadmodum & Johannes Baptista, cum diceret; *Ego vos baptizo aqua in resipiscentiam* Matth. 3. 11. nihil aliud dicebat, quam quod ipse faciebat, nec aliquam, puto, etiam inde colligere poterat, hoc velle Johannem, eos, quos ipse baptizabat, Baptismi ipse adhuc virtute resipiscentiam adepturos, quam à baptizandis præexigebat, vers. 6. Nam qua loquuntur, illa, sive (ut minime) loquuntur, accommodatum annum [illegible], qui moniti, baptizandi etiamne illud adhuc Minister ille, qui baptizat, sive (ut amant) admissionem dentur [illegible] significat in cultum sive fidem & professionem unius Dei veri in personis tribus distinctis, quemadmodum in Mosem baptizari 1 Cor. 10. 2. est in cultum divini per Mosis ministerium instituti professionem, per eum ducem [illegible] initiari. Ita Zanchius de tribus Elohim part. 2. l. 4. c. 2. §. 3.

2. Quod Deus simul ea facit, quæ hic fiunt præsentiatur, nec probat Ministrum id dicere, & hoc ipsum videtur probatione indigere, cum id fiat pro confesso, quod est caput controversiæ.

3. Ibid Hieronymus in Esaiæ 4. 4. [illegible] administrationi, qui opera magna fecit operatur est? at non eo ipso Baptismi momento id facit, hoc vero est quod quæritur, nec desumi posse ab eo videtur, qui Spiritum Sanctum ad animum interius abluendum & expurgandum, ad quod nova creatura efficienda confugiunt, 2. Cor. 5. 17. & Gal. 6. 15. in Baptismo dari non agnoscunt.

THOMÆ GATAKERI Exceptio.

At Minister Baptismi non audet dicere, *Ego te justifico*, quod & non imo in loco unum Augustinus adversus Donatistas, non ego dico quod Deus, sed quod ipse facit.

SAMUELIS WARDI Responsio.

Respondeo: *Ministrum non posse illum vellè dicere*, Ego te justifico; *est enim justificare solius Dei opus. Quod sæpè & rectè inculcat Augustinus contra Donatistas.* Si Minister, inquit, non audet dicere, *crede in me*, non audet dicere, *justificatus à me*, l. 4. c. 11. contra Cresconium. Et alibi; Non solum justos se dicunt esse homines, sed & justificatores hominum, quod de non dicendum est, qui justificat impium, ut quid sit justus & justificans, l. 2. c. 23. contra. liter. Petiliani. *At tamen rectè potest dicere*, Ego te tingo, Ego te baptizo in nomine Christi, *ut Minister ejus. Optimè enim distinguit Augustinus*; Ad aliud aliquid est (Minister) ad aliud non est aliquid. Ad ministrandum & dispensandum

A Verbum & Sacramentum est aliquid, ad mundandum vero & justificandum non est aliquid, qui hoc non operatur in interiore homine, nisi per quem creatus est totus homo, & qui Deus manens factus est homo. *Haec ille contr. liter. Petilian. l. 3. c. 54. Ad ministrandum siquidem & dispensandum Verbum & Sacramentum est causa instrumentalis. Minister in genere causæ moralis, principalis autem Deus; ad mundandum & justificandum totalis causa est Deus in genere causæ Physica, per efficientiæ; Justificare enim & justificatum non est nisi Deus, dicente Augustino*, Epist. 50. ad Bonifacium, ubi hæc ipsa de re agit B & c. 49. alibi l. 3. cont. liter. Petilian. & contra Cresconium, l. 2. c. 20. 21.

THOMÆ GATAKERI Replicatio.

Si illud, *Ego te tingo, Ego te abluo*, de exteriore tinctione & ablutione accipiatur, nihil dicitur, nisi quod facit ipse Minister; sin de interiore sive spirituali ipsius animæ ablutione sumatur, (ut sentire sit, *Ego te abluo à peccatis*) quod Bellarminus vult de Sacram. l. 2. c. 8. rat. 9. C perinde sonatum est, ac si diceret, *Ego te sanctifico, Ego te justifico*; at hoc dicere non posse agnoscitur: nihil amplius ergo dicitur verbis illis, quam quod Minister ipse facit.

SAMUELIS WARDI Responsio.

Rectè Tertullianus, de Baptismo c. 6. Abluitionem delictorum fides impetrat obsignata in Patre, Filio & Spiritu Sancto.

THOMÆ GATAKERI Exceptio.

D De Tertulliano recte objicere, Baptismi sinere ad adultos sustinendi; unde etiam sibi arripuerunt Anabaptistæ, ut de fidelibus adultis [illegible] debeat.

SAMUELIS WARDI Responsio.

Respondeo, urgendo restrinxisse ad adultos, aut dixisse non potuisse parvulos baptizare, quod aliter suggerunt Anabaptistæ; Lorat c. 18. *cunctationem in parvulorum baptismo; quod* E *alii de infidelium parvulis intellexisse non videntur. Et quid videtur iniurarum ea quæ subsistit de sponsorum periculo; ubi enim parentes sunt Christiani & fideles non videntur sponsores periculo ingeri. Sic de Christianorum parvulis intellexerit, non de iis intelligit, quibus aliquando periculum evenire incumbebat.* Etiam Baptismi necessitatem eodem lib. c. 12. *colligere videtur ex loco* Joan. 3. *Nisi quis renatus fuerit*. Libro etiam de anima c. 39. *Fidelium filios ex altero parente sancti natos, designatione sanctitatis appellat, illius unicè Baptismatis negare voluisse, non est verisimile. Maxime cum etiam desiderium Baptismi fundere visus est, ut nosti; qui tamen* F *parvulorum Baptismum non solum licitum esse vult; sed cum baptizari vult, si quod periculum urgeat.* Interim fateor, quin prudenti, de adultis intelligendum esse satis bene intellexi: testans tantum adultis verbis in Baptismo operationem.

THOMÆ GATAKERI Replicatio.

1. De Baptismo parvulorum Tertulliano quid visum fuerit, haud ad rem præsentem multum facit; ipsius tempore obtinuisse ex Scriptis illius liquet satis.

2. *De adultis loqui eum agere eo loci* si concedatur, nihil G inde concludi potest de verbis Baptismi in parvulis *operationis*, utrumque, quod in adultis eadem operantur: hæc autem in adultis justificationis aut regenerationis gradum conferre, ubi ea ante nulla fuerat, vix est, puto, ut orthodoxus aliquis concedat.

THOMÆ GATAKERI Exceptio.

Certè fidei impetrationem, tinctioni obsignationem tribuere

[illegible] videtur, nisi si [illegible] minime nuncupatione post obsignatam dici voluit.

SAMUELIS WARDI *Responsio.*

Ipse, fidei [illegible], [illegible] obsignationem [illegible], *illa tamen obsignatio non erit* [illegible] *delictorum, sed ipsius fidei, non enim [illegible] fidem impetrare abluitionem delictorum, sed illam quae obsignata est in Patre, Filio, & Spiritu Sancto; quae interpretatio* [illegible] *possit colligi ex aliis locis. Siquidem c. 13.* [illegible] *Baptismi vestimentum quoddam fidei esse. Et, de paenit. c. 6.* Lavacrum illud est obsignatio fidei. *Et, de* Idololatria c. 11. Male nobis de necessitatibus humanae exhibitionis supplaudimus, si post fidem obsignatam dicimus, Non habeo, quo vivam. *Scilicet si post fidem obsignatam* [illegible] *Baptismi. Vide de pudicit. c. 9. Et, de resurrect. carn. c. 59. Ex quibus videtur colligi posse, fidem veram impetrare ablutionem delictorum, sed illam demum, quae obsignata est in Patre, Filio, & Spiritu Sancto. Siquidem ex mente Tertulliani, fidem & paenitentiam profitentibus Catechumenis non* [illegible] *remittuntur peccata, nec ante Baptismum* [illegible] *suscepturum. Nisi enim fidei Catholicae & paenitentiae professione Catechumenos ad remissionem peccatorum praeparari confiteatur; non tamen remissionem ipsam exhiberi censet ante Baptismum* [illegible] *susceptum, id quod* [illegible] *visus est, hoc ipso libro c. 4. Hanc realem ablutionem in Baptismo* [illegible] *ex ipsa analogia Sacramentali deducit.* Quaquam (inquit) ad simplicem aliquam [illegible], [illegible] *fideles a fordibus delictorum, quod possit* [illegible] *communicare tractu. Et c. 5. de Ministris Verbi agens,* Nunc inquit, quotidie populus conservant delere mortem per ablutionem delictorum, [illegible] *& prece, ubi* [illegible] *collationem inter aquae Baptismi & Angelum, qui* [illegible] *& ministros Evangelii Spiritum* [illegible]. Et, c. 7. Spiritualis effectus (*Baptismi*) est quod delictis liberamur. *Tertullianum* [illegible] *vis & efficacia Baptismi etiam in adultis, & verborum in Baptismo* [illegible], *de quibus* [illegible] *Tertullianum satis bene intelligi* [illegible].

THOMÆ GATAKERI *Replicatio.*

1. Baptismum tam fidei professionem ex parte nostra, quam remissionis promissionem ex Dei parte obsignare, (quod & ex Whitakero *de Sacr.* [illegible] *supra exhibuimus ad Num. 4. & 5. Resp. 4.*) libens, puto, non concesseris.

2. Tertullianus hoc si censuit (etiam vere credenti nondum remissa peccata priusquam ad fontem sacrum accesserit) in errore manifesto (ut etiam id falsa *Resp. Num. 4. & 5.* quo loco de [illegible] disceptatum videtur) versatus deprehenditur. Imo ex testimonio ipso [illegible], restat ut parum idoneus jam rejiciatur. Verum nec id mihi certo liquet, saltem ex dicto allegato non elicitur necessario: aliud innuunt, & innuere plane videntur ejusdem verba illa in lib. *de paenitent. c. 4. Qui paenam per judicium destinavit, idem & veniam per paenitentiam spopondit*, dicens ad populum, paeniteat, & salvum faciam te. Et post. c. 5. *Paenitentia per Dei gratiam ostensa & indicta nobis, in gratiam nos Domino revocat. Et c. 6. An alius est* [illegible] *Christus, alius in audientibus?* [illegible] *Lavacrum illud obsignatio est fidei, quae fides a paenitentia fide incipitur & commendatur: non ideo abluimur, ut delinquere desinamus, sed quia desivimus, quoniam jam corde loti sumus.*

SAMUELIS WARDI *Thesis.*

Augustinus Hypognost. 5. Ut quid justis in remissionem peccatorum baptizari, si non vere facit remissionem? Imo idem justus, qui facit, est enim verax Deus, omnis autem homo mendax. *Augustinus* Epist. 197. Non est falsa etiam in parvulorum Baptismate remissio peccatorum, nec verbo tenus dicitur, sed veraciter agitur.

THOMÆ GATAKERI *Exceptio.*

Nec *Hypognosticon* scriptum illud Augustini esse credituri, nec Augustini testimonium in hac lite [illegible] professi sumus. *Num. 27.* De [illegible] illa baptizandi in remissionem peccatorum, abunde [illegible] supra dictum, *ad Num. 4. 5.* De Dei itidem veracitate, *Num. 1. ad Argum. 14. & ad Num. 13.*

SAMUELIS WARDI *Thesis.*

Cui consonat illud Lutheri; Qui non credit verbo Ministri dicentis, *Ego te baptizo*, facit Dominum mendacem, cujus illa verba sunt.

THOMÆ GATAKERI *Exceptio.*

1. Verba illa Ministri baptizantis non sunt ipsa Dei verba; non magis quam Baptistae illa, *Ego vos baptizo*. Matth. 3. 11. quanquam qui minus qui Ministro hoc dicenti credat, etiamsi voluerunt de Baptismi vi & efficacia [illegible] non sentiat, quod obstet, nihil est. Itaque ex Lutheri dicto quid in rem vestram elici possit non video. Locus si indicatus fuisset, de verbis judicium fuerit pulchrius alterius.

2. Lutherus in dictis suis est ex affectus vehementioris [illegible] in Doctrina Sacramentaria, ubi adversus *Sacramentarios*, quos appellat, se opponit. Et quo genere est, quod habet ad Esaj. 20. *Deus se ordinavit, quod nolit dare Spiritum suum sine Signis & externo verbo.* Quo & in Gal. 3. 27. Ita Baptismo tribuisse videtur, quae in parvulorum Baptismo conferri negantur.

SAMUELIS WARDI *Thesis.*

Melanchthon in Loc. Commun. de Bapt. [illegible], Baptismi verba esse Evangelii sententiam; Ego (inquit *Minister*) mandato divino & loco Christi baptizo te. (i. e.) hoc signo testificor ablui peccata tua, & te reconciliatum esse vero Deo.

THOMÆ GATAKERI *Exceptio.*

Melanchthonis verbis illis nihil amplius Baptismo tribui, quam ut sit gratiae jam collatae testimonium, ex progressu liquet. *Principalis, inquit, significatio & finis Baptismo nascitur ex promissione;* Qui crediderit & baptizatus fuerit, salvus erit. *Ideo enim Baptismus proprie Sacramentum dicitur, quia huic promissioni additus est, ut testetur promissionem gratiae vere ad hunc pertinere, qui baptizatur. Ac perinde fundamentum est de hoc sacramento, nisi Deus verbo aliqua vere de tali testaretur se hunc recipere.*

SAMUELIS WARDI *Thesis.*

Praeclare itidem Zanchius (5. Miscellan. *ubi de* Cœna Domini Thes. 55.) Cum Minister baptizat, oculis mentis in coelum sublatis cogito, & credo, Christum qui manum suam coelo demisit [illegible] sanguine suo in remissionem peccatorum aspergere per manum illius hominis; quem video aqua corpus infantis aspergentem.

THOMÆ GATAKERI *Exceptio.*

Praeclare quidem, (praefidenter [illegible]) si clara aliqua verbi divini testimonio fulciretur, quod mihi sane nequaquam liquet. Siquidem 2. Zanchius ibidem concedit, per *Sacramentorum hoc baptismum Christo parer, Christique sanguine*

 aspergi.

[illegible]. At ego in æternum perire quemquam, qui Christo [illegible] [illegible], cui sanguis ille Dei [illegible] aspersus sit, non adducor facile ut credam.

A

SAMUELIS WARDI Responsio.

Dicere parvulos, quibus originale peccatum remittitur, [illegible] per Baptismum, suo modo, Christo uniri, qui non per [illegible] parvuli ad participationem Christi sufficit, non est absurdum. [illegible]

B

[illegible]

THOMÆ GATAKERI Replicatio.

C

1. Quod unio illa quæ parvulis sufficerat ad participationem Christi, adultis non sufficere dicatur; [illegible]

2. De clausula illa (*si credere neglexerit*) respondeo; [illegible]

D

SAMUELIS WARDI Responsio.

1. Si agas de sanguinis aspersione ad ablutionem sordium originalis [illegible] Prospero in Thesi [illegible] perire.

E

THOMÆ GATAKERI Replicatio.

1. Ut illud omittam, [illegible]

2. Novam immunditiem contrahere possunt, [illegible]

F

3. Prosperum quod attinet, [illegible] Synodi Dordrechtanæ decretis contraria. Verba hæc sunt, ex ipso quem tu citas loco, ad Gall. object. 2. [illegible]

G

[illegible] non dubium est: & ad talem prædestinationem [illegible] Dei, [illegible] Christi, [illegible]. Video Prosperum disertis verbis asserere [illegible], quos parvulos [illegible], tum à peccatis [illegible], tum à fide & sanctitate, [illegible]. Quod nec ipse (credo) credis, nec Synodi illius decreta admittunt.

THOMÆ GATAKERI Exceptio.

2. Zanchius ipse, ibidem Thes. 6. & 8. de Baptismo, & ad Ephes. 5. 26. [illegible]

SAMUELIS WARDI Responsio.

Ex tota thesium mea explicatione [illegible]. Confer Num. 7.

THOMÆ GATAKERI Replicatio.

1. Hoc unicum volui, [illegible] Zanchii [illegible]

2. A Zanchio dissentire [illegible]

THOMÆ GATAKERI Exceptio.

Verum ut Zanchio secum convenire possit, ipse videris, [illegible] ipse in Miscellan. de Prædestin. c. 4. Thes. 1. [illegible] Thes. 6. [illegible] de Prædestin. [illegible]

SAMUELIS WARDI Responsio.

[illegible]

justificari vult: scilicet per dimensionem fidei, nec fide justificari, de qua renatione & justificatione passim agit Apostolus.

THOMÆ GATAKERI Replicatio.

1. De adultis solis Zanchii illa intelligi, nec mirum; de praedestinatione in genere, quam tractat, ratio, nec ipse etiam aeque patitur. Nam l. 5. c. 2. de praedest. sanct. q. 5. th. 2. de mediis, haec habet: Sine his igitur nec pueri quidem & infantes ad finem aeternae gloriae deduci possunt. Hoc igitur modo, etiam electi infantes per Spiritum Sanctum suo modo renascuntur, & justificantur, ut etiam glorificentur. Quidam verò hic amentes sunt, qui nisi locum in infantibus propter aetatem habere non possint, reliqui tamen electos omnes consequuntur, &c. Ubi absoluta fides, ordine verbi, &c.

2. Illa à te allata, à Zanchio hoc modo [illegible] intelligi debere, quod pueros baptizatos ex charitatis judicio electos esse praesumat (id quod contra tuam thesin disputas facit) inde liquet clarissimè, quod idem ipse, de spiritibus redemptis l. 1. c. 26. tit. de bapt. dum Baptismi à se allatam definitionem explicat; Dicimus, inquit, electi; quia reprobi, licet lavantur aqua baptismi, beneficiis non tamen, quae per Baptismum conferuntur, aspersi manent, nec baptizantur à Christo, Spiritu Sancto & igne: Non enim baptizat Christus nisi suos, hoc est, à Patre sibi datos. Et postea, in carmine. 1. Ut Baptismi beneficia consequantur, opus est fide, vel saltem spiritu fidei & poenitentiae, quae certè non donantur nisi electis, & ad filios pertinentibus. Imò etiam ipse in Thesibus, unde testimonium illud tuum desumitur, excepta praecipua cautione, de electis solis sese agere, quibus ista conferuntur, sive per Sacramenta, sive per alia media, beneficia, apertè satis ostendit, thes. 1. & 2. & thes. 26. ubi electos solos statuit ad foedus admitti, & Christo unitos, atque in corpus ejus incorporari.

Zanchius quam gemina habet Petrum Martyrem, ad 1 Reg. 8. in Append. de confessio. fol. 74. Sed de Zanchio videatur Makovius, ad Epist. David. c. 2. §. 5.

3. Si de Baptismi in parvulis effectu pariter agere Apostolum concederem, nec tibi, opinor, ut ex scriptis Apostolicis thesin istas de electis ex certo quoque possimus stabilire.

4. Zanchius quod de eadem re partim agente deciderit certè sententiam suam in ea parte apertè satis professus est, ad Ephes. 5. loc. 2. part. 2. de bapt. §. 5. & 6. si quid verò desideraveris, Lectorem ad Calvinum in Ephes. remittit; utpote quem in argumento isto probet; de eo autem jam statim videbitur.

SAMUELIS WARDI Responsio.

Ipse accedat clarissimus Calvinus (in comm. in Ephes. 5. 26.) Quod Baptismo nos ablui docet Paulus, ideo est, quod illic nobis ablutionem nostram testatur Deus, & simul efficit, quod signat; nisi enim conjuncta esset veritas, aut exhibitio, quod idem est, impropria esset haec locutio, Baptismum esse lavacrum animae.

THOMÆ GATAKERI Exceptio.

De Calvino idem quod de Zanchio dictum sit; ne sibi contrarius existimetur, qui sic, quod alibi Baptismum dicit animae lavacrum, si de Baptismi Sacramento accipiatur, intelligi potest ita dictum, quod ad ablutionem animae designandam atque obsignandam institutum sit. Verum de Calvino mox videbimus, quae habuimus supra reposita Num. 2. ad Arg. 3. Resp. 1.

SAMUELIS WARDI Responsio.

Nemo ullorum Theologorum de Sacramentorum vi & efficacia saepius & clarius loquitur, quam D. Calvinus.

THOMÆ GATAKERI Replicatio.

1. Atqui Calvini doctrina de re ista Apostolica, cujus mentem dogmate illud dissolvere videtur, cum Zanchii illis, quae supra allata sunt, planè congruit.

2. Calvinus certè diserte videtur ad partes nostras transire, ubi tum de Sacramentis in genere, tum de Baptismi, quoad parvulos ipsius efficacia usque ex professo agit. Ut enim illud praetermittam ex commen. ad Ephes. 5. 26. à te ipso adductum; Neque enim affixa est
B signis Dei gratia, quae cum administratione signi [illegible] distribuatur, sed velit. — Deinde mali signum recipiunt, qui tamen gratiae nunquam fiunt participes; nam signum omnibus est commune, h. e. bonis indifferenter & malis; Spiritus autem non nisi electis confertur: atque signum absque Spiritu est inefficax. Et, ad Rom. 4. 11. Sacramenta per se nihil juvant. Deus tamen, ut gratiae suae instrumenta esse voluit, arcana Spiritus sui gratia efficit, ne profectu careant in electis: & quanquam reprobis nuntia sunt ac testes figurae, non tamen suam & naturam semper retinent. Idem, qui de Sacramentorum natura in genere tractat, Instit. l. 4.
C c. 14. §. 7. videri potuit supra Num. 1. ad Arg. 11. Respons. §. 2. Qui &, ibidem eadem c. 16. §. 7. de Baptismo agens ex professo, qui eo hoc ritu parvulos adhibemus, non ad parentes fideles, verò ad infantes eorum pertinet, [illegible].

1. Quod parentes, quod Dei signum foedere communicatum, velut impresso sigillo promissionem per parentes datam confirmat, ac ratam esse declarat, quod Dominus non illis modo, sed seminis ejus in Deum sit futurus.

2. Quod infantes, nonnihil, inquit, [illegible] parti à suo Baptismo capiunt:

D 1. Quod in corpus Ecclesiae insiti, aliis membris aliquantò commendatiores fiunt.

2. Quod ubi adoleverint, ad serium Dei colendi studium non mediocriter stimulantur; à quo in filios solemni adoptionis symbolo accepti fuerint, antequam per aetatem eum agnoscere possint. Quamquam autem de Calvini in hac parte sententia superius abunde satis dictum videatur Num. 2. ad Arg. 12. & Num. 17. Replic. ult. tamen quod illud, quod ex eodem ad Ephes. hic adductum est de verborum ipsius mente, quid velit, clarius pateat, ex ejusdem Catechismo, ubi accuratius ista distinguit, paucis adjiciamus.
E M. Quid est Sacramentum? P. Externa divinae erga nos benevolentiae testificatio ad obsignandas cordibus nostris Dei promissiones, quo earum veritas nobis confirmetur. Et inde, de baptis. P. Baptismus velut quidem ut Ecclesiam adoptio nobis est, illic omnes testimonium habemus, nos qui aliàs extranei alienique sumus, in Dei familiam recipi, ut in ejus domesticos censeamur. Item; M. Num aquam esse animae lavacrum censes? P. Nequaquam; hanc enim praestare Christi sanguinem aspersum unius est, ut abstersis omnibus nostris maculis puros coram Deo & incontaminatos nos redderet. Atque hujus quidem purgationis fructum percipimus, quum sacro illo
F sanguine conscientias nostras Spiritus Sanctus aspergit; obsignationem verò in Sacramento habemus. M. Verùm annon aliud aquae tribuis, nisi ut ablutionis tantum sit figura? P. Sic figuram esse sentio, ut simul annexa sit veritas: neque enim sua dona nobis pollicendo nos Deus frustratur: proinde & peccatorum veniam, & vitae novitatem offerri nobis in Baptismo & recipi à nobis certum est. (Habemus quae in comment. ad Ephes. petebantur, sine peregrinatione.) M. An promiscuè in omnibus impletur haec gratia? P. Multi, dum pravitate sua viam illi praecludunt, efficiunt, ut sibi sit inanis.
G Itaque non nisi ad fideles solos pervenit hic fructus: verùm inde nihil Sacramenti naturae decedit. Item, M. Nobis verò quâ agendum est, ut rite Baptismo utamur? P. Rectus Baptismi usus in fide & poenitentia situs est; h. e. ut statuamus primùm, certa animi fiducia, nos ab omnibus maculis Christi sanguine purgatos Deo placere: Deinde ut Spiritum ejus sanctum in nobis habitare, atque id operibus apud alios declaremus. (Vides Calvinum de adultis fidelibus ista dicenda debere intelligi, quibus obsignanda exhibere beneficia ista

[illegible] ... Calvinus [illegible] ... Veruntamen sequuntur [illegible] de Paedobaptismo, [illegible] ... M. [illegible] ... S. Non est necesse, ut Baptismum semper fides & poenitentia [illegible] ... M. Quâ ergo conditione baptizandi sunt infantes? S. Ut [illegible] ... fructum ab eo percipiant & proferant. [illegible] ... ipse videris.

SAMUELIS WARDI Thesis, Num. 31.

3. Si in parvulis nondum Baptismus non foret remissio originalis peccati, videri posset Deum non serio & sincere agere cum suscipiente, quem vult & jussit baptizari, & supposito novo foedere cum toto humano genere, & ejusdem signis, & sacramentis tum institutis, [illegible] ... aut ipsum [illegible] ... Quod prorsus absurdum est. Deum remissionem ex parte suscipientis impedimento, i. e. obice [illegible] ... sed in parvulo rite baptizato [illegible] originalem.

THOMÆ GATAKERI Exceptio.

1. Non sequitur Deum [illegible] agere, [illegible] in Baptismo [illegible] ... fidem ob-[illegible].

SAMUELIS WARDI Responsio.

Respondeo, 1. [illegible] ... in Baptismo. [illegible] ... 2. Analogia Sacramentalis. Quemadmodum aqua, [illegible] ... corporis: ita sanguis Christi [illegible] ... animae.

THOMÆ GATAKERI Replicatio.

1. Non videmus [illegible] ... Deus in Baptismo [illegible] ... promissis [illegible].

2. Analogia sacramentalis hic non probat: [illegible] ... Sicut aqua vim habet abluendi corporis sordes, ita Christi sanguis [illegible] animae maculas; [illegible] ... in Baptismo sacramentum [illegible] ... sanctificatio, [illegible] ... Ephes. 5. 26. 1 Pet. 3. 21. Tit. 3. 5.

SAMUELIS WARDI Responsio.

At quamvis non negarim aqua [illegible] ... obsignare [illegible] ... Obsignatio enim [illegible] ... Acta Collaq. Mompelg. [illegible] ... promissione, [illegible] ... obsignari possit.

THOMÆ GATAKERI Replicatio.

[illegible] ... obsignari non potest, quod non aliquo modo praecesserit. Verum obsignatio [illegible] respicit; tum promissionem sive pactionem [illegible], tum beneficium, idque vel absolutè pactum sive promissum, vel conditionaliter. Illa obsignationem [illegible] ... Calvinus Inst. l. 4. c. 14. §. 3. [illegible] ... Sacramentum; sed [illegible] ... Whitakerus de Sacr. q. 1. c. 3. Sacramenta [illegible] ... Petrus Martyr ad 1 Reg. 8. In Baptismo [illegible] ... foedus [illegible] cum genere humano per Christum [illegible] ... Bilsonus in Psalm. 118. part. 3. [illegible] ... post Baptismum [illegible] ... Spiritus Sancti [illegible] ... Ex hisce [illegible] in Baptismo [illegible] supra Num. 2. ad argum. 2. num. 7.

SAMUELIS WARDI Responsio.

Ex tali etiam hypothesibus nihil hic promittitur, [illegible] ... analogia sacramentali [illegible] ... Ut aqua, seu aqua aspersa obsignat ablutionem sordium corporis; ita sanguis Christi & ejus applicatio obsignat ablutionem [illegible] ... obsignare possit?

THOMÆ GATAKERI Replicatio.

1. [illegible] ... hypothesibus [illegible] ... Apostolum [illegible] ... Rom. 4. 11. [illegible] ... Petrus Martyr in Rom. 4. [illegible] ... Sacramentorum [illegible] ... Circumcisio [illegible] ... Calvinus, ibidem. [illegible] ... Dei promissiones cordibus nostris [illegible] ... Ex. Instit. l. 4. c. 14. §. 23. [illegible] ... Circumcisionem [illegible] ... sigillum justitiae fidei. Whitakerus, de Sacram. q. 1. c. 1. [illegible] ... Circumcisionis [illegible] ... Sacramenti [illegible] ... sigillum justitiae, quae ex fide [illegible] ... Sacramenti [illegible] ... Pareus, in Rom. 4. 11. [illegible] ... Sacramenta [illegible] ... sigilla justitiae fidei. Ex. ibidem. Observ. 1. Omnia Sacramenta [illegible] ... justitiam: Baptismus ergo signum est & sigillum justitiae fidei, per sanguinem & Spiritum Christi. [illegible] ... Sacramentorum [illegible] ... de Sacram. thes. 50. [illegible] ... Sacramentorum [illegible] ... Walaeus, de Bapt. §. 31. [illegible] ... Baptismus [illegible] ...

Utpote

Opinionē Vorstium, *vide Bell. tom. 3. contr. 2. lib. 1. cap. 4.* Objectio. *Omnes homines nascuntur in peccato originali, & eo nascuntur filii irae aeternae, Psal. 51. Rom. 5. &c. Ergo nisi per Baptismum hic reatus tollatur, pereundum ipsis est, qui per hoc signaculum gratiae Christi Domini applicanda est, & sine hoc infantibus non potest.* Solutio. *Hunc reatum illis generalis promissio per Baptismum, sive per Christi gratiam (quae propter peccata non quidem re ipsa confertur, sive nobis applicatur, sed tantum significari & obsignari solet) a nobis auferre.* Ex, ad Cant. 2. Thes. 6. *Nostri hoc docent de opere operato, sive de actione externa & sacramentali, quasi ea per se absque fide, & boni motu animi justificare quempiam possit, plane perniciosum esse judicamus. Et omnia sacramenta ex ipsius Dei ordinatione tantum vim significandi & obsignandi, non autem ipsam Evangelii gratiam conferendi habere, docent Evangelici. — Sacramenta dicuntur signa & sigilla divini foederis, uti supra docuimus ex Gen. 17. & Rom. 4. Ergo gratiam in foedere promissam, non ipsa in se continent, aut ex sua natura conferunt, sed jam factā collatam, velut post confirmationem tantum significant & obsignant. — Ergo ea gratia divinitus promissa, non antecedenter causa, sive instrumentali operatione, sed consequenter quidem adjuncta sunt.*

2. Nihil tamen aliud in Baptismo promitti, nisi obsignationem ablutionis actualis, ex tuis hypothesibus non sequitur. Promitti enim potest, quod non statim praestitur; promittitur in foedere, sed sub conditione, ablutio foedis ablutioque reatus; promissio ista, ubi foedus obsignatur, quo promissione novâ reali, non vocali aut verbali illi [illegible], [illegible] firmatur ac sancitur. Ita in Baptismo remissionem ipsam tantum promitti non negatur, etiamsi obsignari dicatur et in praesenti, non & perfici, statuatur.

3. *Sacramento foedus obsignari contenimus*, qui dixerit, *ejusdem obsignationis in eadem promittit* [illegible] quid absurde admodum & contra sensum ipsius [illegible] loquatur, ac si diceret: Si enim in obsignatione Sacramenti ipsius natura ususque proprius consistere censeatur, necessario sequitur in Sacramenti administratione obsignationem, non futuram promitti, sed impraesentiarum praestari.

4. Talem, quia hic fingitur, *Analogiam* de Baptismo hinc statui, (non magis quam ex hypothesibus Papistis de Circumcisione) id vero pernego. Verum nihil fuerit opus, hoc loco denuo repetere, quae ad objectum istud diluendum prius dicta sunt. *Num. 2. ad Arg. 10. Resp. 3. 4.*

SAMUELIS WARDI *Responsio.*

1. *Deus in hoc Sacramento promittit illud parvulo, cujus parvulus est capax, non id cujus parvulus pro statu parvuli non est capax. At remissionis originalis reatus parvulus est capax pro illo statu, non itidem obsignationis ablutionis reatus; hunc enim moralem usum obsignandi non habet Baptismus, quoad parvulum ipsum, ut ipse fateris Num. 31. sequente.*

THOMÆ GATAKERI *Replicatio.*

1. Nusquam promittit Deus, in Baptismi Sacramento, infanti baptizato conferre id omne, cujus infans capax est.

2. Obsignationis fructus capax est infans, etiamsi istius moralis illius actualis modulum sit capax, cujus beneficio gratiam alere, confirmare, augere Sacramenta in adultis solidum solent. Nec ego obsignationis usum [illegible] quod parvulus Sacramentis [illegible], verum hunc tantum, quo mediante significatione, repraesentatione, obsignatione, gratiam eis communicare queunt. Obsignatio potest baptizandorum parvulis fieri; quae etiamsi quoad parvulum ipsum sensu efficacique sit; unde & obsignationis capax merito dicatur; non tamen obsignationis illius usum eo potuit obtinere, quo vel de possess-

sione obsignati gaudium, vel de donatione beneficii [illegible] percipiat, ut ad ipsum denuo impendendum [illegible] [illegible] obligationemque [illegible], donec ad rationis [illegible] per aetatem accesserit. Breviter, hoc volui, non nullum quod ipsis [illegible], sed nullum apud illos usum [illegible] habere, non quod nullus omnino ullus existat, sed quod nullum ipsi adhibere possint; non magis quam illius, ut Baptismo tribuunt, effectus, de reatus ipsius remissione, quam illi nec intelligunt, nec mediante idea intellectus [illegible] modi aliquem sensum possunt habere. *Vide Chrysostomum in Gen. 17. Hom. 40. supra ad finem Num. 13. Resp. 3.*

SAMUELIS WARDI *Responsio.*

3. *Promissio ipsius remissionis, & non solius obsignationis fit parvulis. Videatur Act. 2. 39. ut supra observavimus in Resp. ad Cent. Num. 4. & 5.*

THOMÆ GATAKERI *Replicatio.*

Atque ibi satisfacere objectio isti conati sumus.

SAMUELIS WARDI *Responsio.*

Ex isto concederetur Deum veraciter non agere cum parvulo suscipiente Baptismum, si non aliud conferret, prout ex ratione nostra termini deduxeram; sed sine signis derisio, & sine non stare promissis, atque adeo deciperet, quatenus destitueretur a suscipiente Baptismum.

THOMÆ GATAKERI *Exceptio.*

Satis est, ut veraciter Deus agat, dummodo foedus gratiae obsignet.

SAMUELIS WARDI *Responsio.*

Respondeo, Si satis est, ut foedus gratiae obsignet, illud intelligendum de obsignatione vel ipsius pacti conditionalis; Si credideris, remittentur tibi peccata, vel ipsius rei promissae, quatenus suscipiens de re promissa, i. e. remissione peccatorum, jam nunc certioretur.

1. *At neutra obsignatio obtinebit in parvulis, quippe in quibus prout statu hunc moralem usum obsignandi non habet Baptismus, ut ipse fateris*, Num. 31. *Atque adeo parvulis in infantia manentibus Baptismus non erit nisi nudum & inane signum, & proinde inefficax; signum adhuc etiam non erit signum efficax, nisi cum adulti primum crediderint.*

2. *Si de obsignatione conditionali intelligas, illa fit cum omnibus baptizatis, sed nihil ponit inesse, nisi posita conditione. Si ergo sufficiat, ut Deus dicatur veraciter agere cum quovis suscipiente, & tamen nihil ponat inesse, nisi in conditionem foederis praestanda & implenda, poenitendo & credendo in Christum Redemptorem, Ergo talis obsignatio sufficit, quae nihil prodest parvulo pro statu parvuli, nec adulto, nisi cum primum poenitentiam egerit, deinde Christum Redemptorem actu crediderit; unde talis obsignatio non est dicenda sufficiens, cum parvulo pro statu parvuli non erit nisi nudum & inane signum, & proinde inefficax; itidem autem etiam adulto, priusquam conditionem praestiterit.*

Sin de obsignatione ipsius rei promissae, scilicet remissionis peccati intelligi vis, ut Deus dicatur veraciter agere cum baptizato parvulo, quatenus obsignet ipsam remissionem jam exhibitam & collatam cum suscipiente Baptismum; praeterquam quod talis obsignatio non fit parvulis in illo statu, de quibus agitur in nostro argumento; Dici non posse veraciter fieri omnibus baptizatis talem obsignationem, cum nemo baptizato parvulo non prius remittantur peccata, quam baptizetur, ex tuis etiam placitis.

THOMÆ GATAKERI *Replicatio.*

Respondeo, obsignare Deum pactum illud sub fidei

& resipiscentiæ conditione cum parvum, tum de prole sua, quam se scimus, quod ad adultam ætatem pervenerit, tum demum ex lege ordinaria fore efficax, ubi ... crediderit ac resipuerit; quod de Parvo notat Reverendus Robertus Episcopus Sarisburiensis adversus Thomsonum, ... c. 7. (ex lege dico ordinaria, qua non Deum restringimus, quo possit in parvulis etiam superveniens efficax primo facere, si velit;) apud eos quoque qui in infantia moriuntur, adhibere efficax credo, possunt cum Zanchio dicere, quando fides, [illegible], illis tamen, Spiritus Sancti opera augentur. de Attribut. Dei l. 5. c. 2. q. 3. f. 2. thes. 3. dico certè, quando Spiritus Sancti virtute interius experiri renovatis, nam de ista moralis, quam in infantibus obligationem nullam habere possunt, [illegible] paulò ante respondisse. Nec mordum ... pro statu parvuli etiam, signum fuerit, quod hanc quod ipsos quam dixi ... habent, [illegible] in adultis donec illa præstiterint, non prodesse, nec tu ipse, credo, nec orthodoxus quisquam negaverit. Calvinus, advers. Anabaptistas art. 1. de Pædobaptismo agens, Cum de Sacramento aliquo agitur, oportet intueri cum est, substantiam videlicet & vim ex doctrina æstimandam esse, a qua confirmationem capit; ... ergò doctrinam velut rem præcipuam, Sacramentum verò velut appendicem esse. Nunc Baptismum cum Circumcisione comparemus. Baptismus peccatorum remissionem ... continet, cum promissionem remissionis peccatorum; utrumque istorum Circumcisio, nec plus nec minus, complectitur. Nam quod ad pœnitentiam attinet, ea sæpe tam apud Mosen, tum apud Prophetas significatur, circumcidi ... circumcidantur corda. Idipsum etiam est, quod in Novo Testamento dicitur veterem hominem mortificare. In summa spiritualis Circumcisio idem sibi vult, quod pœnitentia. Quod verò ad alteram partem attinet, scilicet ad remissionem peccatorum. [illegible] probatur per ... est, quam ex Pauli sententia, ubi dicit, Circumcisionem ... datam esse ad justitiæ gratuitæ confirmationem, quam fide obtinemus. Si igitur ita argumentari volunt, rationi consentaneum non esse, ut infantes baptizentur, quia nec fidem nec pœnitentiam habent, cum Baptismus sit Sacramentum regenerationis, & lavacri spiritualis, quod per Christum obtinemus: respondere idem de Circumcisione dici possit, ac Deum nihilominus jussisse, ut infantes circumciderentur. Deum ergo ipsum redarguent, cum dicunt, absurdum esse, si Sacramentum, quod fidei & pœnitentiæ testimonium est, communicetur infantibus. Quid igitur dicendum? ... si ea à Deo constituta sunt profecto, ejus doctrina certè ... ostendit ... esse, veritatem, quæ Sacramentis significatur, semper præcedere, sed aliquando sufficere si subsequatur, saltem pro parte. Remissionem enim vitæ significabant per Circumcisionem; ac similiter justitiam, quam fide obtinemus; nec pœnitentia nec fides etiam in puero infante; nec tamen propterea minus capax erat Sacramenti ... Ea igitur quandoque signum veritatem antecedebat. ... & tamen confirmationem fuit, quare nunc erit differentia? Tandem ... verbis concludit: Gratiam Dei præcipuè æstimare debemus ex declaratione, quam fecit Verbo, tum Sacramento facit. Cum igitur Baptismum hodie testimonium sit, ut promissio salutis corporibus nostris obsignetur, ut in populo Judaico fiebat; singularis consolationis privaremus Christianos, si hanc confirmationem liberis suis adimeremus, qui semper patere sunt fideles omnes, ut visibile signum haberent, quo Dominus ostendit ac testatur, se liberos ipsorum in Ecclesiæ communionem recipere. Idem, Instit. l. 4. c. 16. §. 20. Deinde ergo, quam Circumcisionem, pœnitentiæ, fideique Sacramentum infantibus Deus communicaret, non videri absurdum, si nunc Baptismi participes fiant, nisi planè in Dei institutionem debacchari placeat. Verùm cum in Dei factis omnibus, tum in hoc quoque ipso satis sapientia & justitia ad retundendas impiorum obtrectationes relucet. Nam etsi infantes, quo circumcidebantur momento, quid sibi vellet signum illud intelligentia non comprehendebant; verè tamen circumcidebantur, in naturæ suæ corruptæ ac contaminatæ mortificationem, quam adulti postea meditarentur. Denique nullo negotio solvi po-

A esse objectio hæc, baptizari in futuram pœnitentiam & fidem, quæ etsi nondum in illis formata sunt, arcana tamen Spiritus operatione utriusque in illis latet. Hac responsione semel evertitur, quicquid adversum nos torquent à Baptismi significatione petitum; quale est elogium, quo à Paulo insignitur, ubi vocat lavacrum regenerationis & renovationis. Denique ibidem, §. 21. Concedendum quidem illis, ex eo nihil Pædobaptismi relinqui fore, nisi ut omnes sic sentiant; nempe à quo hactenus sæpe satis sit hæc veritas. Verum hallucinantur ipsi ... putant, quod non tempore ordine semper signi præire veluit: nam & Circumcisionis veritas eodem consen-B sus bona testimonium constabat. Quod si necessariò præcedere debuisset, nunquam infantes Dei mandato fuissent circumcisi. Verùm ipse bona conscientiæ testimonium Circumcisionis veritati subesse ostenderent, simul tamen præcipiens parvulos circumcidi, ea parte in futurum tempus Circumcisionem conferre satis indicat. Quare nihil plus in Pædobaptismo præsentis efficacia requirendum est, quàm ut foedus cum illis à Domino percussum confirmet & sanciat. Reliqua ejus Sacramenti significatio, quo tempore Deus ipse providerit, postea consequetur. Beza, quæst. & respons. part. 1 §. 113. Quæst. Num verò vis illa Spiritus sanctificantis veterem hominem in nobis C abolens, & novum creans, ab ipso Baptismi momento incipit? Resp. Atqui hanc etiam opera operata, incipit ergò Baptismi fructus ab eo momento, quo fidei incipit, quæ quidem interdum præcedit Baptismum; ut in Cornelio apparuit, Act. 10. 47. interdum verò subsequitur; ut in infantibus baptizatis, modò tardius modò serius verum, siquidem adoleverunt & sint ex electorum numero. Denique non est fructus Baptismi ad illud momentum constituendus, quo compotam conferatur, ut nec verbi semper, licet semper sit aliquod ... dum verum fidem modo serius modo tardius collatæ, emergens fructificet. Whitakerus, de Sacram. q. 1. c. 4. D ad arg. 3. Promissiones Dei vel sunt categoricæ & absolutæ, vel hypotheticæ & conditionales, prima illa semper ratæ sunt, nec unquam mutari possunt, sive nos credamus, sive non; ut promissio de diluvio nunquam futuro, de mundi fine, de resurrectione: resurgemus enim quamvis non credamus. At promissio gratiæ conditionalis est, requirit enim fidem: non tradenti igitur Sacramentum nihil confirmat; quia promissiones sacramentales sunt conditionales. &c. Idemque, ibidem q. 4. c. 1. Sacramenta nihil ex opere operato efficiunt. i. e. ob id tantùm, quia administrantur, etiam in parvulis. Non enim parvuli, eo tantùm quod baptizantur, gra-E tiam percipiunt, nec tamen frustra baptizantur, quia in futuram fidem & pœnitentiam baptizantur, & quia membra sunt Ecclesiæ, & sancti ex fœdere, adeòque signum fœderis eis negandum non est, adulti verò nisi credant Evangelio, nullam ex Sacramentis utilitatem percipiunt: atque ita omnem Sacramentorum vim ex fide pendet. Et, q. 5. c. 1. ad rat. 3. Hæc erat promissio principalis; (ero scilicet tibi Deus & semini tuo) & hujus promissionis omnes sunt fide participes est. Videantur & quæ supra ex eodem, de Sacram. q. 1. c. 3. notab. 4. addidi, Num. 2. ad Arg. 11. Resp. 1. larga. 3. Resp. 2. rat. 1. Walæus de bapt. thes. 31. F Quando ergò propriam Baptismi externi vim in obsignando divinis consistere, duo significamus: primò certioratiorem gratiæ promissæ, & à causa principali collatæ, aut conferendæ: secundò ejusdem confirmationem & augmentum: quam autem promissio illa non sit absoluta, sed conjuncta cum conditione fidei & resipiscentiæ; sequitur gratiam illam non obsignari nisi credentibus & resipiscentibus. Schacrus noster, in Rom. 2. 25 respondens argumentationi isti Pontificiorum: Sacramenta rectè atque salutari etiam G infantibus conferuntur. Ergò sanctificationem conferunt ex opere operato. — Quid si Baptismus etiam infantibus administrabatur? num eadem ipsa necessariò esse debet collatæ sanctificatio absque dispositione prævia? ac non potius obligatio ipsorum ad obedientiam, per vim futuri certaminis prostandam? rectè cum parvulorum fidelium infantibus administratum, hoc modò intimatur eos fœderi divino, obligatum ad jugem obedientiam, at verò eorum Baptismum alio nisi modo prodesse, modò dubium est. Denique Reverendus Gregorius Derensis Episcopus de persever. c. 11. §. 5. Non est necessa-

[illegible]

SAMUELIS WARDI Responsio.

[illegible]

THOMÆ GATAKERI Replicatio.

Ex eis, quæ præmissa sunt, [illegible]

THOMÆ GATAKERI Exceptio.

Quod [Fœdus gratiæ fulciret] mihi tamen non cum toto genere humano, sed cum Evangelium amplexis tantum intercedere videtur. Act. 2. 39.

SAMUELIS WARDI Responsio.

[illegible]

[illegible] Vid. supra Resp. ad Conf. Note. 18.

THOMÆ GATAKERI Responsio.

[illegible]

THOMÆ GATAKERI Exceptio.

[illegible]

SAMUELIS WARDI Responsio.

[illegible]

[illegible]

[illegible] ... ad Confut. Num. 16.

THOMÆ GATAKERI Responsio.

1. [illegible] ... Certè Adrianus [illegible] ... in Specim. Controv. [illegible] ...

2. [illegible]

SAMUELIS WARDI Thesis.

[illegible]

THOMÆ GATAKERI Exceptio.

[illegible]

SAMUELIS WARDI Responsio.

[illegible]

THOMÆ GATAKERI Replicatio.

[illegible]

SAMUELIS WARDI Thesis.

Nec minus rectè Clarissimus Calvinus, in [illegible] ... [illegible]

THOMÆ GATAKERI Exceptio.

[illegible]

SAMUELIS WARDI Thesis. Num. 32.

4. [illegible]

THOMÆ GATAKERI Exceptio.

[illegible]

SAMUELIS WARDI Responsio.

[illegible]

THOMÆ GATAKERI Replicatio.

1. [illegible]

2. [illegible]

convellam & stabiliam, cum illic rebus immoderatum; dicit quod minùs perspicuè locutus, & propterea nimis cautione verba quædam omiserim, quæ nunc inseri postulem, [scilicet quæ significant, repræsentant, obsignant.] quin hoc sit quod volumus, dici posse Sacramenta gratiæ, usûs hujus moralis ei, exhibitiva, etiamsi omnia, quæ significant, repræsentant, obsignant, non efficiant semper suis temporibus cum administrantur: quæ de re multa sunt superiùs etiam disputata, quæ transferre denuò aut colligere, nimis foret molestum.

3. Si adjectis istis ex re ipsâ fore videbatur, partim quò clarius liceret, quonam sensu illud posset admitti, quod à Theologis nostris hac in parte assertum fuerit, quia illos in partes advocaveram: partim etiam, ut quo sensu illud admitterem, aut non abnuerem saltem, significarem, utpote quod sic acceptum sententiæ nostræ nihil incommodare videtur.

4. Physicus ille modus tantum abest, ut à nostris adstruatur, ut ne Bellarminus quidem fateatur asserere se ausus. Vide Bellarminum de Sacram. effect. l. 2. c. 1. & Chamierum, Panstrat. tom. 4. l. 2. c. 2. §. 18. & 19. Quanquam physicus efficiendi modus, & significatio physica, sunt verè res à se invicem distinctæ, atque illud, puto, noveras, voluisti. Nec vocula ea exemplari, quo usus sum, aberat, sed dum Theses verba in compendium redigerem, inscius cum summis contextûs serie, imprudens omiseram. [Cæterùm post Exceptiones has à me acceptas significavit per literas Vir Clarissimus nuncupasse se vocabulum in nonnullis Num. 38. clausula insertum, ut diceremus Sacramenta, gratiæ exhibitiva [& obsignativa] rationum præmisserat, quæ exhibitionis supra repetens §. 1. Num. 1. ad calcem Arg. 8.]

Exhibitiva interim actionis quamvis dicantur, ostendit Chamierus supra adductus Sect. 1. Num. 4. ad Arg. 1. num. 7. Resp. 5. & ad Arg. 11. Resp. 1. In exemplari autem illo, quod ad me transmissum, cùm verba illa [tantùm naturali & morali significatione, repræsentatione, & obsignatione] omnino includeret, priùs istic à me exhibentur, ad marginem adscripseram, malim inclusa [ ] deleri: quod idcò, opinor, adnotavi, quia moralem hunc in parvulis Sacramentorum usum suprà non semel rejeceras.

THOMÆ GATAKERI Exceptio.

Parvulis videtur, qui tunc primùm cum baptizarentur, post multos postea interjectos annos, efficaciter vocati fuerint, Vir Doctissimus Abbotius noster, advers. Thomsonum part. 1. c. 7.

SAMUELIS WARDI Responsio.

Nec ego inficiaturus, Sacramenta dici posse ejusmodi instrumenta, etiamsi eum temporis, cùm administrantur, illa omnia non efficiant. Rectè Lombardus, Rem Sacramenti aliquando longè sequi ipsum Sacramentum, ut in illis, qui ficte accedunt, quibus cùm postea pœnituerint, incipiat Baptismus prodesse. 4. Dist. 4. lit. G. Sufficere etiam posse probabiliter pactionem dilatoriam Durandi, qui asserit, ubi in susceptione Sacramenti ponitur obex, ibi ex pactione divina Baptismum habere suum effectum delendi reatum, quamprimùm obex removetur. 4. Dist. 4. quæst. 4. At in infantibus vix baptizatis, qui obicem ponere aut fidem accedere nesciunt, de quibus solis noster agit argumentum, hæc pactio nullum locum habet; unde tamen subsidium ex hac pactione dilatoria peti possit, quod vim nostri argumenti everteret.

THOMÆ GATAKERI Replicatio.

1. Si pactio de salutione præstandâ intercesserit, locum in parvulis pactio illa dilatoria non habet. Verùm illud probandum adhuc superest. Vide D. Davenantium, Num. 1. ad Arg. 1. & num. 5. de capite. Resp. 1. & 2.

A 2. Respondeo non hoc nobis fundamentum, quod modus ille, quo Sacramentum gratiæ actualis exhibitivum sit, ex usu morali, quem percipiens ipse facere possit, pendeat; cum verò quod infantes ipsos, cum rationis usu destituuntur, Sacramentum habere adhuc negant.

THOMÆ GATAKERI Exceptio.

Neque certè in infantibus adhuc rationis usu destitutis, quod ipsos usum hunc moralem (quo sint gratiæ exhibitiva) obtinere possint.

B

SAMUELIS WARDI Responsio.

Nec ego in ea sententia sum, ut vim solam rationem Sacramenti pendere ex usu morali, aut significando, aut repræsentando, aut obsignando parvulo beneficia fœderis; sed ex institutione divina, qua Deus ordinaverit, ut ad usum talis signi, quod analogiam habet cum re signata, illa propria sibi conferenda sit gratia, quamvis ipse suscipiens usûs hujus moralis capax non fuerit: Neque enim aliud ipsis verbis nostris intelligo volui.

C

THOMÆ GATAKERI Replicatio.

1. Tota Verbi, qua & Sacramentorum efficacia illa, qua gratiæ sunt exhibitiva, pendet primariò quidem ac principaliter ab institutione divina, absque qua nihil aut afficere aut obsignare sint nata: secundariò tamen ab usu illo, quo tanquam medio necessario adhibito, ad gratiam tam ingenerandam, quam & fovendam & promovendam suam asserit efficaciam. Gabriel, Amidet. ad Concil. Trident. sess. 7. can. 5. Tacemur non aliunde tamen, sed exponere quæ fides destinata est Sacramenta. Sed aliud sibi volunt carnalia bestio: fingunt enim sedisse vim magicam Sacramentis, quæ sit extra fidem efficax, quæ verum solitur, qua inter fidem & Sacramenta in Scripturis perpetua summae relata. Hac ut clarius intelligant lectores, semper memoria repetendum est, Sacramenta nihil, quàm instrumentales esse conferendæ nobis gratiæ eorum, quæ tunc demum prosunt, suumque effectum habent, cum fidem serviunt. Verùm nisi in usu illo morali, fides servire qui possunt? Idem rursus, ad can. 8. sic Sacramentis idem quod de Verbo prædicationis ipsis, nihil prodesse nisi fide percepta.

D

2. De institutione ipsa tota sic est, ut in eum finem usumque instituta ac destinata sint Sacramenta, ut absolventiam istius Pontificiæ, gratiam eam, cui designandæ obsignandæque sunt adhibita, conferant necessariò, etiam ubi percipiens usus capax nondum fuerit: quod nobis si probaturus fuerit, res tota confecta dicenda sit.

E

SAMUELIS WARDI Thes. Num. 33.

Bucerus, in recensi. in Matth. 3. agnoscit, Sacramenta rectè dici instrumenta, organa & canales gratiæ. Atque hinc, inquit, Apostolus vocavit Baptismum lavacrum regenerationis, & Baptismo affirmat nos esse in Christi mortem sepultos, Christo incorporatos & Christo indutos, & per Sacramenta Christum Dominum suam nobis redemptionem communicare; & Sacramenta esse communionis Christi (h. e.) salutis nostræ signa exhibitiva & organa, quibus Dominus sui communionem nobis impertit.

F

THOMÆ GATAKERI Exceptio.

G

Quod ad illud ex Bucero quod adducitur, nil non quibusdam mirum, si non intercedente fide, videntur, aliquem in Christi mortem sepultum, Christo incorporatum, Christo indutum, communionem cum Christo, i. e. salutis factum participem, (idque non Sacramento tenus, sed reipsa) in æternum posthac exitium devenire?

SAMUELIS WARDI *Responsio.*

Hæc omnia sine modo competere parvulis baptizatis, dicere non est ita absurdum, quia [illegible] *, etiamsi postea, cum adolescunt, verum Baptismum non impleant* [illegible] *, qui in æternum pereant; neque enim magni incommodi, hæc omnia iis competere, quam dicere eos in statu salutis esse, ut si in illo statu ante adultam ætatem moriantur, certò salutem consequuturi sint; qui est nostra Ecclesiæ & unius Antiquitatis indubitata sententia; &, ut ego puto, ipsius Scripturæ. Similia iis quæ habet Bucerus, occurrunt apud Augustinum,* Enchirid. ad Laurent. c. 52. 53.

THOMÆ GATAKERI Replicatio.

1. Nolim verba mea, secus quam intellexerim ipse, accipi. Non hæc volui Bucerum hæc dicere, quod* [illegible] *existimem* [illegible] *; atque enim Bucerus hoc ipsum ipse dixit, absque Christo* [illegible] *, Christo incorporatum, salutisque cum Christo factum participem, in æternum posse perire, verùm verba illa mea* [*quod* [illegible] *Bucero addiderim*] *hunc sensum habent, quasi* [illegible] *. Quod autem attinet ad id quod ex Bucero adduxeram, Corpus* [illegible] *, &c. non ut Bucero dictum hoc agnoscere aut* [illegible] *voluerim; sed ex Buceri dictis, si generalia forent, eoque sensu, quo* [illegible] *contendis, concepta,* [illegible] *id, quod non* [illegible] *, sed & a vero* [illegible] *mihi visum sit. Ego siquidem Bucerum, cum liber ipse mihi non adsit, quo locum* [illegible] *possim, eo sensu suspicor ista* [illegible] *, quo Calvinum Zanchiumque* [illegible] *supra* [illegible] *, uti opinor,* [illegible] *. Qui & Bucerum è* [illegible] *loco, hac in parte defendere, etiamsi libri copia non* [illegible] *, inde tamen colligo, quod in* Matth. 3. *idem, Bellarmino referente, (* [illegible] *fit fides)* de Sacr. Bapt. l. 1. c. 4. *docuisse dicitur,* prædestinatos parvulos etiam sine Baptismo salvari, non prædestinatos etiam cum Baptismo damnari.

2. *Sic omnes in Baptismo illo* [illegible] *, nemo nostrûm* [illegible] *negat, eodem scilicet quo Apostolus* 1 Cor. 10. 16. Gal. 3. 27. Col. 2. 12. 13. *hoc est, vel sacramentaliter, quod est omnibus commune, prout Augustinum ad* [illegible] *interpretari* [illegible] *; vel efficaciter, quod est electorum fidelium proprium; quorum in illis illo Baptismo, non repræsentat tantum, & obsignat, sed provehit etiam.*

3. *Verum eo quo hic* [illegible] *videtur, modo, baptizatis parvulis universis illa competere, magis* [illegible] *mihi* [illegible] *videtur, quam* asserere infantes fidelium ut ex ipso statu, ut si parvuli obierint, salutem consecuturos fore: *quod & ipsum tamen è nostris nonnulli haud ita* [illegible] *& indefinitè statuere videntur. Videatur Calvinus* Instit. l. 4. c. 16. §. 21. *adductus supra* Num. 1. *ad* Arg. 11. *de* [illegible] 3. *Beza,* ad Act. Collat. Mompelg. de bapt. dogm. 7. p. 108. *Sed & idem,* quæst. & resp. part. 2. §. 133. & 137. *Petrus,* adv. Bellarm. de amiss. grat. & stat. peccat. l. 6. *à Molinæo adductus,* [illegible] *c. 2. §. 3. Whitakerus* de Sacr. q. 1. c. 3. *rat.* 4. *Georgius Donn. Episcopus Derensis* de persev. c. 22. §. 3. *supra ad* Num. 31. *memor.* 4. *Petrus Martyr in* 1 Cor. 7. 14. *fol.* 92. *& Bucerus in* Matth. 3. *apud Bellarminum ubi supra; & in* [illegible] *de bapt. efficac.* p. 597.

1. *Qui tamen videtur solvere catenam illam Apostolicam,* Rom. 8. 29. 30. *quam nostri adversus Arminianos & Pontificios, tanquam* [illegible] *commendare* [illegible] *.*

2. *Qui de Christi corpore vero vivóque* [illegible] *posse concedere videtur; quæ de re videatur Whitakerus,* de Eccl. q. 1. c. 9. arg. 3. & 4.

3. *Qui justificationem videtur à* sanctificatione *vera,* [illegible] *interna sejungere.*

4. *Qui Sacramento vim virtutémque tribuit eam, quæ ex sacris literis* [illegible] *confirmare videtur. Cum ad posteriora illud allegatum nihil horum conficiunt.*

A 4. *Augustinum quod attinet, (ut* [illegible] *Bucero* [illegible] *habere dici non posse, nisi Bucerum prius* [illegible] *cum Augustino eadem dixisse) in hac causa* [illegible] *animo* [illegible] *, tacito* [illegible] *supra* [illegible] *: in* [illegible] *hoc in loco, quia in eis quæ* [illegible] *, Scripturam à sensu genuino, uti mihi videtur, detorquet. Tamen Augustino tribuo, quantum ipse sibi tribui postulat,* de Trin. l. 1. c. 2. & 3. &c. Idem, 3. c. 1. ad Oros. contr. Priscill. & Origen. c. 11. de anim. & ejus orig. l. 4. c. 1. ad Mercat. Epist. 8. &c. ad Fortunat. 48. *Interim Augustinum Augustino oppono, idque præeunte mi-*

B *hi & facem* [illegible] *Perspicaci* [illegible] *, Reverendo Patre Jac. Primat. Armach. & Reverendo Patre Roberto Sarisburiensi Episcopo quorum verbis* [illegible] *. Ille in Commonit.* [illegible] *sive Contro.* Prædestinat. c. 21. p. 68. *Qui* [illegible] *, & alia sententia, quam inter ipsos Scholasticos Gabriel Biel est amplexatus,* in 3. Sent. dist. 10. art. 1. *Reprobus, sive ut illa appellat, præscitus, non esse filius adoptivus. Et* [illegible] *illud dogma: Corpus Christi, quod est Ecclesia, ex solis constare electis,* Col. 1. 24. *collat. cum* 2 Tim. 2. 10. [illegible] *esse Ecclesiam qui in domo Dei permanent.* Cyprian. Epist. 55.

C §. 3. *Bonos de Ecclesia non posse discedere.* Idem de unit. Eccles. §. 6. *Et qui perierit, ex illa non fuisse.* Aug. de catech. rud. c. 21. *Secundum præscientiam suæ gratiæ Christum Sanctam Ecclesiam de* [illegible] *æternum permansuram* [illegible] *.* Greg. in Cant. 3. *neque eum justificare nisi corpus suum, quod est Ecclesia.* Aug. Epist. 50. *Non* [illegible] *corpus Domini esse, quod cum illo non erit in æternum.* Aug. de Doctrina Christiana, l. 3. c. 32. *Datus non omnium, sed eorum, qui ante præsciti & prædestinati,* [illegible] *. Idem contr. advers. leg. & proph. l. 2. c. 12. Qui perseveraturi non sunt, non esse à massa illa perditionis prædestinatione*

D *discretos.* Idem de corrept. & grat. c. 7. *Eos qui* [illegible] *, sperantur & servantur, videri quidem filios Dei* [illegible] *propter* [illegible] *Baptismum, revera autem non esse filios Dei, qui non sunt in Spiritu baptizati.* [illegible] *oper. imperf. in Matth. hom.* 3. *Visibilem Baptismum posse habere* [illegible] *, i. e. qui regnum Dei non possidebunt, sed esse donum Spiritûs Sancti, quod proprium est* [illegible] *, qui regnabunt cum Christo in æternum.* Aug. de unit. Eccl. c. 13. [illegible] *Sacramenta in solis electis efficere quod figurant.* Idem apud Petr. Lomb. Sent. l. 4. d. 4. q. 1. 1.

Idem, advers. Thimoth.* [illegible] *c. 7. Quod ex Scripturis,*

E [illegible] *, omnes qui in Christo baptizantur, Christum induerit* Gal. 3. 27. *respondet* Aug. de bapt. contr. Donat. l. 5. c. 24. [illegible] *Christum* [illegible] *ad Sacramenti perceptionem (id quod non nisi* [illegible] *) aliquando usque ad vitæ suæ sive* [illegible] *sanctificationem, quod* [illegible] *Donum sit, & ex propositum gratiæ sit. &* [illegible] *. Et* [illegible] *, In Christo baptizatur omnes, qui baptizati sunt in Christum non baptizantur, nisi qui transferunt in Christum corpusque ejus & membra sunt, quod de baptizatis omnibus* [illegible] *. In* [illegible] *baptizari* [illegible] *, sed* [illegible] *, ut verum sit quod habet idem Augustinus contr. advers. leg. & proph. l. 1. c. 18, Non* [illegible] *Deus*

F *sed eorum quos præscivit & prædestinavit,* [illegible] *.* [illegible] *non sperare in* [illegible] *corpore* [illegible] *, sed* [illegible] *, teste iterum Augustino* de doctr. Christian. l. 3. c. 32. *Non est revera corpus Christi, quod non erit cum illo in æternum.* [illegible] *in Baptismo Spiritus Sanctus, & tamen* [illegible] *promissionis est,* Eph. 1. 13. [illegible] *dari non possit, & quamquam visibilem Baptismum habere & dare, (teste Augustino de unit. Eccles. c. 19.) i. e. qui regnum Dei possessuri non sunt, donum tamen Spiritûs Sancti proprium est eorum* [illegible] *, qui cum Christo regnabunt in æternum; hoc est donum Spiritus S. proprium Sanctorum,* [illegible]

G [illegible] *, hæc de* [illegible] *, & genuina* [illegible] *, omnes Christi Baptismo baptizantur,* [illegible] *baptizatum. Idem de corrept.* [illegible] *c. 8. Ante Augustinum* [illegible] *, non justificari à Deo* [illegible] *, nisi secundum propositum vocatos,* [illegible] *addere ad perseverantiam salubrem, & spiritualem, qui* [illegible] *in Christo reconciliantur Deo; non esse eorum, quos præscivit Deus & præ-*

[illegible]

SECTIO VIII.

SAMUELIS WARDI Thesis. Num. 34.

Objectio. [illegible]

Solutio. [illegible]

THOMÆ GATAKERI Animadversio.

[illegible]

SAMUELIS WARDI Thesis. Num. 35.

[illegible]

THOMÆ GATAKERI Animadversio.

[illegible]

SAMUELIS WARDI Thesi. Num. 16.

Dices secundum hoc nostrum assertum posse Apostasiam [illegible], & plane impugnare perseverantiam Sanctorum, quam tamen supponere videri possit Artic. 17. nostrae Confessionis, dum supponit [illegible] esse praedestinatum.

Solutio. Nego sequi: Nam [illegible] parvulos non [illegible] & [illegible] peccare in [illegible] [illegible] [illegible], à reatu originalis peccati Baptismo liberatum [illegible] justificari, tamen [illegible] [illegible], [illegible] justificatione [illegible] excidere ab illa justitia, nec (ut ait Prosper ad Cap. Gall. object. [illegible].) ob [illegible] [illegible] est, [illegible], non ex originali peccato damnari, sed propter [illegible] crimina [illegible] [illegible]. Peccatum igitur originale in [illegible] [illegible] non [illegible], [illegible] propter [illegible] peccata, [illegible], cum adolescunt, contrahunt [illegible], [illegible] [illegible] [illegible] [illegible], propter [illegible] [illegible] damnantur.

2. Respondeo, Originalis peccati [illegible], [illegible] parvulo ad justificationem, non sufficere [illegible] ad justificationem, cum ad adultam aetatem pervenerint. Quamvis enim prior justificatio non sit [illegible], manet enim semper, [illegible] [illegible] [illegible] reatum originalem, non tamen [illegible] peccata [illegible], [illegible] [illegible] [illegible], [illegible] [illegible] [illegible] fide & poenitentia [illegible]. Id quod in formula Baptismi manifesto [illegible], [illegible] parvulo baptizato per [illegible] [illegible], 1. [illegible], quamprimum ad adultam aetatem pervenerit, [illegible] Diabolo, carni & mundo; 2. Crediturum se omnibus fidei articulis; 3. [illegible] Dei voluntatem, & omnia ejus praecepta observaturum, in [illegible] per [illegible] [illegible] [illegible], quod [illegible] [illegible] [illegible], cum [illegible] [illegible] [illegible] sit sua voluntate, [illegible] sit, [illegible] [illegible] [illegible] peccatis [illegible] [illegible] [illegible], [illegible] [illegible] fides & poenitentia [illegible].

Ad justificationem igitur adulti baptizati alia ratio [illegible] est, quam illa quae [illegible] est in ipso Baptismo. Id quod [illegible] [illegible] est de [illegible] & [illegible] [illegible].

A 1. Dico nostram assertionem nullo modo perseverantiam Sanctorum evertere, siquidem quando de perseverantia Sanctorum quaeritur, [illegible] est, de illis Sanctis qui, [illegible] [illegible] [illegible], [illegible] fide & poenitentia ex Evangelio [illegible] [illegible] justificationem, [illegible] in eadem fide propria voluntatis actu perseverare, aut à perseverantia [illegible], [illegible]. At de illa perseverantia [illegible] [illegible] erat [illegible] cum [illegible], an [illegible] Dei specialis fuerit, an [illegible] liberi arbitrii absque hoc dono. Et perseverantia proprie [illegible] [illegible] [illegible] [illegible], [illegible] libertate arbitrii [illegible], [illegible]. Unde & infantes, [illegible] in gratia [illegible],

B [illegible], qui [illegible] à Deo [illegible] [illegible], [illegible] tamen [illegible] dicuntur perseverare in illa, qui ad illam in gratia permanentiam nihil libere [illegible] aut [illegible].

Ex dictis [illegible] constare [illegible], [illegible] [illegible] [illegible] [illegible], Omnes baptizatos [illegible] [illegible] justificari.

THOMÆ GATAKERI Assertio.

Thesis hic posita sive Assertio ipsa clare ex Scriptura Sacra Testimoniis, vel Argumentis [illegible] [illegible] [illegible] [illegible], primo loco firmari & demonstrari oportuit;

C [illegible] de [illegible] loco secundo videri [illegible]; illud [illegible] [illegible] [illegible] [illegible] [illegible], [illegible] [illegible], [illegible] dogmati orthodoxo singulari [illegible] adversetur, necne, [illegible] [illegible]; [illegible] [illegible] [illegible], orthodoxum esse, quod cum orthodoxo dogmate [illegible] [illegible] consistere [illegible] [illegible]; [illegible] nulla [illegible] [illegible] [illegible], [illegible] [illegible] orthodoxa [illegible] nec [illegible].

Caeterum de hic [illegible] [illegible] ac [illegible] [illegible] [illegible], [illegible] [illegible] [illegible] [illegible] [illegible], [illegible] visum est, qui in [illegible] ad Reverendi Viri D. Davenantii Epistolam, Argumentum [illegible]

D [illegible] [illegible] [illegible]; [illegible] [illegible] [illegible] [illegible] [illegible] [illegible] [illegible].

INDEX
Locorum Sacræ Scripturæ, qæ in his Opuſculis lavdantur, explicantur, illuſtrantur.

GEn. cap. 4. v. 1. *Acquiſivi virum* יהוה [illegible] p. 30. b. C.

cap. 17. v. 7. *Ero Deus tuus & ſeminis tui* p. 90. a. C. 91. a. B–G. b. A–F. 115. a. G. b. A. B. 134. b. F. G. 135. a. A. E. F.

v. 10. *Hoc eſt fœdus meum inter me & te & ſemen tuum, circumcidetur in vobis omnis maſculus* p. 91. a. C. 92. a. B–G. b. A–F. 101. a. B. 104. b. B. 105. a. E. 114. b. D. E. 115. a. F. b. C–G.

v. 11. *Ut ſit ſignum fœderis inter me & vos* p. 101. a. G. b. A–E.

cap. 32. v. 14. [illegible] יהוה [illegible] p. 30. b. D.

cap. 35. v. 10. *Non amplius vocaberis Jacob, ſed nomen tuum erit Iſrael* p. 31. D.

Exod. cap. 3. v. 14. [illegible] p. 30. a. E. b. A. B.

v. 15. [illegible] p. 30. E. 31. E. F.

cap. 6. v. 3. [illegible] יהוה [illegible] p. 38. F. p. 40. C. D. 51. A–D. 59. E. F. G. 60. B. C. D. E. 61. E. F. G. 62. A–G. 63. A. B. 67. B. 69. E. F.

cap. 15. v. 3. *Nomen ejus eſt Jehova* p. 60. C.

cap. 17. v. 15. *Moſes extruxit altare, & vocavit* יהוה נסי p. 30. b. D.

Levit. cap. 2. v. 13. *Neque ceſſare ſinito ſalem fœderis Dei à munere tuo* p. 133. b. F.

cap. 24. v. 16. *Qui pronunciaverit nomen* יהוה *morte moriatur* p. 31. F. 33. B. 44. C.

Num. cap. 6. v. 24. … *Benedicat tibi Jehova, & cuſtodiat te* p. 31. C. D.

v. 27. *Imponentis nomen meum ſuper filios Iſrael* p. 31. D. E.

Deuter. cap. 6. v. 4. [illegible] יהוה p. 30. A. B.

cap. 10. v. 16. *Circumcidetis præputium cordis veſtri* p. 98. a. E. 117. a. B. G. b. B.

cap. 30. v. 6. *Et circumcidet Jehova Deus tuus animum tuum & animum ſeminis tui* p. 98. a. E. 115. a. D. E. G. b. A. B. C. 116. a. D–G. 117. a. C. D.

Judic. cap. 6. v. 24. *Extruxit Gideon altare Jehovæ, quod proclamavit, ſic eſt* יהוה שלום p. 30. b. D.

Hymn. 22. v. 10. *Cum tu ſis, qui eduxiſti me ex utero, ſaluti ut forem agenti ad ubera matris meæ* p. 97. b. G.

Hymn. 51. v. 6. *In iniquitate ſum formatus* p. 97. b. G.

Hymn. 68. v. 5. *Celebrate illum in nomine ſuo* יה p. 30. a. C.

Hymn. 71. 6. *Tibi innixus ſum ab utero, à viſceribus matris meæ tu abripuiſti me* p. 97. b. G.

Hymn. 83. v. 19. *Ut cognoſcant, cujus nomen eſt* יהוה p. 30. a. C. 38. E. 60. C.

Eſaj. cap. 26. v. 4. [illegible] יהוה p. 30. a. C.

cap. 42. v. 8. *Ego ſum Jehova, hoc eſt nomen meum* p. 60. D.

Jerem. cap. 4. v. 4. *Circumcidimini Jehovæ, & amovete præputia cordis veſtri* p. 98. a. E. 117. a. G. b. B. C. D.

cap. 9. v. 25. 26. *Ecce venturi ſunt, quibus animadvertam in omnem circumciſum cum præputio* p. 98. a. E.

cap. 23. v. 6. *Nomen, quo vocabitur Iſrael,* יהוה צדקנו p. 30. b. D.

cap. 33. v. 16. *Is qui vocabit eam, Jehova juſtitia noſtra* p. 30. b. E.

Ezech. cap. 44. v. 6. 9. *Præputiatos corde & præputiatos carne* p. 98. a. E.

Zachar. cap. 14. v. 9. יהוה *rex futurus eſt ſuper terram univerſam: in die illo* יהוה *unus erit* p. 30. B. 31. F.

Matth. cap. 3. v. 11. *Ego baptizo vos aquâ ad reſipiſcentiam* p. 111. a. D.

cap. 26. v. 26. *Hoc eſt corpus meum* p. 104. b. E. F.

cap. 28. v. 19. *Baptizantes eos in nomen Patris, Filii & Spiritus ſancti* p. 148. a. C. D.

Marc. c. 1. v. 4. *Johannes prædicabat Baptiſmum reſipiſcentiæ ad remiſſionem peccatorum* p. 111. b. F. G. 112. a. A. B. C.

cap. 16. v. 16. *Qui crediderit & baptizatus fuerit, ſalvabitur* p. 108. b. B. E. 109. b. C. E. 110. a. A. C. F. b. A. B. C. 111. a. A.

Qui non crediderit, condemnabitur p. 109. a. D. b. F. G. 111. a. A.

Luc. cap. 6. v. 30. *Scribæ periti, qui reſpuerunt conſilium Dei* p. 91. a. C.

Joh. cap. 3. v. 3. 5. *Niſi quis renatus fuerit ex aqua & Spiritu, non poteſt videre regnum Dei* p. 109. b. G.

v. 15. 16. *Ut quiſquis credit in eum, non pereat, ſed habeat vitam æternam* p. 108. b. E.

cap. 5. v. 24. *Qui ſermonem meum audit, & crediderit ei qui miſit me, habet vitam æternam* p. 108. b. E. 109. a. D.

cap. 6. v. 40. 47. *Qui credit in me, habet vitam æternam* p. 108. b. E.

Actor. cap. 2. v. 37. *Qui hæc audierunt, compuncti ſunt corde* p. 108. b. A.

v. 38. 39. *Reſipiſcite unuſquiſque veſtrum in remiſſionem peccatorum — vobis enim & liberis veſtris facta eſt promiſſio* p. 91. a. B. 93. a. G. b. A–G. 94. a. A. B. 104. b. D. 107. D. 108. a. G. b. A. 112. a. G. b. A. B. 114. a. A–G. 115. b. B. C. 135. a. G. b. A.

cap. 7. v. 8. *Dedit ei pactum circumciſionis* p. 100. b. E.

cap. 15. v. 11. *Credimus nos per gratiam Dei ſervari eodem modo, quo illi* p. 116. b. B. C.

cap. 17. v. 30. *Deus mandat omnibus ubique hominibus ut reſipiſcant* p. 133. b. B.

cap. 22. v. 16. *Surgens baptizare & ablue à peccata tua* p. 90. b. B. 104. a. D–G. b. D. 107. b. D. 108. b. B. C. D. 112. a. B. 113. b. G. 116. a. A–D.

Roman. cap. 2. v. 28. 29. *Non qui in propatulo eſt Judæus, Judæus eſt* p. 98. a. E. 115. a. D–G.

cap. 4. v. 11. *Accepit ſignum circumciſionis, ſigillum juſtitiæ fidei* p. 100. a. G. b. A–E. G. 104. a. B. C. 131. b. E. F. G.

cap. 10. v. 9. *Si ore confeſſus fueris Dominum Jeſum, & corde crederis,*

[illegible]; salvus futurus ei p. 109. b. C. D.
v. 10. *Corde ad justitiam creditur, ore ad salutem confessio editur* p. 109. b. C. D. 110. b. D. E.
1 Cor. cap. 5. v. 7. *Pascha nostrum Christus immolatus est* p. 110. b. G.
cap. 6. v. 11. *Et hoc eratis quidam: sed abluti estis* p. 116. b. B–G. 118. b. C. D. E. 120. a. F. G.
cap. 7. v. 14. *Liberi vestri sunt sancti* p. 111. b. F. G. 111. a. A–D.
cap. 10. v. 2. *Omnes in Mose baptizatos esse* p. 148. a. D.
v. 16. *Panis nonne est communio corporis Christi?* p. 104. b. G. 105. a. A. B. 118. a. D.
cap. 12. v. 13. *Per unum Spiritum nos omnes in unum corpus sumus baptizati* p. 105. a. C.
Gal. cap. 3. v. 27. *Qui in Christo baptizati estis, Christum induistis* p. 105. a. B. C. 108. a. D. b E.
Eph. cap. 2. v. 12. *Eratis extranei à pactis promissionis* p. 116. b. E. F.
cap. 5. v. 26. *Ut eam sanctificaret, purificatam lavacro aquæ* p. 118. b. F. G. 119. a. A–G. b. A–E.
Coloss. cap. 2. v. 11. *In quo circumcisi estis circumcisione non manu facta* p. 110. b. G. 122. a. A.
cap. 2. v. 12. *Et sepulti estis cum eo per Baptismum* p. 116. b. B–G. 117. b. G. 118. a. A–G. b. A. B. 119. b. F. G. 120. a. A–E. b. B.
F. 121. a. F. b. C. 118. a. D. b. E.
Tit. cap. 3. v. 5. *Servavit nos per lavacrum regenerationis* p. 102. b. F. G. 103. a. A–G. b. A–G. 116. b. B–G. 117. a. A–G. b. A–F. 120. b. B. F. 121. a. B–G.
Jac. cap. 2. v. 14. *Quæ utilitas, si fidem dicat aliquis habere se, opera verò non habeat?*
v. 21. *Abrahamus nonne ex operibus justificatus est*
v. 24. *Videtis ex operibus justificari hominem*
v. 26. *Fides absque operibus mortua est*
} p. 109. b. C. D. E.
1 Pet. cap. 3. v. 20. *Octo animæ sunt servatæ per aquam* p. 104. a. G.

INDEX

Auctorum, qi extra Sacros Scriptores in his Opuſculis lavdantur, notantur, explicantur, illuſtrantur.

AMbrosius N. de initiat. cap. 4. scribens, *Catechumenum etiam credentem, nisi baptizatus fuerit, remissionem peccatorum non accipere* p. 112. a. F.
Augustinus N. de corp. & concep. l. 1. c. 11. scribens, *Parvulorum non prodesse, nisi Baptismum perciperent, eos* [illegible] p. 123. a. F.
N. *ut qi nomen Baptismo tribuerat* p. 139. b. F. G. 140. a. B.
N. *quæ* [illegible] *adversarios* p. 141. b. E.
Ex. Retract. lib. 1. c. 13. *In grandibus voluntas ipsa sanatur* p. 143. a. G. b. F. G.
de Peccat. mer. & rem. lib. 1. c. 9. & 12. *Spiritum regenerationis esse Spiritum Christi, à stirpe veteri* [illegible] *regenerationem per peccati originalis transfusionem* [illegible] p. 142. b. A. 144. a. A. B. C.
Ut ipse in aliam generationem per remissionem peccati [illegible] p. 144. a. C. D.
[illegible] *regenerationis* [illegible] *remissionem peccatorum* p. 144. a. D. E. F.
lib. 3. c. 5. [illegible] *Ecclesiæ personam, fidelem*... p. 139. a. E. F. G.
de Trin. l. 14. c. 17. *Iste renovatio, qua fit* [illegible] *Dei, non momento uno* [illegible] *illa in Baptismo*... p. 144. [illegible] b. A.
de Bapt. l. 4. c. 24. [illegible] *imaginem Dei quæ à verbis conversione* [illegible]*, cum* [illegible] *efficitur* p. 144. b. A. B.
Ausonius Ex. Parent. 24. 2. *Duo* [illegible] *Olympiades*
Epist. 21. 24. [illegible] *ad Græcam* [illegible]
} p. 14. F.
Bellarminus N. de Poenit. l. 2. c. 2. prob. 7. [illegible]*, Absque in Christum* [illegible] *aeternam* [illegible]*, quæ ante* [illegible]*, quàm à* [illegible] *potuerunt* p. 108. b. F.
Buxtorfius N. qi Van tamqam F profert, & consonam esse censet, ubi* [illegible] p. 9. D. E. F.
Calvinus N. qi* [illegible] *per omnia non* [illegible] p. 117. b. C.
Ex. in Act. cap. 2. v. 38. *Baptismum non est* [illegible] *figura, sed verum & efficax* [illegible] p. 108. a. C–G. b. A. B.
Baptismum semper [illegible] *est Spiritus gratia*... p. 112. b. G. 113. a. A.
cap. 7. v. 2. *Sacramenta non sunt* [illegible] *figuræ, qia Deus verax est, ubi illa figurat, qod* [illegible] p. 106. a. C–G. b. A. B.
Baptismus est [illegible] *per Christum* [illegible]*, ut in conscientiis nostris rata sint* p. 113. b. E. F.
Baptismum [illegible] *instrumentum ad* [illegible]*, renovandum, salutem* [illegible] p. 112. a. A.
in Eph. 5. 26. *Omne sacramentum* [illegible] *sunt efficax qod figurat* p. 96. b. D. F. 97. b. C. D.
Baptismum est lavacrum animæ p. 112. a. F.
in 1 Pet. 3. *In Baptismo* [illegible] *animæ per sanguinem Christi, & carnis* [illegible] p. 116. a. E. F. G. b. A.
in Opusc. p. 44. *Peccatorum remissio* [illegible] *lavacri, quo animæ maculæ* [illegible] *corporis sordes* p. 116. a. E. F. G. b. A.
p. 16. *In sacramento aqæ* [illegible]*, significari* [illegible] *corporis* [illegible]*, animæ* [illegible] *purgare*... p. 116. a. E. G. b. A.
Catullus Ex. 2. 2. *Qui* [illegible] *libellum* p. 12. E. 13. C.
Charisius N. Instit. Grammat. L [illegible] *in l Græco* [illegible] *consonans* [illegible]*, & ad syllabam* [illegible] p. 11. E.
Cellarius N. qio Vav in* [illegible] p. 8. F.
Cornutus N. qi* [illegible]*, sive* [illegible] *introductis* p. 12. E.
Ennius Ex. apud Cicer. de Div. L. [illegible] *corpora* [illegible] p. 14. F.
Erasmus N. de recta Latini Græciqe sermonis pronuntiatione, [illegible] *discere, qod veteribus consonans fuerit* p. 7. G.

Fulgentius N. qui infantes sine Baptismo morientes cruciatibus aeternis [illegible] p. 111. a. F.
Gellius Ex. l. 4. c. 9. Religentem esse oportet, religiosum nefas p. 64. G.
Horatius Ex. Epod. 14. Nunc mare, nunc [illegible] p. 14. D.
Sat. 1. l. 158. Porrigis irato puero cum poma, recusat p. 111. b. E.
Epist. 1. 1. Nisi cum pueris [illegible] est p. 14. F.
Lucilius Ex. apud Non. IV. [illegible] p. 14. F.
Lucretius Ex. l. 2. v. 71. Confringere ut arcta [illegible] p. 14. D.
v. 102. Tantum religio potuit suadere malorum p. 64. G.
l. 2. v. 660. [illegible] p. 14. E.
l. 5. v. 597. [illegible] p. 14. C.
Lutherus N. qui in doctrina Sacramentaria ex affectu vehementiori [illegible] saepe fuit p. 149. b. C. D.
Martialis Ex. E. 1. 105. 11. [illegible] p. 14. A.
E. 9. 94. 4. Porrigit in plumas Cajus [illegible] p. 14. D.
Marinus N. qui Romani cum Vav magis quam Patach cum Vav [illegible] p. 8. F.
Melanchthon Ex. L. C. [illegible] p. 149. b. D. E.
Nestorius N. qui de hypostatica unione [illegible] p. 150. b. C.
Ovidius Ex. Her. 12. 4. Debueras [illegible] p. 14. E.
Pelagius N. qui peccatum originale negavit p. 140. a. E.
Peter. N. in Johan. Orat. 11. p. 77. [illegible] quibus modo, qui a [illegible], [illegible] esse p. 7. E. F.
Plautus Ex. Capt. prol. [illegible] p. 14. E.
Priscianus N. [illegible] p. 16. G.
Prosper N. ad Gall. Obj. 1. [illegible] p. 150. a. F. G. b. A.
Rubrica Ecclesiae Anglicanae Ex. Infantes baptizatos omnia habere ad salutem necessaria, & sine dubio salvari p. 150. b. F. G. 151. a. E. b. F. 154. a. C. D.
Scaliger N. de Caus. L. L. 1. 7. ubi [illegible] Q [illegible] C & V. [illegible] p. 10. E.
l. 8. ubi Germanos notat [illegible] p. 11. A.
de Graeca analogia [illegible] p. 11. B.
[illegible] p. 11. F.
Seneca Ex. Hippol. a. 4. [illegible] p. 14. D.
Symbolum Constantinopolitanum Ex. Credo unum Baptisma in remissionem peccatorum p. 122. b. G. 123. a. D.–G.
Symbolum Nicenum I. Ex. [illegible] p. 125. a. C.–G.
Synodus Dordracena de Praed. cap. 1. art. 7. Ex [illegible] p. 152. b. F. G. a. A.–D.
Tertullianus de Bapt. c. 6. [illegible] in Patre, Filio & Spiritu Sancto p. 148. b. C.–G. 149.
N. [illegible] ad [illegible] p. 149. a. E.
Tibullus Ex. l. 7. [illegible] p. 14. E.
Varro N. qui [illegible] inter Q & C. p. 10. G.
Virgilius Ex. Ecl. 1. 96. [illegible] p. 14. C. D.
Ecl. 4. 62. [illegible] p. 14. a. G.
Ecl. 6. 26. [illegible] p. 11. B.
Ecl. 7. 54. [illegible] p. 14. G.
Æn. 1. 710. [illegible] p. 14. B.
a. 18. [illegible] p. 14. C.
2. 431. [illegible] p. 14. E.
9. 16. [illegible]
11. 667. [illegible] } p. 14. E.
Vossius N. Art. Gram. 1. 25. ubi [illegible] Vav [illegible] in U vocale mutari p. 10. D.
1. 29. ubi [illegible] Q [illegible] esse Cu, sive Qu p. 10. F.
de Anal. 1. 5. ubi V [illegible] p. 11. A.
— Ubi & ut [illegible] p. 11. D.–G.
Ursinus N. qui [illegible] p. 117. b. G. 118. a. A.
Whitakerus de Sacr. q. 4. c. 1. ad class. 1. [illegible] p. 151. a. F. G.
Zanchius Miscell. De Praedest. [illegible] in peccato [illegible]
de Attrib. Dei l. 5. c. 2. Unio cum Christo, & justificatio, sunt [illegible] } p. 150. b. F. G. 151. a. A.–D.
de [illegible] q. 1. th. 1. Reprobos [illegible], non justificari.

INDEX

Rerum, in his Opusculis maxime notatu dignarum.

Abecedaria [illegible] p. 118. b. G. 119. a. A. E.
Adonai [illegible] יהוה [illegible] p. 40. C. D. 41. A. 42. A. 50. E. [illegible] p. 41. E. 63. F. [illegible] יהוה [illegible] p. 41. F. [illegible] Graeca [illegible] p. 41. F. 42. B. C. 63. F.
Adulti [illegible] p. 106. b. E. 107. a. G. [illegible] p. 110. a. B.
Aa [illegible] p. 9. D. E. F.
[illegible] p. 10. a. E. b. A. B. C.
[illegible] p. 18. E. 19. A.
[illegible] p. 16. G.
[illegible] p. 37. A. p. 49. D.
Apollo [illegible] p. 16. G. [illegible] p. 14. B. [illegible]

Abba appellatur p. 17. A. B. 54. A. B.
Ambrosius vixit quo Abba & Sua Deus dicerit p. 106. a. D.
Arcanum caelestem quem Nol. & posteris in monumentum Deus statuerit p. 106. a. D.
Baptismi vis & natura penitus p. 106. a. F. sacramentorum ut instrumentum id remedium originalis peccati, & ad remittis ejusdem reatum salutarem p. 92. a. A.–E. b. A.–D. 107. b. B. C. D. verum est inferius nominibus, & omnibus renovatio p. 94. a. E. F. significatur spiritualis per lavacrum vitalem ducit p. 107. a. D. effectus p. 107. b. A. facultas adsint, absolute valet sola Dei promissio p. 151. a. F. b. E. F. G.
in Baptismo obsignatorium beneficiorum percipiendorum capaces sunt infantes p. 94. a. G. b. A. D. sunt adulti p. 94. b. E. F. G. est signum est cum remissio traditur, tamen tota renovatio p. 96. a. F. F. G. cum omnia quaerat, [illegible] p. 109. b. A. 110. a. A. b. B. in... veracter Deus agit, etiamsi peccati originalis reatum non sublat p. 151. a. C. 159. b. C. cujus salutarem promissi non in ipso tempore dandam p. 153. a. E. sed sub conditione sacramento praestandam p. 153. a. C. sudet vera gratia obsignat p. 152. a. D. 153. b. D.
Baptismus est sigillum obsignatorium p. 91. a. C. b. C. E. tradituri illis, qui jam ante Baptismum vitam habuerunt p. 92. a. G. b. A. B. C. non potest rejici p. 103. b. A. 107. a. C. Judaismi ejusdem cum nostro sint efficacia p. 126. b. C. est sacramentum tot qui praestat p. 107. a. A. quo modo ad morbum sanandum adhibeatur p. 107. a. D. sua sponte non justificat, & nobis applicat meritum Christi p. 110. b. F. G. non minuit p. 119. b. B.–F. necessarius ad salutem tanquam sigillum, ad obsignandam adoptionis gratiam p. 152. a. A. necessitate praecepti, non medii p. 132. a. G. b. A. B. C. pendet à foedere p. 132. a. C. D. non servat sine fide p. 109. a. A. de modo necessitatis p. 110. a. A. B. C.
Baptizatur in remissionem peccatorum p. 114. a. C. D. E. 125. a. A.–E. 138. b. B. C.
Baptizare in remissionem peccatorum, non fuit ab Apostolorum temporibus baptizandi formula usu recepta p. 124. b. G. 125. a. A. 138. b. B. qui si fuerit, pueri inter Act. 2. 38. 39. & Matt. 28. p. 125. a. F. G. In nomine Patris, Filii, & Spiritus Sancti non sunt verba operatoria p. 127. b. G. 128. a. A.–G. b. A. B.
Bene non est vita praesertim p. 18. G.
Cauta E & I tanquam S perperam pronunciatur p. 17. D.
Canone declamat [illegible]
[illegible]
[illegible] p. 152. F.
[illegible]
Rob & [illegible]
Christi meritum cuique parvulo baptizando non applicatur p. 98. b. F. G. 99. a. A. qo parvulis applicetur, medium aliquid examinem & sufficientem est necessarium p. 98. b. F. G. 99. a. A. B. sanguis parvuli sanguine in circumcisione non fuit adumbratum p. 125. a. B.
Christo quodammodo per Baptismum dicimur sineri p. 149. b. G. 150. A. B. quod tum parvulis, tum adultis suffecit p. 150. a. C.
Circumcidendi ritus docet manere venturam, donec internam circumcisionem circumcisionis est futuris p. 96. b. D. E.
Circumcisi non omnes sunt justificati, aut facti filii Dei p. 93. b. F. G. 98. a. B. C. b. C.
Circumcisio in membro genitali quare facta p. 96. b. E. 124. b. D.–G. 125. a. A. 127. b. B. signum conferebatur non intelligentibus p. 102. a. C. qui circumcisi contulerit p. 98. b. A. B. à justificatione negatur excluditur p. 124. a. D. nisi sanguinis remedium externum sanguinis non praecessit p. 124. a. E. F. G. designabat & obsignabat circumcisionem cordis spiritualem p. 124. b. C. quo tum externis omnibus parvulis non est exhibita p. 124. b. C. 125. a. G. externa adjecta erat gratia promissionis; sed non circumcisioni aeternae promisso p. 126. a. A. interna & cordis denotat praeteritam remissionem p. 127. a. G. b. A.–D. 128. a. A. B. C. quam tamen sibi conjunctam habet p. 129. b. E. 128. a. C.–G. masculorum seminibus communicata quo modo possit dici p. 129. b. B. C. D.
Circumcisione signabatur tum interna cordis circumcisio, tum salutis à peccatis mea p. 98. a. E. F.
Circumcisioni non semper conjuncta fuit justificatio p. 95. b. F. jungenda & justificanti cum ea conciatur designans, designandi, designandi & consignandi apud ordinem patris p. 128. b. A. G.
Circumcisionis ipsius tempore Christi meritum ad praesentem efficaciam non applicabatur p. 98. a. A.–D. ab analogia cum Baptismo non colligitur à spiritus efficacia p. 121. b. D. 124. a. A. B. C. internis effectu p. 125. b. B.
Confirmationis in dicatione pueris nihil dationem attendi p. 130. b. F. 131. a. A. C. D. 133. a. E.
Condonans unt, nec plures valent vocem conficere p. 5. A.
Diphthongi aliqualiter dicere bivocalis p. 4. A. nulla datur p. 4. D.
de Diphthongis orto primus dixisse Jacobus Matthias, Danus p. 4. C. errore oriri ab Hebraeis emanasse videtur p. 5. B. C. D.
Diphthongus non est in ai, qo sed ad vas terminatur p. 9. B. C.
Domus pro Deus barbarum p. 56. F. G. 57. F. G. 59. C. 61. C.
Dij Hebraeis prolegomena nomine David, Anglicana David enunciandum p. 18. F. 19. A.
E ab i sine distinguit perperam dicitur p. 16. G.
Eu non est bivocalis p. 11. A. C. D. E.
Eu in v, sono non evidente non debuit proferri p. 16. G.
F Aeolicum & V Latinorum idem sonant. p. 7. D. E. tanquam vel ari ò Graecum ferri, pronunciant Angli p. 17. C.
Fidei confessio requiritur ab omnibus adultis & catechesi potentibus antequam baptizarentur p. 108. a. A. B. 116. b. E. 120. b. B. 122. b. D. & exigebatur etiam ab infantibus, quorum nomine sponsores illam spondebant p. 115. b. D. E. F. 118. a. E.
Fides quo sensu nos justificat p. 95. b. B. C. quando sit nitida p. 102. b. G. 108. a. A. facit nos membra Ecclesiae Catholicae p. 108. a. C. Baptismum praecedit p. 108. a. E. 154. b. C. interdum sequitur p. 114. b. C. non est continua dispositio ad justificationem & salutem p. 109. a. A. B. C. F. non servat absque sacramento p. 109. a. D. E. 110. b. A. patrum qui ante Christum incarnatum vixerunt, eadem cum nostra p. 121. a. D.–G. 123. a. G. b. A. nec parvulis possit inclinatio ad salutem p. 121. b. E. parentum & matris Ecclesiae à Deo non acceptatur ad originalis reatus remissionem p. 121. b. E. C. 133. a. A. b. B. C. hoc qui dicunt, quo fundamento nituntur p. 133. E. aliena quid prosit p. 132. b. D. quatenus ad adultos justificationem suffecit p. 147. a. A.
Foedera in publicas tabulas referebantur, in monimentum, in lapidibus insculpebantur p. 106. a. G.
Foedus Dei est fundamentum justificationis parvulorum sive internum sive ... p. 124. b. B. D. non pendet à Baptismo p. 137. a. C. 155. b. E. ab initio per universa saecula idem fuit, licet ejus obsignationes & sigilla per singulas aetates diversa fuerint p. 155. a. G. 156. a. E. F. 159. b. B. non uni loco generi humano factum p. 158. a. F. G. b. A.–D. 154. a. C.
Foetuulis non circumcisis, sunt in foedere & populo Dei p. 92. G. 155. b. C. quo modo in manibus signis dici circumcisi p. 130. b. E. F.
Holitus nimium qui posse intelligi p. 147. a. C. D. E. Fides, sine, aut charitas ... Baptismo parvulis infunderentur p. 144. a. D. E.
J nostri saepe habetur, non per g, mox ut ng, unde ut gn exprimitur p. 18. G.
J & I signis non multum sunt dissimiles, natura sunt affines, sunt invicem vocales permanent, nunc vocalis, nunc consona munus fulciunt p. 5. E.
J & I Graeci, & & Latini assumpta vocabulis, tum pro consona nunc pronunc, & in literarum combinationibus pro vocalibus habentur p. 5. C. 17. F.
Jod Hebraeorum, Jota Graecorum & J Latinorum sonum obtinent quem & Anglorum p. 6. B. C. 15. B. sunt consona p. 6. E. F. G. 7. B.
I vocalem tanquam si Ei esset, perperam enuntiant Angli p. 17. A. C. tum a, u, e, praepositio insonat tanquam consonam p. 17. B. simpliciter sonant, [illegible]

G, ubi E vel I sequitur, sonum angli dant p. 17. C. vocalis hoc modo I. C. consonans vero J, j radio pingitur p. 18. A. B. C.

Iesus vel Graeca [illegible] praefert Jesum; Latina Jesum [illegible] Jesu Anglica characteres [illegible] p. 19. C.

Jehovae Hebraica [illegible] Latinis Jehovah [illegible]; sed Anglicana Jehovah p. 18. E. 19. D.

[illegible] non Graece est proferenda, ac si Anglicis characteribus scripta esset Jeshua. Jesus Latine, ubi Jesus [illegible], Anglicane vero Jesus p. 19. B. C.

[illegible] & [illegible] duo [illegible] sunt Dei nomina p. 30. C. eandem habent [illegible] & [illegible], ut [illegible] p. 30. D. est nomen Dei proprium p. 29. D. E. F. 30. A.

[illegible] nomen est vox barbara, nec [illegible] modum p. 38. D. 66. F. descendit ab [illegible] p. 30. D. 17. E. 72. E. vere Deus [illegible] dicitur p. 30. D. E. ejus pronunciatio genuina per plurima [illegible] fuit cognita p. 30. C. D. E. 31. A.–D. 32. C. 33. A. B. 34. E.–D. in [illegible], [illegible], professionibus, juramentorum [illegible] p. 33. A. G. 35. A. [illegible], ex superstitione ab illa pronunciande abstinuit [illegible] p. 33. D. G. 34. A. B. C. 44. C. 44. E. 64. C. D. E. 65. A.–D. 66. A.–E. & ejus germana & primogenia pronunciatio [illegible] & [illegible] p. 72. C. D. ejus puncta vocalia [illegible] vel Adonaj, vel Elohim [illegible] p. 34. D. à Masorethis adjecta p. 54. D. 59. A. E. 45. A. B. 46. E. C. D. 71. C. D. ad genuinam & primigeniam [illegible] pronunciationem prope accedunt p. 39. E. C. 39. B. C. 40. A. B. 41. A. 36. E. C. [illegible] [illegible] [illegible] p. 34. F. 32. C. [illegible] vocibus [illegible] [illegible] sunt [illegible] propria p. 34. D. b. A.–D. ejus vestigia in nominibus propriis ex [illegible] constant p. 34. G. 55. A.–D. 55. D. G. [illegible] Adonaj substitui non debet p. 38. E. 41. A. sed [illegible] [illegible] p. 40. D. G. 72. A. [illegible] descendit Jupiter, [illegible] Dei nomen est proprium, sed non [illegible] p. 48. E. 49. B.–E. 50. F. G. 44. E. [illegible], [illegible] in [illegible] p. 36. E. F. 37. C. 51. A.–D. ejus notitia ad [illegible] [illegible], ab illis ad Graecos & ad Romanos transiit p. 36. F. in terminationem [illegible] femininam, quae majestati divinae non est conveniens p. 38. B. C. Æterni nomine cum apud Mosem, [illegible] Galli exprimunt p. 70. G.

[illegible] [illegible] p. 35. A. Domini Jesu nomen Hebraicum [illegible] quod [illegible] Judaei p. 19. A. Graeca [illegible] [illegible] [illegible] p. 15. A. B.

Infantes non omnes [illegible] baptizari justificantur p. 113. b. C. F. [illegible] & [illegible] à reatu originalis peccati Baptismo non liberantur p. 147. b. D. ante circumcisionem & Baptismum [illegible] [illegible] p. 94. b. A.–D. an sint sufficienter dispositi ad capiendum [illegible] gratiam per [illegible] p. 95. b. C. baptizati à [illegible] & educati dispositionem ad [illegible] non [illegible] p. 104. e. B. C. [illegible] in baptizatione, [illegible] foederati p. 105. a. E. F. 131. b. F. G. 132. a. B. 133. a. D. baptizantur [illegible] fidem & poenitentiam p. 103. b. D. 104. A. 125. b. F. 131. e. D. 158. a. E. 134. b. A. Judaeorum [illegible] [illegible] [illegible] Judaeos p. 119. b. E. & agnitionem [illegible] [illegible] p. 126. a. B. [illegible] à [illegible] p. 126. b. D. E. F. [illegible] [illegible] p. 137. b. F. G. 131. a. A. C. D. qui modo dicantur sancti p. 131. b. F. G. 134. a. A.–D. [illegible] ante Baptismum p. 136. b. A. B. in infantia morientes quae baptizantur p. 138. b. D.–G. 139. a. A. B. C. [illegible] [illegible] [illegible] p. 140. b. C. E. 152. b. C. & [illegible] fide [illegible], passim [illegible] p. 149. b. G. [illegible] p. 144. b. C. G. qui [illegible] à Baptismo [illegible] p. 151. b. C. D. non frustra baptizantur, [illegible] Baptismo [illegible] participent p. 154. b. E. F. G. [illegible] Judaeorum [illegible] baptizandi p. 33. b. D. E.

[illegible] baptizandi [illegible] non [illegible] p. 94. a. C. [illegible] Spiritus Sanctus p. 145. a. B. C. 145. a. A. B.

[illegible] p. 151. b. C.

[illegible] Hebraice pronunciari [illegible] Jacob, Anglicane Jacob [illegible] p. 18. F. 19. A.

[illegible] Syriaca [illegible] [illegible] p. 19. A.

[illegible] Hebraica pronunciari [illegible], Anglicana [illegible] p. 18. E. 19. A.

Jupiter non est dictus à juvando, sed ab Hebraeorum [illegible] p. 33. E. 48. F. G. nihil aliud est quam Jovispater, [illegible] Jupiter p. 35. F. 48. F. 54. C. Jovis dicitur, non Jove, & [illegible] p. 46. B. C. [illegible] p. 36. A. [illegible] à Judaeis atque à Romanis [illegible] Varro p. 98. C. D.

Justitia non [illegible] est & fidei p. 108. b. G. 109. a. A. C. [illegible] p. 111. b. A.

K continet in se C & A, & A post K [illegible] p. 11. E.

Lingua Syriaca [illegible] Hebraica dicitur, & [illegible] p. 19. A. B.

Linguae cujusque [illegible] est, ut [illegible] de [illegible] ad [illegible] proprium & [illegible] p. 28. F. 29. D.

Lingua vernacula, [illegible] qui [illegible], [illegible] & [illegible] qui [illegible] p. 18. D.

Medium aliquod externum, quo fides parvulis [illegible], non est necessarium p. 99. a. A. 113. a. D. 116. b. C. 133. a. C. 138. a. A. B. C. [illegible] in adultis [illegible] p. 138. b. A. [illegible], [illegible] [illegible] p. 139. a. A. B.

Norma [illegible] [illegible] Scriptura, [illegible] in [illegible] [illegible] p. 13. F. [illegible] Latina proferenda ab [illegible] non est [illegible] p. 15. E. [illegible] [illegible] p. 16. C. D.

Nomina [illegible] [illegible] p. 105. a. G.

Obstacula [illegible] [illegible] [illegible] p. 91. b. B. 92. a. E. F.

Obligationi [illegible] [illegible] p. 138. a. E. F. 231. a. F. b. A. non [illegible] p. 131. a. F. b. A.

Obligatio [illegible] [illegible] [illegible], [illegible] p. 99. a. F. G. b. A. B. F. G. 100. a. E. 122. b. D. est [illegible] [illegible] p. 125. a. C. [illegible] p. 141. a. C. [illegible], [illegible] & [illegible] [illegible] p. 152. b. D.–E.

Obligationis [illegible] [illegible] & [illegible] p. 129. a. F. 130. a. C. 133. a. G. b. A. [illegible] p. 155. b. F. G.

Oe non est [illegible] p. 9. D. E. F.

Ou [illegible] non distinguit [illegible] p. 16. G.

Ou non est [illegible] p. 10. A. [illegible] [illegible], Hebraicum est [illegible] p. 11. B. [illegible] p. 11. B. C. ab [illegible] p. 7. D. E. 11. C. D.

Q post [illegible] [illegible] [illegible] p. 17. A.

Paschalem [illegible] Christi [illegible] [illegible] p. 95. b. E.

Ratio ad Sacramentorum [illegible] [illegible] [illegible]. V. Sacramenta. [illegible] [illegible] p. 140. a. E. Sacramentaliter [illegible] p. 140. a. C. D. [illegible] de Baptismo [illegible] [illegible] p. 139. b. D. E. 141. a. B. [illegible] in Baptismo [illegible] p. 140. a. F. G. b. A.–G. 142. a. A.–E. [illegible] Pelagianis [illegible] p. 155. b. A. B. non Baptismi [illegible], sed & Eucharistia [illegible] [illegible] p. 155. b. E. [illegible] Pelagianae [illegible], [illegible]

Baptismi necessitate non cogitaverint p. 140. b. F.
Porrigi infusionis Dei gratia in Baptismo non potest p. 122. b. E. F.
Porrigitur aliquid, ut is, cui porrigitur, ff vel sumat, si nolit, cessat p. 121. b. E.
Patrum consensionis auctoritas est in Theologia argumentum non necessarium, tantum probabile p. 140. a. A.
Q litera est composita ex C & V consonis p. 20. E. F. 21. E. 22. A. ejus germanum nomen est CVE, sive QE p. 20. F. non est eadem cum C p. 20. G. ut V frustra subjicitur p. 21. B. G. 22. A. B.
Quantitatem in dictionibus Latini non semper observant p. 56. A. B.
Religionis amore impatiens sapientem rapere p. 62. E.
Remissionis fructus simplex est, quod remittere vel tollere, vel tollit p. 90. a. B. C. b. C. D. Sacrum facere, quod reatum peccati, sive fuerit culpa, sive poena, sive obligationes ad poenam p. 90. a. C. D. E. b. A. B.
Resipiscentia non est medium necessarium ad reatum tollendum p. 153. b. D-G. 154. a. A. B.
S et ʒ frustra subjungitur, in compositis, in quibus expressiones non est praepositivis, sed verbi sequentis p. 21. A.
Sacramenta non sunt instituta, ut meritum Christi nondum applicatum applicent, sed ut applicatum vel applicandum obsignent p. 91. a. A-D. ex opere operato non faciunt, una meritum p. 91. a. G. b. A. E. D-G. 92. b. A. B. C. E. 93. b. C. 97. b. B. 100. b. B. 102. a. C. 123. b. D. E. F. 123. a. G. 153. a. A. B. 154. b. C-G. sunt signa gratiae, Deus non exhibeat ipsa quae designant p. 95. b. D-G. 107. a. E. F. G. 118. a. D-G. quomodo vim significandi exhibeant p. 96. a. B. C. D. 106. b. G. 108. a. A-F. sine modo justificant p. 97. a. C. D. quomodo sint media divinitus ordinata ad applicandum Christi meritum p. 98. a. D. adultis, nondum credentibus, vel fidem suam forsitan nondum apprehendentibus sunt sigilla foederis divini p. 99. b. B. C. D. sine fide non prosunt p. 99. b. E. quibus adultis applicent Christi meritum p. 100. a. F. quomodo sint necessaria p. 100. b. A. B. fidem, regenerationem, justificent p. 111. a. C. quibus fidelis Dei nunc gratuito sive obsignatur, atque circumcisione fuerunt & sponsum p. 124. b. A. B. instrumentales sunt causae conferendae nobis gratiae, quibus Dei virtus non est alligenda p. 132. b. D. E. 151. b. D. 157. b. D. eadem sunt in partibus suis instituta, quae in adultis p. 158. a. A-C. sua sponte possunt dici instrumenta moralia gratiae, quam significant, exhibitiva p. 156. b. D-G. 157. a. A-G. b. A. G.
Sacramentalis signi cum re signata analogia p. 97. a. E. analogia qualis p. 100. b. G. 101. a. A. E. F. G. quomodo verificetur p. 104. b. A. B. C. non probat in Baptismo ablutionem p. 131. a. E. b. C. promissio est conditionalis p. 154. b. D.
Sacramentum, id quod res est, saepius in sacramentis offenditur p. 99. b. E. 103. a. C. 104. a. G. b. B. 113. a. G. b. A. B. sive signa atque sigilla, quibus sanctum incertum, ejus valentiae, quae foedus inter Deum & nos initum firmatur & obsignatur p. 95. a. A-D.
ad Sacramentorum dignitatem amplificandam pauca magnifica veteres scripserunt p. 98. b. E. 96. b. F. 103. b. D. E. 112. a. C. F. & nostri recentiores p. 96. b. F. G. 97. a. A. B. C. &c. fundamentum est gratiam significare & obsignare p. 102. b. D. 152. b. G. diversitas non tamen promissionis verbum, non fidei fundamentum p. 122. a. E. efficacia & natura non nisi hinc possit intelligi, quae ex verbis eliciunt ea constituit p. 123. b. C. vis ex fide pendet p. 154. a. E. efficacia pendet ab influentia divina p. 157. b. C.
Sacramentum quid sit p. 106. a. E. F. alterius est signum, alterius sigillum esse potest p. 101. a. C. D. E. efficax est ad id perducendum cujus gratia institutum est p. 139. a. E.
Sacrificia fuerunt ritus externi, quibus foedus divinum obsignabatur p. 124. b. A. B.
Sancti continuum quidem nomen limitandum, sed non ejusmodi, qui ad aeternum refrenat exterminium valeat p. 150. a. F.
Sanctificatio & justificatio individuo nexu cohaerent p. 142. a. G. b. A. B. E. ad personae acceptationem sint media necessaria p. 141. a. F. b. E. consistit in renovatione & sanatione mentis & voluntatis p. 142. a. E. an in Baptismo infundatur p. 142-147.
ad Sanctificationem sufficeret ad rationem quid dici possit p. 146. b. E. F.
שם est nomen Dei proprium p. 49. D. 50. A.
Sancti consensionem fuere in Scripturis asseclarum Stephanum praecipue p. 131. b. D.
Sigilli usus nunquam nisi obsignare p. 138. a. E. 135. B.
Supercilium an in Italia partem fuerit possit pro totalitas p. 41. C. 64. D-G. 65. A-D.
Syllaba non est, ubi nulla est vocalis p. 5. A.
T post V scriptum à perperam enunciatur p. 17. A. ante I positum ubique ut S perperam pronunciatur p. 17. D. 20. B.
Terminationes nominibus adjecerit Graeci & Latini dum ex, quae apud suos maxime familiares existunt p. 56. B. C. 58. B.
Tetragrammaton nomen legitimis compositionem plurimorum nominum proprietatis p. 53. A. B. C. 55. A-F.
de Tetragrammato scripserunt Joannes Drusius, Nicolaus Fullerus, Ludovicus Cappellus, Sixtinus Amama, Gilbertus Genebrardus p. 30. A. B. 55. B. C.
Vav Hebraeorum, Y Graecorum & U Latinorum consonantis & vocalis officio funguntur p. 7. A. B. Hebraeorum idem cum W Anglorum & Germanorum p. 7. B. C. D. 10. A. ut consonans p. 8. D. E. G. 9. A. B. C. D. G. litera non, ubi quiescit p. 9. D. E. F. à Graecis in U vocale non mutatur p. 10. D. longum F Latinum, vel ν Graecum non est effertendum p. 9. A. D.
Y Graecum tam consonantis, quam vocalis officio fungitur p. 7. A. idem valet quod W Anglicum p. 10. A. F. G. 11. E. sonum ejus nunc habet p. 12. C. vocalem, longam ε esset, Anglo communem p. 17. A. cum ei, αι, ει, ᾳ praefixis, cum ι insertum in syllabam unam coalescit p. 17. B.
Y vocalis non est p. 11. D. E. 12. B. C. 13. E.
U Latinum tam consonantis, quam vocalis officio fungitur p. 7. A. 17. F. cum pro consonante est, quod w valuerit p. 7. A. B. C. 12. A. B. C. 14. G. 15. B. ad consonantem sono p. 15. F. vocalem quod Ev vel Iu sonat, Anglo efferunt, consonanti ut F p. 17. C. vocalis hoc modo U, u, consonans vero hoc V, v, scribi praestat p. 18. A. B. C.
Ut vocalis non est p. 12. D. E. 12. A.
Vocalis sola potest integram vocem constituere p. 5. A.
Votum parentum, ubi Baptismus obtineri non possit, non sufficit ad tollendum originalis salutem p. 152. b. B. C. 140. a. F. G.
X litera est composita p. 20. E. coalescit ex C & S. ejus genuinum nomen est ECS p. 20. F. ut S frustra subjungitur p. 21. A. B.
Z litera est composita p. 20. E. coalescit ex D & S p. 20. F.

FINIS.

www.ingramcontent.com/pod-product-compliance
Lightning Source LLC
Chambersburg PA
CBHW021228300426
44111CB00007B/466
* 9 7 8 3 7 4 1 1 4 1 7 5 1 *